7년 연속  전체 수석  합격자 배출

# 강정훈
# 감정평가 및 보상법규

## 2차 | 필기노트와 미니법전

강정훈 편저

동영상강의 www.pmg.co.kr

브랜드만족
1위
박문각

근거자료로
후면표기

제1판

박문각

# 박문각 감정평가사

감정평가사 2차 시험에서 **감정평가 및 보상법규**의 학습 비중이 매우 중요하게 되었습니다. 최근 35년간 감정평가 및 보상법규 기출문제를 분석하여 핵심적인 내용이 반영될 수 있도록 하였습니다. 감정평가사 2차를 공부하시는 분들께서 빠른 속도로 전체 내용과 맥락을 파악하고, 기본서에서 어떤 부분을 중점적으로 보아야 하는지 여부를 파악할 수 있도록 필기노트를 구성하였습니다. 미니법전은 감정평가 및 보상법규에 꼭 필요한 법률과 시행령, 시행규칙을 9개로 세분하여 시험에 필요한 규정 위주로 중요한 쟁점과 내용을 정리하였습니다.

**본 필기노트와 미니법전 교재의 특성은 다음과 같습니다.**

**첫째,** 통합 감평행정법 필기노트에서는 중요한 쟁점을 시험 목적에 맞게 기출문제와 아울러 어떤 내용이 시험에 나오는지를 분석해서 핵심 내용을 필기노트화 했습니다. 감평행정법 기본서에서 어떤 부분을 집중적으로 찾아서 공부해야 하는지를 보여주고 있습니다.

**둘째,** 통합 감정평가 및 보상법규 필기노트에서는 시험에 자주 나오는 쟁점을 정리하여 일목요연하게 정리하여 필기노트화 하였습니다. 감정평가 및 보상법규 기본서에서 중요한 내용만 발췌하여 시험에서 어떤 부분을 찾아서 공부해야 하는지를 잘 보여주고 있습니다.

**셋째,** 기본강의를 들으면서 필기를 하려면 매우 시간이 많이 소요됩니다. 또 쟁점을 찾아보고 하는데도 시간이 많이 걸리는데 감평행정법과 감정평가 및 보상법규 필기노트를 통해 굳이 필기를 하지 않아도 쟁점을 신속히 파악할 수 있도록 구성하였습니다.

**넷째,** 미니법전으로 중요한 법령안에 대해서 쟁점 문구와 핵심 판례, 시험 목적에 부합되는 내용들을 상세히 필기노트화 했습니다. 시험과 관련한 법령이 계속 개정되고 있어 2024년 9월 최근에 행정기본법 개정법률(안)까지 반영을 하였습니다.

**다섯째,** 그동안 수험생분들의 애로사항을 반영하여 최대한 간결하고, 군더더기 없이 내용을 섭렵하고 기본서 등을 통해서 깊이 있는 내용을 다시 확인하도록 구성하였습니다. 필기노트의 전체 맥락을 숙지하고, 기본서 학습과 아울러 종합문제집, 기출문제집을 학습하면 고득점을 받을 수 있을 것으로 생각됩니다.

"신은 인간에게 선물을 줄 때 고통이라는 보자기에 싸서 준다."는 격언처럼 고통스럽고 고단한 수험에 있어 본 **감정평가 및 보상법규 필기노트와 미니법전**이 작은 길잡이가 되기를 바랍니다. 그동안 본 교재의 출판에 많은 힘을 실어주신 박용 회장님과 노일구 부장님 등 출판사 관계자분들께 진심으로 감사 인사를 드립니다. 본 교재의 자료수집과 정리에 많은 도움을 준 김가연 예비감정평가사님께 고마운 마음을 전합니다.

여러분들의 건승을 기원합니다. 고맙습니다.

강정훈 편저

# CONTENTS
이 책의 차례

## 📗 제1부 감평행정법 필기노트

### PART 01  행정법 총론

Chapter 01  행정과 행정법 ·········································· 10

제1절 법치행정의 원리 ·············································· 10

제2절 행정법의 법원 ················································ 12

제3절 행정법의 일반원칙 ··········································· 13

　　　3-1 평등의 원칙 ············································· 13

　　　3-2 자기구속의 원칙 ········································ 13

　　　3-3 비례의 원칙 ············································· 14

　　　3-4 성실의무의 원칙 ········································ 15

　　　3-5 권한남용금지의 원칙 ··································· 15

　　　3-6 신뢰보호의 원칙 ········································ 16

　　　3-7 실권의 법리 ············································· 18

　　　3-8 부당결부금지의 원칙 ··································· 18

제4절 행정법의 효력 ················································ 19

제5절 행정법규정의 흠결과 보충 ·································· 20

Chapter 02  행정상 법률관계 ······································ 22

제1절 공법과 사법 ·················································· 22

제2절 행정상 법률관계의 당사자 ·································· 22

제3절 행정법관계의 내용(공권) ···································· 24

제4절 행정법상의 행위(신고) ······································ 27

### PART 02  행정작용법

Chapter 01  행정입법 ·············································· 32

제1절 행정입법 개설 ················································ 32

제2절 법규명령 ····················································· 32

제3절 행정규칙 ····················································· 34

제4절 법규명령 형식의 행정규칙 ·································· 36

제5절 법령보충적 행정규칙 ········································ 36

Chapter 02  행정행위 ·············································· 38

제1절 행정행위의 개념 ············································· 38

제2절 행정행위의 종류 ············································· 39

　　　2-1 법률행위적 행정행위 ··································· 39

　　　2-2 준법률행위적 행정행위 ································ 41

　　　2-3 수익적 행정행위 등 ···································· 42

　　　2-4 행정행위의 적법요건 ·································· 43

제3절 재량권과 판단여지 ··········································· 45

제4절 행정행위의 부관 ············································· 47

제5절 행정행위의 효력 ············································· 50

　　　5-1 공정력과 구성요건적 효력 ····························· 50

　　　5-2 행정행위의 존속력(확정력) ··························· 52

제6절 행정행위의 하자 ············································· 53

　　　6-1 무효인 행정행위와 취소할 수 있는 행정행위 ···· 53

　　　6-2 하자의 치유 ············································· 54

　　　6-3 하자의 승계 ············································· 56

제7절 행정행위의 취소와 철회 ····································· 58

　　　7-1 행정행위의 취소 ········································ 58

　　　7-2 행정행위의 철회 ········································ 59

Chapter 03  행정형식의 다양화 ··································· 61

제1절 행정계획 ····················································· 61

Chapter 04  행정절차 ·············································· 64

제1절 행정절차법의 내용 ··········································· 64

# CONTENTS
이 책의 차례

1-1 행정절차의 원칙 ···································· 64

1-2 사전통지 ············································· 64

1-3 의견청취(청문 중요) ···························· 65

1-4 처분의 이유제시 ·································· 67

제2절 절차상 하자 ····································· 67

Chapter 05 행정상 의무이행확보수단 ·············· 69

제1절 행정상 강제집행 ····························· 69

1-1 대집행 ················································ 70

1-2 직접강제, 이행강제금, 강제징수 ········· 72

제2절 행정상 즉시강제 ····························· 74

제3절 행정벌 ············································ 75

제4절 새로운 의무이행확보수단 ················· 76

## PART 03 행정구제법

Chapter 01 행정상 손해전보 ························· 80

제1절 행정상 손해배상 ····························· 80

제2절 행정상 결과제거청구권 ···················· 83

제3절 행정상 손실보상 ····························· 84

Chapter 02 행정쟁송 ·································· 88

제1절 행정쟁송의 개관 ····························· 88

제2절 행정심판 ········································ 89

제3절 행정소송 ········································ 92

3-1 행정소송의 개관 ······························· 92

3-2 취소소송 ············································ 93

3-3 취소소송의 요건 ······························· 94

3-4 소의 변경 ·········································· 104

3-5 행정소송의 가구제 ···························· 109

3-6 취소소송 심리 · 판결 ························· 112

3-7 행정소송 기타 ·································· 123

## 제2부 감평평가 및 보상법규 필기노트

## PART 01 공익사업을 위한 토지 등의 취득 등

Chapter 01 총칙(공용수용) ·························· 132

제1절 공용수용 ········································ 132

1-1 공용수용의 총론 D ···························· 132

1-2 공공적 사용수용 B(사적공용수용) ········· 133

제2절 공공필요(공공성) B ·························· 135

제3절 공용수용의 당사자 B ······················ 136

제4절 공용수용의 목적물 ························· 138

4-1 목적물 의의와 종류 C ······················· 138

4-2 수용목적물의 제한 C ························· 139

4-3 목적물의 확장 A ······························· 139

4-4 잔여지수용 A ·································· 140

4-5 완전수용 A ········································ 143

4-6 이전수용 B ········································ 144

4-7 공물의 수용가능성 A ························· 144

Chapter 02 공익사업의 준비 ·················· 146

제1절 공익사업의 준비 ························ 146

    1-1 타인토지에의 출입 C ·············· 146

    1-2 장해물의 제거 등 C ··············· 147

    1-3 공익사업 준비의 권리구제 B ····· 148

Chapter 03 협의에 의한 취득 및 사용 ···· 150

제1절 협의취득을 위한 과정 ·············· 150

    1-1 토지조서 및 물건조서의 작성 C ··· 150

    1-2 보상계획의 열람 등 D ············· 151

제2절 보상액 산정 및 협의 계약의 체결 ··· 152

    2-1 보상액의 산정 ····················· 152

    2-2 사업인정 전 협의 B ··············· 153

Chapter 04 공용수용에 의한 취득 ········ 156

제1절 공용수용절차 ························· 156

    1-1 사업인정 A ························· 156

    1-2 공익성 검토 A ····················· 161

    1-3 사업인정의 실효 B ················· 162

    1-4 사업인정 후 협의 A ··············· 164

    1-5 협의성립확인 A ··················· 167

    1-6 재결신청 B ························· 169

    1-7 재결신청청구권 A ················· 170

    1-8 수용재결 A ························· 174

    1-9 재결의 실효 B ····················· 177

    1-10 재결에 대한 불복 A ·············· 178

    1-11 사업인정과 수용재결 A ·········· 186

    1-12 화해 D ···························· 188

제2절 공용수용의 효과 ···················· 189

    2-1 보상금 지급 또는 공탁 A ········· 189

    2-2 대행 및 대집행 A ················· 192

    2-3 위험부담의 이전 C ················· 194

    2-4 담보물권자의 물상대위 C ········· 195

    2-5 환매권 A ··························· 196

    2-6 공익사업변환 A ··················· 202

Chapter 05 공용사용의 절차 및 효과 ···· 204

제1절 공용사용의 보통절차 및 효과 ···· 204

제2절 공용사용의 약식절차와 효과 D ·· 205

    2-1 천재지변 시의 토지의 사용 ······· 205

    2-2 시급한 토지 사용에 대한 허가 ··· 206

    2-3 약식절차의 비교 ··················· 207

PART 02    손실보상

Chapter 01 행정상 손실보상 ·············· 210

제1절 손실보상의 개관 ···················· 210

제2절 손실보상의 요건 A ················· 211

제3절 손실보상의 기준 B ················· 213

    3-1 헌법상 손실보상기준 ·············· 213

    3-2 토지보상법상 손실보상기준 ······ 214

    3-3 정당보상과 토지보상법상 손실보상기준과의
    관계 B ································ 215

제4절 손실보상의 내용 ···················· 218

    4-1 재산권 보상 C ····················· 218

    4-2 생활보상 A ························· 219

    4-3 간접손실보상 A ··················· 227

제5절 손실보상의 원칙 및 방법 ·········· 231

    5-1 손실보상의 원칙 B ················· 231

# CONTENTS
## 이 책의 차례

5-2 채권보상 C ································ 232

5-3 대토보상 B ································ 234

Chapter 02 손실보상각론 ············ 235

제1절 토지보상 ···························· 235

1-1 토지보상 일반 B ·············· 235

1-2 공법상 제한받는 토지의 평가 B ······· 236

1-3 미지급용지의 평가 C ········· 237

1-4 무허가건축물 등의 부지의 평가 B ······· 239

1-5 불법형질변경 토지의 평가 C ······· 240

1-6 도로부지의 보상 A ·········· 241

1-7 잔여지에 대한 보상 A ········· 244

제2절 건축물 보상 ······················ 246

2-1 건축물에 대한 보상 B ········· 246

2-2 무허가건축물에 대한 보상 A ········· 248

제3절 영업손실보상 A ················· 249

제4절 농업손실보상 A ················· 253


## PART 03  부동산 가격공시

Chapter 01 표준지공시지가 ········· 258

제1절 표준지공시지가 A ············· 258

제2절 표준지공시지가 불복 A ····· 259

Chapter 02 개별공시지가 ············ 262

제1절 개별공시지가 일반 ············ 262

제2절 개별공시지가의 불복 A ····· 263

제3절 토지가격비준표 A ············· 265

제4절 개별공시지가 검증제도 C ········· 267

제5절 개별공시지가 직권정정제도 A – 제35회 기출
································ 268

Chapter 03 주택가격공시제도 D ········· 270

제1절 표준주택가격의 공시 ········· 270

제2절 개별주택가격의 공시 ········· 270

제3절 공동주택가격의 공시 ········· 271

Chapter 04 비주거용 부동산가격의 공시 D ········· 273

제1절 비주거용 표준부동산 가격공시 ········· 273

제2절 비주거용 개별부동산 가격공시 ········· 274

제3절 비주거용 집합부동산 가격공시 ········· 274

Chapter 05 부동산가격공시위원회 B ········· 276


## PART 04  감정평가 및 감정평가사

Chapter 01 감정평가 ·················· 278

Chapter 02 감정평가사 ·············· 279

제1절 감정평가사 자격 B ············ 279

1-1 감정평가사의 자격 및 결격사유 ········· 279

1-2 감정평가사 자격의 취소 ······· 279

1-3 청문 A ···························· 280

1-4 자격등록 및 갱신등록 B ····· 282

제2절 감정평가사의 징계 A ········· 283

Chapter 03 감정평가법인등 ········· 286

제1절 감정평가법인등 일반 B ····· 286

1-1 사무소 개설 등 ·············· 286

1-2 감정평가법인등의 법적 지위 B ·············· 286

1-3 감정평가법인등의 업무 A ·············· 287

제2절 감정평가법인등의 손해배상책임 A ·············· 289

Chapter 04 감정평가관리 · 징계위원회 ·············· 293

제1절 감정평가관리 · 징계위원회의 구성과 운영 A

·············· 293

Chapter 05 과징금(변형된 과징금) A ·············· 295

Chapter 06 부당행사 또는 명의대여 A ·············· 299

## 제3부 감정평가 및 보상법규 미니법전

PART 01 공익사업을 위한 토지 등의 취득 및 보상에 관한 법률 (토지보상법)
·············· 304

PART 02 공익사업을 위한 토지 등의 취득 및 보상에 관한 법률 시행령(토지보상법 시행령)
·············· 356

PART 03 공익사업을 위한 토지 등의 취득 및 보상에 관한 법률 시행규칙(토지보상법 시행규칙)
·············· 393

PART 04 부동산 가격공시에 관한 법률 (부동산공시법)
·············· 421

PART 05 감정평가 및 감정평가사에 관한 법률(감정평가법)
·············· 439

PART 06 행정기본법
·············· 466

PART 07 행정절차법
·············· 488

PART 08 행정소송법
·············· 511

PART 09 행정소송규칙
·············· 523

참고문헌 ·············· 529

# 제1부

# 감평행정법
# 필기노트

# 행정법 총론

Chapter 01 행정과 행정법
Chapter 02 행정상 법률관계

# 행정과 행정법

## 제1절 | 법치행정의 원리

### ◎ 기출문제

- 제20회 : 시행령 별표
- 제21회 : 국토부 K지침
- 제24회 시행령 별표
- 제26회 : 감정평가실무기준
- 제27회 : 별표3의 법적 성질, 협의의 소익
- 제28회 : 이주민지원규정
- 제29회 : 주거이전비 세입자 규정(강행법규)
- 제33회 : 표준지조사평가기준

## I 법치행정의 원칙의 의의[행정기본법 제8조]

법치행정의 원칙이란 행정권도 법에 따라서 행해져야 하며, 만일 이에 위반하여 국민의 권익을 침해한 경우 이에 구제를 위한 제도가 보장되어야 한다는 것을 의미하며, 법치행정의 원리는 ① 법률우위의 원칙과 ② 법률유보의 원칙으로 구성된다.

## II 법률우위의 원칙의 의의[행정기본법 제8조]

법률우위의 원칙이란 행정작용의 법률종속성을 나타내는 것으로서 행정주체의 모든 행정작용은 그를 규율하는 법률에 위배되어서는 안 되는 것을 말한다.

## III 법률유보의 원칙[행정기본법 제8조]

### 1. 의의

법률유보의 원칙이란 중요한 행정권의 발동에는 법령의 근거가 있어야 한다는 것으로, 적극적 의미의 법률적합성의 원칙이라고도 한다.

### 2. 적용범위

(1) 학설

① **침해유보설** : 국민의 자유 권리를 제한 또는 침해하거나 새로운 의무를 부과하는 행정작용은 반드시 법률의 근거를 요한다는 견해

② **권력행정유보설** : 행정주체의 행정작용의 성격이 수익적인지 침익적인지와 상관없이 모든 권력적 행정작용에는 법률의 근거를 요한다는 견해

③ **전부유보설** : 모든 행정작용은 그 성질이나 종류를 불문하고 법률의 근거를 요한다는 견해

④ **급부행정유보설** : 침해행정 뿐만 아니라 급부행정의 전반에 대해서도 법률의 근거를 요한
  다는 견해
⑤ **중요사항유보설** : 기본적인 규범영역에서 모든 중요한 결정은 적어도 입법자 스스로 법률
  을 정하여야 한다는 견해

(2) 판례

> 🔄 **수신료 사건(2006헌바70)**
>
> 수신료 징수업무를 한국방송공사가 직접 수행할 것인지 제3자에게 위탁할 것인지, 위탁한다면 누구
> 에게 위탁하도록 할 것인지, 위탁받은 자가 자신의 고유업무와 결합하여 징수업무를 할 수 있는지는
> 징수업무 처리의 효율성 등을 감안하여 결정할 수 있는 사항으로서 국민의 기본권제한에 관한 본질
> 적인 사항이 아니라 할 것이다. 따라서 방송법 제64조 및 제67조 제2항은 법률유보의 원칙에 위반되
> 지 아니한다.
>
> 🔄 **도시환경정비사업 관련 판례(2006두14476)**
>
> 토지등소유자가 직접 도시환경정비사업을 시행하는 경우, 동의요건을 정하는 것은 국민의 권리와 의
> 무 형성에 관한 기본적이고 본질적인 사항이어서 국회가 스스로 정해야한다. 사업시행인가 신청에
> 필요한 동의정족수를 토지등소유자가 자치적으로 정하여 운영하는 규약에 정하도록 한 것은 법률유
> 보원칙에 위반된다.

(3) 검토

  민주주의의 요청과 행정의 탄력성을 조화시키며 국민의 기본권 보장을 고려하여야 한다는 점
  에서 〈중요사항유보설〉이 타당하다.

## Ⅳ 법률의 법규창조력[+@]

법규를 창조하는 것은 법률, 즉 입법권의 전권에 속하는 것으로서 행정권은 법률의 수권이 없는 한
법규를 창조할 수 없다는 것을 의미한다. 이 경우 법규란 법률이든 명령이든 그 존재형식 여하를
불문하고 일반적으로 국민의 권리·의무에 관계하는 법규범을 의미한다. 따라서 법률의 법규창조력
은 국민의 자유와 권리를 제한·침해하는 법은 국민의 대표로 구성되는 의회가 법률로만 규정하거나
법률의 수권에 의하여서만 규정할 수 있다는 뜻을 가진다.

※ 최근에는 법치행정의 원칙에서 법률의 법규창조력은 법치주의에 당연한 내용이여서 논외로 하고 있다.
  앞의 두가지인 법률우위의 원칙과 법률유보원칙만 논의하는 경우가 많고, 추세가 법률의 법규창조력은
  논의하지 않는 경우로 바뀌고 있다.

**제2절** **행정법의 법원**

## Ⅰ 개설

행정법의 법원이란 행정법의 인식근거 또는 존재형식을 의미한다. 행정법은 원칙적으로 성문법의 형식으로 존재하나 불문법의 형식으로 존재하는 경우도 있다.

## Ⅱ 성문법원

우리나라의 행정법은 성문법주의를 취하고 있으며, 그 형식으로는 헌법, 법률, 조약, 명령, 자치법규 등이 있다.

## Ⅲ 불문법원

행정법은 원칙적으로 성문법주의에 입각하고 있으므로 성문법이 중심적인 법원이며, 불문법은 예외적인 것에 그친다. 성문법이 정비되지 아니한 행정분야에 있어서는 불문법원으로서 관습법, 판례법, 조리법 등이 적용된다.

## Ⅳ 행정법의 법원의 상하관계

행정법의 법원 간에는 헌법-법률-명령-자치법규 순의 상하관계에 있다. 일반법 원칙은 내용에 따라 헌법적 또는 법률적 지위를 가진다.

---

**1. 재판규범성 의미**

재판규범성이란 법원이 어떠한 판단을 할 때 법원을 구속하여 판단기준으로 삼을 수 있는 법규를 말한다. 행정법에서 법규의 협의의 개념은 행정주체와 국민이 권리의무에 관한 사항을 정하는 일반적·추상적 구속력 있는 규범을 말하며, 이 협의의 개념상 법규는 행정행위의 상대방인 국민 또는 법원에 대한 구속력인 대외적 구속력이 있다.

**2. 재판규범으로서의 행정기본법**

지금까지 판례와 학설에 근거하여 이루어졌던 행정재판은, 앞으로 행정기본법이 규정하는 사항과 관련하는 한, 행정기본법을 근거로 재판이 이루어진다. 달리 말하면 행정기본법이 규정하는 사항과 관련되는 한, 행정기본법이 재판규범이 된다. 행정기본법이 재판규범이 된다는 것은 입법자의 의사가 재판에서 1차적인 법인식의 근거가 된다는 것을 의미한다.

---

## 제3절  행정법의 일반원칙

### 3-1  평등의 원칙

#### Ⅰ 평등의 원칙의 의의(행정기본법 제9조)

평등의 원칙이란 행정작용에 있어 특별한 합리적인 사유가 없는 한 상대방인 국민을 공평하게 대우하여야 한다는 원칙이다.

#### Ⅱ 내용

##### 1. 불평등한 행정기관의 조치가 있을 것

평등의 원칙이 적용되기 위해서는 법적·사실적으로 동일하게 처리되어야 하는 사안임에도 불구하고 행정기관이 상대방에 대하여 불평등한 조치를 취하였어야 한다.

##### 2. 합리적인 사유가 없을 것

평등원칙은 모든 국가권력의 행사를 획일적으로 동일하게 처리해야 한다는 원칙이 아니라 '같은 것은 같게, 다른 것은 다르게 취급하라'는 원칙이다. 따라서 다르게 취급해야 할 합리적인 사유가 있다면 평등원칙의 위배가 되지 않는다. 합리적 사유의 인정 여부는 해당 행정작용의 목적과 성질, 사안의 특수성을 고려하여 판단해야 할 것이다.

#### Ⅲ 위반의 효력 및 권리구제

행정청의 처분이 평등의 원칙에 위반된 경우, 법원은 재량권의 남용을 이유로 그 처분을 취소하거나 무효임을 확인할 수 있으며, 상대방에게 손해가 발생한 경우, 국가배상청구소송을 통하여 권리구제를 받을 수 있다.

> **행정기본법 제9조(평등의 원칙)** 행정청은 합리적 이유 없이 국민을 차별하여서는 아니 된다.

### 3-2  자기구속의 원칙

#### Ⅰ 자기구속의 원칙의 의의

자기구속의 원칙이란 행정청은 동일한 사안에 대하여는 동일한 결정을 하여야 한다는 원칙을 말한다. 행정기본법에 명문화되어 있지는 않지만, 평등의 원칙 또는 신뢰보호의 원칙의 근거로 인정되고 있다.

#### Ⅱ 관련 판례의 태도

> **관련 판례(2013두18964)**
> 재량준칙이 정한 바에 따라 되풀이 시행되어 행정관행이 이루어지게 되면 평등의 원칙이나 신뢰보호의 원칙에 따라 행정청은 상대방에 대한 관계에서 그 규칙에 따라야 할 자기구속을 받게 되므로, 이러한 경우에는

특별한 사정이 없는 한 그에 반하는 처분은 평등의 원칙이나 신뢰보호의 원칙에 어긋나 재량권을 일탈·남용한 위법한 처분이 된다.

### Ⅲ 적용 요건(재선동)

① **재**량영역에서의 행정작용일 것 ② 행정**선**례가 존재할 것 ③ **동**종 사안일 것 ④ 행정관행이 위법한 경우가 아닐 것을 요건으로 한다.

### Ⅳ 위반의 효력 및 권리구제

자기구속의 원칙에 반하는 행정처분은 위법하다(무효와 취소 구분). 따라서 이 원칙에 반하는 행정처분은 항고소송의 대상이 되고, 행청청의 행위를 통하여 손해가 발생한 경우 국가배상청구소송을 통하여 배상을 받을 수 있다.

## 3-3 비례의 원칙

◎ 기출문제

- 제28회 : 공공성, 사업시행자의 공익사업수행능력과 의사
- 제19회 : 사적공용수용
- 제18회 : 손실보상에서 공공필요
- 제14회 : 감정평가법인등의 제재조치

### Ⅰ 의의 및 근거(행정기본법 제10조)

비례원칙이란 행정목적과 수단사이에 적절한 비례관계가 있어야 한다는 원칙이다. 비례원칙의 법적 근거로는 헌법 제37조 제2항을 근거로 하는 〈헌법적 근거〉가 있고, 행정기본법 제10조에 근거하는 〈실정법적 근거〉가 있다.

### Ⅱ 내용(적필상) (단계적 심사구조를 거침)

① 〈적합성의 원칙〉 행정목적을 달성하는 데 유효하고 적절할 것
② 〈필요성의 원칙〉 행정목적을 달성하는 데 필요한 최소한도에 그칠 것
③ 〈상당성의 원칙〉 행정작용으로 인한 국민의 이익 침해가 그 행정작용이 의도하는 공익보다 크지 아니할 것

### Ⅲ 위반의 효과

비례의 원칙에 반하는 행정작용은 위법한 행정작용이 된다. ① 비례의 원칙에 반하는 행정입법은 무효이며 ② 비례의 원칙에 반하는 행정행위는 중대명백설에 따라 무효, 취소의 대상으로 나뉘며 ③ 행정작용으로 손해를 입은 자는 손해배상을 청구할 수 있다.

> **행정기본법 제10조(비례의 원칙)** 행정작용은 다음 각 호의 원칙에 따라야 한다.
> 1. 행정목적을 달성하는 데 유효하고 적절할 것
> 2. 행정목적을 달성하는 데 필요한 최소한도에 그칠 것
> 3. 행정작용으로 인한 국민의 이익 침해가 그 행정작용이 의도하는 공익보다 크지 아니할 것

### 3-4 성실의무의 원칙

> **행정기본법 제11조(성실의무 및 권한남용금지의 원칙)**
> ① 행정청은 법령 등에 따른 의무를 성실히 수행하여야 한다.

#### 1. 의의

신의성실의 원칙은 모든 사람은 공동체의 일원으로서 상대방의 신뢰를 헛되이 하지 않도록 성의 있게 행동하여야 한다는 원칙이다. 행정기본법은 불문법인 신의성실의 원칙을 행정법의 일반원칙의 하나로 선언하고 있다. 다만, 성실의무의 원칙으로 명칭을 달리하여 규정하고 있다.

#### 2. 적용범위 및 위반

행정기본법 제11조 제1항의 성실의무는 모든 행정에 적용된다. 성실의무의 원칙에 반하는 명령·처분 등은 위법을 면할 수 없고, 성실의무에 반하는 처분의 당사자는 행정기본법 제36조(처분에 대한 이의신청)가 정하는 바에 따라 이의신청을 할 수 있다. 뿐만 아니라 행정기본법 제37조가 정하는 바에 따라 처분의 재심사를 신청할 수 있으며, 성실의무의 원칙을 위반한 처분은 행정쟁송의 대상이 되며, 경우에 따라서는 국가나 지방자치단체의 손해배상책임을 발생시킬 수 있다.

### 3-5 권한남용금지의 원칙

> **행정기본법 제11조(성실의무 및 권한남용금지의 원칙)**
> ② 행정청은 행정권한을 남용하거나 그 권한의 범위를 넘어서는 아니 된다.

#### 1. 의의

행정법상 권한의 남용이란 행정기관의 권한을 법상 정해진 공익 목적에 반하여 행사하는 것을 말하며, 권한남용금지의 원칙은 법치국가원리 내지 법치주의에 기초한 것이다. 권한남용금지의 원칙은 행정의 목적 및 행정권한을 행사한 행정공무원의 내심의 의도까지 통제하는 원칙이다.

> [1] 법치국가원리는 국가권력의 행사가 법의 지배 원칙에 따라 법적으로 구속을 받는 것을 뜻한다. 법치주의는 원래 국가권력의 자의적 행사를 막기 위한 데서 출발한 것이다. 국가권력의 행사가 공동선의 실현을 위하여서가 아니라 특정 개인이나 집단의 이익 또는 정파적 이해관계에 의하여 좌우된다면 권력의 남용과 오용이 발생하고 국민의 자유와 권리는 쉽사리 침해되어 힘에

> 의한 지배가 되고 만다. 법치주의는 국가권력의 중립성과 공공성 및 윤리성을 확보하기 위한
> 것이므로, 모든 국가기관과 공무원은 헌법과 법률에 위배되는 행위를 하여서는 아니 됨은 물론
> 헌법과 법률에 의하여 부여된 권한을 행사할 때에도 그 권한을 남용하여서는 아니 된다.
> 대법원 2016.12.15. 선고 2016두47659 판결 [증여세등부과처분취소]

## 2. 행정권한남용의 원칙 내용

행정권한의 남용·일탈의 의미를 정의하는 규정은 없다. 그것은 법해석의 문제로 재량권 행사와 관련하여 정리되고, 남용·일탈의 의미를 활용할 수 있다. 재량권의 행사 역시 행정권의 행사이기 때문이다. ① 행정권한 남용의 금지, ② 행정권한 일탈의 금지, ③ 행정권한 불행사의 금지 등으로 구분해 볼 수 있다.

## 3. 적용범위 및 위반

행정기본법 제11조 제2항의 권한남용금지의 원칙은 모든 행정에 적용되며, 권한남용금지의 원칙에 반하는 행정작용은 위법한 행정작용이 된다. 권한남용의 원칙에 반하는 행정작용으로 손해를 입은 자는 국가배상법이 정하는 바에 따라 국가나 지방자치단체를 상대로 손해배상을 청구할 수 있다.

## 3-6 신뢰보호의 원칙

### ◎ 기출문제

- 제24회 : 행정계획에 대한 신뢰보호
- 제17회 : 사업인정의 사전결정과 이로 인한 사업시행자의 신뢰 보호

## I 의의 및 근거(행정기본법 제12조)

신뢰보호의 원칙이란 행정기관의 어떠한 언동에 대해 국민이 신뢰를 갖고 행위를 한 경우 그 국민의 신뢰가 보호가치가 있는 경우에 그 신뢰를 보호하여 주어야 한다는 원칙을 말한다.

## II 요건

① 행정청이 개인에 대하여 신뢰의 대상이 되는 공적인 견해표명을 할 것
② 행정청의 견해표명이 정당하다고 신뢰한 데에 대하여 그 개인에게 귀책사유가 없을 것
③ 개인이 그 견해표명을 신뢰하고 이에 어떠한 행위를 하였을 것
④ 행정청이 위 견해표명에 반하는 처분을 함으로써 그 견해표명을 신뢰한 개인의 이익이 침해되는 결과가 초래될 것

> 🔗 **관련 판례(98두4061)**
> 일반적으로 행정상의 법률관계 있어서 행정청의 행위에 대하여 신뢰보호의 원칙이 적용되기 위하여는, ① 행정청이 개인에 대하여 신뢰의 대상이 되는 공적인 견해표명을 하여야 하고, ② 행정청의 견해표명이 정당하

다고 신뢰한 데에 대하여 그 개인에게 귀책사유가 없어야 하며, ③ 그 개인이 그 견해표명을 신뢰하고 이에 어떠한 행위를 하였어야 하고, ④ 행정청이 위 견해표명에 반하는 처분을 함으로써 그 견해표명을 신뢰한 개인의 이익이 침해되는 결과가 초래되어야 하며, 어떠한 행정처분이 이러한 요건을 충족할 때에는, 공익 또는 제3자의 정당한 이익을 현저히 해할 우려가 있는 경우가 아닌 한, 신뢰보호의 원칙에 반하는 행위로서 위법하게 된다.

## Ⅲ 신뢰보호의 한계

신뢰보호의 원칙이 상황의 변화에도 관계없이 반드시 적용되어야 하는 원칙일 수는 없다. 사인의 신뢰형성에 기초가 된 사실관계가 추후에 변화되고 관계당사자가 그 변화를 알게 되었다면, 그 후로는 관련사인도 변화 전의 상태를 이유로 신뢰보호를 주장할 수는 없다.

> **↪ 관련 판례(95누10877)**
> 행정청이 상대방에 대하여 장차 어떤 처분을 하겠다는 공적인 견해를 표명하였다고 하더라도 공적인 견해표명 후에 그 전제로 된 사실적·법률적 상태가 변경되었다면 그러한 견해표명은 효력을 잃게 된다.

## Ⅳ 신뢰보호의 원칙과 위반

### 1. 위반 여부의 판단 방법

> **↪ 관련 판례(2018헌바379)**
> 신뢰보호원칙의 위반 여부는 한편으로는 침해되는 이익의 보호가치, 침해의 정도, 신뢰의 손상 정도, 신뢰 침해의 방법 등과 또다른 한편으로는 새로운 입법을 통하여 실현하고자 하는 공익 등을 종합적으로 형량하여 판단하여야 한다.

### 2. 위반의 효력 및 권리구제

신뢰보호의 원칙에 위반된 경우, 법원은 재량권의 남용을 이유로 그 처분을 취소하거나 무효임을 확인할 수 있으며, 행정청의 행위에 의해 손해가 발생하는 경우 손해배상을 청구할 수 있다.

## Ⅴ 적용 영역

### 1. 행정계획

행정계획의 존속을 사인이 신뢰하였음에도 행정청이 사후 그 계획을 변경 또는 계획폐지된 경우, 그 사인은 보호되어야 하는 것이 아닌가의 문제는 계획보장청구권의 문제로 다루어지고 있다.

### 2. 확약

확약으로 인한 신뢰 역시 보호되어야 한다는 것은 학설상 널리 인정되고 있다. 적법한 확약이 위법한 확약보다 많이 보호되어야 한다.

> **행정기본법 제12조(신뢰보호의 원칙)**
> ① 행정청은 공익 또는 제3자의 이익을 현저히 해칠 우려가 있는 경우를 제외하고는 행정에 대한 국민의 정당하고 합리적인 신뢰를 보호하여야 한다.
> ② 행정청은 권한 행사의 기회가 있음에도 불구하고 장기간 권한을 행사하지 아니하여 국민이 그 권한이 행사되지 아니할 것으로 믿을 만한 정당한 사유가 있는 경우에는 그 권한을 행사해서는 아니 된다. 다만, 공익 또는 제3자의 이익을 현저히 해칠 우려가 있는 경우는 예외로 한다.

## 3-7 실권의 법리

### Ⅰ 실권의 법리의 의의(행정기본법 제12조 제2항)

행정청이 위법한 상태를 장기간 방치하여 개인이 그 존속을 신뢰하게 된 경우, 행정청은 그 위법을 이유로 행정행위를 취소·철회할 수 없다는 법리를 말하며, 신뢰보호 원칙에서 파생된 법리로 본다.

### Ⅱ 실권의 요건

① 권한 있는 행정청이 장기간 권리행사를 하지 아니할 것, ② 권한의 불행사에 대한 국민의 신뢰가 있을 것, ③ 공익 등을 해칠 우려가 없을 것을 요건으로 한다.

### Ⅲ 제재처분의 제척기간(행정기본법 제23조 제1항)

행정청은 법령 등의 위반행위가 종료된 날부터 5년이 지나면 해당 위반행위에 대하여 제재처분을 할 수 없으나, 그 밖의 행정작용의 경우에는 실권의 법리가 적용되어 3년이 지나면 실권된 것으로 판단하여야 한다.

### Ⅳ 실권의 원칙 위반 효과 및 권리구제

실권의 원칙에 위반하는 행정작용은 위법한 것이 된다. 실권의 원칙에 반하는 행정작용은 경우에 따라 무효 또는 취소의 대상이 되며, 행정청의 행위로 손해가 발생한 경우 손해배상을 청구할 수 있다.

## 3-8 부당결부금지의 원칙

### ◎ 기출문제

- 제20회 : 임시창고건물 철거조건과 임시창고건물철거에 따른 손실보상
- 제13회 : 사업인정과 기부채납부관

* 사업인정의 부관 관련 출제 가능성 多

### Ⅰ 의의(행정기본법 제13조)

행정기관이 행정권을 행사함에 있어서 그것과 실질적인 관련이 없는 반대급부를 결부시켜서는 안된다는 원칙이다.

> 🔖 **관련 판례(2005다65500)**
> 부당결부금지의 원칙이란 행정주체가 행정작용을 함에 있어서 상대방에게 이와 실질적인 관련이 없는 의무를 부과하거나 그 이행을 강제하여서는 아니 된다는 원칙을 말한다.

### Ⅱ 적용요건

행정행위와 반대급부 사이에 〈실질적 관련성〉이 있어야 한다. 실질적 관련성은 ① 주된행위가 반대급부의 원인이 되어야 한다는 〈원인적 관련성〉과 ② 양자가 동일한 행정목적에 기여해야 한다는 〈목적적 관련성〉을 말한다.

### Ⅲ 위반의 효과와 권리구제

부당결부금지의 원칙에 반하는 행정작용은 위법한 행정작용이 되며, ① 부당결부금지의 원칙에 반하는 행정입법은 무효이나, ② 행정행위는 중대명백설에 따라 무효와 취소의 대상이 되고 ③ 행정청의 행위로 인해 손해가 발생한 경우 손해배상청구가 가능하다.

> **행정기본법 제13조(부당결부금지의 원칙)** 행정청은 행정작용을 할 때 상대방에게 해당 행정작용과 실질적인 관련이 없는 의무를 부과해서는 아니 된다.

---

## 제4절 | 행정법의 효력

### Ⅰ 시간적 효력

#### 1. 효력발생시기

행정법령은 시행일로부터 그 효력이 발생한다. 법령을 제정·개정할 때 시행일을 규정함이 일반적이나, 시행일을 규정하지 않은 경우에는 공포한 날로부터 20일이 경과함으로써 효력이 발생한다. 법령의 공포일은 그 법령 등을 게재한 관보 또는 신문이 발행된 날로 한다.

### Ⅱ 불소급의 원칙(행정기본법 제14조 제1항)

(1) 진정소급금지의 원칙

① 〈소급〉이란 특정 법규가 그 법규의 효력발생일 이전의 사항에 대하여 적용되는 것을 말한다.
② 〈진정소급〉이란 법령의 효력발생일 이전에 이미 완성된 법률관계나 사실관계에 대하여 해당 법령을 적용하는 것을 말한다.

(2) 진정소급입법금지의 예외

진정소급입법이라 하더라도 예외적으로 국민이 소급입법을 예상할 수 있었거나, 신뢰보호의 요청에 우선하는 심히 중대한 공익상의 사유가 소급입법을 정당화하는 경우 허용될 수 있다.

## Ⅲ 지역적 효력

행정법규는 그 법규의 제정권자의 권한이 미치는 지역적 범위 내에서만 효력을 갖는다. 예를 들어 대통령령·부령은 전국에 미치고, 조례는 해당 지방자치단체의 관할구역에만 미친다.

## Ⅳ 대인적 효력

속지주의원칙에 의거하여 행정법규는 해당 지역 안에 있는 모든 사람에게 적용된다. 자연인·법인, 내국인·외국인을 불문한다.

> **행정기본법 제14조(법 적용의 기준)**
> ① 새로운 법령등은 법령등에 특별한 규정이 있는 경우를 제외하고는 그 법령등의 효력 발생 전에 완성되거나 종결된 사실관계 또는 법률관계에 대해서는 적용되지 아니한다.
> - 이하 생략 -

## 제5절  행정법규정의 흠결과 보충

## Ⅰ 문제점

공법관계와 사법관계는 각기 다른 법·법원리가 적용된다. 그런데 공법은 통일적 법전이나 총칙규정이 없으므로 법의 흠결이 있게 된다. 이와 같이 행정법관계에 적용할 법규가 없는 경우 그 흠결을 어떻게 보충할 것인지가 문제된다.

## Ⅱ 공법규정의 유추적용

공법규정의 흠결이 있는 경우에는 1차적으로 유사한 다른 공법규정을 적용 및 유추적용하는 것이 허용된다. 이러한 유추적용할 공법규정도 없는 경우 사법규정을 유추적용할 수 있는가가 문제된다.

## Ⅲ 사법규정의 적용

### 1. 명문규정이 있는 경우

행정법관계에 법의 흠결이 있는 경우에 행정법 스스로 사법규정의 적용을 규정하고 있을 때에는 해당 사안에 대해서는 사법규정이 직접 적용된다.

### 2. 명문규정이 없는 경우

(1) 문제점

유추적용할 공법규정이 흠결된 경우 사법의 적용을 인정하는 명문규정이 없는 경우에도 사법규정의 유추적용이 가능한가가 문제된다.

(2) 학설

① 〈부정설〉 공법규정이 흠결되더라도 사법규정을 적용할 수 없다는 견해

② 〈직접적용설〉 사법규정은 대개 법의 일반원리라고 보아 사법규정에 의해 공법규정의 흠결을 보충할 수 있다는 견해

③ 〈한정적 유추적용설〉 공법관계에 사법규정의 적용을 인정하되 공법과 사법의 특수성을 감안해 사법규정을 유추적용해야 한다는 견해

### (3) 검토

공법관계와 사법관계는 구별되지만, 양자에 공통적인 법원리가 전혀 없다고 할 수 없다는 점에서, 사법규정의 성질과 공법관계의 성질을 개별적·구체적으로 검토하는 한정적 유추적용설이 타당하다.

# 행정상 법률관계

---

제1절 ## 공법과 사법

### ◎ 기출문제

- 제33회 : 주거이전비는 공권으로 재결이전에는 공법상 당사자소송으로 재결이후에는 보증소로 다툼
- 제32회 : 잔여지수용재결거부는 보증소로 불복
- 제23회 : 환매권 행사의 구제 방법 및 환매대금 증액 대응 수단
- 제19회 : 공권인지, 사권인지 여부에 따른 환매권의 소송수단

### Ⅰ 공법관계와 사법관계의 구별실익

특정한 법률관계에 적용될 법규 또는 법원리가 법에서 명문으로 규정되어 있지 않은 경우 적용법규 및 적용법원리의 결정, 소송형식 및 소송절차의 결정에 있어 구별실익이 있다.

### Ⅱ 공법관계와 사법관계의 구별기준

#### 1. 학설

① 〈권력설〉 행정주체에게 우월적 지위가 주어지는 지배복종관계인 법률관계는 공법관계로 보는 견해
② 〈이익설〉 공익의 보호와 관계가 있는 법률관계는 공법관계로 보는 견해
③ 〈신주체설〉 공권력의 담당자의 지위를 갖는 자에게만 권리의무를 귀속시키는 법률관계를 공법관계로 보는 견해

#### 2. 검토

각 학설은 모두 공법과 사법을 구별하는 데 필요한 일면의 기준을 제시하고 있으나, 완벽한 기준을 제시하지 못하고 있다. 따라서 여러 학설들의 일면적 타당성을 종합하여 판단함이 타당하다.

---

제2절 ## 행정상 법률관계의 당사자

### Ⅰ 행정행위의 정의 및 요소

#### 1. 행정행위의 의의

행정청이 구체적인 사실에 대한 법집행으로서 행하는 외부에 대하여 직접·구체적인 법적 효과를 발생시키는 권력적 단독행위인 공법행위이다.

## 2. 행정행위의 요소

① 행정청의 행위이다. ② 법적 행위이다. ③ 구체적 사실에 관한 법집행 행위이다. ④ 권력적 단독행위이다. ⑤ 공법행위이다.

※ 행정행위는 실무상 사용되는 개념은 아니며, 실무상으로는 '처분', '행정처분'이라고 한다.

## Ⅱ 행정주체

### 1. 행정주체의 의의

법률상 자기의 명의로 행정권을 행사하고 자기에게 그 법률효과가 귀속될 경우에 이를 행정주체 또는 행정권의 주체라 한다.

### 2. 행정주체의 종류

#### (1) 국가

국가는 법인격을 가진 법인으로서 행정법관계의 법주체가 된다.

#### (2) 지방자치단체

국가영토의 일부분인 일정한 지역을 기초로 하여 그 지역 내에 있어 일정한 통치권을 행사하는 단체

#### (3) 공공단체

① **공공조합** : 특정한 국가목적을 위하여 법적 자격을 가진 사람(조합원)의 결합으로 설립된 사단법인

② **영조물법인** : 행정목적을 달성하기 위하여 설립된 인적·물적 결합체에 공법상의 법인격을 부여한 경우

#### (4) 공무수탁사인

① **의의** : 공무수탁사인이란 공행정사무를 위탁받아 자신의 이름으로 처리하는 권한을 갖고 있는 행정주체인 사인을 말한다.

② **공무수탁사인의 예시** : 토지수용에 있어서의 사업시행자, 교육법에 의해 학위를 수여하는 경우 등이 있다.

③ **구별개념** : 행정보조자는 독립적인 행정권한이 없고 법률관계의 대외적 행정주체가 될 수 없다는 점에서 다르며, 부동산공시법상 국토교통부장관의 공시지가 공시업무의 감정평가사는 공무수탁사인이 아닌 행정보조자에 해당한다.

## Ⅲ 행정객체

행정의 상대방을 행정객체라 하며, 사인과 공공단체가 있다. 공공단체는 사인에 대한 관계에서 행정주체의 지위에 서게 되지만 국가나 다른 공공단체에 대한 관계에서는 행정객체가 된다.

## Ⅳ 행정법관계의 특질

### 1. 공정력

공정력이라 함은 일단 행정행위가 행하여지면 비록 행정행위에 하자가 있다 하더라도 그 흠이 중대하고 명백하여 무효로 되는 경우를 제외하고는 권한 있는 기관에 의해 취소되기 전까지는 상대방 및 이해관계인에 대하여 일단 유효한 것으로 통용되는 힘을 말한다.

### 2. 구성요건적 효력

구성요건적 효력이란 행정행위가 존재하는 이상 비록 흠(하자)이 있는 행정행위일지라도 무효가 아닌한 제3자의 국가기관은 법률에 특별한 규정이 없는 한 행정행위의 존재 및 내용을 존중하며, 스스로의 판단의 기초내지는 구성요건으로 삼아야 하는 구속력을 말한다.

### 3. 존속력(확정력)

#### (1) 불가쟁력(형식적 확정력)

불가쟁력이란 하자 있는 행정행위라 할지라도 그에 대한 불복기간이 경과하거나 쟁송절차가 종료된 경우에는 더 이상 그 행정행위의 효력을 다툴 수 없게 하는 효력을 말한다.

→ 법적안정성 때문, 하자의 승계 요건에 해당

#### (2) 불가변력(실질적 확정력)

불가변력이라 함은 행정행위의 성질상 인정되는 행정청이 해당 행정행위를 취소 또는 변경할 수 없게 하는 힘을 말한다.

### 4. 강제력

#### (1) 자력집행력

자력집행력이란 행정법상의 의무를 이행하지 아니할 경우에 행정청이 직접 실력을 행사하여 자력으로 그 의무의 이행을 실현시킬 수 있는 힘을 말한다.

#### (2) 제재력

행정행위의 상대방이 행정행위에 의해 부과된 의무를 위반하는 경우에는 그에 대한 제재로서 행정벌이 과해지는 경우를 말한다.

## 제3절 행정법관계의 내용(공권)

### Ⅰ 공권의 의의와 종류

공권이란 〈공법관계에서 직접 자기를 위하여 일정한 이익을 주장할 수 있는 법률상의 힘〉을 말한다. 공권은 국가적 공권과 개인적 공권이 있으며, 통상적으로는 개인적 공권을 의미한다.

## Ⅱ 개인적 공권

### 1. 의의

개인적 공권이란 개인이 자신의 이익을 위하여 행정주체에게 일정한 행위(작위/부작위/급부/수인)를 요구할 수 있는 공법상의 힘을 말한다.

### 2. 개인적 공권의 성립요소

① 〈강행규범성〉 강행법규에 의해 행정주체에게 일정한 행위(작위 또는 부작위)를 하여야 할 의무가 부과되고 있어야 한다.

② 〈사익보호성〉 해당 행정법규가 공익의 실현과 함께 사익의 보호를 목적으로 하고 있어야 한다.

## Ⅲ 공권의 확대화 현상

### 1. 제3자 원고적격

#### (1) 제3자효 행정행위 개념

제3자효 행정행위는 상대방에게는 이익을 주고 제3자에게는 불이익을 주거나, 상대방에게는 불이익을 주고 제3자에게는 이익을 주는 행정행위를 말한다.

#### (2) 제3자 원고적격

> **관련 판례(2006두330)**
>
> 환경상의 이익은 주민 개개인에 대하여 개별적으로 보호되는 직접적·구체적 이익으로서 그들에 대하여는 특단의 사정이 없는 한 환경상의 이익에 대한 침해 또는 침해우려가 있는 것으로 사실상 추정되어 공유수면매립면허처분 등의 무효확인을 구할 원고적격이 인정된다. 한편, 환경영향평가 대상지역 밖의 주민이라 할지라도 공유수면매립면허처분 등으로 인하여 그 처분 전과 비교하여 수인한도를 넘는 환경피해를 받거나 받을 우려가 있는 경우에는, 공유수면매립면허처분 등으로 인하여 환경상 이익에 대한 침해 또는 침해우려가 있다는 것을 입증함으로써 그 처분 등의 무효확인을 구할 원고적격을 인정받을 수 있다.

### 2. 무하자재량행사청구권

#### (1) 의의

무하자재량행사청구권이라 함은 행정청에게 재량권이 부여되는 경우에 행정청에 대하여 재량권을 흠 없이 행사하여 줄 것을 청구할 수 있는 권리를 말한다.

#### (2) 법적 성질

무하자재량행사청구권은 그 내용이 원칙적으로 재량처분에 있어서 처분의 형성과정상 재량권의 법적 한계를 준수하면서 어떠한 처분을 할 것을 구하는 데 그치고 특정한 처분을 구하는 권리는 아니라는 점에서 실질적 공권은 아니고 〈형식적 공권〉에 해당한다.

(3) 성립요건

① 〈강행법규성〉 강행법규가 재량행위를 행사함에 하자없이 발동하여야 할 의무가 부과하고 있어야 한다.

② 〈사익보호성〉 해당 행정작용의 근거규범이 공익뿐만 아니라 사익도 보호목적으로 하고 있어야 한다.

(4) 독자성 인정 여부

① 관련 판례의 태도

> **관련 판례(90누5825)**
>
> 적어도 재량권의 한계 일탈이나 남용이 없는 위법하지 않은 응답을 할 의무가 임용권자에게 있고 이에 대응하여 임용신청자로서도 재량권의 한계 일탈이나 남용이 없는 적법한 응답을 요구할 권리가 있다고 할 것이며, 이러한 응답신청권에 기하여 재량권 남용의 위법한 거부처분에 대하여는 항고소송으로서 그 취소를 구할 수 있다.

② 검토

판례의 입장 및 사익보호성이 충족되는 경우에만 무하자재량행사청구권이 성립된다는 점을 고려할 때 〈긍정설〉이 타당하다.

## 3. 협의의 행정개입청구권

(1) 의의

어떠한 행정권의 발동이 그 상대방에 대하여는 침해적이고 제3자에 대하여는 수익적인 경우에 그 행정권의 발동으로 이익을 받는 제3자로 하여금 행정청에게 그 상대방에 대한 행정권의 발동을 청구할 수 있는 권리를 말한다.

(2) 법적 성질

무하자재량행사청구권과는 달리 형식적 공권이 아니라 〈실체적 공권〉의 성격을 갖는다. 즉, 특정처분을 할 것을 요구하는 공권이다.

(3) 성립요건

① 〈강행법규성〉 행정기관에 대하여 특정한 행정행위를 하도록 하는 법적 의무가 존재하여야 한다.

② 〈사익보호성〉 보호규범이 보호법익으로서 공익뿐 아니라 사익도 동시에 보호법익으로 하고 있어야 한다.

(4) 행정개입청구권의 인정 여부

① 관련 판례의 태도

㉠ 연탄공장과 관련된 사건에 이웃주민의 법률상 이익을 긍정한 바 있고, ㉡ 무장공비와

관련한 국가배상청구사건에서는 국가의 경찰권 발동의무 및 해당 의무의 사익보호성을 전제로 국가의 손해배상책임을 인정한 바 있다.

② 검토

행정의존도가 점증하는 현대국가에서 행정청의 부작위가 사인에 대한 중대한 침해를 가져오는 경우 행정청에 대해 권력발동을 요구함으로써 직접적인 피해구제를 기할 수 있다는 점에서 그 필요성을 긍정함이 타당하다.

## 제4절 행정법상의 행위(신고)

### Ⅰ 사인의 공법행위로서의 신고의 의의

#### 1. 사인의 공법행위의 의의

사인의 공법행위란 공법관계에서 사인이 공법적 효과의 발생을 목적으로 하는 일체의 행위를 말한다.

#### 2. 신고의 의의

신고라 함은 사인이 행정기관에게 일정한 사항에 대하여 알려야 하는 의무가 있는 경우에 그것을 알리는 것을 말한다.

### Ⅱ 신고의 종류

① 자기완결적 신고와 수리를 요하는 신고
② 정보제공적 신고와 금지해제적 신고
③ 행정절차법상의 신고
④ 전형적인 신고와 변형된 신고

### Ⅲ 자기완결적 신고와 수리를 요하는 신고의 구별실익 및 기준

#### 1. 구별 실익

수리를 요하지 않는 신고와 수리를 요하는 신고는 그 효과, 신고에 대한 신고필증의 의미, 신고수리의 의미, 특히 행정기관이 수리를 거부한 경우 거부의 성질 등을 달리한다. 따라서 양자는 구별되어야 한다.

#### 2. 구별 기준

##### (1) 관계법령에서 신고와 수리를 규정하고 있는 경우

관계법령이 신고와 등록을 구분하여 규정하고 있는 경우에는 신고는 자기완결적 신고, 등록은 수리를 요하는 신고로 보아야 한다.

### (2) 신고요건의 내용을 기준으로 하는 경우

① 원칙상 신고요건이 형식적 요건만인 경우에는 자기완결적 신고이고, ② 신고요건이 형식적 요건 외에 실질적 요건도 포함되는 경우에는 수리를 요하는 신고로 볼 수 있다.

### (3) 규정이 없는 경우

① 신고만으로 법적효과가 발생하는 것이면 수리를 요하지 않는 신고이고, ② 신고가 수리행위의 발령을 위한 적법요건에 해당하고 행정기관이 수리함으로써 공법적 효과가 발생하는 것이면 수리를 요하는 신고로 볼 수 있다.

### (4) 불분명한 경우

국민이 권익보호차원에서 자기완결적 신고로 판단함이 타당하다고 보여진다.

## Ⅳ 자기완결적 신고

### 1. 의의

자기완결적 신고는 신고의 요건을 갖춘 신고만 하면 신고의무를 이행한 것이 되는 신고를 말한다.

### 2. 성질과 권리구제

자기완결적 신고의 수리는 단순접수행위로 수리거부는 항고소송의 대상이 되지 않는다. 다만 자기완결적 신고 중 건축신고와 같은 금지해제적 신고의 경우는 판례의 태도에 따라 처분성이 인정된다.

---

**▶ 관련 판례(2008두167)**

**1. 항고소송의 대상이 되는지 여부의 판단 기준**

<u>행정청의 어떤 행위가 항고소송의 대상이 될 수 있는지의 문제는 추상적·일반적으로 결정할 수 없고,</u> 구체적인 경우 행정처분은 행정청이 공권력의 주체로서 행하는 구체적 사실에 관한 법집행으로서 국민의 권리의무에 직접적으로 영향을 미치는 행위라는 점을 염두에 두고, <u>관련 법령의 내용과 취지, 그 행위의 주체·내용·형식·절차, 그 행위와 상대방 등 이해관계인이 입는 불이익과의 실질적 견련성, 그리고 법치행정의 원리와 당해 행위에 관련한 행정청 및 이해관계인의 태도 등을 참작하여 개별적으로 결정하여야 한다.</u>

**2. 건축신고 반려행위 또는 수리거부행위가 항고소송의 대상이 되는지 여부**

건축주 등은 신고제하에서도 건축신고가 반려될 경우 당해 건축물의 건축을 개시하면 시정명령, 이행강제금, 벌금의 대상이 되거나 당해 건축물을 사용하여 행할 행위의 허가가 거부될 우려가 있어 불안정한 지위에 놓이게 된다. 따라서 건축신고 반려행위가 이루어진 단계에서 당사자로 하여금 반려행위의 적법성을 다투어 그 법적 불안을 해소한 다음 건축행위에 나아가도록 함으로써 장차 있을지도 모르는 위험에서 미리 벗어날 수 있도록 길을 열어 주고, 위법한 건축물의 양산과 그 철거를 둘러싼 분쟁을 조기에 근본적으로 해결할 수 있게 하는 것이 법치행정의 원리에 부합한다. 그러므로 건축신고 반려행위는 항고소송의 대상이 된다고 보는 것이 옳다.

---

## Ⅴ 수리를 요하는 신고

### 1. 의의

수리를 요하는 신고는 신고가 수리되어야 신고의 효과가 발생하는 신고를 말한다. 최근 대법원은 인·허가의제 효과를 수반하는 건축신고는 수리를 요하는 신고로 보는 것이 타당하다고 하였다.

> 🔄 **관련 판례(2010두14954)**
> 건축신고를 하려는 자는 인·허가의제사항 관련 법령에서 제출하도록 의무화하고 있는 신청서와 구비서류를 제출하여야 하는데, 이는 건축신고를 수리하는 행정청으로 하여금 인·허가의제사항 관련 법률에 규정된 요건에 관하여도 심사를 하도록 하기 위한 것으로 볼 수밖에 없다. 따라서 인·허가의제 효과를 수반하는 건축신고는 일반적인 건축신고와는 달리, 특별한 사정이 없는 한 행정청이 그 실체적 요건에 관한 심사를 한 후 수리하여야 하는 이른바 '수리를 요하는 신고'로 보는 것이 옳다.

### 2. 성질과 권리구제

신고의 요건을 갖춘 신고가 있었다 하더라도 수리되지 않으면 신고가 되지 않은 것으로 보는 것이 다수설과 판례의 입장이다. 수리를 요하는 신고의 경우에 수리는 행정행위의 수리행위이고, 수리거부는 거부처분에 해당하며 항고소송의 대상이 될 수 있다는 것이 일반적인 견해이다.

합격까지 박문각

# PART 02

## 행정작용법

Chapter 01 행정입법
Chapter 02 행정행위
Chapter 03 행정형식의 다양화
Chapter 04 행정절차
Chapter 05 행정상 의무이행확보수단

# 행정입법

## 제1절 행정입법 개설

### 기출문제

- 제33회 : 표준지조사평가기준
- 제28회 : 이주자선정 훈령
- 제22회 : 규칙 제26조의 법적 성질
- 제21회 : 국토부지침
- 제20회 : 감정평가법 시행령 제29조 별표의 재판규범성
- 제19회 : 토지가격비준표

### Ⅰ 행정입법의 의의

행정상 입법이라 함은 행정권의 일반적·추상적 규범을 정립하는 작용을 말한다.

### Ⅱ 행정입법의 종류

① 행정입법은 행정주체와 국민과의 관계를 규율하여 대외적인 효력을 갖는 법규명령과 ② 원칙적으로 행정내부의 영역에만 효력을 갖는 행정규칙으로 구별된다.

## 제2절 법규명령

### Ⅰ 법규명령의 의의

법규명령이라 함은 행정권이 제정하는 법규를 말하며, 법률의 위임에 의하여 또는 법률 집행을 위해 행정부에 의하여 제정되는 일반적·추상적 규율이다.

### Ⅱ 법규명령의 근거

헌법 제75조에서는 대통령령(위임명령과 집행명령)의 근거를, 헌법 제95조에서는 총리령과 부령(위임명령과 집행명령)의 근거를 두고 있다.

### Ⅲ 법규명령의 종류

#### 1. 위임명령과 집행명령(내용에 따른 분류)

① 위임명령이란 법률 또는 상위명령의 위임에 의해 제정되는 명령이며, ② 집행명령이란 상위법령의 집행을 위하여 필요한 사항을 법령의 위임 없이 직권으로 발하는 명령이다.

## 2. 대통령령, 총리령, 부령(제정권자에 따른 분류)

① 대통령이 제정하는 명령을 대통령령, ② 총리가 발하는 명령을 총리령, ③ 행정각부의 장이 발하는 명령을 부령이라 한다.

## Ⅳ 법규명령의 한계

### 1. 위임명령의 한계

#### (1) 상위법령의 수권상 한계

위임명령은 상위 법령의 위임(수권)이 있어야 한다. 헌법 제75조는 법률의 명령에 대한 수권은 구체적으로 범위를 정하여 위임하도록 한다. 구체적 위임이란 수권법률 규정만으로 위임 내용의 대강을 예측할 수 있는 것을 말한다. 수권의 한계를 넘는 법률은 위헌이다.

#### (2) 위임명령의 제정상 한계

위임명령은 수권의 범위 내에서 제정되어야 하며, 수권의 범위를 일탈하거나 상위법령에 위반하여서는 안 된다.

### 2. 집행명령의 한계

집행명령은 상위법령의 집행에 필요한 절차나 형식을 정하는데 그쳐야 하며, 새로운 법규사항을 정하여서는 안 된다. 집행명령은 새로운 법규사항을 규정하지 않으므로 법령의 수권 없이 제정될 수 있다.

## Ⅴ 법규명령의 하자

법규명령의 적법요건(주체·절차·형식·내용·통지요건)에 흠이 있으면 위법한 것이 된다. 일정한 법적행위가 성립·효력 요건을 충족하지 못하면 법적 효력을 인정하지 않는 것이 원칙인바, 무효라고 보는 것이 일반적 견해 및 판례의 입장이다.

## Ⅵ 법규명령의 통제

### 1. 의회에 의한 통제

국회는 국정감사 등에서 행정권에 대한 국정감사권을 행사하여 위법한 법규명령을 통제할 수 있다.

### 2. 행정적 통제

상급행정청은 감독권을 행사하여 하급행정청의 행정입법권의 기준과 방향을 지시할 수 있고, 위법한 법규명령의 폐지를 명할 수 있다.

### 3. 사법적 통제

#### (1) 의의

행정입법에 대한 사법적 통제란 사법기관인 법원 및 헌법재판소에 의한 통제를 말한다.

### (2) 구체적 규범통제(법원에 의한 통제)

① 의의 및 근거

구체적 사건에 관한 재판에서 행정입법의 위법 여부가 선결문제가 되는 경우 해당 행정입법의 위법 여부를 통제하는 것이며, 헌법 제107조 제2항에 근거한다.

> **🔎 헌법 제107조 제2항**
>
> 명령·규칙 또는 처분이 헌법이나 법률에 위반되는 여부가 <u>재판의 전제가 된 경우에는</u> 대법원은 이를 최종적으로 심사할 권한을 가진다.

② 통제의 대상

㉠ 명령·규칙 : 명령은 법규명령을 의미하며, 규칙이란 대법원규칙, 국회규칙과 같이 법규명령인 규칙을 의미한다.

㉡ 위헌·위법 : 행정입법이 헌법이나 법률에 위반한 경우나 상위의 법규명령에 위반한 경우 모두 법원에 의한 통제의 대상이 된다.

③ 통제의 주체

각급 법원이 통제하고, 대법원이 최종적 심사권을 갖는다.

④ 효력

㉠ 위헌인 법규명령은 해당 사건에 적용이 배제되며, ㉡ 해당 법령에 의한 처분은 법위반으로 중대하나, 일반인 입장에서 명백한 위법으로 보기 어려워 일반적으로 취소사유에 해당한다. ㉢ 또한 판결 이후에는 대세효가 인정되는바, 판결 이후 해당 법령에 근거하여 새롭게 내려진 처분은 당연무효가 된다.

---

### 제3절 행정규칙

### ▌I ▐ 의의

행정규칙이라 함은 행정조직 내부에서의 행정의 사무처리기준으로서 제정된 일반적·추상적 규범을 말하며, 실무에서는 훈령, 통첩, 예규 등이 행정규칙에 해당한다.

### ▌II ▐ 행정규칙의 대외적 구속력과 법적 성질

### 1. 대외적 구속력의 의의

행정규칙의 대외적 구속력이란 '국민이 행정행위가 행정규칙에 위반하였다는 것을 이유로 행정행위의 위법을 주장할 수 있는가' 하는 것과 '행정규칙이 법원에 대하여 재판규범이 되는가' 하는 문제이다. 판례는 원칙상 행정규칙의 대외적 구속력을 부정하나, 특히 문제되는 재량준칙에서 검토한다.

## 2. 재량준칙과 행정규칙의 대외적 구속력

### (1) 재량준칙의 의의

재량준칙이란 재량권 행사의 기준을 정한 행정규칙을 말한다.

### (2) 학설

① 〈부정설〉 재량준칙은 행정조직 내부에서의 재량권 행사의 기준을 정한 행정규칙이므로 대외적 구속력이 없다고 보는 견해

② 〈준법규성설〉 재량준칙은 자기구속의 원칙을 매개로 하여 간접적으로 대외적 구속력을 갖는다고 보는 견해

③ 〈법규성설〉 재량준칙은 행정권이 독자적 입법권에 근거하여 제정한 법규라고 보는 견해

### (3) 판례

판례는 원칙상 행정규칙의 대외적 구속력을 인정하지 않지만, 재량준칙이 객관적으로 보아 합리적이 아니라든가 타당하지 아니하여 재량권을 남용한 것이라고 인정되지 않는 이상 행정청의 의사는 가능한 한 존중되어야 한다고 하여 평등원칙에 근거하여 재량준칙의 대외적 구속력을 인정하고 있다.

### (4) 검토

판례의 태도에 따라 행정규칙은 법규성을 부정하는 것이 타당하다고 판단되나, 재량준칙의 경우 자기구속의 원칙을 매개로 하여 간접적으로 대외적 구속력을 갖는바, 〈준법규성설〉이 타당하다고 판단된다.

## Ⅲ 행정규칙의 통제

### 1. 항고소송의 대상

그 자체로서는 국민의 법적 지위에 직접적인 영향을 미치지 않는 행정내부조치에 불과하므로 재량준칙 자체는 취소소송의 대상이 되지 않는다. 다만, 재량준칙이라도 국민의 권익에 직접 영향을 미치는 경우에는 행정소송법상 처분이 되며 취소소송의 대상이 된다.

※ 재량준칙에 대한 간접적 통제를 인정하지 않는 것이 일반적인 견해이지만, 재량준칙의 대외적 간접적 구속력을 인정하는 견해에 선다면(준법규설이상) 재판에서 전제문제로서 간접적으로 통제된다고 보아야 한다.

### 2. 구체적 규범통제

행정규칙이 대외적 구속력을 갖지 않는 경우에는 행정청의 위법 여부를 판단함에 있어서 행정규칙의 위법 여부가 전제문제가 되지 않으므로 법원에 의한 심판대상이 될 수 없을 것이다.

### 3. 헌법재판소에 의한 통제

행정규칙은 대외적인 행위가 아니라 행정조직 내부에서의 행위이므로 원칙상 헌법소원의 대상이 되는 공권력의 행사가 아니다. 그러나 행정규칙이 사실상 구속력을 갖고 있어 국민의 기본권을 현실적으로 침해하는 경우에는 헌법소원의 대상이 된다.

## 제4절 | 법규명령 형식의 행정규칙

### I 의의

법규명령의 형식을 취하고 있지만 그 내용이 행정규칙의 실질을 가지는 것을 법규명령 형식의 행정규칙이라 한다.

### II 법적 성질

#### 1. 문제점

법규명령 형식의 행정규칙의 문제는 본래 행정규칙의 형식으로 제정되어야 할 제재처분의 구체적인 기준을 법규명령의 형식으로 제정함으로써 야기된 것이다. 형식과 실질의 차이, 즉 그 형식은 법규명령, 즉 대통령령이나 부령의 형식이나 그 내용이 행정사무처리기준에 해당하는 경우 이러한 규범의 법적 성질이 문제된다.

#### 2. 학설

① 〈법규명령설(형식설)〉 헌법상 법형식을 중시하는 견해
② 〈행정규칙설(실질설)〉 실질을 중시하는 견해
③ 〈수권여부기준설〉 상위법의 위임여부를 기준으로 법규성의 인정 여부를 판단하는 견해

#### 3. 관련 판례의 태도

① 과거 판례는 대통령령에 대해서는 법규명령으로, 부령인 경우에는 행정규칙으로 판시한 바 있다. (대판 1997.12.26, 97누15418)
② 최근 전원합의체 다수의견은 부령의 형식이라도 <u>법규명령인지 여부와 관계없이 관할 행정청 및 공무원은 이를 준수하여야 하는바 그 상대방인 국민에 대한 대외적 구속력을 인정하였다.</u> 한편 전원합의체 별개의견은 법률상 이익을 긍정하는 결론에는 찬성하지만, 그 이유에 있어서는 다음과 같이 부령인 제재적 처분기준의 법규성을 인정하는 이론적 기초 위에서 그 법률상 이익을 긍정하는 것이 법리적으로는 더욱 합당하다고 하였다(대판 2006.6.22, 2003두1684).

#### 4. 검토

생각건대 법적 안정성과 헌법 존중의 측면에서 대통령령이든 부령·총리령이든 대외적 구속력을 인정함이 타당하다고 판단된다.

## 제5절 | 법령보충적 행정규칙

### I 의의

훈령, 예규, 고시 등 행정규칙의 형식이나 상위법령과 결합하여 그 효력을 보충하는 법규사항을 정한 것을 말하며, 행정기본법 제2조 제1호 가목에 근거를 두고 있다.

## Ⅱ 법적 성질

### 1. 학설

① 〈규범구체화 행정규칙설〉 통상적인 행정규칙과 달리 그 자체로서 국민에 대한 구속력을 인정하는 견해

② 〈법규명령설(실질설)〉 해당 규칙이 법규와 같은 효력을 가지므로 법규명령으로 보아야 한다는 견해

③ 〈행정규칙설(형식설)〉 훈령, 고시 등의 형식을 취하는 이상 행정규칙으로 보아야 한다는 견해

④ 〈수권여부기준설〉 법령에 근거가 있는 경우와 없는 경우로 구분하여 검토하여야 한다고 보는 견해

⑤ 〈법규명령이 효력을 갖는 행정규칙설〉 구속력을 인정하더라도 행정규칙의 형식으로 제정되었으므로 법적 성질은 행정규칙으로 보는 것이 타당하다는 견해

⑥ 〈위헌무효설〉 법규명령의 형식이 헌법상 한정되어 있다는 전제하에 행정규칙 형식의 법규명령은 허용될 수 없으므로 위헌, 무효라는 견해

### 2. 관련 판례의 태도

> **↪ 관련 판례(86누484)**
>
> 수임행정기관이 행정규칙의 형식으로 그 법령의 내용이 될 사항을 구체적으로 정하고 있다면 그와 같은 행정규칙, 규정은 행정규칙이 갖는 일반적 효력으로서가 아니라, 행정기관에 법령의 구체적 내용을 보충할 권한을 부여한 법령규정의 효력에 의하여 그 내용을 보충하는 기능을 갖게 된다 할 것이므로 이와 같은 행정규칙, 규정은 당해 법령의 위임한계를 벗어나지 아니하는 한, 그것들과 결합하여 대외적인 구속력이 있는 법규명령으로서의 효력을 갖게 된다.

### 3. 검토

행정기본법 제2조 제1항 가목의 입법취지에 비추어 볼 때, 법규성을 인정하는 것이 타당하다고 판단된다.

---

**〈행정입법의 구분〉**

1. 행정규칙
   - 감정평가실무기준
   - 국토부 k지침
   - 이주민지원규정(훈령)
2. 법규명령 형식의 행정규칙
   - 별표3

3. 법령보충적 행정규칙
   - 토지가격비준표
   - 토지보상법 시행규칙 제22조
   - 표준지선정관리지침
   - 표준지조사평가기준

---

# Chapter 02 행정행위

◎ 기출문제

- 제33회 : 수용재결취소처분에 대한 불복
- 제32회 : 재결신청청구거부에 대한 불복
- 제29회 : 감정평가사 징계처분에 대한 징계절차와 불복
- 제28회 : 사업인정과 수용재결의 하자의 승계
- 제27회 : 이주대책 거부처분

## 제1절 행정행위의 개념

### Ⅰ 행정행위의 정의

행정청이 구체적인 사실에 대한 법집행으로서 행하는 외부에 대하여 직접·구체적인 법적 효과를 발생시키는 권력적 단독행위인 공법행위이다.

### Ⅱ 행정행위의 개념요소

#### 1. 행정청의 행위

행정청에는 엄격한 의미의 행정청(조직법상 의미의 행정청) 외에 법령에 의해 행정권을 위임 또는 위탁받은 행정기관, 공공단체 또는 사인이 포함된다.

#### 2. 구체적 사실에 관한 행위

구체적 사실의 여부는 관련자가 개별적인가 일반적인가와 규율대상이 구체적인가 추상적인가에 따라 판단되며, ① 개별적인 것과 일반적인 것은 처분의 발령시점에 수명자의 범위가 객관적으로 확정되는가 여부로 결정되고, ② 구체적인 것은 1회적인 것을 의미하고, 추상적인 것은 무제한적인 것을 의미한다.

#### 3. 권력적 단독행위

비권력적인 공법상 계약 등은 행정행위가 아니다. 행정행위는 행정청이 법률에 정한 바에 따라 일방적으로 국민의 권리의무 기타 법적 지위를 구체적으로 결정하는 행위다.

#### 4. 공법행위

공법상 행위란 행위의 근거가 공법적이라는 것이며, 사법계약의 형식을 취하는 행정사법작용은 행정행위에 해당하지 아니한다.

| 제2절 | **행정행위의 종류** |
|---|---|

### 2-1 법률행위적 행정행위

| | | 명령적 행위<br>(제한, 제한해제) | 하명 |
|---|---|---|---|
| | | | 허가 |
| 행정행위 | 법률<br>(의사표시 ○) | | 면제 |
| | | 형성적 행위 | 특허 |
| | | | 인가 |
| | | | 공법상 대리 |
| | 준법률<br>(의사표시 ×) | 공증, 통지, 수리, 확인 | |

| | |
|---|---|
| **상대적 금지**<br>자유<br>수리를 요하지 않는 신고<br>수리를 요하는 신고<br>허가<br>예외적 허가(금지를 예정)<br>(토지보상법 제24조 제2항)<br>**절대적 금지** | ↕ |

## Ⅰ 법률행위적 행정행위의 의의 및 구분

'법률행위적 행정행위'란 행정행위의 효과의사를 구성요소로 하고 그 법적 효과가 그 효과의사의 내용대로 발생하는 행위이며, 법률효과의 내용에 따라 '명령적 행위'와 '형성적 행위'로 구분된다.

## Ⅱ 명령적 행위

### 1. 명령적 행위의 의의

명령적 행위란 인간이 본래 가지는 자연적 자유를 규율하는 행위이다. 하명, 허가, 면제로 구분된다.

### 2. 하명

하명이란 행정청이 국민에게 작위, 부작위, 급부 또는 수인의무를 명하는 행위이다. 하명은 의무를 과하는 침익적 행위이므로 헌법 제37조 제2항에 따라 반드시 법령의 근거를 필요로 한다.

### 3. 허가

(1) 허가의 의의

허가란 법령에 의한 자연적 자유에 대한 상대적 금지를 일정한 요건을 갖춘 경우 해제하여 행위를 적법하게 할 수 있게 하는 행정행위이다.

### (2) 기속행위인지 여부

허가는 법이 정한 요건이 충족되면 반드시 발급되어야 하는바, 법령에 특별한 규정이 없는한 원칙상 기속행위로 보아야 하나, 명문 규정이 없더라도 허가 시 중대한 공익(환경의 이익등)의 고려가 필요하여 이익형량이 요구되는 경우 허가는 재량행위로 보아야 한다.

### (3) 허가의 효과

허가를 받으면 본래 가지고 있던 자유권이 회복된다. 허가를 받은 자는 적법하게 일정한 행위를 할 수 있는 권리 내지 법률상 이익을 향유하게 된다.

## 4. 예외적 승인(허가)

예외적 승인(허가)이란 사회적으로 바람직하지 않은 일정 행위를 법령상 원칙적으로 금지하고 예외적인 경우 이 금지를 해제하여 해당 행위를 적법하게 할 수 있게 해주는 행위이다.

## 5. 면제

면제란 법령에서 정해진 작위의무, 급부의무 또는 수인의무를 해제해 주는 행정행위를 말한다.

### Ⅲ 형성적 행위

## 1. 형성적 행위의 의의

형성적 행위란 상대방에게 특정한 권리, 능력, 법률상의 지위 또는 포괄적 법률관계 기타 법률상의 힘을 발생, 변경 또는 소멸시키는 행위를 말한다. 특허, 인가, 공법상 대리로 나뉜다.

## 2. 특허

### (1) 특허의 의의

특허란 상대방에게 직접 권리, 능력, 법적 지위, 포괄적 법률관계를 설정하는 행위이다.

### (2) 특허의 성질

① 특허는 상대방이 본래 가지고 있지 않았던 권리 등을 새롭게 설정해주므로 판례는 〈설권적처분〉으로 보고 있으며, ② 공익을 고려해야 하므로 원칙상 〈재량행위〉로 본다.

## 3. 인가

### (1) 인가의 의의

인가란 타인의 법률적 행위를 보충하여 그 법률적 효력을 완성시켜 주는 행정행위이다.

### (2) 인가의 성질

① 인가는 인가의 기본이 되는 기본행위의 효력을 완성시켜 주는 행위로서 〈형성적 행정행위〉에 해당하며, ② 인가는 기속행위인 경우도 있으나, 재량행위일 수도 있다.

### (3) 인가의 효과

인가가 행해져야 인가의 대상이 된 제3자의 법률적 행위가 법적 효력을 발생한다. 인가는 기본행위가 효력을 발생하기 위한 효력요건이다. 무인가행위는 효력을 발생하지 않는다.

(4) 기본행위와 인가행위와의 관계

　① 인가의 보충성

　　인가행위는 타인의 법률행위를 보충하는 행위이다. 따라서, 인가의 대상이 되는 행위의 내용은 신청인이 결정하므로, 행정청은 소극적으로 인가를 할 것인지의 여부만을 결정할 수 있으며, 적극적으로 인가의 대상이 되는 행위의 내용을 수정하는 것은 인정되지 않는다.

　② 기본행위의 하자 및 인가

　　기본행위에 하자가 있는 경우 그 기본행위의 하자를 다투어야 하며, 기본행위의 하자를 이유로 인가처분의 취소 또는 무효확인을 구할 법률상 이익이 없다는 것이 판례의 입장이다.

> 🔁 **예외 판례**
> 조합설립(기본행위)에 하자가 있다면, 취소 또는 무효를 구해야 할 대상은 조합설립결의가 아니라 조합설립인가처분임

　③ 인가의 하자

　　기본행위가 적법유효하고 보충행위인 인가처분 자체에만 하자가 있다면 그 인가처분의 무효나 취소를 주장할 수 있다. 만약 인가처분이 무효이거나 인가처분이 취소된 경우에 기본행위는 무인가행위가 된다.

## 4. 공법상 대리

공법상 대리란 제3자가 하여야 할 행위를 행정기관이 대신하여 행함으로써 제3자가 스스로 행한 것과 같은 효과를 발생시키는 형성행위를 말한다.

**2-2　준법률행위적 행정행위**

**Ⅰ　준법률행위적 행정행위의 의의 및 구분**

'준법률행위적 행정행위'란 그 법적 효과가 행위자의 의사와는 무관하게 법규범에 의해 부여되는 행위이며, 법률효과의 내용에 따라 확인행위, 공증행위, 통지행위, 수리행위로 구분된다.

**Ⅱ　확인행위**

## 1. 의의

확인행위란 특정한 사실 또는 법률관계의 존부 또는 정부에 관하여 다툼이 있는 경우 행정청이 이를 공권적으로 확인하는 행위이다.

## 2. 기속행위인지 여부

확인행위는 사실 또는 법률관계를 확인하는 행위이므로 원칙상 행정청에게 재량권이 인정될 수 없고 기속행위이다.

### Ⅲ 공증행위

#### 1. 의의

공증행위란 특정 사실 또는 법률관계의 존재를 공적으로 증명하는 행정행위이다.

#### 2. 효과

공증행위의 효력은 사실 또는 법률관계의 존재에 대하여 공적 증거력을 부여하는 것이다. 공증에 의한 공적 증거력은 반증에 의하지 않고는 번복될 수 없다. 반증이 있으면 공증행위는 취소 없이 공적 증거력이 번복된다.

### Ⅳ 통지행위

통지행위란 특정인 또는 불특정 다수인에게 특정한 사실을 알리는 행정행위이다. 이미 발생한 법률관계를 단순히 알리는 행위로서 처분이 될 수 없으나, 통지 그 자체로 일정한 법률효과를 발생시키는 경우에는 처분성이 인정된다.

### Ⅴ 수리행위

수리행위란 법상 행정청에게 수리의무가 있는 경우 신고, 신청 등 타인의 행위를 행정청이 적법한 행위로서 받아들이는 행위를 말한다. 수리행위는 행정청의 수리의무를 전제로 하여 행해지는 행정행위이다. 수리에 의한 법적 효과는 법률이 정하는 바에 의한다.

## 2-3 수익적 행정행위 등

### Ⅰ 개념

#### 1. 수익적 행정행위

행위의 상대방에게 이익을 부여하는 행정행위다.

#### 2. 침익적 행정행위

행정행위의 상대방에게 권익을 제한하거나 의무를 부과하는 행정행위이다.

#### 3. 복효적 행정행위

하나의 행정행위가 이익과 불이익의 효과를 동시에 발생시키는 행정행위이다.

### Ⅱ 수익적 행정행위와 침익적 행정행위의 구별실익

#### 1. 절차적 통제

① 상대방의 권익을 제한하거나 의무를 부과하는 행정행위는 사전에 통지를 하고 상대방의 의견진술을 들어야 하나(행정절차법 제21조 및 제22조), ② 수익적 행정행위는 사전통지를 거칠 필요가 없다.

## 2. 사인의 공법행위

① 수익적 행정행위는 통상 상대방의 신청을 요하는 쌍방적 행정행위인데 반하여, ② 침익적 행정행위는 통상 행정청의 직권에 의해 일방적으로 발령된다.

## 3. 취소 또는 철회

### (1) 소의 이익 인정 여부

① 수익적 행정행위에 대하여는 쟁송취소를 제기할 소의 이익이 전혀 인정되지 않아 행정쟁송으로 다툴 수 없으나 ② 침익적 행정행위는 원칙상 소의 이익이 인정된다.

### (2) 취소 또는 철회에 대한 제한

① 수익적 행정행위의 직권취소 또는 철회는 상대방의 신뢰보호의 원칙상 일정한 제한이 가해지나, ② 침익적 행정행위의 취소 또는 철회는 이러한 제한이 없다.

## 4. 구제수단

① 수익적 행정행위의 거부 또는 부작위에 대하여는 의무이행심판, 거부처분취소쟁송을 제기하고, 부작위의 경우는 의무이행심판 또는 부작위위법확인소송을 제기할 수 있다. ② 침익적 행정행위에 대하여는 취소심판 또는 취소소송을 제기할 수 있다.

### Ⅲ 복효적 행정행위의 구분

복효적 행정행위는 ① 상대방에게는 이익을 주고 제3자에게는 불이익을 주거나 또는 그 반대인 제3자효 행정행위, ② 상대방에 대하여 동시에 수익적 및 침익적 효과를 발생시키는 혼합효적 행정행위(例 부담부 행정행위)로 구분된다.

### 2-4  행정행위의 적법요건

#### Ⅰ 주체요건

행정행위는 조직법상 정한 바에 따라 권한을 가진 기관이 권한의 범위 내에서 정상적 의사작용에 기한 것이어야 하며, 권한이 위임된 경우에는 수임자가 권한을 행사한다. 다만, 내부위임의 경우에는 위임자가 권한을 가진 기관이다.

> **관련 판례(80누344)**
> 행정처분의 권한을 내부적으로 위임받은 수임기관이 그 권한을 행사함에 있어서는 행정처분의 내부적 성립과정은 스스로 결정하여 행하고 그 외부적 성립요건인 상대방에의 표시만 위임기관의 명의로 하면 된다.

#### Ⅱ 내용요건

행정행위는 법우위원칙상 모든 법률 및 행정법의 일반원칙에 반하지 않아야 한다. 또한 법률유보원칙과 관련하여 중요하고 본질적인 사항은 법적 근거를 요한다.

**Ⅲ** 형식요건

① 행정청이 처분을 할 때에는 다른 법령 등에 특별한 규정이 있는 경우를 제외하고는 문서로 하여야 한다(행정절차법 제24조 제1항). ② 처분을 하는 문서에는 그 처분행정청 및 담당자의 소속·성명과 전화번호 등 문의할 수 있는 연락처를 기재하여야 한다(동조 제2항).

**Ⅳ** 절차요건

### 1. 사전통지

(1) 의의(행정절차법 제21조)

행정청이 당사자에게 의무를 부과하거나 권익을 제한하는 처분을 하는 경우에는 미리 당사자 등에게 통지하는 것을 말한다.

(2) 생략 가능 사유(공증현)

① **공**공의 안전을 위해 긴급히 처분을 할 필요가 있는 경우
② 법원의 재판 등에 의해 일정한 처분을 하여야 함이 객관적으로 **증**명된 때
③ 처분이 성질상 의견청취가 **현**저히 곤란하거나 명백히 불필요한 경우

### 2. 의견청취(청문 중요)

(1) 관련 규정의 검토(행정절차법 제22조)

행정절차법 제22조는 ① 다른 법령등에서 청문을 하도록 규정하고 있는 경우, ② 행정청이 필요하다고 인정하는 경우, ③ 신분·자격 박탈 등의 처분을 하는 경우 청문을 한다고 규정하고 있다.

(2) 청문 생략 가능 사유(공증현포)

① **공**공의 안전을 위해 긴급히 처분을 할 필요가 있는 경우
② 법원의 재판 등에 의해 일정한 처분을 하여야 함이 객관적으로 **증**명된 때
③ 처분이 성질상 의견청취가 **현**저히 곤란하거나 명백히 불필요한 경우
④ 당사자가 의견진술의 **포**기를 명백히 표시한 경우

### 3. 이유제시

(1) 의의(행정절차법 제23조)

행정청이 처분을 할 때에 당사자에게 그 근거와 이유를 제시하여야 하는 것을 말한다.

(2) 생략 가능 사유(모단긴)

① 신청 내용을 **모**두 그대로 인정하는 처분인 경우
② **단**순·반복적인 처분 또는 경미한 처분으로서 당사자가 그 이유를 명백히 알 수 있는 경우
③ **긴**급히 처분을 할 필요가 있는 경우

## Ⅴ 표시(송달·통지)요건

### 1. 의의

표시는 행정행위의 효력요건이자 행정행위 존재의 전제요건인바, 권한을 가진 기관이 해야 한다.

### 2. 도달주의

#### (1) 도달주의 원칙(행정절차법 제15조 제1항)

송달은 다른 법령 등에 특별한 규정이 있는 경우를 제외하고는 해당 문서가 송달받을 자에게 도달됨으로써 그 효력이 발생한다.

#### (2) 행정절차법의 공고의 경우(행정절차법 제14조)

행정절차법의 공고의 경우에는 다른 법령 등에 특별한 규정이 있는 경우를 제외하고는 공고일부터 14일이 지난 때에 그 효력이 발생한다.

#### (3) 행정업무의 효율적 운영에 관한 규정상 고시·공고의 경우

공고문서는 그 문서에서 효력발생시기를 구체적으로 밝히고 있지 않으면 그 고시 또는 공고 등이 있은 날부터 5일이 경과한 때에 효력이 발생한다.

### 3. 송달하자의 치유

송달의 적법성에 문제가 있는 때에 수령권자가 송달내용을 확인하고 수령하는 시점에 송달이 있었다고 볼 것이고, 송달하자는 치유된다.

---

### 제3절 재량권과 판단여지

## Ⅰ 재량권과 재량행위의 개념

① 〈재량권〉이란 행정기관이 행정권을 행사함에 있어 둘 이상의 다른 내용의 결정 또는 행태 중에서 선택할 수 있는 권한을 말한다.
② 〈재량행위〉란 재량권 행사에 의해 행해지는 행정행위를 말한다.

## Ⅱ 재량행위와 기속행위의 구별 및 실익

### 1. 재량행위와 기속행위의 의의

#### (1) 기속행위

법령상 요건이 충족되면 행정기관이 반드시 어떠한 행위를 하거나 하지 말아야 하는 행정행위를 말한다.

### (2) 재량행위

법규의 해석상 행정청에 행위 여부나 행위내용에 대한 선택의 가능성이 있어서 여러 행위 중 하나를 선택할 수 있는 자유가 행정청에게 주어진 행정행위를 말한다.

## 2. 구별실익

① 사법심사 방식, ② 부관 부가가능성 여부, ③ 공권의 성립과의 관계에서의 구별실익이 있다.

## 3. 구별기준

### (1) 일차적 기준인 법률규정

문언상 ① '할 수 있다'로 규정한 것은 원칙적으로 재량행위이고, ② '하여야 한다'로 규정한 것은 기속행위에 해당한다.

### (2) 법률규정이 불명확한 경우

#### ① 관련 판례

> ↩ **관련 판례(98두17593)**
> 판례는 해당 행위의 근거가 된 법규의 체제·형식과 그 문언, 해당 행위가 속하는 행정 분야의 주된 목적과 특성, 해당 행위 자체의 개별적 성질과 유형 등을 모두 고려하여 판단하여야 한다고 판시한 바 있다.

#### ② 검토

관련 판례의 태도에 따라 해당 행위 자체의 개별적 성질과 유형 등을 모두 종합적으로 고려하여 판단함이 타당하다고 판단된다.

## Ⅲ 재량권의 한계(재량권의 일탈 또는 남용)

행정청에게 재량권이 부여된 경우에도 재량권은 무한정한 것은 아니고 일정한 법적 한계가 있다. 재량권이 이 법적 한계를 넘은 경우 그 재량권 행사는 위법한 것이 된다. ① 〈재량권의 일탈〉이란 재량권의 외적 한계를 벗어난 것을 말하고, ② 〈재량권의 남용〉이란 재량권이 내적 한계 즉 재량권이 부여된 내재적 목적을 벗어난 것을 말한다.

## Ⅳ 불확정개념과 판단여지

## 1. 불확정개념과 판단여지의 의의 및 근거

① 〈불확정개념〉은 행정기관에 따라 상이한 평가가 가능하다는 것이고, ② 〈판단여지〉란 요건을 이루는 불확정개념의 해석·적용에 있어서 행정청의 자유영역을 인정함이 타당한 평가·결정영역을 말하며, 대체불가능한 결정이 존재할 수 있다는 점이 인정근거이다.

## 2. 인정여부(재량권과 판단여지의 구별문제)

### (1) 관련 판례의 태도

> **🔁 관련 판례(92누6882)**
>
> 감정평가사시험의 합격기준으로 절대평가제 방식을 원칙으로 하되, 행정청이 감정평가사의 수급상 필요하다고 인정할 때에는 상대평가제 방식으로 할 수 있다고 규정하고 있으므로, 감정평가사시험을 실시함에 있어 어떠한 합격기준을 선택할 것인가는 시험실시기관인 행정청의 고유한 정책적인 판단에 맡겨진 것으로서 자유재량에 속한다.

### (2) 검토

판례는 처분 등을 재량의 문제로 보고 있어 판단여지와 재량을 구별하지 않는다. 다만, 법치국가원리상 법령의 요건충족 판단은 예견 가능한 것이어야 하므로 요건판단에 행정청에게 재량을 부여할 수는 없는바, 양자를 구별하는 것이 타당하다고 판단된다.

---

## 제4절 | 행정행위의 부관

**◎ 기출문제**

- 제20회 : 부관에 대한 취소소송 가능 여부
- 제13회 : 위법한 부관에 대한 해결가능성

### I 부관의 개념(행정기본법 제17조)

부관이란 주된 행정행위의 효과를 제한하거나 보충하기 위하여 주된 규율에 부가된 종된 규율을 의미한다.

### II 부관의 종류

#### 1. 조건

행정행위의 효력의 발생 또는 소멸을 장래의 불확실한 사실에 의존시키는 부관을 말하며, 조건의 성취로 주된 행위의 효력이 즉시 발생하는 〈정지조건〉, 즉시 소멸되는 〈해제조건〉이 있다.

#### 2. 기한

행정행위의 효력의 발생 또는 소멸을 장래의 확실한 사실 발생여부에 의존시키는 부관을 말하며, 시점이 특정되어 있다는 점에서 조건과 다르다.

#### 3. 부담

부담이란 수익적 처분에 부가된 부관으로 상대방에게 작위·부작위·수인·급부의무를 명하는 것을 말한다. 조건은 일정한 사실의 성취가 있어야 효력이 발생하는 반면, 부담은 처음부터 효력이 발생함에 차이가 있다.

## 4. 철회권 유보

철회권의 유보란 일정요건 하에서 처분을 철회하여 처분의 효력을 소멸케 할 수 있음을 정하는 부관을 말한다.

## 5. 부담유보(사후 부담의 유보)

행정기본법 제17조 제1항은 부관의 종류를 조건, 기한, 부담, 철회권의 유보 등으로 표현하고 있는바 부담유보 또한 인정될 수 있으며, 부담유보란 사후적으로 부담을 설정·변경·보완할 수 있는 권리를 미리 유보해 두는 부관을 말한다.

## 6. 법률효과의 일부배제

법률효과의 일부배제란 법령이 행정행위에 부여하고 있는 법률효과의 일부를 행정청이 배제시키는 부관을 말하며, 판례는 법률효과 일부배제를 부관의 하나로 본다. 다만, 부관으로 제한하려면 반드시 법률에 근거가 있어야 한다.

## Ⅲ 부관의 요건

① 해당 처분의 목적에 위배되지 아니할 것, ② 해당 처분과 실질적인 관련이 있을 것, ③ 해당 처분의 목적을 달성하기 위하여 필요한 최소한의 범위일 것, ④ 처분의 성질상 허용될 것을 요건으로 한다.

## Ⅳ 행정행위의 부관의 한계(허용성)

## 1. 부관의 가능성

전통적 견해와 판례는 부관은 법률행위적 행정행위에만 붙일 수 있으며, 재량행위는 원칙적으로 자유롭게 부관의 부착이 가능하고, 기속행위는 부관을 붙일 수 없다고 보았다.

## 2. 내용상 한계

> ➲ **관련 규정(행정기본법 제17조 제4항)**
> 부관은 ① 처분의 목적에 위배되지 않아야 하고(비례-적합성의 원칙) ② 처분과 실질적 관련이 있어야 하며(부당결부금지의 원칙) ③ 목적 달성에 필요한 최소한의 범위일 것(비례-필요성의 원칙)이라는 요건에 적합하여야 한다고 규정한다.
>
> ➲ **관련 판례(89누6808)**
> ① 부관은 법령에 위배되지 않는 범위 내에서 붙일 수 있으나, ② 행정행위의 목적에 위배하여 붙일 수 없고 ③ 평등의 원칙, 비례의 원칙, 행정권한의 부당결부원칙 등 법의 일반원칙에 위배하여 붙일 수 없다. ④ 부관은 이행가능하여야 하며, ⑤ 주된 행정행위의 본질적 효력을 해하지 않는 한도의 것이어야 한다.

## 3. 시간상 한계(사후부관 가능성)

> **관련 규정(행정기본법 제17조 제3항)**
> ① 법률에 근거가 있는 경우, ② 당사자의 동의가 있는 경우, ③ 사정이 변경되어 부관의 부착/변경 없이 해당 처분의 목적을 달성할 수 없다고 인정되는 경우에는 처분 이후에도 부관을 새로 붙이거나 종전의 부관을 변경할 수 있다.
>
> **관련 판례**
> 사후부관에 대하여 ① 법령에 명문 근거가 있거나, ② 변경이 미리 유보된 경우, ③ 상대방의 동의가 있는 경우, ④ 사정변경으로 인해 부담을 부가한 목적을 달성할 수 없게 된 경우에는 그 목적달성에 필요한 범위 내에서 예외적으로 허용된다.

→ **검토 시** : 과거에는 견해의 대립이 있었으나, 관련 규정과 판례의 태도에 따르면 불가피한 경우 비례의 원칙에 반하지 않는 범위 내에서 예외적으로 긍정함이 타당하다고 판단된다.

## Ⅴ 독립쟁송 가능성 및 쟁송형태(부담만 가능)

### 1. 부관의 독립쟁송 가능성

**(1) 관련 판례(91누1264)**

판례는 부담과 그 외의 부관을 구별하여, 부담은 독립쟁송 가능하나 그 외의 부관은 독립하여 쟁송의 대상이 될 수 없고, 부관부 행정행위 전체를 대상으로 하여야 한다고 판시했다.

**(2) 검토**

생각건대 부관에 대한 쟁송형식은 그 부관의 처분성 유무의 문제인바, 부담만의 독립쟁송가능설이 타당하다고 판단된다.

### 2. 부관에 대한 쟁송형태

**(1) 개설**

부관에 대한 소송형태로는 진정일부취소소송과 부진정일부취소소송이 있다. ① 진정일부취소소송이란 부관만을 취소소송의 대상으로 하는 소송이고, ② 부진정일부취소소송은 형식상은 부관부 행정행위 전체를 소송의 대상으로 하면서 내용상으로는 부관만의 취소를 구하는 소송을 말한다.

**(2) 관련 판례**

부담은 진정일부취소소송을 인정하나, 기타 부관에 대해서는 부관부 행정행위 전체의 취소를 청구하든지 아니면, 행정청에게 부관이 없는 처분으로의 변경을 청구한 다음 거부된 경우 가 처분취소소송을 제기해야 한다는 입장이다.

**(3) 검토**

판례의 태도에 따르면 부담은 진정일부취소소송이 가능하나, 기타 부관은 부진정일부취소소송의 형태를 제기함이 타당하다고 판단된다.

## Ⅵ 부관의 독립취소가능성(부담만 가능)

### 1. 관련 판례

판례는 부담만이 독립하여 취소될 수 있고, 기타 부관은 독립하여 취소의 대상이 되지 않는다는 입장이다. 즉 부담 이외의 부관은 위법한 부관이 행정행위의 중요부분이면 전부취소의 판결을 하고, 그렇지 않다면 기각판결을 한다고 판시한 바 있다.

### 2. 검토

부담은 진정일부취소소송의 형태로 제기되므로 부담만을 취소하는 것이 아무런 문제가 없는바, 판례의 태도에 따라 부담만이 독립취소가능성이 인정된다고 봄이 타당하다고 판단된다.

---

### 제5절 | 행정행위의 효력

#### 5-1 공정력과 구성요건적 효력

### Ⅰ 공정력(행정기본법 제15조)

공정력이란 비록 하자 있는 행정행위라 하더라도 권한 있는 기관에 의해 취소되기 전까지는 상대방 및 이해관계인에 대하여 일단 유효한 것으로 통용되는 힘을 말하며, 공정력은 취소할 수 있는 행정행위에서만 인정된다.

### Ⅱ 구성요건적 효력

구성요건적 효력이란 하자 있는 행정행위라도 무효가 아닌 한 제3자의 국가기관은 그 행정행위의 존재 및 내용을 존중하여 스스로의 판단기초 내지 구성요건으로 삼아야 하는 구속력이며, 행정행위가 무효인 경우에는 구성요건적 효력이 미치지 않는다.

### Ⅲ 구성요건적 효력과 선결문제(제35회 기출)

### 1. 선결문제의 의의

선결문제란 소송에서 본안판단을 함에 있어 행정행위의 위법 여부 등의 확인 및 효력부인에 대한 해결이 필수적으로 전제가 되는 법문제를 말한다.

> ↪ **행정소송법 제11조**
> "처분 등의 효력 유무 또는 존재 여부는 민사소송의 수소법원이 이를 심리·판단할 수 있다."고 규정한다.

### 2. 민사사건과 선결문제

(1) 행정행위의 위법 여부가 쟁점인 경우

① 관련 판례

계고처분이 위법임을 이유로 손해배상을 청구한 사안에서 미리 그 행정처분의 취소판결이 있어야만 손해배상을 청구할 수 있는 것은 아니라고 판시하여 <u>긍정설의 입장</u>을 취하고 있다.

② 검토

국가배상청구소송에서 선결문제로서 행정행위의 위법성 판단은 단순한 위법성 심사에 그치는 것이므로 행정행위의 구성요건적 효력에 반하지 않는바 민사법원에서 행정행위의 위법성 확인이 가능하다고 봄이 타당하다.

### (2) 행정행위의 효력 유무가 쟁점인 경우

#### ① 관련 판례

과세처분의 하자가 단지 취소할 수 있는 정도에 불과할 때에는 과세관청이 이를 스스로 취소하거나 항고소송절차에 의하여 취소되지 않는 한 그로 인한 조세의 납부가 부당이득이 된다고 할 수 없다고 하여 <u>부정설의 입장</u>이다.

#### ② 검토

취소소송의 배타적 관할 및 구성요건적 효력을 고려할 때 민사법원에서 행정행위의 효력부인은 할 수 없다고 봄이 타당하다.

## 3. 형사사건과 선결문제

### (1) 행정행위의 위법 여부가 쟁점인 경우

#### ① 관련 판례

판례는 (구)도시계획법 제78조 제1항에 정한 처분이나 조치명령에 위반한 자에 대한 동법 제92조의 위반죄는 동 처분이나 조치가 위반된 경우에는 성립될 수 없다고 하여 <u>긍정설 입장</u>이다.

#### ② 검토

형사소송의 선결문제로서 행정행위의 위법성 판단은 단순한 위법성 심사에 그치는 것이므로 구성요건적 효력에 반하지 않는바, 행정행위의 위법 여부를 심리할 수 있다고 봄이 타당하다.

### (2) 행정행위의 효력 유무가 쟁점인 경우

#### ① 관련 판례

대법원은 연령미달의 결격자인 피고인이 소외인(자신의 형)의 이름으로 운전면허시험에 응시하여 합격함으로써 교부받은 운전면허를 가지고 운전한 것에 대해 무면허운전으로 기소된 사건에서 해당 운전면허는 당연무효가 아니고 취소되지 않는 한 유효하므로 무면허운전면허에 해당하지 않는다고 판시하였다.

#### ② 검토

명문규정이 없는 한 인권보장을 위하여 형사법원이 위법한 행정행위의 효력을 부인하고 범죄 성립을 부인할 수 있는 것으로 보는 긍정설이 타당하다고 판단된다.

## 5-2 행정행위의 존속력(확정력)

### Ⅰ 존속력의 의의 및 구분

하자있는 행정행위라도 일정한 경우 행정행위에 취소할 수 없는 힘이 부여되는 것을 존속력(확정력)이라 하며, 존속력에는 불가쟁력과 불가변력이 있다.

### Ⅱ 불가쟁력(형식적 확정력)

→ 제소기간 판단, 하자의 승계요건 판단 시 활용

#### 1. 의의 및 사유

① 불가쟁력이란 일정한 사유가 존재하면 더 이상 그 행정행위의 효력을 다툴 수 없게 하는 효력이며, ② 불가쟁력이 발생하는 사유로는 불복기간의 경과, 쟁송절차의 종료, 법적 구제수단의 포기, 판결을 통한 행정행위의 확정 등이 있다.

#### 2. 효력

취소권을 가진 행정청은 직권으로 불가쟁력이 발생한 행정행위에 대하여도 취소 또는 철회를 할 수 있다. 무효인 행정행위에는 제소기간이 없으므로, 불가쟁력이 발생하지 않는다.

### Ⅲ 불가변력(실질적 확정력)

#### 1. 의의 및 근거

① 불가변력이란 행정행위를 한 행정청이 해당 행정행위를 직권으로 취소 또는 변경할 수 없게 하는 힘을 말하며, ② 불가변력은 행정행위의 성질상 인정되는 효력으로서, 실질적 확정력 또는 실체적 존속력이라고 부른다.

#### 2. 효력

행정청은 불가변력이 있는 행정행위를 직권으로 취소 또는 철회할 수 없으며, 불가변력이 있는 행정행위의 상대방은 불복기간 내에 행정쟁송수단을 통하여 해당 행정행위의 효력을 다툴 수 있다.

### Ⅳ 불가쟁력과 불가변력의 관계

① 불가쟁력은 행정행위의 상대방 및 이해관계인에 대한 효력인데 비하여 불가변력은 처분청 등 행정기관에 대한 효력이며, ② 제소기간이 경과하여 불가쟁력이 발생한 행정행위일지라도 불가변력이 없으면 권한 있는 행정청은 그 행위를 취소·변경할 수 있고, ③ 불가변력이 발생한 행정행위일지라도 쟁송수단이 허용되는 한 제소기간 경과 전이라면 상대방 등은 다툴 수 있다.

| 제6절 | 행정행위의 하자 ★★★ |
|---|---|

## 6-1 무효인 행정행위와 취소할 수 있는 행정행위

### I 개설

행정행위의 하자란 행정행위의 적법요건의 흠결을 의미한다. 하자는 처분(발령)시에 존재한 것에 한정되며, 정도에 따라 무효인 행정행위와 취소할 수 있는 행정행위로 구분할 수 있다.

### II 무효인 행정행위

#### 1. 무효인 행정행위의 의의

행정행위의 적법요건에 중대하고 명백한 하자가 있어 외관상 행정행위가 존재는 하나 행정행위의 효과를 전혀 갖지 못하는 행정행위를 말한다.

#### 2. 무효 사유

무효 사유로는 ① 주체에 관한 하자, ② 내용상 무효원인, ③ 형식상 무효원인, ④ 절차상 무효원인이 있다.

#### 3. 무효의 효과

무효인 행정행위는 효력이 발생하지 않으므로 행정행위에 의해 처음부터 아무런 권리나 의무가 생겨나지 않는다.

### III 무효와 취소의 구별 필요성

#### 1. 불가쟁력 등

① 취소할 수 있는 행정행위는 기간의 경과 등으로 불가쟁력 등 행정행위의 효력이 발생하나, ② 무효인 행정행위는 효력이 발생하지 않는다.

#### 2. 소송형태

① 행정소송법상 취소할 수 있는 행정행위는 취소소송의 대상이 되고, ② 무효인 행정행위는 무효확인소송의 대상이 된다.

#### 3. 하자의 승계

① 취소할 수 있는 행정행위의 경우에만 어떤 요건하에서 하자의 승계를 인정할 수 있는지가 문제되고, ② 무효인 행정행위는 언제나 선행행위의 무효를 근거로 후행행위를 다툴 수 있는바 당연히 하자의 승계가 인정된다.

#### 4. 하자의 치유 및 전환

다수설에 의하면 ① 취소할 수 있는 행정행위만이 요건의 사후보완을 통하여 하자를 치유할 수 있으며, ② 무효인 행정행위만이 타행정행위로의 전환이 인정된다.

## 5. 선결문제

① 무효인 행정행위는 민사법원이나 형사법원이 독자적인 판단으로 그 무효를 확인할 수 있으나, ② 취소할 수 있는 행정행위는 스스로 그 효력을 부인할 수 없다.

## 6. 사정판결

전통적 견해와 판례의 입장에 따르면 취소할 수 있는 행정행위에 대해서만 사정판결을 할 수 있다.

## Ⅳ 무효와 취소의 구별 기준

### 1. 학설

① 〈중대명백성설〉 행정행위의 하자의 내용이 중대하고 명백하면 무효가 되고, 그 중 어느 한 요건이라도 결여한 경우 취소로 보는 견해

② 〈명백성보충설〉 무효의 기준은 중대성요건만을 요구하고, 제3자나 공공의 신뢰보호가 있는 경우 보충적으로 명백성요건을 요구하는 견해

③ 〈중대설〉 중대성을 기준으로 강행규정을 위반하면 하자가 중대하여 무효이고, 비강행규정 위반 시는 취소사유가 된다는 견해

④ 〈구체적 가치형량설〉 구체적 사안마다 구체적, 개별적으로 이익형량하여 무효 또는 취소 여부를 결정해야 한다는 견해

⑤ 〈조사의무설〉 일반국민뿐 아니라 관계 공무원이 볼 때 명백한 경우도 명백한 것으로 보아 무효사유를 넓히는 견해

### 2. 관련 판례(중대명백설 입장)

> ↘ 관련 판례(94누4615)
>
> 행정처분이 당연무효라고 하기 위해서는 처분에 위법사유가 있다는 것만으로는 부족하고 하자가 법규의 중요한 부분을 위반한 중대한 것으로서 객관적으로 명백한 것이어야 하며, 하자의 중대명백 여부를 판별함에 있어서는 법규의 목적, 의미, 기능 등을 목적론적으로 고찰함과 동시에 구체적 사안 자체의 특수성에 관하여도 합리적으로 고찰함을 요한다.

### 3. 검토

법적 안정성 및 국민의 권리구제를 조화롭게 고려하는 측면에서 〈중대명백설〉이 타당하다.

## 6-2 하자의 치유

### Ⅰ 의의 및 취지

행정행위가 발령 당시 위법하더라도 사후의 흠결을 보완하여 적법한 행위로 취급하는 것을 말하며, 행정행위의 무용한 반복을 방지하여 행정경제를 도모함에 취지가 인정된다.

## Ⅱ 인정 여부

### 1. 학설

① 〈부정설〉 국민의 권익구제 및 법치주의, 행정의 자의배제 등을 강조하는 견해

② 〈긍정설〉 행정의 효율성 및 법적 안정성을 강조하는 견해

③ 〈제한적 긍정설〉 행정경제와 행정절차의 사전적 권리구제 기능을 모두 고려하는 견해

### 2. 관련 판례

> 🔖 관련 판례(82누420)
>
> 하자 있는 행정행위의 치유나 전환은 행정행위의 성질이나 법치주의의 관점에서 볼 때 원칙적으로 허용될 수 없는 것이지만, 행정행위의 무용한 반복을 피하고 당사자의 법적 안정성을 위해 이를 허용하는 때에도 국민의 권리와 이익을 침해하지 않는 범위에서 구체적 사정에 따라 합목적적으로 인정해야 할 것이다.

### 3. 검토

국민의 권익구제와 법적안정성, 행정의 능률확보 측면 등을 조화롭게 고려하여 제한적 범위 내에서 인정하는 〈제한적 긍정설〉이 타당하다.

## Ⅲ 적용 범위

### 1. 내용상 하자의 치유여부

판례는 내용상 하자에 대해 하자 치유를 인정하면 행정의 법률적합성과의 조화를 깨뜨리는 것이므로 인정하지 않는다. 생각건대, 내용상 하자의 경우는 그 경중을 따져 판단함이 타당할 것으로 보인다.

### 2. 무효인 행정행위의 치유여부

통설 및 판례는 하자치유는 행정행위의 존재를 전제로 하는 것이므로 무효인 행정행위의 치유는 인정될 수 없다고 본다.

→ **결론** : ① 절차나 형식상의 하자, ② 취소사유에 대해서만 인정

## Ⅳ 치유의 효과

행정행위의 하자가 치유되면 처음부터 적법한 행정행위가 발령된 것처럼 치유효과는 소급한다.

## Ⅴ 하자치유의 한계

### 1. 실체적 한계

하자치유는 법치주의를 고려할 때 원칙적으로 인정될 수 없으나, 국민의 권리와 이익을 침해하지 않는 범위 내에서 예외적으로 인정되어야 하는 실체적 한계가 따른다.

## 2. 시간적 한계(치유시기)

### (1) 관련 판례

판례는 '치유를 허용하려면 늦어도 처분에 대한 불복 여부의 결정 및 불복신청에 편의를 줄 수 있는 상당한 기간 내에 하여야 한다고 할 것'이라고 하고 있어 쟁송제기 이전시설의 입장을 취하고 있다.

### (2) 검토

행정의 공정성 확보 및 당사자에게 불복신청에 편의를 줄 수 있도록 행정쟁송제기전까지만 인정함이 타당하다고 판단된다.

## 6-3 하자의 승계 ★★★

🔘 기출문제

• 제34회, 제32회, 제28회, 제27회, 제21회, 제17회, 제13회

**\* 하자의 승계 전형적인 목차**
Ⅰ. 하자의 승계의 의의 및 취지
Ⅱ. 하자의 승계의 요건
    1. 하자의 승계의 요건
    2. 검토(만약 충족이 되지 않는 요건이 있더라도 전제하고 넘어가기)
Ⅲ. 인정범위
    1. 학설(전통적 하자 승계론, 구속력이론)
    2. 관련 판례
    3. 검토
Ⅳ. 판례의 유형별 검토
    1. 하자의 승계가 인정되는 경우
    2. 하자의 승계가 부정되는 경우
Ⅴ. 사안의 해결

## Ⅰ 의의 및 취지

둘 이상의 처분이 연속적으로 행해지는 경우, 선행행위의 하자를 이유로 하자 없는 후행행위의 위법을 주장할 수 있는 것을 말하며, 법적 안정성과 국민의 권리구제에 취지가 있다.

## Ⅱ 전제요건

① 선행행위와 후행행위 모두 처분일 것
② 선행행위에 취소사유의 하자가 존재할 것
③ 선행행위에 불가쟁력이 발생하였을 것
④ 후행행위에 고유한 하자가 없을 것

## Ⅲ 인정범위

### 1. 학설

① 〈전통적 하자승계론〉 동일한 하나의 법률효과를 목적으로 하는 경우 하자가 승계된다는 견해
② 〈구속력이론〉 선행행위의 구속력이 후행행위에 미치지 않는 경우 하자의 승계가 인정된다는 견해

### 2. 판례

판례는 기본적으로 전통적 승계론의 입장이지만, 별개의 법률효과를 목적으로 하는 경우에도 <u>예측가능성과 수인가능성</u>을 검토하여 개별 사안의 구체적 타당성을 고려하여야 한다고 보았다.

### 3. 검토

국민의 권리구제 측면에서 보충적으로 〈예측가능성, 수인가능성〉을 고려해 구체적 타당성을 기해야 하는 것이 타당하다고 판단된다.
(예측불가능, 수인불가능 → 구속력 × → 하자승계 ○)

## Ⅳ 판례의 유형별 검토

### 1. 하자의 승계가 인정되는 경우

> 🔖 **표준지공시지가와 수용재결(2007두13845)**
> 위법한 표준지공시지가 결정에 대해 즉각 시정요구하지 않았다는 점으로 수용재결에서 아예 위법을 주장할 수 없도록 하는 것은 수인한도를 넘는 불이익을 강요하는 것으로서 하자승계를 인정한 바 있다.
>
> 🔖 **개별공시지가와 과세처분(93누8542)**
> 개별통지를 하지 않은 경우 위법한 개별공시지가 결정에 시정하도록 요구하지 아니하였다는 이유로 위법을 주장할 수 없도록 하는 것은 수인한도를 넘는 불이익을 강요하는 것으로서 하자의승계를 인정한 바 있다.

### 2. 하자의 승계가 부정되는 경우

> 🔖 **사업인정과 수용재결(2009두11607)**
> 사업인정에 명백하고 중대한 하자가 있어 당연 무효라고 볼 특단의 사정이 없는 이상 그 위법부당함을 이유로 재결의 취소를 구할 수는 없다고 판시한 바 있다.
>
> 🔖 **표준지공시지가와 개별공시지가 결정(95누9808)**
> 표준지공시지가에 대하여 불복하기 위해서는 토지보상법 상 이의절차를 거쳐 행정소송을 거쳐야 하고, 개별토지가격을 다투는 소송에서 그 개별토지가격산정의 기초가 된 표준지공시지가의 위법성을 다툴 수는 없다고 판시한 바 있다.

## 제7절 행정행위의 취소와 철회

### 7-1 행정행위의 취소

#### I 의의 및 취지[행정기본법 제18조]

행정행위의 직권취소란 일단 유효하게 발령된 행정행위를 성립 당시 위법한 하자가 있음을 이유로 직권으로 그 효력을 소멸시키는 것을 말하며, 적법성의 회복 즉 위법성 제거를 위한 것이다.

> ⏳ **철회와 구분**
> 성립 당시 하자 있는 행위의 효과를 취소시킨다는 점에서 사후 새로운 사정을 이유로 효력을 소멸시키는 철회와 구별된다.

#### II 직권취소권자

① 처분청은 명문 근거가 없어도 직권취소를 할 수 있다. ② 감독청의 경우 국가행정의 경우는 정부조직법에서, 지방자치행정의 경우는 지방자치법에서 감독청의 취소권을 일반적·명시적으로 규정하고 있다.

#### III 직권취소의 사유

취소사유에 있어서는 관계법령에서 명문의 규정을 두고 있는 경우도 있으나 그러한 규정이 없는 경우에는 행정행위의 하자가 있거나 부당한 경우 취소사유가 된다.

#### IV 취소의 제한법리

**1. 침익적 행정행위의 직권취소**

침익적 처분의 직권취소는 형식적 존속력이 생겨난 후에도 원칙적으로 제한 없이 가능하다.

**2. 수익적 행정행위의 직권취소**

수익적 행정행위의 직권취소는 행정기본법 제18조 제2항에 따라 취소로 인하여 당사자가 입게 될 불이익을 취소로 달성되는 공익과 비교·형량해야 한다. 다만, 거짓이나 그밖의 부정한 방법으로 처분을 받은 경우, 당사자가 처분의 위법성을 알고 있었거나 중대한 과실로 알지 못한 경우에는 취소가 제한되지 않는다고 본다.

#### V 직권취소의 절차

직권취소는 독립적인 행정행위의 성격을 갖고 있기 때문에 행정절차법상의 처분절차에 따라 행해져야 하며, 개별법에서 구체적 절차를 규정하면 그에 따른다.

#### VI 직권취소의 효과[행정기본법 제18조 제1항]

① 취소는 원칙적으로 소급효가 인정되나, ② 수익적 행정행위의 직권취소의 효과는 장래효가 인정된다.

## VII 직권취소의 직권취소[철회의 취소도 동일]

### 1. 문제점

처분청이 직권취소한 행정행위를 다시 직권으로 취소하여 원처분의 효력을 소생시킬 수 있는지가 문제된다.

### 2. 판례

판례는 침익적 행정행위의 경우 상대방의 신뢰이익보호를 위해 취소의 취소를 부정하고, 수익적 행정행위의 경우 취소의 취소가 가능하다고 보았다. 다만, 광업권 허가 취소 사건(수익적 행정행위)에서는 취소의 취소 전에 새롭게 형성된 제3자의 권익이 침해되는 경우 취소의 취소가 허용되지 않는다고 판시한 바 있다.

### 3. 검토

직권취소는 자체가 독립된 행정행위로서 직권취소가 취소되면 원행정행위가 소급적으로 원상회복되는 이익이 있는바 재취소를 인정함이 타당하다고 판단되나, 재취소 후 제3자의 권익이 새롭게 형성된 경우에는 이익형량의 원칙이 적용된다.

## 7-2 행정행위의 철회

### I 행정행위 철회의 의의

행정행위의 철회란 적법하게 성립한 행정행위의 효력을 성립 후 사후적으로 발생한 사유에 의해 그 효력을 장래에 향하여 상실시키는 독립된 행정행위이다.

### II 철회권자

① 처분청이 갖는 처분의 권한에 따라 명문규정을 불문하고 처분청은 철회권을 갖는다. ② 감독청은 명문 규정이 있는 경우를 제외하고는 철회권이 없다.

### III 철회의 법적 근거

과거 수익적 처분의 철회의 경우 법령의 근거 없이 철회하는 것이 법률유보의 원칙에 반하는지에 대하여 견해대립이 있었으나, 행정기본법이 최근 제정되어 철회에 대한 법적 근거인 행정기본법 제19조 제1항을 두게 되어 논란이 종결되었다.

### IV 철회사유[행정기본법 제19조 제1항][법사공]

① 법률에서 정한 철회 사유에 해당하는 경우, ② 법령 등의 변경과 사정변경이 있는 경우, ③ 중대한 공익상 필요가 있는 경우 철회할 수 있다.

### V 철회의 제한법리

### 1. 침익적 행정행위의 철회

침익적 행정행위의 철회는 상대방에게 수익적이기 때문에 원칙적으로 제한 없이 가능하다.

## 2. 수익적 행정행위

행정기본법 제19조 제2항은 처분을 철회하려는 경우 철회로 인하여 당사자가 입게 될 불이익을 철회로 달성되는 공익과 비교형량하여야 한다고 규정한다. 이러한 제한의 판단기준으로는 신뢰보호의 원칙, 실권의 법리, 비례의 원칙, 부당결부금지의 원칙, 평등의 원칙, 자기구속의 원칙 등이 적용된다.

### Ⅵ 철회의 절차

철회는 그 자체가 독립적 행정행위이므로 행정절차법의 적용을 받는다. 즉 수익적 행정행위의 철회는 '권리를 제한하는 처분'이므로 사전통지절차, 의견제출절차 등의 적용을 받는다.

### Ⅶ 철회의 효과

철회는 장래에 향하여 원행정행위 효력을 상실시키는 효력을 가지며, 보상에 대한 일반법은 없으나, 수익적 행정행위의 철회로 인하여 재산상 특별한 손해를 입게 되면 상대방에게 귀책사유가 없는 손실을 보상해 주는 것이 정당하다.

# 03 행정형식의 다양화

## 제1절 행정계획

### 기출문제

- 제24회(신뢰보호의 원칙과 행정계획)
* 도시관리계획/도시기본계획/관리처분계획(도정)/사업시행계획(도정)이 나오면 모두 행정계획으로 봐주기

### I 행정계획[행정절차법 제40조의4]

#### 1. 행정계획의 의의

행정계획이란 행정주체가 행정활동을 행함에 있어 일정한 목표를 설정하고 목표달성을 위한 수단을 선정·조정·종합화하는 것을 말한다.

#### 2. 행정계획의 종류

행정계획에는 비구속적 계획과 구속적 계획이 있다. ① 비구속적 계획이란 자료나 정보를 제공하고 청사진만 제시하는 계획으로 법적 효과를 갖지 않는 계획이고, ② 구속적 계획이란 법률·명령·행정행위 등 규범적 명령이나 강제를 통해 목표 달성을 확보하려는 계획이다.

#### 3. 법적성격

**(1) 관련 판례**

구체적 사례에 따라 처분성을 인정하기도 하고 부정하기도 한다. ① 도시관리계획결정과 개발제한구역 지정·고시와 관련하여 처분성을 인정하였으나, ② 도시기본계획은 일반지침에 불과하다고 하여 처분성을 부정하였다.

**(2) 검토**

행정계획의 종류와 내용은 매우 다양하고 상이한바, 목적과 내용에 따라 개별적으로 검토하는 것이 타당하다.

### II 계획재량과 통제 ★★

#### 1. 계획재량의 의의

계획재량이란 행정계획을 수립·변경함에 있어 계획청에게 인정되는 재량을 말한다.

#### 2. 계획재량과 일반행정재량의 구별

행정재량과의 구별에 있어서 재량행위와 양적인 차이만 있을 뿐 실질적으로 구분되지 않는다는 견해가 있으나, ① 재량의 내용이 다르고, ② 형량명령이라는 특유의 하자론이 적용되므로 구별하는 것이 타당하다.

## 3. 형량명령 ★★

### (1) 형량명령의 의의

형량명령이란 행정계획을 수립함에 있어 관련된 이익을 정당하게 형량하여야 한다는 원칙이다.

### (2) 형량의 하자

① 이익형량을 전혀 행하지 않는 〈형량의 해태〉

② 이익형량의 고려 대상에 포함시켜야 할 사항을 누락한 〈형량의 흠결〉

③ 공익과 사익의 조정이 객관적으로 보아 비례원칙을 위반한 경우를 말하는 〈오형량〉

### (3) 형량하자의 효과

① 형량하자 중 〈형량의 해태, 흠결〉은 광의의 절차상 하자로서, 취소판결이 나면 처분청은 다시 적법하게 형량하여 동일한 내용의 처분을 할 수 있으나, ② 〈오형량〉은 내용상 하자로서 취소판결이 나면 특별한 사정이 없는 동일한 사정의 처분을 다시 할 수 없다.

### (4) 관련 판례(2005두1893)

> 🔗 관련 판례(2005두1893)
>
> 행정주체는 구체적인 행정계획을 입안·결정함에 있어서 비교적 광범위한 형성의 자유를 가지는 것이지만, 형성의 자유는 무제한적인 것이 아니라 정당하게 비교교량하여야 한다는 제한이 있으므로, 행정주체가 행정계획을 입안·결정함에 있어서 이익형량을 전혀 행하지 아니하거나 이익형량의 고려 대상에 마땅히 포함시켜야 할 사항을 누락한 경우 또는 이익형량을 하였으나 정당성과 객관성이 결여된 경우에는 그 행정계획결정은 형량에 하자가 있어 위법하게 된다.

## Ⅲ 행정계획과 권리구제

## 1. 위법한 행정계획과 국가배상

위법한 행정계획 수립·변경 또는 폐지로 인하여 손해를 받은 자는 국가배상법에 근거하여 국가배상청구가 가능하나, 공무원의 과실의 입증이 어렵다는 문제가 있다.

## 2. 적법한 행정계획과 손실보상

적법한 행정계획의 수립·변경 또는 폐지로 인해 손실을 받은 경우 손실보상의 요건을 갖춘다면 손실보상을 청구할 수 있으나, 사회적 제약에 불과한지 특별한 희생인지 판단하는데 문제가 있다.

## 3. 행정소송

행정계획에 처분성과 위법성이 인정된다면 행정소송을 제기할 수 있으나, 행정계획이 위법한 경우에도 행정계획이 성립되면 그에 따라 많은 법률관계가 형성되고 이 경우 행정계획의 취소로 인하여 침해되는 공익이 크기 때문에 사정판결에 의해 행정계획이 취소되지 않을 가능성이 있다.

## Ⅳ 행정계획과 신뢰보호

### 1. 계획보장청구권

계획보장청구권이란 행정계획에 대한 관계 국민의 신뢰를 보호하기 위하여 관계국민이 행정계획의 폐지나 변경 등에 신뢰보호를 주장할 수 있는 다양한 권리를 포괄하는 개념이다. 신뢰보호원칙의 적용례로 볼 수 있으며, 포함되는 권리로는 ① 계획존속청구권, ② 계획이행청구권, ③ 경과조치청구권, ④ 손실보상청구권이 있다.

### 2. 계획존속청구권

계획존속청구권이란 행정계획의 변경 또는 폐지에 대하여 계획의 존속을 주장할 수 있는 권리이다. 이 권리는 일반적으로 공익이 더 큰 경우가 많아 긍정되기 어려우나, 공권이 인정되고 계획의 변경 또는 폐지로 인한 공익보다 상대방의 신뢰보호이익이 훨씬 큰 경우에는 예외적으로 인정될 수 있다.

### 3. 계획이행청구권

계획이행청구권이란 행정기관에게 계획을 집행할 것을 청구할 수 있는 권리이다. 이 권리도 행정청의 의무와 사익보호성이 긍정되기 어려워 일반적으로 인정되기에 어려움이 있다.

### 4. 경과조치청구권(적응지원청구권)

경과조치청구권이란 계획의 존속을 신뢰하여 조치를 취한 자가 행정계획의 변경 또는 폐지로 받게 될 불이익을 방지하기 위해 행정청에게 경과조치 또는 적응조치(예 기간의 연장, 보조금 지급 등)를 청구할 수 있는 권리이며, 법률의 명시적 근거가 없는 한 인정될 수 없다.

### 5. 손실보상청구권

계획의 변경·폐지를 통하여 개인의 보호할 가치가 있는 신뢰가 침해된 경우에는 손실보상을 하는 것이 일반적이며, 계획보장청구권의 주된 내용을 이루고 있다.

### 6. 계획변경청구권

계획변경청구권이란 기존계획의 변경을 청구할 수 있는 권리이다. 사인이 적법한 계획의 변경을 청구할 권리를 가진다는 것은 일반적으로 인정되기 어려우며, 사인에게 계획변경청구권이 인정되지 않는다는 것이 판례의 일반적 입장이다.

> **↪ 사인에게 계획변경 신청권이 인정된 예외적 판례(2001두10936)**
> 원고의 위 계획변경신청을 피고가 거부한다면 이는 실질적으로 원고에 대한 폐기물처리업허가신청을 불허하는 결과가 되므로, 원고는 위 국토이용계획변경의 입안 및 결정권자인 피고에 대하여 그 계획변경을 신청할 법규상 또는 조리상 권리를 가진다고 할 것이다.

# Chapter 04 행정절차

## 제1절 행정절차법의 내용

### 1-1 행정절차의 원칙

#### I 행정절차의 의의

보통 행정절차라 함은 행정활동을 함에 있어 거치는 사전통지, 의견청취, 이유제시 등 사전절차만을 가리킨다.

#### II 행정절차의 원칙

**1. 적용범위**

행정절차법 제3조 제1항에서는 다른 법률에 특별한 규정이 없는 경우 적용된다고 하여 행정절차법이 모든 행정작용에 적용되는 것은 아니며, 동조 제2항에서는 행정절차법의 배제사항을 규정하고 있다.

**2. 행정절차의 당사자**

당사자 등이란 행정청의 처분에 대하여 직접 그 상대가 되는 당사자와 행정청이 직권으로 또는 신청에 따라 행정절차에 참여하게 한 관계인을 말하며(행정절차법 제2조 제4호), 이해관계인으로는 제3자효 있는 처분의 경우 처분 상대방이 아닌 처분의 신청인 등이 있다.

### 1-2 사전통지

#### I 의의 및 취지[행정절차법 제21조]

당사자에게 의무를 부과하거나 권익을 제한하는 처분을 하는 경우 당사자에게 미리 통지하는 것을 말하며, 상대방 등이 앞으로 있을 절차에 있어 미리 준비할 수 있도록 함에 취지가 있다.

#### II 성질

사전통지를 받는 것은 절차적 권리로서 당사자의 개인적 공권으로 보호된다. 예외사유에 해당하지 않는 한 사전통지는 의무적인 것으로 이에 위반하면 위법을 구성한다.

#### III 거부처분의 사전통지

**1. 문제점**

사전통지의 적용 범위와 관련하여 거부처분이 '당사자에게 의무를 부과하거나 권익을 제한하는 처분'이어서 사전통지를 해야 하는 것인지 문제된다.

## 2. 관련 판례의 태도

> **판례[2013두1560] 사전통지**
>
> 거부처분이 재량행위인 경우라도 사전통지의 흠결로 민원인에게 <u>의견진술의 기회를 주지 않은 결과 처분과정에서 마땅히 고려되어야 할 사항이 누락되는 등 구체적인 사정이 있다면</u>, 그 거부처분은 재량권의 일탈·남용으로 위법하다.

## 3. 검토

판례는 사전통지의 흠결은 재량권을 일탈·남용한 것으로서 위법하다고 보고 있는바 거부처분도 사전통지의 대상이 된다고 보는 것이 타당하다.

## Ⅳ 사전통지의 생략 가능 사유(공증현)

① **공**공의 안전을 위해 긴급히 처분을 할 필요가 있는 경우
② 법원의 재판 등에 의해 일정한 처분을 하여야 함이 객관적으로 **증**명된 때
③ 처분이 성질상 의견청취가 **현**저히 곤란하거나 명백히 불필요한 경우

## 1-3 의견청취(청문 중요)

## Ⅰ 의의 및 취지[행정절차법 제22조]

의견청취란 행정처분의 상대방 또는 이해관계인에게 자신의 의견을 진술하며 스스로 방어할 수 있는 기회를 부여하는 절차로서 의견제출, 청문, 공청회가 있다.

## Ⅱ 청문[행정절차법 제22조 제1항]

## 1. 청문의 의의 및 취지

청문은 행정청이 어떠한 처분을 하기에 앞서 당사자 등의 의견을 직접 듣고 조사하는 절차를 말하며, 청문권의 보장은 당사자에게 중요한 사실관계 등을 제출할 기회를 확보하여 방어권을 보장하는 취지가 있다.

## 2. 청문 생략 가능 사유(공증현포)

① **공**공의 안전을 위해 긴급히 처분을 할 필요가 있는 경우
② 법원의 재판 등에 의해 일정한 처분을 하여야 함이 객관적으로 **증**명된 때
③ 처분이 성질상 의견청취가 **현**저히 곤란하거나 명백히 불필요한 경우
④ 당사자가 의견진술의 **포**기를 명백히 표시한 경우

> **의견청취가 현저히 곤란한 경우(2008두3337)**
>
> 의견청취가 현저히 곤란하거나 명백히 불필요하다고 인정될 만한 상당한 이유가 있는지 여부는 <u>당해 행정처분의 성질에 비추어 판단하여야 하는 것이지</u>, 청문통지서의 반송 여부, 청문통지의 방법 등에 의하여 판단할 것은 아니다.

> ⤴ **사전통지, 의견청취를 결한 경우(2017두66602)**
> 행정청이 침해적 행정처분을 하면서 당사자에게 행정절차법상의 사전통지를 하거나 의견제출의 기회를
> 주지 않았다면, 사전통지를 하지 않거나 의견제출의 기회를 주지 않아도 되는 예외적인 경우에 해당하지
> 않는한, 그 처분은 위법하여 취소를 면할 수 없다.

### 3. 청문이 필수절차인지 여부

〈행정절차법 제22조 제1항〉에서는 ① 다른 법에서 청문을 실시하도록 규정하고 있는 경우, ② 행
정청이 필요하다고 인정하는 경우, ③ 인허가 등의 취소, 신분자격의 박탈, 설립허가의 취소의
처분 시 의견제출 기한 내에 당사자 등의 신청이 있는 경우에 청문을 실시한다고 규정한다.
〈감정평가법 제45조〉는 제13조 제1항에 의한 자격취소를 하는 경우, 제32조 제1항에 따른 설립인
가를 취소하는 경우 반드시 청문을 실시하여야 한다고 규정한다.

> **〈청문 관련 판례〉**
> ⤴ **하자의 치유 가능성(92누2844)**
> 청문서 도달기간을 지키지 않은 것은 절차적 요건을 준수하지 않은 것이므로 이를 바탕으로 한 행정청의
> 처분은 위법하다. 다만, 청문서 도달기간을 다소 어겼다 하더라도 당사자 스스로 청문기일에 참석하여
> 충분한 방어기회를 가졌다면 하자는 치유된다고 본다.
>
> ⤴ **당사자 간 협의에 의한 청문배제 가능성(2002두8350)**
> 행정청이 당사자와 청문의 실시 등 의견청취절차를 배제하는 협약을 하였더라도 청문을 실시하지 않아
> 도 되는 예외적인 경우에 해당한다고 할 수 없다. 절차법의 목적, 취지 등을 고려할 때 청문은 배제할
> 수 없다(강행규정).
>
> ⤴ **청문통지서가 반송 및 청문불출석이 의견청취가 현저히 곤란한 경우에 해당하는지 여부**
>    **(2000두3339)**
> "의견청취가 곤란하거나 명백히 불필요하다고 인정될 만한 상당한 이유가 있는지 여부"는 당해 행정처분
> 의 성질에 비추어 판단하여야 하는 것이지, 청문통지서가 반송되었다거나, 행정처분의 상대방이 불출석
> 하였다는 이유로 청문을 실시하지 아니하고 한 침해적 행정처분은 위법하다.

### Ⅲ 의견제출(행정절차법 제22조 제3항)

의견제출이란 행정청이 어떠한 행정작용을 하기 전에 당사자등이 의견을 제시하는 절차로서 청문이
나 공청회에 해당하지 아니하는 절차를 말하며, 의견제출제도는 침익적 처분에만 적용된다.

### 1-4    처분의 이유제시

### Ⅰ 의의 및 취지[행정절차법 제23조]

행정청이 처분을 함에 있어 처분의 근거와 이유를 제시하는 것을 말한다. 이는 행정을 보다 신중·공정하게 하고, 쟁송제기 여부의 판단 및 쟁송준비의 편의 제공 등에 그 취지가 인정된다.

### Ⅱ 생략 가능 사유[모단긴]

① 신청내용을 **모**두 그대로 인정하는 처분인 경우
② **단**순·반복적 또는 경미한 처분으로서 당사자가 그 이유를 명백히 알 수 있는 경우
③ **긴**급을 요하는 경우

### Ⅲ 이유제시 정도

이유제시의 정도는 처분사유를 이해할 수 있을 정도로 구체적이어야 하는바 행정청은 처분의 원인이 되는 사실과 근거가 되는 법령 또는 자치법규의 내용을 구체적으로 명시하여야 한다. 판례 역시 상대방이 이유를 알 수 있을 정도로 구체적으로 명시하여야 한다고 판시한 바 있다.

### 제2절    절차상 하자

⊚ 기출문제

- 제25회, 제19회, 제15회
- **절차 하자** 일반적 목차(절하독치시기)
  - **독자적** 위법성
  - 하자의 **치유** 가능성(내용상 하자 ×)
  - 하자의 치유 **시기**(행정쟁송제기 전까지)
  - **기속력**(반복금지효, 원상회복의무, 재처분의무)

\* 절차하자 문제 출제시 MENT
　행정절차는 행정작용을 행함에 있어 거치는 절차를 의미하는데, 국민권익의 사전적 구제, 행정의 민주화, 공정성, 투명성, 신뢰성 제고에 그 필요성이 있다.

### Ⅰ 절차하자의 의의

행정절차의 하자란 협의의 행정절차의 개념에 따라 국민의 행정참여 및 사전적 권리구제절차에 대한 흠결을 의미한다.

### Ⅱ 절차하자의 독자적 위법성 및 위법성 정도

#### 1. 문제점

　행정처분에 내용상 하자는 없으나, 절차하자만 존재하는 경우 절차위법이 해당 행정처분의 독립된 위법사유가 되는지 문제된다.

## 2. 학설

① 〈부정설〉 인용판결을 하더라도 행정청은 실체적 하자가 없으므로 다시 동일한 처분을 하게 되어 소송·행정경제에 반한다는 견해

② 〈긍정설〉 행정행위의 종류를 불문하고 절차하자를 내용상하자와 마찬가지로 보아 위법을 주장할 수 있다는 견해

③ 〈절충설〉 기속행위인 경우 다시 동일한 처분을 하게 되어 부정하나, 재량행위의 경우 행정청의 재량권이 있어 긍정하는 견해

## 3. 관련 판례의 태도

> ↪ **재량행위(91누971)**
>
> 청문절차를 전혀 거치지 아니하거나 거쳤다고 하여도 그 절차적 요건을 제대로 준수하지 아니한 경우에는 그 처분은 위법하여 취소를 면할 수 있다.
>
> ↪ **기속행위(82누420)**
>
> 과세처분시 납세고지서에 과세표준, 세율, 세액의 계산명세서 등을 첨부하여 고지하도록 한 것은 조세법률주의의 원칙에 따른 것으로서 납세고지서에 위와 같은 기재가 누락되면 과세처분 자체가 위법하여 취소대상이 된다.

## 4. 검토

생각건대 행정절차는 국민의 권리구제와 투명성, 신뢰성 제고에서 그 필요성이 인정되는바 절차의 하자만으로 독자적 위법성을 인정함이 타당하다고 판단된다.

## Ⅲ 위법성 정도

절차하자가 위법사유를 구성한다고 해도 무효사유인지 취소사유인지 여부는 단언할 수 없다. 중대명백설에 따라 판단하여 하자가 중대하고 명백하면 무효사유가 되고, 중대하거나 명백하기만 하면 취소사유로 보아야 할 것이다.

## Ⅳ 절차상 하자의 경우 취소판결의 기속력의 범위

절차상 하자를 이유로 처분에 대한 취소판결이 확정된 후 처분청이 종전의 처분과 동일한 내용의 처분을 한다고 하여도 이 처분이 판결의 취지에 따라 절차상 위법사유를 보완한 것이라면 취소판결의 기속력에 반하는 것이 아니다. 그 이유는 기속력은 '판결에 적시된 절차 내지 형식의 위법사유'에 한정되는 것이므로 위법사유를 보완한 처분은 당초 처분과는 별개의 처분이기 때문이다(내용만 동일하고 다른 처분이다).

# Chapter 05 행정상 의무이행확보수단

## 기출문제

- 제22회 : 철도이설사업을 위한 협의 취득에 따른 대집행 가능성
- 제21회 : 과징금, 벌금, 과태료 비교
- 제16회 : 토지 물건 인도 거부시에 실효성 확보 수단

## 제1절 행정상 강제집행

### I 행정강제의 의의

행정강제란 행정목적의 실현을 확보하기 위하여 사람의 신체 또는 재산에 실력을 가함으로써 행정상 필요한 상태를 실현하는 행위이며, 행정강제는 행정상 강제집행과 행정상 즉시강제로 나뉜다.

### II 행정상 강제집행

행정상 강제집행이란 행정법상 의무불이행이 있는 경우 행정청이 의무자의 신체 또는 재산에 실력을 가하여 의무를 이행한 것과 동일한 상태를 실현시키는 작용을 말하며, 대집행, 강제징수, 직접강제, 집행벌이 있다.

---

**행정기본법 제30조(행정상 강제)**

① 행정청은 행정목적을 달성하기 위하여 필요한 경우에는 법률로 정하는 바에 따라 필요한 최소한의 범위에서 다음 각 호의 어느 하나에 해당하는 조치를 할 수 있다.

1. 행정대집행 : 의무자가 행정상 의무(법령등에서 직접 부과하거나 행정청이 법령등에 따라 부과한 의무를 말한다. 이하 이 절에서 같다)로서 타인이 대신하여 행할 수 있는 의무를 이행하지 아니하는 경우 법률로 정하는 다른 수단으로는 그 이행을 확보하기 곤란하고 그 불이행을 방치하면 공익을 크게 해칠 것으로 인정될 때에 행정청이 의무자가 하여야 할 행위를 스스로 하거나 제3자에게 하게 하고 그 비용을 의무자로부터 징수하는 것
2. 이행강제금의 부과 : 의무자가 행정상 의무를 이행하지 아니하는 경우 행정청이 적절한 이행기간을 부여하고, 그 기한까지 행정상 의무를 이행하지 아니하면 금전급부의무를 부과하는 것
3. 직접강제 : 의무자가 행정상 의무를 이행하지 아니하는 경우 행정청이 의무자의 신체나 재산에 실력을 행사하여 그 행정상 의무의 이행이 있었던 것과 같은 상태를 실현하는 것
4. 강제징수 : 의무자가 행정상 의무 중 금전급부의무를 이행하지 아니하는 경우 행정청이 의무자의 재산에 실력을 행사하여 그 행정상 의무가 실현된 것과 같은 상태를 실현하는 것

– 중략 –

---

## 1-1 대집행

### Ⅰ 의의 및 취지[행정대집행법 제2조, 행정기본법 제30조]

대집행이란 대체적 작위의무의 불이행이 있는 경우 행정청이 불이행된 의무를 스스로 행하거나 제3자로 하여금 이행하게 하고 그 비용을 의무자로부터 징수하는 것을 말한다.

### Ⅱ 대집행의 요건

#### 1. 행정대집행법상 요건(대다방) (대집행법 제2조)

① 공법상 의무로서 **대체적 작위의무의 불이행**
② **다**른 수단으로 이행의 확보가 곤란할 것
③ 불이행을 **방**치함이 심히 공익을 해할 것

#### 2. 토지보상법 요건(이완공) (토지보상법 제89조)

① 처분으로 인한 의무를 이행하여야 할 자가 의무를 **이**행하지 아니하거나
② 기간 내에 의무를 **완**료하기 어려운 경우
③ 의무자로 하여금 그 의무를 이행하게 하는 것이 현저히 **공**익을 해한다고 인정되는 사유가 있는 경우

> ↪ 기간 내에 의무를 완료하기 어려운 경우란(2002도4582)
> '기간 내에 완료할 가망이 없는 경우'라고 함은 그 의무의 내용과 이미 이루어진 이행의 정도 및 이행의 의사 등에 비추어 해당 의무자가 그 기한 내에 의무이행을 완료하지 못할 것이 명백하다고 인정되는 경우를 말한다.

### Ⅲ 대집행 절차[계통실비]

#### 1. 계고

(1) 의의

계고란 상당한 기간 내에 의무이행을 하지 않으면 대집행을 한다는 의사를 사전에 통지하는 행위이다. 대집행 요건이 갖춰진 경우 대집행을 하려면 먼저 의무 이행을 독촉하는 뜻의 계고를 하여야 한다(행정대집행법 제3조 제1항).

(2) 법적 성질

계고란 준법률행위적 행정행위로서 통지행위에 해당하고, 행정쟁송법상 처분이다.

> ↪ 판례 : 제2차, 제3차 계고처분이 행정처분인지 여부
> 계고처분 후 제2차, 제3차의 계고가 있다고 하더라도 제2차, 제3차의 계고는 독립한 처분이 아니라 대집행기한의 연기통지에 불과하여 행정처분이 아니라고 판시하였다.

> 🐟 **판례 : 계고서에 의해 반드시 특정되어야 하는지**
>
> 그 행위의 내용 및 범위는 반드시 대집행계고서에 의하여서만 특정되어야 하는 것이 아니고 계고처분 전후에 송달된 문서나 기타 사정을 종합하여 행위의 내용이 특정되거나 대집행 의무자가 그 이행의무의 범위를 알 수 있으면 족하다고 판시하였다.

### (3) 계고의 요건

① 계고 시 의무 내용 및 범위가 특정되어야 하며, ② 계고 시 상당한 이행기간을 정해야 하고 ③ 계고는 문서로 해야 한다(행정대집행법 제3조 제1항). 이때 상당한 이행기간이란 사회통념상 이행에 필요한 기간을 의미한다.

### (4) 작위의무의 부과와 계고처분을 1장의 문서로 할 수 있는지 여부

대집행요건으로서 작위의무의 부과와 대집행 절차인 계고처분은 별개로 독립하여 이루어져야 함이 원칙이다. 다만, 긴박한 사유가 있는 경우 예외적으로 결합이 가능하며 판례의 태도 또한 동일하다.

> 🐟 **1장의 문서로 한 철거명령 및 계고처분의 적법성**
>
> 계고서라는 명칭의 1장의 문서로서 대집행할 뜻을 미리 계고한 경우라도 철거명령과 계고처분은 독립하여 있는 것으로서 각 그 요건이 충족되었다고 볼 것이다. 이 경우 철거명령에서 주어진 일정기간이 자진철거에 필요한 상당한 기간이라면 그 기간 속에는 계고시에 필요한 '상당한 이행기간'도 포함되어 있다고 보아야 할 것이다.

## 2. 대집행영장에 의한 통지

대집행영장에 의한 통지는 계고에 의해 지정된 기한까지 의무가 이행되지 않은 경우에 행정청에 의해 대집행의 시기, 대집행책임자의 이름, 대집행비용 액수를 의무자에게 통지하는 절차로, 준법률행위적 행정행위인 통지이다.

## 3. 대집행의 실행

대집행 실행은 당해 행정청이 스스로 또는 타인으로 하여금 대체적 작위의무를 이행시키는 물리력의 행사이다. 대집행 실행행위는 수인의무를 발생시켜 〈권력적 사실행위〉로서 처분성을 지녀 취소소송의 대상이 된다.

## 4. 비용징수

대집행의 비용은 원칙상 의무자가 부담한다. 당해 행정청은 실제에 요한 비용과 그 납기일을 정하여 의무자에게 문서로써 그 납부를 명하여야 한다. 비용납부명령은 〈급부하명〉으로서 행정쟁송법상 처분이다.

## Ⅳ 대집행의 행정구제

### 1. 행정쟁송

#### (1) 행정쟁송

대집행의 계고, 대집행의 영장에 의한 통지, 비용징수는 행정처분으로서 행정쟁송을 통하여 다툴 수 있다.

#### (2) 하자의 승계

① 대체적 작위의무 부과처분과 대집행 절차 사이에는 동일한 목적·효과가 인정되지 않으므로 하자 승계가 인정되지 않으며, ② 대집행 절차는 단계적 절차로서 서로 결합하여 하나의 법률효과를 발생시키므로 하자가 승계된다는 것이 통설 및 판례 입장이다.

> ↻ 대집행절차상 계고처분(81누44)
> 계고처분의 선행행위인 행정청의 원상회복명령에 대하여 소구절차를 거치지 아니하여서 그 위법을 다툴 수 없게 되었다면 후행행위인 대집행 계고처분에서는 그 선행 명령이 위법이라는 주장을 할 수 없다.

### 2. 손해배상

위법한 대집행을 통해 손해를 입은 자는 국가나 지방자치단체를 상대로 손해배상을 청구할 수 있으며, 손해배상청구는 대집행이 종료된 경우에 의미를 갖는다.

## 1-2 직접강제, 이행강제금, 강제징수

## Ⅰ 직접강제

### 1. 의의

직접강제란 의무자가 의무를 불이행할 때 행정기관이 직접 의무자의 신체·재산에 실력을 가하여 의무자가 직접 의무를 이행한 것과 같은 상태를 실현하는 작용이며, 직접강제는 작위의무의 불이행뿐만 아니라 부작위의무나 수인의무 불이행의 경우에도 활용될 수 있는 수단이다.

### 2. 직접강제의 법적 성질 및 권리구제

직접강제는 권력적 사실행위로서, 행정쟁송, 국가배상, 공법상 결과제거청구가 권리구제 수단이 될 수 있다.

### 3. 직접강제는 마지막의 의무이행확보수단

직접강제는 행정상 강제집행수단 중에서 국민의 인권을 가장 크게 제약하는 것이므로 최후 수단으로 인정되어야 한다. 따라서 현행법도 기본권 존중의 견지에서 개별법에서 예외적으로 인정하고 있다.

## Ⅱ 이행강제금

### 1. 의의

집행벌(이행강제금)이란 작위의무·부작위의무·수인의무의 불이행 시 일정액수의 금전이 부과될 것임을 의무자에게 미리 계고함으로써 의무 이행의 확보를 도모하는 강제수단을 말한다.

### 2. 특징

① 이행강제금은 납부의무를 발생시키는 하명에 해당하며, ② 장래에 의무이행의 확보를 위한 강제수단이므로, 과태료나 형벌과 병과될 수 있고, ③ 의무의 이행이 있을 때까지 반복 부과가 가능하다는 특징이 있다.

## Ⅲ 행정상 강제징수

### 1. 의의

행정상 강제징수란 사인이 국가 또는 지방자치단체 등에 대한 부담하는 공법상 금전급부의무를 불이행한 경우 행정청이 강제적으로 그 의무가 이행된 것과 같은 상태를 실현하는 작용이다.

### 2. 법적근거

국세징수법이 행정상 강제징수의 일반법으로서 기능을 한다.

### 3. 절차

강제징수의 절차로는 독촉, 재산의 압류, 압류재산의 매각, 청산의 절차가 있다.

### 4. 권리구제

행정상 강제징수에 대하여 불복이 있을 때에는 개별법령에 특별한 규정이 없는 한 국세기본법·행정심판법·행정소송법이 정한 바에 따라 행정쟁송을 제기할 수 있다.

---

**행정기본법 제32조(직접강제)**

① 직접강제는 행정대집행이나 이행강제금 부과의 방법으로는 행정상 의무 이행을 확보할 수 없거나 그 실현이 불가능한 경우에 실시하여야 한다.

② 직접강제를 실시하기 위하여 현장에 파견되는 집행책임자는 그가 집행책임자임을 표시하는 증표를 보여 주어야 한다.

③ 직접강제의 계고 및 통지에 관하여는 제31조 제3항 및 제4항을 준용한다.

---

## 제2절 행정상 즉시강제

### I 의의 및 목적

행정상 즉시강제란 개인에게 의무를 명해서는 공행정목적을 달성할 수 없거나 미리 의무를 명할 시간적 여유가 없는 경우 행정기관이 직접 개인의 신체나 재산에 실력을 가해 행정상 필요한 상태의 실현을 목적으로 하는 작용을 말하며, 급박한 위험으로부터 개인을 보호하거나 위험을 방지하고자 하는 데 목적이 있다.

### II 직접강제와의 구별

① 직접강제는 개별·구체적 의무부과를 전제로 의무 불이행이 있어야 실력행사가 가능하나, ② 행정상 즉시강제는 의무부과행위와 의무 불이행이 전제되지 않고 이루어지는 실력행사이다.

### III 즉시강제의 법적 성질

실력행사인 사실행위와 실력행사를 수인해야 하는 의무부과가 결합되는 합성행위로서 〈권력적 사실행위〉이다.

### IV 권리구제

① 즉시강제는 권력적 사실행위로서 그 자체가 항고쟁송의 대상이 되는 처분에 해당하며, ② 위법한 즉시강제가 공무원의 직무상 불법행위를 구성하는 경우에는 손해배상 청구가 가능하다.

---

**행정기본법 제30조(행정상 강제)**
① 행정청은 행정목적을 달성하기 위하여 필요한 경우에는 법률로 정하는 바에 따라 필요한 최소한의 범위에서 다음 각 호의 어느 하나에 해당하는 조치를 할 수 있다.
  - 중략 -
  5. 즉시강제 : 현재의 급박한 행정상의 장해를 제거하기 위한 경우로서 다음 각 목의 어느 하나에 해당하는 경우에 행정청이 곧바로 국민의 신체 또는 재산에 실력을 행사하여 행정목적을 달성하는 것
    가. 행정청이 미리 행정상 의무 이행을 명할 시간적 여유가 없는 경우
    나. 그 성질상 행정상 의무의 이행을 명하는 것만으로는 행정목적 달성이 곤란한 경우
② 행정상 강제 조치에 관하여 이 법에서 정한 사항 외에 필요한 사항은 따로 법률로 정한다.
③ 형사(刑事), 행형(行刑) 및 보안처분 관계 법령에 따라 행하는 사항이나 외국인의 출입국·난민인정·귀화·국적회복에 관한 사항에 관하여는 이 절을 적용하지 아니한다.

**행정기본법 제33조(즉시강제)**
① 즉시강제는 다른 수단으로는 행정목적을 달성할 수 없는 경우에만 허용되며, 이 경우에도 최소한으로만 실시하여야 한다.
② 즉시강제를 실시하기 위하여 현장에 파견되는 집행책임자는 그가 집행책임자임을 표시하는 증표를 보여 주어야 하며, 즉시강제의 이유와 내용을 고지하여야 한다.

---

③ 제2항에도 불구하고 집행책임자는 즉시강제를 하려는 재산의 소유자 또는 점유자를 알 수 없거나 현장에서 그 소재를 즉시 확인하기 어려운 경우에는 즉시강제를 실시한 후 집행책임자의 이름 및 그 이유와 내용을 고지할 수 있다. 다만, 다음 각 호에 해당하는 경우에는 게시판이나 인터넷 홈페이지에 게시하는 등 적절한 방법에 의한 공고로써 고지를 갈음할 수 있다. 〈신설 2024.1.16.〉
1. 즉시강제를 실시한 후에도 재산의 소유자 또는 점유자를 알 수 없는 경우
2. 재산의 소유자 또는 점유자가 국외에 거주하거나 행방을 알 수 없는 경우
3. 그 밖에 대통령령으로 정하는 불가피한 사유로 고지할 수 없는 경우

---

## 제3절 행정벌

### Ⅰ 행정벌의 의의 및 종류

행정벌이란 행정법상 의무위반행위에 대하여 제재로서 가하는 처벌이며, 행정벌에는 행정형벌과 행정질서벌(과태료)이 있다.

### Ⅱ 벌금(행정형벌)

#### 1. 의의

벌금이란 행정법상 의무를 위반한 자에게 형법에 규정되어 있는 형벌이 가해지는 제재를 말한다.

#### 2. 법적 근거(감정평가법 제49조, 제50조)

행정혈벌에 관한 일반법은 없으며, 단행 법률에서 개별법으로 규정하고 있다. 우리 감정평가법에서는 일정한 사유를 위반하는 자에 대하여 징역 및 벌금에 처할 벌칙규정을 두고 있다. 이 규정 위반 시 형법이 적용되어 벌금에 처해진다.

### Ⅲ 과태료(행정질서벌)

#### 1. 의의

과태료란 법익을 직접 침해하는 것이 아니라 행정상 가벼운 질서위반행위에 대해 가해지는 제재를 말한다. 신고의무 위반과 같은 행정목적을 간접적으로 침해하는 행위에 대하여 과해지는 행정의 실효성 확보수단이다.

#### 2. 법적 근거(감정평가법 제52조)

행정질서벌의 총칙으로 질서위반행위규제법이 있고, 각칙은 개별 법률에 정하고 있다. 우리 감정평가법 제52조는 일정한 사유 위반 시 500만원, 400만원, 300만원, 150만원 이하의 과태료를 규정하고 있다.

## Ⅳ 벌금과 과태료의 병과가능성

### 1. 행정형벌과 행정질서벌의 병과

#### (1) 관련 판례

판례는 행정형벌과 행정질서벌은 모두 행정벌의 일종이지만, 성질이나 목적을 달리하는 별개의 것이므로 행정질서벌인 과태료를 납부한 후에 형사처벌을 한다고 하여 이를 일사부재리원칙에 반하는 것이라고 할 수는 없다고 판시한 바 있다.

#### (2) 검토

판례의 태도에 따르면 병과가 가능하다고 판단되나, 두 개의 망치를 때리는 것은 과도하다고 판단되는바 양자 중 택일적으로 부과함이 타당하다고 판단된다.

---

## 제4절 새로운 의무이행확보수단

## Ⅰ 과징금

과징금이란 의무자의 의무불이행으로 인한 부당이득을 환수하기 위해 부과하는 금전상의 제재수단을 말한다.

## Ⅱ 변형된 과징금(제재적 과징금)

### 1. 의의 및 취지

변형된 과징금이란 영업정지 등에 갈음하여 과징금을 부과하는 경우를 말하며, 이는 해당 영업의 정지로 인해 초래될 공익에 대한 침해 등의 문제를 고려하여 영업정지를 하지 않고 대신 영업으로 인한 이익을 박탈하는 것이다.

### 2. 재량

영업정지처분에 갈음하는 과징금이 규정된 경우 과징금을 부과할지 영업정지를 할지는 통상 행정청의 재량에 속하나, 과징금부과처분을 하지 않고 영업정지처분을 한 것이 심히 공익을 해하고 사업자에게도 가혹한 불이익을 초래하는 경우에는 비례의 원칙에 반한다.

### 3. 과징금과 벌금 등과의 비교

#### (1) 과태료와의 비교

과태료는 과거 의무위반에 대한 행정질서벌이지만 과징금은 의무위반에 대한 제재와 부당이득을 환수하기 위한 수단이며, 과태료는 불복 시 질서위반행위규제법에 따르지만 과징금은 행정쟁송법에 따른다.

### (2) 행정형벌과 비교

행정형벌은 형법에 규정된 형벌을 과하는 것으로 제재적 성격을 가지지만, 과징금은 형법에 규정된 형벌이 아니며 부당이득을 환수하는 성격을 가지고 있어 행정형벌과 구별된다. 또한 양자를 규정하는 규범의 목적이 서로 달라 병과하더라도 이중처벌금지에 위반되지 않는다.

## 4. 법적 성질 및 권리구제

과징금부과행위는 침익적 행정행위로서 행정쟁송법상 처분인바, 항고쟁송을 통하여 다툴 수 있다.

## Ⅲ 가산세

가산세란 세법상의 의무와 성실한 이행을 확보하기 위하여 그 세법에 의하여 산출된 세액에 가산하여 징수되는 세금을 말하며, 행정벌의 성격을 가진다.

## Ⅳ 가산금

가산금이란 행정법상 금전급부의무의 불이행에 대한 제재로서 가해지는 금전부담이다.

## Ⅴ 명단의 공표

### 1. 명단공표의 의의

명단의 공표란 행정법상의 의무 위반 또는 의무불이행이 있는 경우에 그 위반자의 성명, 위반사실 등을 일반에게 공개하여 명예 또는 신용에 침해를 가함으로써 심리적인 압박을 가하여 행정법상의 의무이행을 확보하는 간접강제수단을 말한다.

### 2. 감정평가법상 명단공표

감정평가법 제39조의2에서는 징계의 공고를 규정하여 징계를 한 때에는 내용을 관보 등에 게시 또는 공고하도록 하고 있으며, 이는 명단공표에 해당한다고 볼 수 있다.

## Ⅵ 공급거부

공급거부란 행정법상의 의무를 위반하거나 불이행한 자에 대하여 행정상의 서비스 또는 재화의 공급을 거부하는 행위를 말한다.

## Ⅶ 관허사업의 제한

행정법상의 의무를 위반하거나 불이행한 자에 대하여 각종 인·허가를 거부할 수 있게 함으로써 행정법상 의무의 이행을 확보하는 간접적 강제수단을 말한다.

## Ⅷ 시정명령

시정명령은 행정법규 위반에 의해 초래된 위법상태를 제거하는 것을 명하는 강학상 하명으로서 행정행위이다.

# 행정구제법

Chapter 01 행정상 손해전보
Chapter 02 행정쟁송

# 행정상 손해전보

Chapter 01

---

제1절 **행정상 손해배상**

### ◎ 기출문제

• 제25회, 제23회, 제22회, 제12회

| 사전적 권리구제 | 행정절차 | |
|---|---|---|
| 사후적 권리구제 | 행정상 손해전보 | 국가배상제도 |
| | | 손실보상제도 |
| | 행정쟁송 | 행정심판 |
| | | 행정소송 |

## Ⅰ 국가배상제도의 의의 및 근거

국가배상제도란 국가가 사무수행과 관련하여 위법하게 타인에게 손해를 가한 경우, 국가가 피해자에게 손해를 배상해 주는 제도를 말하며, 헌법 제29조 제1항과 국가배상법 제2조를 근거로 한다.

## Ⅱ 국가배상청구권의 법적 성질

판례는 국가배상책임을 민사상 손해배상책임의 일종으로 보아 사권으로 보고 있으나, 국가배상법은 공법적 원인에 의하여 발생된 손해에 대한 국가 등의 배상책임을 규정한 공법에 해당하며, 따라서 공법상 당사자소송으로 다툼이 타당하다.

## Ⅲ 요건(국가배상법 제2조 제1항)

① **공**무원 또는 공무를 위탁받은 사인이
② **직**무를 집행하면서
③ **고**의 또는 과실로
④ **법**령을 위반하여
⑤ **타**인에게
⑥ **손**해가 발생한 경우
→ 공직고위인손을 먼저 써주고 문제되는 부분 추가 적시

### 1. 공무원

국가배상법상 공무원이란 행정조직법상의 공무원뿐만 아니라, 널리 공무를 위탁받아 공무에 종사하는 기능적 의미의 공무원을 의미한다.

## 2. 직무

국가배상법 제2조 제1항의 직무에는 권력작용뿐만 아니라 비권력적 작용인 공법상 행정작용이 포함되고, 판례는 단순한 사경제주체로서 하는 작용은 포함되지 않는다고 하였으며, 재판작용의 경우 판례는 법관과 다른 공무원의 직무행위를 구분하지 않은바 포함됨이 타당하다고 판단된다.

## 3. 직무 관련성(집행하면서)

직무행위 자체는 물론 객관적으로 직무의 범위에 속한다고 판단되는 행위 및 직무와 밀접히 관련된 행위를 말한다. 직무행위인지의 여부는 객관적으로 직무행위의 외관을 갖추고 있는지의 여부에 따라 판단하여야 한다는 것이 판례의 태도이다.

## 4. 고의 또는 과실

### (1) 고의와 과실의 의의

① 〈고의〉란 위법한 결과의 발생을 인식하는 것을 말하고, ② 〈과실〉이란 위법한 결과의 발생을 부주의로 인식하지 못하는 것을 말한다.

### (2) 판단대상

고의·과실의 유무는 국가가 아니라 해당 공무원을 기준으로 판단한다. 판례는 공무원의 직무집행상 과실이란 직무 담당 평균인이 통상 갖추어야 할 주의의무를 게을리한 것을 말한다고 하였다.

### (3) 공무원의 법령해석과 과실

공무원에게는 자신의 사무영역과 관련된 법령에 대한 지식을 숙지하고 있어야 할 의무가 있다. 판례 또한 특별한 사정이 없는 한 공무원이 관계법규를 알지 못하거나 필요한 지식을 갖추지 못하고 법규의 해석을 그르쳐 행정처분을 하였다면 과실이 있다고 판시한 바 있다.

## 5. 위법성(법령에 위반)

### (1) 학설

① 〈협의의 행위위법설〉 엄격한 의미의 법규위반으로 보는 견해
② 〈광의의 행위위법설〉 법령위반뿐만 아니라 인권존중·권력남용금지·신의성실의 위반도 위반으로 보는 견해
③ 〈결과불법설〉 손해의 수인가능성으로 판단하는 견해
④ 〈상대적 위법설〉 직무행위 자체의 위법 뿐만 아니라, 피침해이익의 성격, 침해의 정도, 태양 등을 종합적으로 판단하는 견해
⑤ 〈직무의무위반설〉 공무원 개인의 직무의무위반을 위법으로 보는 견해

### (2) 판례

위법성 판단의 기준에 대하여 대법원의 주류적인 입장은 〈광의의 행위위법설〉이나, 행위가 객관적으로 정당성을 결여한 경우를 의미한다는 〈상대적 위법성설〉을 취하는 경우도 있다.

**(3) 검토**

생각건대, 국가배상은 위법이 있는 경우 그에 대한 손해전보수단이어야 하므로, 법질서 위반이라는 일관된 가치판단으로 위법을 판단함이 타당한 점에서 〈광의의 행위위법설〉이 타당하다.

## 6. 타인에게 손해가 발생할 것

**(1) 타인**

타인이란 위법한 행위를 한 자 및 그 행위 가담자를 제외한 모든 피해자를 말한다.

**(2) 손해**

손해란 가해행위로부터 발생한 일체의 손해로서 법익 침해를 의미하며, 판례는 적극·소극적 손해, 재산·생명·신체·정신상 손해를 가리지 않는다고 보았다.

**(3) 인과관계**

**① 의미**

상당한 인과관계란 공무원의 직무상 행위와 손해 사이 상당한 인과관계가 있어야 하는 것을 말한다.

**② 판단기준**

인과관계유무의 판단은 관련 법령의 내용, 가해행위의 태양, 피해의 상황 등 제반사정을 종합적으로 고려하여 이루어져야 한다.

> **▶ 판례 : 인과관계 판단기준**
> 상당인과관계의 유무를 판단함에 있어서는 일반적인 결과 발생의 개연성은 물론 직무상 의무를 부과하는 법령 기타 행동규범의 목적, 그 수행하는 직무의 목적 내지 기능으로부터 예견가능한 행위 후의 사정, 가해행위의 태양 및 피해의 정도 등을 종합적으로 고려해야 한다.

## Ⅳ 구상권

① 국가배상법 제2조 제2항은 국가의 구상권은 고의 또는 중과실의 경우에 한하는 것으로 규정하고 있다. 이는 경과실의 경우 공무원의 사기저하와 사무정체를 방지하기 위함으로 보이며, ② 판례는 기본적으로 손해의 발생에 기여한 정도에 따라 국가와 공무원 사이에 손해의 공평한 분담이라는 견지에서 국가의 공무원에 대한 구상권을 인정하고 있다.

## Ⅴ 공무원의 직접적인 배상책임의 문제

## 1. 문제점

피해자가 공무원에 대하여도 손해배상을 청구할 수 있는지에 관하여 견해대립이 있다.

## 2. 관련 판례

판례는 국가 등이 국가배상책임을 부담하는 외에 공무원 개인도 고의 또는 중과실이 있는 경우에는 피해자에 대하여 그로 인한 손해배상책임을 부담하고, 가해공무원 개인에게 경과실만 인정되는 경우에는 공무원 개인은 손해배상책임을 부담하지 아니한다고 보고 있다.

## 3. 검토

국가 등의 배상책임의 성질과 가해공무원의 대외적 배상책임은 논리적 연관성이 없고, 정책적 견지에서 공무원의 직무집행을 위축시킬 우려가 있는바 부정함이 타당하다고 판단된다.

---

### 제2절 행정상 결과제거청구권

### Ⅰ 의의 및 취지

공법상 결과제거청구권이란 공행정작용으로 인하여 야기된 위법한 상태로 권익을 침해받는 자가 행정주체에 대하여 위법상태를 제거하고 원상태로 회복시켜 줄 것을 청구하는 권리를 말한다. 이는 손해전보·행정쟁송 등 기존의 행정구제 제도를 보완하기 위해 인정된다.

### Ⅱ 법적 근거

공법상 결과제거청구권을 일반적으로 인정하는 명문 규정은 없으나, 법치행정의 원리, 기본권 규정, 법상 소유권방해배제청구권 등의 관계 규정의 유추적용에서 법적 근거를 찾고, 취소판결의 기속력 규정인 행정소송법 제30조를 근거로 보는 견해가 있다.

### Ⅲ 요건

① 법적 행위뿐만 아니라 사실행위도 포함하는 공행정작용으로 인한 침해일 것
② 위법한 상태가 야기되어 권리 또는 법적 이익이 침해되고 있을 것
③ 위법한 상태의 존재여부는 사실심 변론종결시를 기준으로 판단할 것
④ 원상회복이 사실상 가능하고, 법률상 허용될 것
⑤ 원상회복이 행정주체에게 기대가능한 것일 것

### Ⅳ 권리의 실현수단

결과제거청구권은 공권으로 보는 것이 타당하므로 공법상 당사자소송으로 그 권리를 실현해야 한다. 그러나 현재 판례상 공법상 위법상태의 제거를 구하는 당사자소송은 원칙상 인정되지 않고 있다.

## 제3절 행정상 손실보상 — 거의 매년 출제

### Ⅰ 행정상 손실보상의 의의 및 취지

'행정상 손실보상'이란 ① 공공필요에 의한 ② 적법한 행정상의 공권력 행사에 의하여 ③ 개인의 재산권에 가해진 특별한 희생에 대하여 ④ 전체적 평등부담의 견지에서 행정주체가 행하는 조절적 전보제도를 말하며, 피해자 구제에 취지가 있다.

### Ⅱ 손실보상청구권의 법적성질

#### 1. 관련 판례의 태도

> 🔖 관련 판례(2004다6207)
> 손실보상청구권의 법적 성질은 하천구역에의 편입에 의한 손실보상청구권과 하등 다를 바가 없는 것이어서 공법상의 권리임이 분명하므로 그에 관한 쟁송도 행정소송절차에 의하여야 한다.

#### 2. 검토

손실보상은 공권력 행사를 원인으로 하는 공법관계에 관한 제도이고, 손실보상 규정을 둔 실정법이 전심절차로 행정심판을 두고 있는 경우가 많다는 점을 근거로 〈공권〉으로 보는 것이 타당하다.

### Ⅲ 행정상 손실보상의 요건(공재적특보)

① 공공의 필요
② 재산권에 대한 공권적 침해
③ 침해의 적법성
④ 특별한 희생
⑤ 보상규정의 존재

#### 1. 공공의 필요

재산권에 대한 공권적 침해는 '공공필요'에 의해서만 행해질 수 있는바, 공공필요는 공용침해의 실질적 허용요건이자 본질적 제약요소가 된다. 공공필요의 유무는 개별·구체적으로 공·사익 간의 비례의 원칙을 통한 비교형량을 통하여 판단된다.

#### 2. 재산권에 대한 공권적 침해

(1) 재산권의 의미

재산권이란 토지소유권 및 그 재산적 가치가 있는 일체의 권리를 의미한다. 재산가치는 현존하는 것으로서, 기대이익은 재산권에 포함되지 않는다.

### (2) 공권적 침해성

공익실현을 위한 의도된 공권력의 행사로서의 공법적 행위이다. 즉, 보상부 침해로서 재산권의 박탈, 사용, 제한 등 일체의 재산권에 대한 공권적 감손행위를 말한다.

### (3) 공권적 침해와 재산상 손실의 인과관계

침해의 직접성으로 공권적 침해와 재산상 손실은 직접적 인과관계가 있어야 한다.

## 3. 침해의 적법성(법률적 근거)

헌법 제23조 제3항은 법률유보원칙을 취하고 있는바, 재산권 침해는 형식적 의미의 법률에 적합해야 한다. 또한 적법한 공권력 행사는 법률에 근거해야 할 뿐만 아니라 그 절차에 있어서도 적법하여야 한다.

## 4. 특별한 희생

### (1) 의의

특별한 희생이란 재산권에 일반적으로 내재된 사회적 제약을 넘는 특별한 공용침해를 말하며, 사회적제약은 보상대상이 되지 않는다는 점에서 구별실익이 있다.

### (2) 특별한 희생의 구별 기준

① 학설

　㉠ 〈형식설〉 재산권 침해의 인적 범위가 특정되어 있는가의 여부로 구별하는 견해

　㉡ 〈실질설〉 재산권 침해의 본질성과 강도에 의하여 구별하려는 견해 (목사보수중상사 : 목적위배설, 사적 효용설, 보호가치성설, 수인기대가능성설, 중대성설, 상황구속성설, 사회적 비용설)

② 판례

> **🔁 관련 판례(89부2)**
>
> 개발제한구역 안에 있는 제한은 공공복리에 적합한 합리적인 제한이라고 볼 것이고, 그 제한으로 인한 토지소유자의 불이익은 공공의 복리를 위하여 감수하지 아니하면 안 될 정도의 것이라고 인정되므로 손실보상의 규정을 하지 아니하였다 하여 위배되는 것이라고 할 수 없다.
>
> **🔁 헌법재판소 입장**
>
> ① 토지를 종래 목적으로도 사용할 수 없거나(목적위배설), 실질적으로 토지의 사용, 수익의 길이 없는 경우(사적 효용설)에는 수인한계를 넘는 것(수인한도설)이므로 특별희생에 해당된다.

③ 검토

판례의 입장 및 형식설과 실질설이 일면 타당하다는 점을 종합할 때 보상 여부의 결정에 있어서는 형식적 기준과 실질적 기준을 상호 보완적으로 적용하여 판단하는 것이 타당하다고 보여진다.

## 5. 보상규정의 존재

### (1) 문제점

헌법 제23조 제3항은 손실보상은 법률로써 하도록 규정하고 있어, 개별법에는 보상규정이 있어야 한다. 다만 보상규정이 흠결된 경우 손실보상청구를 할 수 있는지가 헌법 제23조 제3항의 해석과 관련해 문제된다.

### (2) 학설

① 〈방침규정설〉 헌법상 보상규정은 입법방침에 불과한 프로그램 규정이므로 법률에 보상규정이 없는 한 손실보상이 안 된다는 견해

② 〈직접효력설〉 헌법 제23조 제3항을 직접 근거로 하여 보상을 청구할 수 있다는 견해

③ 〈유추적용설〉 헌법 제23조 제3항 및 관계 규정의 유추적용을 통하여 보상을 청구할 수 있다는 견해

④ 〈위헌무효설〉 법률에 보상규정이 없으면 그 법률은 위헌무효가 되어 손실보상이 아닌 손해배상을 청구할 수 있다는 견해

⑤ 〈보상입법부작위위헌설〉 공용제한을 규정하면서 손실보상을 두지 않은 경우 그 공용제한 규정 자체는 헌법에 위반되는 것은 아니지만 손실보상을 규정하지 않은 입법부작위가 위헌이라고 보는 견해

### (3) 판례

> 🔖 **관련 판례(94다34630) – 유추적용설 입장**
>
> 명시적인 보상규정이 없더라도, 소유자가 입은 손실은 보상되어야 하고, 그 보상방법을 유수지 및 제외지 등에 관한 것과 달리할 아무런 합리적인 이유를 찾아볼 수 없으므로, 개정된 (구)하천법 부칙 제2조 제1항을 유추적용하여 손실을 보상하여야 한다고 봄이 상당하다.
>
> 🔖 **관련 판례(93다6409) – MBC 주식강제증여사건**
>
> 수용유사적 침해이론은 국가 기타 공권력의 주체가 위법하게 공권력을 행사하여 국민의 재산권을 침해하였고, 그 효과가 실제에 있어서 수용과 다름이 없을 때에는 적법한 수용이 있는 것과 마찬가지로 국민이 그로 인한 손실의 보상을 청구할 수 있다는 내용으로 이해되는데, 이 사건주식이 그러한 공권력 행사에 의한 수용유사적 침해에 해당한다고 볼 수는 없다.
>
> 🔖 **관련 판례(89헌마214) – 위헌무효설 입장**
>
> 보상규정을 두지 않은 것에 위헌성이 있는 것이고, 입법자는 되도록 빠른 시일 내에 보상입법을 하여 위헌적 상태를 제거할 의무가 있다.
>
> → 우리 판례는 헌법에서 시대적 상황과 여건에 따라 태도를 달리하고 있다.

### (4) 검토

손실보상의 문제는 원칙적으로 입법적으로 해결하여야 하나, 현행 헌법 제23조 제3항이 완전보상원칙으로 해석되는 정당보상원칙을 선언하고 있고, 완전보상에 따른 보상액을 법원이 결정할 수 있으므로, 국민의 권리구제 실효성을 위하여 〈직접효력설〉이 타당하다.

## Ⅳ 헌법상 정당보상의 의미

### 1. 학설

① 〈완전보상설〉 손실보상은 피침해재산이 가지는 재산적 가치와 부대적 손실까지 합친 완전한 보상을 해야 한다는 견해

② 〈상당보상설〉 재산권의 사회적 구속성과 침해행위의 공공성에 비추어 사회국가원리에 바탕을 둔 조화로운 보상이면 족하다는 견해

③ 〈절충설〉 완전보상을 요하는 경우와 상당보상을 요하는 경우로 나누어 평가하는 견해

### 2. 관련 판례

> 🔖 **관련 판례(89헌바107)**
>
> 헌법 제23조 제3항의 정당한 보상이란 원칙적으로 피수용 재산의 객관적인 재산가치를 완전하게 보상하여야 한다는 완전보상을 뜻하는 것으로 보상금액 뿐만 아니라 보상의 시기·방법에 있어서도 어떠한 제한을 두어서는 아니 된다는 것을 의미한다.
>
> 🔖 **관련 판례(67다1334)**
>
> 헌법에서 말하는 정당한 보상이라는 취지는 객관적인 가치를 충분하게 보상하여야 된다는 취지이고 보상의 시기, 방법 등에 있어서 어떠한 제한을 받아서는 아니 된다는 것을 의미한다.

### 3. 검토

판례의 입장 및 상당보상설이 평등원칙에 위배될 소지가 있음을 종합적으로 고려할 때 〈완전보상설〉이 타당하다고 판단된다.

# 행정쟁송

## 제1절 행정쟁송의 개관

### Ⅰ 행정쟁송의 의의

행정쟁송이란 행정법관계에 발생한 분쟁을 당사자의 청구에 의하여 심리·판정하는 심판절차를 말하며, 보통 행정심판과 행정소송으로 구분되나 이를 넓게 보아 이의신청까지 포함시키는 경우도 있다. 이의신청을 포함하는 경우라도 이의신청은 강학상 이의신청으로서 행정청 내부의 재심사 절차에 불과하다는 점을 상기해야 한다.

### Ⅱ 이의신청(행정기본법 제36조)

#### 1. 이의신청의 의의

이의신청이란 위법·부당한 행정작용으로 인해 권리가 침해된 자가 처분청에 대하여 그러한 행위의 시정을 구하는 불복절차를 말한다.

#### 2. 이의신청의 대상

행정기본법 제36조 제1항에서는 "처분"에 이의가 있는 당사자는 이의신청을 할 수 있다고 규정한 바, 이의신청의 대상은 〈처분〉을 말한다고 판단된다.

#### 3. 이의신청의 절차

① 행정청의 처분에 이의가 있는 당사자는 처분을 받은 날부터 30일 이내에 해당 행정청에 이의신청을 할 수 있다. ② 행정청은 이의신청을 받으면 신청을 받은 날부터 14일 이내에 그 이의신청에 대한 결과를 신청인에게 통지하여야 한다. 다만, 부득이한 사유로 14일 이내에 통지할 수 없는 경우에는 그 기간을 만료일 다음 날부터 기산하여 10일의 범위에서 한 차례 연장할 수 있으며, 연장 사유를 신청인에게 통지하여야 한다.

#### 4. 이의신청 결과에 대한 불복

① 행정기본법 제36조 제3항에 따르면 이의신청을 한 경우에도 행정심판 또는 행정소송을 제기할 수 있고, ② 이의신청 결과를 통지 받은 후 행정심판이나 행정소송을 제기하는 경우에는 행정기본법 제36조 제4항에 따라 결과를 통지 받은 날부터 90일의 제소기간을 기산한다.

---

**제36조(처분에 대한 이의신청)**

① 행정청의 처분(「행정심판법」 제3조에 따라 같은 법에 따른 행정심판의 대상이 되는 처분을 말한다. 이하 이 조에서 같다)에 이의가 있는 당사자는 처분을 받은 날부터 30일 이내에 해당 행정청에 이의신청을 할 수 있다.

---

② 행정청은 제1항에 따른 이의신청을 받으면 그 신청을 받은 날부터 14일 이내에 그 이의신청에 대한 결과를 신청인에게 통지하여야 한다. 다만, 부득이한 사유로 14일 이내에 통지할 수 없는 경우에는 그 기간을 만료일 다음 날부터 기산하여 10일의 범위에서 한 차례 연장할 수 있으며, 연장 사유를 신청인에게 통지하여야 한다.

③ 제1항에 따라 이의신청을 한 경우에도 그 이의신청과 관계없이 「행정심판법」에 따른 행정심판 또는 「행정소송법」에 따른 행정소송을 제기할 수 있다.

④ 이의신청에 대한 결과를 통지받은 후 행정심판 또는 행정소송을 제기하려는 자는 그 결과를 통지받은 날(제2항에 따른 통지기간 내에 결과를 통지받지 못한 경우에는 같은 항에 따른 통지기간이 만료되는 날의 다음 날을 말한다)부터 90일 이내에 행정심판 또는 행정소송을 제기할 수 있다.

⑤ 다른 법률에서 이의신청과 이에 준하는 절차에 대하여 정하고 있는 경우에도 그 법률에서 규정하지 아니한 사항에 관하여는 이 조에서 정하는 바에 따른다.

⑥ 제1항부터 제5항까지에서 규정한 사항 외에 이의신청의 방법 및 절차 등에 관한 사항은 대통령령으로 정한다.

⑦ 다음 각 호의 어느 하나에 해당하는 사항에 관하여는 이 조를 적용하지 아니한다.

1. 공무원 인사 관계 법령에 따른 징계 등 처분에 관한 사항
2. 「국가인권위원회법」 제30조에 따른 진정에 대한 국가인권위원회의 결정
3. 「노동위원회법」 제2조의2에 따라 노동위원회의 의결을 거쳐 행하는 사항
4. 형사, 행형 및 보안처분 관계 법령에 따라 행하는 사항
5. 외국인의 출입국·난민인정·귀화·국적회복에 관한 사항
6. 과태료 부과 및 징수에 관한 사항

---

## 제2절 행정심판

### ◎ 기출 동향

① 토지보상법상 특별법상 행정심판, ② 개별공시지가 이의신청이 특별법상 행정심판인지 강학상 이의신청인지에 대하여 출제된 바 있다.

### Ⅰ 행정심판 의의

행정심판이란 행정청의 위법·부당한 처분 또는 부작위에 대한 불복에 대하여 행정기관이 심판하는 행정심판상의 행정쟁송절차이다.

### Ⅱ 행정심판의 종류

**1. 취소심판**

취소심판이란 행정청의 위법 또는 부당한 처분으로 인하여 권익을 침해당한 자가 그 취소 또는 변경을 구하는 행정심판을 말한다.

## 2. 무효등확인심판

무효등확인심판이란 처분의 효력 유무 또는 존재 여부에 대한 확인을 구하는 행정심판을 말한다.

## 3. 의무이행심판

의무이행심판이란 행정청의 위법 또는 부당한 거부처분 또는 부작위가 있는 경우에 법률상 의무가 지워진 처분의 이행을 구하는 행정심판을 말한다.

## Ⅲ 행정심판의 대상[행정심판법 제3조]

행정심판의 대상은 '행정청의 처분 또는 부작위'이다.

## Ⅳ 행정심판의 당사자

## 1. 청구인적격(행정심판법 제13조)

청구인적격이란 행정심판의 청구인이 될 수 있는 자격을 말한다. 행정심판의 청구인은 '행정심판을 제기할 법률상 이익이 있는 자'이다.

## 2. 피청구인적격(행정심판법 제17조)

행정심판은 처분을 한 행정청(의무이행심판의 경우에는 청구인의 신청을 받은 행정청)을 피청구인으로 하여 청구하여야 한다. 다만, 행정심판의 대상과 관계되는 권한이 다른 행정청에 승계된 경우에는 권한을 승계한 행정청을 피청구인으로 하여야 한다.

## Ⅴ 행정심판의 청구기간

## 1. 원칙적인 청구기간

행정심판의 청구는 원칙적으로 처분이 있음을 안 날로부터 90일 이내, 처분이 있은 날로부터 180일 이내에 제기하여야 한다. 처분이 있음을 안 날이란 처분이 있음을 현실적으로 안 날을 말한다.

## 2. 예외적인 심판청구기간

(1) 90일에 대한 예외(행정심판법 제27조 제2항, 제5항)

① 천재지변 등으로 처분이 있음을 안 날로부터 90일 이내에 심판청구를 할 수 없었을 때에는 그 사유가 소멸한 날로부터 14일 이내에 심판 청구를 제기할 수 있으며, ② 행정청이 행정심판 청구기간을 오고지한 경우는 처분이 있음을 안 날부터 90일 이내의 기간보다 긴 기간으로 잘못 알린 경우 그 잘못 알린 기간에 심판청구가 있으면 그 행정심판은 90일 이내의 기간에 청구된 것으로 본다.

(2) 180일에 대한 예외(정당한 사유가 있는 경우)

처분이 있은 날로부터 180일 이내에 제기하여야 하지만 정당한 사유가 있는 경우에는 180일이 넘어도 제기할 수 있다. 어떤 사유가 '정당한 사유'에 해당하는가는 건전한 사회통념에 의해 판단되어야 한다.

**(3) 행정청이 불고지한 경우(행정심판법 제27조 제6항)**

행정청이 불고지한 경우에는 처분이 있었던 날부터 180일 이내에 심판청구를 할 수 있다.

## 3. 이의신청 결과를 통지 받은 후

행정기본법 제36조 제4항에 따라 이의신청 결과를 통지받은 날로부터 90일 이내에 행정심판 또는 행정소송을 제기할 수 있다.

## Ⅵ 심판청구의 효과(행정심판법 제30조 제1항)

행정심판법상 청구요건을 갖춘 심판청구가 있으면 행정심판위원회는 심판을 심리·재결할 의무를 진다. 심판청구가 있어도 처분의 효력이나 그 집행 또는 절차의 속행에 영향을 주지 아니한다.

## Ⅶ 행정심판의 재결 및 조정제도

## 1. 재결의 의의 및 종류

재결이란 행정심판의 청구에 대하여 행정심판위원회가 해야 하는 판단이며, 재결의 종류에는 ① 각하재결, ② 인용재결, ③ 기각재결, ④ 사정재결이 있다.

## 2. 재결의 효력

**(1) 행정행위의 효력 및 형성력**

① 재결도 행정행위이므로 행정행위의 일반적 효력인 구속력, 공정력, 구성요건적 효력, 불가쟁력, 불가변력을 가진다.

② 형성력이란 형성재결이 확정되면 특별한 의사표시 없이 행정법상 법률관계의 발생·변경·소멸을 가져오는 효력이다.

**(2) 기속력(행정심판법 제49조 제1항)**

재결의 기속력이란 처분청 및 관계행정청이 재결의 취지에 따르도록 처분청 및 관계행정청을 구속하는 효력으로서 재결의 기속력은 인용재결의 경우에만 인정된다.

## 3. 재결에 대한 불복

**(1) 행정심판 재청구의 금지(행정심판법 제51조)**

심판청구에 대한 재결이 있으면 그 재결 및 같은 처분 또는 부작위에 대하여 다시 행정심판을 청구할 수 없다.

**(2) 취소소송**

재결은 취소소송의 대상이 되는 처분이다. 행정소송법 제19조 단서에 따라 재결취소소송을 제기하려면 재결 고유의 위법이 있어야 한다.

## Ⅷ 행정심판의 불복고지

### 1. 고지제도의 의의 및 취지(행정심판법 제58조)

고지제도란 행정청이 처분을 하는 경우, 상대방에게 처분에 대하여 행정심판 제기 가능 여부, 심판청구 절차 및 청구 기간을 알려주는 의무를 지우는 제도를 말한다. 행정의 민주화, 행정의 신중, 국민 권리보호에 취지가 있다.

### 2. 법적성질

고지는 사실행위이며, 준법률행위적 행정행위인 통지가 아니다. 따라서 고지는 항고소송의 대상인 처분이 아니다.

### 3. 고지의 종류

① 〈직권에 의한 고지〉 행정청이 처분을 할 때에 처분의 상대방에게 고지하여야 하는 것을 말한다.
② 〈신청에 의한 고지〉 처분의 이해관계인이 고지를 신청하면 해당 행정청은 지체 없이 고지를 하여야 하는 것을 말한다.

### 4. 행정심판 불고지의 위법 여부

고지는 강행규정이라 볼 수 없고 또한 효력규정이라고도 할 수 없다. 비권력적사실행위로서 불고지, 오고지의 경우 해당 처분의 효력에는 영향을 미치는 것이 아니므로 위법을 구성하지 않는다.

---

| 제3절 | 행정소송 |
|---|---|

### 3-1 행정소송의 개관

### Ⅰ 행정소송의 의의 및 취지

행정소송이란 행정청의 공권력 행사에 대한 불복 및 기타 행정법상의 법률관계에 관한 분쟁에 대하여 법원이 정식 소송절차를 거쳐 행하는 행정쟁송절차를 말하며, 국민의 권리구제와 행정의 적법성 보상에 취지가 있다.

### Ⅱ 행정소송의 종류

### 1. 내용에 따른 분류

① 〈항고소송〉 행정청의 처분 등이나 부작위에 대하여 제기하는 소송을 말한다.
② 〈당사자소송〉 행정청의 처분 등을 원인으로 하는 법률관계에 관한 소송 그 밖에 공법상 법률관계에 대한 소송으로서 그 법률관계의 한쪽 당사자를 피고로 하는 소송을 말한다.
③ 〈민중소송〉 국가 또는 공공단체 등의 기관이 법률에 위반되는 행위를 한 때에 직접 자기의 법률상 이익과 관계없이 그 시정을 구하기 위하여 제기하는 소송을 말한다.

④ 〈기관소송〉 국가 또는 공공단체의 기관 상호간에 있어서의 권한의 존부 또는 그 행사에 관한 다툼이 있을 때에 이에 대하여 제기하는 소송을 말한다.

## 2. 성질에 따른 분류

① 〈형성소송〉 행정법관계의 발생·변경·소멸을 가져오는 판결을 구하는 소송이다.
② 〈확인소송〉 처분 등의 효력유무 또는 존재여부의 확인 또는 권리·법률관계 존부의 확인을 구하는 소송이다.
③ 〈이행소송〉 행정청에게 일정한 행위를 할 것을 명하는 판결을 법원에 구하는 소송이다.

### 3-2 취소소송

#### Ⅰ 취소소송의 의의 및 성질

취소소송이란 행정청의 위법한 처분이나 재결의 취소 또는 변경을 구하는 소송을 말하며, 취소소송은 주관적 소송이며, 형성소송의 성질을 갖는다.

#### Ⅱ 취소소송의 소송물

## 1. 소송물의 의의

소송물이란 소송법상 심판대상 또는 심판대상이 되는 단위를 말한다. 소송물은 소의 병합, 변경, 기판력의 범위와 관련하여 중요한 의미를 가지며, 이에 관해 견해의 대립이 있다.

## 2. 취소소송에서의 소송물의 개념

### (1) 관련 판례

> 🔖 관련 판례(95누5820)
> 취소판결의 기판력은 소송물로 된 행정처분의 위법성 존부에 관한 판단 그 자체에만 미치는 것이므로 전소와 후소가 그 소송물을 달리하는 경우에는 전소 확정판결의 기판력이 후소에 미치지 아니하는 것이다.

### (2) 검토

취소소송의 원고는 특정한 처분의 위법성을 주장하는 것이며, 처분의 위법성이 심리 대상이 되어 법원의 판결에 의해 확정된다. 따라서 취소소송의 소송물은 대상처분의 위법성인바 여기서의 소송물이란 개개의 위법 사유가 아니라, 판례의 태도와 같이 행정처분의 위법사유 일반이 하나의 소송물을 이루고 있다고 봄이 타당하다고 판단된다.

#### Ⅲ 취소소송 요건

① 대상적격이 처분 등일 것
② 협의의 소익이 있을 것

③ **원**고적격이 인정될 것
④ 행정심판 **전**치주의 여부 – 시험에 안 나옴
⑤ 제소**기**간이 충족될 것
⑥ 재판**관**할 – 시험에 잘 안 나옴
⑦ **피**고적격은 행정청(처분청)으로 할 것

### 3-3 취소소송의 요건

## ≫ 대상적격(처분 등) ★★★

**◎ 기출문제**

- 제34회 : 취소소송의 대상적격과 피고적격
- 제25회 : 항고소송의 대상

### I 취소소송의 대상(행정소송법 제19조)

행정소송법 제19조는 "취소소송은 처분 등을 대상으로 한다"고 규정하고 있다.

### II 처분 등의 개념(행정소송법 제2조 제1항 제1호)

"처분 등"에 대하여 "행정청이 행하는 구체적 사실에 관한 법집행으로서의 공권력의 행사 또는 그 거부와 그 밖에 이에 준하는 행정작용 및 행정심판에 대한 재결"을 말한다고 규정하고 있다.

### III 거부처분

#### 1. 거부처분의 의의

거부처분이란 국민의 공권력 행사의 신청에 대하여 처분의 발령을 거부하는 행정청의 의사작용을 말하며, 행정소송법상 처분개념으로서 거부란 신청된 행정작용이 처분에 해당되는 경우의 거부만을 의미한다.

#### 2. 거부가 처분이 되기 위한 요건(공권신)

(1) 거부처분의 성립 요건

거부가 처분이 되기 위한 요건은 판례의 태도에 따라 ① **공**권력행사의 거부일 것, ② 거부가 신청인의 **권**리·의무에 직접적인 영향을 미칠 것, ③ 법규상·조리상 **신**청권이 있을 것을 요건으로 한다.

(2) 신청권에 대한 견해대립

① 관련 판례

> **↻ 관련 판례(2008두17905)**
> 신청권의 존부는 구체적 사건에서 신청인이 누구인가를 고려하지 않고 관계 법규의 해석에 의하

여 국민에게 그러한 신청권을 인정하고 있는가를 살펴 추상적으로 결정되는 것이므로, 국민이 어떤 신청을 한 경우 그 신청의 근거가 된 조항의 해석상 행정발동에 대한 개인의 신청권을 인정하고 있다고 보이면 그 거부행위는 항고소송의 대상이 되는 처분으로 보아야 한다.

② 검토

원고적격설과 대상적격설이 대립하나 판례가 요구하는 신청권은 해당 처분의 근거 법규에 의해 일반국민에게 추상적으로 인정되는 객관적인 신청권이므로 〈대상적격〉의 문제로 봄이 타당하다.

## 3. 거부처분 후 새로운 신청에 대한 거부의 처분성

> **1차 처분 후 2차 결정의 처분성(2020두50324)**
> 거부처분이 있은 후 당사자가 다시 신청을 한 경우에는 신청의 제목 여하에 불구하고 그 내용이 새로운 신청을 하는 취지라면 관할 행정청이 이를 다시 거절하는 것은 새로운 거부처분이라고 보아야 한다.

## Ⅳ 재결과 취소소송

### 1. 재결의 의의

행정심판법에서 재결이란 "행정심판의 청구에 대하여 제6조에 따른 행정심판위원회가 행하는 판단"을 말한다.

### 2. 원처분주의

(1) 원처분주의와 재결주의의 의의

① 〈원처분주의〉란 원처분과 재결 모두에 대해 소를 제기할 수 있으나, 원처분의 취소소송에서는 원처분의 위법을 다투고, 재결의 고유한 위법에 대해서는 재결취소소송으로 다투도록 하는 것이다.

② 〈재결주의〉란 원처분에 대해서는 소송을 제기할 수 없고, 재결에 대해서만 소송을 제기하도록 하는 제도이다.

(2) 행정소송법 제19조의 태도

행정소송법 제19조에서는 재결취소소송을 재결 자체에 고유한 위법이 있음을 이유로 하는 경우에 한한다고 하여 〈원처분주의〉를 취하고 있다.

> **토지보상법 취소소송의 원처분주의 근거**
> ① 제85조 제1항은 제34조에 따른 수용재결에 대하여 불복하라고 하여 명시적으로 원처분주의를 취하고 있다.
> ② 제83조의 이의신청은 임의적 절차이다.
> ③ 행정소송법 제19조
> ④ 판례(2008두1504)도 원처분주의 입장이다.

## Ⅴ 재결 자체의 고유한 위법이 인정되는 경우

재결 자체의 고유한 위법이라 함은 원처분에는 없고 재결에만 있는 주체, 절차, 형식, 내용의 위법을 말한다. 내용상 위법에는 견해대립이 있으나, 판례는 내용상 하자도 재결 자체의 고유한 위법에 해당한다고 판시한 바 있다. 또한, 제3자효 행정행위에 있어서 재결로 인해 새로이 권익침해를 받은 자는 재결의 고유한 위법을 주장할 수 있다고 판시하였다.

## Ⅵ 재결 자체의 고유한 위법이 없을 시 판결의 종류

재결 자체에 고유한 위법이 없음에도 소제기한 경우 행정소송법 제19조 단서가 소극적 소송요건을 정한 것으로 보아 각하하여야 한다는 견해가 있으나 판례는 기각해야 한다고 본다. 재결 자체의 위법 여부는 본안판단사항이기 때문에 타당하다고 본다.

## Ⅶ 변경처분

### 1. 문제점

처분청이 처분 발령 후 직권으로 경정처분(예 감정평가법 과징금 감액)한 경우 어느 것이 항고소송의 대상이 되는지 문제된다. 논의의 실익은 불복 제기기간에 있다. 이 논의는 변경명령재결이 난 경우 처분청이 재결의 기속력에 따라 변경처분(일부취소처분)한 경우의 논의에도 동일하게 적용된다.

### 2. 학설

① 〈병존설〉 : 변경된 원처분과 변경처분은 독립된 처분으로 모두 소의 대상이 된다는 견해
② 〈흡수설〉 : 원처분은 변경처분에 흡수되어 전부취소되었기 때문에 새로운 처분만이 소송의 대상이 된다는 견해
③ 〈역흡수설〉 : 변경처분은 원처분에 흡수되어 원처분만이 소의 대상이라는 견해

### 3. 관련 판례

> 🔁 관련 판례(2011두27247)
> 감액처분으로도 아직 취소되지 않고 남아 있는 부분이 위법하다 하여 다투고자 하는 경우, 감액처분을 항고소송의 대상으로 할 수는 없고, 당초 징수결정 중 감액처분에 의하여 취소되지 않고 남은 부분을 항고소송의 대상으로 할 수 있을 뿐이며, 그 결과 제소기간의 준수 여부도 감액처분이 아닌 당초 처분을 기준으로 판단해야 한다.

### 4. 검토

원처분의 연속성이라는 관점에서 소송의 대상은 변경되어 남은 〈원처분〉으로 봄이 타당하고 따라서 제소기간 역시 이를 기준으로 봄이 타당하다. 다만, 일부취소처분은 원처분을 변경하는 것으로 독립된 처분으로 볼 수 없어 〈역흡수설〉로 보는 것이 타당하며, 증액 처분의 경우 새로운 효과를 발생시키는바 〈흡수설〉이 타당하다.

## ≫ 원고적격 ★★★

- 제25회 : 법률상이익, 원고적격 문제
- 제14회 : 인근 토지소유자 관련 문제

> **행정소송법 제12조(원고적격)**
> 취소소송은 처분등의 취소를 구할 법률상 이익이 있는 자가 제기할 수 있다. 처분등의 효과가 기간의 경과, 처분등의 집행 그 밖의 사유로 인하여 소멸된 뒤에도 그 처분등의 취소로 인하여 회복되는 법률상 이익이 있는 자의 경우에는 또한 같다.

### Ⅰ 의의 및 취지(행정소송법 제12조)

원고적격이란 행정소송에서 원고가 될 수 있는 자격을 말하며 남소방지에 취지가 있다. 행정소송법 제12조 제1문은 "취소소송은 처분등의 취소를 구할 법률상 이익이 있는 자가 제기할 수 있다"고 규정하여 원고적격으로 법률상 이익을 요구한다.

### Ⅱ 법률상 이익의 의미

#### 1. 학설

① 〈권리구제설〉 명문규정상 권리침해 된 자에게 원고적격 인정
② 〈법률상 이익구제설〉 권리뿐만 아니라 처분의 근거법규에 의하여 보호되는 이익을 침해 받은 자에게 원고적격 인정
③ 〈보호가치이익설〉 재판상 보호할 가치가 있는 이익을 침해당한 자에게 원고적격 인정
④ 〈적법성 보장설〉 처분의 적법성 확보에 이익이 있는 자에게 원고적격 인정

#### 2. 관련 판례(개직구간사경)

> ↻ **관련 판례(2020두48772)**
> 판례는 **개**별적·**직**접적·**구**체적으로 보호되는 이익이 있는 경우에는 처분의 취소를 구할 원고적격이 인정되지만, **간**접적·**사**실적·**경**제적인 경우에는 처분의 취소를 구할 원고적격이 인정되지 않는다고 보았다.

#### 3. 검토

항고소송의 기능과 국민의 재판청구권 보장을 조화롭게 고려한 〈법률상 보호이익설〉이 타당하다.

### Ⅲ 법률의 범위(보호규범론)

#### 1. 학설

종전에는 법률의 범위를 처분의 직접적인 근거 법률에만 한정하였으나, 오늘날 공권의 확대화 경

향에 의해 관계 법률까지 확대하고 있으며, 일반적 견해는 헌법상 기본권 원리까지 포함하는 것으로 그 폭을 넓히고 있다.

## 2. 관련 판례

> 🔁 **관련 판례(2004두14229)**
>
> 폐촉법에 따른 환경상 영향조사 대상에 해당할 뿐만 아니라 환경영향평가법에 따른 환경영향평가 대상 사업에도 해당하므로, 폐촉법령 뿐만 아니라 환경영향평가법령도 근거 법령이 된다고 할 것이고, 따라서 위 폐기물처리시설 설치계획입지가 결정 · 고시된 지역 인근에 거주하는 주민들에게 환경영향평가법 또는 폐촉법에 의하여 보호되는 법률상 이익이 있으면 위 처분의 효력을 다툴 수 있는 원고적격이 있다.

## 3. 검토

법률상 이익의 존부는 오늘날 환경의 이익, 소비자의 권리 등이 중시되는바, 일반적 견해와 같이 헌법상 기본원리까지 고려하여 판단하여야 할 것이다. 이러한 법률의 목적 · 취지가 공익보호뿐만 아니라 제3자의 사익도 보호하고 있는 것으로 해설될 경우에는 법률상 이익이 인정된다고 보아야 할 것이다.

## Ⅳ 제3자의 권리보호 필요성

## 1. 경업자 관계에서의 원고적격

경업자란 경쟁관계에 있는 영업자를 말하는 것으로서 보통 새로운 경쟁자에 대한 신규영업허가에 대하여 기존업자가 그 허가의 취소를 구하는 형태로 소송이 제기된다.

## 2. 경원자소송의 원고적격과 협의의 소익

경원자란 수익적 처분에 대한 신청이 경쟁하는 관계를 말하는 것으로서, ① 판례는 경원자 관계에 있는 경우 허가 등 처분의 상대방이 아니라 하더라도 원고적격이 인정되고, ② 처분이 취소된다 하더라도 허가 등의 처분을 받지 못할 불이익이 회복된다고 할 수 없을 때에는 해당 처분의 취소를 구할 정당한 이익이 없다고 판시하였다.

## 3. 인인소송

인인소송이란 어떠한 시설의 설치를 허가하는 처분에 대하여 해당 시설의 인근주민이 다투는 소송을 말하며, 근거 법규 등이 이웃에 대한 행정청의 의무와 사익을 보호하고 있는지에 따라 원고적격을 판단한다.

> 🔁 **연탄공장사건(73누96)**
>
> 주거지역안에서는 공익상 부득이 하다고 인정될 경우를 제외하고는 거주의 안녕과 건전한 생활환경의 보호를 해치는 모든 건축이 금지되고 있을뿐 아니라 주거지역내에 거주하는 사람이 받는 위와 같은 보호이익은 법률에 의하여 보호되는 이익이라고 할 것이므로 주거지역내에 연탄공장 건축허가처분으로 불이

익을 받고 있는 <u>제3거주자는 비록 당해 행정처분의 상대자가 아니라 하더라도 그 행정처분으로 말미암아 위와 같은 법률에 의하여 보호되는 이익을 침해받고 있다면 당해 행정처분의 취소를 소구하여 그 당부의 판단을 받을 법률상의 자격이 있다.</u>

### 4. 관련 판례(새만금사건)

> ↪ 인근주민의 원고적격(2006두330)
>
> 환경영향평가 대상지역 안의 주민들은 침해 또는 침해우려가 있는 것으로 사실상 추정되어 원고적격이 인정되지만 대상지역 밖의 주민들은 침해 또는 침해우려가 있다는 것을 <u>입증함으로써</u> 그 처분 등의 원고 적격을 인정받을 수 있다.

## ≫ 협의의 소익 ★★★

### Ⅰ 의의 및 취지(행정소송법 제12조 제2문)

협의의 소익이란 원고가 본안판결을 구할 현실적 이익 내지 필요성을 말하며, 권리보호의 필요라고 불리기도 한다. 이는 남소 방지 및 소송경제 도모에 취지가 있다.

### Ⅱ 행정소송법 제12조 제2문의 해석

#### 1. 문제점

행정소송법 제12조 제2문은 "처분 등의 효과가 소멸한 뒤에도 그 처분 등의 취소로 인하여 회복되는 법률상 이익"이라고 규정하여 제1문과 동일하게 "법률상 이익"이라는 표현을 사용하고 있다. 이에 대해 동일한 문구가 입법과오인지 여부와 소송의 성질이 확인소송인지 취소소송인지 대립한다.

#### 2. 입법상과오인지 여부

① 제2문은 처분이 소멸된 경우의 원고적격이라는 〈입법상 비과오설〉이 있으나, ② 제2문은 협의의 소의 이익에 관한 것으로 원고적격과 구별되는바, 동일하게 법률상이익이라는 용어를 사용한 것은 〈입법상 과오〉라는 견해가 타당하다고 생각한다.

#### 3. 소송의 성질

① 취소소송으로 보는 견해와 ② 계속적 확인소송으로 보는 견해가 있다. ③ 취소소송을 형성소송으로 이해할 때, 처분의 효력이 소멸한 경우에는 배제할 법적 효과가 없게 되어 현행 법체계상 〈확인소송〉으로 보는 것이 타당하다고 생각된다.

## 4. 검토

생각건대, 행정소송법 제12조 제2문은 확인소송으로서 입법적 과오이므로 이를 분리하여 별도로 규율하면서 법률상 이익이라는 표현을 삭제함이 타당하다고 판단된다.

## Ⅲ 원칙적으로 협의의 소익이 없는 경우(소원해실)

① 처분의 효력이 **소**멸한 경우 ② **원**상회복이 불가능한 경우 ③ 처분 후의 사정에 의해 이익 침해가 **해**소된 경우 ④ 보다 **실**효적인 권리구제 수단이 있는 경우 소의 이익이 없는 것으로 본다.

## Ⅳ 처분의 효력이 소멸된 경우 권리보호필요성

(감정평가법 시행령 제29조 별표3 관련 문제가 나올 경우의 목차)

### 1. 문제의 소재

원칙적으로 법규명령으로 규정되어 있다면 협의의 소익이 인정되지만, 사안의 경우 법규명령 형식의 행정규칙으로서 법규성 인정 여부과 관련해 협의의 소익 인정 여부가 문제된다.

### 2. 학설

① 〈법규명령설〉 제재적 처분기준에 따라 처분할 것이므로 가중된 제재적 처분을 받을 불이익은 분명하여 협의의 소익을 긍정한다.

② 〈행정규칙설〉 제재적 처분기준에 따라 처분한다고 볼 수는 없기 때문에 권리보호 필요성을 부정하는 견해가 있다.

③ 법규명령인지 행정규칙인지 구별하지 않고 현실적 불이익을 받을 가능성이 있다면 협의의 소익을 긍정하는 견해가 있다.

### 3. 관련 판례

#### (1) 변경 전 판례

종래 제재적 처분기준의 대외적구속력 여부를 기준으로 법규명령의 효력을 가지는 경우 소의 이익을 긍정하고 행정규칙의 효력을 가지는 경우 소의 이익을 부정하였다.

#### (2) 변경된 판례(2003두1684)

① 법규명령인지 여부와 상관없이 현실적 권리보호의 필요성을 기준으로 소의 이익을 긍정하여야 한다고 판시하였다.

② 〈이강국 대법관 별개의견〉은 부령인 제재적 처분기준의 법규성을 인정하는 이론적 기초 위에서 소익을 긍정함이 법리적으로 더욱 합당하다고 하였다.

#### (3) 검토

법규성을 부정하더라도 원고가 가중된 제재처분을 받을 불이익의 가능성은 여전히 존재하므로 법적 성질에 대한 논의와 무관하게 현실적으로 불이익을 받을 가능성이 있는지를 기준으로 권리보호필요성을 판단하는 견해가 타당하다.

## >> 피고적격

> **행정소송법 제13조(피고적격)**
> ① 취소소송은 다른 법률에 특별한 규정이 없는 한 그 처분등을 행한 행정청을 피고로 한다. 다만,
> 처분등이 있은 뒤에 그 처분등에 관계되는 권한이 다른 행정청에 승계된 때에는 이를 승계한 행정
> 청을 피고로 한다.
> ② 제1항의 규정에 의한 행정청이 없게 된 때에는 그 처분등에 관한 사무가 귀속되는 국가 또는 공공
> 단체를 피고로 한다.

### Ⅰ 피고적격의 의의

피고적격이란 구체적인 소송에서 피고로서 소송을 수행하여 본안판결을 받을 수 있는 자격을 말한다.

### Ⅱ 취소소송의 피고적격(행정소송법 제13조)

취소소송은 다른 법률에 특별한 규정이 없는 한 그 처분 등을 행한 행정청, 즉 처분청을 피고로 하여
제기한다. 행정청이란 국가 또는 공공단체의 기관으로 국가나 공공단체의 의사를 결정하여 외부에
표시할 수 있는 권한, 즉 처분권한을 가진 기관을 말한다.

### Ⅲ 예외

① 〈대통령이 처분청인 경우〉 각각의 소속장관이 피고가 된다.
② 〈권한의 위임·위탁인 경우〉 권한을 받아 처분을 행한 수임·수탁청이 피고가 된다.
③ 〈권한의 대리나 내부위임인 경우〉 대리관계를 밝히고 처분을 한 경우 피대리관청이 처분청으로
피고가 되나, 대리관계를 밝히지 않은 경우 해당 행정청이 피고가 된다.
④ 〈권한이 다른 행정청에 승계된 때〉 승계한 행정청이 피고가 된다.
⑤ 〈처분청이나 재결청이 없게 된 때〉 처분 등에 관한 사무가 귀속되는 국가 또는 공공단체가 피고가
된다.

### Ⅳ 피고의 경정

#### 1. 의의 및 취지

피고의 경정이란 피고로 지정된 자를 소송 중에 다른 자로 변경하거나 추가하는 것을 말하며, 행
정효율성 도모에 그 취지가 있다.

#### 2. 행정소송법 제14조와 효과

행정소송법 제14조 제1항은 "원고가 피고를 잘못 지정한 때에는 법원은 원고의 신청에 의하여 결
정으로써 피고의 경정을 허가할 수 있다."고 규정하고 있다. 허가가 있으면 신소제기 시 구소가
취하된 것으로 보며, 피고경정은 사실심 종결시까지만 가능하고, 신청 각하 시에는 즉시 항고할
수 있다.

## 3. 소의 변경의 경우

성질이 다르긴 하나 소의 변경 시에도 피고의 경정이 인정된다. 이때 법원은 새로이 피고가 될 자의 의견을 들어야 한다.

## ≫ 제소기간 ★★

> **행정소송법 제20조(제소기간)**
> ① 취소소송은 처분등이 있음을 안 날부터 90일 이내에 제기하여야 한다. 다만, 제18조 제1항 단서에 규정한 경우와 그 밖에 행정심판청구를 할 수 있는 경우 또는 행정청이 행정심판청구를 할 수 있다고 잘못 알린 경우에 행정심판청구가 있은 때의 기간은 재결서의 정본을 송달받은 날부터 기산한다.
> ② 취소소송은 처분등이 있은 날부터 1년(제1항 당서의 경우는 재결이 있은 날부터 1년)을 경과하면 이를 제기하지 못한다. 다만, 정당한 사유가 있는 때에는 그러하지 아니하다.
> ③ 제1항의 규정에 의한 기간은 불변기간으로 한다.

## Ⅰ 의의 및 취지[행정소송법 제20조]

제소기간이란 처분의 상대방 등이 소송을 제기할 수 있는 시간적 간격을 의미하며, 제소기간 경과 시 불가쟁력이 발생하여 소를 제기할 수 없다. 제소기간은 행정의 안정성과 국민의 권리구제를 조화하는 입법정책과 관련된 문제로 볼 수 있다.

## Ⅱ 제소기간의 판단

### 1. 안 날부터 90일(제20조 제1항)

처분 등이 있음을 안 날로부터 90일 이내에 제기해야 한다. 다만, 행정심판을 거친 경우에는 행정심판 재결서 정본을 송달받은 날로부터 90일을 기산한다.

> **판례 : 처분이 있음을 안 날의 의미**
> 처분이 있음을 안 날이란 공고 또는 고시 등의 방법으로 당해 처분이 있었다는 사실을 현실적으로 안 날을 의미한다. 대법원은 공고 등이 있지 않는 한 우연한 기회에 처분의 내용을 알게 되어도 이는 적용되지 않는다고 판시한 바 있다.

> **판례 : 적법한 송달이 있는 경우**
> 적법한 송달이 있었다면 특별한 사정이 없는 한 처분이 있음을 알았다고 추정된다. 고시 또는 공고에 의해 처분을 하는 경우 고시 또는 공고가 있었다는 사실을 현실적으로 알았는지 여부와 관계없이 고시가 효력을 발생하는 날에 처분이 있음을 알았다고 보아야 한다.

### 2. 있은 날부터 1년(제20조 제2항)

취소소송은 처분 등이 있은 날로부터 1년을 경과하면 이를 제기하지 못한다. 처분 등이 있은 날이란 처분이 외부에 표시되어 효력이 발생한 날을 의미한다. 행정심판을 거친 경우에는 재결이 있은 날로부터 1년 내에 소송을 제기해야 한다. 정당한 사유가 있으면 1년이 경과한 후에도 제소할 수 있다.

### 3. 양 규정의 관계

처분이 있음을 안 날과 처분이 있은 날 중 어느 하나의 기간만이라도 경과하면 소를 제기할 수 없다.

### 4. 이의신청을 거쳐 취소소송을 제기하는 경우

이의신청을 거쳐 취소소송을 제기하는 경우에는 행정기본법 제36조 제4항에 따라 이의신청에 대한 결과를 통지받은 날부터 90일 이내에 취소소송을 제기할 수 있다.

## ≫ 행정심판 전치주의

### Ⅰ 의의 및 취지(행정소송법 제18조)

행정심판전치란 사인이 행정소송의 제기에 앞서 행정청에 대해 먼저 행정심판의 제기를 통해 처분의 시정을 구하고, 그 시정에 불복이 있을 때 소송을 제기하는 것을 말한다.

### Ⅱ 임의적 행정심판전치(원칙)

헌법 제107조 제3항에 따라 행정심판은 임의적 전심절차인 것이 원칙이며, 행정소송법 제18조 제1항 본문 또한 임의적 행정심판 전치의 태도를 취하고 있다.

### Ⅲ 임의적 행정심판전치의 예외

### 1. 임의적 행정심판전치의 예외 규정

행정소송법 제18조 제1항 단서는 다른 법률에 처분에 대한 행정심판의 재결을 거치지 않으면 취소소송을 제기할 수 없다는 규정이 있는 때에는 반드시 행정심판을 거쳐야 한다고 규정하고 있다.

### 2. 행정심판의 재결 없이 행정소송을 제기할 수 있는 경우

① 행정심판의 청구가 있은 날로부터 60일이 지나도 재결이 없는 때
② 처분의 집행 또는 절차의 속행으로 생길 중대한 손해를 예방하여야 할 긴급한 필요가 있는 때
③ 법령의 규정에 의한 행정심판기관이 의결 또는 재결을 하지 못할 사유가 있는 때
④ 그 밖의 정당한 사유가 있는 때

### 3. 행정심판의 제기 없이 행정소송을 제기할 수 있는 경우

① 동종사건에 관하여 이미 행정심판의 기각재결이 있은 때
② 서로 내용상 관련되는 처분 또는 같은 목적을 위하여 단계적으로 진행되는 처분 중 어느 하나가 이미 행정심판의 재결을 거친 때
③ 행정청이 사실심 변론 종결 후 소송의 대상인 처분을 변경하여 해당 변경된 처분에 관하여 소를 제기하는 때
④ 처분을 행한 행정청이 행정심판을 거칠 필요가 없다고 잘못 알린 때

### Ⅳ 적용범위

행정심판전치주의는 취소소송과 부작위위법확인소송에서는 인정되며, 무효확인소송 및 당사자소송에는 적용되지 않는다.

## ≫ 재판관할

### Ⅰ 재판관할의 의의[행정소송법 제9조]

재판관할이란 법원이 가진 재판권을 행사해야 할 장소적·직무적 범위를 구체적으로 정해놓은 것을 말한다. 즉, 소송사건이나 법원의 종류가 다양하기 때문에 어떤 특정사건을 어느 법원이 담당할 것인지를 정하기 위해 법원 상호간에 재판권의 범위를 정해야 하는데 그 범위를 정한 것이 관할이다.

### Ⅱ 보통재판[행정소송법 제9조 제1항]

취소소송의 제1심 관할법원은 피고의 소재지를 관할하는 행정법원으로 한다. 다만, 중앙행정기관 또는 그 장이 피고인 경우의 관할법원은 대법원 소재지의 행정법원으로 한다.

### Ⅲ 특별재판[행정소송법 제9조 제2항]

토지의 수용 기타 부동산 또는 특정 장소에 관계되는 처분 등에 대한 취소소송은 그 부동산 또는 장소의 소재지를 관할하는 행정법원에 이를 제기할 수 있다.

### 3-4 소의 변경

## ≫ 청구의 병합

---

**행정소송법 제10조(관련청구소송의 이송 및 병합)**
① 취소소송과 다음 각호의 1에 해당하는 소송(이하 "관련청구소송"이라 한다)이 각각 다른 법원에 계속되고 있는 경우에 관련청구소송이 계속된 법원이 상당하다고 인정하는 때에는 당사자의 신청 또는 직권에 의하여 이를 취소소송이 계속된 법원으로 이송할 수 있다.
  1. 당해 처분등과 관련되는 손해배상·부당이득반환·원상회복등 청구소송
  2. 당해 처분등과 관련되는 취소소송
② 취소소송에는 사실심의 변론종결시까지 관련청구소송을 병합하거나 피고외의 자를 상대로 한 관련청구소송을 취소소송이 계속된 법원에 병합하여 제기할 수 있다.

---

### Ⅰ 의의 및 취지[행정소송법 제10조]

청구의 병합이란 하나의 소송절차에서 수개의 청구를 하거나, 수인이 공동으로 원고가 되거나 수인을 공동피고로 하여 소를 제기하는 것을 말한다. 심리중복, 신속한 재판진행에 취지가 있다.

## Ⅱ 병합의 요건

① 취소소송에 관련된 청구를 병합하게 되므로 병합될 기본인 취소소송은 소송요건을 갖추어야 한다. ② 행정소송법 제10조 제1항 제1호, 제2호 관련 청구소송이어야 한다. ③ 사실심 변론종결 이전에 하여야 한다. ④ 행정사건에 관련 민사사건이나 행정사건을 병합하는 방식이어야 한다. ⑤ 취소소송의 피고와 관련청구소송의 피고는 동일할 필요가 없다.

## Ⅲ 청구병합의 형태

### 1. 객관적 병합과 주관적 병합

① 원·피고 사이에서 복수청구의 병합을 객관적 병합(행정소송법 제10조 제2항 전단)이라 하고, ② 피고 외의 자를 상대로 하는 병합을 주관적 병합(행정소송법 제10조 제2항 후단)이라 한다.

### 2. 원시적 병합과 추가적 병합

① 취소소송 제기 시 병합하여 제기하는 경우를 원시적 병합(행정소송법 제10조 제2항 후단, 제15조), ② 계속중인 취소소송에 사후적으로 병합하는 것을 추가적 병합(행정소송법 제10조 제2항 전단)이라 한다.

### 3. 주위적 청구와 예비적 청구

① 주된 청구를 주위적 청구라 하고, ② 예비적 청구란 주위적 청구가 허용되지 않거나 이유 없는 경우를 대비하여 보조적 청구를 병합하여 제기하는 것을 말한다. 서로 양립할 수 없는 청구(예 무효확인과 취소청구)는 주위적·예비적 청구로서만 병합이 가능하다.

## ≫ 소의 변경

> **행정소송법 제21조(소의 변경)**
> ① 법원은 취소소송을 당해 처분등에 관계되는 사무가 귀속하는 국가 또는 공공단체에 대한 당사자소송 또는 취소소송외의 항고소송으로 변경하는 것이 상당하다고 인정할 때에는 청구의 기초에 변경이 없는 한 사실심의 변론종결시까지 원고의 신청에 의하여 결정으로써 소의 변경을 허가할 수 있다.
> ② 제1항의 규정에 의한 허가를 하는 경우 피고를 달리하게 될 때에는 법원은 새로이 피고로 될 자의 의견을 들어야 한다.
> ③ 제1항의 규정에 의한 허가결정에 대하여는 즉시항고할 수 있다.
> ④ 제1항의 규정에 의한 허가결정에 대하여는 제14조 제2항·제4항 및 제5항의 규정을 준용한다.

## Ⅰ 소의 변경 의의

소의 변경이란 소송 중에 원고가 심판대상인 청구를 변경하는 것을 말하며, 청구의 변경이라고도 한다.

## Ⅱ 소의 변경의 종류[소처민특]

행정소송상 소의 변경에는 ① **소**의 종류의 변경(제21조), ② **처**분변경 등으로 인한 소의 변경(제22조), ③ **민**사소송법에 의한 소의 변경(행정소송법 제8조 제2항으로 준용하는 민사소송법 제262조), ④ **특**수한 문제로 민사소송과 행정소송 간의 소의 변경의 허용 여부가 논의된다.

## Ⅲ 소의 종류의 변경

### 1. 의의 및 취지(행정소송법 제21조)

취소소송을 당사자소송 또는 취소소송 이외의 항고소송으로 변경하는 것이 상당하다고 인정할 때에 청구의 기초에 변경이 없는 한 사실심 변론 종결시까지 원고의 신청에 의하여 결정으로써 소의 변경을 허가할 수 있다. 이는 국민의 권리구제에 그 취지가 있다.

### 2. 요건(변청계)

① 소의 **변**경이 상당하다고 인정될 것
② **청**구의 기초에 변경이 없을 것
③ 변경의 대상이 되는 소가 사실심에 **계**속 중이고 변론종결 전일 것

### 3. 절차

① 소 변경은 신소를 제기하는 것과 마찬가지이므로 원고의 신청이 반드시 필요하다. ② 법원은 반드시 새로이 피고로 될 자의 의견을 들어야 한다. ③ 법원의 허가결정이 있어야 한다. ④ 피고가 변경되는 소변경의 경우에는 새로운 피고에게 송달하여야 한다.

### 4. 효과

소의 변경을 허가하는 결정이 확정되면 새로운 소는 변경된 소를 처음에 제기한 때에 제기된 것으로 보며, 변경된 구소는 취하된 것으로 본다. 법원의 소변경허가결정에 대하여 새로운 소의 피고와 변경된 소의 피고는 즉시 항고할 수 있다.

## Ⅳ 처분변경으로 인한 소의 변경

> **행정소송법 제22조(처분변경으로 인한 소의 변경)**
> ① 법원은 행정청이 소송의 대상인 처분을 소가 제기된 후 변경한 때에는 원고의 신청에 의하여 결정으로써 청구의 취지 또는 원인의 변경을 허가할 수 있다.
> ② 제1항의 규정에 의한 신청은 처분의 변경이 있음을 안 날로부터 60일 이내에 하여야 한다.
> ③ 제1항의 규정에 의하여 변경되는 청구는 제18조 제1항 단서의 규정에 의한 요건을 갖춘 것으로 본다.

### 1. 의의 및 취지(행정소송법 제22조)

행정청이 소송의 대상인 처분을 소가 제기된 후 변경한 때에는 원고의 신청에 의하여 법원이 허가를 받아 소를 변경하는 것을 말한다. 이는 무용한 절차 반복 금지, 국민의 권리구제에 취지가 있다.

## 2. 요건(변육사)

① 처분의 **변**경이 있을 것
② 처분의 변경이 있음을 안 날로부터 60일 이내일 것(행정소송법 제22조 제2항)
③ 변경될 소는 **사**실심 변론종결 전이어야 한다.

## 3. 절차 및 효과

원고의 신청에 의하여 법원이 변경을 허가하는 결정을 함으로써 이루어진다. 소의 변경을 허가하는 결정이 있으면 신소는 구소가 제기된 때에 제기된 것으로 보며, 구소는 취하된 것으로 본다.

## Ⅴ 민사소송법에 의한 소의 변경

소의 변경에도 민사소송법이 준용되므로 민사소송법상의 소의 변경도 허용된다(행정소송법 제8조 제2항).

## Ⅵ 행정소송과 민사소송 간의 소의 변경 허용 여부

## 1. 문제점

행정소송을 민사소송으로 또는 민사소송을 행정소송으로 소변경할 수 있는지 규정이 없어 논란이 있다.

## 2. 관련 판례

판례는 행정소송으로 제기하여야 할 사건을 민사소송으로 잘못 제기한 경우 수소법원이 그 행정소송에 대한 관할도 동시에 가지고 있는 경우라면 행정소송으로 소 변경을 하도록 심리·판단하여야 한다고 판시한다.

## 3. 검토

양자 간 당사자가 동일하고, 관할도 동시에 가지고 있는 경우는 권리구제, 소송경제를 위하여 소변경을 인정하자는 판례 입장이 타당하다. 행정소송법 개정안은 민사소송과 행정소송 간 소 변경을 허용하고 있다.

## Ⅶ 처분사유의 추가·변경

후술함

## ≫ 처분사유의 추가·변경

◎ 기출문제

• 제29회, 제27회

## Ⅰ 의의 및 취지

소송의 계속 중 행정청이 해당 처분의 적법성을 유지하기 위해 처분 당시 제시된 처분사유를 추가, 변경하는 것으로, 소송경제 및 분쟁의 일회적 해결에 취지가 있다.

## Ⅱ 구별개념

① 이유제시의 절차 하자치유는 행정절차의 문제로서 형식적 적법성의 문제이고, ② 처분사유의 추가·변경은 행정소송의 본안심리의 문제로서 실질적 적법성의 문제라는 것으로 구별된다.

## Ⅲ 인정 여부

### 1. 처분사유의 추가·변경 인정 여부

#### (1) 학설

① 〈긍정설〉 부정하면 새로운 사유를 들어 다시 거부할 수 있으므로 소송경제에 반한다는 견해
② 〈부정설〉 원고의 공격 방어권이 침해됨을 이유로 부정하는 견해
③ 〈제한적 긍정설〉 일정한 범위 내 제한적으로 인정된다는 견해

#### (2) 관련 판례

> 🔖 **관련 판례(2009두19021)**
>
> 행정처분의 취소를 구하는 항고소송에 있어 처분청은 당초 처분의 근거로 삼은 사유와 기본적 사실관계가 동일성이 있다고 인정되는 한도 내에서만 다른 사유를 추가 또는 변경할 수 있다.

#### (3) 검토

실질적 법치주의와 분쟁의 일회적 해결, 원고의 방어권 보장과 신뢰보호 조화 관점에서 인정되는 한도 내에서만 가능하다고 보는 〈제한적 긍정설〉이 타당하다고 판단된다.

### 2. 재량행위에서의 인정 가능성

재량행위에서 부정하는 견해가 있으나, 재량행위의 처분사유 변경이 행정행위를 본질적으로 변경하는 것은 아니라고 여겨지고 처분의 동일성을 전제로 하는바 긍정함이 타당하다고 판단된다.

## Ⅳ 처분사유의 추가·변경 인정범위

### 1. 시간적 범위

취소소송에 있어서 처분의 위법성 판단시점을 처분시로 보는 판례의 입장에 따르면, 〈처분시에 객관적으로 존재하였던 사유만이 처분사유의 추가·변경의 대상〉이 되고 처분 후에 발생한 사실관계나 법률관계는 대상이 되지 못한다. 또, 처분사유의 추가·변경은 〈사실심 변론종결 시〉까지 가능하다.

### 2. 객관적 범위

#### (1) 객관적 인정범위

① 처분이 동일성이 요구되며, ② 기본적 사실관계의 동일성이 인정되는 범위 내에서만 처분사유의 추가·변경이 인정된다.

### (2) 기본적 사실관계의 동일성 판단기준

〈기본적 사실관계의 동일성〉은 판례의 태도에 따라 처분사유를 법률적으로 평가하기 이전 구체적 사실에 착안하여 그 기초인 <u>사회적 사실관계</u>가 기본적인 점에서 동일한지 여부를 말한다. 그 판단은 <u>시간적·장소적 근접성, 행위의 태양·결과</u> 등의 제반사정을 종합적으로 고려하여 개별, 구체적으로 판단해야 한다.

> **관련 판례(2015두37389)**
>
> 기본적 사실관계의 동일성 유무는 처분사유를 법률적으로 평가하기 이전의 구체적 사실에 착안하여 그 기초인 사회적 사실관계가 기본적인 점에서 동일한지 여부에 따라 결정되므로, 추가 또는 변경된 사유가 처분 당시에 이미 존재하고 있었다거나 당사자가 그 사실을 알고 있었다고 하여 당초의 처분사유와 동일성이 있다고 할 수 없다.
>
> **처분사유 추가변경 이주대책 판례(2001두28301)**
>
> 기본적 사실관계가 동일하다는 것은 처분사유를 법률적으로 평가하기 이전의 구체적인 사실에 착안하여 그 기초적인 사회적 사실관계가 기본적인 점에서 동일한 것을 말하며, 단지 그 처분의 근거법령만을 추가·변경하거나 당초의 처분사유를 구체적으로 표시하는 것에 불과한 경우에는 새로운 처분사유를 추가하거나 변경하는 것이라고 볼 수 없다.

## Ⅴ 처분사유의 추가·변경의 효과

처분사유의 추가·변경이 인정되면 법원은 추가·변경되는 사유를 근거로 심리할 수 있고, 인정되지 않는다면 법원은 당초의 처분사유만을 근거로 심리하여야 한다.

### 3-5 행정소송의 가구제

## Ⅰ 가구제의 의의 및 구분

가구제란 본안에서 승소판결이 있다 하여도 권리보호 목적을 달성할 수 없을 수도 있으므로 판결이 있기 전에 일시적 조치를 취하여 잠정적으로 권리를 보호하는 제도를 말하며, 가구제수단으로는 〈집행정지〉와 〈가처분〉이 문제된다.

## Ⅱ 집행정지[행정소송법 제23조]

### 1. 집행부정지 원칙의 의의

행정소송법 제23조 제1항에 따라 취소소송의 제기가 처분등의 효력이나 그 집행 또는 절차의 속행에 영향을 주지 않는다는 원칙을 말한다.

### 2. 집행정지의 의의 및 취지(동법 제23조 제2항)

집행정지란 취소소송이 제기된 경우 처분 등이나 그 집행 또는 절차의 속행으로 인하여 생길 회복하기 어려운 손해를 예방하기 위하여 긴급한 필요가 있다고 인정할 때 당사자의 신청 또는 직권으로 처분 등의 효력이나 그 집행 또는 절차 속행의 전부 또는 일부를 정지하는 결정을 말하며, 본안판결의 실효성을 확보하여 권리구제를 도모하기 위해 인정되는 가구제 제도이다.

## 3. 요건(계처손긴 / 공본)

### (1) 적극적 요건(신청인이 주장, 소명)

① 적법한 본안소송이 **계**속중일 것, ② 집행정지대상인 **처**분이 존재할 것, ③ 회복하기 어려운 **손**해의 가능성이 있을 것, ④ **긴**급한 필요가 존재할 것

### (2) 소극적 요건(행정청이 주장, 소명)

① **공**공복리에 중대한 영향을 미칠 우려가 없을 것
② **본**안청구의 이유 없음이 명백하지 않을 것

## 4. 요건 세부 내용

### (1) 본안소송의 계속

적법한 본안소송이 계속되어야 한다.

### (2) 처분의 존재(거부처분은 꼭 검토 필요)

처분 등이 존재하여야 한다. 무효인 처분의 경우 행정소송법 제28조 제1항에서 집행정지에 관한 규정을 무효등확인소송에 준용시키고 있어 처분 등이 존재하는 것으로 보지만, 부작위의 경우 처분이 존재하지 않는 것으로 본다.

> 🔖 **거부처분에 대한 집행정지가능성(처분인지)**
>
> **(1) 문제점**
> 거부처분이 집행정지 요건 중 '처분 등이 존재할 것'의 요건에 해당되는지가 문제
>
> **(2) 학설**
> ① 〈긍정설〉 집행정지가 허용된다면 행정청에 사실상의 구속력을 갖게 될 것
> ② 〈부정설〉 침해적 처분만이 집행정지의 대상이 되고, 수익적 행정처분의 신청에 대한 거부처분은 집행정지의 대상이 되지 않는다고 보는 것
> ③ 〈제한적 긍정설〉 원칙적으로 부정설이 타당하나 기간 만료 시 갱신허가 거부 등 그 실익이 있는 경우 긍정
>
> **(3) 판례**
> 교도소장의 접견허가신청 거부에 대한 집행정지 관련 판례에서 효력정지를 한다하여도 이로 인해 귀 교도소장에게 접견의 허가를 명하는 것도 아니고 당연히 접견이 되는 것도 아니어서 거부처분의 효력정지 필요가 없다고 판시하며 〈부정설〉의 입장
>
> **(4) 검토**
> 현행 집행정지제도의 기능적 한계를 극복하여 권리 구제의 실효성을 확보하고자 하는 〈제한적 긍정설〉이 타당

### (3) 회복하기 어려운 손해의 가능성

대법원은 회복하기 어려운 손해란 <u>사회통념상 금전으로 보상할 수 없는 손해</u>를 의미한다. 또한, 처분의 성질과 태양 및 내용 등을 종합적으로 고려하여 구체적·개별적으로 판단하고 있어, 최근에는 과세처분이나 과징금납부명령 등 재산상 손해에 대하여도 집행정지결정이 나오고 있다.

> 🔁 **회복하기 어려운 손해(2004무6)**
> 집행정지 요건인 '회복하기 어려운 손해'라 함은 특별한 사정이 없는 한 금전으로 보상할 수 없는 손해로서 이는 금전보상이 불능인 경우 내지는 금전보상으로는 사회관념상 행정처분을 받은 당사자가 참고 견딜 수 없거나 또는 참고 견디기가 현저히 곤란한 경우의 유형·무형의 손해를 일컫는다할 것이다.

### (4) 긴급한 필요의 존재

긴급한 필요란 회복하기 어려운 <u>손해의 발생이 절박하여 손해를 회피하기 위하여 본안판결을 기다릴 여유가 없는 것</u>을 말한다.

### (5) 공공복리에 중대한 영향을 미칠 우려가 없을 것

처분의 집행에 의해 신청인이 입을 손해와 처분의 집행정지로 인해 영향을 받을 공공복리를 비교형량하여 정해야 한다.

> 🔁 **공공복리에 미칠 우려가 중대한지(2010무48)**
> 신청인의 '회복하기 어려운 손해'와 '공공복리' 양자를 비교·교량하여, 전자를 희생하더라도 후자를 옹호하여야 할 필요가 있는지 여부에 따라 상대적, 개별적으로 판단하여야 한다.

### (6) 본안청구가 이유 없음이 명백하지 않을 것

보전절차에서 본안의 이유 유무를 따지는 것은 허용되지 않는다는 견해가 있으나, 본안소송에서 승소할 가망이 전혀 없는 경우까지 집행정지신청을 인용하는 것은 집행정지제도의 취지에 반한다는 것이 다수설 및 판례의 입장이다.

## 5. 효력

① 처분 효력을 잠정적으로 소멸시키는 〈형성력〉, ② 행정청은 동일한 처분을 할 수 없는 〈기속력〉, ③ 판결주문에 정해진 시점까지 존속하는 〈시적효력〉

## Ⅲ 가처분

## 1. 의의 및 취지

가처분이란 다툼이 있는 법률관계에 관하여 잠정적으로 임시의 지위를 보전하는 것을 내용으로 하는 가구제제도이다. 행정소송법에는 명문의 규정이 없으며, 이는 원래 민사소송에서 당사자 간의 이해관계를 조정하고 본안판결의 실효성을 확보하기 위해 인정되어 온 제도이다.

## 2. 항고소송에서 가처분의 인정 여부

### (1) 문제점

현행 집행정지제도는 소극적 성격으로 인해 거부 또는 부작위에 대한 실효적 권리구제수단이 되지 못한다. 따라서 실효적 권리구제수단을 위해 가처분 인정 여부가 문제된다.

### (2) 학설

① 〈부정설〉 집행정지를 민사소송법상 가처분제도의 특칙으로 이해하여 가처분은 준용될 수 없다는 견해

② 〈긍정설〉 국민의 실효적 권리구제와 행정소송법상 가처분 배제 규정이 없다는 논거로 긍정 하는 견해

### (3) 관련 판례

행정소송법상 집행정지신청의 방법으로서만 가능할 뿐, 민사소송법상 가처분의 방법으로는 허용될 수 없다고 판시하였다.

### (4) 검토

생각건대 현 행정소송법이 의무이행소송을 인정하지 않은 점을 고려할 때, 판례의 입장에 따라 〈부정설〉이 타당하다. 다만, 권리구제를 위해 입법적으로 해결할 필요성은 인정된다.

### 3-6 취소소송 심리·판결

## ≫ 취소의 심리

### Ⅰ 심리의 의의

취소소송의 심리란 판결을 위해 그 기초가 되는 소송자료를 수집하는 절차이다.

### Ⅱ 심리의 내용

① 요건심리 : 소송요건을 충족했는지 여부를 판단하는 심리
② 본안심리 : 소송요건이 충족된 경우 원고의 청구가 이유 있는지의 여부를 판단하는 심리

### Ⅲ 심리의 범위

처분권주의에 따라 원고가 소송에서 주장하는 소송물을 심리해야 한다. 즉 당사자의 청구범위를 넘어서 심리할 수 없다.

### Ⅳ 심리의 원칙

## 1. 당사자주의와 직권주의

① 당사자주의는 소송절차에서 당사자에게 주도권을 인정하는 것을 말하고, ② 직권주의는 법원에게 주도권을 인정하는 것이다. 당사자주의에는 처분권주의와 변론주의의 내용이 있다.

## 2. 처분권주의 · 변론주의

① 처분권주의란 소송 개시와 종료, 분쟁의 대상을 당사자가 결정한다는 것이고, ② 변론주의란 사실의 주장, 증거수집 · 제출책임을 당사자에게 맡기는 것이다.

## 3. 구술심리주의 · 공개심리주의

① 구술심리주의란 변론과 증거조사를 구술로 행하는 것이고, ② 공개심리주의란 재판의 심리 · 판결은 공개되어야 한다는 원칙이다(헌법 제109조).

## Ⅴ 직권탐지주의(행정소송의 심리절차에 있어서 특수성)

### 1. 직권탐지주의의 의의

직권탐지주의란 사실의 주장, 증거수집 · 제출책임을 법원이 부담하는 것을 말하며, 변론주의에 대비되는 개념이다.

### 2. 문제점

행정소송법 제26조는 "법원은 필요하다고 인정할 때에는 직권으로 증거조사를 할 수 있고, 당사자가 주장하지 아니한 사실에 대하여도 판단할 수 있다"라고 규정하고 있는데, 이는 행정소송법이 변론주의를 기본으로 하면서 아울러 부분적으로 직권탐지주의를 가미하고 있다고 볼 수 있다. 그러나 행정소송법 제26조의 해석에 관하여는 견해가 나뉜다.

### 3. 관련 학설과 판례

① 변론주의 보충설, 직권탐지주의설이 대립하나, ② 판례는 행정소송법 제26조는 행정소송의 특수성에서 연유하는 당사자주의, 변론주의에 대한 일부 예외규정일 뿐 법원이 아무런 제한 없이 당사자가 주장하지 아니한 사실을 판단할 수 있는 것은 아니고, 일건 기록상 현출되어 있는 사항에 관해서만 판단할 수 있다고 판시하고 있다.

### 4. 검토

변론주의를 원칙으로 하여 법원이 필요하다고 인정할 때 청구범위 내에서 직권으로 증거조사를 판단할 수 있음을 허용하는 변론주의 보충설의 입장이 타당하다고 판단된다.

## Ⅵ 입증책임

### 1. 의의

입증책임이란 소송상의 일정한 사실의 존부가 확정되지 아니한 경우에 불리한 법적 판단을 받게 되는 당사자 일방의 불이익 내지 위험을 말한다.

### 2. 본안에 대한 입증책임

취소소송에서 소송을 제기하는 원고인 국민과 피고인 행정청 중 누가 입증책임을 부담하는지 명문 규정이 없어 원고책임설, 피고책임설, 법률요건분류설, 독자분배설 등의 견해가 대립한다. 이에 대해 판례는 입증책임은 원칙적으로 민사소송의 일반원칙에 따라 당사자 간에 분배된다고 하여 법률요건분류설의 입장이다.

### Ⅶ 처분의 위법성 판단 시점

#### 1. 문제점

취소소송의 대상이 되는 처분의 위법성판단 기준시점이 어디인지 견해대립이 있다. 이는 취소소송의 목적이나 기능에 대한 견해 차이에서 생기는 것이다.

#### 2. 학설

① 〈처분시설〉 취소소송의 본질은 처분에 대한 사후심사라는 것을 논거로 처분의 위법성은 처분 시 법령 및 사실 관계를 기준으로 판단하여야 한다는 견해

② 〈판결시설〉 취소소송의 본질은 처분의 효력을 현재 유지할 것인가 여부를 결정하는 것이므로 판결시를 기준한다는 견해

#### 3. 관련 판례

판례는 행정소송에서 행정처분의 위법 여부는 행정처분이 있을 때의 법령과 사실상태를 기준으로 판단해야 한다고 하여 처분시설의 입장이다. 거부처분의 경우에도 거부처분 시를 기준으로 판단해야 한다고 한다.

#### 4. 검토

항고소송의 본질은 개인의 권익구제에 있으므로 처분 이후의 사정은 고려할 필요가 없으므로 처분시설이 타당하다. 법령에 특별히 정하는 바가 있으면 그에 따라야 한다. 다만, 부작위위법확인소송 및 사정판결과 당사자소송의 경우에는 판결시가 기준이 된다.

## ≫ 취소소송 판결의 종류

| 각하판결 | | |
|---|---|---|
| 본안판결 | 취소판결 | (전부)취소판결 |
| | | 일부취소판결 |
| | 기각판결 | 기각판결 |
| | | 사정판결 |

### Ⅰ 각하판결(소송판결)

각하판결이란 소송요건 결여를 이유로 본안 심리를 거부하는 판결이다. 원고는 결여된 요건을 보완하면 다시 소를 제기할 수 있다.

## Ⅱ 본안판결(인용판결 / 기각판결)

### 1. 본안판결

본안판결은 청구의 당부에 관한 판결로서 청구내용의 전부 또는 일부를 기각하거나 인용하는 것을 그 내용으로 한다.

### 2. 인용판결

#### (1) 의의 및 종류

처분의 취소·변경을 구하는 청구가 이유 있음을 인정하여 그 청구의 전부 또는 일부를 인용하는 형성판결을 말한다. 이에는 처분이나 재결에 대한 취소판결, 무효선언을 하는 취소판결이 있다. 또한, 계쟁처분에 대한 전부취소판결과 일부취소판결이 있다.

#### (2) 일부취소의 가능성(제35회 3번 기출)

처분의 일부취소의 가능성은 일부취소의 대상이 되는 부분의 분리취소가능성에 따라 결정된다. 일부취소되는 부분이 분리가능하고, 당사자가 제출한 자료만으로 일부취소되는 부분을 명확히 확정할 수 있는 경우에는 일부취소가 가능하지만, 일부취소되는 부분이 분리가능하지 않거나 당사자가 제출한 자료만으로 일부취소되는 부분을 명확히 확정할 수 없는 경우에는 일부취소를 할 수 없다.

### 3. 기각판결

기각판결이란 처분의 취소청구가 이유 없다고 하여 원고의 청구를 배척하는 판결을 말한다. 다만, 원고의 청구가 이유 있는 경우라도 그 처분 등을 취소·변경함이 현저하게 공공복리에 적합하지 않다고 인정되는 경우에는 기각판결을 할 수 있는데, 이 경우의 기각판결을 사정판결이라 한다.

### 4. 사정판결(기각판결의 일종)

> **행정소송법 제28조(사정판결)**
> ① 원고의 청구가 이유 있다고 인정하는 경우에도 처분등을 취소하는 것이 현저히 공공복리에 적합하지 아니하다고 인정하는 때에는 법원은 원고의 청구를 기각할 수 있다. 이 경우 법원은 그 판결의 주문에서 그 처분등이 위법함을 명시하여야 한다.
> ② 법원이 제1항의 규정에 의한 판결을 함에 있어서는 미리 원고가 그로 인하여 입게 될 손해의 정도와 배상방법 그 밖의 사정을 조사하여야 한다.
> ③ 원고는 피고인 행정청이 속하는 국가 또는 공공단체를 상대로 손해배상, 제해시설의 설치 그 밖에 적당한 구제방법의 청구를 당해 취소소송등이 계속된 법원에 병합하여 제기할 수 있다.

#### (1) 의의 및 취지(행정소송법 제28조)

원고의 청구가 이유 있다고 인정하는 경우에도 처분 등의 취소가 공공복리에 적합하지 아니한 때에는 법원은 원고의 청구를 기각할 수 있다. 사정판결은 법률적합성의 원칙의 예외로 극히 엄격한 요건 아래 제한적으로 하여야 하고, 사정판결을 하는 경우에도 사익구제조치가 반드시 병행되어야 한다.

(2) 사정판결의 요건 및 판단기준시(위공신)

① 〈원고의 청구가 이유 있을 것〉

원고의 청구는 행정청의 처분이 위법하다는 것므로 행정청의 처분이 위법한 경우여야 한다.

② 〈처분 등을 취소하는 것이 현저히 공공복리에 적합하지 아니할 것〉

판례는 행정처분을 취소·변경해야 할 필요와 그 취소·변경으로 인하여 발생할 수 있는 공공복리에 반하는 사태 등을 비교·교량하여 그 적용여부를 판단하여야 한다고 판시하였고, 판단기준의 시점은 변론종결시를 기준으로 한다.

## Ⅲ 입증책임

사정판결은 법치행정에 대한 중대한 예외이므로 사정판결 사유에 대한 입증책임은 피고가 부담한다.

## Ⅳ 사정판결의 효과

### 1. 청구기각

처분 등이 위법하여 원고의 청구가 이유 있음에도 불구하고 원고의 청구는 기각되며, 사정판결에 대하여 원고는 상소할 수 있다.

### 2. 판결주문에 위법성의 명시

사정판결을 하는 경우에도 원고의 손해배상청구권 보장이나 해당 처분의 존재를 전제로 한 행정청의 후속처분을 저지하기 위하여 해당 처분이 위법한 것임을 법적으로 확정할 필요가 있는바 판결 주문에 그 처분 등이 위법한 것임을 명시하도록 한다.

### 3. 원고의 권리구제

법원이 사정판결을 하기 위해서는 원고가 그로 인하여 입게 될 손해의 정도와 배상방법, 그 밖의 사정을 미리 조사하여야 한다.

## Ⅴ 무효등확인소송에 유추적용 여부

사정판결이 무효등확인소송에 인정될 수 있는지 여부와 관련하여 ① 사정판결은 공공복리의 적합성 여부만을 판단한다는 점을 들어 긍정하는 견해가 있으나, ② 통설과 판례는 무효 또는 부존재인 경우 존치시킬 효력이 있는 처분이 없다는 이유로 부정적인 입장을 취하고 있다. 행정소송법 제38조 제1항에서 제28조를 준용하고 있지 않으며 판례의 입장을 고려할 때 사정판결은 불가하다 봄이 타당하다.

## ≫ 취소소송 판결의 효력(기판력)

| | 기속력 | 기판력 |
| --- | --- | --- |
| 각하판결 | × | × |
| 기각판결 | × | ○ |
| 인용판결 | ○ | ○ |
| 집행정지결정 | ○ | × |

## Ⅰ 기판력의 의의 및 취지(실질적 확정력)

기판력이란 판결이 확정되면 후소에서 동일한 사항이 문제되는 경우 당사자와 이들 승계인은 전소의 판결에 반하는 주장을 할 수 없고, 법원도 그에 반하는 판결을 할 수 없는 구속력을 말하며, 분쟁의 반복방지와 재판의 통일성을 보장함에 취지가 있다.

## Ⅱ 내용(반복금지효, 모순금지효)

기판력이 발생하면 동일 소송물에 대하여 다시 소를 제기하지 못하게 되는 〈반복금지효〉가 발생한다. 또한 후소에서 당사자는 이미 소송물에 대해 내려진 전소확정판결에 반하는 주장을 할 수 없고, 후소법원은 전소판결을 후소판결의 기초로 삼지 않으면 안 된다. 이를 〈모순금지효〉라 한다.

## Ⅲ 기판력의 범위

### 1. 주관적 범위

기판력은 〈당사자 및 당사자와 동일시 할 수 있는 자〉에 대해서만 미치고, 제3자에 대해서는 미치지 않은 것이 원칙이다. 그러나 국가 또는 공공단체에 대해서는 기판력이 미치는 것으로 본다.

### 2. 객관적 범위

기판력은 〈판결의 주문에 표시된 소송물〉에 관한 판단에 미친다. 판결 이유에 설시된 개개의 위법 사유에 관한 판단에는 미치지 않는다.

### 3. 시간적 범위

기판력은 〈사실심의 변론종결시〉를 기준으로 하여 효력이 발생한다. 따라서 변론종결 후 사실관계・법률관계에 변화가 있으면, 관계행정청은 새로운 사유에 근거하여 동일한 처분을 할 수도 있다.

## Ⅳ 기판력과 국가배상소송

### 1. 국가배상의 의의 및 요건(국가배상법 제2조)

국가배상이란 국가 또는 지방자치단체가 공무원이 직무를 집행하면서 고의나 과실로 법령에 위반하여 타인에게 손해를 가한 때에 그 손해를 배상하는 것을 말한다.

### 2. 위법성의 개념

#### (1) 취소소송의 위법성 개념

취소소송의 소송물은 위법성 일반에 대한 판단으로 취소소송의 위법성은 처분 등의 법규성 위반이며, 재량의 일탈・남용으로 인한 위법을 포함한다.

#### (2) 국가배상의 위법성 개념

① 학설(협광결상)

ㄱ 〈**협**의의 행위위법설〉 엄격한 의미의 법규위반으로 보는 견해

ㄴ 〈**광**의의 행위위법설〉 인권존중・권력남용금지・신의성실의 위반 등도 위법으로 보는 견해

ⓒ 〈**결**과불법설〉 손해의 수인가능성으로 판단하는 견해

ⓔ 〈**상**대적 위법설〉 직무행위 자체의 위법뿐만 아니라, 피침해이익의 성격, 침해의 정도, 태양 등을 종합적으로 판단하는 견해가 있다.

② 판례

위법성 판단의 기준에 대하여 대법원의 주류적인 입장은 ㉠ 행위가 법규범위반을 의미한다는 〈행위위법설〉이나 ㉡ 행위가 객관적으로 정당성을 결여한 경우를 의미한다는 상대적 위법성설을 취하는 경우도 있다.

③ 검토

생각건대, 국가배상은 위법이 있는 경우 그에 대한 손해전보수단이어야 하므로, 법질서 위반이라는 일관된 가치판단으로 위법을 판단함이 타당한 점에서 〈광의의 행위위법설〉이 타당하다.

## 3. 취소소송의 기판력이 국가배상청구소송 위법성 판단에 영향을 미치는지

(1) 학설

① 〈기판력 긍정설〉 취소소송의 위법성과 국가배상소송의 위법성은 동일한 개념으로 기판력이 미친다고 보는 견해

→ 협의의 행위위법설에 기초

② 〈제한적 긍정설〉 국가배상소송의 위법성을 취소소송의 위법성보다 넓은 개념으로 보아 인용판결에서는 기판력이 미치나, 기각판결에서는 기판력이 미치지 않는다고 보는 견해

→ 광의의 행위위법설에 기초

③ 〈기판력 부정설〉 취소소송의 위법성과 국가배상소송의 위법성은 전혀 다른 개념으로, 기판력이 미치지 않는다고 보는 견해이다.

→ 결과위법설 또는 상대적 위법성설에 기초

(2) 관련 판례

> **▶ 관련 판례(2001다33789)**
> 어떠한 행정처분이 후에 항고소송에서 취소되었다고 할지라도 그 기판력에 의하여 당해 행정처분이 곧바로 공무원의 고의 또는 과실로 인한 것으로서 불법행위를 구성한다고 단정할 수는 없다.

(3) 검토

손해전보를 목적으로 하는 국가배상에서 반드시 항고소송의 기판력이 미친다고 할 수 없지만, 공무원은 국민에 대한 봉사자 지위를 가지는바, 손해발생방지 의무를 부담하는 것이 타당하다. 따라서, 〈제한적 긍정설〉이 타당하며 기각판결의 경우 국가배상청구소송의 위법성 판단에 대한 기판력이 미치지 않는다고 판단된다.

## » 취소소송 판결의 효력(형성력)

> **행정소송법 제29조(취소판결등의 효력)**
> ① 처분등을 취소하는 확정판결은 제3자에 대하여도 효력이 있다.
> ② 제1항의 규정은 제23조의 규정에 의한 집행정지의 결정 또는 제24조의 규정에 의한 그 집행정지결정의 취소결정에 준용한다.

### Ⅰ 의의[행정소송법 제29조 제1항]

형성력이란 취소판결이 확정되면 행정청의 의사표시 없이도 당연히 행정상 법률관계의 발생·변경·소멸 즉 형성의 효과를 가져오는 효력을 말하며, 이는 취소소송 목적 달성에 그 취지가 인정된다.

### Ⅱ 내용

#### 1. 형성효

형성효란 처분에 대한 취소의 확정판결이 있으면 그 이후에는 행정처분의 취소나 통지 등의 별도의 절차를 요하지 않는 효과를 말한다.

#### 2. 소급효

소급효란 취소판결의 취소의 효과는 처분시에 소급하는 효력을 말한다. 일반적 견해는 취소판결은 항상 소급효를 갖는다고 본다. 다만, 법적 안정성을 침해하는 경우에는 예외적으로 소급효가 제한될 수 있다.

#### 3. 제3자효(대세적 효력, 대세효)

**(1) 의의 및 취지**

취소판결의 취소의 효력(형성효 및 소급효)은 소송에 관여하지 않은 제3자에 대하여도 미치는데 이를 취소의 대세적 효력(대세효)이라 한다. 행정소송법 제29조 제1항은 이를 명문으로 규정하고 있으며, 승소한 자의 권리를 확실히 보호하는 데 그 취지가 있다.

**(2) 제3자의 범위**

'제3자'란 해당 판결에 의하여 권리 또는 이익에 영향을 받게 되는 범위에 있는 이해관계인에 한정된다. 즉, 해당 처분에 직접적인 이해관계가 있는 제3자인데, 일반처분의 경우는 견해의 대립이 있지만 불특정 다수인을 대상으로 봄이 타당하다.

**(3) 취소판결의 제3자효의 내용**

① 〈일반원칙〉 취소판결의 형성력은 제3자에 대하여도 발생하며, 제3자는 취소판결의 효력에 대항할 수 없다.

② 〈일반처분의 취소의 제3자효〉

일반처분의 취소의 소급적 효과가 소송을 제기하지 않은 자에게도 미치는가 견해대립이 있지만, 불가쟁력이 발생한 일반처분은 제3자의 법적 안정성 보장을 위하여 취소판결의 소급효가 인정되지 않는다고 보아야 하고, 불가쟁력이 발생하지 않은 경우는 제3자에 대하여도 취소의 소급효가 미친다고 봄이 타당하다.

## 》》 취소소송 판결의 효력(기속력)

> **행정소송법 제30조(취소판결등의 기속력)**
> ① 처분등을 취소하는 확정판결은 그 사건에 관하여 당사자인 행정청과 그 밖의 관계행정청을 기속한다.
> ② 판결에 의하여 취소되는 처분이 당사자의 신청을 거부하는 것을 내용으로 하는 경우에는 그 처분을 행한 행정청은 판결의 취지에 따라 다시 이전의 신청에 대한 처분을 하여야 한다.
> ③ 제2항의 규정은 신청에 따른 처분이 절차의 위법을 이유로 취소되는 경우에 준용한다.

### Ⅰ 의의 및 취지[행정소송법 제30조]

기속력은 처분 등을 취소하는 확정판결에서 당사자인 행정청과 관계 행정청에게 판결의 취지에 따라야 할 실체법상 의무를 발생시키는 효력이다. 기속력은 인용판결에만 미치고 기각판결에는 인정되지 않으며, 인용판결의 실효성 확보에 그 취지가 있다.

### Ⅱ 법적 성질

기판력설과 특수효력설이 대립하나, ① 기속력은 취소판결의 효력이고 ② 기판력은 모든 판결의 효력이라는 점과, 기속력과 기판력은 그 미치는 범위가 다르고 ③ 기속력은 일종의 실체법상 효력이고 기판력은 소송법상 효력이라는 점에서 특수효력설이 타당하다.

### Ⅲ 기속력의 범위

#### 1. 주관적 범위

기속력은 당사자인 행정청과 그 밖에 관계행정청을 기속한다. 여기서 관계행정청은 취소된 처분 등을 기초로 하여 그와 관련되는 처분이나 부수된 행위를 할 수 있는 행정청을 총칭한다.

#### 2. 객관적 범위

(1) 객관적 범위

판결의 기속력은 판결주문 및 이유에서 판단된 처분 등의 개개 구체적 위법사유에만 미친다. 또한 기속력은 사건의 동일성이 있는 경우에만 미치며, 사건의 동일성 여부는 기본적 사실관계의 동일성 여부로 판단한다.

(2) 기본적 사실관계의 동일성 인정 기준

기본적 사실관계의 동일성이란 처분사유를 법률적으로 평가하기 이전의 구체적 사실에 착안하여 그 기초인 사회적 사실관계가 기본적인 점에서 동일한지 여부에 따라 판단하고, 구체적 판단은 시간적·장소적 근접성, 행위의 태양·결과 등의 제반사정을 종합적으로 고려해야 한다. 처분사유의 내용이 공통되거나 취지가 유사한 경우에는 기본적 사실관계의 동일성을 인정해야 할 것이다.

## 3. 시간적 범위

기속력은 처분 당시를 기준으로 그 때까지 존재하던 사유에 한하고 그 이후 생긴 사유에는 미치지 않는다. ① 따라서 처분 시 존재하던 사유로 동일한 처분이나 거부처분을 하는 것은 기속력에 반한다. ② 다만, 새로운 처분사유를 들어 동일한 내용의 처분을 다시 하는 경우는 반하지 않는다.

## Ⅳ 기속력의 내용

### 1. 반복금지의무

행정청은 동일한 사실관계 아래에서 동일한 당사자에 대하여 동일한 내용의 처분 등을 반복해서는 안 된다. 다만 판례는 종전 처분 후 발생한 새로운 사유를 내세워 다시 거부처분을 하는 것은 처분 등을 취소하는 확정판결의 기속력에 위배되지 않는다고 본다. 기속력은 판결의 주문과 이유에 적시된 개개의 위법사유에만 미치기 때문이다.

### 2. 재처분의무(행정소송법 제30조 제2항)

판결에 의하여 취소되는 처분이 당사자의 신청을 거부하는 것을 내용으로 하는 경우에는 그 처분을 행한 행정청은 판결의 취지에 따라 다시 이전의 신청에 대한 가부간의 처분을 하여야 한다. 이 경우 행정청은 재처분의무의 이행으로 판결의 취지를 존중하면 되는 것이지 반드시 원고가 신청한 내용대로 재처분을 해야하는 것은 아니다.

> **거부처분취소의 경우**
> 판결에 의하여 거부처분이 취소되는 경우에는 처분청은 판결의 취지에 따라 이전의 신청에 대한 재처분을 하여야 한다(행정소송법 제30조 제2항). 이때 재처분은 당사자의 신청 없이 당연히 하여야 하는 것이고, 재처분의 내용은 원고의 신청 내용이 아니라 판결의 취지에 따라야 한다. 따라서, 판례는 원거부처분의 이유와 다른 이유로 원고의 신청을 거부하는 것은 재처분 의무에 반하지 않는다고 한다.
>
> **절차위법이 이유인 경우**
> 신청에 따른 처분이 절차의 위법을 이유로 취소되는 경우에도 행정청에 재처분의무가 부과된다(행정소송법 제30조 제3항). 따라서, 절차상의 하자가 아닌 사유를 들어 거부하는 것은 재처분의무에 반하지 않는다. 행정소송법 제30조 제2항의 규정 이외에 절차위반의 경우에 대비하여 별도의 제30조 제3항을 규정한 것은 절차중시의 사고를 입법화한 것으로 보인다.

### 3. 결과제거의무(원상회복의무)

취소판결이 확정되면 행정청은 취소된 처분에 의해 초래된 위법상태를 제거하여 원상으로 회복할 의무를 진다.

## Ⅴ 위반의 효과

취소판결의 기속력에 반하는 행정청의 처분은 위법한 행위로서 하자가 중대하고 명백하다고 볼 수 있어 무효로 판단된다. 판례 역시 기속력에 위반하여 한 행정청의 행위는 당연무효가 된다고 판시하였다.

## Ⅵ 간접강제(행정소송법 제34조)

### 1. 의의 및 취지

거부처분에 따른 취소판결이나 부작위위법확인판결이 확정되었음에도 행정청이 행정소송법 제30조 제2항의 판결의 취지에 따른 처분을 하지 않는 경우 법원이 행정청에게 일정한 배상을 명령하는 제도이다. 이는 판결의 실효성 확보에 의의가 있다.

### 2. 요건

판례는 ① 거부처분취소 판결이 확정된 경우 행정청이 판결의 취지에 따라 다시 이전의 신청에 대한 처분을 하지 아니하거나, ② 재처분을 하였더라도 그것이 종전의 거부처분에 대한 취소의 확정판결의 기속력에 반하는 등 당연무효인 경우에 간접강제를 신청할 수 있다고 한다.

### 3. 절차

행정청이 판결의 취지에 따른 처분을 아니하는 경우에 신청인은 집행문을 받아 이행강제금을 강제집행할 수 있다.

### 4. 배상금의 성질

간접강제는 재처분의 지연에 대한 제재나 손해배상이 아니고 재처분의 이행에 관한 심리적 강제수단에 불과하다. 재처분의 이행이 있으면 더 이상 배상금을 추심하는 것이 허용되지 않는다.

### 5. 입법론

간접강제제도는 우회적인 제도이므로, 궁극적으로는 의무이행소송을 도입하여 국민의 권리보호에 만전을 기하여야 할 것이다.

## >> 제3자 소송참가와 재심청구

## Ⅰ 제3자의 소송참가(확정판결 전)

### 1. 의의, 취지(행정소송법 제16조)

제3자의 소송참가란 법원이 소송 결과에 따라 권리 또는 이익의 침해를 받을 제3자가 있는 경우 당사자 또는 제3자의 신청 또는 직권에 의해 결정으로써 그 제3자를 소송에 참가시킬 수 있는 제도이며, 행정소송의 공정한 해결 및 모든 이해관계자의 이익보호에 취지가 있다.

### 2. 요건

① 타인 간에 소송이 계속 중일 것
② 소송의 결과에 따라 권리 또는 이익의 침해를 받을 제3자일 것

> ㉠ 제3자란 소송당사자 이외의 자를 말한다.
> ㉡ 권리 또는 이익이란 법률상 이익을 의미한다.

ⓒ 소송 결과에 따라 침해를 받는다는 것은 취소판결의 효력 즉 형성력 및 기속력에 따라 직접 권리 또는 이익을 침해받는 경우를 말한다.

## Ⅱ 제3자의 재심청구(확정판결 후)

### 1. 의의 및 취지(행정소송법 제31조)

제3자의 재심이란 처분 등을 취소하는 판결에 의해 권리 또는 이익을 침해받은 제3자가 자기에게 책임 없는 사유로 소송에 참가하지 못함으로써 판결의 결과에 영향을 미칠 공격 또는 방어방법을 제출하지 못하고 판결이 확정된 경우, 이 확정판결에 대한 취소와 동시에 판결 전 상태로 복구시켜 줄 것을 구하는 불복방법이다.

### 2. 요건

① 재심은 처분 등을 취소하는 종국판결의 확정을 전제로 한다.

② 재심청구의 원고는 ㉠ 판결에 의해 권리 또는 이익의 침해를 받은 소송당사자 이외의 제3자이다. 여기서 ㉡ 권리 또는 이익이란 법률상 이익을 의미하고, ㉢ 침해를 받는다는 것은 취소판결의 주문에 의해 침해를 받음을 의미한다.

## 3-7 행정소송 기타

### ≫ 무효등확인소송

◎ 기출문제

• 제17회

## Ⅰ 의의

행정청의 처분 등의 효력 유무 또는 존재 여부를 확인하는 소송을 말한다.

## Ⅱ 법적성질

무효등확인소송은 주관적 소송으로서 형성소송이 아니고 확인소송에 속한다. 현행법은 이를 항고소송의 하나로 규정하고 있으며, 취소소송에 대한 대부분의 규정을 광범위하게 준용한다.

## Ⅲ 소송요건(준용규정 제38조)

### 1. 소송요건

처분을 대상으로 원고적격과 피고적격을 갖추며, 협의의 소익 요건도 갖추고 있어야 한다. 그러나 무효확인소송의 경우, 제소기간의 제한이 없고 행정심판전치주의가 적용되지 않는다는 점이 취소소송과 다르다.

## 2. 대상적격(법 제38조 제1항, 법 제19조)

무효등확인소송도 취소소송과 같이 처분 등을 대상으로 한다.

## 3. 원고적격(행정소송법 제35조)

무효등확인소송은 처분 등의 효력 유무 또는 존재 여부의 확인을 구할 법률상 이익이 있는 자가 제기할 수 있다.

## 4. 협의의 소익(확인의 이익)

### (1) 문제점

행정소송법 제35조에서 법률상 이익을 요구하는데, 민사소송에서와 같이 '확인의 이익'이 필요한지 문제가 된다.

### (2) 학설

① 〈긍정설〉 민사소송의 확인소송과 같다고 보아 확인의 이익이 필요하다고 본다. 따라서 무효등확인소송에서도 "즉시 확정의 이익"이 필요하며, 다른 소송으로 구제되지 않을 때에만 보충적으로 인정된다.

② 〈부정설〉 행정소송은 민사소송과 목적·취지를 달리하여 확인의 이익이 필요 없다고 본다. 또, 무효등확인소송에서 취소판결의 기속력을 준용하므로 판결 자체로 실효성 확보가 가능하다고 본다.

### (3) 관련 판례

① 종전 판례는 긍정설 입장이었지만, ② 최근 대법원은 행정소송법 제30조 기속력을 무효확인소송에도 준용하고 있으므로 무효확인판결 자체만으로 실효성 확보가 가능하고, 민사소송과 목적 취지가 다르며, 명문 규정이 없다는 점을 이유로 〈부정설〉로 판례를 변경하였다.

### (4) 검토

무효등확인판결 자체만으로도 실효성을 확보할 수 있는바 별도로 무효확인소송의 보충성이 요구되지 않는다고 봄이 타당하다.

## 5. 피고적격

취소소송의 피고적격을 규정한 행정소송법 제13조는 무효등확인소송에도 준용되는바, 처분 등을 행한 행정청이 피고가 된다.

## Ⅳ 소제기의 효과

소제기 효과는 취소소송의 경우와 같다. 무효등확인소송에도 집행부정지원칙이 적용되고, 특별한 사정이 있는 경우 법원이 결정으로써 집행정지를 결정할 수도 있고 정지결정을 취소할 수도 있다.

## >> 부작위위법확인소송

◎ 기출문제

• 제16회

### Ⅰ 의의 및 취지[행정소송법 제4조]

부작위위법확인소송이란 행정청이 당사자의 신청에 대해 상당한 기간 내에 일정한 처분을 해야 할 법률상 의무가 있음에도 불구하고 이를 행하지 않는 경우 그 부작위가 위법하다는 확인을 구하는 소송을 말하며, 소극적 위법상태를 제거하여 국민의 권리를 보호하려는데에 그 취지가 인정된다.

### Ⅱ 법적성질

부작위확인소송은 항고소송 중 하나로 규정하지만, 실질은 확인소송의 성질을 가진다. 현행법은 취소소송에 대한 대부분의 규정을 광범위하게 준용한다.

### Ⅲ 소송요건

#### 1. 소송요건

부작위위법확인소송은 소송요건으로 대상적격, 원고적격, 제소기간, 협의의 소익, 피고적격을 갖추고 있어야 하며, 무효등확인소송과 차이점은 제소기간의 적용가능성, 행정심판전치의 적용 가능성이다.

#### 2. 대상적격

##### (1) 부작위의 의의

부작위란 행정청이 당사자의 신청에 대하여 상당한 기간 내에 일정한 처분을 하여야 할 법률상 의무가 있음에도 불구하고 이를 하지 아니하는 것을 말한다(행정소송법 제2조 제1항 제2호).

##### (2) 부작위 성립 요건

① 당사자의 적법한 신청
② 행정청이 상당한 기간 경과
③ 처분의무의 존재
④ 처분의 부작위

#### 3. 원고적격(법률상 이익이 있는 자)

처분의 신청을 한 자로서 부작위의 위법을 구할 법률상 이익이 있는 자만 제기할 수 있다. 통설 및 판례는 법규상·조리상 신청권을 가진 자일 것을 요구한다.

## 4. 제소기간

### (1) 문제점

행정심판을 거쳐 부작위위법확인소송을 제기하는 경우 행정소송법 제20조 제1항 단서 등이 적용되어 문제 없지만, 행정심판을 거치지 않고 부작위위법확인소송을 제기하는 경우 행정소송법 제20조가 적용될 수 있는지가 문제된다.

### (2) 학설

① 상당기간이 경과하면 그 때 처분이 있는 것으로 보고 행정소송법 제20조 제2항에 따라 그로부터 1년 내에 제소해야한다는 견해와 ② 행정소송법상 명문의 규정이 없기 때문에 제소기간에 제한이 없다는 견해(다수설)가 대립한다.

### (3) 관련 판례

판례는 부작위상태가 계속되는 한 부작위위법의 확인을 구할 이익이 있다고 보아야 하므로 <u>제소기간의 제한을 받지 않는다고 본다.</u>

### (4) 검토

부작위상태가 계속되는 한 위법임을 확인할 부작위의 종료시점을 정하기 어렵고, 행정심판법상 부작위에 대한 의무이행심판의 경우 심판청구기간에 제한이 없다는 점(행정심판법 제27조 제7항) 등을 고려하면 〈제소기간 제한이 없다는 견해〉가 타당하다.

## 5. 협의의 소익

### (1) 관련 판례

> 🔖 **관련 판례(2000두4750)**
> 당사자의 신청이 있은 이후 당사자에게 생긴 사정의 변화로 인하여 위 부작위가 위법하다는 확인을 받는다고 하더라도 종국적으로 침해되거나 방해받은 권리와 이익을 보호·구제받는 것이 불가능하게 되었다면 그 부작위가 위법하다는 확인을 구할 이익은 없다.

### (2) 검토

① 부작위위법확인소송의 소송물은 부작위의 위법성인 점과 ② 의무이행소송이 인정되지 않는 입법적 한계를 해석론으로 해결하려는 무리가 있는 점에서 판례의 태도는 타당하다고 판단된다.

## 6. 피고적격(행정소송법 제13조, 제38조 제2항)

부작위위법확인소송의 피고는 처분의 신청을 받은 행정청이 된다.

## 7. 부작위위법확인소송에서 거부처분취소소송(무효등확인소송)으로 소 변경

거부처분인데 부작위로 오인하여 부작위위법확인소송을 제기한 경우 법원은 대상적격의 흠결로 각하판결을 하여야 함이 원칙이나, 원고가 거부처분취소소송으로 소의 종류와 변경을 신청한 경우 법원은 행정소송법 제37조가 준용하는 제21조에 근거하여 소변경을 허가할 수 있다.

## Ⅳ 소송의 심리(부작위에서 가장 중요) ★

### 1. 문제상황

행정청은 부작위의 위법성만을 심리해야 하는지, 아니면 당사자가 처분의 실체적인 내용도 심리할 수 있는지 본안심리범위가 문제된다.

### 2. 학설

① 〈절차심리설〉 의무이행소송을 도입하지 않은 입법취지를 근거로 소송물은 단순한 응답의무 즉, 부작위의 위법만을 심리하는 견해

② 〈실체심리설〉 무용한 소송의 반복방지, 당사자 권리구제의 실효성을 근거로 신청에 따른 처분의무가 있는지까지 심리한다는 견해

### 3. 판례

판례는 부작위위법확인소송을 행정청의 부작위 내지 무응답이라고 하는 소극적 위법상태를 제거하는 것을 목적으로 하는 소송으로 보고 있어 〈절차심리설〉의 입장이다.

### 4. 검토

행정소송법상 부작위의 정의규정과 이 소송의 소송물을 부작위의 위법성이라 볼 때 〈절차심리설〉이 타당하다.

## Ⅴ 위법성 판단기준시

취소소송이나 무효등확인소송과 달리 부작위위법확인소송의 경우 처분이 존재하지 않기 때문에 위법성판단의 기준시점은 〈판결 시〉가 된다.

## Ⅵ 부작위위법확인 소송의 판결

① 〈판결의 종류〉 취소소송의 경우와 같다. 부작위위법확인소송은 사정판결 문제가 생기지 않는다.

② 〈판결의 효력〉 형성력은 생기지 않는다. 제3자효, 기속력, 간접강제 등이 준용된다(행정소송법 제38조 제2항).

## ≫ 당사자소송

◎ 기출문제

• 기출 문제(보증소) : 제34회, 제31회, 제30회, 제27회, 제26회, 제23회, 제22회, 제21회, 제10회

## Ⅰ 당사자소송의 개관

### 1. 당사자 의의

당사자소송이란 행정청의 처분 등을 원인으로 하는 법률관계에 관한 소송 그 밖에 공법상의 법률관계에 관한 소송으로서 그 법률관계의 한쪽 당사자를 피고로 하는 소송을 말한다.

## 2. 당사자소송의 성질

당사자소송은 개인의 권익구제를 직접 목적으로 하는 주관적 소송으로서, 소송물의 내용에 따라 이행의 소, 확인의 소로 구분될 수 있다.

## 3. 소송요건

- 대상 : 공법상 법률관계
- 원고적격 : 공법상 법률관계의 주체
- 피고 : 국가·공공단체 그 밖의 권리주체
- 소의 이익 : 민사소송법 준용
- 제소기간 : 법령상 제소기간/불변기간

## 4. 판결 종류

- 각하판결 : 소송요건 결여 시 본안심리 거절
- 기각판결 : 본안심리 결과 원고 청구 이유 없음
- 인용판결 : 본안심리 결과 원고 판결 이유 있음(소송 종류에 따라 확인판결/이행판결)

## II 종류

## 1. 실질적 당사자소송

### (1) 의의

공법상 법률관계에 관한 소송으로서 그 법률관계의 한쪽 당사자를 피고로 하는 소송

### (2) 실질적 당사자소송의 예

손실보상청구권, 공법상 채권관계, 공법상 결과제거청구소송, 공법상 계약에 관한 소송, 국가배상청구소송 등

## 2. 형식적 당사자소송(보증소)

### (1) 의의

형식적 당사자소송이란 실질적으로 행정청의 처분 등(위원회의 결정)을 다투는 것이나 형식적으로는 처분 등으로 인해 형성된 법률관계를 다투기 위해 제기하는 소송을 말한다.

### (2) 인정근거

당사자가 다투고자 하는 것이 처분이나 재결 그 자체가 아니라 처분이나 재결에 근거하여 이루어진 법률관계인 경우에는 처분이나 재결의 주체를 소송당사자로 할 것이 아니라 실질적인 이해관계자를 소송당사자로 하는 것이 소송의 진행이나 분쟁 해결에 보다 적합하다는 점이 형식적 당사자소송을 인정하는 근거가 된다.

(3) 일반적 인정 가능성(명문의 규정이 없는 경우)

① 문제상황

토지보상법 제85조 제2항의 보증소와 같은 명문의 규정이 없음에도 형식적 당사자소송을 인정할 수 있는지 문제된다.

② 학설

㉠ 〈긍정설〉 행정소송법 제3조 제2호를 근거로 하고, 구성요건적 효력(공정력)에도 반하지 아니하다는 점을 근거로 한다.

㉡ 〈부정설〉 명문의 규정 없이는 행정소송법 규정만을 근거로 일반적으로 인정할 수 없고, 처분의 효력(구성요건적 효력·공정력)은 그대로 두고 그 결과로 발생한 당사자의 권리의무만을 형식적 당사자소송의 판결로 변경시키기 곤란하다는 점을 근거로 한다.

③ 검토

개별규정이 없는 경우 소송요건도 불분명하고, 처분에 대한 불복은 항고소송에 의하는 것이 원칙이라는 점을 감안할 때 〈부정설〉이 타당하다.

# 제2부

# 감평평가 및 보상법규
# 필기노트

# PART 01

# 공익사업을 위한
# 토지 등의 취득 등

Chapter 01 총칙(공용수용)
Chapter 02 공익사업의 준비
Chapter 03 협의에 의한 취득 및 사용
Chapter 04 공용수용에 의한 취득
Chapter 05 공용사용의 절차 및 효과

# Chapter 01 총칙(공용수용)

## 제1절 공용수용

### 1-1 공용수용의 총론 D

#### Ⅰ 공용수용의 의의 및 취지

공용수용이란 특정한 공익사업을 위하여 보상을 전제로 타인의 특정한 재산권을 법률의 힘에 의하여 강제로 취득하는 것을 말하며, 사법적 수단에 의하여 재산권의 취득이 불가능한 경우, 재산권 강제 취득을 통한 공익사업의 신속한 수행에 취지가 있다.

#### Ⅱ 공용수용의 목적

공용수용의 목적은 토지 등의 특정한 재산권을 공익사업 기타 복리목적에 제공함으로써 공익사업의 효율적인 수행을 통하여 공공복리의 증진과 사유재산권의 적정한 보호를 도모하는 것을 목적으로 한다(토지보상법 제1조).

#### Ⅲ 요건

① 공공필요, ② 법률의 근거, ③ 정당한 보상을 요건으로 한다.

#### Ⅳ 최근 공용수용 제도의 동향(확용개정)

① 공익사업의 **확**대
② 공공적 사용수용의 확대
③ 보상금에서 **개**발이익의 배제
④ **정**당보상과 생활보상의 확대

#### Ⅴ 헌법 제23조와 공용수용

> 🔁 **관련 규정(헌법 제23조)**
> ① 모든 국민의 재산권은 보장된다. 그 내용과 한계는 법률로 정한다.
> ② 재산권의 행사는 공공복리에 적합하도록 하여야 한다.
> ③ 공공필요에 의한 재산권의 수용·사용 또는 제한 및 그에 대한 보상은 법률로써 하되, 정당한 보상을 지급하여야 한다.
>
> 🔁 **관련 판례(2009두1051)**
> 헌법 제23조의 근본취지는 헌법이 사유재산제도의 보장이라는 기조 위에서 원칙적으로 모든 국민의 구체적 재산권의 자유로운 이용·수익·처분을 보장하면서 공공필요에 의한 재산권의 수용·사용 또는 제한은 헌

법이 규정하는 요건을 갖춘 경우에만 예외적으로 허용된다는 것으로 해석된다. 이같은 <u>헌법의 재산권 보장에 관한 규정의 근본 취지에 비추어 볼 때, 공공필요에 의한 재산권의 공권력적, 강제적 박탈을 의미하는 공용수용은 헌법상의 재산권 보장의 요청상 불가피한 최소한에 그쳐야 한다.</u>

## 1-2 공공적 사용수용 B(사적공용수용)

### 기출문제

• 제19회 : 사적 공용수용의 의의 및 요건

### Ⅰ 사적 공용수용의 의의[특사손법타]

① **특**정 공익사업을 위하여 ② **사**적주체가 ③ **손**실보상을 전제로 ④ **법**령이 정하는 바에 의하여 ⑤ **타**인의 재산권을 강제적으로 취득하는 물적 공용부담을 말한다.

### Ⅱ 요건[공법정]

공용수용과 마찬가지로 ① **공**공필요, ② **법**률의 근거, ③ **정**당한 보상을 요건으로 하나, 사적주체에 의한다는 차이가 있다.

### Ⅲ 필요성[공증민행]

① **공**익상의 필요, ② 공익사업의 **증**대, ③ **민**간 활력의 도입, ④ 공**행**정의 민간화 측면에서 필요성이 있다.

### Ⅳ 공공적 사용수용의 인정 여부

#### 1. 관련 판례의 태도

> **관련 판례(71다1716)**
> 공익사업인가의 여부는 그 사업 자체의 성질로 보아 그 사업의 공공성과 독점성을 인정할 수 있는가의 여부로써 정할 것이고, 그 사업주체에 따라 정할 성질이 아니다.

#### 2. 검토

생각건대 오늘날 현대복지국가의 실현을 위하여 공익사업이 증가함에 따라 사적주체에게 수용권을 부여할 필요성이 커지는바, 엄격한 요건 하에 사용 수용을 인정함이 타당하다.

### Ⅴ 유형

① 전기, 가스 등 국민의 생존을 배려하는 급부행정작용에 준하는 활동을 담당하는 〈생존배려형 사기업〉과 ② 이윤추구가 주목적인 〈경제적 사기업〉이 있다. 생존배려형 사기업은 원칙적으로 그들을

위한 공용침해가 허용되지만, 경제적 사기업의 경우 이윤추구가 주목적인바 예외적으로 엄격한 요건 하에서만 허용된다고 본다.

## Ⅵ 계속적 공익실현의 보장수단

### 1. 보장책 마련의 필요성 및 법적 근거

영리추구를 본질로 하는 사기업은 이윤추구가 목적인바 언제든지 중도에 포기가능성이 존재한다. 따라서 공익의 계속적 담보를 위한 보장책이 전제되어야 하며, 헌법 제23조 제3항은 공익사업의 계속성을 담보하기 위한 법적·제도적 장치를 요구하고 있다.

### 2. 보장의 수단

#### (1) 법률상 보장수단

① 환매권(토지보상법 제91조)

환매권은 토지보상법에서 공익사업의 계속성을 담보하기 위한 수단으로 규정되어 있으나, 환매권은 시간적인 제한이 있으며, 환매권 행사 시 공행정주체의 개입 없이 환매권자에 의해서만 행사된다는 점에서 공익사업의 계속성 보장책으로는 미흡하다는 지적이 있다.

② 재결

판례는 사업시행자의 능력과 의사가 사라진 경우 수용권을 남용하는 재결을 하지 못한다고 판시하였다(대판 2011.1.27, 2009두1051). 따라서 재결에 의해서 공공성이 재검토되어 공공성을 확보한다고 할 수 있다.

③ 사업인정의 실효(토지보상법 제23조, 제24조, 제24조의2)

토지보상법에서는 사업인정의 실효제도를 규정하여 수용법 관계의 조속한 확정을 바라는 피수용자를 보호하고 간접적으로 공익사업의 계속성을 보장한다.

#### (2) 행정적 보장수단

민간투자법에서는 사업시행자에 대한 감독 명령과 처분, 위반 시 벌칙에 대한 규정을 하고 있으며, 구체적인 보장책 수단으로는 행정입법, 행정행위, 부관 등이 있다.

#### (3) 사법적 통제

공익사업의 계속성 보장책이 헌법 제23조 제3항의 공공필요 요건을 충족하지 못할 경우 위헌·위법한 재산권의 침해라 할 것이어서 행정쟁송의 제기를 하고, 해당 법률 위헌법률심사를 신청하거나, 보충성 원칙을 충족한 경우 헌법소원이 가능할 것이다.

## Ⅶ 부대사업을 위한 공공적 사용수용

### 1. 관련 규정의 검토

민간투자법 제21조에서는 부대사업을 시행할 수 있고, 부대사업의 내용을 실시계획 고시에 포함하고 있다. 실시계획 고시에 의해 사업인정이 의제되는데, 부대사업에까지 수용 규정이 인정되는지 문제된다.

## 2. 인정 여부

부대사업은 사적이윤 동기에 의한 행위에 불과한바 부대사업을 위한 수용이 허용된다고 보는 것은 국민 정서에 비추어 타당하지 않다. 결국 이러한 문제는 관련규정의 불명확성에 기인한 것으로 수용이 가능한 사업과 그렇지 못한 사업을 구별할 수 있도록 법률에서 관계규정을 명확하게 할 필요가 있다고 사료된다.

---

### 제2절 공공필요(공공성) B

### Ⅰ 공공필요의 의의

## 1. 공공필요의 의의

재산권에 대한 공권적 침해는 공공필요에 의해서만 행해질 수 있는바, 공공필요는 공용침해의 〈실질적 허용요건〉이자 〈본질적 제약요소〉이다. 공공성은 불확정 개념으로 가변적이기 때문에 구체적 판단을 요한다.

## 2. 관련 판례의 태도

> **관련 판례(2011헌바129, 172)**
>
> 〈공익성〉의 정도를 판단함에 있어서는 공용수용을 허용하고 있는 개별법의 입법목적, 사업내용, 사업이 입법목적에 이바지하는 정도는 물론, 특히 그 사업이 대중을 상대로 하는 영업인 경우에는 그 사업 시설에 대한 대중의 이용·접근가능성도 아울러 고려하여야 한다. 그리고 〈필요성〉이 인정되기 위해서는 공용수용을 통하여 달성하려는 공익과 그로 인하여 재산권을 침해당하는 사인의 이익 사이의 형량에서 사인의 재산권침해를 정당화할 정도의 공익의 우월성이 인정되어야 하며, 사업시행자가 사인인 경우에는 그 사업 시행으로 획득할 수 있는 공익이 현저히 해태되지 않도록 보장하는 제도적 규율도 갖추어져 있어야 한다.

## 3. 토지보상법상 개념(제4조 및 제4조의 2)

제4조는 전통적으로 공공필요 있는 공익사업 및 사인이 임대 등 목적으로 시행하는 주택건설 등을 규정하여 공공성 개념을 반영하고 있다. 동조 제8호는 별표에 규정된 공익사업을 개별 법률에 따라 공공필요가 인정되는 수용적격사업으로 규정한다. 수용적격사업은 제4조 또는 별표의 규정된 법률에 따르지 않고는 정할 수 없으며, 별표는 토지보상법 외의 다른 법률로 개정할 수 없다고 하여 공공필요 있는 사업을 규정한다.

### Ⅱ 공공필요의 판단기준

## 1. 공공필요의 판단기준

공공성 개념의 추상성은 명확한 공공성의 판단근거를 요구하며 이는 헌법 제37조 제2항 및 행정기본법 제10조에 규정된 비례의 원칙의 단계적 심사를 통해 구체화된다.

## 2. 비례의 원칙의 의의(행정기본법 제10조)

비례의 원칙이란 행정 목적과 수단 사이에 적절한 비례관계가 있어야 한다는 원칙을 말한다.

## 3. 비례의 원칙의 내용(적필상)

① 행정목적을 달성하는데 유효, 적절하여야 한다는 〈**적**합성의 원칙〉, ② 행정목적을 달성하는데 필요한 최소한도에 그쳐야 한다는 〈**필**요성의 원칙〉, ③ 행정작용으로 인한 국민의 이익 침해가 그 행정작용이 의도하는 공익보다 크지 아니하여야 한다는 〈**상**당성의 원칙〉의 단계적 심사구조를 거친다.

## Ⅲ 공공성의 확대화 경향

현대 복리행정의 이념, 사회국가의 요청에 의하여 과거에 공공성이 인정되지 아니한 부분에 대하여도 공공성을 넓게 인정하는 경향이 있다.

---

| 제3절 | 공용수용의 당사자 B |
|---|---|

#### ◉ 기출문제

- 제2회 : 피수용자의 법적 지위

## Ⅰ 당사자의 의의

당사자란 공익사업을 위해 토지 등을 취득하는 사업시행자와 토지 등을 양도하는 토지소유자 및 관계인을 말한다.

## Ⅱ 수용권의 주체(사업시행자)

### 1. 사업시행자의 의의

"사업시행자"란 공익사업을 수행하는 자를 말한다(토지보상법 제2조 제3호). 이는 ① 국가, ② 공공단체, ③ 공무수탁사인에 관계 없이 특정한 공익사업의 시행자를 말한다.

### 2. 수용권의 주체 논의

#### (1) 문제점

사업시행자가 국가인 경우에는 수용권자에 관하여 의문이 없으나, 국가 이외의 공공단체 또는 사인인 경우에 수용권자가 누구인가에 대하여는 견해가 대립한다.

### (2) 학설

① 〈국가수용권설〉 수용권은 국가만이 가질 수 있으며, 사업주체는 수용청구권을 가진다.

② 〈사업시행자수용권설〉 사업시행자를 수용권의 주체로 본다.

③ 〈국가위탁권설〉 수용권은 국가에 귀속되는 국가적 공권이며, 국가는 수용권을 사업시행자에게 위탁한 것으로 본다.

### (3) 판례

> ↪ 관련 판례(2017두71031)
> 사업인정이란 공익사업을 토지 등을 수용 또는 사용할 사업으로 결정하는 것으로서 공익사업의 시행자에게 그 후 일정한 절차를 거칠 것을 조건으로 일정한 내용의 수용권을 설정하여 주는 형성행위이다.

### (4) 검토

생각건대, 공용수용의 본질은 특정한 공익사업을 위하여 재산권을 강제적으로 취득하는 데 있고, 수용권이란 수용의 효과를 향유할 수 있는 능력으로 보는 것이 타당하므로 수용권의 주체는 〈사업시행자〉로 보는 것이 타당하다.

## 3. 사업시행자의 법적 지위

### (1) 권리

타인토지출입권(§9), 수용권(§19), 사업인정신청권(§20), 토지 및 물건조사권(§27), 협의성립확인신청권(§29), 재결신청권(§28), 행정쟁송권(§83/85), 토지소유권의 원시취득권(§45), 대행청구권(§44), 대집행신청권(§89)

### (2) 의무(= 피수용자의 권리)

손실보상의무(§61), 피수용자의 재결신청에 응할 의무(§30), 수용목적물이 멸실된 경우의 위험부담(§46), 수용의 법적 절차 준수 의무

## Ⅲ 수용권의 객체(피수용자)

## 1. 피수용자의 범위

### (1) 토지소유자

"토지소유자"란 공익사업에 필요한 토지의 소유자를 말한다(토지보상법 제2조 제4호).

### (2) 관계인

① 의의(토지보상법 제2조 제5호)

관계인이란 사업시행자가 취득 또는 사용할 토지에 관하여 지상권 등 토지에 관한 소유권 외의 권리를 가진 자 또는 그 토지에 있는 물건에 관하여 소유권 그 밖의 권리를 가진 자를 말한다.

② 관계인의 범위

수용목적물에 관하여 권리를 가진 자는 수용절차에 참가하여 자신의 권리를 보호받을 수 있도록 함이 타당하기 때문에 관계인의 범위는 가능한 넓게 보는 것이 타당하다 할 것이며, 판례의 태도 또한 동일하다.

> **관련 판례(2018다277419)**
>
> 보상 대상이 되는 '기타 토지에 정착한 물건에 대한 소유권 그 밖의 권리를 가진 관계인'에는 수거·철거권 등 실질적 처분권을 가진 자도 포함된다.

## 2. 피수용자의 법적 지위

### (1) 권리

타인토지출입, 장해물제거 시 손실보상청구권(§9, §12), 사업인정 시 의견제출권(§21), 조서 작성시 이의부기권(§27), 재결신청청구권(§30), 재결신청 시 의견제시권(§31), 환매권(§91, 소유자 한정), 원상회복 반환청구권(§48)

### (2) 의무(= 사업시행자의 권리)

관계인에게 타인토지출입, 장해물 제거에 대한 인용의무(§11), 보전의무(§25), 목적물의 인도·이전 의무(§43)가 부과된다.

### (3) 권리·의무의 승계(§5)

토지보상법에서 행한 절차, 그 밖의 행위는 사업시행자, 토지소유자, 관계인의 승계인에게도 효력이 미친다고 규정하고 있어 최소침해를 달성하고 사업의 원활한 시행을 도모하고 있다.

---

**제4절** **공용수용의 목적물**

**4-1** **목적물 의의와 종류 C**

**Ⅰ 목적물의 의의**

목적물이란 공익사업의 수행을 위하여 필요한 물건에 대한 소유권 및 기타의 권리를 말한다.

**Ⅱ 목적물의 종류[토지보상법 제3조]**

① 토지소유권과 토지소유권 외의 권리
② 토지에 정착한 물건 및 이에 관한 소유권 외의 권리
③ 광업권·어업권 및 물의 사용에 관한 권리
④ 토지에 속한 흙·돌·모래 또는 자갈에 관한 권리

## Ⅲ 목적물의 확정

수용목적물의 범위는 공익사업의 원활한 시행과 피수용자의 권리보호 측면에서 사업인정의 세목고시에 의해 확정된다.

### 4-2 수용목적물의 제한 C

#### Ⅰ 수용제도 본질상 제한(일반적 제한)

공용수용의 목적물은 ① 비대체적이어야 하고, ② 헌법상 재산권 보장 원칙에 비추어 필요최소한도 내에 그쳐야 한다(비례의 원칙으로 검토).

> ↪ 관련 판례(93누8108)
>
> 공용수용은 공익사업을 위하여 타인의 특정한 재산권을 법률의 힘에 의하여 강제적으로 취득하는 것이므로 수용할 목적물의 범위는 원칙적으로 사업을 위하여 필요한 최소한도에 그쳐야 한다.

#### Ⅱ 목적물의 성질에 따른 제한

① 사업시행자 소유의 토지
② 공익사업에 이용되고 있는 토지
   (국공유재산, 공익사업에 이용되는 토지는 특별히 필요한 경우가 아니면 수용할 수 없다.)
③ 치외법권이 인정되는 외국대사관 등의 부지·건물

#### Ⅲ 토지세목에 따른 제한

수용목적물은 토지세목고시에 포함되어야 하며, 확장수용의 경우를 제외하고는 세목고시에 없으면 수용목적물이 되지 못한다.

※ 특별한 필요 : 현재 토지를 이용하고 있는 공익사업과 새로 수용하고자 하는 공익사업의 토지이용의 공공성 정도나 효율성 정도를 구체적으로 비교형량하여 판단한다.

### 4-3 목적물의 확장 A

#### Ⅰ 확장 수용의 의의 및 취지

확장수용이란 특정한 공익사업을 위하여 필요한 범위를 넘어서 수용하는 것을 말하며, 최소침해의 원칙에 대한 예외로서 토지소유자를 실질적으로 구제하는데 취지가 있다.

#### Ⅱ 확장수용의 내용

확장수용은 토지가 공익사업에 직접 필요한 것이 아니라 피수용자의 이익을 도모하기 위한 손실보상의 필요에 의한 것이며, 피수용자 또는 사업시행자의 청구에 의한다는 점에서 본래의 수용과 구별된다. 확장수용의 내용으로는 잔여지 수용, 완전수용, 이전수용이 있다.

## Ⅲ 확장수용의 법적 성질

### 1. 문제점

확장수용이 일반적으로 피수용자의 청구에 의해 이뤄진다는 점에서 그 성질에 대하여 견해가 나뉜다. 적용법규 및 쟁송형태의 차이에 논의의 실익이 있다.

### 2. 학설

① 〈사법상매매설〉 피수용자의 청구에 의하며, 사업시행자의 동의에 의해 이루어지므로 사법상 매매로 보는 견해

② 〈공법상 특별행위설〉 피수용자의 청구에 의하고, 공익사업의 필요를 넘는 점에서 수용으로도 사법상매매라고도 볼 수 없어 특별행위로 보는 견해

③ 〈공용수용설〉 피수용자의 청구는 요건에 불과할 뿐, 본질적으로는 공용수용과 본질이 같다고 보는 견해

### 3. 관련 판례의 태도

> 🔖 관련 판례(2008두822)
> 잔여지 수용청구권은 손실보상의 일환으로 토지소유자에게 부여되는 권리로서 그 요건을 구비한 때에는 잔여지를 수용하는 토지수용위원회의 재결이 없더라도 그 청구에 의하여 수용의 효과가 발생하는 형성권적 성질을 가지므로, 잔여지 수용청구를 받아들이지 않은 토지수용위원회의 재결에 대하여 토지소유자가 불복하여 제기하는 소송은 토지보상법 제85조 제2항에 규정되어 있는 '보상금의 증감에 관한 소송'에 해당하여 사업시행자를 피고로 하여야 한다.

### 4. 검토

확장수용은 본래의 수용개념과는 구별되나, 확장수용은 피수용자의 청구를 요건으로 한 사업시행자의 권리취득 행위로서 공용수용의 효과가 발생하므로, 〈공용수용설〉이 타당하다.
(따라서 확장수용의 권리구제는 행정쟁송에 의하여야 한다.)

## 4-4 　잔여지수용 A

### 🎯 기출문제

- 제32회, 제26회, 제23회

## Ⅰ 의의 및 취지[토지보상법 제74조] [동일현]

잔여지수용이란 **동**일한 토지소유자에게 속하는 수용목적물인 **일**단의 토지 일부가 수용됨으로 인하여 잔여지를 종래 목적으로 사용하는 것이 **현**저히 곤란한 때 토지소유자의 청구에 의해 사업시행자

가 해당 토지의 전부를 매수하거나 관할 토지수용위원회가 수용하는 것을 말하며, 최소침해원칙의 예외로서 토지소유자를 실질적으로 구제함에 그 취지가 있다.

## Ⅱ 잔여지수용의 성질(= 확장수용의 법적 성질)

판례는 잔여지 수용청구권은 손실보상의 일환으로 형성권적 성질을 가진다고 판시한바 〈공권〉이자 〈형성권〉의 성질을 지닌다.

> ↩ **관련 판례(2008두822)**
> 잔여지 수용청구권은 손실보상의 일환으로 토지소유자에게 부여되는 권리로서 그 요건을 구비한 때에는 잔여지를 수용하는 토지수용위원회의 재결이 없더라도 그 청구에 의하여 수용의 효과가 발생하는 형성권적 성질을 가지므로, 잔여지 수용청구를 받아들이지 않은 토지수용위원회의 재결에 대하여 토지소유자가 불복하여 제기하는 소송은 위 토지보상법 제85조 제2항에 규정되어 있는 '보상금의 증감에 관한 소송'에 해당하여 사업시행자를 피고로 하여야 한다.

## Ⅲ 요건

### 1. 성립요건(토지보상법 제74조) (동일현)

① **동**일한 소유자일 것
② **일**단의 토지 중 일부가 협의매수·수용될 것
③ 잔여지를 종래의 목적으로 사용하는 것이 **현**저히 곤란할 것

> **종래 목적 및 사용이 현저히 곤란할 때의 의미**
> '종래의 목적'이라 함은 수용재결 당시에 당해 잔여지가 현실적으로 사용되고 있는 구체적인 용도를 의미하고, '사용하는 것이 현저히 곤란한 때'라고 함은 물리적으로 사용하는 것이 곤란하게 된 경우는 물론 사회적, 경제적으로 사용하는 것이 곤란하게 된 경우, 즉 절대적으로 이용 불가능한 경우만이 아니라 이용은 가능하나 많은 비용이 소요되는 경우를 포함한다(대판 2005.1.28, 2002두4679).

### 2. 잔여지 판단요건(령 제39조 제1항) (대농교종)

① **대**지로서 면적이 너무 작거나 부정형 등의 사유로 건축물을 건축할 수 없거나, 현저히 곤란한 경우, ② **농**지로서 농기계의 진입과 회전이 곤란할 정도로 폭이 좁고 길게 남거나 부정형 등의 사유로 영농이 현저히 곤란한 경우, ③ **교**통이 두절되어 사용이나 경작이 불가능하게 된 경우, ④ 상기와 유사한 정도로 잔여지를 **종**래의 목적대로 사용하는 것이 현저히 곤란하다고 인정되는 경우에 해당하는지로 잔여지를 판단한다.

### 3. 잔여지 판단 시 고려사항(령 제39조 제2항)

잔여지인지 판단할 때, 잔여지의 위치·형상·이용상황 및 용도지역, 공익사업 편입토지의 면적 및 잔여지의 면적 등의 사항을 종합적으로 고려해야 한다.

## Ⅳ 절차

토지소유자는 사업시행자에게 잔여지 매수를 청구할 수 있으며, 사업인정 이후 매수에 대한 협의가 불성립 시 관할 토지수용위원회에 잔여지 수용을 청구할 수 있다. 수용 청구는 사업완료일까지 하여야 한다.

## Ⅴ 효과

### 1. 잔여지의 원시취득

수용목적물을 원시취득하며, 목적물에 존재하던 모든 권리는 소멸한다.

### 2. 관계인의 권리 보호

잔여지 및 잔여지에 있는 물건에 관한 권리를 가진 자는 사업시행자나 관할 토지수용위원회에 권리 존속 청구가 가능하다(토지보상법 제74조 제2항).

### 3. 사업인정 및 사업인정고시의 의제

사업인정고시 후 잔여지 매수 시 그 잔여지에 대해서는 사업인정 및 사업인정 고시가 된 것으로 본다(토지보상법 제74조 제3항).

## Ⅵ 권리구제[확장수용 전체 적용]

### 1. 이의신청(법 제83조)

확장수용의 재결이나 확장수용의 거부에 이의가 있는 자는 토지보상법 제83조에 의거 재결서 정본을 받은 날부터 30일 이내에 이의신청을 할 수 있다. 행정소송법 제18조 및 토지보상법 제83조의 규정상 이의신청은 임의적 절차로, 이의신청을 거치지 않고 바로 행정소송 제기가 가능하다.

### 2. 행정소송의 형태(보상금증감청구소송)

판례의 입장 및 잔여지수용청구권이 형성권인 점과, 분쟁의 일회적 해결이라는 보상금증감청구소송의 취지 등을 종합적으로 고려할 때 잔여지수용재결 거부에 대한 소송은 보상금증감청구소송으로 봄이 타당하다.

> **⤴ 행정소송의 형태**
>
> 잔여지수용청구권은 손실보상의 일환으로 토지소유자에게 부여되는 권리로서 그 요건을 구비한 때에는 잔여지를 수용하는 토지수용위원회의 재결이 없더라도 그 청구에 의하여 수용의 효과가 발생하는 형성권적 성질을 가지므로, 잔여지수용청구를 받아들이지 않은 토지수용위원회의 재결에 대하여 토지소유자가 불복하여 제기하는 소송은 위 법 제85조 제2항에 규정되어 있는 '보상금의 증감에 관한 소송'에 해당하여 사업시행자를 피고로 하여야 한다(대판 2010.8.19, 2008두822).

## 3. 민사소송의 제기 가능성(소극)

법적 성질이 공권이므로 민사소송의 가능성은 부정됨이 타당하고, 판례 또한 수용재결 및 이의재결에 불복이 있을 경우 이의재결의 취소 및 보상금증감청구소송을 제기하여야 하며 민사소송으로 잔여지에 대한 보상금의 지급을 구할 수 없다고 판시한 바 있다.

> ↪ 관련 판례(2001다16333)
>
> 잔여지에 대한 수용청구를 하려면 우선 기업자에게 잔여지매수에 관한 협의를 요청하여 협의가 성립되지 아니한 경우에 관할 토지수용위원회에 잔여지를 포함한 일단의 토지 전부의 수용을 청구할 수 있고, 그 수용재결 및 이의재결에 불복이 있으면 이의재결의 취소 및 보상금의 증액을 구하는 행정소송을 제기하여야 하며 곧바로 기업자를 상대로 하여 민사소송으로 잔여지에 대한 보상금의 지급을 구할 수는 없다.

### 4-5  완전수용 A

◉ 기출문제

• 제27회 : 완전수용의 권리구제 수단

### Ⅰ 의의[토지보상법 제72조]

완전수용이란 토지사용으로 인해 토지소유자가 받게 되는 현저한 장애 내지 제한에 갈음하여 수용보상을 가능하게 해 주는 제도이다. 완전수용은 '사용에 갈음하는 수용'이라고도 한다.

### Ⅱ 완전수용의 법적 성질

#### 1. 관련 판례의 태도(2014두46669)

> 토지보상법 제72조의 문언, 연혁 및 취지 등에 비추어 보면, 위 규정이 정한 수용청구권은 토지보상법 제74조 제1항이 정한 잔여지 수용청구권과 같이 손실보상의 일환으로 토지소유자에게 부여되는 권리로서 그 청구에 의하여 수용효과가 생기는 형성권의 성질을 지니므로, 토지소유자의 토지수용청구를 받아들이지 아니한 토지수용위원회의 재결에 대하여 토지소유자가 불복하여 제기하는 소송은 토지보상법 제85조 제2항에 규정되어 있는 '보상금의 증감에 관한 소송'에 해당하고, 피고는 토지수용위원회가 아니라 사업시행자로 하여야 한다.

#### 2. 검토

판례의 태도에 따르면 완전수용 또한 〈공권〉이자 〈형성권〉의 성질을 지닌다고 판단된다.

### Ⅲ 요건[3형건]

① 토지를 사용하는 기간이 3년 이상인 경우, ② 토지의 사용으로 인하여 토지의 형질이 변경되는 경우, ③ 사용하고자 하는 토지에 그 토지소유자의 건축물이 있는 경우를 요건으로 한다.

### Ⅳ 완전수용청구권 및 관계인의 권리존속 청구

완전수용청구권은 토지소유자만 갖는다. 이 경우 관계인은 사업시행자나 관할 토지수용위원회에 대하여 그 권리의 존속을 청구할 수 있다. 그 청구가 이유 있는 것으로 받아들여지면 수용재결이 있더라도 그 권리는 소멸하지 않고 존속한다.

### 4-6  이전수용 B

#### Ⅰ 의의(토지보상법 제75조 제1항)

건축물 등은 이전비 보상이 원칙이나 ① 이전이 어렵거나, 이전으로 종래 목적대로 사용이 곤란한 경우, ② 이전비가 가격을 넘는 경우 이를 이전에 갈음하여 수용하는 것을 말하며, "이전에 갈음하는 수용"이라고도 한다.

#### Ⅱ 요건(어종비사)

① 이전하기 **어**렵거나 그 이전으로 인하여 건축물 등을 **종**래의 목적대로 사용할 수 없게 된 경우, ② 건축물 등의 이전**비**가 그 물건가격을 넘는 경우, ③ 사업시행자가 공익사업에 직접 **사**용할 목적으로 취득하는 경우

#### Ⅲ 절차

사업시행자는 사업예정지에 있는 건축물 등이 물건가격으로 보상해야 할 경우(동법 제75조 제1항 제1호 또는 제2호) 토지수용위원회에 그 물건의 수용재결을 신청할 수 있다. 다만, 토지소유자의 청구 절차가 삭제되어 확장수용으로 보지 않는 견해도 있다.

### 4-7  공물의 수용가능성 A

◎ **기출문제**

- 제31회 : 공물의 수용가능성

#### Ⅰ 공물의 의의(토지보상법 제19조)

공물이란 행정주체에 의해 직접 행정목적에 공용된 개개의 유체물을 말한다.

#### Ⅱ 공물의 수용가능성

#### 1. 관련 규정의 검토(동법 제19조 제2항)

공익사업에 수용되거나 사용되고 있는 토지 등은 특별히 필요한 경우가 아니면 수용·사용할 수 없다고 규정한다. 공물의 수용 시 〈별도의 용도폐지 여부〉와 〈특별한 필요의 해석〉이 문제가 된다.

## 2. 별도의 용도폐지 없이 수용이 가능한지 여부

### (1) 학설

① 〈긍정설〉 이미 공적 목적에 제공되고 있기 때문에 용도폐지가 요구된다는 견해와 ② 〈부정설〉 토지보상법 제19조 제2항의 취지상 공물을 사용하고 있는 기존 사업의 공익성보다 수용하고자 하는 사업의 공익성이 더 큰 경우 수용이 가능하다는 견해가 대립한다.

### (2) 관련 판례

> 🔗 **광평대군 묘역(95누13241)**
> 토지보상법 제19조의 규정에 의한 제한 이외에는 수용의 대상이 되는 토지에 관하여 아무런 제한을 하지 아니하고 있으므로 지방문화재로 지정된 토지는 수용의 대상이 될 수 있다.
>
> 🔗 **풍납토성 판례(2017두71031)**
> 구 문화재보호법에 해당 문화재의 지정권자만이 토지 등을 수용할 수 있다는 등의 제한을 두고 있지 않으므로, 국가지정문화재에 대하여 관리단체로 지정된 지방자치단체의 장은 국가지정문화재나 그 보호구역에 있는 토지 등을 수용할 수 있다.

### (3) 검토

동법 제19조 제2항의 해석상 공물의 수용가능성을 일률적으로 부정하는 것은 타당하지 않다. 따라서 더 큰 공익이 존재한다면 별도의 용도폐지가 요구되지 않고 더 큰 합리성이 존재하는 특별한 필요가 인정된다면 공물의 수용가능성은 인정된다.

## Ⅲ 비례의 원칙에 의한 수용가능성 검토

## 1. 판단기준

공물이라 하더라도 특별한 필요가 인정되는 경우에는 수용이 가능하다고 하여야 하고 특별한 필요는 비례의 원칙으로 판단한다.

## 2. 내용

① 행정목적을 달성하는데 유효, 적절하여야 한다는 〈적합성의 원칙〉, ② 행정목적을 달성하는데 필요한 최소한도에 그쳐야 한다는 〈필요성의 원칙〉, ③ 행정작용으로 인한 국민의 이익 침해가 그 행정작용이 의도하는 공익보다 크지 아니하여야 한다는 〈상당성의 원칙〉의 단계적 심사구조를 거친다.

# Chapter 02 공익사업의 준비

공익사업의 준비란 사업시행자가 공익사업의 시행을 위해 행하는 준비행위로서, 타인이 점유하는 토지에 출입하여 측량·조사를 하거나 장해물을 제거하는 등의 일련의 행위를 말한다.

## 1-1 타인토지에의 출입 C

### Ⅰ 의의, 취지(토지보상법 제9조)

사업시행자가 공익사업의 준비를 위하여 타인토지에 출입하여 측량·조사하는 행위를 말하며, 공익사업의 적합성 판단에 취지가 있다.

### Ⅱ 법적 성질

타인토지출입은 ① 공용제한 중 사용제한에 해당하며, ② 일시적 사용이고 ③ 행정작용을 적정하게 실행함에 있어 필요한 자료 등을 수집하기 위한 행정조사이며, ④ 권력적 사실행위의 성질을 지닌다.

### Ⅲ 절차(허통출)

#### 1. 출입 허가

사업시행자는 시장 등의 허가를 받아 타인의 토지에 출입할 수 있으며, 국가 등인 경우에는 통지하고 출입할 수 있다. 시장 등은 기간 등의 공고 및 토지점유자에게 통지 의무를 가진다.

#### 2. 출입의 통지

출입하고자 하는 자는 출입하고자 하는 날의 5일 전까지 그 일시 및 장소를 시장 등에게 통지하여야 하며, 통지를 받은 때 또는 시장 등이 사업시행자인 경우에 타인이 점유하는 토지에 출입하려는 때에는 지체없이 이를 공고하고 그 토지점유자에게 통지하여야 한다.

#### 3. 출입의 제한과 의무

일출 전이나 일몰 후에는 토지점유자의 승낙 없이 그 주거나 경계표·담 등으로 둘러싸인 토지에 출입할 수 없으며, 출입하고자 하는 때에는 증표 등을 휴대하여야 한다.

### Ⅳ 효과

① 사업시행자는 타인토지출입권 발생, 손실보상, 사용기간 만료 시 반환 및 원상회복 의무를 부담하며(토지보상법 제48조), ② 토지소유자는 손실보상청구권(동법 제9조 제4항)이 발생한다. 이때 손

실의 보상은 사업시행자와 손실을 입은 자가 협의하여 결정하며, 협의가 성립되지 아니하면 관할 토지수용위원회에 재결을 신청할 수 있다.

### Ⅴ 토지보상법 제27조 타인토지출입과의 비교

| | | 타인토지출입(제9조) | 타인토지출입(제27조) |
|---|---|---|---|
| 공통점 | 법적 근거 | - 토지보상법 근거<br>- 제10조 · 제11조 · 제13조 준용 | |
| | 법적 성격 | - 사용제한 중 일시적 사용<br>- 행정조사 | |
| | 손실보상 | - 제9조 제4항 내지 제7항 준용 | |
| 차이점 | 목적 | 사업적합성 판단 | 분쟁예방,<br>심리와 재결의 신속 |
| | 절차 | 사업인정 전 | 사업인정 후 |
| | 출입 근거 | 시 · 군 · 구청장 허가 | 사업인정 효과 |
| | 내용 | 장해물 제거<br>신청권 ○ | × |
| | 권리구제 | 허가를 대상 | 사업인정 대상 |

### 1-2 장해물의 제거 등 C

### Ⅰ 의의 및 취지[토지보상법 제12조]

장해물 제거란 측량 · 조사 시 부득이하게 장해물을 제거하거나 토지를 파는 행위를 말하며, 허가를 받는 것은 사업시행자의 측량 · 조사 등을 원활하게 하고, 토지소유자 또는 점유자의 권리가 부당하게 침해되지 않도록 하기 위함이다.

### Ⅱ 법적 성질

① 장해물 제거 및 토지를 시굴할 수 있는 권리를 형성하는 것으로서 유해한 행위를 내용으로 하는 것이 아니라는 점에서 〈특허〉로 보는 것이 타당하며, ② 단순한 출입에 비하여 침익성이 크기 때문에 시장 등은 의견청취를 통해서 허가를 하지 아니할 수 있는바 〈재량행위〉로 봄이 타당하다.

### Ⅲ 절차

### 1. 제거 등 허가

사업시행자는 장해물의 제거 등을 하여야 할 부득이한 사유가 있는 경우에는 그 소유자 및 점유자의 동의를 얻거나 시장 등의 허가를 받아야 하며, 시장 등이 허가를 하려는 때 또는 장해물의 제거 등을 하려는 때에는 미리 그 소유자 및 점유자의 의견을 들어야 한다.

## 2. 통지

장해물의 제거 등을 하고자 하는 자는 장해물의 제거 등을 하고자 하는 날의 3일 전까지 그 소유자 및 점유자에게 통지하여야 한다.

## 3. 제거(제한과 의무)

사업시행자는 장해물의 제거 등을 하고자 하는 때에는 증표를 휴대하여야 하며, 동의 또는 허가 없이 장해물의 제거 등을 행한 자는 토지보상법 제95조의 2 규정에 의하여 1년 이하의 징역 또는 1천만원 이하의 벌금에 처한다.

## Ⅳ 효과

① 사업시행자에게는 장해물의 제거 등을 할 수 있는 권리가 발생하며, ② 발생하는 손실을 보상하여야 한다. 이때 손실의 보상은 사업시행자와 손실을 입은 자가 협의하여 결정하며, 협의가 성립되지 아니하면 사업시행자나 손실을 입은 자는 제51조에 따른 관할 토지수용위원회에 재결을 신청할 수 있다.

## 1-3 공익사업 준비의 권리구제 B

### Ⅰ 토지소유자의 권리구제

## 1. 사전적 권리구제

사전적 권리구제로는 ① 시장 등이 출입 허가, 출입의 통지를 받은 경우 토지점유자에게 통지 의무(토지보상법 제9조 제3항), ② 장해물 제거 등의 허가 시 의견청취(동법 제12조 제2항), ③ 예방적 금지소송 및 가처분이 있다(현행법상으로는 규정이 없으며, 행정소송법 개정안에서는 위 제도를 규정하고 있다).

## 2. 사후적 권리구제

### (1) 손실 보상(토지보상법 제9조 제4항 내지 제7항)

> **제9조(사업 준비를 위한 출입의 허가 등)**
> ④ 사업시행자는 타인이 점유하는 토지에 출입하여 측량·조사함으로써 발생하는 손실을 보상하여야 한다.
> ⑤ 제4항에 따른 손실의 보상은 손실이 있음을 안 날부터 1년이 지났거나 손실이 발생한 날부터 3년이 지난 후에는 청구할 수 없다.
> ⑥ 제4항에 따른 손실의 보상은 사업시행자와 손실을 입은 자가 협의하여 결정한다.
> ⑦ 제6항에 따른 협의가 성립되지 아니하면 사업시행자나 손실을 입은 자는 대통령령으로 정하는 바에 따라 제51조에 따른 관할 토지수용위원회에 재결을 신청할 수 있다.

### (2) 재결에 대한 불복

손실보상청구권을 공법적 원인에 의한 공권으로 보고, 보상금결정 재결의 처분성을 인정하면 수용재결에 대한 불복방법과 같이 이의신청(동법 제83조)을 거친 후 보상금증감청구소송(동법 제85조)을 제기하여 불복할 수 있다.

### (3) 행정쟁송

출입 측량·조사 행위, 장해물제거 행위는 권력적 사실행위로서 처분성이 인정되므로 항고쟁송으로 다툴 수 있지만 조사 기간이 짧아 단기에 종료될 수 있으므로 대체로 협의의 소익이 부정된다. 따라서 이에 대한 방지책으로 집행정지 신청을 적극적으로 활용할 필요성이 인정된다.

## Ⅱ 사업시행자의 권리구제

## 1. 허가신청을 거부한 경우

출입허가 신청에 대한 거부는 처분성이 인정되는바, 거부처분에 대한 권리구제수단으로서 의무이행심판, 거부처분취소소송, 의무이행소송, 집행정지, 가처분 등 논의가 가능하다.

## 2. 허가신청에 대해 부작위한 경우

의무이행심판, 부작위위법확인소송, 의무이행소송, 가처분 등의 논의가 가능하다.

## Chapter 03 협의에 의한 취득 및 사용

### 제1절 협의취득을 위한 과정

#### 1-1 토지조서 및 물건조서의 작성 C

#### Ⅰ 의의 및 취지[토지보상법 제14조]

토지조서 및 물건조서 작성이란 협의에 의하여 취득할 토지·물건의 내용과 토지소유자 및 관계인의 범위를 확정하고 이를 문서로 작성하는 행위를 말하며 ① 분쟁을 미연에 예방하고, ② 절차 진행을 원활하게 하는 데 취지가 있다.

#### Ⅱ 법적 성질

① 타인토지출입행위는 권력적 사실행위에 속하나, ② 토지조서 및 물건조서의 작성은 토지 및 물건조서의 내용에 대한 사실적 효과를 발생시킨다는 점에서 〈비권력적 사실행위에〉 속한다고 봄이 타당하다.

#### Ⅲ 작성 절차

##### 1. 용지도 작성(동법 시행령 제7조 제1항)

사업시행자는 공익사업의 계획이 확정되었을 때에는 지적도 또는 임야도에 대상 물건인 토지를 표시한 용지도와 토지 등에 관한 공부의 조사 결과 및 현장조사 결과를 적은 기본조사서를 작성하여야 한다.

##### 2. 조서작성 및 서명날인

① 원칙 : 사업시행자는 조서를 작성하여 서명 또는 날인을 하고, 토지소유자와 관계인의 서명 또는 날인을 받아야 한다.

② 예외 : 토지소유자 및 관계인이 정당한 사유 없이 서명 또는 날인 거부, 토지소유자 및 관계인을 알 수 없는 등의 사유로 서명 또는 날인을 받을 수 없는 경우 그 사유를 적어야 한다.

#### Ⅳ 효력

##### 1. 진실의 추정력(동법 제27조 제3항)

① 열람기간 내에 이의를 제기한 경우와, ② 기재사항이 진실에 반함을 입증한 경우를 제외하고는 조서내용은 일응 진실한 것으로 추정된다. 이는 조서의 실효성을 담보하기 위한 수단이다.

##### 2. 하자 있는 조서의 효력

① 내용상 하자 : 내용상 하자를 입증한 경우 진실의 추정력이 부인된다. 입증책임은 토지소유자에게 있다.

② **절차상 하자** : 절차상 하자 있는 조서는 조서의 효력이 생기지 않는다. 따라서 이의제기 없이도 이의를 제기할 수 있다.

### Ⅴ 하자 있는 조서가 수용재결에 미치는 효력

조서작성행위는 비권력적 사실행위이며, ① 조서가 유일한 증거방법이 아니고, ② 조서의 기재 내용에 법률상의 힘이 부여되는 것이 아니기 때문에 재결에 영향이 없는 것으로 봄이 타당하다.

> 🔖 **관련 판례(93누5543)**
> 토지수용을 함에 있어 토지소유자 등에게 입회를 요구하지 아니하고 작성한 토지조서는 절차상의 하자를 지니게 되는 것으로서 토지조서로서의 효력이 부인되어 조서의 기재에 대한 증명력에 관하여 추정력이 인정되지 아니하는 것일 뿐, 토지조서의 작성에 하자가 있다 하여 그것이 곧 수용재결이나 그에 대한 이의재결의 효력에 영향을 미치는 것은 아니라 할 것이다.

### Ⅵ 권리구제

- 조서작성행위 : 비권력적사실행위 → 행정쟁송 ✕
- 타인토지출입 : 권력적 사실행위 → 행정쟁송 ○
  (다만, 각하 가능성 大)

---

### 1-2 보상계획의 열람 등 D

#### Ⅰ 보상계획의 공고 및 통지(토지보상법 제15조 제1항)

사업시행자는 토지조서와 물건조서를 작성하였을 때에는 공익사업의 개요, 토지조서 및 물건조서의 내용과 보상의 시기·방법 및 절차 등이 포함된 보상계획을 전국을 보급지역으로 하는 일간신문에 공고하고, 토지소유자 및 관계인에게 각각 통지하여야 하며, 열람을 의뢰하는 사업시행자를 제외하고는 특별자치도지사, 시장·군수 또는 구청장에게도 통지하여야 한다(20인 이하 공고 생략 가능).

#### Ⅱ 보상계획의 열람(동법 제15조 제2항)

사업시행자는 보상계획의 공고나 통지를 하였을 때에는 그 내용을 14일 이상 일반인이 열람할 수 있도록 하여야 한다. 다만, 사업지역이 둘 이상의 시·군 또는 구에 걸쳐 있거나 사업시행자가 행정청이 아닌 경우에는 해당 특별자치도지사, 시장·군수 또는 구청장에게도 그 사본을 송부하여 열람을 의뢰하여야 한다.

#### Ⅲ 조서에 대한 이의(동법 제15조 제3항, 제4항)

이의가 있는 토지소유자 또는 관계인은 열람기간 이내에 사업시행자에게 서면으로 이의를 제기할 수 있다. 다만, 사업시행자가 고의 또는 과실로 토지소유자 또는 관계인에게 보상계획을 통지하지 아니한 경우 토지보상법 제16조에 따른 협의가 완료되기 전까지 서면으로 이의를 제기할 수 있다(동법 제15조 제3항). 사업시행자는 해당 토지조서 및 물건조서에 제기된 이의를 부기하고 그 이의가 이유 있다고 인정할 때에는 적절한 조치를 하여야 한다(동조 제4항).

## 제2절  보상액 산정 및 협의 계약의 체결

### 2-1  보상액의 산정

#### Ⅰ 감정평가법인등의 선정

#### 1. 사업시행자의 의뢰(토지보상법 제68조 제1항)

사업시행자는 토지 등에 대한 보상액을 산정하려는 경우에는 감정평가법인등 3인(시·도지사와 토지소유자가 모두 감정평가법인등을 추천하지 아니하거나 어느 한쪽이 감정평가법인등을 추천하지 아니하는 경우에는 2인)을 선정하여 토지 등의 평가를 의뢰하여야 한다. 다만, 사업시행자가 직접 보상액을 산정할 수 있을 때에는 그러하지 아니하며, 토지보상법 제68조 제1항에서는 공정하고 객관적 보상평가를 위하여 복수평가의 원칙을 천명한 것으로 볼 수 있다.

> **⤴ 관련 판례(2013도6835)**
> 다른 특별한 대체수단이 없는 이상 토지보상법에서 정한 복수의 감정평가업자의 평가액의 산술평균액을 기준으로 하여 그 비율을 정하여 배분하는 것이 가장 합리적이고 객관적인 방법이라 할 것이다.

#### 2. 토지소유자의 추천(동법 제68조 제2항)

① 시·도지사와 토지소유자는 감정평가법인등을 각 1인씩 추천할 수 있으며, 사업시행자는 추천된 감정평가법인등을 포함하여 선정하여야 한다.

② 시·도지사와 토지소유자는 보상계획의 열람기간 만료일부터 30일 이내에 사업시행자에게 감정평가법인등을 추천할 수 있다(시행령 제28조 제2항).

③ 토지소유자는 보상대상 토지면적의 2분의 1 이상에 해당하는 토지소유자와 보상대상 토지의 토지소유자 총수의 과반수의 동의를 받은 사실을 증명하는 서류를 첨부하여 사업시행자에게 감정평가법인등을 추천해야 한다. 이 경우 토지소유자는 감정평가법인등 1인에 대해서만 동의할 수 있다(시행령 제28조 제4항).

#### Ⅱ 재평가(토지보상법 시행규칙 제17조)

#### 1. 해당 감정평가법인등에게 재평가를 요구하는 경우(동조 제1항)

사업시행자는 관계 법령에 위반, 표준지의 공시지가와 현저한 차이가 나는 등 부당하게 평가되었다고 인정하는 경우에는 해당 감정평가법인등에게 사유를 명시하여 다시 평가할 것을 요구하여야 한다.

## 2. 다른 2인 이상의 감정평가법인등에게 재평가를 요구하는 경우

① 재평가의 요구(동조 제2항)

사업시행자는 평가한 감정평가법인등에게 평가를 요구할 수 없는 특별한 사유가 있는 경우, 최고평가액이 최저평가액의 110퍼센트를 초과하는 경우, 평가를 한 후 1년이 경과할 때까지 보상계약이 체결되지 아니한 경우에는 다른 2인 이상의 감정평가법인등에게 평가를 다시 의뢰하여야 한다.

② 토지소유자에게 통지(동조 제3항)

사업시행자는 다른 2인 이상의 감정평가법인등에게 의뢰하여 재평가를 하여야 하는 경우로서 종전의 평가가 시·도지사와 토지소유자가 추천한 감정평가법인등을 선정하여 행하여진 경우에는 시·도지사와 토지소유자에게 다른 감정평가법인등을 추천하여 줄 것을 통지하여야 한다.

③ 국토교통부장관에게 통지(동조 제5항)

최고평가액이 최저평가액의 110퍼센트를 초과하는 경우 사업시행자는 평가내역 및 해당 감정평가법인등을 국토교통부장관에게 통지하여야 하며, 국토교통부장관은 관계법령이 정하는 바에 따라 적법하게 행하여졌는지 여부를 조사하여야 한다.

### Ⅲ 보상액의 결정

① 보상액의 산정은 각 감정평가법인등이 평가한 평가액의 산술평균치를 기준으로 하며(동법 시행규칙 제16조 제6항) ② 재평가를 거친 경우 보상액의 산정은 각 감정평가법인등이 다시 평가한 평가액의 산술평균치를 기준으로 한다(동법 시행규칙 제17조 제4항).

## 2-2 사업인정 전 협의 B

### Ⅰ 의의 및 취지[토지보상법 제16조]

공익사업에 필요한 토지 등을 공용수용절차에 의하지 않고 사업시행자가 토지소유자와 협의하여 취득하는 것을 말한다. ① 협의절차를 통해 최소침해의 원칙을 구현하고, ② 신속하게 사업을 수행하고자 함에 취지가 있다.

### Ⅱ 법적 성질

#### 1. 학설

① 사업인정 전 협의는 당사자 간의 협의에 의하므로 사법상 매매와 다를 바 없다는 〈사법상계약설〉, ② 협의 불성립 시 수용절차가 예정되는 점과 수용에 의한 취득 시의 효과와 동일한 효과가 발생한다는 〈공법상 계약설〉이 대립한다.

## 2. 관련 판례의 태도

> **⤵ 관련 판례(98다2242, 2259)**
>
> 협의취득 또는 보상합의는 공공기관이 사경제주체로서 행하는 <u>사법상 매매 내지 사법상 계약</u>의 실질을 가지는 것으로서, 당사자 간의 합의로 같은 법 소정의 손실보상의 기준에 의하지 아니한 매매대금을 정할 수도 있다.

## 3. 검토

① 공공기관이 사경제주체로서 행하는 사법상 매매 내지 사법상 계약의 실질을 가지는 점, ② 사업인정 후 협의를 별도로 규정하는 점에 비추어 〈사법상 계약〉으로 봄이 타당하다.

# Ⅲ 내용 및 절차

## 1. 협의의 내용

사업시행자가 협의할 사항은 해당 공익사업에 제공될 토지 등의 취득을 위한 합의의 내용, 즉 협의에 의해 취득할 토지 등의 구체적 대상과 범위, 보상액과 보상의 시기·방법이 주안점이 된다.

## 2. 협의의 절차(토지보상법)

협의의 요청(시행령 제8조 제1항) → 협의 성립의 경우 계약체결(동법 제17조) → 협의 불성립의 경우 협의경위서 작성(시행령 제8조 제5항)의 절차를 거친다.

## 3. 효과

### (1) 협의 성립의 효과

① 사법상 계약의 효과
② 승계취득(등기를 요함)
③ 환매권 행사요건 충족 시 환매권 행사

### (2) 협의 불성립의 효과

사업시행자는 토지소유자 및 관계인의 서명 또는 날인을 받아야 하며, 공익사업의 진행을 위해 국토교통부장관에게 사업인정을 신청할 수 있다.

## 사업인정 전·후 협의의 비교 - 기출 제25회, 제8회 비교 문제 출제

| | 사업인정 전 협의(제16조) | 사업인정 후 협의(제26조) |
|---|---|---|
| 1. 의의 | 사업시행자가 수용할 토지 등에 관한 권리를 취득하거나 소멸시키기 위하여 토지소유자 및 관계인과 의논하여 이루어진 의사의 합치를 말한다. | |
| 2. 취지 | ① 수용의 민주화<br>② 최소침해의 원칙<br>③ 신속한 공익사업 | |
| 3. 협의의 내용 | ① 수용 또는 사용할 토지의 구역 및 사용방법<br>② 손실보상<br>③ 수용 또는 사용의 개시일과 그 기간<br>④ 그밖의 토지보상법 및 다른 법률에서 규정한 사항 | |
| 4. 법적 성질 | 사법상 계약(다수설, 판례) | 사법상 계약(판례), 공법상 계약(다수설) |
| 5. 필수절차 여부 | 임의적 선택절차 | 원칙적 선택절차 |
| 6. 성립확인 | × | ○ |
| 7. 협의성립효과 | 승계취득 | ① 협의성립확인 받기 이전에는 승계취득<br>② 협의성립확인을 받으면 원시취득 |
| 8. 협의불성립효과 | 사업인정의 신청 | 재결신청, 재결신청청구권 |
| 9. 구제수단 | 민사소송 | 민사소송(판례), 당사자소송(학설) |
| 10. 양자의 관계 | ① 양 협의 간에는 절차상 선후관계를 이룬다.<br>② 사업인정 전 협의사항이 사업인정 고시 후 협의절차에 구속력을 갖는 것은 아니다.<br>③ 사업인정 전 협의가 성립되지 아니한 경우로서 조서의 내용에 변동이 없고 당사자가 협의를 요구하지 않는 경우 사업인정고시 후 협의를 생략할 수 있다. | |

PART 01

# Chapter 04 공용수용에 의한 취득

## 1-1 사업인정 A

**◎ 기출문제**

• 제31회, 제28회, 제21회, 제13회, 제12회, 제3회, 제2회, 제1회

### Ⅰ 의의 · 취지(토지보상법 제20조)

공익사업을 토지 등을 수용 또는 사용할 사업으로 결정하는 것을 말하며 ① 사업의 공익성을 판단, ② 피수용자의 권리보호에 취지가 있다.

### Ⅱ 법적 성질

#### 1. 처분

사업인정은 국민에게 직접적인 영향을 미치며 국토교통부장관의 공권력 행사로서 수용권을 설정해 주는 〈처분〉이라고 봄이 타당하다.

> **↪ 관련 판례(2019두47629)**
>
> 사업시행자가 토지 등을 수용하거나 사용하려면 국토교통부장관의 사업인정을 받아야 하고, 사업인정은 고시한 날부터 효력이 발생한다고 규정하고 있다. 이러한 사업인정은 수용권을 설정해 주는 행정처분으로서, 이에 따라 수용할 목적물의 범위가 확정되고, 수용권자가 목적물에 대한 현재 및 장래의 권리자에게 대항할 수 있는 공법상 권한이 생긴다.

#### 2. 강학상 특허

사업인정은 일정한 절차를 거칠 것을 조건으로 수용권을 설정하는 행위로 설권적 형성행위이자 〈강학상 특허〉에 해당한다.

> **↪ 관련 판례(2004두14670)**
>
> 사업인정처분이라 함은 공익사업을 토지 등을 수용 또는 사용할 사업으로 결정하는 것으로 단순한 확인행위가 아닌 형성행위이므로, 해당 사업이 외형상 토지 등을 수용 또는 사용할 수 있는 사업에 해당된다.

#### 3. 재량행위

사업인정은 법률 규정(토지보상법 제20조)이 불명확하며, 모든 사정을 참작하여 공익성 여부를 판단한 후에 사업인정 여부를 결정하므로 〈재량행위〉로 봄이 타당하다.

> ⚡ **관련 판례(92누596)**
> 사업인정은 형성행위이고 해당 사업이 비록 토지를 수용할 수 있는 사업에 해당된다 하더라도 행정청으로서는 그 사업이 공용수용을 할 만한 공익성이 있는지의 여부를 모든 사정을 참작하여 구체적으로 판단하여야 하는 것이므로 사업인정의 여부는 행정청의 재량에 속한다.

### 4. 제3자효 행정행위(복효적 행정행위)

사업시행자에게는 수익적 효과가, 피수용자에게는 침익적인 효과가 발생하므로 〈제3자효 행정행위〉에 해당한다.

## Ⅲ 요건

### 1. 성립 요건

① 토지보상법 제4조 공익사업에 해당할 것
② 공공필요가 있을 것
③ 공공필요는 비례의 원칙으로 판단할 것
④ 사업시행자의 공익사업수행능력과 의사가 있을 것

### 2. 관련 판례의 태도

> ⚡ **관련 판례(2004두14670)**
> 해당 사업이 외형상 토지 등을 수용 또는 사용할 수 있는 사업에 해당된다 하더라도 행정주체로서는 공용수용을 할 만한 공익성이 있는지의 여부와 공익성이 있는 경우에도 공익과 사익 간에서는 물론, 공익 상호간 및 사익 상호 간에도 정당하게 비교·교량하여야 하고, 그 비교·교량은 비례의 원칙에 적합하도록 하여야 할 것이다.

> ⚡ **관련 판례(2009두1051)**
> 해당 사업이 외형상 토지 등을 수용 또는 사용할 수 있는 사업에 해당한다고 하더라도 공익성이 있는지의 여부와 공익성이 있는 경우에도 공익과 사익 사이에서는 물론, 공익 상호 간 및 사익 상호 간에도 정당하게 비교·교량하여야 하고, 그 비교·교량은 비례의 원칙에 적합하도록 하여야 한다. 그뿐만 아니라 해당 공익사업을 수행하여 공익을 실현할 의사나 능력이 없는 자에게 타인의 재산권을 공권력적·강제적으로 박탈할 수 있는 수용권을 설정하여 줄 수는 없으므로, 사업시행자에게 해당 공익사업을 수행할 의사와 능력이 있어야 한다는 것도 사업인정의 한 요건이라고 보아야 한다.
> ※ 풍납토성 판례(2017두71031)의 태도 또한 동일하다.

## Ⅳ 사업인정의 절차[신협청검제사]

### 1. 사업인정의 신청(동법 시행령 제10조)

사업인정을 받으려는 자는 사업인정신청서에 신청사유 등을 적어 특별시장 등을 거쳐 국토교통부장관에게 제출하여야 한다(사업시행자가 국가인 경우, 관할 중앙행정기관의 장이 직접 제출 가능).

## 2. 협의 및 의견청취(동법 제21조 제1항, 제2항)

국토교통부장관은 사업인정을 하려면 관계 중앙행정기관의 장 등과 협의해야 하며, 미리 이해관계인의 의견을 들어야 한다.

## 3. 중앙토지수용위원회의 검토(동법 제21조 제3항)

중앙토지수용위원회는 협의요청을 받은 경우 사업인정에 이해관계가 있는 자에 대한 의견수렴 절차 이행 여부, 사업의 공공성, 수용의 필요성 등을 검토하여야 한다.

## 4. 의견제시 및 보완요청(동법 제21조 제5항·제6항·제7항)

① 중앙토지수용위원회는 협의를 요청받은 날부터 30일 내 의견을 제시해야 하고, 30일 범위 내에서 한 차례 그 기간을 연장할 수 있으며, 정해진 기간 내에 의견을 제시하지 않은 경우 협의가 완료된 것으로 본다. ② 중앙토지수용위원회는 검토 결과 자료 등을 보완할 필요가 있는 경우 허가권자 등에게 14일 이내 기간을 정하여 보완을 요청할 수 있다.

## 5. 사업인정 통지 및 고시(동법 제22조)

국토교통부장관은 토지보상법 제20조에 따른 사업인정을 하였을 때에는 지체 없이 그 뜻을 사업시행자, 토지소유자, 관계인 및 관계 시·도지사에게 통지하고 사업시행자의 성명이나 명칭, 사업의 종류, 사업지역 및 수용하거나 사용할 토지의 세목을 관보에 고시하여야 한다. 이에 따라 사업인정의 사실을 통지받은 시·도지사는 관계 시장 등에게 이를 통지해야 한다.

> **토지보상법 제21조에 따른 협의를 거치지 않았을 때(2005두14363)**
>
> 사업에 대하여 승인 등 처분을 하기 전에 미리 산림청장과 협의를 하라고 규정한 의미는 그의 자문을 구하라는 것이지 그 의견을 따라 처분을 하라는 의미는 아니라 할 것이므로, 이러한 협의를 거치지 아니하였다고 하더라도 이는 해당 승인처분을 취소할 수 있는 원인이 되는 하자 정도에 불과하고 그 승인처분이 당연무효가 되는 하자에 해당하는 것은 아니다.

> **토지세목고시 누락이 절차의 하자인지(2000두5142)**
>
> 국토교통부장관이 사업인정을 하는 때에는 지체 없이 관보에 공시하여야 한다고 규정하고 있는바, 가령 국토교통부장관이 위와 같은 절차를 누락한 경우 이는 절차상의 위법으로서 수용재결단계 전의 사업인정단계에서 다툴 수 있는 취소사유에 해당하기는 하나, 더 나아가 그 사업인정 자체를 무효로 할 중대하고 명백한 하자라고 보기는 어렵고, 따라서 이러한 위법을 들어 수용재결처분의 취소를 구하거나 무효확인을 구할 수는 없다.

## Ⅴ 사업인정고시의 효과

## 1. 사업인정의 고시의 의의, 취지(동법 제22조 제3항)

국토교통부장관이 사업인정을 하였을 때 지체 없이 그 뜻을 사업시행자, 토지소유자 등에 통지하고 사업지역 및 수용하거나 사용할 토지의 세목을 관보에 고시하는 것을 말하며, 사업인정은 고시한 날부터 효력이 발생한다고 규정하고 있다. 이는 사업인정고시로부터 공용수용 절차가 진행되는데 취지가 있다.

## 2. 사업인정 고시의 법적 성질

사업인정 고시를 하지 않은 경우 사업인정이 무효인 점을 고려하면 사업인정과 사업인정고시는 통일적으로 〈특허〉로 보는 것이 타당하다고 판단된다.

## 3. 사업인정고시의 효과(수목관보조기)

(1) 사업시행자 : 토지수용권의 발생

(2) 목적물 : 수용목적물의 확정

(3) 관계인 : 관계인의 범위확정

(4) 피수용자의 토지 등의 보존 의무(제25조)

(5) 사업시행자의 토지 및 물건조사권(제27조)

(6) 기타 : 재결신청권(제28조), 재결신청청구권(제30조)

> ↪ **관련 판례(2013두19738, 19745)**
>
> 건축법상 건축허가를 받았더라도 허가받은 건축행위에 착수하지 아니하고 있는 사이에 토지보상법상 사업인정고시가 된 경우 고시된 토지에 건축물을 건축하려는 자는 토지보상법 제25조에 정한 허가를 따로 받아야 하고, 그 허가 없이 건축된 건축물에 관하여는 토지보상법상 손실보상을 청구할 수 없다고 할 것이다.
>
> ↪ **관련 판례(2012두22096)**
>
> 사업인정고시 전에 공익사업시행지구 내 토지에 설치한 공작물 등 지장물은 원칙적으로 손실보상의 대상이 된다고 보아야 한다. 그러나 손실보상은 공공필요에 의한 행정작용에 의하여 사인에게 발생한 특별한 희생에 대한 전보라는 점을 고려할 때, 그 지장물이 해당 토지의 통상의 이용과 관계없거나 이용 범위를 벗어나는 것으로 손실보상만을 목적으로 설치되었음이 명백하다면, 그 지장물은 예외적으로 손실보상의 대상에 해당하지 아니한다고 보아야 한다.

## Ⅵ 권리구제

## 1. 피수용자의 권리구제

(1) 사전적 권리구제수단

① 토지보상법 제21조에 의견청취절차를 규정하고 있으며, ② 사업인정이 발령되기 전 이를 저지하는 소송으로 예방적 금지소송과 가처분이 그 역할을 수행하나, 판례는 인정하고 있지 않다.

(2) 위법한 사업인정인 경우 사후적 권리구제 수단

사업인정의 불복에 대하여 토지보상법에 아무런 규정이 없으므로, 일반법인 행정심판법과 행정소송법이 적용되며 사업인정으로 손해를 입은 자는 국가배상소송이 가능하다.

### (3) 적법한 사업인정인 경우 사후적 권리구제수단

적법한 사업인정으로 인해 손실이 발생한 경우에는 토지보상법상 규정이 없어, 요건을 충족하는 경우 보상규정 흠결의 문제로 다루어질 것이다.

## 2. 사업시행자의 경우

### (1) 거부한 경우

의무이행심판, 거부처분취소소송 등을 제기할 수 있다. 위법한 사업인정의 거부로 손해가 발생 시 국가배상청구가 가능하다.

### (2) 부작위한 경우

의무이행심판, 부작위위법확인소송 등을 제기할 수 있으며, 부작위로 인한 손해를 입은 자는 국가배상법에 따라 국가배상이 가능하다.

### (3) 제3자 권리구제

사업인정의 직접 상대방은 사업시행자이고, 사업인정에 대한 제3자는 토지수용자와 관계인, 간접손실을 받을 자, 사업시행지구 밖 인근 주민이다. 이는 원고적격과 관련하여 문제된다.

> ↩ 인근주민의 원고적격(2006두330)
>
> 환경영향평가 대상지역 안의 주민들은 특단의 사정이 없는 한 원고적격이 인정된다고 할 것이고, <u>환경영향평가 대상지역 밖의 주민이라 할지라도 처분 전과 비교하여 수인한도를 넘는 환경피해를 받거나 받을 우려가 있는 경우에는, 환경상 이익에 대한 침해 또는 침해우려가 있다는 것을 입증함으로써 그 처분 등의 무효확인을 구할 원고적격을 인정받을 수 있다고 할 것이다.</u>

## Ⅶ 사업인정과 재결과의 관계

## 1. 사업인정의 구속력

> ↩ 관련 판례(2004두8538)
>
> 토지보상법은 사업인정에 속하는 부분은 사업의 공익성 판단으로 사업인정기관에 일임하고 그 이후의 구체적인 수용·사용의 결정은 토지수용위원회에 맡기고 있는바, 토지수용위원회는 행정쟁송에 의하여 사업인정이 취소되지 않는 한 그 기능상 사업인정 자체를 무의미하게 하는, 즉 사업의 시행이 불가능하게 되는 것과 같은 재결을 행할 수는 없다.

## 2. 수용권 남용

> ↩ 관련 판례(2009두1051)
>
> 공용수용은 헌법상의 재산권 보장의 요청상 불가피한 최소한에 그쳐야 한다는 헌법 제23조의 근본취지에 비추어 볼 때, 사업시행자가 사업인정을 받은 후 그 사업이 공용수용을 할 만한 공익성을 상실하거나 사업인정에 관련된 자들의 이익이 현저히 비례의 원칙에 어긋나게 된 경우 또는 사업시행자가 해당 공익

사업을 수행할 의사나 능력을 상실하였음에도 여전히 그 사업인정에 기하여 수용권을 행사하는 것은 수용권의 공익목적에 반하는 수용권의 남용에 해당하여 허용되지 않는다.

### 3. 하자의 승계

판례는 별개의 법률효과를 지향하기 때문에 하자의 승계를 부정하지만, 공용수용 행정이라는 전체적인 관점에서 사업인정과 수용재결은 궁극적으로 동일한 법적 효과를 가져 오는 것으로 볼 수 있으므로 하자승계를 긍정함도 일면 타당하다고 생각된다.

> **↘ 관련 판례(2000두5142)**
>
> 국토교통부장관이 사업인정을 하는 때에는 지체 없이 그 뜻을 기업자·토지소유자·관계인 및 관계도지사에게 통보하고 기업자의 성명 또는 명칭, 사업의 종류, 기업지 및 수용 또는 사용할 토지의 세목을 관보에 공시하여야 한다고 규정하고 있는바, 가령 위와 같은 절차를 누락한 경우 이는 절차상의 위법으로서 수용재결 단계 전의 사업인정 단계에서 다툴 수 있는 취소사유에 해당하기는 하나, 더 나아가 그 사업인정 자체를 무효로 할 중대하고 명백한 하자라고 보기는 어렵고, 따라서 이러한 위법을 들어 수용재결처분의 취소를 구하거나 무효확인을 구할 수는 없다.

### 1-2  공익성 검토 A

### I  의의 및 취지(토지보상법 제21조 제1항, 제2항)

국토교통부 장관이 사업인정을 하거나, 관계 행정청이 사업인정이 의제되는 지구지정, 사업계획승인 등을 하려는 경우 미리 중앙토지수용위원회와 협의를 하여야 하는 것을 말하며, 이는 사전적 권리구제 및 공익성 실현에 취지가 있다.

### II  공익성 검토 대상사업

국토교통부장관에게 사업인정을 신청한 사업 및 토지보상법 시행일 이후, 최초로 사업인정이 의제되는 인허가 등 신청 사업이 공익성 검토 대상 사업에 해당한다.

| 구분 | 평가항목 | | 평가기준 |
|---|---|---|---|
| 형식적 심사 | 수용사업의 적격성 | | 토지보상법 제4조 해당 여부 |
| | 사전절차의 적법성 | | 사업시행 절차 준수 여부<br>의견수렴 절차 준수 여부 |
| 실질적 심사 | 사업의 공공성 | 시행목적 공공성 | 주된 시설 종류(국방·군사·필수기반,<br>생활 등 지원, 주택·산단 등 복합, 기타) |
| | | 사업시행자 유형 | 국가 / 지자체 / 공공기관 / 민간 |
| | | | 국가·지자체 출자비율 |

| | | 목적 및 상위계획 부합여부 | 주된 시설과 입법목적 부합 여부 | |
|---|---|---|---|---|
| 실질적 심사 | 사업의 공공성 | | 상위계획 내 사업 추진 여부 | |
| | | 사업의 공공기여도 | 기반시설(용지)비율 | |
| | | | 지역균형기여도 | |
| | | 공익의 지속성 | 완공 후 소유권 귀속 | |
| | | | 완공 후 관리주체 | |
| | | 시설의 대중성 | 시설의 개방성 : 이용자 제한 여부 | |
| | | | 접근의 용이성 : 유료 여부 등 | |
| | 수용의 필요성 | 피해의 최소성 | 사익의 침해최소화 | 이주자 발생 및 기준 초과 여부 |
| | | | | 이주대책 수립 |
| | | | 공익의 침해최소화 | 보전지역 편입비율, 사회·경제·환경 피해 |
| | | | | (감점)중요공익시설 포함 |
| | | 방법의 적절성 | 사전 토지 확보(취득 / 동의) 비율 | |
| | | | 사전협의 불가사유<br>(법적 불능·보안규정 존재, 사실적 불능, 알박기 등) | |
| | | | 분쟁제기 여부 | |
| | | | 대면협의 등 분쟁완화 노력 | |
| | | 사업의 시급성 | 공익실현을 위한 현저한 긴급성 | |
| | | | 정부핵심과제 | |
| | | 사업수행능력 ★ | 사업재원 확보 비율 | |
| | | | 보상업무 수행능력(민간, SPC) | |

## Ⅲ 공익성 검토의 구분

① **형식적 심사** : 외형상 해당 사업이 공익성이 있는 사업에 해당하는지 판단하는 것
② **실질적 심사** : 내용적으로 공익성이 있는 사업인지 여부를 검토하는 것

## Ⅳ 공익성 검토 절차

사업인정을 하려는 인허가권자의 요청에 따른 접수, 사전검토, 공익성을 평가하는 내용 검토, 위원회의 의결을 통한 최종결정, 위원회의 통지 절차를 거치게 된다.

## 1-3 사업인정의 실효 B

## Ⅰ 개요

실효란 행정청의 의사에 의하지 않고, 객관적인 사실발생에 의하여 행정행위가 효력을 상실하는 것

을 의미한다. 사업인정의 실효는 공공성의 계속적 담보를 통한 피수용자의 보호 및 법률관계의 안정을 위한 제도이다.

## Ⅱ 재결신청기간의 경과로 인한 실효[토지보상법 제23조]

### 1. 의의 및 취지

사업시행자가 사업인정고시가 된 날부터 1년 이내에 재결신청(제28조)를 하지 아니한 경우에는 사업인정고시가 된 날부터 1년이 되는 날의 다음 날에 사업인정을 그 효력을 상실하며, 이는 토지수용 절차의 불안정 상태를 장기간 방치하지 않기 위함에 취지가 있다.

### 2. 법적 성질

재결신청기간의 경과로 인하여 사업인정의 효력이 소멸되는 것은 성립 당시 하자 없는 사업인정이 법정부관의 성취로 인하여 행정청의 의사와는 무관하게 소멸되는 것으로 강학상 실효에 해당한다.

### 3. 손실보상

사업시행자는 사업인정이 실효됨으로 인하여 토지소유자나 관계인이 입은 손실을 보상하여야 한다(제23조 제2항). 이 규정에 따른 손실보상에 관하여는 손실보상의 청구(제9조 제5항), 협의(동조 제6항), 재결신청(동조 제7항) 규정을 준용한다(제27조 제4항).

## Ⅲ 사업의 폐지 및 변경으로 인한 실효[토지보상법 제24조]

### 1. 의의 및 취지

사업인정고시 후 공익사업의 폐지 또는 변경 등으로 인하여 토지를 수용하거나 사용할 필요가 없게 된 경우, 시·도지사가 사업시행자의 신고 또는 직권으로 이를 고시하여 사업인정을 실효시키는 제도이며, 계속적 공익실현 담보에 취지가 있다.

### 2. 법적 성질

① 사업인정의 폐지·변경에 관한 고시는 행정행위의 효력을 상실시키는 강학상 철회의 성격을 가지나, ② 사업의 폐지·변경은 사업시행자의 의사가 있는 경우에 한해 시·도지사가 철회하는 것이므로 동법 제24조는 강학상 철회의 법적 근거가 될 수 없다고 할 것이다.

### 3. 절차

① 사업시행자의 신고 및 통지 → ② 시·도지사의 고시 → ③ 시·도지사는 국토교통부장관에게 보고해야 한다.

※ 고시가 된 날부터 그 고시된 내용에 따라 사업인정의 전부 또는 일부는 그 효력을 상실한다.

### 4. 손실보상

사업시행자는 사업의 전부 또는 일부를 폐지·변경함으로 인하여 토지소유자 또는 관계인이 입은

손실을 보상하여야 한다(제24조 제7항). 이 규정에 따른 손실보상에 관하여는 손실보상의 청구
(제9조 제5항), 협의(동조 제6항), 재결신청(동조 제7항) 규정을 준용한다(제24조 제8항).

---

**※ 사업의 완료(토지보상법 제24조의2)**

① 사업이 완료된 경우 사업시행자는 지체 없이 사업시행자의 성명이나 명칭, 사업의 종류, 사업
지역, 사업인정고시일 및 취득한 토지의 세목을 사업지역을 관할하는 시·도지사에게 신고하
여야 한다.

② 시·도지사는 신고를 받으면 사업시행자의 성명이나 명칭, 사업의 종류, 사업지역 및 사업인정
고시일을 관보에 고시하여야 한다.

③ 시·도지사는 신고가 없는 경우에도 사업이 완료된 것을 알았을 때에는 미리 사업시행자의 의
견을 듣고 고시를 하여야 한다.

④ 법률에 따라 사업인정이 있는 것으로 의제되는 사업이 해당 법률에서 정하는 바에 따라 해당
사업의 준공·완료·사용개시 등이 고시·공고된 경우에는 고시가 있는 것으로 본다.

---

## 1-4 사업인정 후 협의 A

### Ⅰ 의의 및 취지[토지보상법 제26조]

사업인정 후 협의란 사업시행자가 수용목적물 및 보상 등에 관하여 피수용자와 합의하는 것을 말하
며, ① 최소침해의 원칙, ② 사업의 원활한 진행, ③ 피수용자의 의견존중에 취지가 있다.

### Ⅱ 필수절차인지 여부

원칙상 필수절차이나(제26조 제1항), 사업인정 전 협의절차를 거쳤으나 협의가 성립되지 아니한 경
우로 토지 및 물건 조서의 내용에 변동이 없을 때 예외적으로 생략할 수 있다(동조 제2항).

### Ⅲ 법적 성질

#### 1. 학설

① 수용자와 피수용자의 대등한 지위의 합의로서, 사법상 매매계약과 성질이 같다고 보는 〈사법
상 계약설〉, ② 사업시행자가 수용권 주체로서 수용권을 행사하는 한 방법이라는 다수설인 〈공법
상 계약설〉이 대립한다.

#### 2. 관련 판례의 태도

---

**🔗 관련 판례(91누3871)**

도시계획사업의 시행자가 그 사업에 필요한 토지를 협의 취득하는 행위는 사경제주체로서 행하는 사법
상의 법률행위에 지나지 않으며 공권력의 주체로서 우월한 지위에서 행하는 공법상의 행정처분이 아니
므로 행정소송의 대상이 되지 않는다.

---

> **관련 판례(2012다3517)**
>
> 토지보상법에 의한 보상합의는 공공기관이 사경제주체로서 행하는 사법상 계약의 실질을 가지는 것으로서, 당사자 간의 합의로 같은 법 소정의 손실보상의 기준에 의하지 아니한 손실보상금을 정할 수 있다.

### 3. 검토

판례는 사법상계약의 입장이지만 사업인정 후 협의는 수용권 실행 방법의 하나이며, 협의 불성립 시 재결에 의한다는 점을 볼 때 〈공법상 계약설〉이 타당하다고 판단된다.

## Ⅳ 협의의 방법과 절차 등

### 1. 협의 방법

사업시행자는 보상에 관하여 토지소유자 등과 성실하게 협의하여야 한다(동법 제16조). 성실한 협의란 사업의 목적·계획 등을 성의 있고 진실하게 설명하여 이해할 수 있도록 하는 것을 말한다.

### 2. 협의의 당사자

토지소유자 및 관계인 등 피수용자를 전원을 대상으로 하되, 개별적으로 하여야 한다.

> **관련 판례(70다1459)**
>
> 사업시행자의 과실 없이 토지소유자 및 관계인을 알 수 없는 때에는 그들과 협의를 하지 아니하고, 재결에 이르렀다 하여 위법이라고 할 수 없고, 가사 기업자의 과실로 인하여 토지소유자나 관계인을 알지 못하여 그들로 하여금 참가케 하지 아니하고 수용재결을 하여 그 절차가 위법이라 하여도 그 사유만 가지고는 당연무효라고 할 수 없으므로 수용재결의 상대방인 토지소유자가 사망자라는 이유만으로는 그 수용재결이 당연무효라고 할 수 없다.

### 3. 협의의 통지 및 공고

협의를 하고자 하는 때에는 보상협의요청서에 ① 협의기간·장소 및 방법, ② 보상 시기·방법·절차·금액 ③ 계약체결에 필요한 구비 서류를 통지하여야 한다. 다만, 토지소유자 등을 알 수 없거나 주소 등 통지할 장소를 알 수 없을 때에는 공고로써 갈음할 수 있다(시행령 제8조 제1항).

### 4. 협의 기간

협의기간은 특별한 사유가 없으면 30일 이상으로 하여야 한다(시행령 제8조 제3항). 협의는 재결 전까지를 시한으로 하므로 사업인정고시일로부터 1년 이내에 하여야 할 것이다.

### 5. 협의의 내용(범위)

협의의 범위는 토지 및 물건조서 작성범위 내이어야 하며, ① 수용하거나 사용할 토지의 구역 및 사용방법, ② 손실보상, ③ 수용 또는 사용의 개시일과 기간, ④ 그 밖에 법률로 규정한 사항 등에 대하여 협의하여야 한다(동법 제50조).

## Ⅴ 협의의 효과

### 1. 협의 성립의 효과

협의가 성립하면 공용수용의 절차는 종결되고, 수용의 효과가 발생한다. 사업시행자는 보상금을 지급 또는 공탁하고, 피수용자는 해당 토지·물건을 인도하거나 이전함으로써, 사업시행자는 목적물에 대한 권리를 취득하고 피수용자는 그 권리를 상실한다. 이때 취득의 형태는 판례의 태도에 따라 승계취득으로 봄이 타당하다.

> 🔖 **관련 판례(94누2732)**
> 협의가 성립되어 기업자 앞으로 소유권이전등기가 경료되었다 하더라도 토지수용위원회의 확인을 받지 아니한 이상, 재결에 의한 수용의 경우와는 달리 그 토지를 원시취득한 것으로 볼 수 없고, 원래의 소유자로부터 <u>승계취득</u>한 것이라고 볼 수밖에 없다 할 것이다.

### 2. 협의 불성립의 효과

협의가 불성립한 경우 사업시행자는 토지수용위원회에 재결신청을 할 수 있는 재결신청권(제28조 제1항)이 인정되고, 피수용자에게는 재결신청의 청구권(제30조 제1항)이 인정된다.

## Ⅵ 협의에 대한 다툼

협의성립 후 협의성립 확인 전 계약체결상의 하자로서 착오를 이유로 협의의 법률관계의 효력을 부인할 수 있다. 공법상 계약설에 의하면 공법상 당사자소송을, 사법상 계약설에 의하면 민사소송을 제기하여 다툴 수 있다.

## Ⅶ 관련 문제

### 1. 위험부담의 이전(토지보상법 제46조)

#### (1) 문제점

민법 제537조 채무자위험부담주의의 예외로서, 토지보상법 제46조는 재결 후에 사업시행자가 위험부담을 지도록 규정하고 있는바 협의성립 후 목적물이 멸실된 경우에도 적용될 수 있는지 문제된다.

#### (2) 관련 판례의 태도

> 🔖 **관련 판례(76다1472)**
> 댐 건설로 인한 수몰지역 내의 토지를 매수하고 지상임목에 대하여 적절한 보상을 하기로 특약하였다면 보상금이 지급되기 전에 그 입목이 홍수로 멸실되었다고 하더라도 이행불능을 이유로 위 보상약정을 해제할 수 없다.

#### (3) 검토

위험부담이전 규정 취지는 피수용자 권리 보호를 위한 것으로, 협의 후 귀책사유 없이 목적물이 멸실된 경우에도 적용될 수 있다고 봄이 타당하다.

## 2. 사업시행자가 보상금을 지급하지 않는 경우(재결실효 규정의 준용 여부)

사업시행자가 계약의 내용에 따라서 손실보상의무를 이행하지 아니하는 경우 피수용자의 보호가 문제되나, 명문 규정상 협의의 실효에 관한 규정이 없으므로 적용하기 어렵다고 봄이 타당하다. 따라서, 피수용자는 사업시행자가 손실보상의무를 이행하지 아니하는 경우에는 계약의 불이행에 대한 손해배상의 청구, 이행강제, 계약해제 등을 주장할 수 있다.

## 3. 인도·이전의무를 이행하지 아니하는 경우(대행·대집행규정의 준용 여부)

### (1) 관련 판례의 태도

> 🔖 **관련 판례(2006두7096)**
> 행정대집행법상 대집행의 대상이 되는 대체적 작위의무는 공법상 의무이어야 할 것인데, 토지 등의 협의취득은 사경제주체로서 행하는 사법상 매매 내지 사법상 계약의 실질을 가지는 것이므로, 철거의무를 부담하겠다는 취지의 약정을 하였다고 하더라도 이러한 철거의무는 공법상의 의무가 될 수 없고, 대집행을 허용하는 별도의 규정이 없는 한 위와 같은 철거의무는 행정대집행법에 의한 대집행의 대상이 되지 않는다.

### (2) 검토

토지보상법상 대행은 귀책사유가 없는 경우 적용되는바 피수용자가 의무를 이행할 의사가 없는 경우에는 적용여지가 없으며, 대집행 또한 판례의 태도에 따라 대상이 되지 않는다고 봄이 타당하다.

---

**1-5  협의성립확인 A**

🎯 **기출문제**

• 제30회 : 협의성립 확인의 법적 효과

## Ⅰ 의의 및 취지[토지보상법 제29조]

협의성립확인이란 사업시행자와 피수용자 사이에 협의가 성립한 이후에 사업시행자가 재결신청기간 내에 피수용자의 동의를 얻어 관할 토지수용위원회에 협의성립확인을 받음으로써 재결로 간주하는 제도를 말하며, ① 예약의 불이행에 따른 분쟁 예방, ② 공익사업의 원활한 진행에 취지가 있다.

## Ⅱ 법적 성질

토지보상법상 협의성립확인은 재결로 보며, 확인 시 협의의 성립이나 내용은 다툴 수 없다는 확정력이 부여되므로 재결과 같은 〈형성행위 및 확인행위〉로 봄이 타당하다.

### Ⅲ 협의성립확인의 요건(동법 제29조 제1항)

① 당사자 간의 협의가 성립된 후 ② 사업시행자는 토지소유자 및 관계인의 동의를 얻어 ③ 수용재결 신청 기간 내에 ④ 토지수용위원회에 협의성립확인을 신청하여야 한다.

### Ⅳ 협의성립확인의 절차

#### 1. 일반적 확인절차(동조 제2항)

일반적 확인절차는 재결절차를 준용하여 ① 사업시행자가 관할 토지수용위원회에 확인신청을 하고, ② 확인신청 내용의 공고·열람·의견제출, ③ 토지수용위원회의 심리, ④ 확인의 절차로 진행된다.

#### 2. 공증에 의한 확인절차(동조 제3항)

사업시행자가 공증인법에 의한 공증을 받아 관할 토지수용위원회에 협의성립의 확인을 신청한 때에는 관할 토지수용위원회가 이를 수리함으로써 협의성립이 확인된 것으로 본다.

> ♻ **협의성립확인의 주체는 진정한 소유자(2016두51719)**
>
> 간이한 공증절차만을 거치는 협의성립확인에 원시취득이라는 강력한 효과를 부여한 법적 정당성의 원천은 사업시행자와 토지소유자 등이 진정한 합의를 하였다는 데에 있다는 점을 고려할 때 협의성립확인 신청에 필요한 동의의 주체인 토지소유자는 '토지의 진정한 소유자'를 의미한다. 따라서, 단순히 등기부상 소유명의자의 동의만을 얻은 후 이를 공증 받아 협의 성립 확인을 신청하였음에도 토지수용위원회가 신청을 수리했다면 이는 토지보상법이 정한 소유자 동의 요건을 갖추지 못한 것으로 사업시행자의 과실이 있었는지 여부와 무관하게 그 동의의 흠결은 위 수리행위의 위법사유가 된다. 이에 따라 진정한 토지소유자는 수리행위가 위법함을 주장하여 항고소송으로 취소를 구할 수 있다.
>
> → 검토 시 : 토지보상법 제1조 입법목적을 잘 보여주고 있고, 최소침해원칙의 관점에서 타당하다.

### Ⅴ 협의성립확인의 효력

#### 1. 수용재결로 간주(동조 제4항)

토지수용위원회가 확인한 사항은 〈수용재결의 효력〉이 인정된다. 따라서 이때의 목적물에 대한 권리의 취득은 〈원시취득〉이 된다.

#### 2. 협의에 대한 차단효 발생

사업시행자·토지소유자 및 관계인은 확인된 협의의 성립이나 내용을 다툴 수 없는 〈차단효〉가 발생하며, 〈불가변력의 효과〉가 있다.

### Ⅵ 권리구제

#### 1. 협의성립 확인에 대한 불복

협의성립확인은 재결로 간주되므로 토지보상법상 이의신청(제83조)과 항고소송(제85조)을 통해 불복하여야한다.

## 2. 협의 자체에 대한 불복절차

협의성립 자체나 그 내용은 협의성립확인의 차단효 때문에 다툴 수 없으므로, 행정쟁송을 통하여 해당 확인의 효력을 소멸시킨 후에 협의 자체에 대하여 다툴 수 있다. 이때 협의의 성질을 공법상 계약으로 보면 공법상 당사자소송에 의하게 된다.

## Ⅶ 문제점 및 개선방안

### 1. 문제점

협의성립확인이 있으면, 확정력이 발생하는데도 불구하고 공증에 의한 확인절차의 경우에는 피수용자가 의견을 제출할 기회도 부여받지 못하게 되는 점과 재결로서의 효과가 발생한다는 사실을 명확히 인식하지 않고 동의하게 될 수 있다는 문제점이 존재한다.

### 2. 개선 방안

공증에 의한 확인절차에도 피수용자의 절차적 참여를 보장할 수 있는 방안이 모색되어야 하며, 사업시행자가 피수용자에게 협의성립확인에 대한 동의를 요구할 때 확인의 효과를 고지하는 사전 고지제도를 도입할 필요성이 있다.

## 1-6 재결신청 B

### Ⅰ 재결신청의 의의 및 취지[토지보상법 제28조]

재결신청이란 수용권이 부여된 사업시행자가 이 권리에 의하여 토지수용위원회에 수용 또는 사용의 재결을 구하는 절차를 말하며, 공익사업의 원활화에 취지가 있다.

### Ⅱ 재결신청의 요건

#### 1. 사업시행자

재결신청권이 사업시행자에게만 인정되는바 사업시행자가 신청하여야 한다. 다만, 예외적으로 타인 토지에 출입에 의한 손실(법 제9조 제4항), 수용대상 토지 이외 토지의 공사로 인한 손실(법 제79조 제1항) 등에 따른 손실보상금만의 재결에서는 토지소유자 및 관계인에게도 재결신청권이 인정된다.

#### 2. 협의의 불성립 또는 불능

재결신청은 협의가 성립되지 아니한 경우에 행사하는 것으로서 협의 절차를 거친 후에 협의가 성립되지 않거나 협의를 할 수 없을 때에 가능하다. 대법원은 협의 등을 거치지 아니한 채 재결을 신청한 경우는 절차상 위법에 해당한다고 보았다.

#### 3. 재결신청기간

재결신청은 사업인정고시가 있는 날로부터 1년 이내에 하여야 한다. 다만, 개별법령에서 재결신청을 사업기간 내에 할 수 있도록 하는 특례규정이 있으며, 대법원은 재결신청이 기각된 경우 재결신청기간의 제한규정에 저촉되지 아니하는 한 다시 재결신청을 할 수 있다고 판시한 바 있다.

> **관련 판례(2004두8538)**
> 사업시행자가 사업시행기간 내에 토지에 대한 수용재결신청을 하였다면 사업시행기간이 경과하였다 하더라도 여전히 유효하므로 토지수용위원회는 사업시행기간이 경과한 이후에도 수용재결을 할 수 있다. 재결신청은 협의가 사업시행자의 과실로 불성립된 것이 아니라면 재결신청이 기각되었다고 하더라도 사업시행자는 재결신청기간의 제한 규정에 저촉되지 아니하는 한 다시 재결신청을 할 수 있다.

### 4. 관할 토지수용위원회

재결신청은 관할 토지수용위원회에 하여야 한다.

### Ⅲ 사업시행자 재결신청주의의 타당성 논의

사업시행자에게만 재결신청권을 주어 피수용자의 형평성 관점에서 문제가 될 수 있다. ① 원활한 공익사업 진행을 보장한다는 점, ② 재결신청청구제도가 있다는 점, ③ 사업인정실효제도가 있다는 점 등을 미루어 볼 때 사업시행자의 재결신청권은 일응 타당성이 있다고 볼 수 있다. 하지만 사업시행자에게만 재결신청권이 주어진 것은 여전히 피수용자에게만 불리한 점이 많은바, 피수용자의 권리구제를 위해 입법적인 보완이 필요해 보인다.

---

### 1-7　재결신청청구권 A

**◎ 기출문제**

• 재결신청을 하지 않는 경우 불복(제32회, 제16회)

### Ⅰ 의의, 취지(재결신청청구권, 토지보상법 제30조)

재결신청청구권이란 협의불성립의 경우 토지소유자 및 관계인이 사업시행자에게 재결신청을 조속히 할 것을 청구하는 권리를 말하며, ① 수용 법률관계의 조속한 확정, ② 수용당사자 간 공평의 원칙에 그 취지가 있다.

> **관련 판례(93누2148)**
> 토지소유자 및 관계인에게 재결신청의 청구권을 부여한 이유는, 시행자는 사업인정의 고시 후 1년 이내(재개발사업은 그 사업의 시행기간 내)에는 언제든지 재결을 신청할 수 있는 반면에 토지소유자 및 관계인은 재결신청권이 없으므로, 수용을 둘러싼 법률관계의 조속한 확정을 바라는 토지소유자 및 관계인의 이익을 보호하고 수용당사자 간의 공평을 기하기 위한 것이다.

## Ⅱ 재결신청청구권의 성립 요건

### 1. 당사자

재결신청 청구권자는 피수용자(토지소유자 및 관계인)이며, 피청구권자는 사업시행자가 됨이 원칙이나, 예외적으로 업무대행자에게도 가능하다.

> **▶ 관련 판례(94누7232)**
>
> 재결신청의 청구는 엄격한 형식을 요하지 아니하는 서면행위이므로 일부를 누락하였다고 하더라도 청구의 효력을 부인할 것은 아니고, 특별한 사정이 없는한 재결신청의 청구서를 그 업무대행자에게도 제출할 수 있다.

### 2. 청구 기간

#### (1) 원칙

원칙적으로 협의가 성립되지 못한 경우에 재결을 신청할 것을 청구할 수 있다(시행령 제14조 제1항). 따라서 청구의 기간은 협의기간 만료일로부터 재결신청 기간 만료일(사업인정 후 1년 이내)까지이다.

#### (2) 예외(불통명)

① 협의 불성립 또는 불능 시, ② 사업인정 후 상당기간이 지나도록 사업시행자의 협의 통지가 없는 경우, ③ 협의불성립이 명백한 경우에는 협의 기간이 종료되지 않았더라도 재결신청청구가 가능하다.

> **▶ 협의기간을 통지하지 않은 경우(93누9064)**
>
> 토지소유자에게 재결신청 청구권을 부여한 이유는 수용을 둘러싼 법률관계의 조속한 확정과 수용당사자간 공평을 기하기 위한 것이므로, <u>사업시행자가 상당 기간 토지소유자에게 협의기간을 통지하지 아니하였다면 토지소유자는 재결신청의 청구를 할 수 있다.</u>
>
> **▶ 협의의 성립가능성이 없음이 명백한 경우(93누2902)**
>
> 협의기간이 정하여져 있더라도 협의의 성립가능성 없음이 명백해졌을 때와 같은 경우에는 협의기간 종료 전이라도 기업자나 그 업무대행자에 대하여 재결신청의 청구를 할 수 있는 것으로 보아야하며, 다만 그와 같은 경우 60일의 기간은 <u>협의기간 만료일로부터 기산하여야</u> 한다.
>
> **▶ 재결신청 기산점 판단(2010두9457)**
>
> 토지소유자 및 관계인이 그 협의기간이 종료하기 전에 재결신청의 청구를 한 경우에는 사업시행자가 협의기간이 종료하기 전에 협의기간을 연장하였다고 하더라도 60일의 기간은 <u>당초의 협의기간 만료일로</u>부터 기산하여야 한다고 보는 것이 타당하다.
> → 검토 시 : 협의기간 연장 허용 시 토지소유자 및 관계인에게 실질적인 불이익도 연장될 우려 언급
>
> **▶ 협의가 성립하지 아니한 때에 의미(2011두2309)**
>
> "협의가 성립되지 아니한 때"에는 ① 사업시행자가 토지소유자 등과 토지보상법 제26조에서 정한

협의절차를 거쳤으나 보상액 등에 관하여 협의가 성립하지 아니한 경우는 물론 ② 토지소유자 등이 손실보상대상에 해당한다고 주장하며 보상을 요구하는 데도 사업시행자가 손실보상대상에 해당하지 아니한다며 보상대상에서 이를 제외한 채 협의를 하지 않아 결국 협의가 성립하지 않은 경우도 포함된다고 보아야 한다.

### 3. 청구의 형식

재결신청의 청구는 엄격한 형식을 요하지 아니하는 <u>서면행위</u>로 일정 사항을 기재한 재결신청청구서의 제출은 사업시행자에게 직접 제출하거나 우편법 시행규칙에 따른 증명취급의 방법으로 한다.

### Ⅲ 재결신청청구의 효과

### 1. 사업시행자의 재결신청의무(토지보상법 제30조 제2항)

사업시행자는 재결신청의 청구가 있는 날부터 60일 이내에 재결을 신청하여야 한다. 다만, 협의기간 내라도 협의성립의 가능성이 없음이 명백한 경우에는 협의기간만료일부터 기산한다.

### 2. 사업시행자의 지연가산금 지급의무(동조 제3항)

재결신청의 청구를 받은 날로부터 60일을 경과하여 재결을 신청한 때에는 그 경과한 기간에 대하여 소송촉진 등에 관한 특례법에 의한 법정이율을 적용하여 산정한 금액을 관할 토지수용위원회에서 재결한 보상금에 가산하여 지급하여야 한다.

### Ⅳ 권리구제

### 1. 사업시행자가 재결신청을 거부하거나 부작위하는 경우

종전 판례는 민사소송의 방법으로 그 절차의 이행을 구할 수는 없다고 판시하였지만, 최근 판례의 태도에 따르면 사업시행자를 상대로 거부처분취소소송 또는 부작위위법확인소송의 방법으로 다툴 수 있다고 보여진다.

> 🔖 **재결신청청구 거부의 위법성(2011두2309)**
>
> 사업시행자가 수용재결 신청을 거부하거나 보상협의를 하지 않으면서도 아무런 조치를 취하지 않은 것은 공익사업을 위한 토지 등의 취득 및 보상에 관한 법률에서 정한 재결신청청구 제도의 취지에 반하여 위법하다.
>
> 🔖 **종전 판례(97다13016)**
>
> 사업시행자가 토지소유자 등의 재결신청의 청구를 거부한다고 하여 이를 이유로 민사소송의 방법으로 그 절차 이행을 구할 수는 없다.
>
> 🔖 **최근 판례(2018두57865)**
>
> 사업시행자만이 재결을 신청할 수 있고 <u>토지소유자와 관계인은 사업시행자에게 재결신청을 청구하도록 규정</u>하고 있으므로, 사업시행자가 재결신청을 하지 않을 때 <u>토지소유자나 관계인은 사업시행자를 상대로 거부처분 취소소송 또는 부작위 위법확인소송의 방법</u>으로 다툴 수 있다. 이때 토지소유자나 관계인의

재결신청 청구가 적법하여 사업시행자가 재결신청을 할 의무가 있는지는 <u>본안판단 요소이지, 소송요건</u> <u>심사단계에서 고려할 요소가 아니다.</u>

> ↪ **수용절차를 진행하지 않은 경우(2012두22966)**
> 문화재청장이 토지조서 및 물건조서를 작성하는 등 위 토지에 대하여 토지보상법에 따른 수용절차를 개시한 바 없으므로, 문화재청장으로 하여금 관할 토지수용위원회에 재결을 신청할 것을 청구할 법규상의 신청권이 인정된다고 할 수 없어, 항고소송의 대상이 되는 거부처분에 해당하지 않는다.
>
> → 검토 시 : 재결신청청구에 대해서는 피수용자 권리보호가 미흡하였으나, 2018두57865의 판례의 태도는 피수용자의 권익 보호에 도모한 획기적인 판례로 판단된다.

## 2. 지연가산금에 대한 다툼

지연가산금은 관할 토지수용위원회가 재결서에 기재하며(시행령 제14조), 사업시행자는 수용개시일까지 보상금과 함께 이를 지급하여야 하므로 지연가산금에 대한 불복이 있는 경우에도 수용보상금의 불복수단과 동일하게 토지보상법 제83조, 제85조에 따라 불복이 가능하다.

> ↪ **지연가산금에 대한 다툼(97다31175)**
> 지연가산금은 수용보상금에 대한 법정 지연손해금의 성격을 갖는 것이므로 이에 대한 불복은 수용보상금에 대한 불복절차에 의함이 상당할 뿐 아니라, 토지보상법 시행령 제14조는 "법 제30조 제3항에 따라 가산하여 지급할 금액은 관할 토지수용위원회가 재결서에 기재하여야 하며, 사업시행자는 수용 시기까지 보상금과 함께 이를 지급하여야 한다."라고 하여 지연가산금은 수용보상금과 함께 수용재결로 정하도록 규정하고 있으므로, <u>지연가산금에 대한 불복은 수용보상금의 증액에 관한 소에 의하여야 한다.</u>
>
> ↪ **지연가산금의 법적 성질 및 제소기간(2010두9457)**
> 지연가산금은, 사업시행자가 재결신청의 청구를 받은 때로부터 60일을 경과하여 재결신청을 한 경우 관할 토지수용위원회에서 재결한 보상금에 가산하여 토지소유자 및 관계인에게 지급하도록 함으로써, 재결보상금에 부수하여 토지보상법상 인정되는 공법상 청구권이다. 그러므로 제소기간 내에 재결보상금의 증감에 대한 소송을 제기한 이상, 지연가산금은 제소기간에 구애받지 않고 그 소송절차에서 청구취지 변경 등을 통해 청구할 수 있다고 보는 것이 타당하다.
>
> ↪ **특별한 사정이 있는 경우(2019두34630)**
> 지연가산금은 사업시행자가 정해진 기간 내에 재결신청을 하지 않고 지연한 데 대한 제재와 토지소유자 등의 손해에 대한 보전이라는 성격을 아울러 가진다. 따라서 토지소유자 등이 적법하게 재결신청청구를 하였다고 볼 수 없거나 사업시행자가 재결신청을 지연하였다고 볼 수 없는 특별한 사정이 있는 경우에는 그 해당 기간 동안은 지연가산금이 발생하지 않는다.

### Ⅴ 재결실효 및 재결신청의 실효와 사업인정의 효력

재결의 효력이 상실되면 재결신청 역시 그 효력을 상실하게 되고 사업인정의 고시가 있은 날로부터 1년 이내에 재결신청을 하지 않는 것이 되었다면 사업인정도 효력을 상실하게 된다.

> **⟳ 관련 판례(84누158)**
>
> 재결의 효력이 상실되면 재결신청 역시 그 효력을 상실하게 되는 것이므로 사업인정의 고시가 있은 날로부터 1년 이내에 재결신청을 하지 않는 것으로 되었다면 사업인정도 역시 효력을 상실하여 결국 그 수용절차 일체가 <u>백지상태로 환원된다</u>.

### 1-8  수용재결 A

**◎ 기출문제**

- 제33회 : 수용재결의 취소 가능 여부
- 제29회 : 수용재결의 위법성
- 제25회 : 재결에 대한 불복

### Ⅰ 의의 및 취지(토지보상법 제34조, 제50조)

재결이란 사업인정의 고시가 있은 후 협의불성립 또는 불능의 경우에 사업시행자의 신청에 의해 관할 토지수용위원회가 행하는 공용수용의 종국적 절차를 말하며, 공익과 사익의 조화에 취지가 있다.

### Ⅱ 법적 성질

#### 1. 형성적 행정행위

재결은 수용권 자체의 행사가 아니라 수용권의 구체적 내용을 결정하고 권리취득 및 상실을 결정하는 〈형성적 행정행위〉로 봄이 타당하다.

> **⟳ 관련 판례(92누15789)**
>
> 수용재결은 구체적으로 일정한 법률효과의 발생을 목적으로 하는 점에서 일반의 <u>행정처분과 다를 바 없으므로</u> 수용재결처분이 무효인 경우에는 재결 자체에 대한 무효확인을 소구할 수 있다.

#### 2. 기속행위 · 재량행위

토지수용위원회는 형식적 요건이 미비되지 않는 한 재결신청이 있으면 재결을 하여야 하므로, 재결의 발령 자체는 〈기속행위〉이다. 다만, 재결단계에서 공공성의 판단, 사업시행자의 사업수행의 의사나 능력을 판단한다는 점에 비추어 〈재량행위〉로 볼 수 있다.

#### 3. 제3자효 행정행위

수용재결은 사업시행자에게는 재산권 취득의 수익적 효과를, 피수용자에게는 재산권 박탈의 침익적 효과를 부여하는바 복효적 행정행위 중 〈제3자효 행정행위〉에 해당한다.

### 4. 기타의 성질

토지수용위원회가 독립된 판단작용을 준사법작용과 유사하게 하는 점에서 〈당사자 심판〉의 성격도 가진다고 볼 수 있으며, 토지수용위원회가 수용당사자를 위해 대신 수용관련 사항을 판단하므로 〈공법상 대리〉의 성격도 갖는다고 볼 수 있다.

## Ⅲ 수용재결의 성립

### 1. 주체(토지보상법 제49조)

재결기관은 관할 토지수용위원회로, 토지 등의 수용과 사용에 관한 재결을 하기 위하여 국토교통부 산하에 중앙토지수용위원회를 두고, 특별시·광역시·도·특별자치도에 지방토지수용위원회를 설치한다.

### 2. 내용 및 범위

#### (1) 재결의 내용(동법 제50조 제1항)

토지수용위원회의 재결사항은 ① 수용·사용할 토지의 구역 및 사용방법, ② 손실보상, ③ 수용·사용의 개시일과 기간, ④ 그 밖에 이 법 및 다른 법률에서 정한 사항이다.

> 🔁 **사용재결서 기재 내용과 위법성(2018두42641)**
> ① 사용 토지의 구역, 사용의 방법과 기간을 재결사항의 하나로 규정한 취지는 <u>재결 내용의 명확성을 확보</u>하고 재결로 인하여 제한받는 권리의 구체적인 내용이나 범위 등에 관한 <u>다툼을 방지하기</u> 위한 것이다. 따라서 사용재결을 하는 경우 재결서에 사용할 토지의 위치와 면적, 권리자, 손실보상액, 사용 개시일 외에도 사용방법, 사용기간을 구체적으로 특정해야 한다.
> ② 토지보상법 제50조 제1항에서 정한 사용재결의 기재사항에 관한 요건을 갖추지 못한 흠이 있으면 그러한 사용재결은 위법하다.

#### (2) 재결의 범위(동법 제50조 제2항)

재결에는 주장하지 않은 것은 판단하지 않는다는 불고불리의 원칙이 적용되는바 토지수용위원회는 사업시행자, 토지소유자 또는 관계인이 신청한 범위에서 재결하여야 한다.

> 🔁 **관련 판례(93누19375)**
> 토지수용위원회는 행정쟁송에 의하여 사업인정이 취소되지 않는 한 그 기능상 사업인정 자체를 무의미하게 하는, 즉 사업의 시행이 불가능하게 되는 것과 같은 재결을 행할 수는 없다.

### 3. 형식(동법 제34조)

토지수용위원회의 재결은 서면으로 하며, 재결서에는 주문 및 그 이유와 재결일을 적고, 위원장 및 회의에 참석한 위원이 기명날인한 후 그 정본을 사업시행자, 토지소유자 및 관계인에게 송달하여야 한다.

## Ⅳ 수용재결의 절차

### 1. 재결의 신청(토지보상법 제28조 제1항)

사업인정고시 후 협의(제26조)가 불성립된 경우 사업시행자는 사업인정고시가 된 날부터 1년 이내에 관할 토지수용위원회에 재결을 신청할 수 있다.

### 2. 공고 및 열람 및 의견제출(동법 제31조)

관할 토지수용위원회는 재결신청서를 접수하였을 때에는 지체 없이 이를 공고하고, 공고한 날부터 14일 이상 관계 서류의 사본을 일반인이 열람할 수 있도록 하여야 하며, 공고를 하였을 때에는 관계 서류의 열람기간 중에 토지소유자 또는 관계인은 의견을 제시할 수 있다.

### 3. 심리 및 의견진술(동법 제32조)

토지수용위원회는 열람 기간이 지났을 때에는 지체 없이 해당 신청에 대한 조사 및 심리를 하여야 하며, 필요하다고 인정하는 때에는 사업시행자, 토지소유자 및 관계인을 출석시켜 그 의견을 진술하게 할 수 있다.

### 4. 화해의 권고(동법 제33조, 임의 절차)

토지수용위원회는 그 재결이 있기 전에는 그 위원 3명으로 구성되는 소위원회로 하여금 사업시행자, 토지소유자 및 관계인에게 화해를 권고하게 할 수 있다.

### 5. 재결 및 그 기간(동법 제34조, 제35조)

토지수용위원회는 심리를 시작한 날부터 14일 이내에 서면으로 재결을 하여야 한다(특별한 사유가 있는 경우 14일 범위에서 한 차례 연장 가능).

## Ⅴ 재결의 경정과 유탈

① 위산, 오기 등 오류가 명백할 때, 토지수용위원회는 직권·당사자의 신청에 의하여 경정재결을 할 수 있다(동법 제36조). ② 토지수용위원회가 신청의 일부에 대하여 재결을 빠뜨린 경우, 그 빠뜨린 부분의 신청은 토지수용위원회에 계속된다(동법 제37조).

## Ⅵ 재결의 효과

① **재결일 기준** : 보상금의 지급·공탁 의무(제40조), 토지·물건의 인도 이전 의무(제43조), 위험부담의 이전(제46조) 등
② **수용개시일 기준** : 권리변동과 대집행(제89조), 환매권(제91조)

> 🔖 **관련 판례(98다58511)**
> 수용재결의 효과로서 수용에 의한 사업시행자의 토지소유권취득은 토지소유자와 수용자와의 법률행위에 의하여 승계취득하는 것이 아니라, 법률의 규정에 의하여 원시취득하는 것이다.

## 1-9    재결의 실효 B

### Ⅰ 의의, 취지[토지보상법 제42조]

재결의 실효란 유효하게 성립한 재결효력이 행정청의 의사와 관계없이 객관적 사실의 발생에 따라 상실되는 것을 말하며, 사전보상원칙(제62조) 이행으로 피수용자 보호에 취지가 있다.

### Ⅱ 재결의 실효 사유

#### 1. 보상금을 지급·공탁하지 아니하는 경우

사업시행자가 수용·사용의 개시일까지 관할 토지수용위원회가 재결한 보상금을 지급하거나 공탁하지 않았을 경우 재결은 효력을 상실한다. 다만 이의재결에서 정한 보상금은 그러하지 아니하다.

> ↩ 관련 판례(91누8081)
>
> 이의재결절차는 수용재결에 대한 불복절차이면서 수용재결과는 확정의 효력 등을 달리하는 별개의 절차이므로 기업자가 이의재결에서 증액된 보상금을 일정한 기한 내에 지급 또는 공탁하지 아니하였다 하더라도 그 때문에 이의재결 자체가 당연히 실효된다고는 할 수 없다.

#### 2. 사업인정이 취소 또는 변경되는 경우

재결 이후 수용·사용의 개시일 이전에 사업인정이 취소 또는 변경되면, 그 고시 결과에 따라 재결의 효력은 상실된다. 그러나 보상금의 지급 또는 공탁이 있은 후에는 이미 수용의 효과가 발생하는 것이므로 재결의 효력에는 영향이 없다.

### Ⅲ 권리구제

#### 1. 손실보상

사업시행자는 재결의 효력이 상실됨으로 인하여 토지소유자 또는 관계인이 입은 손실을 보상하여야 한다(토지보상법 제42조 제2항). 제척기간 규정과 손실보상의 절차 규정은 동법 제9조 제5항 내지 제7항까지의 규정을 준용한다.

> ↩ 토지보상법 제9조 제5항 내지 제7항
>
> ⑤ 제4항에 따른 손실의 보상은 손실이 있음을 안 날부터 1년이 지났거나 손실이 발생한 날부터 3년이 지난 후에는 청구할 수 없다.
> ⑥ 제4항에 따른 손실의 보상은 사업시행자와 손실을 입은 자가 협의하여 결정한다.
> ⑦ 제6항에 따른 협의가 성립되지 아니하면 사업시행자나 손실을 입은 자는 대통령령으로 정하는 바에 따라 제51조에 따른 관할 토지수용위원회에 재결을 신청할 수 있다.

#### 2. 항고쟁송

실효 여부에 대하여 다툼이 있는 경우에는 실효확인소송을 제기할 수 있다.

## Ⅳ 관련 문제(재결신청과 사업인정 효력의 관계)

재결의 실효가 있으면, 재결신청 또한 효력을 상실하게 된다. 따라서 사업인정의 효력에는 영향이 없으나 토지보상법에 의한 재결신청기간을 지나서 재결신청을 하지 않은 것이 되었다면, 사업인정도 그 효력을 상실하여 결국 그 수용절차 일체가 백지화가 된다.

> ↘ **관련 판례(84누158)**
>
> 재결의 효력이 상실되면 재결신청 역시 그 효력을 상실하게 되는 것이므로 그로 인하여 토지수용법 제17조 소정의 사업인정의 고시가 있은 날로부터 1년 이내에 재결신청을 하지 않는 것으로 되었다면 사업인정도 역시 효력을 상실하여 결국 그 수용절차 일체가 백지상태로 환원된다.
>
> ↘ **관련 판례(82누75)**
>
> 지방토지수용위원회의 재결이 실효되면 동 재결을 기초로 한 중앙토지수용위원회의 재결처분은 위법하지만 절대적 무효는 아니라 할 것이므로 이의취소 또는 무효확인을 구할 이익이 있다.

## 1-10 재결에 대한 불복 A

### ≫ 이의신청

## Ⅰ 의의 및 취지(토지보상법 제83조)

이의신청이란 관할 토지수용위원회의 위법·부당한 재결에 의해 권익을 침해당한 자가 중앙토지수용위원회에 그 취소 또는 변경을 구하는 것으로서, 피수용자 권익 보호에 취지가 있다.

## Ⅱ 이의신청의 성격

① 동법 제83조에서 '할 수 있다'로 규정하여 〈임의주의〉의 성격을 지니며, ② 토지보상법에 특례를 규정하고 있는 〈특별법상 행정심판〉의 성격을 가진다. 따라서 토지보상법에 의하는 것 외에는 행정심판법을 준용한다.

## Ⅲ 이의신청 청구 요건

### 1. 이의신청의 대상

수용결정 자체를 다투는 경우는 수용결정이, 보상금결정을 다투는 경우는 보상금 결정이 이의신청의 대상이 된다.

### 2. 이의신청의 당사자

토지소유자 또는 관계인, 이해관계인 및 사업시행자가 이의신청을 제기할 수 있다. 피청구인은 중앙토지수용위원회 또는 지방토지수용위원회가 된다.

## 3. 이의신청 청구 기간

재결서 정본을 받은 날로부터 30일 이내에 처분청을 경유하여 중앙토지수용위원회에 서면으로 이의신청을 할 수 있다. 판례는 제소기간을 단축한 것은 수용행정의 특수성과 전문성을 살리기 위한 것으로 합헌적 규정으로 본다.

> ※ **행정심판법과 행정소송법상 제소기간**
> ① 행정심판법 제27조 : 처분이 있음을 알게 된 날부터 90일, 처분이 있었던 날부터 180일 이내
> ② 행정소송법 제20조 : 처분등이 있음을 안 날부터 90일, 처분등이 있은 날부터 1년 이내

> 🔁 **관련 판례(91누9312)**
> 이의신청기간과 이의재결 행정소송 제소기간을 행정심판 청구기간과 행정소송 제소기간보다 짧게 규정한 것은 공익사업을 신속히 수행하여야 할 **특수성과 전문성**을 살리기 위한 필요에서 된 것으로 위헌규정이라 할 수 없다.
>
> 🔁 **재결서 정본이 송달되지 아니한 경우(94누9085)**
> 수용재결서가 수용시기 이전에 피수용자에게 적법하게 송달되지 아니하였다고 하여 수용절차가 당연 무효가 된다고 할 수 없고, 다만 그 수용재결서의 정본이 적법하게 송달된 날부터 수용재결에 대한 이의신청기간이 진행된다.

## Ⅳ 이의신청제기의 효과

### 1. 중앙토지수용위원회의 심리 및 재결(동법 제84조)

이의신청이 제기되면 중앙토지수용위원회는 이의신청에 대하여 심리·재결해야 할 의무를 지며, 위법 부당하다고 인정될 경우 재결의 전부 또는 일부를 취소하거나 보상액을 변경할 수 있다.

### 2. 집행부정지 원칙(동법 제88조)

이의신청은 사업의 진행 및 토지의 사용·수용을 정지시키지 아니한다.

## ≫ 이의재결

### Ⅰ 이의재결의 의의 및 취지(토지보상법 제84조)

관할 토지수용위원회의 위법·부당한 재결에 불복하여 동법 제83조에 따라 이의신청을 거친 경우 그 위법·부당에 대한 중앙토지수용위원회의 판단을 의미하며, 토지소유자 등 관련 당사자의 권익구제에 취지가 있다.

### Ⅱ 이의재결의 효력(동법 제86조 제1항)

제85조 제1항에 따른 기간 이내에 소송이 제기되지 아니하거나 그 밖의 사유로 이의신청에 대한 재결이 확정된 때에는 민사소송법상의 확정판결이 있는 것으로 보며, 재결서 정본은 집행력 있는 판결의 정본과 동일한 효력을 가진다. 따라서 민사소송의 제기 없이 강제집행이 가능하다.

### Ⅲ 재결확정증명서의 청구와 교부(동법 제86조 제2항)

사업시행자, 토지소유자, 관계인은 이의신청 재결이 확정되었을 때 관할 토지수용위원회에 재결확정증명서의 발급을 청구할 수 있으며, 해당 규정은 이의신청인 입장에서 강제적으로 증액된 보상금을 확보할 수 있도록 하기 위함에 취지가 있다.

### Ⅳ 행정소송의 제기(취소소송, 보증소 가능)

사업시행자, 토지소유자 또는 관계인은 수용재결에 불복할 때에는 재결서를 받은 날부터 90일 이내에, 이의신청을 거쳤을 때에는 이의신청에 대한 재결서를 받은 날부터 60일 이내에 각각 행정소송을 제기할 수 있다. 이 경우 사업시행자는 행정소송을 제기하기 전에 늘어난 보상금을 공탁하여야 하며, 보상금 받을 자는 공탁된 보상금을 소송이 종결될 때까지 수령할 수 없다(동법 제85조 제1항).

### Ⅴ 이의재결 실효(동법 제84조 제2항)

사업시행자는 이의재결에서 증액된 손실보상금을 재결서 정본을 받은 날부터 30일 내 지급하여야 한다. 그러나 이의재결은 토지보상법 제42조와 같은 재결의 실효 규정이 없다.

> **☜ 관련 판례(88누3963)**
> 중앙토지수용위원회의 이의재결에 관하여서는 재결의 실효에 관한 토지보상법상 규정이 없을 뿐만 아니라 토지보상법상 이의재결절차는 원재결에 대한 불복절차이면서 원재결과는 확정의 효력 등을 달리하는 별개의 절차이고 이의재결에서 증액된 손실보상금의 지급 또는 공탁이 없는 것을 이의재결의 실효요건으로 할 것인가의 여부는 입법정책으로 정할 사항이므로 사업시행자가 이의재결에서 증액된 보상금을 일정한 기간 내에 지급 또는 공탁하지 아니하였더라도 특별한 규정이 없는 한 그 사유만으로 이의재결이 당연히 실효된다고 해석할 수 없다.

## » 취소소송

### Ⅰ 의의 및 취지(토지보상법 제85조 제1항)

취소소송이란 관할 토지수용위원회의 위법한 수용재결의 취소나 변경을 구하는 소송을 말하며, 토지보상법이 정하는 사항 외에는 행정소송법이 적용된다(행정소송법 제8조). 행정청의 위법한 처분으로 인한 국민의 권리 또는 이익의 침해를 구제하고, 다툼을 적정하게 해결하는 데 취지가 있다.

### Ⅱ 취소소송의 제기 요건

#### 1. 원처분주의

과거에는 재결주의와 원처분주의의 논란이 있었지만, 토지보상법은 "제34조의 재결에 대하여 불복이 있는 때"라고 규정하여 원처분주의를 명문화하여 신속한 권리구제를 도모하고 있다.

> ↪ **종전 판례(2001두1468)**
>
> 재결전치주의를 정하면서 원처분인 수용재결에 대한 취소소송을 인정하지 아니하고 재결인 이의재결에 대한 취소소송만을 인정하고 있는 경우에는 재결을 거치지 아니하고 원처분인 수용재결취소의 소를 제기할 수 없는 것이며 행정소송법 제18조는 적용되지 아니한다.
>
> ↪ **최근 판례(2008두1504)**
>
> 토지보상법 제83조 및 제85조가 이의신청을 임의적 절차로 규정하고 있는 점, 행정소송법 제19조 단서가 행정심판에 대한 재결은 재결 자체에 고유한 위법이 있음을 이유로 하는 경우에 한하여 취소소송의 대상으로 삼을 수 있다고 규정하고 있는 점 등을 종합하면, <u>수용재결에 불복하여 취소소송을 제기하는 때에는 이의신청을 거친 경우에도 수용재결을 한 중앙토지수용위원회 또는 지방토지수용위원회를 피고로 하여 수용재결의 취소를 구하여야 하고, 다만 이의신청에 대한 재결 자체에 고유한 위법이 있음을 이유로 하는 경우에는 그 이의재결을 한 중앙토지수용위원회를 피고로 하여 이의재결의 취소를 구하여야 한다.</u>

## 2. 제소기간(취소소송의 특수성)

① 재결의 취소 또는 변경을 구할 법률상 이익이 있는 자는 ② 사업시행자, 토지소유자 또는 관계인은 제34조에 따른 재결에 불복할 때에는 재결서를 받은 날부터 90일 이내에, 이의신청을 거쳤을 때에는 이의신청에 대한 재결서를 받은 날부터 60일 이내에 각각 행정소송을 제기할 수 있다.

## Ⅲ 취소소송의 제기효과

### 1. 집행부정지 원칙(토지보상법 제88조)

행정소송의 제기는 사업의 진행 및 토지의 사용·수용을 정지시키지 아니한다.

### 2. 집행정지(행정소송법 제23조)

취소소송의 제기는 처분 등의 효력이나 그 집행 또는 절차의 속행에 영향을 주지 아니한다.

## Ⅳ 심리 및 판결

### 1. 심리

심리의 내용은 요건심리와 본안심리로 구분되며, 심리의 방식은 행정소송법의 심리규정이 그대로 적용된다.

### 2. 판결

판결은 각하, 기각, 인용, 사정판결이 가능하며, 위법성의 판단시점 및 판결의 효력은 행정소송법이 그대로 적용된다. 따라서 ① 인용판결이 있게 되면 소송당사자와 관할 토지수용위원회는 판결의 내용에 따라 구속되며, ② 사업시행자가 행정소송을 제기하였으나 그 소송이 각하, 기각 또는 취소된 경우에는 토지보상법 제87조에 따라 법정이율을 적용하여 산정한 금액을 보상금에 가산하여 지급하여야 한다.

## ≫ 무효등확인소송

### Ⅰ 의의

무효등확인소송이란 처분 등의 효력 유무 또는 존재 여부를 확인하는 소송이다. 토지보상법 제85조에서 행정소송으로만 규정하여 무효등확인소송 제기 여부에 대한 논란이 있다.

### Ⅱ 무효등확인소송 인정 여부

토지보상법 제85조 제1항에서는 "사업시행자, 토지소유자 또는 관계인은 제34조에 따른 재결에 불복할 때에는 재결서를 받은 날부터 90일 이내에, 이의신청을 거쳤을 때에는 이의신청에 대한 재결서를 받은 날부터 60일 이내에 각각 행정소송을 제기할 수 있다."라고만 규정하고 있어 무효등확인소송에 대한 제한을 두고 있지 않다. 다만, 최근에는 재결도 일반 행정처분에 있어서와 같이 그 흠이 중대하고 명백한 경우에는 판례로서 무효등확인소송을 인정하고 있다.

### Ⅲ 수용재결 무효확인소송 판결[2016두64241]

#### 1. 사업인정 전 후의 협의의 성립으로 소유권 취득

사업시행자는 사업인정 전이나 그 후에 토지조서 및 물건조서의 작성, 보상계획의 열람 등 일정한 절차를 거친 후 토지 등에 대한 보상에 관하여 토지소유자 및 관계인과 협의한 다음 그 협의가 성립되었을 때 계약을 체결할 수 있다. 이 때의 보상합의는 공공기관이 사경제주체로서 행하는 사법상 계약의 실질을 가지는 것으로서, 당사자 간의 합의로 토지보상법이 정한 손실보상 기준에 의하지 아니한 손실보상금을 정할 수 있고, 이처럼 법이 정하는 기준에 따르지 아니하고 손실보상액에 관한 합의를 하였다고 하더라도 그 합의가 착오 등을 이유로 적법하게 취소되지 않는 한 유효하므로, 사업시행자는 그 합의에서 정한 바에 따라 토지 등을 취득 또는 사용할 수 있다.

#### 2. 수용의 개시일에 소유권 등 취득

사업시행자는 협의가 성립되지 아니하거나 협의를 할 수 없을 때에는 사업인정고시가 된 날부터 1년 이내에 관할 토지수용위원회에 재결을 신청할 수 있고(제28조 제1항), 이때 토지수용위원회는 '1. 수용하거나 사용할 토지의 구역 및 사용방법, 2. 손실보상 3. 수용 또는 사용의 개시일과 기간' 등에 관하여 재결하며(제50조 제1항), 사업시행자가 수용 또는 사용의 개시일까지 관할 토지수용위원회가 재결한 보상금을 지급하거나 공탁하지 아니하여 재결이 효력을 상실하지 않는 이상(제42조 제1항), 사업시행자는 수용이나 사용의 개시일에 토지나 물건의 소유권 또는 사용권을 취득한다.

#### 3. 수용재결 이후에 협의로 취득할 수 있는지 여부

① 일단 토지수용위원회가 수용재결을 하였더라도 사업시행자로서는 수용 또는 사용의 개시일까지 토지수용위원회가 재결한 보상금을 지급 또는 공탁하지 아니함으로써 그 재결의 효력을 상실시킬 수 있는 점, ② 토지소유자 등은 수용재결에 대하여 이의를 신청하거나 행정소송을 제기하여 보상금의 적정 여부를 다툴 수 있는데, 그 절차에서 사업시행자와 보상금액에 관하여 임의로 합의할 수 있는 점, ③ 공익사업의 효율적인 수행을 통하여 공공복리를 증진시키고, 재산권을 적정하게

보호하려는 토지보상법의 입법 목적(제1조)에 비추어 보더라도 <u>수용재결이 있은 후에 사법상 계약</u>
<u>의 실질을 가지는 협의취득 절차를 금지해야 할 별다른 필요성을 찾기 어려운 점</u> 등을 종합해 보
면, 토지수용위원회의 수용재결이 있은 후라고 하더라도 토지소유자 등과 사업시행자가 다시 협의
하여 토지 등의 취득이나 사용 및 그에 대한 보상에 관하여 임의로 계약을 체결할 수 있다고 보아
야 한다.

### 4. 수용재결 무효확인을 구할 실익이 있는지 여부

① 취득협의서를 작성하였고, 소유권이전등기까지 마친 점, ② 원고와 사업시행자가 공동으로 작
성한 취득협의서에는 이의를 유보한다는 취지의 내용은 없는 점, ③ 원고로서는 보상금액을 일찍
수령하여 상당한 액수의 지연손해금 채무가 발생하는 것을 피할 수 있었고, 사업시행자로서도 일
부 감액된 금액으로 취득하는 등, 상호 포괄적으로 이익을 절충하여 합의한 결과로 보이는 점 등을
종합해보면, <u>이 사건 수용재결과는 별도로 '이 사건 토지의 소유권을 이전한다는 점과 그 대가인</u>
<u>보상금의 액수'를 합의하는 계약을 새로 체결하였다고 볼 여지가 충분</u>하고, 만약 이러한 별도의 협
의취득 절차에 따라 참가인 앞으로 소유권이전등기가 마쳐진 것이라면 설령 원고가 이 사건 수용
재결의 무효확인 판결을 받더라도 원고로서는 이 사건 토지의 소유권을 회복시키는 것이 불가능하
고, 나아가 그 무효확인으로써 회복할 수 있는 다른 권리나 이익이 남아 있다고도 볼 수 없다.

## ≫ 보상금증감청구소송

### ◎ 기출문제

• 제34회, 제31회, 제30회, 제27회, 제26회, 제23회, 제22회, 제21회, 제10회

## Ⅰ 의의 및 취지(토지보상법 제85조 제2항)

보상금 증감의 다툼에 대하여 직접적인 이해당사자인 사업시행자와 토지소유자 및 관계인이 소송의
제기를 통해 직접 다툴 수 있도록 하는 당사자소송으로서 ① 분쟁의 일회적 해결과 ② 신속한 권리구
제에 취지가 있다.

## Ⅱ 소송의 성질

### 1. 소송의 형태

형식적 당사자소송이란 처분청을 피고로 하지 않고 일방 당사자를 피고로 하여 제기하는 소송을
말하며, 보상금증감청구소송은 수용재결을 원인으로 한 소송으로서 실질적으로는 수용재결의 내
용을 다투면서 법률관계의 한쪽 당사자를 피고로 하는 소송이므로 〈형식적 당사자소송〉에 해당
한다.

### 2. 소송의 성질

보상액은 법정되어 있고, 실질적으로 보상액을 확인하고 부족액의 지급을 명한다는 점에서 〈확인
급부소송〉으로 봄이 타당하다.

## Ⅲ 소송의 제기 요건

### 1. 소송의 대상

보상금증감청구소송은 취소소송과 달리 그 소송대상을 원처분주의 또는 재결주의로 해석할 것이 아니라, 재결로 형성된 법률관계인 보상금 증감에 관한 것으로 보는 것이 타당하다.

### 2. 당사자적격

손실보상금에 관한 법률관계의 당사자인 피수용자와 사업시행자에게 당사자적격이 인정된다.

> **⤵ 당사자적격 상실 여부(2018두67)**
> 토지보상법 제85조 제2항에 따른 보상금의 증액을 구하는 소의 성질, 토지보상법상 손실보상 채권의 존부 및 범위를 확정하는 절차 등을 종합하여 보면, 토지보상법에 따른 토지소유자 또는 관계인의 사업시행자에 대한 손실보상금 채권에 관하여 압류 및 추심명령이 있더라도, 추심채권자가 보상금 증액 청구의 소를 제기할 수 없고, 채무자인 토지소유자 등이 보상금 증액 청구의 소를 제기하고 그 소송을 수행할 당사자적격을 상실하지 않는다고 보아야 한다.

### 3. 제소기간

당사자소송은 원칙적으로 제소기간의 제한이 없으나, 토지보상법 제85조 제1항 취소소송의 제소기간을 적용하여 재결서를 받은 날부터 90일 이내에, 이의신청을 거친 때에는 이의신청에 대한 재결서를 받은 날부터 60일 이내로 하고 있다.

## Ⅳ 보상금의 공탁

① 토지보상법 제85조 제1항에서는 "행정소송을 제기하기 전에 제84조에 따라 늘어난 보상금을 공탁하여야 하며, 보상금을 받을 자는 공탁된 보상금을 소송이 종결될 때까지 수령할 수 없다."고 규정하고 있으며, ② 판례는 보상금 공탁을 소송요건으로 보고 있다.

> **⤵ 관련 판례(2006두9832)**
> 사업시행자가 재결에 불복하여 이의신청을 거쳐 행정소송을 제기하는 경우에는 원칙적으로 행정소송 제기 전에 이의재결에서 증액된 보상금을 공탁하여야 하지만, 제소 당시 그와 같은 요건을 구비하지 못하였다 하여도 사실심 변론종결 당시까지 그 요건을 갖추었다면 그 흠결의 하자는 치유되었다고 본다.

## Ⅴ 보상금증감청구소송의 특수성

### 1. 심리 범위

일반적으로 손실보상금의 증감, 손실보상의 방법(금전보상, 채권보상 등), 보상항목의 인정(잔여지보상 등의 손실보상의 인정 여부), 이전 곤란한 물건의 수용보상, 보상면적 등을 심리한다.

> 🔁 **간접손실보상 대상(2018두227)**
>
> 어떤 보상항목이 토지보상법상 손실보상대상에 해당함에도 관할 토지수용위원회가 사실을 오인하거나 법리를 오해함으로써 손실보상대상에 해당하지 않는다고 잘못된 내용의 재결을 한 경우에는, 피보상자는 관할 토지수용위원회를 상대로 그 재결에 대한 취소소송을 제기할 것이 아니라, 사업시행자를 상대로 공익사업을 위한 토지 등의 취득 및 보상에 관한 법률 제85조 제2항에 따른 보상금증감소송을 제기하여야 한다.

> 🔁 **잔여지수용청구권(2008두822)**
>
> 토지보상법 제74조 제1항에 규정되어 있는 잔여지수용청구권은 손실보상의 일환으로 토지수용위원회의 재결이 없더라도 그 청구에 의하여 수용의 효과가 발생하는 형성권적 성질을 가지므로, 잔여지수용청구를 받아들이지 않은 토지수용위원회의 재결에 대하여 토지소유자가 불복하여 제기하는 소송은 위 법 제85조 제2항에 규정되어 있는 보상금의 증감에 관한 소송에 해당하여 사업시행자를 피고로 하여야 한다.

> 🔁 **완전수용(2014두46669)**
>
> 토지보상법 제72조의 수용청구권은 토지보상법 제74조 제1항이 정한 잔여지 수용청구권과 같이 손실보상의 일환으로 토지소유자에게 부여되는 권리로서 그 청구에 의하여 수용효과가 생기는 형성권의 성질을 지니므로, 토지소유자의 토지수용청구를 받아들이지 아니한 토지수용위원회의 재결에 대하여 토지소유자가 불복하여 제기하는 소송은 토지보상법 제85조 제2항에 규정되어 있는 '보상금의 증감에 관한 소송'에 해당하고, 피고는 토지수용위원회가 아니라 사업시행자로 하여야 한다.

## 2. 지연이자의 발생 범위

> 🔁 **관련 판례(2017두68370)**
>
> 토지보상법이 잔여지 손실보상금 지급의무의 이행기를 정하지 않았고, 그 이행기를 편입토지의 권리변동일이라고 해석하여야 할 체계적, 목적론적 근거를 찾기도 어려우므로, 잔여지 손실보상금 지급의무는 이행기의 정함이 없는 채무로 보는 것이 타당하다. <u>따라서 잔여지 손실보상금 지급의무의 경우 잔여지의 손실이 현실적으로 발생한 이후로서 잔여지 소유자가 사업시행자에게 이행청구를 한 다음 날부터 그 지연손해금 지급의무가 발생한다.</u>

## 3. 판결의 효력

보상금증감청구소송에서 법원은 스스로 보상금의 증감을 결정할 수 있다. 법원이 직접 보상금을 결정할 수 있도록 한 것은 신속한 권리구제를 도모하기 위함이다. 이에 따라 소송당사자는 판결의 결과에 따라 이행하여야 하며, 토지수용위원회는 별도의 처분을 할 필요가 없다.

## 1-11 사업인정과 수용재결 A

### ≫ 사업인정과 수용재결의 관계

#### Ⅰ 사업인정의 구속력

> 🔄 **관련 판례(2004두8538)**
>
> 토지보상법은 수용·사용의 일차 단계인 사업인정에 속하는 부분은 사업의 공익성 판단으로 사업인정기관에 일임하고 그 이후의 구체적인 수용·사용의 결정은 토지수용위원회에 맡기고 있는바, 토지수용위원회는 행정쟁송에 의하여 사업인정이 취소되지 않는 한 그 기능상 사업인정 자체를 무의미하게 하는, 즉 사업의 시행이 불가능하게 되는 것과 같은 재결을 행할 수는 없다.
>
> → 판례의 태도에 따르면 사업인정은 수용재결에 구속력을 미친다고 판단된다.

#### Ⅱ 수용권 남용

> 🔄 **관련 판례(2009두1051)**
>
> 공용수용은 헌법상의 재산권 보장의 요청상 불가피한 최소한에 그쳐야 한다는 헌법 제23조의 근본취지에 비추어 볼 때, 사업시행자가 사업인정을 받은 후 그 사업이 공용수용을 할 만한 공익성을 상실하거나 사업인정에 관련된 자들의 이익이 현저히 비례의 원칙에 어긋나게 된 경우 또는 사업시행자가 해당 공익사업을 수행할 의사나 능력을 상실하였음에도 여전히 그 사업인정에 기하여 수용권을 행사하는 것은 수용권의 공익목적에 반하는 수용권의 남용에 해당하여 허용되지 않는다.
>
> → 사업인정부터 수용재결에 이르기까지 사업시행자의 사업수행능력과 의사가 존재하여야 하며, 존재하지 않을 경우 수용권 남용에 해당한다.

#### Ⅲ 하자의 승계

> 🔄 **관련 판례(2009두11607)**
>
> 도시계획사업허가의 공고시에 토지세목의 고시를 누락하거나 사업인정을 함에 있어 수용 또는 사용할 토지의 세목을 공시하는 절차를 누락한 경우, 이는 절차상의 위법으로서 수용재결 단계 전의 사업인정 단계에서 다툴 수 있는 취소사유에 해당하기는 하나 더 나아가 그 사업인정 자체를 무효로 할 중대하고 명백한 하자라고 보기는 어렵고, 따라서 이러한 위법을 들어 수용재결처분의 취소를 구하거나 무효확인을 구할 수는 없다.

> 🔄 **관련 판례(2017두40372)**
>
> 2개 이상의 행정처분이 연속적 또는 단계적으로 이루어지는 경우 선행처분과 후행처분이 서로 합하여 1개의 법률효과를 완성하는 때에는 선행처분에 하자가 있으면 그 하자는 후행처분에 승계된다. 이러한 경우에는 선행처분에 불가쟁력이 생겨 그 효력을 다툴 수 없게 되더라도 선행처분의 하자를 이유로 후행처분의 효력을 다툴 수 있다. 그러나 선행처분과 후행처분이 서로 독립하여 별개의 법률효과를 발생시키는 경우에는 선행처분에 불가쟁력이 생겨 그 효력을 다툴 수 없게 되면 선행처분의 하자가 중대하고 명백하여 선행처분이 당연무효인 경우를 제외하고는 특별한 사정이 없는 한 선행처분의 하자를 이유로 후행처분의 효력을 다툴

수 없는 것이 원칙이다. 다만 그 경우에도 선행처분의 불가쟁력이나 구속력이 그로 인하여 불이익을 입게 되는 자에게 수인한도를 넘는 가혹함을 가져오고, 그 결과가 당사자에게 예측가능한 것이 아니라면, 국민의 재판받을 권리를 보장하고 있는 헌법의 이념에 비추어 선행처분의 후행처분에 대한 구속력을 인정할 수 없다.

→ 판례는 양자는 별개의 법률효과를 목적을 갖는다고 보고 있다. 하지만 사업인정과 수용재결은 궁극적으로 동일한 법적 효과를 가져온다고 볼 수 있는바 하자승계를 긍정함이 타당하다고 생각된다.

## 》 사업인정과 수용재결의 비교

| | 사업인정(제20조) | 재결(제34조) |
|---|---|---|
| 적용법률 차이 | 불복 규정 ×<br>(행정심판법 및 행정소송법 적용) | 재결에 대한 불복규정<br>(토지보상법 제83조, 제85조) |
| 불복사유 차이 | 실체적/절차적 하자<br>+ 재량권 일탈/남용 여부 | 실체적/절차적 하자<br>+ 보상금 증감 |
| 행정심판 차이 — 처분청경유주의 | 임의주의(행정심판법 일반원리 적용) | 처분청 경유주의 |
| 행정심판 차이 — 심판청구 기간 | 안 날로부터 90일, 있은 날로부터 180일 | 재결서 정본 송달일로부터 30일 이내 |
| 행정심판 차이 — 심판기관의 차이 | 중앙행정심판위원회가 심리/의결 | 중앙토지수용위원회가 심리/의결 |
| 행정심판 차이 — 이의재결 효력 | | 이의재결 확정 시 집행력있는 판결의 정본과 동일한 효력(토지보상법 제86조) |
| 행정소송 차이 — 소송 대상 | 행정심판임의주의, 원처분주의 | 이의신청 – 임의주의<br>행정소송 – 원처분주의 |
| 행정소송 차이 — 제소기간 | 안 날로부터 90일, 있은 날로부터 1년<br>(행정소송법) | 재결서 정본서 송달일로부터 90일<br>(이의신청 거친 경우 60일) |
| 행정소송 차이 — 손실보상 | 실효 등과 같이 그로 인해 발생하는 손실에 한해 손실보상청구권 인정 | 수용재결은 손실보상을 직접 결정하는 절차로 그 자체가 손실보상을 인정해주는 구제수단 |
| 행정소송 차이 — 사전적 권리구제 | 협의, 의견청취 | 공고, 공문서 열람, 의견진술 등의 절차 |
| 공통점 | ① 항고쟁송이 가능 : 둘 다 처분에 해당하여 항고쟁송을 통한 불복이 가능<br>② 항고쟁송의 제기효과 : 쟁송제기 시 토지수용위원회, 중앙행정심판위원회는 심리·재결의무, 집행부정지 효과 발생<br>③ 실효 시 손실보상 : 사업인정 및 재결의 실효로 손실발생시 손실보상이 요구<br>④ 사전적 권리구제로서 참여절차 : 사업인정 시에는 의견청취절차가, 재결 시에는 공고, 문서열람, 의견진술절차 등이 요구 | |

## 1-12 화해 D

### Ⅰ 화해의 의의 및 취지(토지보상법 제33조)

토지보상법상 화해란 사업시행자의 재결신청 후 토지수용위원회가 권고하여 재결이 있기 전에 사업시행자와 피수용자가 서로 양보함으로써 재결에 의하지 않고 분쟁을 해결하고자 하는 의사의 합치를 말하며, 화해조서 작성에 확정력을 부여하여 분쟁을 미연에 방지하여 공익사업의 원활화에 취지가 있다.

### Ⅱ 법적 성질

#### 1. 화해의 법적 성질

토지보상법상 화해는 공법영역에 양 당사자가 서로 양보하여 분쟁을 해결하는 약정으로써 〈공법상의 계약〉의 성질을 갖는다고 봄이 타당하다.

#### 2. 화해조서 작성 행위의 법적 성질

화해조서 작성 행위는 화해 제도의 취지 및 협의 성립확인제도와의 균형을 맞추기 위하여 재결과 같은 〈행정행위〉의 성질을 갖는다고 봄이 타당하다.

### Ⅲ 협의와의 차이점

① 〈협의〉는 재결신청 전 수용 당사자 간 공법상 계약에 이해 수용 목적을 달성하고자 하는 것이고, 협의전치주의를 취하고 있는 수용법제하에서는 필요적 절차로서, 그것을 결한 수용은 무효를 면할 수 없다.

② 〈화해〉는 재결신청 후 토지수용위원회의 중재에 의해 수용목적을 달성하고자 하는 것으로, 토수위의 재량에 따른 임의적 절차이므로, 그것을 결하였다고 하여 수용이 무효가 되는 것은 아니다.

### Ⅳ 절차

#### 1. 화해의 권고(토지보상법 제33조 제1항)

화해의 권고는 행정지도 성격의 비권력적 사실행위로서 재결이 있기 전에 토지수용위원회 위원 3인으로 구성되는 소위원회는 사업시행자와 토지소유자 등에게 화해를 권고할 수 있다.

#### 2. 화해조서의 작성(동법 제33조 제2항)

화해가 성립되었을 때에는 해당 토지수용위원회는 화해조서를 작성하여 화해에 참여한 위원, 사업시행자, 토지소유자 및 관계인이 서명 또는 날인하여야 한다.

### Ⅴ 화해조서 작성의 효과

화해조서에 서명 또는 날인이 된 경우에는 당사자 간에 화해조서와 동일한 내용의 합의가 성립된 것으로 본다(토지보상법 제33조 제3항). 화해의 효력은 명문상 규정은 없으나, 협의성립 확인 또는 재결과 같은 효력이 있다고 보아야 함이 타당하다. 따라서 차단효가 인정될 수 있다.

## Ⅵ 권리구제

### 1. 화해 자체에 대하여 불복하는 경우

화해 자체에 대하여 다투는 것은 차단효로 인하여 화해조서 작성의 효력이 부인되지 아니하는 한 화해조서의 성립이나 내용을 다툴 수 없다. 따라서 항고쟁송으로 화해조서의 효력을 소멸시킨 다음 화해 자체에 대하여 다투는 것이 가능하다고 본다.

### 2. 화해조서 작성 행위에 대하여 불복하는 경우

화해조서 작성에 대해 명문의 규정은 없으나 재결로 볼 여지가 있고 이 경우 처분성이 인정된다. 따라서 화해조서 작성의 절차상 하자를 이유로 토지보상법 제83조, 제85조에 규정된 쟁송절차에 의하여 불복이 가능하다고 보여진다.

### 3. 손실보상

화해조서 작성에 따른 수용의 효과로 손실보상청구가 가능하며 화해조서 작성을 재결로 보면 화해에서 정한 시기까지 보상금을 지급하지 않은 경우 실효에 따른 손실보상청구도 가능하게 된다.

---

## 제2절   공용수용의 효과

### 2-1   보상금 지급 또는 공탁 A

#### Ⅰ 의의 · 취지 · 근거[토지보상법 제40조 제2항]

사업시행자가 재결에서 정한 보상금을 관할 공탁소에 공탁함으로써 보상금의 지급에 갈음하는 것을 말하며, 사전보상의 원칙을 관철하며 담보권자 등 관계인의 권익 보호에 취지가 있다.

#### Ⅱ 법적 성질

보상금을 공탁하는 경우 그 공탁은 사업시행자가 보상금의 지급 의무를 이행하기 위한 것으로서 〈변제공탁〉으로 봄이 타당하다.

> 🔎 **관련 판례(89누4109)**
> 토지수용위원회가 재결한 토지수용보상금을 공탁하는 경우, 그 공탁금은 기업자가 토지의 수용에 따라 토지소유자에 대하여 부담하게 되는 보상금의 지급의무를 이행하기 위한 것으로서 민법 제487조에 의한 변제공탁과 다를 바 없다.

#### Ⅲ 공탁의 요건

### 1. 내용상 요건(토지보상법 제40조 제2항)(거알불압)

① 보상금을 받을 자가 그 수령을 **거**부하거나 수령 할 수 없는 때

② 사업시행자의 과실 없이 보상금을 받을 자를 **알** 수 없는 때

③ 관할 토지수용위원회가 재결한 보상금에 대하여 사업시행자의 **불복**이 있을 때

④ **압류** 또는 가압류에 의하여 보상금의 지급이 금지된 때

## 2. 형식상 요건

① 재결 당시 목적물의 소유자 또는 관계인을 수령권자로 ② 토지소재지의 공탁소에 보상금을 공탁한다. ③ 현금보상의 원칙상 현금으로 하여야 하나, 사업시행자가 국가인 경우에는 채권으로 공탁이 가능하다.

## Ⅳ 공탁의 효과

### 1. 정당한 공탁의 효과

공탁에 의하여 사업시행자의 보상금 지급의무가 소멸되고, 수용의 개시일에 토지 등을 취득하는 공용수용의 효과가 발생한다.

### 2. 미공탁의 효과

수용의 개시일까지 보상금을 공탁하지 아니하면 재결의 효력은 상실된다(토지보상법 제42조). 판례는 재결이 실효되면 재결신청의 효력도 상실된다고 하였다.

> 🔖 **이의재결에서 30일 이내에 미공탁 시**
>
> **1. 관련 규정(토지보상법 제84조 제2항)**
>    사업시행자는 이의재결에서 증액된 손실보상금을 재결서 정본 송달일로부터 30일 이내 지급하여야 한다. 그러나 이의재결은 별도의 실효 규정은 없다.
>
> **2. 관련 판례(91누8081)**
>    이의재결절차는 수용재결과는 확정의 효력 등을 달리하는 별개의 절차이므로 사업시행자가 증액된 보상금을 일정한 기한 내에 지급 또는 공탁하지 아니하였더라도 이의재결 자체가 당연히 실효된다고 할 수는 없다고 판시하였다.

## Ⅴ 공탁의 하자

### 1. 하자 있는 공탁의 유형 및 효력

하자 있는 공탁에는 ① 공탁의 요건에 해당하지 아니하는 공탁, ② 보상금의 일부 공탁, ③ 조건부 공탁이 있다. 공탁의 하자는 토지수용위원회가 재결한 보상금의 지급 또는 공탁을 하지 아니한 경우에 해당하여 재결의 효력이 상실된다.

> 🔖 **관련 판례(92누9548)**
>
> 수용대상토지가 지방자치단체에 의하여 압류되어 있어 보상금을 수령할 자를 알 수 없다는 이유로 공탁을 하였다면 이는 적법한 공탁사유에 해당한다고 할 수 없으므로, 수용시기까지 보상금의 지급이나 적법

한 공탁이 없었다면 수용재결은 사업시행자가 수용시기까지 재결보상금을 지급 또는 공탁하지 아니한 때에 해당하여 그 효력을 상실하였다고 할 것이고, 실효된 수용재결을 유효한 것으로 보고서 한 이의재결 또한 위법하여 당연무효라고 할 것이다.

## 2. 공탁의 하자의 치유

하자 있는 공탁의 경우 수용개시일까지 하자가 치유되지 않으면 재결은 실효된다. 수용개시일이 지난 후에 이의를 유보했고 공탁금을 수령했더라도 공탁은 하자가 치유되지 않는다. 또한 수용재결도 다시 효력이 생기는 것이 아니다.

> **↪ 관련 판례(92누9548)**
>
> 수용시기가 지난 후에 사업시행자가 공탁서의 공탁원인사실과 피공탁자의 주소와 성명을 정정하고 토지소유자가 이의를 유보한 채 공탁보상금을 수령하더라도 이미 실효된 수용재결이 다시 효력이 생기는 것이 아니므로 이의재결은 무효이다.

## Ⅵ 공탁금 수령의 효과

## 1. 적법한 공탁금 수령의 효과

이의유보를 하고 사업시행자가 제공한 보상금을 수령한 경우에는 피수용자가 그 재결에 승복하지 아니한 것이 된다. 보상금이 공탁된 경우에도 이의를 유보한 경우에는 마찬가지이다.

> **↪ 묵시적 이의유보를 부정한 종전 판례(89누4109)**
>
> 이의보류의 의사표시는 반드시 명시적으로 하여야 하는 것은 아니지만 토지소유자가 공탁물을 수령할 당시 원재결에서 정한 보상금을 증액하기로 한 이의신청의 재결에 대하여 토지소유자가 제기한 행정소송이 계속 중이었다는 사실만으로는, 묵시적 이의보류의 의사표시가 있었다고 볼 수 없다.
>
> **↪ 묵시적 이의유보를 인정한 최근 판례(2006두15462)**
>
> 토지수용절차에서 보상금 수령 시 사업시행자에 대한 이의유보의 의사표시는 반드시 명시적으로 하여야 하는 것은 아니므로, 위와 같이 원고가 ① 행정소송을 제기하고 상당한 감정비용을 예납하여 시가감정을 신청한 점, ② 원고가 수령한 이의재결의 증액보상금은 원고가 이 사건 소장에 시가감정을 전제로 잠정적으로 기재한 최초 청구금액의 1/4에도 미치지 못하는 금액인 점, ③ 이의재결의 증액보상금 수령 당시 이 사건 소송결과를 확인하기 위하여 더 이상의 부담되는 지출을 추가로 감수할 필요는 없는 상황이었던 점, ④ 피고 소송대리인도 위와 같은 증액보상금의 수령에 따른 법률적 쟁점을 제1심에서 즉시 제기하지 아니하고 그로부터 약 6개월이 경과하여 원심에서 비로소 주장하기 시작한 점 등에 비추어 보면, ⑤ 이 사건 수용보상금에 관한 다툼을 일체 종결하려는 의사는 아니라는 점은 피고도 충분히 인식하였거나 인식할 수 있었다고 봄이 상당하고, 따라서 원고는 위와 같은 소송진행과정과 시가감정의 비용지출 등을 통하여 이의재결의 증액보상금에 대하여는 이 사건 소송을 통하여 확정될 정당한 수용보상금의 일부로 수령한다는 묵시적인 의사표시의 유보가 있었다고 볼 수 있다.

## 2. 하자 있는 공탁금 수령의 효과

> 🔁 **관련 판례(92누9548)**
>
> 수용시기가 지난 후에 사업시행자가 공탁서의 공탁원인사실과 피공탁자의 주소와 성명을 정정하고 토지
> 소유자가 이의를 유보한 채 공탁보상금을 수령하더라도 이미 실효된 수용재결이 다시 효력이 생기는 것
> 이 아니므로 이의재결은 무효이다.

### 2-2  대행 및 대집행 A

## ≫ 대행

### Ⅰ 의의 및 취지(토지보상법 제44조)(이알)

토지나 물건을 인도 또는 이전하여야 할 자가 고의나 과실 없이 그 의무를 **이**행할 수 없거나, 사업시
행자가 과실 없이 의무자를 **알** 수 없는 경우 사업시행자의 청구에 의하여 시장 등이 토지나 물건의
인도 또는 이전을 대행하는 것을 말하며, 공익사업의 원활한 시행에 그 취지가 있다.

### Ⅱ 법적 성질

행정대집행의 일종으로 보는 견해가 우세하며, 따라서 직접강제를 인정한 것으로 볼 수 없다고 한다.
토지보상법 규정을 살펴보아도 대행에 따른 비용부담과 의무자가 그 비용을 납부하지 아니하는 때에
는 강제징수할 수 있도록 하고 있어 대집행의 내용과 유사한 구성을 보이고 있다.

## ≫ 대집행

◎ **기출문제**

- 제22회 : 자진철거 약정을 한 경우 대집행 가능성

### Ⅰ 대집행의 의의 및 취지(토지보상법 제89조)

의무자가 행정상 의무로서 타인이 대신하여 행할 수 있는 의무를 이행하지 아니하는 경우 법률로
정하는 다른 수단으로는 그 이행을 확보하기 곤란하고 그 불이행을 방치하면 공익을 크게 해칠 것으
로 인정될 때에 행정청이 의무자가 하여야 할 행위를 스스로 하거나 제3자에게 하게 하고 그 비용을
의무자로부터 징수하는 것을 말하며, 공익사업의 원활한 수행에 취지가 있으며, 토지보상법에서 규
정되지 않은 것은 행정대집행법을 따른다.

### Ⅱ 대집행의 요건

### 1. 토지보상법상 요건(제89조)(이완공)

　이 법 또는 이 법에 의한 처분으로 인한 의무를 이행하여야 할 자가 ① 의무를 **이**행하지 아니하거

나, ② 기간 내에 의무를 **완료**하기 어려운 경우, ③ 의무자로 하여금 그 의무를 이행하게 하는 것이 현저히 **공**익을 해한다고 인정되는 사유가 있는 경우 사업시행자가 시·도지사나 시장·군수 또는 구청장에게 대집행을 신청할 수 있다.

> **기간 내에 의무를 완료하기 어려운 경우란(2002도4582)**
>
> '기간 내에 완료할 가망이 없는 경우'라고 함은 그 의무의 내용과 이미 이루어진 이행의 정도 및 이행의 의사 등에 비추어 해당 의무자가 그 기한 내에 의무이행을 완료하지 못할 것이 명백하다고 인정되는 경우를 말한다.

### 2. 행정대집행법상 요건(제2조) (대다방)

① **대**체적 작위의무의 불이행이 있을 것, ② **다**른 수단으로 이행의 확보가 곤란할 것, ③ 불이행을 **방**치함이 심히 공익을 해할 것을 요건으로 한다.

### Ⅲ 대집행의 절차(계통실비)

대집행의 절차는 행정대집행법을 준용하여 **계**고, **통**지, **실**행, **비**용징수의 절차를 따르게 되고 각 단계는 국민에게 직접적 영향을 미치는바 처분성이 인정된다(하자의 승계 인정).

### Ⅳ 시·도지사 및 시·군·구청장의 의무

① 사업시행자의 대집행 신청에 대하여 시장 등은 정당한 사유가 없는 한 그 신청에 응하여야 할 의무가 있다(토지보상법 제89조 제1항 후단).
② 사업시행자가 국가 또는 지방자치단체인 경우에는 대집행의 신청 없이 직접 대집행을 할 수 있도록 하고 있다(동조 제2항).
③ 사업시행자가 대집행 신청을 하거나 국가 또는 지방자치단체가 직접 대집행을 하고자 하는 경우에는 국가 또는 지방자치단체는 의무를 이행하여야 할 자의 보호를 위하여 노력하여야 한다(동조 제3항).

## ≫ 토지·물건의 인도 등 거부 시 실효성 확보수단

### Ⅰ 대행규정의 적용가능성

대행규정의 의무자의 고의·과실이 없을 것을 요건으로 하기 때문에 의무자가 인도·이전을 거부하는 경우에 대책으로 논의되기는 어려움이 있다.

### Ⅱ 대집행의 적용가능성

#### 1. 문제점

대집행은 대체적 작위의무를 대상으로 하는 것이다. 그러나 비대체적 작위의무인 토지·물건의 인도의무가 행정대집행법의 특례규정으로 보아 대집행을 실행할 수 있는지 문제된다.

## 2. 관련 판례의 태도

> ↩ **관련 판례(2006두7096)**
>
> 행정대집행법상 대집행의 대상이 되는 대체적 작위의무는 <u>공법상 의무</u>이어야 할 것인데, 협의취득은 공익사업에 필요한 토지 등을 그 소유자와의 협의에 의하여 취득하는 것으로서 공공기관이 사경제주체로서 행하는 사법상 매매 내지 사법상 계약의 실질을 가지는 것이므로, 그 협의취득 시 건물소유자가 매매대상 건물에 대한 철거의무를 부담하겠다는 취지의 약정을 하였다고 하더라도 이러한 철거의무는 공법상의 의무가 될 수 없고, 이 경우에도 행정대집행법을 준용하여 대집행을 허용하는 별도의 규정이 없는 한 위와 같은 철거의무는 행정대집행법에 의한 대집행의 대상이 되지 않는다.

## 3. 검토

토지보상법 제89조에는 "의무"라고만 규정하고 있어 법치행정의 원리상 명확한 근거 없이 비대체적 작위의무에까지 확대함은 무리가 있다고 보이는바, 대집행의 대상이 되지 않는다고 보여진다.

## Ⅲ 직접강제의 도입가능성

## 1. 직접강제의 의의

직접강제란 의무자가 의무를 불이행할 때 행정청이 직접 의무자의 신체·재산에 실력을 가하여 의무자가 직접 의무를 이행한 것과 같은 상태를 실현하는 작용을 말한다.

## 2. 관련 판례의 태도

> ↩ **관련 판례(2006두7096)**
>
> 협의취득 시 건물소유자가 협의취득대상 건물에 대하여 약정한 철거의무는 공법상 의무가 아닐 뿐만 아니라, 토지보상법 제89조에서 정한 행정대집행법의 대상이 되는 "이 법 또는 이 법에 의한 처분으로 인한 의무"에도 해당하지 아니하므로 위 철거의무에 대한 강제적 이행은 행정대집행법상 대집행의 방법으로 실현할 수 없다.

## 3. 검토

직접강제는 비대체적 작위의무도 대상으로 할 수 있어 효과적인 실효성확보수단이 될 수 있으므로, 이를 도입하는 방안을 신중히 검토해 볼 수 있으나, 국민의 권리보호 측면에서는 부정하는 것이 타당하다고 판단된다.

## 2-3 위험부담의 이전 C

## Ⅰ 의의 및 취지(토지보상법 제46조)

토지수용위원회의 재결이 있은 후 수용 또는 사용할 토지나 물건이 토지소유자 또는 관계인의 고시나 과실 없이 멸실 또는 훼손된 경우 그로 인한 손실을 사업시행자의 부담으로 하는 것을 말한다. 사전보상원칙을 관철하고 피수용자의 권익 보장에 취지가 있다.

## Ⅱ 민법상 위험부담 법리의 예외

민법 제537조에서는 계약에 있어서의 목적물의 위험을 채무자에게 부담시키고 있다. 따라서 토지보상법 제46조는 민법 제537조의 예외 규정으로 볼 수 있다.

## Ⅲ 요건(후책멸)

### 1. 위험부담의 이전기간

위험부담 이전의 효력은 재결에 따른 것이며, 위험부담이 이전되는 기간은 수용재결이 있은 **후**부터 수용의 개시일까지이다.

### 2. 피수용자의 귀책사유가 없을 것

목적물의 멸실에 피수용자의 **귀책**사유가 있는 경우에는 당연히 피수용자가 그 위험부담을 지게 되며, 피수용자의 귀책사유가 없는 경우에 한하여 목적물의 멸실에 따른 위험부담을 면하게 된다.

### 3. 위험부담의 범위

위험부담은 목적물의 **멸**실·훼손 등에 한하고 목적물의 가격하락의 경우에는 적용되지 않는다.

## Ⅳ 효과

수용목적물의 멸실·훼손에 대한 손실은 사업시행자가 부담하게 되며 보상금의 감액이나 면제를 주장할 수 없다. 다만 재결이 있기 전에는 사업시행자에게 위험부담의 책임이 있는 것은 아니다.

> ↪ 관련 판례(76다1472)
> 댐건설로 인한 수몰지역 내의 토지를 매수하고 지상임목에 대하여 적절한 보상을 하기로 특약하였다면 보상금이 지급되기 전에 그 입목이 홍수로 멸실되었다고 하더라도 매수 또는 보상하기로 한 자는 이행불능을 이유로 위 보상약정을 해제할 수 없다.

## 2-4  담보물권자의 물상대위 C

### Ⅰ 물상대위의 의의 및 취지(토지보상법 제47조)

담보물권의 목적물이 수용 또는 사용된 경우, 담보물권을 채무자가 받을 보상금에 대하여 행사하는 것을 말한다. 목적물은 원시취득(제45조)이므로 담보물권이 소멸한다. 따라서, 물상대위는 담보물권에 대한 채권을 보전함에 취지가 인정된다.

### Ⅱ 요건

① 보상금 지급 전 압류하되 제3자가 해도 무방하다. ② 수용 또는 사용되는 토지의 가격 및 잔여지에 대한 보상금에 대해서만 물상대위가 미치며 그 밖의 보상금에 대해서는 미치지 아니한다.

### Ⅲ 적용 범위

토지보상법 제47조는 개인별보상원칙(제64조)의 예외로서 보상금을 개별적으로 산정·지급하지 못하는 경우 또는 사업인정고시 이후 설정된 담보물권에 관해 적용된다.

## Ⅳ 담보권자의 권리구제

### 1. 관계인인 담보물권자의 경우

수용절차상 사전적 권리구제가 가능하다. 다만 수용재결에 대한 불복은 곤란한바, 토지보상법 제83조 이의신청 및 제85조에 따른 보상금증감청구소송은 가능하다고 할 것이다.

### 2. 관계인이 아닌 담보물권자의 경우

토지보상법 제83조의 이의신청 규정상으로는 '이의 있는 자'에 해당하여 이의신청이 가능하다. 보상금증감청구소송은 관련 규정상 곤란하지만 행정소송법 제16조 제3자의 소송참가 규정에 의거 소송 참가가 가능하다.

## Ⅴ 전세권자의 물상대위 가능성

전세권은 용익물권이지만 담보물권으로서의 성질도 아울러 갖는다는 점에서 전세권자가 물상대위를 할 수 있는지 문제가 된다. 동법의 취지가 소멸되는 제한물권자의 권익보호에 있음을 고려할 때, 전세권자도 물상대위를 할 수 있다고 봄이 타당하다.

### 2-5 환매권 A

🎯 **기출문제**

• 제35회, 제23회, 제19회, 제13회, 제1회

## Ⅰ 의의 및 취지(토지보상법 제91조)

환매권이란 공익사업에 필요하여 취득한 토지가 필요 없게 되거나, 이용되지 아니하는 경우에 원래의 토지소유자가 일정한 요건 하에 원래의 토지를 취득할 수 있는 권리를 말하며, 피수용자의 감정존중과 재산권의 존속보장에 그 취지가 있다.

## Ⅱ 법적 성질

### 1. 형성권

환매권은 제척기간 내에 이를 일단 행사하면 형성적 효력으로 매매의 효력이 생기는 것으로서 〈형성권〉의 성질을 지니며, 판례의 태도 또한 동일하다.

> ↩ 관련 판례(2011다74109)
> 토지보상법 제91조에 의한 환매는 환매기간 내에 환매의 요건이 발생하면 환매권자가 지급 받은 보상금에 상당한 금액을 사업시행자에게 미리 지급하고 일방적으로 의사표시를 함으로써 사업시행자의 의사와 관계없이 환매가 성립한다.

## 2. 공권인지 여부

### (1) 관련 판례의 태도

> **↘ 관련 판례(92헌마283)**
>
> 피청구인이 청구인들의 환매권 행사를 부인하는 의사표시를 하였다 하더라도, 이는 환매권의 발생 여부 또는 그 행사의 가부에 관한 사법관계의 다툼을 둘러싸고 사전에 피청구인의 의견을 밝히고, 그 다툼의 연장인 민사소송절차에서 상대방의 주장을 부인하는 것에 불과하므로, 헌법소원심판의 대상이 되는 공권력의 행사라고 볼 수는 없다.

### (2) 검토

판례는 사권으로 보았으나, 이론상으로 볼 때 사업시행자라고 하는 공권력의 주체에 대하여 사인이 가지는 공법으로서의 토지보상법상 권리이므로 〈공권〉으로 봄이 타당하다고 판단된다.

## Ⅲ 환매권의 성립 시기

취득일에 이미 성립한 환매권을 현실적으로 행사하기 위한 요건으로 봄이 타당하다고 생각되는바, 토지보상법 제91조 제1항, 제2항이 규정하고 있는 환매의 요건은 행사요건이라 할 것이다.

## Ⅳ 환매권 행사의 요건

## 1. 환매권의 당사자와 목적물

환매권자는 토지소유자 또는 포괄승계인이고 상대방은 사업시행자 또는 현재의 소유자이다. 환매 목적물은 토지소유권에 한한다. 단, 잔여지의 경우에는 접속된 부분이 필요 없게 된 경우가 아니면 환매는 불가하다(토지보상법 제91조 제3항).

> **↘ 관련 판례(2010다6611)**
>
> 국가가 1필지 토지에 관하여 위와 같이 다른 공유자와 구분소유적 공유관계에 있는 경우 국가가 이러한 상태에서 다른 공유자가 1필지 토지에 관하여 가지고 있는 권리를 수용하는 경우 수용 대상은 공유자의 1필지 토지에 대한 공유지분권이 아니라 1필지의 특정 부분에 대한 소유권이다. <u>그 후 환매권을 행사한 경우 그 공유자가 환매로 취득하는 대상은 당초 수용이 된 대상과 동일한 1필지의 특정 부분에 대한 소유권이고, 이와 달리 1필지 전체에 대한 공유지분이라고 볼 수는 없다.</u>

## 2. 공익사업의 폐지·변경 또는 그 밖의 사유로 취득한 토지의 전부 또는 일부가 필요 없게 된 경우

### (1) 토지보상법 제91조 제1항

취득한 토지의 전부 또는 일부가 필요 없게 된 경우 토지의 협의취득일 또는 수용의 개시일 당시의 토지소유자 또는 그 포괄승계인은 사업이 폐지·변경되거나 고시가 있은 날 또는 사업 완료일로부터 10년 이내에 그 토지에 대하여 받은 보상금에 상당하는 금액을 사업시행자에게 지급하고 그 토지를 환매할 수 있다.

### (2) 요건의 구체적 의미

> **관련 판례(2010다6567)**
> ① "폐지·변경"이란 해당 사업을 아예 그만두거나 다른 사업으로 바꾸는 것을 말한다.
> ② "필요 없게 된 때"란 사업시행자가 취득한 토지의 전부 또는 일부가 그 취득목적사업을 위하여 사용할 필요 자체가 없어진 경우를 말한다.
> ③ 필요 없게 되었는지 여부는 사업시행자의 주관적인 의사를 표준으로 할 것이 아니라 해당 사업의 목적과 내용, 협의취득의 경위와 범위, 해당 토지와 사업의 관계, 용도 등 여러 사정에 비추어 객관적·합리적으로 판단하여야 한다.

## 3. 일정기간 경과 후 취득한 토지 전부를 이용하지 아니한 경우

### (1) 토지보상법 제91조 제2항

토지의 취득일로부터 5년 이내에 취득한 토지의 전부를 해당 사업에 이용하지 아니하였을 경우, 취득일로부터 6년 이내 환매권을 행사하여야 한다.

### (2) 요건의 구체적 의미

① "전부"의 의미는 사업시행자가 취득한 토지의 전부를 말하며, 판례는 취득한 토지 중 일부라도 공익사업에 이용되고 있으면 나머지 부분도 공익사업이 시행될 가능성이 있다고 보아 환매요건을 강화하였다고 보고 있다.

② "이용하지 아니할 때"란 장래 공익사업의 용도에 이용되어질 가능성이 있더라도 현재 사실상 이용하지 않고 있음을 의미한다.

> **관련 판례(94다31310)**
> 토지보상법 제91조 제1항과는 달리 "취득한 토지 전부"가 공익사업에 이용되지 아니한 경우에 한하여 환매권을 행사할 수 있고 그중 일부라도 공익사업에 이용되고 있으면 나머지 부분에 대하여도 장차 공익사업이 시행될 가능성이 있는 것으로 보아 환매권의 행사를 허용하지 않는다는 취지이므로, 이용하지 아니하였는지 여부도 그 취득한 토지 전부를 기준으로 판단하여야 한다.

## 4. 토지보상법 제91조 제1항과 제2항의 관계

제1항과 제2항은 환매권 행사요건은 서로 독립적으로 성립하므로 어느 한쪽의 요건에 해당되지 않더라도 다른 쪽의 요건을 주장할 수 있다. 즉, 제1항 및 제2항의 요건에 충족되면 환매권자는 자신에게 유리한 기간을 선택적으로 적용할 수 있다.

> **관련 판례(92다50652)**
> 토지보상법 제91조 제1항과 제2항은 환매권 발생요건을 서로 달리하고 있으므로 어느 한쪽의 요건에 해당되면 다른 쪽의 요건을 주장할 수 없게 된다고 할 수는 없다.

## Ⅴ 환매권의 행사 절차

### 1. 환매 통지·공고(토지보상법 제92조)(법상 의무)

사업시행자는 환매할 토지가 생겼을 때에는 지체 없이 그 사실을 환매권자에게 통지하여야 하며, 사업시행자가 과실 없이 환매권자를 알 수 없을 때에는 공고하여야 한다.

### 2. 환매권자의 환매금액의 지급과 의사의 표시

환매권자는 환매금액을 지급하고 환매의사를 표시함으로써 환매권을 행사하게 된다. 이때 환매대금지급의무와 소유권이전의무가 동시이행관계인지 선이행관계인지에 대하여 환매대금지급의무가 선이행이라는 것이 우리 토지보상법의 태도이다.

> **관련 판례(2011다74109)**
>
> 환매는 환매기간 내에 환매의 요건이 발생하면 환매권자가 지급 받은 보상금에 상당한 금액을 사업시행자에게 미리 지급하고 일방적으로 의사표시를 함으로써 사업시행자의 의사와 관계없이 환매가 성립한다. 따라서 환매기간 내에 환매대금 상당을 지급하거나 공탁하지 아니한 경우에는 환매로 인한 소유권이전등기 청구를 할 수 없다.

## Ⅵ 환매권 행사의 효력발생시점

환매권은 형성권의 일종으로 환매의 의사표시가 상대방에게 도달한 때에 비로소 환매권 행사의 효력이 발생한다.

> **관련 판례(98다46945)**
>
> 환매권은 재판상이든 재판 외이든 그 기간 내에 행사하면 되는 것이나, 환매권은 상대방에 대한 의사표시를 요하는 형성권의 일종으로서 환매의 의사표시가 상대방에게 도달한 때에 비로소 환매권 행사의 효력이 발생함이 원칙이다.

## Ⅶ 대항력(토지보상법 제91조 제5항)

환매권은 「부동산등기법」에서 정하는 바에 따라 공익사업에 필요한 토지의 협의취득 또는 수용의 등기가 되었을 때에는 제3자에게 대항할 수 있다.

> **관련 판례(2015다238963)**
>
> 제91조 제5항은 "환매권은 부동산등기법이 정하는 바에 의하여 공익사업에 필요한 토지의 협의취득 또는 수용의 등기가 된 때에는 제3자에게 대항할 수 있다."고 정하고 있다. 이는 협의취득 또는 수용의 목적물이 제3자에게 이전되더라도 협의취득 또는 수용의 등기가 되어 있으면 환매권자의 지위가 그대로 유지되어 환매권자는 환매권을 행사할 수 있고, 제3자에 대해서도 이를 주장할 수 있다는 의미이다.

## Ⅷ 환매권의 소멸

### 1. 사업시행자의 통지나 공고가 있는 경우

환매권은 통지를 받은 날 또는 공고한 날로부터 6개월의 기간이 경과함으로써 소멸하게 된다(토지보상법 제92조 제2항).

### 2. 사업시행자의 통지나 공고가 없는 경우

사업시행자의 통지나 공고가 없는 경우 ① 그 토지의 전부 또는 일부가 필요 없게 된 때부터 1년 또는 그 취득일로부터 10년이 각각 지난 경우, ② 취득일로부터 5년 이내에 취득한 토지 전부를 해당 사업에 이용하지 아니하였을 때에는 취득일부터 6년 이내에 환매권을 행사하지 아니하였을 경우에 환매권은 소멸한다.

### 3. 사업시행자가 통지하지 아니한 경우의 불법행위성립 여부

토지보상법 제92조에 규정된 통지의무는 법상 의무에 해당하는바 불법행위로 인한 손해배상청구권이 성립한다고 봄이 타당하다.

> 🔖 **관련 판례(92다34667)**
> 사업시행자가 원소유자의 환매가능성이 존속하고 있는데도 이러한 의무에 위배한 채 환매의 목적이 될 토지를 제3자에게 처분한 경우 처분행위 자체는 유효하다 하더라도 환매권 자체를 행사함이 불가능하도록 함으로써 환매권 자체를 상실시킨 것으로 되어 불법행위를 구성한다.

## Ⅸ 권리구제

### 1. 행사요건 성립 여부에 대한 다툼

환매권 행사요건이 성립하는지에 대한 다툼에 대해서 공권설의 입장에서는 공법상 당사자소송에 의할 것이며, 사권설의 입장에서는 민사소송에 의하게 될 것이나 실무상 민사소송에 의한다.

### 2. 환매금액에 관한 다툼(토지보상법 제91조)

환매금액은 원칙상 사업시행자가 지급한 보상금에 상당한 금액이다(동조 제1항). 토지의 가격이 취득일 당시에 비하여 현저히 변동된 경우 사업시행자 및 환매권자는 환매금액에 대하여 서로 협의하되, 협의가 성립되지 않을 때는 그 금액의 증감을 법원에 청구할 수 있다(동조 제4항).

> 🔖 **관련 판례(2006다49277)**
> 토지 등의 가격이 취득 당시에 비하여 현저히 변경되었더라도 같은 당사자 간에 금액에 관하여 협의가 성립하거나 법원에서 그 금액이 확정되지 않는 한, 환매권을 행사하기 위하여는 지급받은 보상금 상당액을 미리 지급하여야 하고 사업시행자는 소로써 법원에 환매대금의 증액을 청구할 수 있을 뿐 환매권 행사로 인한 소유권이전등기 청구소송에서 환매대금 증액청구권을 내세워 증액된 환매대금과 보상금 상당액의 차액을 지급할 것을 선이행 또는 동시이행의 항변으로 주장할 수 없다.

## X 헌법불합치 결정(2019헌바131)

**＊토지보상법 제91조 제1항 환매권 행사제한 10년 적용부분 헌법불합치 결정 논의**

### 1. 환매권의 법적 성격과 심사기준

**(1) 환매권의 법적 성격**

헌법 제23조에서는 국민의 재산권 보장을 원칙으로 하고, 예외적으로 공공필요 등을 갖춘 경우 토지 수용을 인정한다. 공익사업에 수용됐던 토지가 필요 없어진 경우에는 토지수용의 헌법상 정당성이 소멸한 것이므로, 종전 소유권을 회복할 수 있는 환매권은 헌법이 보장하는 재산권의 내용에 포함되는 권리이다.

**(2) 심사기준**

'취득일로부터 10년 이내'는 환매권 발생 여부 자체에 대한 제한이다. 이는 원소유자의 환매권을 배제하는 결과를 초래할 수 있으므로 헌법 제37조 제2항에 위배되는지 여부가 문제된다.

### 2. 과잉금지원칙의 위반 여부

**(1) 과잉금지원칙의 의의 및 요건**

과잉금지 원칙은 기본권을 제한하는 입법은 입법목적의 정당성과 그 목적달성을 위한 방법의 적정성, 입법으로 인한 피해의 최소성, 그리고 그 입법에 의해 보호하려는 공익과 침해되는 사익의 균형성을 모두 갖추어야 한다는 것을 말한다.

**(2) 관련 판례의 태도**

토지보상법 제91조 제1항 중 '토지의 협의취득일 또는 수용의 개시일부터 10년 이내에' 부분이 헌법에 합치되지 아니한다는 결정을 선고한 바 있다.

**(3) 소결**

① 법익의 균형성 위반 여부

이와 같은 상황에서 이 사건 법률조항의 환매권 발생기간 '10년'을 예외 없이 유지하게 되면 토지수용 등의 원인이 된 공익사업의 폐지 등으로 공공필요가 소멸하였음에도 단지 10년이 경과하였다는 사정만으로 환매권이 배제되는 결과가 초래될 수 있다. 다른 나라의 입법례에 비추어 보아도 발생기간을 제한하지 않거나 더 길게 규정하면서 행사기간 제한 또는 토지에 현저한 변경이 있을 때 환매거절권을 부여하는 등 보다 덜 침해적인 방법으로 입법목적을 달성하고 있다. 이 사건 법률조항은 침해의 최소성 원칙에 어긋난다.

② 제한의 최소성 위반 여부

이 사건 법률조항이 추구하고자 하는 공익은 원소유자의 사익침해 정도를 정당화할 정도로 크다고 보기 어려우므로, 법익의 균형성을 충족하지 못한다. 결국 이 사건 법률조항은 헌법 제37조 제2항에 반하여 국민의 재산권을 침해하여 헌법에 위반된다.

### 3. 헌법불합치 결정에 대한 검토

환매권의 발생 기간을 일률적으로 10년으로 제한한 것이 국민의 재산권을 과도하게 제한하는 것은 헌법상 재산권의 존속보장 및 공평의 원칙에 입각한 환매권 규정의 취지에 맞지 않고, 따라서 헌법 재판소의 결정이 타당하다 판단되며 국회에서는 조속한 개정을 통하여 국민의 권리구제에 도모한 바 있다.

### 2-6  공익사업변환 A

#### I  공익사업 변환 의의 및 취지(토지보상법 제91조 제6항)

공익사업변환이란 국가·공공기관이 사업인정을 받아 취득·수용한 후 해당 공익사업이 다른 공익사업으로 변경된 경우 관보고시일로부터 환매권 기산일을 새로이 하는 것을 말하며, 공익사업을 위해 토지를 재취득하는 무용한 절차의 반복을 방지하기 위함에 취지가 있다.

#### II  공익사업변환이 인정되기 위한 요건

① 사업 주체는 국가, 지방자치단체 또는 공공기관일 것
② 대상 사업은 토지보상법 제4조 제1호 내지 제5호에 해당하는 사업일 것
③ 종전 사업과 새로운 공익사업 모두 사업인정을 받거나 사업인정 의제 될 것

#### 1. 사업시행자의 변경이 있는 경우에도 공익사업변환 특칙이 적용되는지 여부

판례는 사업시행자가 동일한 경우에만 허용되는 것으로 볼 수 없다고 판시하여 사업 주체의 변경을 인정하고 있다.

> **관련 판례(93다11760)**
> 공익사업의 변환이 국가 지방자치단체 또는 공공기관 등 사업시행자가 동일한 경우에만 허용되는 것으로 해석되지는 않는다.

#### 2. 민간기업도 사업시행자로서 인정되는지 여부

> **관련 판례(2014다201391)**
> 변경된 공익사업이 공익성이 높은 토지보상법 제4조 제1~5호에 규정된 사업인 경우에 한하여 허용되므로 공익사업 변환 제도의 남용을 막을 수 있는 점을 종합해 보면, 변경된 공익사업이 토지보상법 제4조 제1~5호에 정한 공익사업에 해당하면 공익사업의 변환이 인정되는 것이지, 변경된 공익사업의 시행자가 국가·지방자치단체 또는 일정한 공공기관일 필요까지는 없다.

#### 3. 대상사업 요건

> **관련 판례(2010다30782)**
> 토지보상법 제91조 제6항에 정한 공익사업의 변환은 사업인정을 받은 공익성이 높은 다른 공익사업으로 변경된 경우에 한하여 환매권의 행사를 제한하는 것이므로, 적어도 새로운 공익사업에 관해서도 사업인정을 받거나 사업인정을 받은 것으로 의제하는 다른 법률의 규정에 의해 사업인정을 받은 것으로 볼 수 있는 경우에만 공익사업의 변환에 의한 환매권 행사의 제한을 인정할 수 있다.

## 4. 사업시행자의 토지 소유 요건

> **⤷ 관련 판례(2010다30782)**
>
> 사업시행자가 협의취득하거나 수용한 해당 토지를 제3자에게 처분해 버린 경우에는 어차피 변경된 사업
> 시행자는 그 사업의 시행을 위하여 제3자로부터 토지를 재취득해야 하는 절차를 새로 거쳐야 하는 관계
> 로 위와 같은 공익사업의 변환을 인정할 필요성도 없게 되므로, <u>공익사업의 변환을 인정하기 위해서는</u>
> <u>적어도 변경된 사업의 사업시행자가 해당 토지를 소유하고 있어야 한다. 나아가 토지가 변경된 사업의</u>
> <u>사업시행자 아닌 제3자에게 처분된 경우에는 공익사업의 변환을 인정할 여지도 없다.</u>

## Ⅲ 공익사업변환의 효과

공익사업변환이 인정되면 환매권 행사가 제한되고 환매권의 행사기간은 관보에 공익사업의 변경을
고시한 날부터 기산한다.

> **⤷ 관련 판례(2010다30782)**
>
> 새로 변경된 공익사업을 기준으로 다시 환매권 행사의 요건을 갖추지 못하는 한 환매권을 행사할 수 없고
> 환매권 행사 요건을 갖추어 제1항 및 제2항에 정한 환매권을 행사할 수 있는 경우에 그 환매권 행사기간은
> 당해 공익사업의 변경을 관보에 고시한 날로부터 기산한다는 의미로 해석해야 한다.

## Ⅳ 위헌성 논의

### 1. 관련 판례의 태도

> **⤷ 관련 판례(96헌바94)**
>
> 변경사용이 허용되는 사업시행자의 범위를 국가ㆍ지방자치단체 또는 공공기관으로 한정하고 사업목적
> 또한 상대적으로 공익성이 높은 토지보상법 제4조 제1호 내지 제5호의 공익사업으로 한정하여 규정하고
> 있어서 그 입법목적 달성을 위한 수단으로서의 적정성이 인정될 뿐 아니라 피해최소성의 원칙 및 법익균
> 형의 원칙에도 부합된다 할 것이므로 위 법률조항은 헌법 제37조 제2항이 규정하는 기본권 제한에 관한
> 과잉금지의 원칙에 위배되지 아니한다.

### 2. 검토

판례의 태도 또한 일면 타당하나, 공익사업의 변경 과정에서 적법성 확보 절차가 부재하고 환매권
자의 참여가 전적으로 배제된 상태로 이루어지는 등 위헌적 소지가 많은 규정이라는 비판을 피할
수 없다고 보여진다.

## Ⅴ 사업인정 전 협의취득에 공익사업변환 특칙 적용 여부

토지보상법 제91조 제6항은 "사업인정을 받아"라고 규정하고 있는바, 사업인정 전 협의취득에 기초
한 환매권에 대해서는 변환특칙이 적용될 여지가 없다고 판단된다.

# Chapter 05 공용사용의 절차 및 효과

## 제1절 공용사용의 보통절차 및 효과

### I 공용사용의 의의 및 성질

공용사용은 공익사업의 주체가 타인의 재산권 위에 공법상 사용권을 취득하고, 상대방은 그 사용을 수인할 의무를 지는 것을 말하며, 공용제한의 성질을 갖는다.

### II 공용사용의 종류

공용사용은 일시적 사용(토지보상법 제9조, 제27조)과 계속적 사용으로 구분되며, 계속적 사용에는 보통절차를 거쳐 사용하는 경우와 약식절차(동법 제38조, 제39조)에 의하는 경우로 구분된다.

### III 공용사용의 절차

#### 1. 계속적 사용

(1) 보통절차(사조협재)

사업인정(§20) → 토지 및 물건 조서의 작성(§26,27) → 협의(§26) → 수용재결(§34)

(2) 약식절차

토지보상법은 공용수용의 약식절차를 인정하지 않고 있고, 공용사용의 경우에만 약식절차를 인정하고 있다. 약식절차에 의한 사용은 비록 6개월 이내이지만 장기간에 걸쳐 사용하는 계속 사용에 해당한다.

#### 2. 일시적 사용(토지보상법 제9조, 제27조)

사업인정 전 타인토지출입은 시장 등의 출입허가를 받고, 출입하기 5일 전 출입의 통지를 한 후 출입하는 반면, 사업인정 후 타인토지출입은 별도의 허가절차를 요하지 아니한다.

### IV 공용사용의 효과

#### 1. 사용권취득(토지보상법 제45조)

공용수용의 효과 중에서 가장 기본이 되는 효력으로 사업시행자가 토지 또는 물건을 사용할 날에 그에 대한 사용권을 취득하며, 그 토지나 물건에 관한 다른 권리는 사용의 기간 중에 그 권리를 행사하지 못한다.

#### 2. 손실보상의무(동법 제40조)

보통절차에 의해 공용사용하는 경우에는 사업시행자는 사용의 개시일까지 관할 토지수용위원회가 재결한 보상금을 지급하거나, 공탁하여야 한다.

일시적 사용(제9조, 제27조)과 천재지변시의 사용(제38조)의 경우에는 손실이 발생한 것을 안 날부터 1년, 발생한 날부터 3년 이내 보상청구가 가능하며, 시급을 요하는 사용(제39조)의 경우 토지수용위원회의 재결이 있기 전에 토지소유자 또는 관계인의 청구가 있는 때에는 사업시행자는 자기가 산정한 보상금을 토지소유자 또는 관계인에게 지급하여야 한다(제41조).

## 3. 대행·대집행 신청권(동법 제44조, 제89조)

토지소유자 및 관계인이 토지 및 물건의 인도·이전의무를 불이행 시 사업시행자는 대집행 신청을 할 수 있으며, 의무를 이행할 수 없는 경우 대행청구권을 가진다.

## 4. 반환 및 원상회복의무(동법 제48조)

사업시행자는 토지나 물건의 사용기간이 만료된 때 또는 사업의 폐지·변경 그 밖의 사유로 인하여 사용할 필요가 없게 된 때에는 지체 없이 해당 토지나 물건을 토지나 물건의 소유자 또는 그 승계인에게 반환하여야 하며, 토지소유자의 원상회복청구가 있는 때에는 미리 그 손실을 보상한 경우를 제외하고는 해당 토지를 원상으로 회복하여 반환하여야 한다.

---

### 제2절 │ 공용사용의 약식절차와 효과 D

### 2-1 │ 천재지변 시의 토지의 사용

### Ⅰ 의의[토지보상법 제38조]

천재·지변 그 밖의 사변으로 인하여 공공의 안전을 유지하기 위한 공익사업을 긴급히 시행할 필요가 있는 경우 시장 등의 허가를 받아 타인의 토지를 즉시 사용할 수 있는 것을 말한다.

### Ⅱ 요건

① 천재·지변 등으로 인하여, ② 공공의 안전을 유지하기 위한 공익사업을 긴급히 시행할 필요가 있을 것, ③ 시장 등의 허가(통지 포함)가 있을 것, ④ 사용기간은 6개월 이내일 것 등을 요건으로 한다.

### Ⅲ 절차

① 사업시행자가 사인인 경우에는 시장 등의 허가를 받아야 하며, 국가 등인 경우에는 시장 등에게 통지하고, 사업시행자가 시장 등인 경우에는 통지 없이 사용할 수 있다(동법 제38조 제1항).
② 시장 등은 허가를 하거나 통지를 받은 때 또는 직접 타인의 토지를 사용하려는 때에는 즉시 토지소유자 및 점유자에게 통지하여야 한다(동조 제2항).

## Ⅳ 효과

### 1. 사업시행자

① 목적물에 대한 사용권을 취득하며, ② 사용기간 만료 시 반환 및 원상회복의무, ③ 대행·대집행신청권을 가진다.

### 2. 토지소유자

① 목적물의 인도·이전의무, ② 손실보상청구권을 갖는다.

## Ⅴ 권리구제

### 1. 허가에 대한 항고쟁송

관할 토지수용위원회의 허가는 사업시행자와 토지소유자에게 구체적인 법적 효과를 직접적으로 발생시키는바 항고쟁송의 대상이 되는 처분에 해당한다. 따라서 당사자는 시장 등의 위법한 허가거부처분이나 허가처분에 대하여 항고쟁송으로 다툴 수 있다.

### 2. 손실보상

사업시행자는 타인의 토지를 사용함으로써 발생하는 손실을 보상하여야 한다. 절차는 토지보상법 제9조 제5항 내지 제7항에 의거 손실발생을 안 날부터 1년, 발생한 날부터 3년 이내에 보상청구하여야 하며, 협의에 의하되 불성립 시 재결신청을 할 수 있다. 재결에 대한 불복은 토지보상법 제83조 내지 제85조의 규정에 의한다.

### 3. 원상회복에 대한 공법상 결과제거청구권

사업시행자가 사용기간이 만료되었음에도 원상회복 및 반환하지 않을 때에는 공법상 결과제거청구권 행사가 가능하다.

---

### 2-2 시급한 토지 사용에 대한 허가

## Ⅰ 의의(토지보상법 제39조)

재결신청이 있는 경우 그 재결을 기다려서는 재해를 방지하기 곤란하거나 그 밖에 공공의 이익에 현저한 지장을 줄 우려가 있다고 인정하는 때에는 사업시행자의 신청과 토지수용위원회의 허가에 의해 타인의 토지를 사용하는 제도를 말한다.

## Ⅱ 요건

① 허가권자는 관할 토지수용위원회이며, ② 재결의 신청이 있을 것, ③ 재결을 기다려서는 재해를 방지하기 곤란하거나 그 밖에 공공의 이익에 현저한 지장을 줄 우려가 있다고 인정될 것, ④ 사업시행자의 담보제공이 있을 것(사업시행자가 국가 등인 경우 예외), ⑤ 사용기간은 6개월 이내일 것을 요한다.

## Ⅲ 절차

① 사업시행자가 신청하여 관할 토지수용위원회의 허가를 받아야 한다. ② 토지수용위원회가 허가를 한 경우에는 토지소유자 및 점유자에게 즉시 통지하여야 한다(토지보상법 제39조 제3항).

## Ⅳ 효과

사업시행자는 ① 목적물에 대한 사용권을 취득하며, ② 사용기간 만료 시 반환 및 원상회복의무, ③ 대행·대집행신청권을 가지며, 토지소유자는 ① 목적물의 인도·이전의무, ② 손실보상청구권을 갖는다.

## Ⅴ 권리구제

### 1. 허가에 대한 항고쟁송

시장 등의 허가는 사업시행자와 토지소유자에게 법적 효과를 직접적으로 발생시킨다. 따라서 항고쟁송의 대상이 되는 처분에 해당하므로, 당사자는 시장 등의 위법한 허가거부처분이나 허가처분에 대하여 항고쟁송으로 다툴 수 있다.

### 2. 손실보상

사업시행자는 토지수용위원회의 재결이 있기 전에 토지소유자 또는 관계인의 청구가 있는 때에는 자기가 산정한 보상금을 토지소유자나 관계인에게 지급하여야 하며(토지보상법 제41조 제1항), 토지소유자 또는 관계인은 사업시행자가 토지수용위원회의 재결에 의한 보상금의 지급시기까지 이를 지급하지 아니하는 때에는 제공된 담보의 전부 또는 일부를 취득한다. 이에 대한 불복은 토지보상법 제9조 제4항을 준용하는 규정이 없으므로 이의신청(동법 제83조) 및 행정쟁송(동법 제85조)에 따르게 될 것이다.

### 3. 원상회복에 대한 공법상 결과제거청구권

사업시행자가 사용기간이 만료되었음에도 원상회복 및 반환하지 않을 때에는 공법상 결과제거청구권 행사가 가능하다.

### 2-3 약식절차의 비교

| 구분 | | 천재지변시의 토지의 사용(제38조) | 시급한 토지 사용에 대한 허가(제39조) |
|---|---|---|---|
| 공통점 | 제도적 취지 | ① 보통절차를 거칠 여유가 없기 때문에 보통절차 중 일부를 생략<br>② 정식절차에 비해 침해의 정도가 크므로 피침해자의 권리보호장치 마련 | |
| | 요건 | ① 공용사용의 경우에만 허용<br>② 공공의 안전을 유지하기 위한 공익사업을 긴급히 시행할 필요가 있을 것 | |
| | 사용기간 | 토지소유자의 재산권 보상취지로 6개월을 초과하지 못함 | |
| | 보상의 특징 | 토지보상법 제62조의 사전보상원칙의 예외로서 사후보상이 이루어짐 | |

| | | | |
|---|---|---|---|
| 차이점 | 내용 및 절차 | 시·군·구청장의 허가 또는 통지를 받은 후 토지소유자에게 통지 | 재결신청 → 사업시행자의 담보제공 → 토지수용위원회의 허가 → 토지소유자 통지 |
| | 보상방법 | 토지보상법 제9조 제5항~제7항 준용 | 토지보상법 제41조<br>(시급한 토지 사용에 대한 보상규정) |
| | 권리구제 | • 시·군·구청장의 허가는 토지사용권을 부여하는 특허로서 처분에 해당 → 특허에 대해서는 행정쟁송 → 보상금에 대해서는 이의신청, 보증소 | • 손실보상 명문규정 없음<br>• 관할 토지수용위원회의 허가를 법 제50조의 재결 사항의 내용으로 해석 시 → 법 제83조 내지 제85조의 적용 가능성 |

# PART 02

# 손실보상

Chapter 01 행정상 손실보상

Chapter 02 손실보상각론

# 행정상 손실보상

Chapter 01

## I   손실보상의 의의, 취지

'행정상 손실보상'이란 ① 공공필요에 의한, ② 적법한 행정상의 공권력 행사에 의하여, ③ 개인의 재산권에 가해진 특별한 희생에 대하여, ④ 전체적 평등부담의 견지에서, 행정주체가 행하는 조절적 전보제도를 말하며, 피해자 구제에 취지가 있다.

## II   손실보상의 근거

### 1. 이론적 근거

재산권 보장원칙, 공평부담의 실현, 공사익조절, 법률생활의 안정 등의 종합적 입장에서 그 근거를 찾아야 할 것이다. 특히, 최근 헌법상 국민의 생존권 보장의 경향이 뚜렷해짐에 따라 재산권 보장 이상의 보상을 주장하는 생활권 보장의 고려가 일반화되고 있다.

### 2. 헌법적 근거

헌법 제23조 제3항은 "공공필요에 의한 재산권의 수용·사용 또는 제한 및 그에 대한 보상은 법률로써 하되, 정당한 보상을 지급하여야 한다"고 하여 재산권의 제한과 보상에 대한 일반 원칙을 규정하고 있다.

### 3. 법률상 근거

토지보상법은 손실보상에 관한 일반법으로서, 보상에 관한 절차와 기준을 체계화하고 있고, 개별 법에서는 필요한 사항에 관한 특칙을 규정하고 이외의 사항에는 일반법인 토지보상법의 규정을 따르고 있다.

## III   손실보상청구권의 법적성질

### 1. 관련 판례의 태도

> 🔗 **관련 판례(2004다6207)**
> 손실보상청구권의 법적 성질은 하천구역에의 편입에 의한 손실보상청구권과 하등 다를 바가 없는 것이어서 공법상의 권리임이 분명하므로 그에 관한 쟁송도 행정소송절차에 의하여야 한다.

### 2. 검토

손실보상은 공권력 행사를 원인으로 하는 공법관계에 관한 제도이고, 손실보상 규정을 둔 실정법이 전심절차로 행정심판을 두고 있는 경우가 많다는 점을 근거로 〈공권〉으로 보는 것이 타당하다.

## 제2절 | 손실보상의 요건 A

> ① **공공**의 필요
> ② **재산권**에 대한 공권적 침해
> ③ 침해의 **적법성**
> ④ **특별한 희생**
> ⑤ **보상규정**의 존재

## Ⅰ 공공의 필요

재산권에 대한 공권적 침해는 '공공필요'에 의해서만 행해질 수 있는바, 공공필요는 공용침해의 실질적 허용요건이자 본질적 제약요소가 된다. 공공필요의 유무는 개별·구체적으로 공·사익 간의 비례의 원칙을 통한 비교형량을 통하여 판단된다.

## Ⅱ 재산권에 대한 공권적 침해

### 1. 재산권의 의미

재산권이란 토지소유권 및 그 재산적 가치가 있는 일체의 권리를 의미한다. 재산가치는 현존하는 것으로서, 기대이익은 재산권에 포함되지 않는다.

### 2. 공권적 침해성

공익실현을 위한 의도된 공권력의 행사로서의 공법적 행위이다. 즉, 보상부 침해로서 재산권의 박탈, 사용, 제한 등 일체의 재산권에 대한 공권적 감손행위를 말한다.

### 3. 공권적 침해와 재산상 손실의 인과관계

침해의 직접성으로 공권적 침해와 재산상 손실은 직접적 인과관계가 있어야 한다.

## Ⅲ 침해의 적법성

헌법 제23조 제3항은 법률유보원칙을 취하고 있는바, 재산권 침해는 형식적 의미의 법률에 적합해야 한다. 또한 적법한 공권력 행사는 법률에 근거해야 할 뿐만 아니라 그 절차에 있어서도 적법하여야 한다.

## Ⅳ 특별한 희생

### 1. 의의

특별한 희생이란 재산권에 일반적으로 내재된 사회적 제약을 넘는 특별한 공용침해를 말하며, 사회적 제약은 보상대상이 되지 않는다는 점에서 구별실익이 있다.

## 2. 특별한 희생의 구별 기준

### (1) 학설

① 〈형식설〉 재산권 침해의 인적 범위가 특정되어 있는가의 여부로 구별하는 견해

② 〈실질설〉 재산권 침해의 본질성과 강도에 의하여 구별하려는 견해 (목사보수중상사 : 목적 위배설, 사적 효용설, 보호가치성설, 수인기대가능성설, 중대성설, 상황구속성설, 사회적 비용설)

### (2) 관련 판례

> ↪ **관련 판례(89부2)**
>
> 개발제한구역 안에 있는 제한은 공공복리에 적합한 합리적인 제한이라고 볼 것이고, 그 제한으로 인한 토지소유자의 불이익은 공공의 복리를 위하여 감수하지 아니하면 안 될 정도의 것이라고 인정되므로 손실보상의 규정을 하지 아니하였다 하여 위배되는 것이라고 할 수 없다.
>
> ↪ **헌법재판소 입장**
>
> ① 토지를 종래 목적으로도 사용할 수 없거나(목적위배설), ② 실질적으로 토지의 사용, 수익의 길이 없는 경우(사적 효용설)에는 수인한계를 넘는 것(수인한도설)이므로 특별희생에 해당된다.

### (3) 검토

판례의 입장 및 형식설과 실질설이 일면 타당하다는 점을 종합할 때 보상 여부의 결정에 있어서는 형식적 기준과 실질적 기준을 상호 보완적으로 적용하여 판단하는 것이 타당하다고 보여진다.

## Ⅴ 보상규정의 존재

## 1. 문제점

헌법 제23조 제3항은 손실보상은 법률로써 하도록 규정하고 있어, 개별법에는 보상규정이 있어야 한다. 다만 보상규정이 흠결된 경우 손실보상청구를 할 수 있는지가 헌법 제23조 제3항의 해석과 관련해 문제된다.

## 2. 학설

① 〈방침규정설〉 헌법상 보상규정은 입법방침에 불과한 프로그램 규정이므로 법률에 보상규정이 없는 한 손실보상이 안 된다는 견해

② 〈직접효력설〉 헌법 제23조 제3항을 직접 근거로 하여 보상을 청구할 수 있다는 견해

③ 〈유추적용설〉 헌법 제23조 제3항 및 관계 규정의 유추적용을 통하여 보상을 청구할 수 있다는 견해

④ 〈위헌무효설〉 법률에 보상규정이 없으면 그 법률은 위헌무효가 되어 손실보상이 아닌 손해배상을 청구할 수 있다는 견해

⑤ 〈보상입법부작위위헌설〉 공용제한을 규정하면서 손실보상을 두지 않은 경우 그 공용제한규정 자체는 헌법에 위반되는 것은 아니지만 손실보상을 규정하지 않은 입법부작위가 위헌이라고 보는 견해

## 3. 판례

> 🔁 **관련 판례(94다34630) – 유추적용설 입장**
> 명시적인 보상규정이 없더라도, 소유자가 입은 손실은 보상되어야 하고, 그 보상방법을 유수지 및 제외지 등에 관한 것과 달리할 아무런 합리적인 이유를 찾아볼 수 없으므로, 개정된 (구)하천법 부칙 제2조 제1항을 유추적용하여 손실을 보상하여야 한다고 봄이 상당하다.
>
> 🔁 **관련 판례(93다6409) – MBC 주식강제증여사건**
> 수용유사적 침해이론은 국가 기타 공권력의 주체가 위법하게 공권력을 행사하여 국민의 재산권을 침해하였고, 그 효과가 실제에 있어서 수용과 다름이 없을 때에는 적법한 수용이 있는 것과 마찬가지로 국민이 그로 인한 손실의 보상을 청구할 수 있다는 내용으로 이해되는데, 이 사건주식이 그러한 공권력 행사에 의한 수용유사적 침해에 해당한다고 볼 수는 없다.
>
> 🔁 **관련 판례(89헌마214) – 위헌무효설 입장**
> 보상규정을 두지 않은 것에 위헌성이 있는 것이고, 입법자는 되도록 빠른 시일 내에 보상입법을 하여 위헌적 상태를 제거할 의무가 있다.
>
> → 우리 판례는 헌법에서 시대적 상황과 여건에 따라 태도를 달리하고 있다.

## 4. 검토

손실보상의 문제는 원칙적으로 입법적으로 해결하여야 하나, 현행 헌법 제23조 제3항이 완전보상원칙으로 해석되는 정당보상원칙을 선언하고 있고, 완전보상에 따른 보상액을 법원이 결정할 수 있으므로, 국민의 권리구제 실효성을 위하여 〈직접효력설〉이 타당하다.

---

### 제3절 손실보상의 기준 B

### 3-1 헌법상 손실보상기준

### Ⅰ 학설

① 〈완전보상설〉 손실보상은 피침해재산이 가지는 재산적 가치와 부대적 손실까지 합친 완전한 보상을 해야 한다는 견해
② 〈상당보상설〉 재산권의 사회적 구속성과 침해행위의 공공성에 비추어 사회국가원리에 바탕을 둔 조화로운 보상이면 족하다는 견해
③ 〈절충설〉 완전보상을 요하는 경우와 상당보상을 요하는 경우로 나누어 평가하는 견해

## Ⅱ 관련 판례의 태도

> ↪ **관련 판례(89헌바107)**
>
> 헌법 제23조 제3항의 정당한 보상이란 원칙적으로 피수용 재산의 객관적인 재산가치를 완전하게 보상하여
> 야 한다는 완전보상을 뜻하는 것으로 보상금액 뿐만 아니라 보상의 시기·방법에 있어서도 어떠한 제한을
> 두어서는 아니 된다는 것을 의미한다.
>
> ↪ **관련 판례(67다1334)**
>
> 헌법에서 말하는 정당한 보상이라는 취지는 객관적인 가치를 충분하게 보상하여야 된다는 취지이고 보상의
> 시기, 방법 등에 있어서 어떠한 제한을 받아서는 아니 된다는 것을 의미한다.

## Ⅲ 검토

판례의 입장 및 상당보상설이 평등원칙에 위배될 소지가 있음을 종합적으로 고려할 때 〈완전보상설〉
이 타당하다고 판단된다.

### 3-2   토지보상법상 손실보상기준

## Ⅰ 시가보상(토지보상법 제67조 제1항)

시가보상이란 협의성립 당시에 가격 및 재결 당시의 가격을 기준으로 보상하는 것을 말하며, 이는
개발이익 배제, 보상액의 공평화, 수용절차의 지연방지 등에 취지가 있다.

> ↪ **관련 판례(91누13250)**
>
> 토지 등을 수용함으로 인하여 소유자에게 보상하여야 할 손실액은 수용재결에서 정한 수용시기를 평가기준
> 일로 할 것이 아니라 수용재결 당시의 가격을 기준으로 하여 산정하여야 한다.

## Ⅱ 공시지가기준 보상(동법 제70조 제1항)

협의 또는 재결에 의하여 취득하는 토지에 대해서는 부동산공시법에 의한 공시지가를 기준으로 하여
보상하는 것을 말하며, 개발이익 배제를 위한 취지가 있다.

## Ⅲ 개발이익의 배제(동법 제67조 제2항)

① 〈개발이익〉이란 개발사업의 시행으로 인해 토지소유자의 노력과 상관없이 정상지가 상승분을 초
   과하여 사업시행자나 토지 소유자에게 귀속되는 토지가액의 증가분을 말한다.
② 〈개발이익배제〉란 보상금 산정에 있어서 해당 공익사업으로 인하여 토지 등의 가격에 변동이 있
   는 때에 이를 고려하지 않는 것을 말한다.

## IV 생활보상의 원칙

생활보상은 사업의 시행으로 생활의 근거를 상실하게 되는 피수용자의 생활재건을 위한 보상을 말하며, 생활의 근거를 상실한 자에게 인간다운 생활을 할 수 있도록 마련한 제도로서 이농비, 이주대책, 주거이전비 등이 해당한다.

---

**〈손실보상기준과 원칙의 구분〉**

Q. 손실보상기준을 설명하시오.
　시가보상, 공시지가기준 보상, 개발이익 배제, 생활보상

Q. 손실보상의 원칙을 설명하시오. (사전현개일상시개복)
　**사업**시행자 보상원칙, 사**전**보상의 원칙, **현**금보상의 원칙, **개**인별 보상 원칙, **일**괄보상 원칙, 사업시행 이익과의 **상**계금지 원칙, **시**가보상의 원칙, **개**발이익 배제의 원칙, **복**수평가의 원칙

---

### 3-3  정당보상과 토지보상법상 손실보상기준과의 관계 B

## ≫ 공시지가기준과 정당보상

## I 문제점

보상액 산정의 기초가 되는 공시지가는 현실적인 토지가격이라 보기 어렵고, 이에 따른 보상액은 시가에 미달하게 되며 정당보상에 합치하는지 문제된다.

## II 관련 판례의 태도

> ↩ **관련 판례(93누2131)**
>
> 인근 토지의 지가변동률 등에 의하여 시점수정을 하여 보상액을 산정함으로써 개발이익을 배제하고 있는 것이므로 공시지가를 기준으로 보상액을 산정하는 것은 완전보상의 원리에 위배되는 것이라고 할 수 없다.
>
> ↩ **관련 판례(2008헌바57)**
>
> 공시지가보상조항이 공시지가를 기준으로 수용된 토지에 대한 보상액을 산정하도록 규정한 것은, 공시지가가 공시기준일 당시 표준지의 객관적 가치를 정당하게 반영하는 것이고, 공시기준일 이후 수용 시까지의 시가변동을 산출하는 시점보정의 방법이 적정한 것으로 보이므로, 헌법 제23조 제3항이 규정한 정당보상원칙에 위배되지 아니한다.

## III 검토

시가에 미달한다 하여 정당한 보상이 아니라고 말할 수는 없으며, 객관화 보장 및 개발이익의 배제의 기능을 수행하는 점을 인정할 때, 정당보상에 위배되지 아니한다고 보는 것이 타당하다.

## » 기타요인 보정의 정당보상

### Ⅰ 기타요인 보정의 의의

토지보상법 제70조 규정상 그 토지의 위치, 형상, 환경, 이용상황 등의 개별요인을 제외한 요인으로서 그 토지의 가치에 영향을 미치는 사항을 의미한다.

### Ⅱ 관련 판례의 태도

> **관련 판례(2006두11507)**
> 인근유사토지가 거래되거나 보상이 된 사례가 있고 그 가격이 정상적인 것으로서 적정한 보상액 평가에 영향을 미칠 수 있는 것임이 <u>입증</u>된 경우에는 인근유사토지의 정상거래가격을 참작할 수 있다.

### Ⅲ 검토

공시지가 자체만으로 보상액 산정 시 완전보상에 미치지 못한다는 가능성을 고려하면 기타요인을 참작하는 것이 타당하다고 판단되는바 토지보상법에 명문의 규정을 마련하는 입법보완이 필요하다고 사료된다.

## » 개발이익 배제와 정당보상

**기출문제**

- 제28회 : 개발이익이 배제된 보상금 결정의 위법성
- 제17회 : 개발이익 배제 및 포함 논의

### Ⅰ 의의 및 취지(토지보상법 제67조 제2항)

〈개발이익〉이란 개발사업의 시행으로 인해 토지소유자의 노력과 상관없이 정상지가 상승분을 초과하여 사업시행자나 토지 소유자에게 귀속되는 토지가액의 증가분을 말한다.
〈개발이익배제〉란 보상금 산정에 있어서 해당 공익사업으로 인하여 토지 등의 가격에 변동이 있는 때에 이를 고려하지 않는 것을 말한다.

### Ⅱ 개발이익배제의 필요성(잠형주)

① 개발이익은 미실현된 **잠**재적 이익이고, ② 토지소유자의 노력과 관계가 없으므로 사회에 귀속시키는 것이 **형**평의 원리에 부합한다. ③ 또한 수용 당시 재산권에 내재된 객관적 가치가 아니라 **주**관적 가치부여에 지나지 않는바 토지소유자의 손실에 해당하지 않는다.

### Ⅲ 토지보상법상의 개발이익배제제도

① 적용 공시지가의 선정(동법 제70조 제3항, 제4항)

② 해당 사업과 관계없는 공시지가에 의한 보상액 산정(동법 제70조 제5항, 영 제38조의2)

③ 해당 사업과 무관한 지역의 지가변동률 등의 적용(동법 제70조 제1항, 영 제37조)

④ 용도지역 변경 시 미고려(동법 규칙 제23조)

### Ⅳ 개발이익배제제도의 위헌성 논의

#### 1. 관련 판례의 태도

> 🔄 **관련 판례(89헌마107)**
> 개발이익을 배제하고 손실보상액을 산정한다 하여 헌법이 규정한 정당보상의 원리에 어긋나는 것이라고 는 판단되지 않는다.
>
> 🔄 **관련 판례(2009헌바142)**
> 개발이익은 그 성질상 완전보상의 범위에 포함되는 피수용자의 손실이라고 볼 수 없으므로, 이러한 개발 이익을 배제하고 손실보상액을 산정한다 하여 헌법이 규정한 정당한 보상의 원칙에 위반되지 않는다.

#### 2. 검토

판례의 태도에 따라 개발이익을 배제함의 정당성은 인정된다고 판단되나, 인근 주민의 개발이익을 환수하는 문제가 제기될 수 있다.

### Ⅴ 현행 개발이익 배제제도의 문제점

#### 1. 개발이익환수의 문제점

##### (1) 문제점

인근 주민의 경우에는 종전 토지초과이득세가 그나마 어느 정도 개발이익의 환수기능을 하였으나 경기 침체로 토지초과이득세법이 폐지되어 형평성의 문제가 발생한다.

##### (2) 관련 판례의 태도

> 🔄 **관련 판례(89헌마107)**
> 일체의 개발이익을 환수할 수 있는 제도적 장치가 마련되지 아니한 제도적 상황에서 피수용자에게만 개발이익을 배제하는 것이 헌법의 평등원칙에 위배되는 것은 아니라고 하였다.

##### (3) 검토

합헌으로 본 헌법재판소의 태도는 한시적인 결정이라 볼 수 있고, 대토보상제도로서 어느 정도 해결하고 있지만, 여전히 개발이익 환수문제는 남아있는바 폐지된 토지초과이득세 재도입의 검토가 필요하다고 판단된다.

## 2. 보상가격 기준시점의 문제

### (1) 문제점

보상액 산정과정에서 해당 사업으로 인한 개발이익을 완전히 배제하기 어렵고, 각 개별법에서
재결신청기간의 특례를 두고 있어 사업이 장기화되는 경우 해당 사업으로 인한 개발이익이
보상액 산정 시 포함될 가능성이 크다.

### (2) 개선방향

사업인정고시일 이후부터는 지가변동률 대신 생산자물가지수를 적용하는 등의 방안을 고려해
볼 수 있을 것이다.

## 3. 감정평가방식의 문제

### (1) 문제점

기타요인보정 시 적용공시지가 시점과 적용보상선례 시점 간의 상당한 괴리가 발생되어 결과
적으로 개발이익이 반영될 가능성이 높다.

### (2) 개선방향

3방식을 적용하여 대상의 교환가치와 용도에 따른 수익가치를 조정하여 시산가격을 구하면
과다한 가액산정을 방지할 수 있다.

---

## 제4절　손실보상의 내용

### 4-1　재산권 보상 C

### Ⅰ 재산권 보상의 의의

재산권 보상이란 피침해재산의 손실에 대한 객관적인 가치의 보상과 공용침해로 필연적으로 발생된
부대적 손실에 대한 보상을 의미한다.

### Ⅱ 객관적 가치보상

① 토지의 객관적 가치보상은 토지의 재산권적 가치에 대한 보상을 의미하며, 토지보상법 제70조,
제71조에서 산정기준을 마련하고 있다. ② 토지 이외의 재산권 보상에는 잔여지에 대한 가치하락보
상(제73조), 권리에 대한 보상(제73조) 등이 있다.

### Ⅲ 부대적 손실의 보상

### 1. 부대적 손실의 의의

부대적 손실이란 수용·사용의 직접적인 목적물은 아니나 공익사업의 시행을 위하여 목적물을 취
득함으로써 피수용자에게 미치는 손실을 말한다.

## 2. 부대적 손실의 구분

### (1) 실비변상적 보상

재산권의 상실·이전 등에 따라 비용의 지출을 요하는 경우에 그 비용을 보상하는 것을 말하며, 그 예로는 토지보상법상의 건축물 등의 이전비 보상(제75조 제1항), 분묘의 이장비 보상(제75조 제4항), 잔여지 공사비 보상(제73조) 등이 있다.

### (2) 일실손실 보상

재산권에 대한 수용에 부수하여 또는 독립적으로 사업을 폐업하거나 휴업하게 되는 경우에 있어 기대이익의 일실에 대한 보상을 말하며, 그 예로는 토지보상법상 영업의 폐업·휴업에 따르는 보상(제77조 제1항), 농업손실보상(동조 제2항), 휴직 또는 실직보상(동조 제3항) 등이 있다.

---

### 4-2  생활보상 A

◎ 기출문제

생활보상의 일반(15회 약술 기출)

## I  생활보상의 의의 및 취지

생활보상은 사업의 시행으로 생활의 근거를 상실하게 되는 피수용자의 생활재건을 위한 보상을 말하며, 생활의 근거를 상실한 자에게 인간다운 생활을 할 수 있도록 마련한 제도이다.

## II  생활보상의 근거

## 1. 헌법적 근거

### (1) 학설

① 〈정당보상설〉 헌법 제23조 제3항을 근거로 보는 견해
② 〈생존권설〉 헌법 제34조에 근거하는 견해
③ 〈통일설〉 헌법 제23조와 제34조를 동시에 근거하는 것으로 보는 견해

### (2) 관련 판례의 태도

> 🔖 관련 판례(2007다63089)
>
> 이주대책은 공익사업의 시행에 필요한 토지 등을 제공함으로 인하여 생활의 근거를 상실하게 되는 이주대책대상자들에게 종전 생활상태를 원상으로 회복시키면서 동시에 인간다운 생활을 보장하여 주기 위하여 마련된 제도이다.

> ↪ 관련 판례(2006두2435)
> 주거이전비와 이사비는 해당 공익사업시행지구 안에 거주하는 세입자들의 조기이주를 장려하여 사
> 업추진을 원활하게 하려는 정책적인 목적과 주거이전으로 인하여 특별한 어려움을 겪게 될 세입자들
> 을 대상으로 하는 사회보장적인 차원에서 지급하는 금원의 성격을 갖는다 할 것이다.

### (3) 검토

판례의 태도에 따르면 헌법 제34조에 입각하는 생존권설이 타당하다고 보여지나, 정당보상은 대물보상뿐만 아니라 생활보상까지 포함하는 것으로 확대되고 있는 점에 비추어 보면 〈통일설〉이 타당하다고 판단된다.

## 2. 토지보상법상 근거

생활보상에 직접적 규정은 없으나, 토지보상법 제78조 주거용건축물에 대한 이주대책, 동법 제78조의2에서 공장부지 제공자에 대한 이주대책, 동법 시행규칙 제54조 주거이전비를 통하여 생활보상의 모습을 찾아볼 수 있다.

## ≫ 이주대책

◉ 기출문제
• 제28회, 제27회, 제20회, 제3회

### Ⅰ 의의 및 취지[토지보상법 제78조]

이주대책이란 공익사업의 시행으로 인하여 주거용건축물을 제공함에 따라 생활의 근거를 상실한 자에게 종전과 같은 생활상태를 유지할 수 있도록 택지 및 주택을 공급하거나 이주정착금을 지급하는 것을 말하며 생활재건조치에 취지가 있다.

### Ⅱ 법적 성질

## 1. 생활보상

이주대책은 재산권 침해에 대한 보상만으로 메워지지 않는 생활권 침해에 대한 보상으로 이주자들에 대해 종전의 생활상태를 원상으로 회복시키고 인간다운 생활을 보장해 주기 위한 생활보상으로 보는 것이 일반적이다.

> ↪ 관련 판례(2010다43498)
> 이주대책은 본래의 취지가 이주대책대상자들에 대하여 종전의 생활상태를 원상으로 회복시키면서 동시
> 에 인간다운 생활을 보장하여 주기 위한 이른바 생활보상의 일환으로 국가의 적극적이고 정책적인 배려
> 에 의하여 마련된 제도이다.

## 2. 강행규정

사업시행자의 이주대책 수립·실시 의무를 규정하고 있는 토지보상법 제78조 제1항과 이주대책의 내용을 정하고 있는 같은 조 제4항 본문은 강행규정으로 보고 있다.

> 🔖 **관련 판례(2007다63089)**
> 사업시행자의 이주대책 수립·실시 의무를 정하고 있는 토지보상법 제78조 제1항은 물론 그 이주대책의 내용에 관하여 규정하고 있는 같은 법 제78조 제4항 본문 역시 당사자의 합의 또는 사업시행자의 재량에 의하여 그 적용을 배제할 수 없는 강행법규이다.

## Ⅲ 이주대책의 요건

## 1. 수립 요건(시행령 제40조 제2항)

부득이한 사유가 있는 경우를 제외하고는 이주대책대상자 중 이주정착지에 이주를 희망하는 자의 가구 수가 10호 이상인 경우 수립·실시한다. 다만 사업시행자가 이주대책대상자에게 택지 또는 주택을 공급한 경우 이주대책을 수립·실시한 것으로 본다.

> 🔖 **관련 판례(2011두28301)**
> 부득이한 사유라 함은 "공익사업시행지구의 인근에 택지 조성에 적합한 토지가 없는 경우"와 "이주대책에 필요한 비용이 당해 공익사업의 본래의 목적을 위한 소요비용을 초과하는 등 이주대책의 수립·실시로 인하여 당해 공익사업의 시행이 사실상 곤란하게 되는 경우"를 들고 있다.

## 2. 대상자 요건

### (1) 주거용의 경우(시행령 제40조 제5항)

① 무허가 건축물 등의 소유자와 ② 관계 법령에 따른 고시 등이 있은 날부터 수용재결일(계약 체결일)까지 계속 거주하고 있지 않은 건축물의 소유자, ③ 타인이 소유하고 있는 건축물에 거주하는 세입자는 이주대책 대상자에서 제외한다.

(1989.1.24 이전 무허가 건축물 소유자는 대상자)

> 🔖 **관련 판례(2017다278668)**
> 이주대책대상자에 해당하기 위해서는 토지보상법 제4조 각호의 어느 하나에 해당하는 공익사업의 시행으로 인하여 주거용 건축물을 제공함에 따라 생활의 근거를 상실하게 되어야 한다.

> 🔖 **관련 판례(2007두13340)**
> 주거용 건물이 아니었던 건물이 그 이후에 주거용으로 용도변경된 경우에는 건축허가를 받았는지 여부에 상관없이 수용재결 내지 협의계약 체결 당시 주거용으로 사용된 건물이라 할지라도 이주대책 대상이 되는 주거용 건축물이 될 수 없다.

### (2) 공장의 경우(토지보상법 제78조의2)

사업시행자는 공익사업의 시행으로 인하여 공장부지가 협의 양도되거나 수용됨에 따라 더 이상 해당 지역에서 공장을 가동할 수 없게 된 자가 희망하는 경우 산업입지법에 따라 지정·개발된 인근 산업단지에의 입주 등 이주대책에 관한 계획을 수립하여야 한다.

## Ⅳ 이주대책의 내용

### 1. 생활기본시설 설치비용을 분양대금에 포함시킨 경우, 강행법규에 위배되어 무효인지 여부

> **↵ 관련 판례(2015다49804)**
> 토지보상법 제78조 제4항에 규정된 생활기본시설 설치비용을 분양대금에 포함시킴으로써 이주대책대상자가 생활기본시설 설치비용까지 사업시행자에게 지급하게 되었다면, 특별공급계약 중 생활기본시설 설치비용을 분양대금에 포함시킨 부분은 강행법규인 토지보상법 제78조 제4항에 위배되어 무효이다.

### 2. 이주대책 내용 결정의 재량권

> **↵ 관련 판례(2008두12610)**
> 사업시행자는 이주대책기준을 정하여 이주대책대상자 중에서 이주대책을 수립·실시하여야 할 자를 선정하여 그들에게 공급할 택지 또는 주택의 내용이나 수량을 정할 수 있고, 이를 정하는 데 재량을 가지므로, 이를 위해 사업시행자가 설정한 기준은 그것이 객관적으로 합리적이 아니라거나 타당하지 않다고 볼 만한 다른 특별한 사정이 없는 한 존중되어야 한다.

### 3. 이주정착금의 지급(시행령 제41조)

① 이주대책을 수립·실시하지 않는 경우, ② 이주대책대상자가 이주정착지가 아닌 다른 지역으로 이주하는 경우, ③ 이주대책대상자가 공익사업 관계 법령에 따른 고시 등이 있은 날의 1년 전부터 수용재결일(또는 계약체결일)까지 계속하여 해당 건축물에 거주하지 않은 경우, ④ 이주대책대상자가 관계 법령에 따른 고시 등이 있은 날 당시 소속되어 있거나 퇴직한 날로부터 3년이 경과하지 않은 경우 이주정착금을 지급한다.

## Ⅴ 절차

사업시행자는 ① 해당 지자체와 협의하여 ② 이주대책 계획을 수립하고, ③ 이주대책 대상자에게 통지한 후, ④ 이주대책의 신청 및 대상자 확인 결정을 통하여 분양 절차를 마무리한다.

## Ⅵ 확인·결정 행위의 법적 성질과 권리구제

### 1. 이주대책대상자 확인·결정의 의의

이주대책대상자 확인·결정은 사업시행자가 이주대책 대상이 될 자를 확인·결정함으로써 그 권리를 확정 짓는 것을 말한다.

## 2. 법적 성질

### (1) 종전 판례

종전 대법원은 이주대책은 절차적 권리에 불과하며, 사업시행자의 확인·결정이 있어야만 비로소 구체적인 수분양권이 발생하게 된다고 판시했다.

### (2) 최근 판례

> **↪ 관련 판례(2013두10885)**
> 이주대책대상자 확인·결정은 구체적인 이주대책상의 수분양권을 부여하는 요건이 되는 행정작용으로서의 처분이고 수분양권의 취득을 희망하는 이주자가 소정의 절차에 따라 이주대책대상자 선정신청을 한 데 대하여 사업시행자가 이주대책대상자가 아니라고 하여 위 확인·결정 등의 처분을 하지 않고 이를 제외시키거나 거부조치한 경우에는, 이주자로서는 사업시행자를 상대로 항고소송에 의하여 제외처분이나 거부처분의 취소를 구할 수 있다.

### (3) 검토

이주대책대상자 확인·결정 이주자의 권리의무에 직접적인 영향을 미치므로 항고소송의 대상인 〈처분〉에 해당한다고 봄이 타당하다.

## 3. 권리구제

### (1) 행정소송 가능성

이주대책 대상자 확인·결정은 항고소송의 대상인 처분에 해당하므로 항고소송을 통해 다툴 수 있다.

### (2) 당사자소송 가능성

수분양권 또는 법률상 지위의 확인을 구하기 위해서는 '확인소송의 보충성'이 추가로 고려되어야 한다. 신청기간이 경과하였거나, 분양절차가 이미 종료된 경우, 사업시행자가 미리 수분양권을 부정하는 등 가장 유효적절한 수단으로서 〈확인의 이익〉이 인정되는 경우에는 당사자소송이 가능할 것이다.

> **※ 이주대책 추가 판례**
> **↪ 초과부분에 해당하는 분양면적의 부담(2023다214252)**
> 사업시행자는 이주대책을 수립·실시하여야 할 자를 선정하여 그들에게 공급할 택지 또는 주택의 내용이나 수량을 정함에 재량을 가지며, 초과하여 공급한 부분이 사업시행자가 정한 이주대책의 내용이 아니라 일반수분양자에게 공급한 것과 마찬가지로 볼 수 있는 경우 초과부분에 해당하는 분양면적에 대해서는 일반수분양자와 동등하게 생활기본시설 설치비용을 부담시킬 수 있다.
>
> **↪ 1차 처분 후 2차 결정의 처분성(2020두50324)**
> 거부처분이 있은 후 당사자가 다시 신청을 한 경우에는 신청의 제목 여하에 불구하고 그 내용이 새로운 신청을 하는 취지라면 관할 행정청이 이를 다시 거절하는 것은 새로운 거부처분이라고 보아야 한다. 관

계 법령이나 행정청이 사전에 공표한 처분기준에 신청기간을 제한하는 특별한 규정이 없는 이상 재신청을 불허할 법적 근거가 없으며, 설령 신청기간을 제한하는 특별한 규정이 있다 하더라도 재신청이 신청기간을 도과하였는지 여부는 본안에서 재신청에 대한 거부처분이 적법한가를 판단하는 단계에서 고려할 요소이지, 소송요건 심사단계에서 고려할 요소가 아니다.

## ≫ 주거이전비

### ◉ 기출문제

- 제33회 : 소유자와 세입자의 주거이전비
- 제29회 : 주거이전비 포기각서
- 제26회 : 주거이전비 대상자 포함 여부

### Ⅰ 의의 및 취지[시행규칙 제54조]

주거이전비는 주거용 건물의 거주자에 대하여는 주거 이전에 필요한 비용을 산정하여 보상하는 것을 말하며, 생활재건조치에 취지가 있다.

### Ⅱ 법적 성질

#### 1. 공법상 권리

> **⮠ 관련 판례(2007다8129)**
> 주거이전비는 해당 공익사업시행지구 안에 거주하는 세입자들의 조기이주를 장려하여 사업추진을 원활하게 하려는 정책적인 목적과 주거이전으로 인하여 특별한 어려움을 겪게 될 세입자들을 대상으로 하는 사회보장적인 차원에서 지급되는 금원의 성격을 가지므로, 적법하게 시행된 공익사업으로 인하여 이주하게 된 주거용 건축물 세입자의 주거이전비 보상청구권은 공법상의 권리이다.

#### 2. 강행규정인지 여부

> **⮠ 관련 판례(2011두3685)**
> 세입자에 대한 주거이전비는 공익사업 시행으로 인하여 생활 근거를 상실하게 되는 세입자를 위하여 사회보장적 차원에서 지급하는 금원으로 보아야 하므로, 사업시행자의 세입자에 대한 주거이전비 지급의무를 정하고 있는 토지보상법 시행규칙 제54조 제2항은 당사자 합의 또는 사업시행자 재량에 의하여 적용을 배제할 수 없는 강행규정이라고 보아야 한다.

### Ⅲ 주거이전비 요건

#### 1. 소유자에 대한 보상요건(시행규칙 제54조 제1항)

공익사업에 편입되는 주거용건축물의 소유자에 대하여는 해당 건축물에 대한 보상을 하는 때에 가구원수에 따라 <u>2개월분</u>의 주거이전비를 보상하여야 한다. 다만, 건축물의 소유자가 당해 건축물에 실제 거주하고 있지 아니하거나 당해 건축물이 무허가건축물 등인 경우는 제외한다.

> **협의매도나 보상이 이루어지기 전 이주한 자의 주거이전비 대상자 해당 여부(2015두41050)**
>
> 건축물에 대한 협의매도나 보상이 이루어지기 전에 이미 해당 건축물에서 이주함으로써 '공람공고일부터 해당 건축물에 대한 보상이 이루어진 때 또는 협의매수 계약체결일까지 계속하여 거주한 건축물 소유자'에 해당하지 않는 것이 분명하므로, 도시정비법 및 토지보상법상 이주정착금과 주거이전비의 지급대상자에 해당한다고 볼 수 없다.

## 2. 세입자에 대한 보상요건(시행규칙 제54조 제2항)

주거용 건축물의 세입자로서 사업인정고시일 등 당시 또는 공익사업을 위한 관계법령에 의한 고시 등이 있은 당시 당해 공익사업시행지구 안에서 3개월 이상 거주한 자에 대하여는 가구원수에 따라 <u>4개월분</u>의 주거이전비를 보상하여야 한다. 다만, 무허가건축물 등에 입주한 세입자는 1년 이상 거주함을 요건으로 한다.

> **주거이전비 포기각서(2011두3685)**
>
> 주거이전비 지급요건에 해당하는 세입자인 경우, 임시수용시설인 임대아파트에 거주하게 하는 것과 별도로 주거이전비를 지급할 의무가 있고, 갑이 임대아파트에 입주하면서 주거이전비를 포기하는 취지의 포기각서를 제출하였다 하더라도, 포기각서의 내용은 강행규정인 토지보상법 시행규칙 제54조 제2항에 위배되어 무효이다.
>
> **무허가건축물 등의 세입자(2012두11072)**
>
> 토지보상법 시행규칙 제54조 제2항 단서가 주거이전비 보상 대상자로 정하는 '무허가건축물 등에 입주한 세입자'는 기존에 주거용으로 사용되어 온 무허가건축물 등에 입주하여 일정 기간 거주한 세입자를 의미하고, 공부상 주거용 용도가 아닌 건축물을 임차한 후 임의로 주거용으로 용도를 변경하여 거주한 세입자는 이에 해당한다고 할 수 없다.
>
> **가구원의 주거이전비 청구 가능 여부(2010두4131)**
>
> 주거이전비는 가구원 수에 따라 소유자 또는 세입자에게 지급되는 것으로서 소유자와 세입자가 지급청구권을 가지는 것으로 보아야 하므로, 소유자 또는 세입자가 아닌 가구원은 사업시행자를 상대로 직접 주거이전비 지급을 구할 수 없다.

## Ⅳ 권리구제

## 1. 재결 전

판례는 주거이전비 보상청구권은 요건충족 시 법상 규정대로 당연히 발생하는 것이라고 판시한 바, 재결 전에는 공법상 당사자소송에 의하는 것이 타당하다고 판단된다.

## 2. 재결 후

주거이전비는 공법상 권리에 해당하고, 토지보상법 제50조에서 규정하는 재결사항 중 하나인바 동법 제83조, 제85조에 따라 권리구제가 가능하다고 판단된다.

> **관련 판례(2007다8129)**
>
> 주거이전비 보상청구권은 그 요건을 충족하는 경우에 당연히 발생하는 것이므로 주거이전비 보상청구소송은 행정소송법 제3조 제2호에 규정된 당사자소송에 의하여야 한다. 다만 <u>재결이 이루어진 다음</u> 세입자가 보상금의 증감 부분을 다투는 경우에는 토지보상법 제85조 제2항에 규정된 행정소송에 따라, 보상금의 증감 이외의 부분을 다투는 경우에는 같은 조 제1항에 규정된 행정소송(취소소송)에 따라 권리구제를 받을 수 있다.

## V 주거이전비 관련 판례

> **피보상자의 인도청구 거절 가능 여부(2021다310088)**
>
> 사업시행자는 협의나 재결절차를 거칠 것이 없이 세입자에게 주거이전비를 지급하거나 피보상자가 받지 않거나 받을 수 없는 경우 변제공탁이 가능하다. 따라서 주거이전비의 지급이 선행되었다고 인정되는 경우, 사업시행자의 인도청구를 인정할 수 있다.
>
> **동시이행 관계인지 여부(2019다207813)**
>
> 사업시행자가 토지 및 건축물을 인도받기 위해서는 주거이전비 등도 지급할 것이 요구된다. 사업시행자와 현금청산대상자가 세입자 사이에 협의가 성립된다면 주거이전비 등 지급의무와 부동산 인도의무는 동시이행관계에 있게 되고, 재결절차에 의할 때는 주거이전비 등 지급절차가 선행되어야 한다.
> (재결 이전–동시이행관계, 재결 이후–선이행)
>
> **위반죄가 성립하는지 여부(2019도15665)**
>
> 사업시행자가 수용재결에 따른 보상금을 지급하거나 공탁하고 토지보상법 제43조에 따라 부동산의 인도를 청구하는 경우 현금청산대상자나 임차인 등이 주거이전비 등을 보상받기 전에는 특별한 사정이 없는 한 주거이전비 등의 미지급을 이유로 부동산의 인도를 거절할 수 있다. 따라서 이러한 경우 현금청산대상자나 임차인 등이 수용개시일까지 수용대상 부동산을 인도하지 않았다고 해서 위반죄로 처벌해서는 안 된다.
>
> **무상임대차의 주거이전비 해당 여부(2022두44392)**
>
> 주거이전비는 당해 공익사업 시행지구 안에 거주하는 세입자들을 대상으로 하는 사회보장적인 차원에서 지급하는 금원으로 조기이주 장려 및 사회보장적 지원의 필요성이 사용대가의 지급 여부에 따라 달라진다고 보기어려우므로 토지보상법 시행규칙 제54조 제2항의 세입자에는 주거용 건축물을 무상으로 사용하는 거주자도 포함된다고 봄이 타당하다.
>
> **임시수용시설 세입자의 해당 여부(2011두3685)**
>
> 주거이전비는 사회보장적인 차원에서 지급하는 금원의 성격을 갖는 것으로 볼 수 있는 점, 도시정비법 및 공익사업법 시행규칙 등의 관련 법령에서 임시수용시설 등을 제공받는 자를 주거이전비 지급대상에서 명시적으로 배제하지 아니한 점을 비롯한 위 각 규정의 문언, 내용 및 입법 취지 등을 종합하여 보면, 도시정비법 규정에 의하여 사업시행자로부터 임시수용시설을 제공받는 세입자라 하더라도 토지보상법 및 동법 시행규칙에 의한 주거이전비를 별도로 청구할 수 있다고 봄이 타당하다.

## ≫ 이사비

### Ⅰ 이사비의 의의 및 취지(법 제78조 제6항)

이사비란 주거 이전에 필요한 비용과 가재도구 등 동산의 운반에 필요한 비용을 말하며 거주자들의 보호와 사업의 원활화에 취지가 있다.

### Ⅱ 이사비 보상기준(시행규칙 제55조 제2항 및 제3항)

공익사업시행지구에 편입되는 주거용 건축물의 거주자가 해당 공익사업시행지구 밖으로 이사를 하는 경우에는 [별표 4]의 기준에 의하여 산정한 이사비를 보상하여야 하며, 이사비의 보상을 받은 자가 해당 공익사업시행지구 안의 지역으로 이사하는 경우에는 제외한다.

> **↪ 관련 판례(2011두23603)**
> 이사비제도의 취지에 비추어 보면, 이사비의 보상대상자는 공익사업시행지구에 편입되는 주거용 건축물의 거주자로서 공익사업의 시행으로 인하여 이주하게 되는 사람으로 봄이 상당하다.

### 4-3 간접손실보상 A

**◎ 기출문제**

• 제30회, 제29회, 제14회, 제11회, 제2회

### Ⅰ 의의 및 취지(토지보상법 제79조)

공익사업으로 인하여 사업지 밖의 재산권자에게 가해지는 손실 중 공익사업으로 인하여 필연적으로 발생하는 손실에 대한 보상을 말하며, 피해자 구제에 취지가 있다.

### Ⅱ 간접손실의 유형

사회적·경제적(어업, 영업, 농업 등) 손실인 간접손실, 물리적·기술적(소음, 진동, 수고갈, 전파장해) 손실인 간접침해보상으로 나뉘며, 최근 판례는 사회적·경제적 손실은 물론 물리적·기술적 손실도 간접손실의 유형으로 보아 피수용자 권익보호를 한층 강화하고 있다.

### Ⅲ 간접손실이 손실보상 대상인지 여부

#### 1. 관련 판례의 태도

> **↪ 관련 판례(99다27231)**
> 간접적인 영업손실이라고 하더라도 영업상의 재산이익을 본질적으로 침해하는 특별한 희생에 해당하고, 사업시행자는 공유수면매립면허 고시 당시 그 매립사업으로 인하여 위와 같은 영업손실이 발생한다는 것을 상당히 확실하게 예측할 수 있었고 그 손실의 범위도 구체적으로 확정할 수 있으므로, 헌법 제23조 제3항에 규정한 손실보상의 대상이 된다.

## 2. 검토

① 간접손실은 적법한 공용침해로 인한 필연적인 손실인 점, ② 헌법 제23조 제3항을 손실보상에 관한 일반규정으로 보는 것이 타당한 점에 비추어 간접손실보상을 헌법 제23조 제3항의 손실보상에 포함시키는 것이 타당하다고 판단된다.

## Ⅳ 간접손실보상의 법적 성질

① 간접보상은 손실이 있은 후에 행하는 **사후보상**의 성격을 갖는다. ② 원인행위가 간접적이라는 점을 제외하고는 일반 손실보상과 동일하므로 **재산권보상**으로 볼 수 있으며, ③ 침해가 있기 전 생활상태의 회복을 위한 것이라는 점에서 생활보상의 성격도 갖는다. ④ 또, 손실보상청구권에 대한 판례의 태도에 따라 **공법상권리**에 해당한다.

## Ⅴ 간접손실보상의 요건(공밖3예특보)

① **공**익사업의 시행에 포함된 사업지구 **밖**의 제3자가 입은 손실일 것
② 손실의 **예**견가능성이 있고, 손실범위를 **특**정할 수 있을 것
③ **특**별한 희생일 것
④ **보**상 규정이 존재할 것

## 1. 예견가능성과 손실 범위 특정성

> ↪ 관련 판례(2001다44352)
> 관계법령이 요구하는 허가나 신고 없이 김양식장을 배후지로 하여 김종묘생산어업에 종사하던 자들의 간접손실에 대하여 그 손실의 예견가능성이 없고, 그 손실의 범위도 구체적으로 특정하기 어려워 공공용지의 취득 및 손실보상에 관한 특례법 시행규칙상의 손실보상에 관한 규정을 유추적용할 수 없다고 한 사례

## 2. 특별한 희생이 존재하는지 여부

(1) 학설

인적범위를 기준으로 침해가 일반적인지 개별적인지 여부에 따라 판단하는 〈형식적 기준설〉과, 재산권이 제약되는 개별적 정도와 강도로 판단하는 〈실질적 기준설〉이 있다.

(2) 관련 판례의 태도

> ↪ 관련 판례(2004다65978)
> 공익사업의 시행으로 손해를 입었다고 주장하는 자가 보상을 받을 권리를 가졌는지의 여부는 해당 공익사업의 시행 당시를 기준으로 판단하여야 하고, 그 이후에 영업을 위하여 이루어진 각종 허가나 신고는 위와 같은 공익사업의 시행에 따른 제한이 이미 확정되어 있는 상태에서 이루어진 것으로 그 이후의 공익사업 시행으로 그 허가나 신고권자가 특별한 손실을 입게 되었다고는 볼 수 없다.

### (3) 검토

생각건대, 한 가지 기준만으로는 불충분하고 양자 모두 타당성이 인정되는바, 양 기준을 종합 적으로 고려함이 타당하다고 보여진다.

## 3. 보상규정이 존재

토지보상법 제79조 제2항은 "공익사업이 시행되는 지역 밖에 있는 토지 등이 공익사업의 시행으로 인하여 본래의 기능을 다할 수 없게 되는 경우에는 국토교통부령이 정하는 기준에 의한다."라고 규정하고 있는바 이에는 간접손실이 포함된다고 본다. 그리고 이 수권규정에 의하여 시행규칙 제59조 내지 제65조는 간접손실보상을 규정하고 있다.

## Ⅴ 간접손실보상의 행사기간과 절차

## 1. 간접손실보상의 행사기간(토지보상법 제79조 제5항)

법 제73조 제2항의 잔여지손실보상 규정을 준용하여 손실 또는 비용의 보상은 관계 법률에 따라 사업이 완료된 날 또는 사업완료의 고시가 있는 날(사업완료일)부터 1년이 지난 후에는 청구할 수 없다.

## 2. 토지보상법상의 절차

### (1) 보상계획의 공고(동조 제3항)

사업시행자는 보상이 필요하다고 인정하는 경우에는 제15조에 따라 보상계획을 공고할 때에 보상을 청구할 수 있다는 내용을 포함하여 공고하거나 보상에 관한 계획을 공고하여야 한다.

### (2) 협의와 재결신청(동법 제80조)

간접손실보상에 따른 비용 또는 손실이나 토지의 취득에 대한 보상은 사업시행자와 손실을 입은 자가 협의하여 결정하며, 협의가 성립되지 아니하였을 때에는 사업시행자나 손실을 입은 자는 관할 토지수용위원회에 재결을 신청할 수 있다.

## Ⅵ 재결에 불복하는 경우 불복방법

## 1. 관련 판례

> ⭕ 관련 판례(2010다23210)
> 토지보상법 제79조 제2항에 대한 보상청구권은 특별한 희생에 대하여 전체적인 공평부담의 견지에서 공익사업의 주체가 손해를 보상하여 주는 손실보상의 일종으로 공법상 권리임이 분명하므로 그에 관한 쟁송은 민사소송이 아닌 행정소송절차에 의하여야 하며, 재결절차를 거친 다음 재결에 대하여 불복이 있는 때에 비로소 토지보상법 제83조 내지 제85조에 따라 권리구제를 받을 수 있다고 보아야 한다.

## 2. 검토

과거 판례는 공법상 권리가 아니라고 판시하였지만, 보상재결 또한 국민의 권리의무에 직접 영향을 미치는 점에서 처분으로 봄이 타당하므로, 재결 절차를 거쳐 이의신청, 행정소송을 권리구제를 받을 수 있다.

## Ⅶ 간접손실보상 보상규정결여 시 보상청구가능성

### 1. 문제점

보상을 요하는 특별한 희생이 발생하였음에도 불구하고 간접손실보상규정이 결여된 경우의 보상 가능성에 대해 견해가 대립한다.

### 2. 학설

① 〈보상부정설〉 간접보상규정에 규정하지 않은 간접손실은 보상의 대상이 되지 않는다는 견해
② 〈유추적용설〉 간접손실보상에 관한 규정을 유추적용하여 손실보상을 청구가 가능하다는 견해
③ 〈헌법 제23조 제3항의 직접적용설〉 헌법 제23조 제3항에 근거하여 보상청구권이 인정된다는 견해
④ 〈평등원칙 및 재산권보장규정근거설〉 헌법상의 평등원칙 및 재산권 보장규정이 손실보상의 직접적 근거가 될 수 있다면 이에 근거하여 보상해 주어야 한다는 견해
⑤ 〈수용적 침해이론〉 간접손실도 수용적 침해로 보면서 수용적 침해이론을 긍정하여 구제하여야 한다는 견해
⑥ 〈손해배상설〉 보상규정이 없는 경우 손해배상을 청구하여야 한다는 견해

### 3. 관련 판례의 태도

> 🐍 **관련 판례(99다27231)**
> 위탁판매수수료 수입손실은 헌법 제23조 제3항에 규정한 손실보상의 대상이 되고, 그 손실에 관하여 직접적인 보상규정이 없더라도 공공용지의 취득 및 손실보상에 관한 특례법 시행규칙상의 각 규정을 유추적용하여 그에 관한 보상을 인정하는 것이 타당하다.

### 4. 검토

정당보상을 지향하는 헌법 제23조 제3항의 손실보상 범주 안에는 간접손실 보상도 당연히 포함된다고 보아야 하므로, 관련 규정을 유추적용하여 손실보상을 할 수 있다고 봄이 타당하다.

> ※ **잠업사 사건(대법원 2018두227 판결)**
> 1. 휴업이 불가피한 경우도 포함되는지 여부
>    공익사업시행지구 밖 영업손실보상의 특성과 헌법이 정한 '정당한 보상의 원칙'에 비추어 보면, 공익사업시행지구 밖 영업손실보상의 요건인 그 공익사업의 시행으로 설치되는 시설의 형태・구조・사용 등에 기인하여 휴업이 불가피한 경우도 포함된다고 해석함이 타당하다(법률평가 보상주의).
> 2. 손해배상과 손실보상의 동시행사가능 여부
>    손해배상과 손실보상은 각 요건이 충족되면 성립하는 별개의 청구권이다. 다만 손실보상청구권에는 이미 '손해 전보'라는 요소가 포함되어 있어 양자의 청구권을 동시에 행사할 수 있다고 본다면 이중배상의 문제가 발생하므로, 어느 하나만을 선택적으로 행사할 수 있을 뿐이다.

3. 청구기간 도과로 손실보상청구권을 더 이상 행사할 수 없는 경우 손해배상청구 가능 여부

'해당 사업의 사업완료일로부터 1년'이라는 손실보상 청구기간(토지보상법 제79조 제5항, 제73조 제2항)이 도과하여 손실보상청구권을 더 이상 행사할 수 없는 경우에도 손해배상의 요건이 충족되는 이상 여전히 손해배상청구는 가능하다.

4. 재결전치주의

공익사업으로 인하여 공익사업시행지구 밖에서 영업을 휴업하는 자가 토지보상법 시행규칙 제47조 제1항에 따라 영업손실에 대한 보상을 받기 위해서는, 토지보상법 제34조, 제50조 등에 규정된 재결절차를 거친 다음 그 재결에 대하여 불복이 있는 때에 비로소 토지보상법 제83조 내지 제85조에 따라 권리구제를 받을 수 있을 뿐이다.

5. 보상 재결에 대한 불복

손실보상대상에 해당함에도 관할 토지수용위원회가 사실을 오인하거나 법리를 오해함으로써 손실보상대상에 해당하지 않는다고 잘못된 내용의 재결을 한 경우에는, 피보상자는 관할 토지수용위원회를 상대로 그 재결에 대한 취소소송을 제기할 것이 아니라, 사업시행자를 상대로 토지보상법 제85조 제2항에 따른 보상금증감소송을 제기하여야 한다.

---

## 제5절 | 손실보상의 원칙 및 방법

### 5-1 | 손실보상의 원칙 B

#### 1. 사업시행자보상원칙(토지보상법 제61조)

공익사업에 필요한 토지 등의 취득 또는 사용으로 인하여 토지소유자나 관계인이 입은 손실은 사업시행자가 보상하여야 한다.

#### 2. 사전보상의 원칙(동법 제62조)

##### (1) 의의, 취지

사업시행자는 해당 공익사업을 위한 공사에 착수하기 이전에 토지소유자 및 관계인에 대하여 보상액을 지급하여야 한다. 다만, 천재지변 시의 토지 사용(제38조)과 시급한 토지 사용의 경우(제39조) 또는 토지소유자 및 관계인의 승낙이 있는 경우는 그러하지 아니하다.

##### (2) 사전보상원칙 보장 제도(동법 제42조)

토지보상법은 수용 또는 사용의 개시일까지 관할 토지수용위원회가 재결한 보상금을 지급하거나 공탁하지 않으면 재결의 효력이 실효되도록 규정함으로써 사전보상의 원칙을 보장하고 있다.

#### 3. 현금보상의 원칙(동법 제63조 제1항)

손실보상은 다른 법률에 특별한 규정이 있는 경우를 제외하고는 현금으로 지급하여야 한다. 이는

현금이 자유로운 유통보장과 객관적인 가치 변동이 적기 때문에 완전 보상을 실현하기 위함이다. (예외 : 채권보상, 대토보상)

## 4. 개인별 보상의 원칙(동법 제64조)

손실보상은 토지소유자나 관계인에게 개인별로 하여야 한다. 다만, 개인별로 보상액을 산정할 수 없을 때에는 그러하지 아니하다.

## 5. 일괄보상 원칙(동법 제65조)

사업시행자는 동일한 사업지역에 보상시기를 달리하는 동일인 소유의 토지 등이 여러 개 있는 경우 토지소유자나 관계인이 요구할 때에는 한꺼번에 보상금을 지급하여야 한다. 이는 토지소유자의 대체지 구입을 원활히 하여 정당보상 구현에 취지가 있다.

## 6. 사업시행 이익과의 상계금지(동법 제66조)

사업시행자는 동일한 소유자에게 속하는 일단의 토지 중 일부를 취득하거나 사용하는 경우 해당 공익사업의 시행으로 인하여 잔여지의 가격이 증가하거나 그 밖의 이익이 발생한 경우에도 그 이익을 그 취득 또는 사용으로 인한 손실과 상계할 수 없다.

## 7. 시가보상의 원칙(동법 제67조 제1항)

손실보상은 협의에 의한 경우에는 협의성립 당시의 가격을, 재결에 의한 경우에는 수용 또는 사용의 재결 당시의 가격을 기준으로 한다.

## 8. 개발이익 배제의 원칙(동법 제67조 제2항)

보상액 산정 시 해당 공익사업으로 인하여 토지 등의 가격이 변동되었을 때에는 이를 고려하지 아니한디. 즉, 토지소유자의 노력과 상관없는 정상지가의 초과 상승분은 배제한다.

## 9. 복수평가의 원칙(동법 제68조 제1항)

사업시행자는 토지 등에 대한 보상액을 산정하려는 경우에는 감정평가법인 등 3인(추천하지 아니하는 경우에는 2인)을 선정하여 토지 등의 평가를 의뢰하여야 한다. 다만, 사업시행자가 국토교통부령으로 정하는 기준에 따라 직접 보상액을 산정할 수 있을 때에는 그러하지 아니하다.

## 10. 보상채권 발행의 원칙(동법 제69조)

국가는 도로법에 따른 도로공사 등 공익사업을 위한 토지등의 취득 또는 사용으로 인하여 토지소유자 및 관계인이 입은 손실을 보상하기 위하여 제63조 제7항에 따라 채권으로 지급하는 경우에는 일반회계 또는 교통시설특별회계의 부담으로 보상채권을 발행할 수 있다.

### 5-2   채권보상 C

 Ⅰ  의의 및 취지[토지보상법 제63조 제7항, 제8항]

채권보상이란 현금 보상의 예외로서 채권으로 보상하는 것을 말한다. ① 사업시행자의 재정적 부담을 줄여 공익사업의 원활화를 꾀하고, ② 과도한 투기자금 공급을 방지하는데 취지가 있다.

## Ⅱ 요건

### 1. 임의적 채권보상(동법 제63조 제7항) - 재량행위

사업시행자가 국가·지방자치단체 그 밖에 대통령령이 정하는 정부투자기관 및 공공단체인 경우로, ① 토지소유자 또는 관계인이 원하는 경우, ② 부재부동산 소유자의 토지에 대한 보상금이 일정금액(1억)을 초과하는 경우 그 초과하는 금액에 대하여 사업시행자가 발행하는 채권으로 지급할 수 있다.

### 2. 의무적 채권보상(동조 제8항) - 기속행위

토지투기 우려지역에서 대통령령이 정하는 공공기관 및 공공단체는 택지개발사업 등에 해당하는 공익사업시행 시에는 부재부동산의 소유자의 토지 중 1억원 이상의 일정 금액을 초과하는 금액에 대하여는 채권으로 지급하여야 한다.

## Ⅲ 보상채권의 발행 방법(시행령 제31조)

보상채권은 액면금액으로 무기명증권으로 발행하되, 최소액면금액은 10만원으로 하며, 멸실 또는 도난 등의 사유로 분실한 경우에도 재발행하지 아니한다.

## Ⅳ 채권보상의 헌법적 평가

### 1. 문제점

채권보상제도는 보상방법에 대한 선택권을 박탈하는 것이라는 점에서 정당보상원칙에 어긋나고 위헌의 소지가 있다는 지적이 있으며, 부재부동산 소유자와 관련하여 다른 재산권과 구별하여 채권보상을 가능하도록 규정한 것은 헌법상 평등원칙에 위배될 수 있다는 문제가 제기되고 있다.

### 2. 학설

#### (1) 합헌설

통상적인 수익만 보장되는 경우 법률규정이 있다면 사후보상이라도 정당보상으로 볼 수 있는 점, 부재부동산 소유자는 통상의 소유자와 달리 거주의 목적이 없으므로 차별에 합리적인 사유가 있는 점, 과다한 재정지출을 방지하기 위한 채권보상의 취지 및 기능을 고려하는 경우 비례의 원칙의 위반이라 할 수 없다고 보는 견해이다.

#### (2) 위헌설

채권보상은 사실상 사후보상이며, 보상방법의 제한으로 정당보상에 위배되며, 피수용자가 원하는 경우에는 상관없으나 부재부동산 소유자의 경우에는 이유 없이 차별함으로써 평등의 원칙에 위배되며, 보상채권은 유통이 자유롭지 않고, 가치가 안정적이지 않으므로 손실보상의 수단으로 비례의 원칙 위반이라고 보는 견해이다.

#### (3) 검토

손실보상은 지급시기, 방법 등에 제한이 없는 완전한 보상이어야 하며, 국가의 재정 목적과 공익만을 위해 채권보상하는 것은 문제가 있다고 보여진다. 따라서 〈위헌설〉로 보는 것이 타당하며, 향후 입법적으로 피수용자의 재산권 침해가 되지 않도록 적절한 입법보완이 이루어진다면 공사익조화의 방편으로 활용될 수 있다고 판단된다.

## 5-3 대토보상 B

### I 의의 및 취지(토지보상법 제63조 제1항)

현금보상의 예외로서 공익사업의 시행으로 조성한 토지로 보상하는 것을 말한다. ① 손실보상 자금을 효율적으로 관리하고 ② 현지 주민의 재정착과 ③ 지역 주민이 개발 혜택을 공유할 수 있도록 하는데 취지가 있다.

### II 대토보상의 기준, 절차 및 제한 등

#### 1. 대토보상을 받을 수 있는 자(동법 제63조 제1항)

토지의 보유기간 등 대통령령으로 정하는 요건을 갖춘 자로서 대지의 분할 제한 면적 이상의 토지를 사업시행자에게 양도한 자가 된다. 경합할 때에는 부재부동산의 소유자가 아닌 자 중 토지 보유기간이 오래된 자 순으로 토지를 보상한다.

#### 2. 보상하는 토지가격의 산정기준금액

다른 법률에 특별한 규정이 있는 경우를 제외하고는 일반분양가격으로 한다.

#### 3. 토지로 보상하는 면적(동조 제2항)

사업시행자가 사업계획 등을 고려하여 정하되, 주택용지는 990m², 상업용지는 1,100m²을 초과할 수 없다.

#### 4. 전매제한(동조 제3항)

보상계약의 체결일부터 소유권 이전 등기를 마칠 때까지 전매할 수 없다. 이를 위반할 경우 보상금을 현금으로 지급하여야 한다.

#### 5. 현금보상으로의 전환(동조 제4항, 제5항, 제6항)

〈제4항〉 보상계약 체결일부터 1년이 지나면 이를 현금으로 전환하여 보상하여 줄 것을 요청할 수 있다.
〈제5항〉 해당 사업계획의 변경 등의 사유로 인하여 보상하기로 한 토지의 전부·일부를 토지로 보상할 수 없는 경우에는 이를 현금으로 보상할 수 있다.
〈제6항〉 토지소유자가 강제집행을 받는 등의 사유로 인하여 토지로 보상받기로 한 보상금에 대하여 현금보상을 요청한 경우에는 이를 현금으로 보상하여야 한다.

# 손실보상각론

**토지보상**

## 1-1 토지보상 일반 B

### Ⅰ 표준지공시지가 기준평가

#### 1. 토지보상법 제70조 제1항

협의 또는 재결에 의하여 사업시행자가 취득하는 토지에 대하여서는 부동산 가격공시에 관한 법률에 의한 공시지가를 기준으로 하여 보상액을 산정한다.

#### 2. 토지보상법 시행규칙 제22조 제1항 및 제3항

(1) 해당 규정 내용

취득하는 토지를 평가함에 있어서는 평가대상 토지와 유사한 이용가치를 지닌다고 인정되는 하나 이상의 표준지의 공시지가를 기준으로 하며, 그 표준지는 용도지역 등이 같거나 유사할 것, 실제 이용상황이 같거나 유사할 것, 주위 환경이 같거나 유사할 것, 지리적 근접성이 있어야 한다.

(2) 시행규칙 제22조의 법적 성질

> ↪ **관련 판례(2011다104253)**
> 토지보상법 시행규칙 제22조는 토지에 건축물 등이 있는 경우에는 건축물 등이 없는 상태를 상정하여 토지를 평가하도록 규정하고 있는데, 이는 비록 행정규칙의 형식이나 공익사업법의 내용이 될 사항을 구체적으로 정하여 내용을 보충하는 기능을 갖는 것이므로, 공익사업법 규정과 결합하여 대외적인 구속력을 가진다.
> → 시행규칙 제22조는 법령보충적행정규칙으로서 대외적 구속력이 인정된다.

### Ⅱ 현황평가주의

#### 1. 현황평가 원칙(토지보상법 제70조 제2항)

토지에 대한 보상액은 가격시점에서의 현실적인 이용상황과 일반적 이용방법에 의한 객관적 상황을 고려하여 산정하되, 일시적인 이용상황과 토지소유자나 관계인이 갖는 주관적 가치 및 특별한 용도에 사용할 것을 전제한 경우 등은 고려하지 아니한다.

#### 2. 현황평가의 예외

① 일시적 이용(영 제38조), ② 미지급용지(규칙 제25조), ③ 무허가건축물 등의 부지(규칙 제24조),

④ 불법형질변경 토지(규칙 제24조), ⑤ 건물 등의 부지(규칙 제22조 제2항), ⑥ 도로, 구거부지의 평가(규칙 제26조) ⑦ 공법상 제한 받는 토지(규칙 제23조)

### Ⅲ 나지상정평가(시행규칙 제22조 제2항)

토지에 건축물 등이 있을 때에는 그 건축물 등이 없는 토지의 나지상태를 상정하여 평가한다.

## 1-2 공법상 제한받는 토지의 평가 B

### 기출문제

• 제31회, 제28회, 제24회, 제9회

### Ⅰ 의의 및 취지(토지보상법 시행규칙 제23조)

공법상 제한을 받는 토지란 관계 법령에 의해 토지의 각종 이용제한 및 규제를 받고 있는 토지를 말하며 개발이익 내지 손실을 제외하는데 취지가 있다.

### Ⅱ 관련 규정의 검토

① 공법상 제한받는 토지는 제한받는 상태대로 평가한다(규칙 제23조 제1항). ② 해당 공익사업의 시행을 직접 목적으로 하여 용도지역 또는 용도지구 등이 변경된 토지에 대하여는 변경되기 전의 용도지역 또는 용도지구 등을 기준으로 평가한다(동조 제2항).

### Ⅲ 공법상 제한의 구분

#### 1. 일반적 제한(사회적 제약)

일반적 제한은 그 자체로 행정 목적이 달성되는 경우의 제한을 말하며, 일반적 제한인 경우 제한받는 상태대로 평가한다. 다만, 그 제한이 해당 공익사업 시행을 직접 목적으로 하여 가하여진 경우는 제한이 없는 상태를 상정하여 감정평가한다.

#### 2. 개별적 제한(특별한 희생)

개별적 제한은 그 제한이 구체적 공익사업의 시행을 필요로 하는 경우를 말하며, 그 제한을 받지 아니한 상태를 기준으로 평가한다.

> **관련 판례(2017두61799)**
> 일반적 계획제한으로서 구체적 도시계획사업과 직접 관련되지 아니한 경우에는 그러한 제한을 받는 상태 그대로 평가하여야 한다. 반면 도로·공원 등 특정 도시계획시설의 설치를 위한 계획결정과 같이 구체적 사업이 따르는 개별적 계획제한이거나, 일반적 계획제한이더라도 그 용도지역 등의 지정 또는 변경이 특정 공익사업의 시행을 위한 것일 때에는, 그 공익사업의 시행을 직접 목적으로 하는 제한으로 보아 그 제한을 받지 아니하는 상태를 상정하여 평가하여야 한다.

## 3. 구체적 평가 기준

> ↪ 구체적 평가 기준
> 1. **공원구역 안** : ① 자연공원은 제한 받는 상태 기준, ② 도시공원은 제한 받지 않는 상태 기준
> 2. **용도지역이 변경된 토지** : 해당 사업에 관련되어 있으면 변경 전 기준
> 3. **도시계획도로** : ① 접한 토지는 계획도로 고려한 가격, ② 저촉된 토지는 저촉되지 않은 상태 기준
> 4. **정비구역 안** : 공법상 제한 받지 않는 상태 기준
> 5. **개발제한구역 안** : 공법상 제한받는 상태 기준
> → 검토 시 순서대로 포섭
> ① 일반적 제한인지 개별적 제한인지
> ② 일반적 제한이라면 해당 사업으로 인한 제한인지 다른 사업으로 인한 제한인지

## Ⅳ 판례의 유형별 검토

> ↪ **자연공원법에 의한 공법상 제한(2019두34982)**
> 자연공원법에 의한 '자연공원 지정' 및 '공원용도지구계획에 따른 용도지구 지정'은, 그와 동시에 구체적인 공원시설을 설치·조성하는 내용의 '공원시설계획'이 이루어졌다는 특별한 사정이 없는 한, 그 이후에 별도의 '공원시설계획'에 의하여 시행 여부가 결정되는 구체적인 공원사업의 시행을 직접 목적으로 한 것이 아니므로 '일반적 계획제한'에 해당한다.
>
> ↪ **문화재보호구역(2003두14222)**
> 문화재보호구역의 확대 지정이 당해 공공사업인 택지개발사업의 시행을 직접 목적으로 하여 가하여진 것이 아님이 명백하므로 토지의 수용보상액은 그러한 공법상 제한을 받는 상태대로 평가하여야 한다고 한 사례.
>
> ↪ **대치동 공원(2012두7950)**
> 용도지역 등의 지정 또는 변경을 하지 않은 것이 특정 공익사업의 시행을 위한 것일 경우 이는 당해 공익사업의 시행을 직접 목적으로 하는 제한이라고 보아 용도지역 등의 지정 또는 변경이 이루어진 상태를 상정하여 토지가격을 평가하여야 한다. 여기에서 특정 공익사업의 시행을 위하여 용도지역 등의 지정 또는 변경을 하지 않았다고 볼 수 있으려면, 토지가 특정 공익사업에 제공된다는 사정을 배제할 경우 용도지역 등의 지정 또는 변경을 하지 않은 행위가 계획재량권의 일탈·남용에 해당함이 객관적으로 명백하여야만 한다.

### 1-3 미지급용지의 평가 C

#### Ⅰ 의의 및 취지[토지보상법 시행규칙 제25조]

미지급용지란 종전에 시행된 공익사업의 부지로서 보상금이 지급되지 아니한 토지를 말한다. 피수용자의 불이익 방지에 취지가 인정되며, 현황평가의 예외에 해당한다.

## Ⅱ 미지급용지의 판단기준

### 1. 일반적 판단기준

① 종전에 공익사업이 시행된 부지여야 하고, ② 종전의 공익사업은 적어도 해당 부지에 대하여 보상금이 지급될 필요가 있는 것이어야 한다. 1차적 판단권은 평가의뢰자에게 있으나, 의뢰자의 의견제시가 없는 경우 객관적 판단기준에 의한다.

> ⤵ **관련 판례(2008두22129)**
>
> 미불용지(미지급용지)는 '종전에 시행된 공익사업의 부지로서 보상금이 지급되지 아니한 토지'이므로, 미불용지로 인정되려면 종전에 공익사업이 시행된 부지여야 하고, 종전의 공익사업은 적어도 해당 부지에 대하여 보상금이 지급될 필요가 있는 것이어야 한다.

### 2. 이용 상황이 좋아진 경우

> ⤵ **관련 판례(92누4833)**
>
> 공익사업의 시행자가 적법한 절차에 의하여 취득하지도 못한 상태에서 공익사업을 시행하여 토지의 현실적인 이용상황을 변경시킴으로서 오히려 토지가격을 상승시킨 경우에는 미지급용지라고 볼 수 없다.
>
> → 검토 시 : 미지급용지의 규정 취지가 토지소유자의 불이익을 방지하는 것에 있는바 가격이 하락한 경우에만 미지급용지로 보는 것이 타당하다.

## Ⅲ 미지급용지의 보상평가기준

### 1. 편입 당시의 이용상황 기준

현황평가의 예외로 종전 공익사업에 편입될 당시의 이용상황을 기준으로 평가한다. 다만, 종전의 공익사업에 편입될 당시 이용상황을 알 수 없는 경우에는 편입될 당시의 지목과 인근 토지의 이용상황 등을 참작하여 평가한다.

### 2. 공법상 제한 등

용도지역 등 공법상 제한은 가격시점을 기준으로 하되 종전 공익사업의 시행에 따른 절차에 의하여 용도지역이 변경된 경우에는 변경 전 용도지역을 기준으로 한다. 이때 가격시점은 일반보상과 같이 협의 또는 재결 당시를 기준으로 한다.

### 3. 개발이익의 배제

미지급용지를 평가함에 있어서 비교표준지로 선정된 표준지공시지가에 해당 공익사업의 시행으로 인한 개발이익이 포함되어 있는 경우에는 이를 배제한 가격으로 평가한다.

## Ⅳ 관련 문제

### 1. 시효취득 가능 여부

미지급용지도 시효취득이 인정되는지 여부가 문제되나, 시효취득을 인정하면 토지소유자에게 지나친 불이익을 가한다 할 것이어서 시효취득을 부정함이 타당하다고 판단된다.

> **☝ 관련 판례(95다28625)**
> 악의의 무단점유가 입증된 경우, 특별한 사정이 없는 한 점유자는 타인의 소유권을 배척하고 점유할 의사를 갖고 있지 않다고 보아야 할 것이므로 이로써 소유의 의사가 있는 점유라는 추정은 깨어졌다고 할 것이다.

### 2. 부당이득반환청구권 인정 여부

판례는 국가 등이 도로부지를 점유하는 경우 사권행사가 제한되는 것이며, 소유권은 존재한다고 보아 점유상실에 대한 사용료의 부당이득반환청구권을 인정하였다. 다만 국가에 대한 채권의 소멸시효를 적용하여 가격시점으로부터 과거 5년 사용분에 대해 청구가 가능하다고 판시하였다.

### 3  도로부지 인도 및 손실보상청구 인정 여부

도로법에서는 도로를 구성하는 부지·옹벽·기타 물건에 대하여는 사권을 행사할 수 없다고 규정하고 있어, 소유권에 기한 인도청구권의 행사는 인정되지 않는다. 또한 특별한 희생임에도 불구하고 보상규정이 없어 손실보상청구권의 제기도 예상할 수 있으나, 대법원은 예산상의 이유로 부정하고 있다.

## 1-4  무허가건축물 등의 부지의 평가 B

### Ⅰ 의의 및 취지(토지보상법 시행규칙 제24조)

무허가건축물 등의 부지란 건축법 등 관계법령에 의하여 허가를 받거나 신고를 하고 건축하여야 하는 건축물을 허가를 받지 아니하거나 신고를 하지 아니하고 건축한 건축물의 부지를 말하며, 불합리한 보상을 방지하기 위함에 취지가 있으며 현황평가 예외에 해당한다.

### Ⅱ 보상평가기준

### 1. 원칙(건축 당시 이용상황 기준)

무허가건축물 등의 부지에 대하여 당해 토지에 무허가건축물 등이 건축 또는 용도변경 될 당시의 이용상황을 상정하여 평가하도록 규정하고 있다.

### 2. 예외(현황평가)

1989.1.24. 이전에 건축된 무허가건물의 부지는 현실적 이용상황을 기준으로 평가한다.

### Ⅲ 무허가건축물 부지의 범위

> **☝ 관련 판례(2000두8325)**
> '무허가건물 등의 부지'라 함은 해당 무허가건물 등의 용도·규모 등 제반 여건과 현실적인 이용상황을 감안하여 무허가건물 등의 사용·수익에 필요한 범위 내의 토지와 무허가건물 등의 용도에 따라 불가분적으로 사용되는 범위의 토지를 의미하는 것이라고 해석된다.

## Ⅳ 입증책임의 문제

> ↪ 관련 판례(2011두2521)
>
> 토지보상법 시행규칙 제24조에 의하면 토지에 대한 보상액은 현실적인 이용상황에 따라 산정하는 것이 원칙이므로, 수용대상토지의 이용상황이 일시적이라거나 불법형질변경토지라는 이유로 본래의 이용상황 또는 형질변경 당시의 이용상황에 의하여 보상액을 산정하기 위해서는 예외적인 보상액 산정방법의 적용을 주장하는 쪽에서 수용대상 토지가 불법형질변경토지임을 증명해야 한다.
>
> → 무허가건축물에 대한 명시적인 판례는 없지만 불법형질변경 관련 판례에서 현황평가의 원칙상 예외적인 보상액 산정방법의 적용을 주장하는 쪽에서 증명해야한다고 판시한 바 있다. 따라서 토지평가의 대원칙인 현황평가주의의 예외를 인정하려면 그것을 주장하는 자인 〈사업시행자〉가 입증하는 것이 타당하다고 판단된다.

## 1-5 불법형질변경 토지의 평가 C

### Ⅰ 의의 및 취지[토지보상법 시행규칙 제24조]

불법형질변경토지란 관계법령에 의하여 허가를 받거나 신고를 하고 형질변경을 하여야 하는 토지를 허가나 신고를 받지 아니하고 형질변경한 토지를 말하며, 불합리한 보상의 방지에 취지가 있다.

### Ⅱ 보상평가 기준

#### 1. 원칙

불법형질변경한 토지는 불법으로 형질변경 당시의 이용상황을 상정하여 평가한다.

#### 2. 예외

다만, 1995.1.7. 당시 공익사업시행지구에 편입된 경우에는 현황평가주의에 따라 현실적인 이용상황에 따라 보상한다.

> ↪ 관련 판례(2012두7950)
>
> 불법형질변경토지에 대하여는 토지보상법 제24조의 규정에 불구하고 이를 현실적인 이용상황에 따라 보상하여야 한다고 규정하고 있으므로, 1995.1.7. 이전에 이미 도시계획시설의 부지로 결정·고시되는 등 공익사업시행지구에 편입되고 불법으로 형질변경이 된 토지에 대하여는 형질변경이 될 당시의 토지이용상황을 상정하여 평가할 수 없고, 일시적인 이용상황이 아닌 한 현실적인 이용상황에 따라 평가하여야 한다.

## Ⅲ 불법형질변경된 토지에 대한 입증책임

> **⤵ 관련 판례(2011두2521)**
>
> 토지보상법 시행규칙 제24조에 의하면 토지에 대한 보상액은 현실적인 이용상황에 따라 산정하는 것이 원칙
> 이므로, 수용대상토지의 이용상황이 일시적이라거나 불법형질변경토지라는 이유로 본래의 이용상황 또는 형
> 질변경 당시의 이용상황에 의하여 보상액을 산정하기 위해서는 예외적인 보상액 산정방법의 적용을 주장하
> 는 쪽에서 수용대상 토지가 불법형질변경토지임을 증명해야 한다.
> → 판례는 현황평가의 예외를 주장하는 사업시행자가 입증해야한다고 판시하였다. 생각건대 불법형질변경
>    토지에 해당한다면 사업시행자에게 유리해지는 점을 고려할 때 입증책임은 〈사업시행자〉에게 있다고 봄
>    이 타당하다.

---

### 1-6  도로부지의 보상 A

> **◎ 기출문제**
> - 제33회 : 사실상 사도의 요건, 보상기준
> - 제22회 : 시행규칙 제26조 제1항 제2호의 법적 성질

## Ⅰ 사도법상의 사도(토지보상법 시행규칙 제26조 제1항)

사도법상 사도란 사도법에 따라 개설허가권자의 개설허가를 받은 도로를 말한다. 인근토지에 대한
평가액의 5분의 1 이내로 평가한다.

## Ⅱ 사실상의 사도 ★

### 1. 의의(동조 제2항)

사실상의 사도란 사도법에 의한 사도 외의 도로로서 관할 시장 또는 군수의 허가를 받지 않고 개
설하거나 형성된 사도를 말한다.

### 2. 요건(동조 제2항)(자제건조)

사실상 사도란 사도법에 의한 사도 외의 도로로서 ① **자**기 토지의 편익을 위하여 스스로 설치한
도로, ② 토지소유자가 그 의사에 의하여 타인의 통행을 **제**한할 수 없는 도로, ③ 건축법 제45조
에 따라 **건**축허가권자가 그 위치를 지정·공고한 도로, ④ 도로개설 당시의 토지소유자가 대지
또는 공장용지 등을 **조**성하기 위하여 설치한 도로의 어느 하나에 해당하는 도로를 말한다.

> **⤵ 사실상 사도 판단 기준 판례(2011두7007)**
>
> 1. 3분의 1 이내로 보상액을 평가하기 위한 요건
>    사실상 사도로 1/3로 평가하려면 사도법에 의한 사도에 준하는 실질을 갖추고 있어야 하고, 나아가
>    토지보상법 시행규칙 제26조 제2항 제1호 내지 제4호 중 어느 하나에 해당하여야 할 것이다.

2. '자기 토지의 편익을 위하여 스스로 설치한 도로'에 해당하는지 판단하는 기준

'도로개설 당시의 토지소유자가 자기 토지의 편익을 위하여 스스로 설치한 도로'에 해당한다고 하려면, 도로를 설치한 결과 도로 부지로 제공된 부분으로 인하여 나머지 부분 토지의 편익이 증진되는 등으로 그 부분의 가치가 상승됨으로써 도로부지로 제공된 부분의 가치를 낮게 평가하여 보상하더라도 전체적으로 정당보상의 원칙에 어긋나지 않는다고 볼 만한 객관적인 사유가 있다고 인정되어야 하고, 이는 도로개설 경위와 **목적**, **주위환경**, **인접토지**의 획지 면적, **소유관계** 및 **이용상태** 등 제반 사정을 종합적으로 고려하여 판단할 것이다.

3. '타인의 통행을 제한할 수 없는 도로'의 의미

'토지소유자가 그 의사에 의하여 타인의 통행을 제한할 수 없는 도로'는 사유지가 종전부터 자연발생적으로 또는 도로예정지로 편입되어 있는 등으로 일반 공중의 교통에 공용되고 있고 그 이용상황이 고착되어 있어, 도로부지로 이용되지 아니하였을 경우에 예상되는 표준적인 이용상태로 원상회복하는 것이 법률상 허용되지 아니하거나 사실상 현저히 곤란한 정도에 이른 경우를 의미한다고 할 것이다.

4. 타인의 통행을 제한할 수 없는 도로에 해당하는지 판단하는 기준

불특정 다수인의 통행에 장기간 제공되어 왔고 이를 소유자가 용인하여 왔다는 사정이 있다는 것만으로 언제나 도로로서의 이용상황이 고착되었다고 볼 것은 아니고, 이는 당해 토지가 도로로 이용되게 된 경위, 일반의 통행에 제공된 기간, 도로로 이용되고 있는 토지의 면적 등과 더불어 그 도로가 주위 토지로 통하는 유일한 통로인지 여부 등 주변 상황과 당해 토지의 도로로서의 역할과 기능 등을 종합하여 원래의 지목 등에 따른 표준적인 이용상태로 회복하는 것이 용이한지 여부 등을 가려서 판단해야 할 것이다.

## 3. 평가 방법(시행규칙 제26조 제1항)

① 인근 토지에 대한 평가액의 3분의 1 이내로 평가하여야 하며, ② "인근토지"라 함은 당해 도로부지 또는 구거부지가 도로 또는 구거로 이용되지 아니하였을 경우 예상되는 표준적인 이용상황과 유사한 토지로서 당해 토지와 위치상 가까운 토지를 말한다(동조 제4항).

## Ⅲ 예정공도의 평가 방법

예정공도는 도로법·국토의 계획 및 이용에 관한 법률 등에 의하여 도로로 결정된 토지가 관계 법령의 행위제한에 의해 공지로 남게 되어 자연스럽게 도로로 되는 경우로 공도와 같이 정상평가한다.

> **↰ 예정공도가 사실상 사도에 해당하는지(2018두55753)**
>
> 예정공도부지의 경우 보상액을 사실상의 사도를 기준으로 평가한다면 토지가 도시·군 관리계획에 의하여 도로로 결정된 후 곧바로 도로사업이 시행되는 경우의 보상액을 수용 전의 사용현황을 기준으로 산정하는 것과 비교하여 토지소유자에게 지나치게 불리한 결과를 가져온다는 점 등을 고려하면, 예정공도부지는 토지보상법 시행규칙 제26조 제2항에서 정한 사실상의 사도에서 제외된다.

## Ⅳ 감가보상의 이유

## 1. 화체이론

사실상 사도에 대하여 인근 토지의 일정액만을 보상하는 것은 도로의 가치의 일부가 주위토지의 가치에 이전하였다는 화체이론에 의거한 것이다.

## 2. 개설의 자의성

판례는 사실상 불특정 다수인의 통행에 제공되고 있다는 사실만으로 인근 토지의 1/3 이내로 평가하는 것이 아니라 종합적 판단에 의해 토지소유자가 자기 토지의 편익을 위하여 스스로 공중의 통행에 제공하는 등 객관적인 사유가 인정되는 경우에만 1/3 이내에서 평가해야 한다고 판시하였다.

## Ⅴ 시행규칙 제26조의 규범성

### 1. 학설

① 〈행정규칙설〉 행정규칙 형식은 헌법에 규정된 법규의 형식이 아니므로 행정규칙으로 보아야 한다는 견해

② 〈법규명령설〉 실질적으로 법의 내용을 보충함으로써 개인에게 직접적인 영향을 미치는 법규명령으로 보아야 한다는 견해

③ 〈규범구체화 행정규칙설〉 행정규칙과는 달리 상위규범을 구체화하는 내용의 행정규칙이므로 법규성을 긍정해야 한다는 견해

④ 〈위헌무효설〉 헌법에 명시된 법규명령은 대통령령, 총리령, 부령만을 인정하고 있으므로 행정규칙 형식의 법규명령은 헌법에 위반되어 무효라는 견해

⑤ 〈법규명령의 효력을 갖는 행정규칙설〉 법규와 같은 효력을 인정하더라도 행정규칙의 형식으로 제정되어 있으므로 법적 성질은 행정규칙으로 보는 견해

### 2. 관련 판례의 태도

> 🔖 **관련 판례(2011다104253)**
>
> 토지보상법 제68조 제3항은 협의취득의 보상액 산정에 관한 구체적 기준을 시행규칙에 위임하고 있고, 위임범위 내에서 시행규칙 제22조는 토지에 건축물 등이 있는 경우에는 건축물 등이 없는 상태를 상정하여 토지를 평가하도록 규정하고 있는데, 이는 비록 행정규칙의 형식이나 공익사업법의 내용이 될 사항을 구체적으로 정하여 내용을 보충하는 기능을 갖는 것이므로, 공익사업법 규정과 결합하여 대외적인 구속력을 가진다.

### 3. 검토

판례의 태도에 따라 토지보상법 시행규칙 제22조 법령 보충적 행정규칙이라면 동조 형태로 규정된 토지보상법 시행규칙 제26조 1/3 이내 평가규정 또한 〈법령 보충적 행정규칙〉으로 보는 것이 타당하다고 생각된다.

### 4. 정당보상 위배 여부

행정규칙 제26조의 법규성이 인정된다면 인근 토지에 비하여 낮은 가격으로 평가하여도 될 만한 사정이 없음에도 1/3 이내로 보상하였다면 정당보상에 부합하지 않고 위법성이 인정되는바, 도로 개설 경위와 목적 등에 따라 제반 사정을 종합적으로 고려하여 판단하여야 한다.

**1-7   잔여지에 대한 보상 A**

**Ⅰ** 잔여지의 손실 및 비용보상

## 1. 의의 및 취지(토지보상법 제73조)

일단의 토지의 일부가 취득되거나 사용됨으로 인하여 잔여지의 가격이 감소하거나 그 밖의 손실, 공사가 필요할 때에는 그 <u>손실</u>이나 공사의 비용을 보상하여야 하는 것을 말하며 정당보상에 취지가 있다.

> **판례(2010두23149)**
> 보상하여야 할 손실에는 토지 일부의 취득 또는 사용으로 인하여 가치형성요인이 변동됨에 따라 발생하는 손실뿐만 아니라 설치되는 시설의 형태, 구조, 사용 등에 기인하여 발생하는 손실과 수용재결 당시의 현실적 이용상황의 변경 외 장래의 이용가능성 등에 의한 사용가치 및 교환가치 상의 하락 모두가 포함된다.

## 2. 요건 및 청구기간

### (1) 요건

사업시행자는 동일한 소유자에 속하는 일단의 토지 일부가 공익사업에 편입되어 ① 잔여지의 가격이 감소하거나 ② 그 밖의 손실이 있을 때 ③ 또는 잔여지에 통로·구거·담장 등 신설 등 그 밖의 공사가 필요할 때에는 국토교통부령이 정하는 바에 따라 그 손실이나 공사의 비용을 보상하여야 한다.

> **판례(2017두40860)**
> 토지의 일부가 공익사업에 취득되거나 사용됨으로 인하여 발생하는 것이 아니라면 특별한 사정이 없는 한 토지보상법 제73조 1항 본문에 따른 잔여지 손실보상 대상에 해당한다고 볼 수 없다.

### (2) 청구기간

잔여지의 손실 또는 비용의 보상은 해당 사업완료일로부터 1년이 지난 후에는 청구할 수 없다 (동법 제73조 제2항).

> **판례 : 잔여지 손실 지연손해금 지급의무 발생시기(2017두68370)**
> 잔여지 손실보상금 지급의무는 <u>이행기의 정함이 없는</u> 채무로 보는 것이 타당하다. 따라서, 잔여지 손실보상금 지급의무의 경우 잔여지의 손실이 현실적으로 발생한 이후로서 잔여지 소유자가 사업시행자에게 <u>이행청구를 한 다음 날부터 그 지연손해금 지급의무가</u> 발생한다.

## 3. 잔여지 매수의 효과

사업인정고시가 된 후 사업시행자가 잔여지를 매수하는 경우 그 잔여지에 대해서는 사업인정 및 사업인정고시가 된 것으로 본다(동조 제3항).

## 4. 손실보상절차

### (1) 토지보상법 제73조의 검토

토지보상법 제73조에 따라 동법 제9조 제6항, 7항의 절차를 준용한다. 즉, 사업시행자와 손실보상을 협의해야 하며(제6항), 협의불성립 시 관할 토지수용위원회에 재결을 신청할 수 있다(제7항, 이때 보상재결은 토지소유자도 신청이 가능한 것이 특징).

### (2) 재결에 불복하는 경우 불복방법

#### 1) 판례

판례는 보상재결의 처분성을 긍정하며, 또한 재결절차를 반드시 거쳐 이의신청 및 보증소를 제기할 수 있고 이를 생략한 채 곧바로 사업시행자에게 손실보상을 청구할 수 없다고 본다.

#### 2) 검토

생각건대 보상재결 또한 국민의 권리의무에 직접 영향을 미치는 점에서 처분으로 봄이 타당하므로, 재결절차를 거쳐 이의신청, 행정소송을 권리구제방법으로 볼 수 있다.

> **⚡ 판례(2012두24092)★**
> 잔여지 또는 잔여건축물 가격감소 등으로 인한 손실보상을 받기 위해서는 재결절차를 거친 다음 제83조 및 제85조의 권리구제를 받을 수 있을 뿐이며, 특별한 사정이 없는 한 곧바로 사업시행자를 상대로 손실보상을 청구하는 것은 허용되지 않는다 할 것이고, 이는 잔여지 또는 잔여 건축물 수용청구에 대한 재결절차를 거친 경우라고 하여 달리 볼 것은 아니다.

> **⚡ 판례(2017두40860)**
> 접도구역 지정으로 인한 가치하락은 접도구역 지정권자가 보상하고, 순수잔여지 가치하락분에 대해서만 사업시행자가 보상하도록 판시
> → 보상에 대한 새로운 패러다임 형성으로 볼 수 있고, 피수용자의 권리보호를 위하여 제도개선 필요

## 5. 잔여지 등의 보상평가기준

### (1) 보상액 산정에 대한 대법원 판례

잔여지의 보상하여야 할 손실은 수용재결 당시의 현실적 이용상황의 변경 뿐만 아니라 장래 이용가능성이나 거래의 용이성 등에 의한 사용가치 및 교환가치의 하락도 포함하여야 한다.

### (2) 손실 등에 대한 평가(규칙 제32조)

#### 1) 잔여지 손실 평가

잔여지 손실은 공익사업시행지구에 편입 전의 잔여지의 가격에서 편입된 후의 잔여지의 가격을 뺀 금액으로 평가한다(동조 제1항).

### 2) 잔여지에 대한 공사비 보상

잔여지에 공사가 필요하게 된 경우의 손실은 그 시설의 설치나 공사에 필요한 비용으로 평가한다(동조 제2항). 이는 사업으로 인해 발생한 피해를 구제하기 위한 조치로서 사업보상 또는 비용보상의 성격을 갖는다.

## Ⅱ 잔여지의 취득평가

동일한 소유자에 속하는 일단의 토지 일부가 취득됨으로 인하여 종래의 목적에 사용하는 것이 현저히 곤란하게 된 잔여지에 대하여는 그 일단의 토지의 전체가격에서 공익사업시행지구에 편입되는 토지의 가격을 뺀 금액으로 평가한다(동조 제3항).

> **접도구역 잔여지 손실 보상가능성**
>
> **1. 판례(2017두40860)**
>
> 잔여지에 대하여 현실적 이용상황 변경 또는 사용가치 및 교환가치의 하락 등이 발생하였더라도, 그 손실이 토지의 일부가 공익사업에 취득되거나 사용됨으로 인하여 발생하는 것이 아니라면 특별한 사정이 없는 한 토지보상법 제73조 제1항 본문에 따른 잔여지 손실보상 대상에 해당한다고 볼 수 없다고 판시하였다.
>
> 접도구역으로 지정·고시됨으로 인한 손실은 국토교통부장관이 접도구역으로 지정·고시한 조치에 기인한 것이므로, 원칙적으로 토지보상법 제73조에 따른 잔여지 손실보상의 대상에 해당하지 아니한다.
>
> **2. 검토**
>
> 잔여지 손실보상은 당해 공익사업으로 인한 발생을 전제로 하여야 한다. 그러나 ① 접도구역은 사업시행자가 아닌자가 도로법에 의거 지정한 것이고, ② 도로법에서는 접도구역으로 발생한 손실 등에 대해 별도의 절차를 규정하고 있으므로, 접도구역 지정으로 발생한 손실은 잔여지 가격손실 보상에 포함되지 않는다고 봄이 타당하다.

---

## 제2절 건축물 보상

### 2-1 건축물에 대한 보상 B

## Ⅰ 건축물의 의의

건축물이란 토지에 정착하는 공작물 중 지붕과 기둥 또는 벽이 있는 것을 말하며, 부대설비 또는 건축설비 등도 건축물에 포함된다.

## Ⅱ 건축물 보상의 평가 방법(토지보상법 제75조 제1항)

### 1. 이전비 보상(원칙)

건축물 등에 대하여는 이전에 필요한 비용(이전비)으로 보상함이 원칙이다.

## 2. 해당 물건의 가격으로 보상(예외)(어종비사)

① 이전이 **어**렵거나 이전해서는 **종**래의 목적대로 사용할 수 없는 경우, ② 이전**비**가 취득액을 초과하는 경우 ③ 사업시행자가 공익사업에 직접 **사**용할 목적으로 취득하는 경우 해당 물건의 가격으로 보상하여야 한다.

## Ⅲ 구체적 보상기준

### 1. 건축비 등에 포함된 부가가치세 상당을 손실보상으로 구할 수 있는지 여부(소극)

> 🔖 관련 판례(2015두2963)
>
> 건축비 등에 포함된 부가가치세는 부가가치세법 제38조 제1항 제1호에서 정한 매입세액에 해당하여 피수용자가 자기의 매출세액에서 공제받거나 환급받을 수 있으므로 위 부가가치세는 실질적으로는 피수용자가 부담하지 않게 된다. 따라서 이러한 경우에는 다른 특별한 사정이 없는 한 피수용자가 사업시행자에게 위 부가가치세 상당을 손실보상으로 구할 수는 없다.

### 2. 범위 등이 객관적으로 확정된 후 지장물을 설치하는 경우 손실보상 대상이 되는지 여부(소극)

> 🔖 관련 판례(2012두22096)
>
> 사업시행자의 보상계획공고 등으로 공익사업의 시행과 보상대상토지의 범위 등이 객관적으로 확정된 후 해당 토지에 지장물을 설치하는 경우에 그 지장물이 해당 토지의 통상의 이용과 관계없거나 이용범위를 벗어나는 것으로 손실보상만을 목적으로 설치되었음이 명백하다면, 그 지장물은 예외적으로 손실보상의 대상에 해당하지 아니한다고 보아야 한다.

## Ⅳ 잔여건축물의 손실 보상

### 1. 잔여건축물 감가보상(토지보상법 제75조의2 제1항)

동일한 소유자에게 속하는 일단의 건축물의 일부가 취득되거나 사용됨으로 인하여 잔여 건축물의 가격이 감소하거나 그 밖의 손실이 있을 때에는 그 손실을 보상하여야 한다. 다만, 잔여 건축물의 가격 감소분과 보수비를 합한 금액이 잔여 건축물의 가격보다 큰 경우에는 사업시행자는 그 잔여 건축물을 매수할 수 있다.

### 2. 잔여건축물의 매수 및 수용보상(동조 제2항)

동일한 소유자에 속하는 일단의 건축물의 일부가 협의에 의하여 매수되거나 수용됨으로 인하여 잔여건축물을 종래의 목적에 사용하는 것이 현저히 곤란할 때에는 그 건축물소유자는 사업시행자에게 잔여건축물을 매수하여 줄 것을 청구할 수 있으며, 사업인정 이후에는 관할 토지수용위원회에 수용을 청구할 수 있다. 이 경우 수용 청구는 매수에 관한 협의가 성립되지 아니한 경우에만 하되, 그 사업의 공사완료일까지 하여야 한다.

## 2-2  무허가건축물에 대한 보상 A

◎ **기출문제**

- 제26회 : 무허가건축물의 손실보상 대상 여부

### Ⅰ 무허가건축물의 의의(토지보상법 시행규칙 제24조)

「건축법」 등 관계법령에 의하여 허가를 받거나 신고를 하고 건축 또는 용도변경을 하여야 하는 건축물을 허가를 받지 아니하거나 신고를 하지 아니하고 건축 또는 용도 변경한 건축물을 말한다.

### Ⅱ 무허가건축물이 보상대상인지 여부

### 1. 관련 규정의 검토

(1) 토지보상법 제75조

건축물 등에 대한 보상 규정을 정하면서 적법건축물과 무허가건축물을 구별하고 있지 않다.

(2) 토지보상법 제25조

토지보상법 제25조에서는 사업인정 이후 무허가건축물에 대하여 손실보상을 청구할 수 없다고 규정하고 있다. 따라서 행위제한일 이전 건축된 무허가건축물은 보상 대상이 된다고 볼 수 있다.

### 2. 관련 판례의 태도

> ❯ 관련 판례(99두10896)
>
> 관계법령을 종합하여 보면, 지장물인 건물은 그 건물이 적법한 건축허가를 받아 건축된 것인지 여부에 관계없이 토지보상법상의 사업인정의 고시 이전에 건축된 건물이기만 하면 손실보상의 대상이 됨이 명백하다.
>
> ❯ 관련 판례(2013두19738)
>
> 건축법상 건축허가를 받았더라도 허가받은 건축행위에 착수하지 아니하고 있는 사이에 토지보상법상 사업인정고시가 된 경우 고시된 토지에 건축물을 건축하려는 자는 토지보상법 제25조에 정한 허가를 따로 받아야 하고, 그 허가 없이 건축된 건축물에 관하여는 토지보상법상 손실보상을 청구할 수 없다고 할 것이다.

### 3. 검토

생각건대 명문의 근거 없이 보상 대상을 축소하는 것은 기득권 보호 차원의 문제가 있는바, 판례와 같이 사업인정 고시 전 건축한 무허가건축물은 손실보상의 대상이 된다고 봄이 타당하다.

## 제3절 | 영업손실보상 A

🎯 **기출문제**

• 제18회 : 무허가건축물 등의 영업손실보상
• 제16회 : 휴업보상에 대한 약술

### Ⅰ 의의, 취지 및 성격(토지보상법 제77조 제1항)

영업손실보상이란 공익사업 시행에 따라 영업을 폐업 또는 휴업하게 되는 경우 발생하는 손실을 보상하는 것으로서 생활재건에 취지가 있으며, 일실손실의 보상, 생활보상, 간접보상의 성격을 가진다.

### Ⅱ 영업손실의 보상대상 요건(시행규칙 제45조)

① 사업인정고시일 등 전부터 적법한 장소에서 인적·물적시설을 갖추고 계속적으로 행하고 있는 영업(다만, 무허가건축물 등에서 임차인이 영업하는 경우에는 사업인정고시일 등 1년 이전부터 사업자등록을 하고 행하고 있는 영업), ② 영업을 행함에 있어서 관계법령에 의한 허가 등을 필요로 하는 경우에는 사업인정고시일 등 전에 허가 등을 받아 그 내용대로 행하고 있는 영업이어야 한다.

> 🔁 **관련 판례(2011두27827)**
>
> 영업손실 및 지장물 보상의 대상 여부는 사업인정고시일을 기준으로 판단해야 하고, 사업인정고시일 당시 보상대상에 해당한다면 그 후 사업지구 내 다른 토지로 영업장소가 이전되었다고 하더라도 이전된 사유나 이전된 장소에서 별도의 허가 등을 받았는지를 따지지 않고 여전히 손실보상의 대상이 된다고 본 원심판단을 정당하다고 한 사례
>
> 🔁 **관련 판례(2019두47629)**
>
> 산업입지법에 따른 산업단지개발사업의 경우에도 토지보상법에 의한 공익사업의 경우와 마찬가지로 토지보상법에 의한 사업인정고시일로 의제되는 산업단지 지정 고시일을 손실보상 여부 판단의 기준시점으로 보아야 한다.
>
> 🔁 **관련 판례(2010두11641)**
>
> 토지보상법 제67조에서는 협의 또는 재결일을 가격시점으로 규정하므로, '적법한 장소에서 인적·물적시설을 갖추고 계속적으로 행하고 있는 영업'에 해당하는지 여부는 협의성립, 수용재결 또는 사용재결 당시를 기준으로 판단하여야 한다.
>
> 🔁 **관련 판례(2010두12842)**
>
> 구 토지보상법 시행규칙 제45조 제1호는 '사업인정고시일 등 전부터 일정한 장소에서 인적·물적 시설을 갖추고 계속적으로 영리를 목적으로 행하고 있는 영업'을 영업손실보상의 대상으로 규정하고 있는데, 여기에는 매년 일정한 계절이나 일정한 기간 동안에만 인적·물적시설을 갖추어 영리를 목적으로 영업을 하는 경우도 포함된다고 보는 것이 타당하다.

## Ⅲ 영업의 폐지에 대한 보상

### 1. 영업 폐지의 요건(시행규칙 제46조 제2항) (배허혐)

① 영업장소 또는 **배**후지의 특수성으로 이전하여서는 영업을 할 수 없는 경우, ② 다른 장소에서는 **허**가 등을 받을 수 없는 경우, ③ **혐**오감을 주는 시설로서 이전하는 것이 현저히 곤란하다고 시장 등이 객관적인 사실에 의해 인정하는 경우

> 🔖 관련 판례(2002두5498)
>
> 영업의 폐지 및 휴업의 구분에 대하여 영업소 소재지나 인접지역의 이전가능 여부에 달려 있고 그것은 법령상의 이전장애사유 유무와 사실상의 이전장애사유 유무를 종합적으로 판단하여야 한다고 판시하였다.

### 2. 보상의 기준(동조 제1항)

영업을 폐지하는 경우의 영업손실은 2년간의 영업이익(개인영업인 경우의 소득)에 영업용 고정자산·원재료·제품 및 상품 등의 매각손실액을 더한 금액으로 평가한다.

> 🔖 관련 판례(2013두13457)
>
> 토지보상법 시행규칙 제46조 제1항의 제품 및 상품 등 재고자산의 매각손실액이란 영업의 폐지로 인하여 제품이나 상품 등을 정상적인 영업을 통하여 판매하지 못하고 일시에 매각해야 하거나 필요 없게 된 원재료 등을 매각해야 함으로써 발생하는 손실을 말하며, 위 영업이익에는 이윤이 이미 포함되어 있는 점 등에 비추어 보면 매각손실액 산정의 기초가 되는 재고자산의 가격에 해당 재고자산을 판매할 경우 거둘 수 있는 이윤은 포함되지 않는다.

## Ⅳ 영업의 휴업에 대한 보상

### 1. 보상의 기준(시행규칙 제47조 제1항)

영업손실은 휴업기간에 해당하는 영업이익과 영업장소 이전 후 발생하는 영업이익감소액에 고정비 등, 부대비용 등을 합한 금액으로 한다.

### 2. 휴업기간(동조 제2항)

휴업기간은 4개월 이내로 한다. 다만, ① 해당 사업으로 인하여 4개월 이상의 기간동안 영업을 할 수 없는 경우, ② 영업시설의 규모가 크거나 이전에 고도의 정밀성을 요구하는 등 영업 고유의 특수성으로 인하여 4개월 이내 다른 장소 이전이 어렵다고 객관적으로 인정되는 경우 실제 휴업기간으로 하되, 그 휴업기간은 2년을 초과할 수 없다.

## Ⅴ 일부 편입(동조 제3항)

공익사업에 영업시설의 일부가 편입됨으로 인하여 잔여시설에 그 시설을 새로이 설치하거나 잔여시설을 보수하지 아니하고는 그 영업을 계속할 수 없는 경우의 영업손실 및 영업규모의 축소에 따른 영업손실은 해당 시설의 설치 등에 통상 소요되는 비용 등을 더한 금액으로 평가한다고 규정하고 있다.

> **관련 판례(2017두275)**
>
> 잔여 영업시설 손실보상의 요건인 "공익사업에 영업시설의 일부가 편입됨으로 인하여 잔여시설에 그 시설을 새로이 설치하거나 잔여시설을 보수하지 아니하고는 그 영업을 계속할 수 없는 경우"란 잔여 영업시설에 시설을 새로이 설치하거나 잔여 영업시설을 보수하지 않고는 그 영업이 전부 불가능하거나 곤란하게 되는 경우만을 뜻하는 것이 아니라, 공익사업에 영업시설 일부가 편입됨으로써 잔여 영업시설의 운영에 일정한 지장이 초래되고, 이에 따라 종전처럼 정상적인 영업을 계속하기 위해서는 잔여 영업시설에 시설을 새로 설치하거나 잔여 영업시설을 보수할 필요가 있는 경우도 포함된다고 보아야 한다.

## Ⅵ 허가 등을 받지 아니한 영업손실에 대한 보상(동법 시행규칙 제52조, 무허가영업 특례)

사업인정고시일 등 전부터 허가 등을 받아야 행할 수 있는 영업을 허가 등이 없이 행하여 온 자가 공익사업의 시행으로 인하여 적법한 장소에서 영업을 계속할 수 없게 된 경우에는 3인 가구기준 3개월분의 월평균 가계지출비와 영업시설 등의 이전비용을 보상하여야 한다.

## Ⅶ 가설건축물에서 행하는 영업의 보상 여부

> **관련 판례(2001다7209)**
>
> 토지소유자는 도시계획사업이 시행될 때까지 가설건축물을 건축하여 한시적으로 사용할 수 있는 대신 자신의 비용으로 그 가설건축물을 철거하여야 할 의무를 부담할 뿐 아니라 가설건축물의 철거에 따른 손실보상을 청구할 수 없고, 보상을 청구할 수 없는 손실에는 가설건축물 자체의 철거에 따른 손실뿐만 아니라 가설건축물의 철거에 따른 영업손실도 포함된다고 할 것이며, 소유자가 그 손실보상을 청구할 수 없는 이상 그의 가설건축물의 이용권능에 터잡은 임차인 역시 그 가설건축물의 철거에 따른 영업손실의 보상을 청구할 수는 없다.

## Ⅷ 영업손실보상의 권리구제

### 1. 영업손실보상의 불복절차

영업손실보상도 재결에서 결정되는바, 재결의 불복절차에 따라 권리구제를 받을 수 있다.

> **관련 판례(2009두10963)**
>
> 영업손실에 대한 보상을 받기 위해서는 토지보상법 제34조, 제50조 등에 규정된 재결절차를 거친 다음 재결에 대하여 불복이 있는 때에 비로소 토지보상법 제83조 내지 제85조에 따라 권리구제를 받을 수 있을 뿐, 이러한 재결절차를 거치지 않은 채 곧바로 사업시행자를 상대로 손실보상을 청구하는 것은 허용되지 않는다고 보는 것이 타당하다.

### 2. 재결전치주의와 소 병합

영업손실보상에도 재결전치주의가 적용되는데, 이때 곧바로 당사자소송에 의한 보상 청구가 부적법하여 각하되면 그에 병합된 관련 청구소송 역시 판례의 태도에 따라 부적합하여 각하된다.

> 🔖 관련 판례(2009두10963)
>
> 관련청구소송 병합은 본래의 당사자소송이 적법할 것을 요건으로 하는 것이어서 본래의 당사자소송이 부적법하여 각하되면 그에 병합된 관련청구소송도 소송요건을 흠결하여 부적합하므로 각하되어야 한다. 따라서 영업손실보상금 청구의 소가 재결절차를 거치지 않아 부적법하여 각하되는 이상, 이에 병합된 생활대책대상자 선정 관련청구소송 역시 소송요건을 흠결하여 부적법하므로 각하되어야 한다.

## Ⅸ 관련 문제

### 1. 무허가건축물 등에서 행하는 영업의 보상

> 🔖 관련 규정(시행규칙 제45조 제1호)
>
> 무허가건축물 등에서 임차인이 영업하는 경우에는 사업인정고시일 등 1년 이전부터 사업자등록을 하고 행하고 있는 영업은 영업손실 대상에 해당한다고 규정하고 있다.
>
> 🔖 관련 판례(2013두25863)
>
> **1. 무허가건축물 등의 영업보상을 인정하지 않는 이유**
> ① 무허가건축물을 사업장으로 이용하는 경우 조세 회피 등 여러 가지 불법행위를 저지를 가능성이 큰 점, ② 법적 제한을 넘어선 규모의 영업을 하고도 그로 인한 손실 전부를 영업손실로 보상받는 것은 불합리한 점 등에 비추어 보면, 공익사업을 위한 토지 등의 취득 및 보상에 관한 법률의 위임 범위를 벗어났다거나 정당한 보상의 원칙에 위배된다고 하기 어렵다.
>
> **2. 소유자와 임차인의 합리적 차별**
> ① 무허가건축물을 임차하여 영업하는 사업자의 경우 일반적으로 자신 소유의 무허가건축물에서 영업하는 사업자보다는 경제적·사회적으로 열악한 지위에 있는 점, ② 무허가건축물의 임차인은 자신이 임차한 건축물이 무허가건축물이라는 사실을 알지 못한 채 임대차계약을 체결할 가능성이 있는 점 등에 비추어 보면, 이 사건 규칙 조항이 무허가건축물의 소유자와 임차인을 차별하는 것은 합리적인 이유가 있고, 따라서 형평의 원칙에 어긋난다고 볼 수 없다.

### 2. 자유업은 사업자등록이 영업 적법요건인지(소극)

사업자 등록은 납세 의무와 관련이 있는 것이지 영업의 적법 요건으로 볼 수는 없다. 따라서 자유영업은 사업자등록을 하지 아니하였다고 하여 영업보상 대상에서 제외할 수 없을 것이다.

### 3. 보상액 지급 전 승낙 없이 공사에 착수한 경우

> 🔖 관련 판례(2018다204022)
>
> 공익사업의 시행자는 해당 공익사업을 위한 공사에 착수하기 이전에 토지소유자와 관계인에게 보상액 전액을 지급하여야 한다(토지보상법 제62조). 공익사업의 시행자가 토지소유자와 관계인에게 보상액을 지급하지 않고 승낙도 받지 않은 채 공사에 착수함으로써 토지소유자와 관계인이 손해를 입은 경우, 토지소유자와 관계인에 대하여 불법행위가 성립할 수 있고, 사업시행자는 그로 인한 손해를 배상할 책임을 진다.

## 4. 5일장이 영업보상의 대상인지 여부(적극)

> 🔁 **관련 판례(2010두26513)**
>
> 장터에서 토지를 임차하여 앵글과 천막 구조의 가설물을 축조하고 매달 정기적으로 각 해당 점포를 운영하여 왔고, 영업종료 후 가설물과 냉장고 등 주방용품을 철거하거나 이동하지 아니한 채 그곳에 계속 고정하여 사용·관리하여 왔던 점, 장날의 전날에는 음식을 준비하고 장날 당일에는 종일 장사를 하며 그 다음날에는 뒷정리를 하는 등 5일 중 3일 정도는 이 사건 영업에 전력을 다하였다고 보이는 점 등에 비추어 볼 때, 상행위의 지속성, 시설물 등의 고정성을 충분히 인정할 수 있으므로, 원고들은 이 사건 장소에서 인적·물적 시설을 갖추고 계속적으로 영리를 목적으로 영업을 하였다고 봄이 상당하다고 판단하였다.

---

| 제4절 | **농업손실보상 A** |
|---|---|

🎯 **기출문제**

• 제32회 : 농업손실보상의 재결전치주의

## Ⅰ 의의 및 취지[토지보상법 제77조 제2항, 규칙 제48조]

농업손실보상은 농경지가 공익사업에 편입되어 새로운 농지를 얻는 동안 농업을 못하게 되는 경우에 하는 보상으로서 생활재건조치, 일실 손실의 지급에 취지가 있다.

## Ⅱ 농업손실보상청구권의 법적성질

농업손실보상청구권은 판례의 태도에 따라 손실보상의 일종으로 항고소송의 대상이 되는 〈공법상 권리〉의 성질을 가진다.

> 🔁 **관련 판례(2009다43461)**
>
> 농업손실보상청구권은 적법한 공권력의 행사에 의한 재산상의 특별한 희생에 대하여 전체적인 공평부담의 견지에서 공익사업의 주체가 그 손해를 보상하여 주는 손실보상의 일종으로 <u>공법상의 권리</u>임이 분명하므로 그에 관한 쟁송은 민사소송이 아닌 행정소송절차에 의하여야 한다.

## Ⅲ 보상대상

### 1. 물적대상

(1) 농지법 제2조 제1호 가목 및 동법 시행령 제2조 제3항 제2호 가목에 해당되는 토지(시행규칙 제48조 제1항)

지목에도 불구하고 「농지법」 제2조 제1호 가목 및 같은 법 시행령 제2조 제3항 제2호 가목에 해당하는 토지를 말한다.

(2) 농지로 보지 않는 요건(규칙 제48조 제3항) (후일타농2)

　① 사업인정고시일 등 이**후**부터 농지로 이용되고 있는 토지

　② 토지이용계획·주위환경 등으로 보아 **일**시적으로 농지로 이용되고 있는 토지

　③ **타**인소유의 토지를 불법적으로 점유하여 경작하고 있는 토지

　④ **농**민이 아닌 자가 경작하고 있는 토지

　⑤ 토지의 취득에 대한 보상 이후에 사업시행자가 2년 이상 계속하여 경작하도록 허용하는 토지

## 2. 인적대상(규칙 제48조 제4항)

(1) 자경농지의 경우 : 농지 소유자에게 지급

(2) 자경농지가 아닌 농지의 경우

　① 협의가 성립한 경우 : 협의 내용에 따라 보상

　② 협의 불성립 시

　　㉠ 도별 연간 농가평균 단위경작면적당 농작물 총수입으로 영농손실액이 결정된 경우는 각각 영농손실액의 50%에 해당하는 금액을 보상한다.

　　㉡ 실제 소득을 입증하여 실제 소득의 2년분의 영농손실액으로 결정된 경우 농지소유자에게는 도별 연간 농가평균 단위경작면적당 농작물 총수입의 50%의 금액을 보상하고, 실제 경작자에게는 실제 소득의 2년분의 영농손실액 중 농지 소유자에게 지급한 금액을 제외한 나머지에 해당하는 금액을 보상한다.

　③ 농지소유자가 해당 지역에 거주하는 농민이 아닌 경우 : 실제 경작자에게 보상

> 🔁 **관련 판례(2000두3450)**
> 실제의 경작자는 해당 지역 안에 거주할 것을 요구하고 있지 않기 때문에 해당 지역 안에 거주하지 아니하여도 된다고 하여야 할 것이다.

## Ⅳ 보상방법

## 1. 원칙(규칙 제48조 제1항)

공익사업시행지구에 편입되는 농지면적에 도별 연간 농가평균 단위경작면적당 농작물 총수입의 직전 3년간 평균의 2년분을 곱하여 산정한 금액을 영농손실액으로 보상한다.

## 2. 예외(규칙 제48조 제2항)

실제소득을 입증하는 자가 경작하는 편입농지에 대하여는 그 면적에 단위경작면적당 실제소득의 2년분을 곱하여 산정한 금액을 영농손실액으로 보상한다. 다만, 다음의 경우 각호 구분에 따라 보상

① 단위경작면적당 실제 소득이 농축산물소득자료집의 작목별 평균소득의 2배를 초과하는 경우 : 해당 작목별 단위경작면적당 평균생산량의 2배를 판매한 금액을 단위경작면적당 실제소득으로 보아 이에 2년분을 곱하여 산정한 금액

② 농작물실제소득인정기준에서 직접 해당 농지의 지력을 이용하지 아니하고 재배 중인 작물을 이전하여 해당 영농을 계속하는 것이 가능하다고 인정하는 경우 : 단위경작면적당 실제소득의 4개월분을 곱하여 산정한 금액

## Ⅴ 농기구 매각손실액(규칙 제48조 제6항)

① 해당 지역에서 경작하고 있는 농지의 3분의 2 이상이 편입됨으로 인해 농기구를 이용하여 영농을 계속할 수 없게 된 경우 농기구에 대하여는 매각손실액을 평가해 보상해야 한다. ② 매각손실액 평가가 현실적으로 곤란한 경우에는 원가법에 의해 산정한 가격의 60% 이내에서 매각손실액을 정할 수 있다.

## Ⅵ 농업손실보상 불복

> **☑ 농업손실보상청구권의 법적 성질 및 불복(2009다43461)**
>
> 농업손실보상청구권은 공익사업의 시행 등 적법한 공권력의 행사에 의한 재산상의 특별한 희생에 대하여 전체적인 공평부담의 견지에서 공익사업의 주체가 그 손해를 보상하여 주는 손실보상의 일종으로 <u>공법상의 권리임</u>이 분명하므로 그에 관한 쟁송은 민사소송이 아닌 행정소송절차에 의하여야 할 것이고, 농업의 손실을 입게 된 자가 사업시행자로부터 토지보상법 제77조 제2항에 따라 농업손실에 대한 보상을 받기 위해서는 토지보상법 제34조, 제50조 등에 규정된 <u>재결절차를 거친 다음 그 재결에 대하여 불복이 있는 때에 비로소 토지보상법 제83조 내지 제85조에 따라 권리구제를 받을 수 있다.</u>
>
> **☑ 토지소유자 등의 승낙 없이 공사 착수를 하여 영농을 하지 못하게 된 경우(2011다27103)**
>
> 사업시행자가 토지소유자 및 관계인에게 보상금을 지급하지 아니하고 그 승낙도 받지 아니한 채 미리 공사에 착수하여 영농을 계속할 수 없게 하였다면 이는 공익사업법상 사전보상의 원칙을 위반한 것으로서 위법하다 할 것이므로, 이 경우 <u>사업시행자는 2년분의 영농손실보상금을 지급하는 것과 별도로, 공사의 사전 착공으로 인하여 토지소유자나 관계인이 영농을 할 수 없게 된 때부터 수용개시일까지 입은 손해에 대하여 이를 배상할 책임이 있다.</u>
>
> **☑ 재결전치주의(2018두57865)**
>
> 농업의 손실을 입게 된 자가 사업시행자로부터 토지보상법 제77조 제2항에 따라 농업손실에 대한 보상을 받기 위해서는 토지보상법 제34조, 제50조 등에 규정된 재결절차를 거친 다음 그 재결에 대하여 불복이 있는 때에 비로소 토지보상법 제83조 내지 제85조에 따라 권리구제를 받을 수 있을 뿐, 이러한 <u>재결절차를 거치지 않은 채 곧바로 사업시행자를 상대로 손실보상을 청구하는 것은 허용되지 않는다.</u>

## Ⅶ 관련 문제

> **☑ 관련 판례(2019두32696)**
>
> 1. **정당보상원칙 위배, 비례의원칙 위반, 위임입법의 한계의 일탈에 해당하는지 여부**
>    시행규칙 제48조 제2항 단서 제1호는, 영농보상이 장래의 불확정적인 일실소득을 보상하는 것이자 농민의 생존배려·생계지원을 위한 보상인 점, 실제소득 산정의 어려움 등을 고려하여, 농민이 실농으로 인한

대체생활을 준비하는 기간의 생계를 보장할 수 있는 범위 내에서 실제소득 적용 영농보상금의 '상한'을 설정함으로써 나름대로 합리적인 적정한 보상액의 산정방법을 마련한 것이므로, 헌법상 정당보상원칙, 비례원칙에 위반되거나 위임입법의 한계를 일탈한 것으로는 볼 수 없다.

## 2. 진정소급입법에 해당하는지 여부

영농보상은 수용개시일 이후 편입농지에서 더 이상 영농을 계속할 수 없게 됨에 따라 발생하는 손실에 대하여 장래의 2년간 일실소득을 예측하여 보상하는 것이므로, 영농보상금액의 구체적인 산정방법·기준에 관한 시행규칙 제48조 제2항 단서 제1호를 개정 시행규칙 시행일 전에 사업인정고시가 이루어졌으나 개정 시행규칙 시행 후 보상계획의 공고·통지가 이루어진 공익사업에 대해서도 적용하도록 규정한 것은 진정소급입법에 해당하지 않는다.

### 🔖 관련 판례(2022두34913)

## 1. 영농손실보상의 법적 성격

영농보상은 원칙적으로 농민이 기존 농업을 폐지한 후 새로운 직업 활동을 개시하기까지의 준비기간 동안에 농민의 생계를 지원하는 간접보상이자 생활보상으로서의 성격을 가진다.

## 2. 특별한 희생이 생기는 경우를 보상하기 위한 것인지

영농보상 역시 공익사업시행지구 안에서 수용의 대상인 농지를 이용하여 경작을 하는 자가 그 농지의 수용으로 인하여 장래에 영농을 계속하지 못하게 되어 특별한 희생이 생기는 경우 이를 보상하기 위한 것이기 때문에, 위와 같은 재산상의 특별한 희생이 생겼다고 할 수 없는 경우에는 손실보상 또한 있을 수 없고, 이는 구 토지보상법 시행규칙 제48조 소정의 영농보상이라고 하여 달리 볼 것은 아니다.

## 3. 시설콩나물 재배업도 시행규칙 제48조 제2항 단서 제2호를 적용할 수 있는지 여부

'용기(트레이)에 재배하는 어린모'와 그 재배방식이 유사하고, '농작물실제소득인정기준' 제6조 제3항 [별지 2]는 '직접 해당 농지의 지력을 이용하지 아니하고 재배 중인 작물을 이전하여 해당 영농을 계속하는 것이 가능하다고 인정하는 경우'를 예시한 것으로, 거기에 열거된 작목이 아니더라도 객관적이고 합리적으로 '직접 해당 농지의 지력을 이용하지 아니하고 재배 중인 작물을 이전하여 해당 영농을 계속하는 것이 가능'하다고 인정된다면 구 토지보상법 시행규칙 제48조 제2항 단서 제2호에 따라 4개월분의 영농손실보상을 인정할 수 있다고 보는 것이 영농손실보상제도의 취지에 부합하므로 시설콩나물도 적용된다고 보는 것이 타당하다.

# 부동산 가격공시

Chapter 01 표준지공시지가
Chapter 02 개별공시지가
Chapter 03 주택가격공시제도 D
Chapter 04 비주거용 부동산가격의 공시 D
Chapter 05 부동산가격공시위원회 B

# Chapter 01 표준지공시지가

제1절 표준지공시지가 A

## Ⅰ 의의 및 취지(부동산공시법 제3조)

표준지공시지가란 부동산공시법이 정한 절차에 따라 국토교통부장관이 조사·평가하여 공시한 표준지의 단위 면적당 가격을 말한다. 이는 ① 적정 가격형성 도모, ② 조세형평성의 향상에 취지가 있다.

## Ⅱ 표준지 공시지가 결정의 법적 성질

### 1. 학설(계칙행법)

① 행정계획설 : 표준지공시지가를 내부적 효력만을 갖는 구속력 없는 행정계획으로 보는 견해
② 행정규칙설 : 공시지가는 개별성, 구체성을 결여한 지가정책의 사무처리기준으로 보는 견해
③ 행정행위설 : 공시지가는 보상액 산정 및 개발부담금 산정에 있어서 구속력을 가지므로 행정행위로 보는 견해
④ 법규명령 성질을 갖는 고시설 : 각종 부담금 및 개별공시지가 산정 기준이 되고 위법한 표준지공시지가를 기준으로 행해진 처분도 위법하므로 법규명령 성질을 가지는 고시로 보는 견해

### 2. 관련 판례의 태도

> 🔗 **관련 판례(2007두13845)**
> 표준지공시지가결정이 위법한 경우에는 그 자체를 행정소송의 대상이 되는 <u>행정처분으로 보아</u> 그 위법 여부를 다툴 수 있음은 물론, 수용보상금의 증액을 구하는 소송에서도 선행처분으로서 그 수용대상토지 가격 산정의 기초가 된 비교표준지공시지가결정의 위법을 독립한 사유로 주장할 수 있다.

### 3. 검토

표준지공시지가를 전제로 국민의 권리·의무에 영향을 미치는 향후 처분이 예정되어 있으므로, 법적 안정성 확보, 조속한 법률관계 확정을 도모하기 위해 처분성을 인정함이 타당하다고 판단된다.

## Ⅲ 공시 절차

### 1. 표준지의 선정(부동산공시법 제3조 제1항) (대중안확)

토지이용상황이나 주변 환경, 자연적·사회적 조건이 유사한 일단의 지역 내에서 표준지선정관리지침상 ① 지가의 **대**표성, ② 특성의 **중**용성, ③ 토지용도의 **안**정성, ④ 토지구별의 **확**실성을 충족하는 표준지를 선정한다.

## 2. 표준지공시지가의 조사·평가(동조 제4항, 제5항)

① 국토교통부장관이 표준지의 적정가격을 조사·평가하는 경우에는 인근 유사토지의 거래가격·임대료 및 해당 토지와 유사한 이용가치를 지닌다고 인정되는 토지의 조성에 필요한 비용추정액, 인근 지역 및 다른 지역과의 형평성·특수성, 표준지공시지가 변동의 예측 가능성 등 제반사항을 종합적으로 참작하여야 하며, ② 표준지의 적정가격을 조사·평가하고자 할 때에는 둘 이상의 감정평가법인등에게 이를 의뢰하여야 한다.

## 3. 중앙부동산가격공시위원회 심의(동조 제1항)

일련의 절차를 거쳐 조사·평가된 표준지의 가격을 공시지가의 공신력 제고와 공시지가의 적정성 확보 및 지역 간 균형 확보를 위해 중앙부동산가격공시위원회의 심의를 거쳐야 한다.

## 4. 표준지공시지가의 공시 및 열람(동법 제6조)

① 국토교통부장관은 중앙부동산가격공시위원회의 심의를 거쳐 표준지의 지번, 표준지의 단위면적당 가격, 이의신청에 관한 사항 등을 공시하며, ② 내용을 특별시장·광역시장 또는 도지사를 거쳐 시장 등에게 송부하여 일반으로 하여금 열람하게 하고, 이를 도서·도표 등으로 작성하여 관계 행정기관 등에 공급하여야 한다.

## Ⅳ 표준지공시지가의 효력(동법 제9조)

① 토지시장의 지가정보를 제공하고 ② 일반적인 토지거래의 지표가 되며, ③ 국가·지방자치단체 등의 기관이 그 업무와 관련하여 지가를 산정하거나 ④ 감정평가법인등이 개별적으로 토지를 감정평가하는 경우 그 기준이 된다.

---

## 제2절 표준지공시지가 불복 A

## Ⅰ 이의신청

## 1. 표준지공시지가의 위법성

> **🔖 관련 판례(2007두20140)**
>
> 감정평가서에는 평가원인을 구체적으로 특정하여 명시함과 아울러 각 요인별 참작 내용과 정도가 객관적으로 납득이 갈 수 있을 정도로 설명됨으로써, 그 평가액이 해당 토지의 적정가격을 평가한 것임을 인정할 수 있어야 한다. 국토교통부장관이 2개의 감정평가법인에 토지의 적정가격에 대한 평가를 의뢰하여 그 평가액을 산술평균한 금액을 그 토지의 적정가격으로 결정·공시하였으나, 감정평가서에 거래선례 등을 모두 공란으로 둔 채, 그 토지의 전년도 공시지가와 세평가격 및 인근 표준지의 감정가격만을 참고가격으로 삼으면서 그러한 참고가격이 평가액 산정에 어떻게 참작되었는지에 관한 별다른 설명 없이 평가의견을 추상적으로만 기재한 사안에서, 평가요인별 참작 내용과 정도가 평가액 산정의 적정성을 알아볼 수 있을 만큼 객관적으로 설명되어 있다고 보기 어렵고, 이러한 감정평가액을 근거로 한 표준지공시지가 결정은 그 토지의 적정가격을 반영한 것이라고 인정하기 어려워 위법하다고 한 사례.

## 2. 이의신청

### (1) 의의 및 취지(부동산공시법 제7조)

표준지공시지가에 이의가 있는 자는 그 공시일부터 30일 이내에 서면으로 국토교통부장관에게 이의를 신청할 수 있는 것을 말하며, 공시지가의 객관성을 확보하여 공신력을 높여주는 제도적 취지가 인정된다.

### (2) 이의신청의 성격

① 문제점

행정심판법 제51조에서 재청구금지원칙을 규정하고 있어 이의신청을 특별법상행정심판으로으로 볼 경우 행정심판의 별도 제기는 불가능하게 된다.

② 관련 규정의 검토(행정기본법 제36조 제4항)

이의신청에 대한 결과를 통지받은 후 행정심판 또는 행정소송을 제기하려는 자는 그 결과를 통지받은 날부터 90일 이내에 행정심판 또는 행정소송을 제기할 수 있다.

③ 관련 판례의 태도

> **❏ 관련 판례(2008두19987)**
>
> 개별공시지가에 대하여 이의가 있는 자는 곧바로 행정소송을 제기하거나 부동산 가격공시 및 감정평가에 관한 법률에 따른 이의신청과 행정심판법에 따른 행정심판청구 중 어느 하나만을 거쳐 행정소송을 제기할 수 있을 뿐 아니라, 이의신청을 하여 그 결과 통지를 받은 후 다시 행정심판을 거쳐 행정소송을 제기할 수도 있다고 보아야 하고, 이 경우 행정소송의 제소기간은 그 행정심판 재결서 정본을 송달받은 날부터 기산한다.

④ 검토

처분청인 국토교통부장관에게 신청하는 것이라는 점, 국민의 권리구제에 유리하다는 점 등을 이유로 〈강학상 이의신청〉으로 봄이 타당하다.

### (3) 이의신청 절차 및 효과

① 공시일로부터 30일 이내에 국토교통부장관에게 서면으로 신청해야 한다.

② 국토교통부장관은 이의신청기간 만료일부터 30일 이내에 이를 심사하고 결과를 신청인에게 통지해야 한다.

③ 이의가 타당한 경우 표준지공시지가를 조정하여 재공시하여야 한다.

## Ⅱ 행정심판

## 1. 행정심판의 의의

행정청의 위법·부당한 처분 등 또는 부작위에 대한 불복에 대하여 행정기관이 심판하는 행정심판법상의 행정쟁송절차를 말한다.

## 2. 이의신청과 별도로 행정심판 제기 가능성

행정심판법 제51조는 재심판 청구를 금지하고 있으나, 부동산공시법상 이의신청은 강학상 이의신청에 해당하는바 별도의 행정심판제기가 가능하다.

## 3. 제소기간(행정심판법 제27조)

행정심판법 제27조에 따라 처분이 있음을 안 날로부터 90일, 있은 날로부터 180일 이내 제기하여야 한다.

### Ⅲ 행정쟁송

## 1. 의의 및 종류

항고소송이란 행정청의 처분 등이나 부작위에 대하여 제기하는 소송을 말하며, 중대명백설에 따라 표준지공시지가 결정에 중대·명백한 하자가 존재하는 경우 무효확인소송을, 그에 이르지 않은 경우에는 취소소송을 제기할 수 있다.

## 2. 소송요건

### (1) 대상적격

표준지공시지가는 처분성이 인정되므로 항고소송의 대상적격이 인정된다.

### (2) 원고적격

토지소유자는 원고적격을 갖고 있으나, 인근 주민에게 원고적격이 인정되는지 문제된다. 〈부동산공시법 시행령 제12조〉에서는 표준지공시지가에 대하여 이의신청을 제기할 수 있는 자를 표준지 소유자에 한정하지 않는바, 인근 주민도 원고적격이 인정된다고 보는 것이 타당하다.

### (3) 제소기간

행정소송법 제20조에 따라 처분이 있음을 안 날로부터 90일, 있은 날로부터 1년을 제소기간으로 한다. ① 이의신청을 거친 경우 행정기본법 36조 제4항에 따라 결과를 통지 받은 날로부터 90일 이내에, ② 행정심판을 거친 경우 판례에 따라 재결서 정본을 송달 받은 날로부터 90일 이내에 제기하면 된다.

## 3. 소송제기 효과

표준지공시지가에 대한 항고소송이 제기되면 관할법원에 사건이 계속되며 법원은 이를 심리하고 판결할 의무가 발생하게 되며, 표준지공시지가에 대한 항고소송이 제기되었다 하더라도 해당 처분의 효력 등에 아무런 영향을 주지 않는다(집행부정지).

## 4. 심리 및 판결

심리를 통하여 표준지공시지가의 위법성 유무와 위법성의 정도를 판단하게 되며, 원고의 청구가 이유 있으면 인용판결을 하게 되고, 이유 없으면 기각판결을 하게 된다.

---

### Ⅰ 의의 및 취지(부동산공시법 제10조)

개별공시지가란 시장·군수·구청장이 공시지가의 공시기준일 당시 표준지의 공시지가를 기준으로 산정한 개별토지의 단위면적당 가격을 말한다. 이는 조세 및 부담금 산정의 기준이 되어 행정의 효율성 제고에 취지가 인정된다.

### Ⅱ 법적성질

#### 1. 학설(사칙행법)

① **사**실행위설 : 개별토지가격을 알리는 사실행위로 보는 견해
② 행정**규칙**설 : 공시지가는 개별성, 구체성을 결여한 지가정책의 사무처리기준으로 보는 견해
③ 행정**행**위설 : 개별공시지가는 과세의 기준이 되어 국민의 권리·의무에 직접적인 영향을 미친다는 견해
④ **법**규명령의 성질을 갖는 고시설 : 개별공시지가는 법령에 근거해 결정되고 여러 행정처분의 기준이 된다는 견해

#### 2. 관련 판례의 태도

> **관련 판례(92누12407)**
>
> 개별공시지가는 과세의 기준이 되어 국민의 권리·의무 내지 법률상 이익에 직접적으로 관계된다고 하여 행정소송법상 처분이라고 판시하였다.

#### 3. 검토

개별공시지가는 세금 등에 있어서 직접적인 구속력을 가지므로 국민의 재산권에 대한 직접적인 법적 규율성을 가진다고 할 수 있는바 항고소송의 대상인 처분으로 보는 것이 타당하다고 판단된다.

### Ⅲ 절차(산검의심공)

#### 1. 개별공시지가의 산정(부동산공시법 제10조 제4항)

시·군·구청장은 해당 토지와 유사하다고 인정되는 하나 또는 둘 이상의 표준지 공시지가를 기준으로 토지가격비준표를 사용하여 지가를 산정하여야 한다.

#### 2. 개별공시지가의 검증 및 의견청취(동조 제5항, 제6항)

시·군·구청장은 개별공시지가를 결정·공시하기 위하여 개별토지의 가격을 산정한 때에는 그

타당성에 대하여 감정평가법인등의 검증을 받고 토지소유자, 그 밖의 이해관계인의 의견을 들어야 한다.

### 3. 시·군·구 부동산가격공시위원회의 심의(동조 제1항)

시·군·구청장은 개별공시지가를 산정한 경우에는 시·군·구 부동산가격공시위원회의 심의를 거쳐야 한다.

### 4. 지가의 결정 및 공시(동조 제1항, 영 제21조)

시·군·구청장은 상기의 제 절차를 거쳐 결정된 개별공시지가를 매년 5월 31일까지 공시하여야 하여야 하며, 해당 시·군 또는 구의 게시판 또는 인터넷 홈페이지에 개별공시지가 결정에 관한 사항 등을 게시하여야 한다.

### Ⅳ 개별공시지가의 효력(동조 제1항)

개별공시지가는 ① 국세, 지방세 및 각종 부담금의 부과를 위한 과세표준 ② 행정목적의 지가산정 기준이 된다.

*다만, 개별공시지가를 행정목적으로 활용하려면 다른 법률에 명시적으로 규정이 있어야 하므로 명시적인 규정이 없는 경우에는 표준지공시지가를 기준하여야 함.

> **☑ 개별공시지가의 효력(2010다13527)**
>
> 개별공시지가는 그 산정목적인 개발부담금의 부과, 토지 관련 조세부과 등 다른 법령이 정하는 목적을 위해 지가를 산정하는 경우에 그 산정기준이 되는 범위 내에서는 납세자인 국민 등의 재산상 권리·의무에 직접적인 영향을 미칠 수 있다.
>
> **☑ 경정결정의 효력(93누15588)**
>
> 개별토지가격이 지가산정에 명백한 잘못이 있어 경정결정 공고되었다면 당초에 결정 공고된 개별토지가격은 그 효력을 상실하고 경정결정된 새로운 개별토지가격이 공시기준일에 소급하여 그 효력을 발생한다.

---

### 제2절 개별공시지가의 불복 A

**◎ 기출문제**

• 제34회, 제33회, 제32회, 제31회, 제24회, 제21회, 제5회

### Ⅰ 개별공시지가의 위법성

### 1. 위법 사유

개별공시지가의 위법사유는 ① 주요절차를 위반한 하자가 있거나, ② 비교표준지의 선정 또는 토

지가격비준표에 의한 표준지와 해당 토지의 토지특성의 조사, 비교 및 가격조정률의 적용이 잘못된 경우, ③ 기타 틀린 계산, 오기로 인하여 지가산정에 명백한 잘못이 있는 경우에 인정된다.

> 🔖 **관련 판례(94누12937)**
>
> 개별토지가격을 산정함에 있어서 비교표준지와 해당 토지의 토지특성을 비교한 결과는 토지가격비준표상의 가격배율로써 이를 모두 반영하여야 하고, 따라서 그 비교된 토지특성 중 임의로 일부 항목에 관한 가격배율만을 적용하여 산정한 지가를 기초로 하여 결정·공고된 개별토지가격결정은 위법하다.
>
> 🔖 **관련 판례(97누1051)**
>
> 표준지공시지가에 토지가격비준표에 의한 가격조정률을 적용하는 방식에 따르지 아니한 개별토지가격결정은 부동산 공시법 및 개별토지가격합동조사지침에서 정하는 개별토지가격 산정방식에 어긋나는 것으로서 위법하다.
>
> 🔖 **관련 판례(96누1832)**
>
> 개별토지가격이 현저하게 불합리한 것인지 여부는 그 가격으로 결정되게 된 경우, 개별토지가격을 결정함에 있어서 토지특성이 동일 또는 유사한 인근 토지들에 대하여 적용된 가감조정비율, 표준지 및 토지특성이 동일 또는 유사한 인근 토지들의 지가상승률, 해당 토지에 대한 기준연도를 전후한 개별토지가격의 증감 등 여러 사정을 종합적으로 참작하여 판단하여야 한다.

## 2. 시가와의 괴리문제

> 🔖 **관련 판례(95누11931)**
>
> 개별토지가격은 해당 토지의 시가나 실제 거래가격과 직접적인 관련이 있는 것은 아니므로 단지 그 가격이 시가나 실제 거래가격을 초과하거나 미달한다는 사유만으로 그것이 현저하게 불합리한 가격이어서 그 가격결정이 위법하다고 단정할 것은 아니다.
>
> → **검토 시** : 판례의 태도에 따르면 시가와 괴리된다는 이유만으로 현저히 불합리한 가격이라고 볼 수 없고, 그 위법성 여부는 산정 방법 등에 따라 결정되어야 한다고 판단된다.

## Ⅱ 개별공시지가의 하자와 하자치유[부정]

> 🔖 **관련 판례(99두11592)**
>
> 선행처분인 개별공시지가결정이 위법하여 그에 기초한 개발부담금 부과처분도 위법하게 된 경우 그 하자의 치유를 인정하면 개발부담금 납부의무자로서는 위법한 처분에 대한 가산금 납부의무를 부담하게 되는 등 불이익이 있을 수 있으므로, 그 후 적법한 절차를 거쳐 공시된 개별공시지가결정이 종전의 위법한 공시지가결정과 그 내용이 동일하다는 사정만으로는 위법한 개별공시지가결정에 기초한 개발부담금 부과처분이 적법하게 된다고 볼 수 없다.

## Ⅲ 개별공시지가의 하자와 국가배상책임

> **관련 판례(2010다13527)**
>
> **1. 개별공시지가 산정업무 담당 공무원 등의 직무상 의무**
> 산정업무 담당 공무원은 관련 법령에서 정한 기준과 방법에 의하여 개별공시지가를 산정하고, 산정지가 검증을 의뢰받은 감정평가업자나 시·군·구 부동산평가위원회로서는 <u>산정지가 또는 검증지가가 제대로 산정된 것인지를 검증, 심의함으로써 적정한 개별공시지가가 결정·공시되도록 조치할 직무상 의무가 있다.</u>
>
> **2. 불법행위로 인한 손해배상책임 인정 범위**
> 직무상 의무에 위반하여 현저하게 불합리한 개공이 결정되도록 함으로써 국민 개개인의 재산권을 침해한 경우에는 그 손해에 대하여 상당인과관계 있는 범위 내에서 그 담당 공무원 등이 소속된 지자체가 배상책임을 지게 된다.
>
> **3. 산정 목적과 기능 및 보호범위**
> 개별공시지가는 조세 및 부담금 산정의 기준이 되는 범위 내에서는 납세자인 국민 등의 재산상 권리·의무에 영향을 미칠 수 있지만, 실제 거래가액 또는 담보가치를 보장한다거나 어떠한 구속력을 미친다고 할 수 없다.
>
> **4. 상당인과관계 인정 여부**
> 실제 거래가액 또는 담보가치가 개별공시지가에 미치지 못함으로 인해 발생할 수 있는 <u>손해에 대해서까지 지자체에 부담시키는 것은 결과발생에 대한 예견가능성의 범위를 넘어서는 것임은 물론이고, 부동산공시법의 목적과 기능, 보호법익의 보호범위를 넘어서는 것이다. 따라서 담당 공무원 등의 개별공시지가 산정에 관한 직무상 위반행위와 위 손해 사이에 상당인과관계가 있다고 보기 어렵다.</u>

## Ⅳ 개별공시지가의 불복

개별공시지가에 위법성이 있는 경우, 부동산공시법 제11조에 따라 개별공시지가에 대한 이의신청이 가능하며, 표준지공시지가에 대한 불복과 동일하게 행정심판과 행정쟁송의 제기가 가능하다.

---

### 제3절  토지가격비준표 A

◎ **기출문제**
• 제29회, 제19회

## Ⅰ 의의 및 취지[부동산공시법 제3조 제8항]

토지가격비준표란 국토교통부장관이 행정목적상 지가산정을 위해 필요하다고 인정하는 경우에 작성하여 관계 행정기관에 제공하는 표준지와 개별토지의 지가형성요인에 관한 표준적 비교표를 말하며, 지가 산정에 소요되는 비용 절감 및 전문성을 보완함에 제도적 취지가 있다.

## Ⅱ 토지가격비준표의 법적 성질

### 1. 법령보충적 행정규칙

토지가격비준표는 개별공시지가 산정 시 필요한 사항이지만 상위법령에서 정하지 않은 구체적 사무처리기준을 행정규칙의 형식으로 정하여 상위법령을 보충하는 것인바, 〈법령보충적 행정규칙〉이다.

### 2. 대외적 구속력 여부

#### (1) 학설

① 〈행정규칙설〉 법치주의의 원리상 법규명령의 제정절차를 거치지 아니한 규범은 법규명령으로 볼 수 없다는 견해

② 〈법규명령설〉 법령의 위임에 따라 법령을 보충하는 실질을 중시하여 법규명령으로 보는 견해

③ 〈규범구체화 행정규칙설〉 상위규범을 구체화하는 규범구체화 행정규칙으로 보는 견해

④ 〈위헌무효설〉 우리 헌법상 행정규칙 형식의 법규명령은 허용되지 않는다고 보는 견해

⑤ 〈수권여부 기준설〉 상위법령의 위임 여부에 따르는 견해

#### (2) 관련 판례의 태도

> 🔖 **관련 판례(84누484)**
>
> 수임행정기관이 행정규칙의 형식으로 그 법령의 내용이 될 사항을 구체적으로 정하고 있다면 위임한 한계를 벗어나지 아니하는 한 상위법령과 결합하여 대외적인 구속력이 있는 법규명령으로서의 효력을 갖는다.

> 🔖 **관련 판례(2011두30496)**
>
> 토지가격비준표는 개별공시지가의 조사·산정지침과 더불어 법률보충적인 역할을 하는 법규적 성질을 가진다고 할 것이다.

#### (3) 검토

판례의 태도 및 상위법령인 부동산공시법 제3조 제8항의 위임을 받아 국토교통부장관이 작성한다는 점을 고려하면 토지가격비준표는 법령보충적 행정규칙으로서 법규성이 인정된다고 판단된다.

## Ⅲ 토지가격비준표의 하자와 권리구제

### 1. 작성상의 하자

토지가격비준표는 법령보충규칙으로서 행정청이 행하는 일반적·추상적 규율인 행정입법에 해당한다. 따라서 토지가격비준표 작성행위 자체는 소송의 대상이 되는 처분이라 할 수 없고, 이를 다툴 수 없다고 본다.

## 2. 활용상의 하자

토지가격비준표를 통한 가격배율 추출상의 하자와 같이 활용상의 하자는 개별공시지가 산정절차의 하자가 된다. 따라서 개별공시지가 공시의 처분성을 인정하는 견해에 따르면 이에 불복하여 행정쟁송을 제기할 수 있다.

### Ⅳ 판례의 유형별 검토

> 🔁 **관련 판례(94누12937)**
>
> 토지가격비준표상의 가격배율은 개별토지의 가격을 산정할 때 모두 반영하여야 한다고 하고, 따라서 그 비교된 토지특성 중 임의로 일부 항목에 관한 가격배율만을 적용하여 산정한 지가를 기초로 하여 결정·공고된 개별 토지가격 결정은 위법하다.
>
> 🔁 **관련 판례(97누3125)**
>
> 가격조정률은 토지가격비준표상의 것을 적용하여야 하며, 이와는 다른 조정률을 적용하여 개별토지가격을 결정하게 되면 그 처분은 위법한 것이 된다.
>
> 🔁 **관련 판례(2012두15364)**
>
> 토지가격비준표를 사용하여 산정된 지가와 감정평가업자의 검증의견 및 토지소유자 의견 등을 종합하여 당해 토지에 대하여 표준지공시지가와 균형을 유지한 개별공시지가를 결정할 수 있고, 토지가격비준표를 사용하여 산정한 지가와 달리 결정되었거나 감정평가사의 검증의견에 따라 결정되었다는 이유만으로 개별공시지가 결정이 위법하다고 볼 수 없다고 하였다.
>
> 🔁 **관련 판례(2013두25702)**
>
> 개별공시지가가 없는 토지의 가액을 지가형성요인이 유사한 인근토지를 표준지로 보고 토지가격비준표에 따라 평가하도록 규정함으로써, 납세의무자가 표준지 선정과 토지가격비준표 적용의 적정 여부, 평가된 가액이 인근 유사토지의 개별공시지가와 균형을 유지하고 있는지 여부 등을 확인할 수 있도록 하고 있으므로, 표준지를 특정하여 선정하지 않거나 토지가격비준표에 의하지 아니한 채 개별공시지가가 없는 토지의 가액을 평가하고 기준시가를 정하는 것은 위법하다.

---

### 제4절 개별공시지가 검증제도 C

### Ⅰ 의의 및 근거(부동산공시법 제10조 제5항, 제6항)

개별공시지가 검증이란, 감정평가법인등이 시장·군수·구청장이 산정한 개별토지가격의 타당성에 대하여 전문가적 입장에서 검토하는 것을 말하며, 개별공시지가의 객관성, 신뢰성 확보에 취지가 있다.

### Ⅱ 개별공시지가 검증의 법적 성질

① 검증은 개별공시지가를 제대로 산정하였는지 여부를 단순히 확인하고 의견을 제시하는 사실행위에 해당한다. 따라서 행정쟁송의 대상이 될 수 없으며, ② 개별공시지가 결정·공시의 필수적인 절

차로서 이 절차를 거치지 아니한 개별공시지가의 결정·공시는 하자 있는 행정처분으로 취소사유가 된다고 할 수 있다.

## Ⅲ 주체 및 책임

검증의 주체는 감정평가법인등이며, 시·군·구청장은 해당 지역의 표준지공시지가를 조사·평가한 감정평가법인등 또는 감정평가실적이 우수한 감정평가법인등에게 검증을 의뢰하여야 한다.

## Ⅳ 개별공시지가 검증의 종류

### 1. 산정지가검증

산정지가검증이란 시·군·구청장이 산정한 지가에 대하여 지가현황도면 및 지가조사 자료를 기준으로 실시하는 검증을 말한다. 이는 전체필지를 대상으로 하는 필수절차로 도면상 검증이고, 지가열람 전에 실시하는 검증이다.

### 2. 의견제출 지가검증

의견제출 지가검증이란 시·군·구청장이 산정한 지가에 대하여 토지소유자 및 기타 이해관계인이 지가열람 및 의견제출기간 중에 의견을 제출한 경우 실시하는 검증을 말하며, 현장조사를 요하는 정밀검증이다.

### 3. 이의신청 지가검증

이의신청 지가검증이란 시·군·구청장이 개별공시지가를 결정·공시한 후 토지소유자 등이 이의신청을 제기한 경우에 실시하는 검증을 말하며, 현장조사를 요하는 정밀검증이다.

## Ⅴ 검증의 실시 및 생략(영 제18조 제3항)

시·군·구청장은 검증이 필요 없다고 인정되는 때는 연평균 지가변동률의 차이가 작은 순으로 검증을 생략할 수 있으나, 개발사업 시행, 용도지역 등의 변경 사유가 있는 경우 검증을 실시하여야 한다.

## Ⅵ 검증을 결한 개별공시지가의 효력

검증을 임의적으로 생략하거나 하자 있는 검증은 개별공시지가의 효력에 영향을 미치게 되며 그 하자의 정도에 따라 개별공시지가 결정을 무효 또는 취소로 만든다.

---

## 제5절 개별공시지가 직권정정제도 A - 제35회 기출

### Ⅰ 의의 및 취지(부동산공시법 제12조)

개별공시지가에 틀린 계산·오기 등 명백한 오류가 있는 경우 이를 직권으로 정정할 수 있는 제도로서 개별공시지가의 적정성을 담보하기 위함에 취지가 있다.

## Ⅱ 개별공시지가의 정정사유(동법 제12조, 영 제23조)

개별공시지가에 틀린 계산, 오기, 표준지 선정의 착오 및 명백한 오류를 발견한 경우 정정할 수 있다. 명백한 오류란, ① 토지소유자의 의견청취, 공시절차를 완전하게 이행하지 아니한 경우, ② 용도지역·용도지구 등 토지가격에 영향을 미치는 주요 요인의 조사를 잘못한 경우, ③ 토지가격비준표 적용에 오류가 있는 경우 등이 있다.

## Ⅲ 개별공시지가의 정정절차(시행령 제23조 제2항)

시·군·구청장이 개별공시지가의 오류를 정정하고자 하는 때에는 시·군·구 부동산가격공시위원회의 심의를 거쳐 정정사항을 결정·공시하여야 한다. 다만, 계산이 잘못되거나 기재에 오류가 있는 경우에는 심의를 거치지 아니하고 직권으로 정정하여 결정·공시할 수 있다.

## Ⅳ 개별공시지가 정정의 효과

개별공시지가가 정정된 경우에는 새로이 개별공시지가가 결정·공시된 것으로 본다. 다만, 그 효력발생시기에 대해 판례는 개별토지가격이 지가산정에 명백한 잘못이 있어 경정결정·공고되었다면 당초에 결정·공고된 개별토지가격은 그 효력을 상실하고 경정결정된 새로운 토지가격이 공시기준일에 소급하여 그 효력을 발생한다고 한다.

> ➥ **관련 판례(93누15588)**
> 개별토지가격이 지가산정에 명백한 잘못이 있어 경정결정 공고되었다면 당초에 결정 공고된 개별토지가격은 그 효력을 상실하고 경정결정된 새로운 개별토지가격이 공시기준일에 소급하여 그 효력을 발생한다.
>
> ➥ **관련 판례(2000두5043)**
> 개별토지가격합동조사지침 제12조의3은 행정청이 개별토지가격결정에 위산·오기 등 명백한 오류가 있음을 발견한 경우 직권으로 이를 경정하도록 한 규정으로서 토지소유자 등 이해관계인이 그 경정결정을 신청할 수 있는 권리를 인정하고 있지 아니하므로, 조정신청에 대하여 정정불가 결정 통지를 한 것은 이른바 관념의 통지에 불과할 뿐 항고소송의 대상이 되는 처분이 아니다.

## Ⅴ 직권정정과 이의신청정정의 차이점

① 직권정정은 소급효가 발생하고 공시기준일부터 제소기간 기산하여 직권정정된 공시지가를 기준으로 소를 제기하며, ② 이의신청 정정의 경우는 행정기본법 제36조 제4항에 따라 새로운 처분으로 보아 이의신청결과통지서를 받은 날로부터 90일 이내 행정쟁송이 가능하며 새로운 처분으로 본다는 차이점이 있다.

# 주택가격공시제도 D

**표준주택가격의 공시**

**Ⅰ 의의(부동산공시법 제16조)**

표준주택가격이란 국토교통부장관이 용도지역, 건물구조 등이 일반적으로 유사하다고 인정되는 일단의 단독주택 중에서 선정한 표준주택에 대한 매년 공시기준일 현재의 적정가격을 말한다.

**Ⅱ 법적 성질**

표준주택공시가격의 법적성질에 대하여 아직 논의가 성숙하지 않으나, 표준주택공시가격은 과세의 기준으로만 활용된다. 따라서 법적 성질은 개별공시지가와 유사하게 국민의 권리의무에 직접 영향이 있다고 볼 수 있어 처분성이 있다고 여겨진다.

**Ⅲ 공시절차(부동산공시법 제16조 제1항, 제2항)**

① 국토교통부장관은 일단의 단독주택 중에서 해당 일단의 주택을 대표할 수 있는 주택을 선정하고 표준주택가격을 조사·산정하고자 할 때에는 한국부동산원에 의뢰한다.
② 이후 중앙부동산가격공시위원회의 심의를 거쳐 표준주택가격을 공시하게 된다. 표준주택가격의 공시기준일은 원칙적으로 1월 1일로 한다.

**Ⅳ 효력**

표준주택의 가격은 국가·지방자치단체 등의 기관이 그 업무와 관련하여 개별주택가격을 산정하는 경우에 그 기준이 된다.

**Ⅴ 불복**

표준주택가격에 대한 불복은 부동산공시법 제16조 제8항에 따라 표준지공시지가의 이의신청을 준용하여 부동산공시법에서 정한 이의신청절차를 거치게 되며, 표준주택가격의 처분성을 인정하게 되면 항고소송을 제기할 수 있다.

**개별주택가격의 공시**

**Ⅰ 의의(부동산공시법 제17조)**

개별주택가격이란 시·군·구청장이 시·군·구 부동산가격공시위원회의 심의를 거쳐 결정·공시한 개별주택에 대한 매년 공시기준일 현재의 가격을 말한다.

## Ⅱ 법적 성질

개별주택가격은 개별공시지가와 같이 과세의 기준이 된다는 점에서 법적 성질이 동일하다고 볼 수 있는바 국민의 권리·의무에 직접적인 영향을 미치는 처분으로 봄이 타당하다.

## Ⅲ 공시절차

① 시·군·구청장은 국토교통부장관이 제정한 지침에 따라 원칙적으로 전국의 모든 개별주택가격을 조사·산정하며, 산정된 개별주택가격은 감정평가법인등이 검증을 하게 된다.

② 이후 시·군·구 부동산가격공시위원회의 심의를 거쳐 공시하며, 공시기준일은 원칙적으로 1월 1일로 하되, 분할·합병 등의 사유가 발생하게 되면 6월 1일 등을 기준으로 정할 수 있다.

## Ⅳ 개별주택가격을 공시하지 아니하는 단독주택

표준주택으로 선정된 단독주택, 국세 또는 지방세의 부과대상이 아닌 단독주택은 개별주택가격을 결정·공시하지 아니할 수 있다.

## Ⅴ 효력(부동산공시법 제19조 제2항)

개별주택가격은 주택시장의 가격정보를 제공하고, 국가·지방자치단체 등의 기관이 과세 등의 업무와 관련하여 주택의 가격을 산정하는 경우에 그 기준으로 활용될 수 있다.

## Ⅵ 불복

개별주택가격에 대한 불복은 동법 제17조 제8항에 따라 개별공시지가의 이의신청을 준용하여 부동산공시법에서 정한 이의신청절차를 거치게 되며, 개별주택가격의 처분성을 인정하게 되면 항고소송을 제기할 수 있다.

---

## 제3절 공동주택가격의 공시

## Ⅰ 의의(부동산공시법 제18조)

공동주택가격이란 국토교통부장관이 조사·산정하여 중앙부동산가격공시위원회의 심의를 거쳐 공시한 공동주택에 대한 매년 공시기준일 현재의 적정가격을 말한다.

## Ⅱ 법적 성질

개별공시지가 및 개별주택가격과 같이 과세의 기준이 된다는 점에 법적 성질이 동일하다고 볼 수 있다. 따라서 공동주택가격은 국민의 권리·의무에 직접적인 영향이 있다고 보이므로 처분성이 있다고 본다.

## Ⅲ 공시절차

① 국토교통부장관은 원칙적으로 전국의 모든 공동주택에 대하여 매년 공시기준일 현재의 적정가격을 조사·산정한다. 이를 위해서 한국부동산원에게 감정평가의뢰를 한다.

② 이후 중앙부동산가격공시위원회의 심의를 거쳐 공시하며, 공시기준일은 원칙적으로 1월 1일로 한다.

## Ⅳ 효력(동법 제19조 제2항)

공동주택가격은 주택시장의 가격정보를 제공하고, 국가·지방자치단체 등의 기관이 과세 등의 업무와 관련하여 주택의 가격을 산정하는 경우에 그 기준으로 활용될 수 있다.

## Ⅴ 불복

공동주택가격에 대한 불복은 동법 제18조 제8항에 따라 표준지공시지가의 이의신청을 준용하여 부동산공시법에서 정한 이의신청절차를 거치게 되며, 공동주택가격의 처분성을 인정하게 되면 항고소송을 제기할 수 있다.

# Chapter 04 비주거용 부동산가격의 공시 D

## 제1절 비주거용 표준부동산 가격공시

### Ⅰ 의의(부동산공시법 제20조)

비주거용 표준부동산가격이란 국토교통부장관은 용도지역 등이 유사하다고 인정되는 일단의 비주거용 일반부동산 중에서 선정한 비주거용 표준부동산에 대하여 매년 공시기준일 현재의 적정가격을 조사·산정하는 것을 말한다.

### Ⅱ 법적 성질

비주거용 표준부동산가격은 국가, 지방자치단체 등이 그 업무와 관련하여 비주거용 개별부동산가격을 산정하는 경우에 그 기준이 된다. 따라서 그 법적성질은 표준지공시지가 및 표준주택가격과 유사하게 국민의 권리의무에 직접 영향이 있다고 볼 수 있어 처분으로 봄이 타당하다.

### Ⅲ 공시절차

① 국토교통부장관은 일단의 비주거용 일반부동산 중에서 대표할 수 있는 비주거용 표준부동산을 선정하여야 하고, 표준부동산가격을 조사·산정하려는 경우 감정평가법인등 또는 한국부동산원에 의뢰한다.
② 의뢰받은 자는 공시기준일 현재의 적정가격을 조사·산정하고, 중앙부동산가격공시위원회의 심의를 거쳐 비주거용 표준부동산가격을 공시한다.

### Ⅳ 효력(동법 제23조 제1항)

비주거용 표준부동산가격은 국가 등 기관이 그 업무와 관련하여 비주거용 개별부동산 가격을 산정하는 경우 기준이 된다.

### Ⅴ 불복

비주거용 표준부동산가격에 대한 불복은 부동산공시법 제20조 제7항에 따라 표준지공시지가 이의신청을 준용하여 부동산공시법에서 정한 이의신청절차를 거치게 되며, 처분성을 인정하면 항고소송을 제기할 수 있다.

## 제2절 비주거용 개별부동산 가격공시

### I 의의(부동산공시법 제21조)

비주거용 개별부동산가격이란 시·군·구청장이 시·군·구 부동산가격공시위원회의 심의를 거쳐 결정·공시한 관할 구역 안의 비주거용 개별부동산에 대한 매년 공시기준일 현재의 가격을 말한다.

### II 법적 성질

비주거용 개별부동산가격은 개별공시지가와 같이 과세의 기준이 된다는 점에서 개별공시지가의 법적 성질과 유사하게 국민의 권리·의무에 직접 영향을 미치는 처분으로 봄이 타당하다.

### III 공시절차

① 시장·군수·구청장은 비주거용 표준부동산가격과의 균형 등 그 타당성에 대하여 비주거용 표준부동산가격의 조사·산정을 의뢰받은 자 등 대통령령으로 정하는 자의 검증을 받고, ② 비주거용 일반부동산의 소유자와 그 밖의 이해관계인의 의견을 들은 후, ③ 시·군·구 부동산가격공시위원회의 심의를 거쳐 매년 공시기준일 현재 관할 구역 안의 비주거용 개별부동산 가격을 결정·공시한다.

### IV 결정·공시하지 아니하는 경우

비주거용 표준부동산으로 선정된 비주거용 일반부동산, 국세 또는 지방세의 부과대상이 아닌 비주거용 일반부동산, 그 밖에 국토교통부장관이 정하는 비주거용 일반부동산은 비주거용 개별부동산가격을 결정·공시하지 아니할 수 있다.

### V 효력(동법 제23조 제2항)

비주거용 개별부동산가격은 비주거용 부동산시장의 가격정보를 제공하고, 국가 등의 기관이 과세 등 업무와 관련하여 비주거용 부동산의 가격을 산정하는 경우 기준으로 활용될 수 있다.

### VI 불복

불복은 동법 제21조 제8항에 따라 개별공시지가 이의신청을 준용해 부동산공시법에서 정한 이의신청절차를 거치게 되며, 비주거용 개별부동산가격의 처분성을 인정하면 항고소송을 제기할 수 있다.

## 제3절 비주거용 집합부동산 가격공시

### I 의의(부동산공시법 제22조)

비주거용 집합부동산가격이란 국토교통부장관이 비주거용 집합부동산에 대하여 매년 공시기준일 현재의 적정 가격을 조사·산정한 것을 말한다.

## I 법적 성질

개별공시지가 및 개별주택가격과 같이 과세의 기준이 된다는 점에서 법적 성질이 유사하다고 볼 수 있는바 국민의 권리·의무에 직접 영향을 미치는 처분이라 봄이 타당하다.

## II 공시절차

① 국토교통부장관은 비주거용 집합부동산가격에 대하여 매년 공시기준일 현재 적정가격을 조사·산정하며, 부동산원 또는 대통령령으로 정하는 부동산 가격의 조사·산정에 관한 전문성이 있는 자에게 의뢰한다.
② 국토교통부장관은 비주거용 집합부동산의 소유자와 그 밖의 이해관계인의 의견을 들은 후 중앙부동산가격공시위원회의 심의를 거쳐 공시한다.

## III 효력(동법 제23조 제2항)

비주거용 집합부동산가격은 비주거용 부동산시장의 가격정보를 제공하고, 국가 등 기관이 과세 등 업무와 관련하여 비주거용 부동산가격을 산정하는 경우 기준으로 활용될 수 있다.

## IV 불복

불복은 부동산공시법 제22조 제9항에 따라 표준지공시지가의 이의신청을 준용하여 부동산공시법상 이의신청절차를 거치게 되며, 처분성을 인정하면 항고소송을 제기할 수 있다.

PART 03

# Chapter 05 부동산가격공시위원회 B

## Ⅰ 의의

부동산가격공시위원회는 부동산 적정가격 형성과 조세 및 부담금의 합리성을 도모하기 위해 부동산 가격공시 관련사항을 심의하는 기관이다.

## Ⅱ 부동산가격공시위원회의 성격

부동산가격공시위원회는 각 소속기관에 필수로 두어야 하는 〈필수기관〉에 해당하며, 의결기관과 자문기관의 중간 형태인 〈심의기관〉의 성격을 가진다.

## Ⅲ 심의의 효과

부동산가격의 결정·공시 과정에서 의결을 거치지 않은 경우 절차의 하자가 된다. 다만, 위원회는 자문기관이므로 위원회에서 정해진 사항이 국토교통부장관 및 관계행정청을 구속하는 것은 아니며, 행정청이 위원회에서 정한 사항과 다른 내용의 처분을 한다고 하여 그것이 곧바로 주체상 하자가 되는 것은 아니다.

## Ⅳ 가격공시위원회 종류

### 1. 중앙부동산가격공시위원회(부동산공시법 제24조)

국토교통부장관 소속으로 위원장을 포함한 20명 이내의 위원으로 구성되며, 표준지의 선정 및 관리지침, 표준지공시지가, 표준지공시지가에 대한 이의신청에 관한 사항 등을 심의한다.

### 2. 시·군·구 부동산가격공시위원회(동법 제25조)

시·군·구청장 소속으로 위원장 1명을 포함한 10명 이상 15명 이하의 위원으로 성별을 고려하여 구성하며, 개별공시지가의 결정에 관한 사항, 개별공시지가 이의신청에 관한 사항 등을 심의한다.

# PART 04

# 감정평가 및 감정평가사

Chapter 01 감정평가
Chapter 02 감정평가사
Chapter 03 감정평가법인등
Chapter 04 감정평가관리・징계위원회
Chapter 05 과징금(변형된 과징금) A
Chapter 06 부당행사 또는 명의대여 A

# 감정평가

## Ⅰ 감정평가 기준(감정평가법 제3조)

감정평가법인등이 토지를 감정평가하는 경우에는 그 토지와 이용가치가 비슷하다고 인정되는 부동산 가격 공시법에 따른 표준지공시지가를 기준으로 하여야 한다. 다만, 적정한 실거래가가 있는 경우에는 이를 기준으로 할 수 있다.

## Ⅱ 타당성조사

### 1. 타당성 조사 의의 및 취지(동법 제8조)

타당성 조사란 국토교통부장관이 감정평가서가 발급된 후 해당 감정평가가 적법한 절차와 방법 등에 따라 타당하게 이루어졌는지를 국토교통부장관이 직권으로 또는 관계 기관 등의 요청에 따라 조사하는 것으로서 감정평가의 객관성 및 타당성을 사전에 확보하여 불필요한 분쟁을 사전에 예방하는데 취지가 있다.

### 2. 타당성 조사를 하는 경우(시행령 제8조 제1항)

① 국토교통부장관이 법령에 명시된 사유에 따라 조사가 필요하다고 인정하는 경우, ② 관계 기관 또는 이해관계인이 조사를 요청하는 경우 타당성 조사를 할 수 있다.

### 3. 타당성 조사를 하지 않거나 중지하는 경우(시행령 제8조 제2항)(확중권실)

① 법원의 판결에 따라 **확**정된 경우

② 재판이 계속 **중**이거나 수사기관에서 수사 중인 경우

③ 관계 법령에 감정평가와 관련하여 **권**리구제 절차가 규정되어 있는 경우로서 권리구제 절차가 진행 중이거나 권리구제 절차를 이행할 수 있는 경우(권리구제 절차를 이행하여 완료된 경우 포함)

④ 징계처분, 제재처분, 형사처벌 등을 할 수 없어 타당성조사의 **실**익이 없는 경우

### 4. 절차

#### (1) 타당성조사의 착수(시행령 제8조 제4항)

국토교통부장관은 타당성조사에 착수한 경우 착수일로부터 10일 이내에 해당 감정평가법인등과 이해관계인에게 타당성조사의 사유, 의견제출 가능 사실 등을 알려야 한다.

#### (2) 의견제출(시행령 제8조 제5항)

통지를 받은 감정평가법인등과 이해관계인은 통지를 받은 날부터 10일 이내에 국토교통부장관에게 의견을 제출할 수 있다.

#### (3) 타당성조사 결과 통지(시행령 제8조 제6항)

타당성조사를 완료한 경우에는 해당 감정평가법인등, 이해관계인 및 타당성조사를 요청한 관계 기관에 지체 없이 그 결과를 통지해야 한다.

# Chapter 02 감정평가사

**제1절** 감정평가사 자격 B

**1-1** 감정평가사의 자격 및 결격사유

## Ⅰ 감정평가사의 자격

감정평가법 제11조는 자격취득을 위한 적극적 요건으로 동법 제14조에 의한 소정의 시험합격에 대해, 제12조는 소극적 요건으로 결격사유를 규정하고, 국토교통부장관은 감정평가법 시행령 제12조 제2항에서 법 제11조에 해당하는 사람이 감정평가사 자격증의 발급을 신청하는 경우 결격사유에 해당하는 경우를 제외하고는 감정평가사 자격증을 발급하여야 한다고 규정하고 있다.

## Ⅱ 감정평가사의 결격사유

### 1. 결격사유(감정평가법 제12조)(파금금금취3취5)

① **파**산선고를 받은 사람으로서 복권되지 아니한 사람, ② **금**고 이상의 실형을 선고받고 그 집행이 종료되거나 그 집행이 면제된 날부터 3년이 지나지 아니한 사람, ③ **금**고 이상의 형의 집행유예를 받고 그 유예기간이 만료된 날부터 1년이 지나지 아니한 사람, ④ **금**고 이상의 형의 선고유예를 받고 그 선고유예기간 중에 있는 사람, ⑤ 제13조에 따라 감정평가사 자격이 **취**소된 후 3년이 지나지 아니한 사람, ⑥ 제39조 제1항 제11호 및 제12호에 따라 자격이 **취**소된 후 5년이 지나지 아니한 사람은 감정평가사가 될 수 없다.

### 2. 감정평가사 자격취득 전에 결격사유가 있는 경우

결격사유에 해당하는 자가 감정평가사 자격시험에 합격한 경우에는 그 합격처분은 무효사유가 되며, 국토교통부장관이 사후에 이러한 사정을 발견하고 합격을 취소한 경우에 그러한 합격취소는 행정행위로 볼 수 없고 관념의 통지에 불과하다. 따라서 당사자는 이러한 합격취소행위를 대상으로 행정소송을 제기할 수 없다.

### 3. 감정평가사 자격취득 후에 결격사유가 발생한 경우

감정평가사 자격취득 후에 감정평가법 제12조의 결격사유에 해당하게 된 경우에는 동법 제17조 및 제18조에 의하여 자격등록 및 갱신등록의 거부 및 자격등록의 취소처분을 받게 된다.

**1-2** 감정평가사 자격의 취소

## Ⅰ 자격취소의 의의 및 취지(감정평가법 제13조)

자격취소란 감정평가사의 지위를 박탈하는 행정청의 행정행위를 말하며, 공정한 감정평가를 도모하기 위함에 취지가 있다.

## Ⅱ 자격취소의 사유(감정평가법 제13조 제1항)

① 부정한 방법으로 감정평가사의 자격을 받은 경우, ② 제39조 제2항 제1호에 해당하는 징계를 받은 경우 자격을 취소하여야 한다.

## Ⅲ 자격취소의 법적 성질

### 1. 부정한 방법으로 감정평가사의 자격을 얻은 경우(기속행위)

① 자격증 발급행위(자격부여처분) 성립 당시에 흠이 있음을 이유로 그 효력을 소멸시키는 것이므로 강학상 직권취소에 해당하며, ② "취소하여야 한다."고 규정하고 있어 기속행위에 해당한다.

### 2. 명의대여한 경우(재량행위)(부당행사×)

감정평가법 제27조에 규정하고 있으며, ① 유효하게 성립한 자격부여처분의 효력을 더 이상 존속시킬 수 없는 사유가 발생하였기 때문에 효력을 소멸시키는 강학상 철회에 해당하며, ② 취소할 수 있도록 규정하고 있어 재량행위에 해당한다.

### 3. 감정평가사의 직무와 관련하여 금고 이상의 형을 선고받아(집행유예 포함) 그 형이 확정된 경우

감정평가사의 직무와 관련하여 금고 이상의 형을 선고받아(집행유예를 선고받은 경우를 포함한다) 그 형이 확정된 경우에 자격을 취소하도록 개정되었고, 이는 재량행위에 해당된다.

### 4. 업무정지 1년 이상의 징계처분을 2회 이상으로 직무수행 현저히 부적당(재량행위)

이 법에 따라 업무정지 1년 이상의 징계처분을 2회 이상 받은 후 다시 동법 제39조 제1항에 따른 징계사유가 있는 사람으로서 감정평가사의 직무를 수행하는 것이 현저히 부적당하다고 인정되는 경우의 자격취소는 재량행위에 해당한다.

---

### 1-3　청문 A

◎ 기출문제

- 제17회 : 청문을 결한 자격취소 처분에 대한 불복

## Ⅰ 청문의 의의 및 기능(감정평가법 제45조)

청문이란 행정청이 어떠한 처분을 하기에 앞서 당사자 등의 의견을 직접 듣고 증거를 조사하는 절차를 말하며, 불이익 처분의 상대방에게 변론(방어)의 기회를 줌으로써 이해관계인의 권익을 보호하는 기능을 한다.

## Ⅱ 청문이 필수절차인지 여부

### 1. 행정절차법 제22조

① 다른 법에서 청문을 실시하도록 규정하고 있는 경우,

② 행정청이 필요하다고 인정하는 경우,

③ 신분·자격 박탈 등의 처분을 하는 경우 청문을 한다.

## 2. 감정평가법 제45조

① 감정평가법 제13조 제1항 1호에 의한 자격취소를 하는 경우, ② 동법 제32조 제1항에 따른 설립인가를 취소하는 경우 청문을 실시하여야 한다.

## Ⅲ 청문의 예외사유(행정절차법 제22조)(공증현포)

① **공**공의 안전 또는 복리를 위하여 긴급히 처분을 할 필요가 있는 경우

② 자격이 없거나 없어지게 된 사실이 법원의 재판 등에 의하여 객관적으로 **증**명된 경우

③ 해당 처분의 성질상 의견청취가 **현**저히 곤란하거나 명백히 불필요하다고 인정될 만한 상당한 이유가 있는 경우

④ 당사자가 의견진술의 기회를 **포**기한다는 뜻을 명백히 표시한 경우

## Ⅳ 관련 판례

> ↪ **관련 판례(2000두3337)**
>
> **1. 청문이 필수절차인지 여부**
> 청문제도의 취지에 비추어 볼 때, 행정청이 침해적 행정처분을 함에 즈음하여 청문을 실시하지 않아도 되는 예외적인 경우에 해당하지 않는 한 반드시 청문을 실시하여야 하고, 그 절차를 결여한 처분은 위법한 처분으로서 취소 사유에 해당한다.
>
> **2. 청문의 예외사유에 해당하는지 여부**
> '의견청취가 현저히 곤란하거나 명백히 불필요하다고 인정될 만한 상당한 이유가 있는지 여부'는 당해 행정처분의 성질에 비추어 판단하여야 하는 것이지, 청문통지서의 반송 여부, 청문통지의 방법 등에 의하여 판단할 것은 아니며, 또한 행정처분의 상대방이 통지된 청문일시에 불출석하였다는 이유만으로 행정청이 관계 법령상 그 실시가 요구되는 청문을 실시하지 아니한 채 침해적 행정처분을 할 수는 없다.
>
> ↪ **협약으로 청문을 배제할 수 있는지 여부(2002두8350)**
> 의견청취절차를 배제하는 조항을 두었다고 하더라도, 국민의 행정참여를 도모함으로써 행정의 공정성·투명성 및 신뢰성을 확보하고 국민의 권익을 보호한다는 행정절차법의 목적 및 앞서 본 청문제도의 취지 등에 비추어 볼 때, 위와 같은 협약의 체결로 청문의 실시에 관한 규정의 적용을 배제할 수 있다고 볼 만한 법령상의 규정이 없는 한, 이러한 협약이 체결되었다고 하여 청문의 실시에 관한 규정의 적용이 배제된다거나 청문을 실시하지 않아도 되는 예외적인 경우에 해당한다고 할 수 없다.
>
> ↪ **하자의 치유 가능 여부(92누2844)**
> 행정청이 청문서 도달기간을 다소 어겼다하더라도 영업자가 이에 대하여 이의하지 아니한 채 스스로 청문일에 출석하여 그 의견을 진술하고 변명하는 등 방어의 기회를 충분히 가졌다면 청문서 도달기간을 준수하지 아니한 하자는 치유되었다고 봄이 상당하다.

## 1-4  자격등록 및 갱신등록 B

### Ⅰ 자격등록

#### 1. 자격등록의 의의 및 취지(감정평가법 제17조 제1항)

자격등록이란 감정평가사 자격이 있는 자가 감정평가법 제10조의 업무를 하기 위해 대통령령으로 정하는 기간 이상의 실무수습을 마치고 국토교통부장관에게 등록하는 것을 말한다. 이는 ① 감정 평가사의 효율적 관리 및 ② 신뢰성 제고에 취지가 있다.

#### 2. 자격등록신청의 법적 성질

감정평가사 자격이 있는 자가 행정청인 국토교통부장관에게 감정평가업의 영위를 위한 등록신청 은 〈사인의 공법행위〉에 해당한다.

#### 3. 자격등록의 법적 성질

감정평가사 자격등록은 일정한 결격사유 등이 있는 경우에는 거부할 수 있는바, 〈완화된 허가〉로 보는 견해 등이 있으며, 감정평가법 문언형식으로 볼 때 〈기속행위〉에 해당한다.

### Ⅱ 갱신등록

#### 1. 의의 및 취지(동조 제2항)

갱신등록이란 등록에 기한이 설정된 경우, 종전 등록의 법적 효과를 유지시키는 행정청의 행위를 말하며 ① 감정평가사의 효율적 관리 및 ② 신뢰성 제고에 취지가 있다.

#### 2. 갱신등록의 법적 성질

등록갱신하는 경우에는 감정평가업을 지속적으로 할 수 있는 요건을 갖추었는지를 판단하여야만 하는 것으로, 자연적 자유를 회복하여 감정평가업을 하게 하는 완화된 허가의 성질을 지닌 것이라 는 견해와 공적 증거력을 부여하는 공증으로 보는 견해 등이 있으며, 동법 시행령 제18조 제5항에 서 "하여야 한다"고 규정하여 기속행위로 보여진다.

### Ⅲ 자격등록 및 갱신등록의 거부[동법 제18조]

#### 1. 등록 거부의 의의 및 취지

등록 거부란 등록 또는 갱신등록을 신청한 사람이 실무수습 또는 교육연수를 받지 아니하는 등의 사유에 해당하는 경우 국토교통부장관이 등록 거부하는 것을 말하며, 신뢰성 제고에 취지가 있다.

#### 2. 거부사유의 법적 성질

일정한 거부사유에 해당되는 경우에 감정평가사의 자격등록 및 갱신등록 신청에 대한 등록거부는 행정쟁송법상 〈처분〉에 해당한다고 볼 수 있다.

#### 3. 권리구제

국토교통부장관의 등록거부는 처분에 해당하므로, 행정심판 및 행정소송을 제기하여 등록거부행위의 위법성에 대하여 다툴 수 있을 것이며, 위법한 등록거부로 인해 손해가 발생한 경우 국가배상을 청구할 수 있을 것이다.

### Ⅳ 자격등록의 취소(동법 제19조)

#### 1. 자격등록의 취소의 의의 및 취지

등록한 감정평가사가 사망하거나, 등록취소를 신청하는 등의 사유가 있는 경우 국토교통부장관이 등록을 취소하는 것을 말한다.

#### 2. 자격등록취소의 법적 성질

① 자격등록 취소사유는 감정평가사 자격등록을 한 후에 새로운 사정이 발생되어 장래를 향하여 효력을 상실시키는 것이므로 〈강학상 철회〉에 해당하며, ② 감정평가법 제19조에 "등록을 취소하여야 한다"라고 규정하고 있어 〈기속행위〉에 해당한다고 봄이 타당하다.

#### 3. 권리구제

자격등록취소행위가 행정쟁송법상 처분에 해당되는바 항고쟁송의 대상이 되며, 자격등록취소에 위법성이 존재한다면 항고쟁송으로 다툴 수 있다.

---

### 제2절 | 감정평가사의 징계 A

🎯 **기출문제**

- 제34회 : 징계의 효력
- 제29회 : 징계 절차

---

### Ⅰ 의의 및 취지(감정평가법 제39조)

감정평가사 징계란 감정평가사가 감정평가법상의 의무를 위반하는 경우, 국토교통부장관이 감정평가관리·징계위원회의 의결에 따라 행정적 책임을 가하는 것을 말하며, 감정평가 업무에 대한 신뢰성 제고에 취지가 있다.

### Ⅱ 징계의 종류

① 자격의 취소, ② 등록의 취소, ③ 2년 이하의 업무정지, ④ 견책이 있다.

### Ⅲ 징계의 법적 성질

징계는 ① 처분에 해당하며, ② 동법 제39조 제1항에 "할 수 있다"로 규정해 재량행위에 해당한다.

## Ⅳ 징계 절차

### 1. 징계의결의 요구(시행령 제34조 제1항)

국토교통부장관은 감정평가사에게 동법 제39조 각 호의 어느 하나에 따른 징계사유가 있다고 인정하는 경우에는 증명서류를 갖추어 감정평가관리·징계위원회에 징계의결을 요구해야 한다.

### 2. 징계당사자에게 통보(시행령 제34조 제2항)

감정평가관리·징계위원회는 시행령 제34조 제1항에 따른 징계의결의 요구를 받으면 지체없이 징계요구 내용과 징계심의기일을 해당 감정평가사에게 통지하여야 한다.

### 3. 의견진술(시행령 제41조)

당사자는 감정평가관리·징계위원회에 출석하여 구술 또는 서면으로 자기에게 유리한 사실을 진술하거나 필요한 증거를 제출할 수 있다.

### 4. 징계의결(시행령 제35조)

징계위원회는 징계의결의 요구를 받은 날부터 60일 이내에 징계에 관한 의결을 하여야 한다. 다만, 부득이한 사유가 있는 때에는 징계위원회의 의결로 30일에 한하여 그 기간을 연장할 수 있다.

### 5. 징계 사실의 서면 통지 및 징계의 공고(시행령 제36조)

① 국토교통부장관은 감정평가법 제39조의2 제1항에 따라 구체적인 징계사유를 알리는 경우에는 징계의 종류와 사유를 명확히 기재하여 서면으로 알려야 한다.
② 국토교통부장관은 감정평가법 제39조의2 제1항에 따라 같은 항에 따른 징계사유 통보일부터 14일 이내에 징계의 종류 등을 관보에 공고해야 한다.

> **☝ 감정평가법 제39조의2(징계의 공고)**
> ① 국토교통부장관은 제39조 제1항 및 제2항에 따라 징계를 한 때에는 지체 없이 그 구체적인 사유를 해당 감정평가사, 감정평가법인등 및 협회에 각각 알리고, 그 내용을 대통령령으로 정하는 바에 따라 관보 또는 인터넷 홈페이지 등에 게시 또는 공고하여야 한다.
>
> **☝ 관련 판례(2018두49130)**
> 병무청장이 병역의무 기피자의 인적사항 등을 인터넷 홈페이지에 게시하는 등의 방법으로 공개한 경우 병무청장의 공개결정을 항고소송의 대상이 되는 행정처분으로 보아야 한다.
> → 검토 시 : 사실상 감정평가법 제39조의2에 규정된 징계의 공고는 명단공표로서 판례의 태도에 따라 행정처분에 해당한다.

## Ⅴ 징계의 권리구제

### 1. 징계의 위법성

국토교통부장관의 징계처분이 내용상 하자 또는 절차상 하자가 있고, 그것이 성문법령과 행정법의 일반원칙을 위반하게 되면 위법성이 인정된다. 이때 위법성의 정도는 중대명백설에 따라 무효인지 취소사유인지 판단하게 된다.

> **징계처분 취소 판례(2011두14715)**
>
> 감정평가사는 공정하고 합리적인 평가액의 산정을 위하여 성실하고 공정하게 자료검토 및 가격형성요인 분석을 해야 할 의무가 있다. 만약 위와 같이 하는 것이 곤란한 경우라면 감정평가사로서는 자신의 능력에 의한 업무수행이 불가능하거나 극히 곤란한 경우로 보아 대상물건에 대한 평가를 하지 말아야 하지 구체적이고 논리적인 가격형성요인의 분석이 어렵다고 하여 자의적으로 평가액을 산정해서는 안 된다.
>
> **징계 집행정지 판례(2020두34070)**
>
> 집행정지결정의 효력은 결정 주문에서 정한 기간까지 존속하다가 그 기간이 만료되면 장래에 향하여 소멸하며, 항고소송을 제기한 원고가 본안소송에서 패소확정판결을 받더라도 집행정지결정의 효력이 소급하여 소멸하지 않는다. 그러나 제재처분에 대한 행정쟁송절차에서 처분에 대해 집행정지결정이 이루어졌더라도 본안에서 해당 처분이 최종적으로 적법한 것으로 확정되어 집행정지결정이 실효되고 제재처분을 다시 집행할 수 있게 되면, 처분청으로서는 당초 집행정지결정이 없었던 경우와 동등한 수준으로 해당 제재처분이 집행되도록 필요한 조치를 취하여야 한다.

### 2. 징계에 대한 권리구제

징계는 처분에 해당하므로 항고쟁송을 통해 다툴 수 있고, 위법한 징계처분에 의해 재산상 손해가 발생하게 되면 국가배상청구도 가능하다.

# Chapter 03 감정평가법인등

## 제1절 감정평가법인등 일반 B

### 1-1 사무소 개설 등

#### I 사무소 개설의 의의(감정평가법 제21조)

사무소 개설이란 감정평가사가 감정평가법 제10조에 따른 업무를 수행하기 위해 사무소를 개설하는 것을 말한다.

#### II 사무실 개설의 요건(동조 제2항)

다음 각 호의 어느 하나에 해당하는 사람은 제1항에 따른 개설을 할 수 없다.
① 제18조 제1항 등록거부사유 어느 하나에 해당하는 사람
② 설립인가가 취소되거나 업무가 정지된 감정평가법인의 설립인가가 취소된 후 1년이 지나지 아니하였거나 업무정지기간이 지나지 아니한 경우 그 감정평가법인의 사원 또는 이사였던 사람
③ 업무가 정지된 감정평가사로서 업무정지기간이 지나지 아니한 사람

#### III 사무소 설치 등(동조 제3 · 4 · 5항)

① 감정평가사는 그 업무를 효율적으로 수행하고 공신력을 높이기 위하여 합동사무소를 대통령령으로 정하는 바에 따라 설치할 수 있다. 이 경우 합동사무소는 2명 이상의 감정평가사를 두어야 한다.
② 감정평가사는 감정평가업을 하기 위하여 1개의 사무소만을 설치할 수 있다.
③ 감정평가사사무소에는 소속 감정평가사를 둘 수 있다. 이 경우 소속 감정평가사는 등록거부사유의 어느 하나에 해당하는 사람이 아니어야 하며, 감정평가사사무소를 개설한 감정평가사는 소속 감정평가사가 아닌 사람에게 제10조에 따른 업무를 하게 하여서는 아니 된다.

### 1-2 감정평가법인등의 법적 지위 B

#### I 감정평가법인등의 의의(감정평가법 제2조 제4항)

감정평가법인등이란 제21조에 따라 사무소를 개설한 감정평가사와 제29조에 따라 인가를 받은 감정평가법인을 말한다.

#### II 감정평가법인등의 법적 지위

#### 1. 권리

감정평가법인등의 권리로는 감정평가권, 감정평가업권, 타인토지출입권, 명칭사용권, 보수청구권, 청문권, 쟁송제기권이 있다.

## 2. 의무

감정평가법인등의 의무로는 적정가격 평가의무, 성실의무 등(§25), 감정평가서 교부 및 보존의무, 국토교통부장관의 지도·감독에 따를 의무가 있다.

## Ⅲ 감정평가법인등의 책임

### 1. 민사상 책임(감정평가법 제28조)

감정평가법은 성실한 평가를 유도하고, 불법행위로 인한 평가의뢰인 및 선의의 제3자를 보호하기 위하여 감정평가법인등에게 손해배상책임을 인정하고 있다.

### 2. 행정상 책임

감정평가법인등이 각종 의무규정에 위반하였을 경우의 제제수단으로서 등록취소 또는 업무정지와 행정질서벌로 500만원 이하의 과태료 등이 부과될 수 있다.

※ 감정평가법인등의 설립인가 취소와 업무정지 기준은 [별표3]에 의한다.

### 3. 형사상 책임

형법이 적용되는 책임으로서 행정형벌로 감정평가법 제48조, 제49조와 제50조에 벌칙 규정을 두고 있다. 또한 감정평가법인등이 공적평가업무를 수행하는 경우에는 공무원으로 의제하여 알선수뢰죄 등 가중처벌을 받도록 규정하고 있으며, 형사상 책임은 양벌규정(제51조)을 두고 있다.

> **↪ 손해배상책임(97다36293)**
> 감정평가업자의 부실감정으로 인하여 손해를 입게 된 감정평가의뢰인이나 선의의 제3자는 지가공시 및 토지 등의 평가에 관한 법률상의 손해배상책임과 민법상의 불법행위로 인한 손해배상책임을 함께 물을 수 있다.
>
> **↪ 양벌규정(2002도4727)**
> 종업원이 감정평가업자를 보조하여 감정에 필요한 자료를 수집하였을 뿐 감정평가업자와의 공모 등에 의하여 감정평가를 한 것으로 볼 수 있는 경우에 해당하지 않는다면 양벌규정에 의하더라도 그 사용인 기타의 종업원은 물론이고 법인 또는 개인도 처벌할 수 없다.

### 1-3  감정평가법인등의 업무 A

**◉ 기출문제**

• 제31회 : 공인회계사의 자산재평가

## Ⅰ 감정평가법인등의 업무[감정평가법 제10조]

① 「부동산공시법」에 따라 수행하는 업무

② 「부동산공시법」 제8조 2호에 따른 목적의 감정평가

③ 「자산재평가법」에 따른 감정평가

④ 법원에 계속 중인 소송 또는 경매를 위한 평가

⑤ 금융기관 등 타인의 의뢰에 따른 평가

⑥ 감정평가와 관련된 상담 및 자문

⑦ 이용 및 개발 등 조언이나 정보 등의 제공

⑧ 다른 법령에 따라 할 수 있는 평가

⑨ ①부터 ⑧까지의 업무에 부수되는 업무

> **➲ 자산재평가 업무 회계사 판례(2014도191)**
>
> 공인회계사법에서 규정한 '회계에 관한 감정'에는 타인의 의뢰를 받아 부동산공시법이 정한 토지에 대한 감정평가를 행하는 것이 해당한다고 볼 수 없다. 따라서, 감정평가사가 아닌 공인회계사가 타인의 의뢰에 의하여 보수를 받고 토지에 대한 감정평가를 업으로 행하는 것은 정당행위에 해당한다고 볼 수 없다.
>
> **➲ 심마니 사건 판례(2017도10634)**
>
> 감정평가사 자격을 갖춘 사람만이 감정평가업을 독점적으로 영위할 수 있도록 한 취지는 감정평가업무의 전문성, 공정성, 신뢰성을 확보해서 재산과 권리의 적정한 가격형성을 보장하여 국민의 권익을 보호하기 위한 것이며, 감정촉탁을 하는 권한은 법원에 있고, 행정소송사건의 심리절차에서 토지보상법상 토지 등의 손실보상액에 관하여 감정을 명할 경우 그 감정인으로 반드시 감정평가사나 감정평가법인을 지정하여야 하는 것은 아니다.
>
> **➲ 제3자의 의뢰에 의한 감정평가(2019도3595)**
>
> 금융기관, 보험회사, 신탁 회사 등 타인의 의뢰에 의한 토지 등의 감정평가에는 금융기관 등에 준하는 공신력 있는 기관의 의뢰에 의한 감정평가뿐만 아니라 널리 제3자의 의뢰에 의한 감정평가도 모두 포함된다고 보아야 한다.

---

## 제2절 감정평가법인등의 손해배상책임 A

**◎ 기출문제**

- 제35회 : 감정평가법상 손해배상책임에서 필요한 조치와 행정상 제재 설명(10점)
- 제33회 : 감정평가법인등의 손해배상책임 성립 요건

### I 의의 및 취지(감정평가법 제28조)

감정평가사가 고의 또는 과실로 부당한 감정평가를 함으로써 타인에게 손해를 발생하게 한 때에 그 손해를 배상하는 것을 말하며, 의뢰인 및 제3자의 보호 도모 및 토지 등의 적정가격 평가 유도에 그 취지가 있다.

## II 감정평가법인등의 손해배상책임 성립 요건

① **감**정평가법인등이 감정평가를 하는 경우일 것
② **고**의 또는 과실이 있을 것
③ **적**정가격과 현저한 차이가 있게 감정평가하거나 감정평가서류에 거짓의 기재를 하였을 것
④ 부당평가로 인해 평가의뢰인 또는 선의의 제3자에게 **손해**가 발생하였을 것
⑤ 상당한 **인**과관계가 있을 것

## 1. 감정평가법인등이 감정평가를 하는 경우일 것

손해배상책임이 성립하기 위해서는 감정평가법인등이 감정평가를 하면서 감정평가로 발생한 손해에 해당하여야 하고, 가치판단작용이 아닌 순수한 사실조사 잘못으로 인한 손해에 대하여는 적용이 없다. 다만, 판례는 임대차관계에 대한 사실조사에 잘못이 있는 경우 감정평가업자의 손해배상책임을 인정한 바 있다.

> ↪ **관련 판례(99다66618)**
> 임대상황의 조사가 감정평가 그 자체에 포함되지는 않지만 감정평가업자가 부동산의 담보가치를 잘못 평가하게 함으로 말미암아 그에게 손해를 가하게 되었다면 임대상황의 조사가 같은 항 소정의 감정평가에 포함되는지 여부와 관계없이 감정평가업자는 특별한 사정이 없는 한 같은 항에 따라 이로 인한 상당 인과관계에 있는 손해를 배상할 책임이 있다.

## 2. 고의 또는 과실이 있을 것

① 감정평가법인등이 손해배상책임을 지기 위해서는 손해가 감정평가법인등의 귀책사유인 고의·과실로 발생한 것이어야 한다.
② 〈고의〉란 결과를 인식하고 그 결과를 용인하는 것을 말한다.
③ 〈과실〉이란 일정한 사실을 인식할 수 있음에도 부주의로 이를 인식하지 못한 것을 말한다.

> ↪ **관련 판례(96다52427)**
> 감정평가법인등이 지가공시 및 토지 등의 평가에 관한 법률과 감정평가규칙의 기준을 무시하고 자의적 방법에 의하여 대상토지를 감정평가한 경우, 감정평가업자의 고의·중과실에 의한 부당감정을 근거로 하여 현저한 차이가 인정된다.

> **\* 감정평가법인등의 협력 의무(2006다82625)**
> 감정평가업자로서는 협약에 따라 성실하고 공정하게 주택에 대한 위와 같은 임대차관계를 조사하여 금융기관에게 알림으로써 금융기관이 그 주택의 담보 가치를 적정하게 평가하여 불측의 손해를 입지 않도록 협력하여야 할 의무가 있다.

---

**\* 과실이 인정되는 경우**

1. 전화로만 조사한 경우(2006다82625)

   임대차관계 등을 조사함에 있어 단순히 다른 조사기관의 전화조사만으로 확인된 실제와는 다른 임대차관계 내용을 기재한 임대차확인조사서를 제출한 사안에서, 감정평가업자에게 감정평가 업무협약에 따른 조사의무를 다하지 아니한 과실이 있다고 한 사례.

2. 소유자의 처를 통하여 조사한 경우(2003다24840)

   감정대상 주택 소유자의 처로부터 임대차가 없다는 확인을 받고 감정평가서에 "임대차 없음"이라고 기재하였으나 이후에 임차인의 존재가 밝혀진 경우, 감정평가업자는 감정평가서를 근거로 부실 대출을 한 금융기관의 손해를 배상할 책임이 있다고 한 사례.

3. 공실 상태라는 사유만으로 '임대차 없음'이라고 기재한 경우(97다41196)

   감정평가업자가 현장 조사를 행할 당시 공실 상태이었다고 하더라도, 임대차 사항을 조사하고 그러한 조사에 의해서도 임차인의 존재 여부를 밝힐 수 없었다거나 그러한 조사 자체가 불가능하였다면 금융기관에게 그와 같은 사정을 알림으로써, 적어도 금융기관으로 하여금 그 주택에 대항력 있는 임차인이 있을 수 있는 가능성이 있다는 점에 대하여 주의를 환기시키는 정도의 의무는 이행하였어야 함에도 불구하고 실제로는 대항력 있는 임차인이 있는데도 감정평가서에 '임대차 없음'이라고 단정적으로 기재하여 금융기관에 송부한 경우, 금융기관이 위와 같이 기재한 임대차 조사 사항을 믿고 그 주택의 담보 가치를 잘못 평가하여 대출함으로써 입은 손해에 대하여 배상할 책임이 있다고 한 사례.

**\* 과실이 부정되는 경우**

1. 신속한 금융기관 요청에 따른 경우(97다7400)

   감정평가업자가 금융기관의 신속한 감정평가 요구에 따라 그의 양해 아래 임차인이 아닌 건물 소유자를 통하여 담보물의 임대차관계를 조사하였으나 그것이 허위로 밝혀진 경우, 감정평가업자에게는 과실이 없으므로 손해배상책임이 인정되지 않는다고 본 사례.

---

3. **부당한 감정평가를 하였을 것**

   (1) 적정가격과 현저한 차이가 있는 감정평가

   ① 현저한 차이의 의의

   현저한 차이란 일반적으로 달라질 수 있다고 인정할 수 있는 범위를 초과하여 발생한 차이를 의미한다.

   ② 현저한 차이의 판단기준

   > 🔁 **관련 판례(96다52427)**
   >
   > 표준지공시지가를 정하거나 공익사업에 필요한 토지의 보상가를 산정함에 있어서 2인 이상의 감정평가업자에 평가를 의뢰하였는데 평가액 중 최고평가액이 최저평가액의 1.3배를 초과하는 경우에는 건설교통부장관이나 사업시행자가 다른 2인의 감정평가업자에게 대상물건의 평가를 다시 의뢰할 수 있다는 것뿐으로써 여기서 정하고 있는 <u>1.3배의 격차율이 바로 지가공시 및 토지</u>

등의 평가에 관한 법률 제26조 제1항이 정하는 평가액과 적정가격 사이에 '현저한 차이'가 있는
가의 유일한 판단기준이 될 수 없다.

→ 검토 시 : 판례는 1.3배가 현저한 차이에 대한 유일한 판단기준이 될 수 없다고 판시한바,
감정평가법인등의 귀책사유가 무엇인가 하는 점을 고려하여 사회통념에 따라 탄력적으로 판
단하여야 한다고 판단된다.

### (2) 감정평가 서류에 거짓을 기재한 경우

감정평가서상의 기재사항에 대하여 물건의 내용, 산출근거, 평가액을 거짓으로 기재함으로써
가격에 변화를 일으키는 요인을 고의, 과실로 허위로 기재하는 것을 말한다.

## 4. 의뢰인 또는 선의의 제3자에게 손해가 발생하였을 것

① 〈선의의 제3자란〉 ① 감정내용이 허위 또는 적정가격과 현저한 차이가 있음을 인식하지 못한
것 뿐만 아니라, ② 평가서에 감정평가서를 의뢰 목적 이외에 사용하거나 타인이 사용할 수 없음
이 명시되어 있는 경우 그 사용사실까지 인식하지 못하는 제3자를 의미한다.
② 〈손해〉라 함은 일반적으로 법익(주로 재산권)에 관하여 받을 불이익을 말한다.

> **🔖 관련 판례(2006다64627)**
> '선의의 제3자'라 함은 감정 내용이 허위 또는 감정평가 당시의 적정가격과 현저한 차이가 있음을 인식하
> 지 못한 것뿐만 아니라 감정평가서 자체에 그 감정평가서를 감정의뢰 목적 이외에 사용하거나 감정의뢰
> 인 이외의 타인이 사용할 수 없음이 명시되어 있는 경우에는 그러한 사용사실까지 인식하지 못한 제3자
> 를 의미한다.

## 5. 상당 인과관계가 있을 것

적정가격과 현저한 차이가 있게 한 감정평가와 손해의 발생과의 사이에는 인과관계가 있어야 하
며, 인과관계유무의 판단은 관련 법령의 내용, 가해행위의 태양, 피해의 상황 등 제반사정을 종합
적으로 고려하여 이루어져야 한다.

> **🔖 관련 판례(2006다64627)**
> 감정평가법인등이 담보목적물에 대하여 부당한 감정을 함으로 인하여 금융기관이 그 감정을 믿고 정당
> 한 감정가격을 초과한 대출을 함으로써 재산상 손해를 입게 되리라는 것은 쉽사리 예견할 수 있으므로,
> 다른 특별한 사정이 없는 한 감정평가업자의 위법행위와 금융기관의 손해 사이에는 상당인과관계가 있
> 다 할 것이고, 그 손해의 발생에 금융기관의 과실이 있다면 과실상계의 법리에 따라 그 과실의 정도를
> 비교교량하여 감정평가업자의 책임을 면하게 하거나 감경하는 것은 별론으로 하고 그로 인하여 감정평
> 가업자의 부당감정과 손해 사이에 존재하는 인과관계가 단절된다고는 할 수 없다.

## 6. 위법성 요건이 필요한지 여부

감정평가법 제28조는 민법에 대한 특칙으로 보는 것이 타당하므로 위법성 요건은 불필요하다고 보며, 이는 부당한 감정평가의 개념 속에 위법성의 요건이 포함되어 있는 것으로 보는 것이 타당할 것이다.

### Ⅲ 손해배상액

손해배상책임의 성립요건이 모두 충족된 경우 감정평가법인등은 손해배상책임을 지게 되는바 해당 부당한 감정평가와 상당인과관계가 있는 모든 손해를 배상하여야 한다.

> **◑ 관련 판례(2006다64627)**
> 담보목적물에 대하여 감정평가업자가 부당한 감정을 함으로써 감정의뢰인이 그 감정을 믿고 정당한 감정가격을 초과한 대출을 한 경우에는 부당한 감정가격에 근거하여 산출된 담보가치와 정당한 감정가격에 근거하여 산출된 담보가치의 차액을 한도로 하여 대출금 중 정당한 감정가격에 근거하여 산출된 담보가치를 초과한 부분이 손해액이 된다.

# 감정평가관리 · 징계위원회

## 제1절 · 감정평가관리 · 징계위원회의 구성과 운영 A

### I 의의 및 취지(감정평가법 제40조)

감정평가 관리 · 징계위원회는 감정평가사에 대한 징계를 의결하기 위해 국토교통부에 설치하는 의결기관을 말하며, ① 감정평가사에 대한 징계의 공정성 확보와 ② 엄격한 절차에 따른 징계처분으로 공신력 제고에 취지가 있다.

### II 법적 성질

① 징계위원회는 감정평가사를 징계하도록 하기 위해서는 반드시 설치하여야 하는 〈필수기관〉이다.
② 징계권자는 국토교통부장관이지만 징계내용에 관한 의결은 감정평가관리 · 징계위원회에 맡겨져
   있으므로 〈의결기관〉에 해당한다.

### III 감정평가관리 · 징계위원회의 구성 및 임기

① 위원장 1명과 부위원장 1명을 포함한 13명의 위원으로 성별을 고려하여 구성되며, ② 임기는 2년
으로 하되 한 차례만 연임할 수 있다.

### IV 감정평가관리 · 징계위원회 위원의 제척 및 기피

#### 1. 제척(동법 시행령 제38조 제1항)

징계위원회의 위원 중 당사자와 친족이거나, 당사자와 같은 감정평가법인 또는 감정평가사사무소에
소속된 감정평가사 또는 그 징계사유와 관계가 있는 자는 그 징계사건의 심의에 관여하지 못한다.

#### 2. 기피(동조 제2항)

당사자는 징계위원회의 위원 중 불공정한 의결을 할 염려가 있다고 의심할 만한 상당한 사유가
있는 위원이 있을 때에는 그 사유를 서면으로 소명하고 기피를 신청할 수 있다. 기피신청이 있을
때에는 징계위원회의 의결로 해당 위원의 기피 여부를 결정하며, 기피신청을 받은 위원은 그 의결
에 참여하지 못한다.

### V 징계위원회 소위원회 구성

**\* 감정평가사 징계소위원회 신설 규정**
시행령 제40조의2(소위원회)
① 제34조 제1항에 따른 징계의결 요구 내용을 검토하기 위해 위원회에 소위원회를 둘 수 있다.

② 소위원회의 설치·운영에 필요한 사항은 위원회의 의결을 거쳐 위원회의 위원장이 정한다.

→ 검토 시 : 최근 신설된 규정으로서 이는 징계의결 요구 내용을 검토하기 위함으로 감정평가사 징계의 공정성과 신뢰성을 확보하는데 크게 기여할 것으로 평가된다.

## Ⅵ 징계의결의 하자

### 1. 의결에 반하는 처분

징계위원회는 의결기관이므로 징계위원회의 의결은 국토교통부장관을 구속하게 된다. 따라서 징계위원회의 의결에 반하는 처분은 무효가 된다.

### 2. 의결을 거치지 않은 처분

국토교통부장관은 징계위원회의 의결에 구속되기 때문에 징계위원회의 의결을 거치지 않고 처분을 한 경우 주체상하자로서 권한 없는 징계처분이 되어 무효가 될 수 있다.

# 과징금(변형된 과징금) A

**◎ 기출문제**

• 제32회 : 감액된 과징금부과처분의 취소소송제기 시 소의 대상

## Ⅰ 의의 및 취지(감정평가법 제41조)

과징금이란 행정법규의 위반으로 경제적 이익을 얻게 되는 경우 해당 위반으로 인한 경제적 이익을 박탈하기 위하여 그 이익액에 따라 행정기관이 과하는 행정상 제재금을 말하며, 국민생활 불편을 방지하고 공적업무 수행의 공익을 고려함에 취지가 인정된다. 감정평가법상 과징금은 계속적인 공적 업무 수행을 위하여 업무정지처분에 갈음하여 부과되는 것으로 변형된 과징금에 속한다.

## Ⅱ 법적 성질

① 과징금 부과행위는 금전상의 급부를 명하는 〈급부하명〉으로서 처분에 해당한다. ② 또한 감정평가법 제41조에서는 "과징금을 부과할 수 있다"고 규정하고 있으므로 〈재량행위〉에 해당한다.

## Ⅲ 절차

### 1. 과징금의 부과(감정평가법 제41조 제1항)

국토교통부장관은 업무정지 처분이 표준지공시지가의 공시 등의 업무를 수행하는 데에 지장을 초래하는 등 공익을 해칠 우려가 있는 경우에는 업무정지처분에 갈음하여 5천만원(법인의 경우는 5억원) 이하의 과징금을 부과할 수 있다.

### 2. 과징금의 부과기준(동조 제2항, 영 제43조 제2항)

위반행위의 내용과 정도, 기간, 횟수, 이익의 규모 등을 고려하여 부과하여야 하며, 금액의 1/2 범위 안에서 이를 늘리거나 줄일 수 있다. 다만, 늘리는 경우에도 과징금의 총액은 과징금최고액을 초과할 수 없다.

### 3. 과징금의 통지 및 납부의무(영 제43조 제3·4항)

국토교통부장관은 과징금을 부과하는 경우에는 위반행위의 종류와 과징금의 금액을 명시하여 서면으로 통지하여야 하며, 통지를 받은 자는 통지가 있은 날부터 60일 이내에 국토교통부장관이 정하는 수납기관에 과징금을 납부하여야 한다.

## Ⅳ 과징금과 행정형벌의 이중부과 가능성

### 1. 이중처벌금지의 원칙

헌법 제13조 제1항은 '동일한 범죄에 대하여 거듭 처벌받지 아니한다.'고 하여 이중처벌금지의 원칙을 규정하고 있다.

## 2. 관련 판례의 태도

> ↪ **관련 판례(82헌바38)**
>
> 행정형벌은 형법에 규정된 형벌을 과하는 것으로 제재적 성격을 가지지만, 과징금은 형법에 규정된 형벌이 아니며 <u>부당이득을 환수하는 성격</u>을 가지고 있어 행정형벌과 구별된다. 또한 양자를 규정하는 규범의 목적이 서로 달라 병과하더라도 <u>이중처벌금지에 위반되지 않는다.</u>

## 3. 검토

판례의 태도에 따르면 과징금과 행정형벌의 이중부과는 인정된다고 보여지나, 두 개의 망치를 때리는 것은 과도하다고 판단되는바 양자 중 택일적으로 부과하도록 관련 법령을 정비하는 것이 바람직할 것으로 보인다.

## Ⅴ 권리구제

## 1. 이의신청(감정평가법 제42조 제1항)

과징금 부과에 이의가 있는 자는 통보받은 날부터 30일 이내 사유서를 갖추어 국토교통부장관에게 이의를 신청할 수 있으며, 감정평가법 제42조에서는 이의신청과 별도로 행정심판을 청구할 수 있다고 규정하고 있으므로 〈강학상 이의신청〉으로 보는 것이 타당하다.

## 2. 행정심판(동조 제3항)

동조 제2항에 따른 결정에 이의가 있는 자는 「행정심판법」에 따라 행정심판을 청구할 수 있다.

## 3. 행정소송

과징금 부과행위는 처분에 해당하므로 항고소송의 대상이 된다. 과징금 부과처분은 재량행위이므로 비례원칙 등의 행정법의 일반원칙에 위반하는 경우에는 위법하게 된다.

> ↪ **관련 판례(2006두3957)**
>
> 과징금 부과처분에서 행정청이 납부의무자에 대하여 부과처분을 한 후 그 부과처분의 하자를 이유로 과징금의 액수를 감액하는 경우에 그 감액처분은 감액된 과징금 부분에 관하여만 법적 효과가 미치는 것으로서 처음의 부과처분과 별개 독립의 과징금 부과처분이 아니라 그 실질은 당초 부과처분의 변경이고, 그 감액처분으로도 아직 취소되지 않고 남아 있는 부분이 위법하다고 하여 다투는 경우 항고소송의 대상은 처음의 부과처분 중 감액처분에 의하여 취소되지 않고 남은 부분이고 감액처분이 항고소송의 대상이 되는 것은 아니다.

> ↪ **관련 판례(2020두41689)**
>
> **1. 감정평가법의 성실의무**
>
> **구** 감정평가법 제37조 제1항에 따르면, 감정평가법인등은 감정평가업무를 행함에 있어서 품위를 유지하여야 하고, 신의와 성실로써 공정하게 감정평가를 하여야 하며, 고의 또는 중대한 과실로 잘못된 평가를 하여서는 아니 된다.

2. 소속감정평가사의 잘못으로 법인에게 과징금 부과 처분을 할 수 있는지 여부

감정평가업자가 감정평가법인인 경우에 실질적인 감정평가업무는 소속감정평가사에 의하여 이루어질 수밖에 없으므로, 감정평가법인이 감정평가의 주체로서 부담하는 성실의무란, 소속감정평가사에 대한 관리·감독의무를 포함하여 감정평가서 심사 등을 통해 감정평가 과정을 면밀히 살펴 공정한 감정평가결과가 도출될 수 있도록 노력할 의무를 의미한다.

3. 재량권 일탈 남용에 해당하는지 여부

재량권의 범위를 일탈하였거나 남용하였는지는, 처분사유인 위반행위의 내용과 그 위반의 정도, 그 처분에 의하여 달성하려는 공익상의 필요와 개인이 입게 될 불이익 및 이에 따르는 제반 사정 등을 객관적으로 심리하여 공익침해의 정도와 처분으로 인하여 개인이 입게 될 불이익을 비교·교량하여 판단하여야 한다.

4. 감정평가법인에 대한 과징금부과 시 징계위원회 의결

감정평가법인에 대하여 과징금을 부과하는 경우에는 징계위원회의 의결을 반드시 거칠 필요가 없다고 보아, 징계위원회의 의결을 거치지 않은 이 사건 처분에 절차적 하자가 있다는 원고의 주장을 배척하였다.

## Ⅵ 과징금, 벌금, 과태료의 비교

### 1. 의의 및 근거

(1) 과징금(감정평가법 제41조)

행정법규의 위반으로 경제상의 이익을 얻게 되는 경우에 해당 위반으로 인한 경제적 이익을 박탈하기 위하여 그 이익규모에 따라 행정기관이 과하는 행정상 제재금을 말한다.

(2) 과태료(동법 제52조)

행정목적을 간접적으로 침해하는 행위에 대하여 과해지는 행정질서벌에 해당한다.

(3) 벌금(동법 제49~51조)

행정목적을 직접적으로 침해하는 행위에 대하여 과해지는 행정형벌의 일종이다.

### 2. 법적 성질

(1) 공통점

벌금, 과태료, 과징금은 모두 행정의 실효성 확보수단이다. 행정권은 공익실현을 목적으로 국민에 대하여 작위, 부작위, 수인, 급부의무를 부과하게 되는데, 국민이 이러한 의무를 이행하지 않을 경우 여러 가지 강제수단을 동원하게 된다. 그 중 행정상 제재로서 의미를 갖는다.

(2) 차이점

벌금, 과태료는 과거의 법 위반 행위에 대한 제재로서 전통적 실효성 확보수단이다. ① 과태료는 행정의 실효성 확보수단으로서 행정질서벌에 해당한다. 행정청이 행하는 과태료 부과행위는 행정 처분이 된다. ② 벌금은 행정의 실효성 확보수단으로서 행정벌 중 행정형벌에 해당

한다. ③ 과징금은 새로운 수단의 행정의 실효성 확보수단으로 행정상 제재금이며, 과징금 부과는 부당이득을 환수하는 성격으로서 급부하명에 해당한다.

| | 과태료 | 과징금 | 벌금 |
|---|---|---|---|
| 개념 | 경미한 위반행위에 대한 금전적 제재 | 불법이익 환수 또는 영업정지 대체의 금전적 제재 | 범죄인에 대한 금전지불 의무 부과 형벌 |
| 부과주체 | 행정청/법원(이의제기 시) | 행정청 | 법원 |
| 불복절차 | 질서위반행위규제법/ 비송사건절차법(이의제기 시) | 행정소송 | 형사소송 |

# 부당행사 또는 명의대여 A

◎ 기출문제

- 제35회 : 감정평가법인이 부담하는 성실의무내용(10점)
- 제33회 : 명의대여를 이유로 한 자격취소 처분의 적법성
- 제32회 : 성실의무 등에 대한 서술
- 제26회 : 미래가격 감정평가

## Ⅰ 성실의무(감정평가법 제25조)

① 감정평가법인등은 업무를 하는 경우 품위 유지, 신의성실 공정평가, 고의 또는 중대한 과실로 업무를 잘못하여서는 아니 된다.

② 자기 또는 친족 소유 등 불공정한 감정평가가 우려되는 경우 업무를 수행하여서는 아니 된다.

③ 토지 등의 매매업을 직접 하여서는 아니 된다.

④ 수수료와 실비 외에 업무 관련 대가를 받아서는 아니 되며, 감정평가 수주의 대가로 금품, 재산상의 이익을 제공하거나 약속해서는 아니 된다.

⑤ 둘 이상의 법인/사무소 소속될 수 없으며, 다른 감정평가법인의 주식을 소유할 수 없다.

⑥ 특정한 가액으로 감정평가를 유도 또는 요구하는 행위를 하여서는 아니 된다.

> ↻ 관련 판례(2011두14715)
>
> 1. 조건부평가에 대한 감정평가사의 역할
>    감정평가사가 대상물건의 평가액을 가격조사 시점의 정상가격이 아닌 특수한 조건을 반영한 가격 또는 현재가 아닌 시점의 가격을 기준으로 정하는 경우에는, 반드시 그 조건 또는 시점을 분명히 하고, 특히 특수한 조건이 수반된 미래 시점의 가격이라면 그 조건과 시점을 모두 밝힘으로써, 감정평가서를 열람하는 자가 제시된 감정가를 정상가격 또는 가격조사 시점의 가격으로 오인하지 않도록 해야 한다.
>
> 2. 정상적으로 평가하기 곤란한 경우
>    감정평가사는 공정하고 합리적인 평가액의 산정을 위하여 성실하고 공정하게 자료검토 및 가격형성요인 분석을 해야 할 의무가 있고, 특히 특수한 조건을 반영하거나 현재가 아닌 시점의 가격을 기준으로 하는 경우에는 제시된 자료와 대상물건의 구체적인 비교·분석을 통하여 평가액의 산출근거를 논리적으로 밝히는 데 더욱 신중을 기하여야 한다. 만약 위와 같이 하는 것이 곤란한 경우라면 감정평가사로서는 자신의 능력에 의한 업무수행이 불가능하거나 극히 곤란한 경우로 보아 대상물건에 대한 평가를 하지 말아야 하지 구체적이고 논리적인 가격형성요인의 분석이 어렵다고 하여 자의적으로 평가액을 산정해서는 안 된다.
>
> → 자의적으로 평가한 경우 성실의무 위반에 해당

## Ⅱ 비밀엄수 의무(감정평가법 제26조)

감정평가법인등(감정평가법인 또는 감정평가사사무소의 소속 감정평가사를 포함)이나 그 사무직원

또는 감정평가법인등이었거나 그 사무직원이었던 사람은 업무상 알게 된 비밀을 누설하여서는 아니
된다. 다만, 다른 법령에 특별한 규정이 있는 경우에는 그러하지 아니하다.

## Ⅲ 명의 대여 등(감정평가법 제27조)

### 1. 자격증 부당행사의 의미

> **➲ 자격증 부당행사의 의미(2013두727)**
>
> 자격증 부당행사란 감정평가사 자격증 등을 본래의 용도 외에 부당하게 행사하는 것을 의미하고, 감정평
> 가사가 감정평가법인에 적을 두기는 하였으나 당해 법인의 업무를 수행하거나 운영 등에 관여할 의사가
> 없고 실제로도 업무 등을 전혀 수행하지 않았다거나 당해 소속 감정평가사로서 업무를 실질적으로 수행
> 한 것으로 평가하기 어려운 정도라면 자격증 부당행사에 해당한다.
>
> **➲ 자격증 부당행사(2013두11727)**
>
> 자격증 등을 부당하게 행사한다는 것은 감정평가사 자격증 등을 본래의 용도가 아닌 다른 용도로 행사하
> 거나, 본래의 행사목적을 벗어나 감정평가법인등의 자격이나 업무법위에 관한 법의 규율을 피할 목적으
> 로 이를 행사하는 경우도 포함한다.

### 2. 명의대여와 부당행사의 차이

부당행사는 본인이 행사하나 내용 과정이 부적절한 것을 말하며, 명의대여는 타인이 자격증을 행
사하는 것으로서 〈행사주체 측면의 차이〉가 있다고 보여진다.

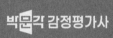 박문각 감정평가사

# 제3부

# 감정평가 및 보상법규 미니법전

# 미니법전

PART 01   토지보상법

PART 02   토지보상법 시행령

PART 03   토지보상법 시행규칙

PART 04   부동산공시법

PART 05   감정평가법

PART 06   행정기본법

PART 07   행정절차법

PART 08   행정소송법

PART 09   행정소송규칙

# 공익사업을 위한 토지 등의 취득 및 보상에 관한 법률(약칭 : 토지보상법)

## 제1장 총칙

### 제1조(목적) : 토지보상법 입법취지

이 법은 공익사업에 필요한 토지 등을 협의 또는 수용에 의하여 취득하거나 사용함에 따른 손실의 보상에 관한 사항을 규정함으로써 공익사업의 효율적인 수행을 통하여 공공복리의 증진과 재산권의 적정한 보호를 도모하는 것을 목적으로 한다.

### 제2조(정의)

1. "토지등"이란 제3조에 해당하는 토지·물건 및 권리를 말한다.
2. "공익사업"이란 제4조의 어느 하나에 해당하는 사업을 말한다.
3. "사업시행자"란 공익사업을 수행하는 자를 말한다.
4. "토지소유자"란 공익사업에 필요한 토지의 소유자를 말한다.
5. "관계인"이란 사업시행자가 취득하거나 사용할 토지에 관하여 지상권·지역권·전세권·저당권·사용대차 또는 임대차에 따른 권리 또는 그 밖에 토지에 관한 소유권 외의 권리를 가진 자나 그 토지에 있는 물건에 관하여 소유권이나 그 밖의 권리를 가진 자를 말한다.
   (사업인정의 고시가 된 후에 권리를 취득한 자는 기존의 권리를 승계한 자를 제외하고는 관계인에 포함되지 아니한다.)
6. "가격시점"이란 제67조 제1항에 따른 보상액 산정(算定)의 기준이 되는 시점을 말한다.
7. "사업인정"이란 공익사업을 토지등을 수용하거나 사용할 사업으로 결정하는 것을 말한다.

> **↪ 관련 판례**
> 1. 관계인의 범위(2008다76112)
>    법률상 보상 대상이 되는 '기타 토지에 정착한 물건에 대한 소유권 그 밖의 권리를 가진 관계인'에는 수거·철거권 등 실질적 처분권을 가진 자도 포함된다.

### 제3조(적용대상)

사업시행자가 다음 각 호에 해당하는 토지·물건 및 권리를 취득하거나 사용하는 경우에는 이 법을 적용한다.

1. 토지 및 이에 관한 소유권 외의 권리
2. 토지와 함께 공익사업을 위하여 필요한 입목(立木), 건물, 그 밖에 토지에 정착된 물건 및 이에 관한 소유권 외의 권리
3. 광업권·어업권·양식업권 또는 물의 사용에 관한 권리
4. 토지에 속한 흙·돌·모래 또는 자갈에 관한 권리

> **관련 판례**
>
> **1. 목적물의 제한(93누8108)**
> 수용할 목적물의 범위는 원칙적으로 사업을 위하여 필요한 최소한도에 그쳐야 하므로 그 한도를 넘는 부분은 수용대상이 아니므로 그 부분에 대한 수용은 위법하다.
>
> **2. 확장수용의 성질(93누11159)**
> 잔여지수용청구권이 그 요건을 구비한 때에는 토지수용위원회의 특별한 조치를 기다릴 것 없이 청구에 의하여 수용의 효과가 발생하므로 이는 형성권의 성질을 갖는다.
>
> **관련 내용**
>
> **1. 목적물의 확장**
> ① 확장수용: 확장수용이란 특정한 공익사업을 위하여 필요한 범위를 넘어서 수용하는 것을 말한다.
> ② 지대수용: 지대수용이란 공익사업에 직접 필요한 토지 이외에 이와 관련한 사업의 시행을 위한 건축, 토지의 조성·정리에 필요한 때에 그 토지에 인접한 부근 일대의 토지를 수용하는 것을 말한다.

## 제4조 (공익사업)(국도청학택부이그)

이 법에 따라 토지등을 취득하거나 사용할 수 있는 사업은 다음 각 호의 어느 하나에 해당하는 사업이어야 한다.

1. **국**방·군사에 관한 사업
2. 관계 법률에 따라 허가·인가·승인·지정 등을 받아 공익을 목적으로 시행하는 철도·**도**로·공항사업 등
3. 국가나 지방자치단체가 설치하는 **청**사·공장·연구소·시험소 등 그 밖의 공공용 시설에 관한 사업
4. 관계 법률에 따라 허가·인가·승인·지정 등을 받아 공익을 목적으로 시행하는 **학**교·도서관·박물관 및 미술관 건립에 관한 사업
5. 국가, 지방자치단체, 공공기관, 지방공기업 또는 국가나 지방자치단체가 지정한 자가 임대나 양도의 목적으로 시행하는 주택 건설 또는 **택**지 및 산업단지 조성에 관한 사업
6. 제1호부터 제5호까지의 사업을 시행하기 위하여 필요한 통로, 교량, 전선로, 재료 적치장 또는 그 밖의 **부**속시설에 관한 사업
7. 제1호부터 제5호까지의 사업을 시행하기 위하여 필요한 주택, 공장 등의 **이**주단지 조성에 관한 사업
8. **그** 밖에 별표에 규정된 법률에 따라 토지등을 수용하거나 사용할 수 있는 사업

> **관련 판례**
>
> **1. 공공필요의 구성(2011헌마129, 172)**
> 공공필요는 "국민의 재산권을 그 의사에 반하여 강제적으로라도 취득해야 할 공익적 필요성"으로 〈공익성〉과 〈필요성〉 요소로 구성된다.

2. 사적 공용수용(공공적 사용·수용)의 인정 여부(71다1716)

공익사업인가의 여부는 사업의 공공성과 독점성을 인정할 수 있는가의 여부로 정하여야 한다.

3. 공익사업을 위한 필요(93누8108)

공익사업을 위한 필요는 비교형량의 결과로 입증되어야 하며, 그 입증책임은 사업시행자에게 있다.

**▷ 관련 내용**

1. 공공성 판단기준

(1) 비례의 원칙의 의의(행정기본법 제10조)(헌법 제37조 제2항)

행정목적과 수단 사이에 적절한 비례관계가 있어야 한다는 원칙이다.

(2) 비례의 원칙의 내용(단계적 심사구조)

① 〈적합성 원칙〉 행정목적을 달성하는 데 유효/적절하여야 한다.

② 〈필요성 원칙〉 행정목적을 달성하는 데 필요한 최소한도에 그쳐야 한다.

③ 〈상당성의 원칙〉 행정작용으로 인한 국민의 이익 침해가 그 행정작용이 의도하는 공익보다 크지 아니하여야 한다.

2. 사업인정의 요건

① 토지보상법 제4조 공익사업에 해당할 것

② 공공필요가 있을 것

③ 공공필요는 비례의 원칙으로 판단할 것

④ 사업시행자의 공익사업수행능력과 의사가 있을 것

### 제4조의2(토지등의 수용·사용에 관한 특례의 제한)

① 토지등을 수용하거나 사용할 수 있는 사업은 제4조 또는 별표에 규정된 법률에 따르지 아니하고는 정할 수 없다.

② 별표는 이 법 외의 다른 법률로 개정할 수 없다.

③ 국토교통부장관은 제4조 제8호에 따른 사업의 공공성, 수용의 필요성 등을 5년마다 재검토하여 폐지, 변경 또는 유지 등을 위한 조치를 하여야 한다.

### 제4조의3(공익사업 신설 등에 대한 개선요구 등)

① 중앙토지수용위원회는 심의를 거쳐 관계 중앙행정기관의 장에게 개선을 요구하거나 의견을 제출할 수 있다.

② 개선요구나 의견제출을 받은 관계 중앙행정기관의 장은 정당한 사유가 없으면 이를 반영하여야 한다.

③ 개선요구·의견제출을 위하여 필요한 경우 위원회에 출석하여 그 의견을 진술하게 하거나 필요한 자료를 제출하게 할 수 있다.

### 제5조(권리·의무 등의 승계)

① 사업시행자의 권리·의무는 그 사업을 승계한 자에게 이전한다.

② 이행한 절차와 그 밖의 행위는 사업시행자, 토지소유자 및 관계인의 승계인에게도 그 효력이 미친다.

### 제6조(기간의 계산방법 등)

이 법에서 기간의 계산방법은 「민법」에 따르며, 통지 및 서류의 송달에 필요한 사항은 대통령령으로 정한다.

> 🔁 **관련 내용**
> 통지의 원칙은 서면이나, 장해물제거 통지는 예외적으로 구술로 가능하다.

### 제7조(대리인)

사업시행자, 토지소유자 또는 관계인은 사업인정의 신청, 재결(裁決)의 신청, 의견서 제출 등의 행위를 할 때 변호사나 그 밖의 자를 대리인으로 할 수 있다.

### 제8조(서류의 발급신청)

① 사업시행자는 해당 공익사업의 수행을 위하여 필요한 서류의 발급을 국가나 지방자치단체에 신청할 수 있으며, 국가나 지방자치단체는 해당 서류를 발급하여야 한다.

② 국가나 지방자치단체는 발급하는 서류에는 수수료를 부과하지 아니한다.

## 제2장  공익사업의 준비

### 제9조(사업의 준비를 위한 출입의 허가 등)

① 사업시행자는 공익사업을 준비하기 위하여 타인 점유 토지에 출입, 측량, 조사할 수 있다.

② 사업시행자는 측량이나 조사를 하려면 특별자치도지사, 시장·군수 또는 구청장의 허가를 받아야 한다. (국가인 경우 허가×, 통지○)

③ 특별자치도지사, 시장·군수 또는 구청장은 사업시행자, 사업의 종류와 출입할 토지의 구역 및 기간을 공고하고 토지점유자에게 통지하여야 한다.

④ 사업시행자는 타인이 점유하는 토지에 출입하여 측량·조사함으로써 발생하는 손실을 보상하여야 한다.

⑤ 손실의 보상은 손실이 있음을 안 날부터 1년, 손실이 발생한 날부터 3년이 지난 후에는 청구할 수 없다.

⑥ 손실의 보상은 사업시행자와 손실을 입은 자가 협의하여 결정한다.

⑦ 협의가 성립되지 아니하면 사업시행자나 손실을 입은 자는 제51조에 따른 관할 토지수용위원회에 재결을 신청할 수 있다.

> 🔁 **관련 내용**
> 1. **손실보상금만의 재결**
>    제9조, 제12조(장해물 제거 등), 제23조(사업인정의 실효), 제24조(사업의 폐지 및 변경), 제27조(토지 및 물건에 관한 조사권 등), 제38조(천재지변 시의 토지의 사용), 제42조(재결의 실효), 제80조(손실보상의 협의·재결)

## 제10조(출입의 통지)

① 타인이 점유하는 토지에 출입하려는 자는 출입하려는 날의 5일 전까지 그 일시 및 장소를 특별 자치도지사, 시장·군수 또는 구청장에게 통지하여야 한다.

② 특별자치도지사, 시장·군수 또는 구청장은 통지를 받은 경우 또는 타인이 점유하는 토지에 출 입하려는 경우에는 지체 없이 공고 + 토지점유자에게 통지

③ 해가 뜨기 전이나 해가 진 후에는 토지점유자의 승낙 없이 그 주거(住居)나 경계표·담 등으로 둘러싸인 토지에 출입할 수 없다.

## 제11조(토지점유자의 인용의무)

토지점유자는 정당한 사유 없이 사업시행자가 통지하고 출입·측량 또는 조사하는 행위를 방해하 지 못한다.

## 제12조(장해물의 제거 등)

① 사업시행자가 타인 점유 토지에 출입하여 측량, 조사 시 장해물을 제거하거나 토지를 파는 행 위를 하여야 할 부득이한 사유가 있는 경우
   - 소유자 및 점유자의 동의 필요
   - 미동의 시: 특별자치도지사, 시장·군수 또는 구청장의 허가를 받아 장해물 제거 등 가능(특 별자치도, 시·군 또는 구는 허가 없이 가능)

② 특별자치도지사, 시장·군수 또는 구청장은 허가 시 미리 그 소유자 및 점유자의 의견을 들어 야 한다.

③ 장해물 제거등을 하려는 날의 3일 전까지 그 소유자 및 점유자에게 통지하여야 한다.

④ 장해물 제거등을 함으로써 발생하는 손실을 보상하여야 한다.

⑤ 손실보상에 관하여는 제9조 제5항부터 제7항까지의 규정을 준용한다.

> 🔁 **관련 내용**
> 1. **피수용자의 권리 구제**
>    ① 사전적 권리구제 : 토지보상법상 통지 등, 예방적 금지소송 및 가처분
>    ② 사후적 권리구제 : 위법한 경우(행정쟁송, 손해배상청구), 적법한 경우(손실보상금만의 재결, 이의 신청(법 제83조), 보상금증감청구소송(법 제85조))

## 제13조(증표 등의 휴대)

① 타인이 점유하는 토지에 출입하려는 사람과 장해물 제거등을 하려는 사람 : 신분을 표시하는 증표 + 허가증

② 특별자치도, 시·군 또는 구: 신분을 표시하는 증표

③ 증표 및 허가증은 소유자, 점유자, 그 밖의 이해관계인에게 보여주어야 한다.

# 제3장 협의에 의한 취득 또는 사용

## 제14조(토지조서 및 물건조서의 작성)

① – 원칙 : 사업시행자는 사업인정 전에 협의에 의한 토지등의 취득 또는 사용이 필요할 때에는 토지조서와 물건조서를 작성하여 서명 또는 날인을 하고 토지소유자와 관계인의 서명 또는 날인을 받아야 한다.

– 예외 : 정당한 사유 없이 서명 또는 날인을 거부하는 경우, 토지소유자 및 관계인을 알 수 없거나 그 주소·거소를 알 수 없는 등의 경우에는 사유를 기재하여야 한다.

> ↪ 관련 판례
> **1. 토지조서 작성의 목적(93누5543)**
> 토지조서는 재결절차의 개시 전에 기업자로 하여금 미리 토지에 대하여 필요한 사항을 확인하게 하고, 또한 토지소유자와 관계인에게도 이를 확인하게 하여 토지의 상황을 명백히 함으로써 조서에 개재된 사항에 대하여는 일응 진실성의 추정을 인정하여(토지수용법 제24조), 토지의 상황에 관한 당사자 사이의 차후 분쟁을 예방하며 토지수용위원회의 심리와 재결 등의 절차를 용이하게 하고 신속·원활을 기하려는 데 그 작성의 목적이 있는 것이다.

## 제15조(보상계획의 열람 등)

① 사업시행자는 토지조서와 물건조서를 작성하였을 때의 의무
– 일간신문에 공고(공익사업의 개요, 보상의 시기·방법 등, 토지소유자와 관계인이 20인 이하인 경우 공고 생략 가능)
– 토지소유자 및 관계인에게 각각 통지(열람을 의뢰하는 사업시행자를 제외하고는 특별자치도지사, 시장·군수 또는 구청장에게도 통지)

② 사업시행자는 공고나 통지를 하였을 때에는 14일 이상 일반인이 열람할 수 있도록 하여야 한다.

③ – 원칙 : 토지조서 및 물건조서의 내용에 대하여 이의가 있는 토지소유자 또는 관계인은 열람기간 이내에 사업시행자에게 서면으로 이의를 제기할 수 있다.
– 예외 : 사업시행자가 고의 또는 과실로 보상계획을 통지하지 아니한 경우 제16조에 따른 협의가 완료되기 전까지 서면으로 이의를 제기할 수 있다.

④ 사업시행자는 제기된 이의를 부기(附記)하고 그 이의가 이유 있다고 인정할 때에는 적절한 조치를 하여야 한다.

## 제16조(협의)

사업시행자는 토지등에 대한 보상에 관하여 토지소유자 및 관계인과 성실하게 협의하여야 한다.

> ↪ 관련 판례
> **1. 사업인정 전 협의의 법적 성질(98다2242·2259)**
> 협의취득 또는 보상합의는 공공기관이 사경제주체로서 행하는 사법상 매매 내지 사법상 계약의 실질을 가진다.

> ↩ 관련 내용
>
> 1. **사업인정 전 협의의 취지** : 최소 침해의 원칙 구현, 원활한 사업수행
> 2. **법적 성질** : 사법상 계약

## 제17조(계약의 체결)

사업시행자는 제16조에 따른 협의가 성립되었을 때에는 토지소유자 및 관계인과 계약을 체결하여야 한다.

## 제18조 : 삭제

# 제4장 수용에 의한 취득 또는 사용

## 제1절 수용 또는 사용의 절차

### 제19조(토지 등의 수용 또는 사용)

① 사업시행자는 이 법에서 정하는 바에 따라 토지등을 수용하거나 사용할 수 있다.

② 공익사업에 수용되거나 사용되고 있는 토지등은 특별히 필요한 경우가 아니면 다른 공익사업을 위하여 수용하거나 사용할 수 없다.

> ↩ 관련 판례
>
> 1. **광평대군 묘역(95누13241)**
>    토지보상법 제19조의 규정에 의한 제한 이외에는 수용의 대상이 되는 토지에 관하여 아무런 제한을 하지 아니하고 있으므로 지방문화재로 지정된 토지는 수용의 대상이 될 수 있다.
>
> 2. **풍납토성 판례(2017두71031)**
>    구 문화재보호법에 해당 문화재의 지정권자만이 토지 등을 수용할 수 있다는 등의 제한을 두고 있지 않으므로, 국가지정문화재에 대하여 관리단체로 지정된 지방자치단체의 장은 국가지정문화재나 그 보호구역에 있는 토지 등을 수용할 수 있다.

### 제20조(사업인정)

① 사업시행자는 토지등을 수용하거나 사용하려면 국토교통부장관의 사업인정을 받아야 한다.

② 사업인정을 신청하려는 자는 국토교통부령으로 정하는 수수료를 내야 한다.

> ↩ 관련 판례
>
> 1. **풍납토성 판례(2017두71031)**
>    사업인정은 형성행위이므로 공익성이 있는지 여부와 공익성이 있는 경우에도 공익과 사익 사이에서는 물론, 공·사익 상호 간에도 정당하게 비교·교량하여야 하고, 그 비교교량은 비례의 원칙에 적합하여야 한다.

2. 창원시 골프연습장사건(2009두1051)

공익을 실현할 의사나 능력이 없는 자에게 수용권을 설정하여 줄 수는 없으므로, 사업시행자의 수행 의사, 능력은 사업인정의 한 요건으로 보아야 한다.

3. 사업인정의 법적 성질(처분)(93누19375)

사업인정은 수용권을 설정해 주는 행정처분의 성격을 띄는 것으로서 공법상의 권리로서의 효력을 발생시킨다.

4. 사업인정의 법적 성질(재량행위)(92누596)

사업인정은 공용수용을 할 만한 공익성이 있는지의 여부를 모든 사정을 참작하여 구체적으로 판단하여야 하는 것이므로 재량행위에 해당한다.

5. 재량권 일탈, 남용 여부 심사(2004두10661)

문화재의 보존을 위한 사업인정 등 처분에 대하여 재량권 일탈, 남용 여부를 심사할 때에는 문화재보호법의 내용 및 취지, 문화재의 특성 등을 종합하여 신중하게 판단하여야 한다.

6. 사업인정과 수용재결의 하자승계(2009두11607)

토지세목의 고시를 누락하거나 사업인정을 함에 있어 수용 또는 사용할 토지의 세목을 공시하는 절차를 누락한 경우, 이는 절차상의 위법으로서 취소사유에 해당하기는 하나 그 사업인정 자체를 무효로 할 중대하고 명백한 하자라고 보기는 어렵고, 따라서 이러한 위법을 들어 수용재결처분의 취소를 구하거나 무효확인을 구할 수는 없다.

7. 제주도 유원지 판례(2011두3746)

실시계획인가의 요건을 갖추지 못한 인가처분 하자는 법규의 중요한 부분을 위반한 중대한 하자가 있어 이는 당연무효로, 이에 기반한 후행처분인 수용재결도 무효가 된다.

🔁 관련 내용

1. 사업인정의 법적 성질

① 처분, ② 설권적 형성행위(특허), ③ 재량행위, ④ 제3자효 행정행위(복효적 행정행위)

2. 사업인정의 요건

① 토지보상법 제4조 공익사업에 해당할 것
② 공공필요가 있을 것
③ 공공필요는 비례의 원칙으로 판단할 것
④ 사업시행자의 공익사업수행능력과 의사가 있을 것

## 제21조(의견청취 등)

① 국토교통부장관은 사업인정을 하려면 관계 중앙행정기관의 장, 특별시장·광역시장·도지사·특별자치도지사, 중앙토지수용위원회와 협의 + 미리 사업인정에 이해관계가 있는 자의 의견을 들어야 한다.

② 사업인정이 의제되는 지구지정·사업계획승인 등을 하려는 경우 중앙토지수용위원회와 협의 + 사업인정에 이해관계가 있는 자의 의견을 들어야 한다.

③ 중앙토지수용위원회는 협의를 요청받은 경우 사업인정에 이해관계가 있는 자에 대한 의견 수렴 절차 이행 여부, 허가·인가·승인대상 사업의 공공성, 수용의 필요성 등을 검토하여야 한다.

④ 중앙토지수용위원회는 검토를 위하여 필요한 경우 현지조사를 의뢰하거나 그 의견을 들을 수 있고, 관련 자료의 제출을 요청할 수 있다.

⑤ - 원칙 : 중앙토지수용위원회는 협의를 요청받은 날부터 30일 이내에 의견을 제시
  - 예외 : 기간 내에 의견을 제시하기 어려운 경우 한 차례만 30일의 범위에서 연장 가능

⑥ 중앙토지수용위원회는 검토한 결과 자료 등을 보완할 필요가 있는 경우에는 14일 이내의 기간을 정하여 보완을 요청할 수 있다.

⑦ 중앙토지수용위원회가 정한 기간 내에 의견을 제시하지 아니하는 경우에는 협의가 완료된 것으로 본다.

> **관련 판례**
>
> **1. 중앙행정기관의 장과 협의(99두654)**
> 중앙행정기관의 장과 협의를 하라고 규정한 의미는 그의 자문을 구하라는 것이지 처분을 하라는 의미는 아니라 할 것이므로 협의를 거치지 아니하였다 하더라도 취소할 수 있는 원인이 되는 하자에 불과하다.
>
> **2. 산림청장과의 협의(2005두14363)**
> 미리 산림청장과 협의를 하라고 규정한 의미는 그의 자문을 구하라는 것이지 그 의견을 따라 처분을 하라는 의미는 아니라 할 것이므로, 협의를 거치지 아니하였다고 하더라도 이는 해당 승인처분을 취소할 수 있는 원인이 되는 하자정도에 불과하고 당연무효가 되는 하자에 해당하는 것은 아니다.
>
> **관련 내용**
>
> **1. 공익성 검토**
> (1) 형식적 심사 : 수용사업의 적격성, 사전절차의 적법성
> (2) 실질적 심사
>   - 사업의 공공성 : 시행목적 공공성, 사업시행자 유형, 목적 및 상위계획 부합 여부, 사업의 공공기여도, 공익의 지속성, 시설의 대중성
>   - 수용의 필요성 : 피해의 최소성, 방법의 적절성, 사업의 시급성, 사업수행능력
>
> **2. 절차의 하자**
> (1) 절차의 하자의 의의 및 취지 : 절차의 하자란 협의의 행정절차의 개념에 따라 국민의 행정참여 및 사전적 권리구제 절차에 대한 흠결을 의미하며 국민권익의 사전적 구제에 취지가 있다.
> (2) 절차의 하자의 독자적 위법성: 판례는 기속행위와 재량행위 모두 독자적 위법성이 인정된다고 판시하였다.

## 제22조(사업인정의 고시)

① 국토교통부장관은 사업인정을 하였을 때에는 지체 없이 사업시행자, 토지소유자 및 관계인, 관계 시·도지사에게 통지 + 사업시행자의 성명이나 명칭, 사업의 종류, 사업지역 및 수용하거나 사용할 토지의 세목을 관보에 고시하여야 한다.

② 사업인정의 사실을 통지받은 시·도지사는 관계 시장·군수 및 구청장에게 이를 통지하여야 한다.

③ 사업인정은 고시한 날부터 그 효력이 발생한다.

> **관련 판례**
>
> 1. **사업인정의 효력(2019두47629)**
>    사업인정은 고시한 날로부터 효력이 발생한다고 규정하고 있으며 이러한 사업인정은 수용권을 설정해주는 행정처분으로서, 수용목적물의 범위가 확정되고 수용권자가 대항할 수 있는 공법상 권한이 생긴다.
>
> **관련 내용**
>
> 1. **사업인정고시의 효과(수목관보조기)**
>    ① 토지수용권의 발생 ② 수용목적물의 확정 ③ 관계인의 범위확정 ④ 피수용자의 토지 등의 보존 의무(제25조) ⑤ 사업시행자의 토지 및 물건조사권(제27조) ⑥ 기타 : 재결신청권(제28조), 재결신청청구권(제30조)

## 제23조(사업인정의 실효)

① 사업인정의 고시가 된 날부터 1년 이내에 재결 미신청 시 사업인정고시가 된 날부터 1년이 되는 날의 다음 날에 사업인정은 그 효력을 상실한다.

② 사업시행자는 사업인정 실효로 인하여 토지소유자나 관계인이 입은 손실을 보상하여야 한다.

③ 손실보상에 관하여는 제9조 제5항부터 제7항까지의 규정을 준용한다.

## 제24조(사업의 폐지 및 변경)

① 사업인정고시가 된 후 사업의 전부 또는 일부를 폐지하거나 변경함으로 인하여 토지등의 전부 또는 일부를 수용하거나 사용할 필요가 없게 되었을 때에는 사업시행자는 지체 없이 시·도지사에게 신고 + 토지소유자 및 관계인에게 통지하여야 한다.

② 시·도지사는 신고를 받으면 폐지·변경된 내용을 관보에 고시하여야 한다.

③ 시·도지사는 신고가 없는 경우에도 사업시행자가 토지를 수용, 사용할 필요가 없게 된 것을 알았을 때에는 미리 사업시행자의 의견 + 고시하여야 한다.

④ 시·도지사는 고시를 하였을 때에는 지체 없이 국토교통부장관에게 보고하여야 한다.

⑤ 사업인정의제사업이 해당 사업의 전부 또는 일부가 폐지·변경된 내용이 고시·공고된 경우에는 고시가 있는 것으로 본다.

⑥ 고시가 된 날부터 사업인정의 전부 또는 일부는 그 효력을 상실한다.

⑦ 사업시행자는 사업의 전부 또는 일부를 폐지·변경함으로 인하여 토지소유자 또는 관계인이 입은 손실을 보상하여야 한다.

⑧ 손실보상에 관하여는 제9조 제5항부터 제7항까지의 규정을 준용한다.

## 제24조의2(사업의 완료)

① 사업이 완료된 경우 사업시행자는 지체 없이 사업시행자의 성명·명칭, 사업의 종류, 사업지역, 사업인정고시일 및 취득한 토지의 세목을 사업지 관할 시·도지사에게 신고하여야 한다.

② 시·도지사는 신고를 받으면 사업시행자의 성명이나 명칭, 사업의 종류, 사업지역 및 사업인정 고시일을 관보에 고시하여야 한다.

③ 신고가 없는 경우 + 사업이 완료된 것을 알았을 때 → 미리 사업시행자의 의견을 듣고 고시

④ 사업인정의제사업이 해당 사업의 준공·완료·사용개시 등이 고시·공고된 경우에는 고시가 있는 것으로 본다.

## 제25조 (토지 등의 보전)

① 사업인정고시가 된 후에는 누구든지 고시된 토지에 대하여 사업에 지장을 줄 우려가 있는 형질 의 변경, 물건 손괴, 수거하는 행위를 하지 못한다.

② 사업인정고시가 된 후에 고시된 토지에 건축물의 건축·대수선, 공작물의 설치 또는 물건의 부 가·증치를 하려는 자는 특별자치도지사, 시장·군수 또는 구청장의 허가를 받아야 한다. (미 리 사업시행자의 의견 청취)

③ 허가 없이 건축물의 건축·대수선 등을 한 토지소유자 또는 관계인은 원상회복하여야 하며 이 에 관한 손실의 보상을 청구할 수 없다.

> 🔖 관련 판례
>
> **1. 허가 없이 건축된 건축물(2013두 19738·19745)**
> 건축법상 건축허가를 받았더라도 허가받은 건축행위에 착수하지 아니하고 있는 사이에 사업인정고시가 된 경우 건축물을 건축하려는 자는 토지보상법 제25조에 정한 허가를 따로 받아야 하고, 허가 없이 건축된 건축물에 관하여는 손실보상을 청구할 수 없다고 할 것이다.
>
> **2. 손실보상만을 목적으로 설치된 지장물의 손실보상 가능성(2012두22096)**
> 사업인정고시 전에 공익사업시행지구 내 토지에 설치한 공작물 등은 원칙적으로 손실보상의 대상이 되지만, 그 지장물이 손실보상만을 목적으로 설치되었음이 명백하다면 손실보상의 대상에 해당하지 아 니한다.

## 제26조(협의 등 절차의 준용)

① 사업인정을 받은 사업시행자는 토지조서 및 물건조서의 작성(§14), 보상계획의 공고·통지 및 열람(§15), 보상액의 산정(§68)과 토지소유자 및 관계인과의 협의(§16) 절차를 거쳐야 한다.

② 사업인정 이전에 제1항에 따른 절차를 거쳤으나 협의불성립 + 사업인정을 받은 사업 + 토지조 서 및 물건조서의 내용 변동 없는 경우 제14조부터 제16조까지의 절차를 거치지 아니할 수 있 다. (다만, 사업시행자, 토지소유자, 관계인이 협의(§16)를 요구할 때에는 협의하여야 한다.)

> 🔖 관련 판례
>
> **1. 손실보상금에 관한 협의의 법적 성질(2012다3517)**
> 토지보상법에 의한 보상합의는 공공기관이 사경제주체로서 행하는 사법상 계약의 실질을 가지는 것으 로서 손실보상금에 관한 당사자 간의 합의가 성립하면 구속력이 있고, 손실보상기준에 맞지 않는다고 하더라도 합의가 적법하게 취소되는 등의 특별한 사정이 없는한 추가로 토지보상법상 기준에 따른 손

실보상금 청구를 할 수는 없다.

2. **사업인정 후 협의의 법적 성질(91누3871)**
   사업에 필요한 토지를 협의 취득하는 행위는 사경제주체로서 행하는 사법상의 법률행위에 지나지 않으며 공법상의 행정처분이 아니므로 행정소송의 대상이 되지 않는다.

📌 **관련 내용**

1. **사업인정 후 협의의 취지**
   ① 최소 침해의 원칙 ② 신속한 사업 수행

2. **필수절차인지 여부**
   원칙상 필수절차이나(제26조 제1항), 사업인정 전 협의절차를 거쳤으나 협의 불성립된 경우로 토지 및 물건 조서의 내용에 변동이 없을 때 예외적으로 생략할 수 있다(제26조 제2항).

3. **사업인정 후 협의의 법적 성질**
   판례는 사법상 계약의 입장이지만 사업인정 후 협의는 수용권 실행 방법의 하나이며, 협의 불성립 시 재결에 의한다는 점을 볼 때 공법상 계약으로 봄이 타당하다.

## 제27조(토지 및 물건에 관한 조사권 등)

① 사업인정의 고시가 된 후 사업시행자 또는 감정평가법인등은 사업시행자가 사업의 준비 등으로 필요한 경우, 감정평가법인등이 감정평가를 위하여 필요한 경우 해당 토지나 물건에 출입하여 측량하거나 조사할 수 있다(출입하려는 날의 5일 전까지 그 일시 및 장소를 토지점유자에게 통지 의무, 허가 ×).

③ 사업인정고시가 된 후에는 토지조서 및 물건조서의 내용에 대하여 이의를 제기할 수 없다. (조서의 내용이 진실과 다르다는 것을 입증한 경우는 가능)

④ 사업시행자는 타인이 점유하는 토지에 출입하여 측량·조사함으로써 발생하는 손실을 보상하여야 한다.

⑤ 손실보상에 관하여는 제9조 제5항부터 제7항까지의 규정을 준용한다.

📌 **관련 판례**

1. **토지조서 작성상의 하자가 재결의 효력에 미치는 영향(93누5543)**
   토지수용을 함에 있어 토지소유자 등에게 입회를 요구하지 아니하고 작성한 토지조서는 절차상의 하자를 지니게 되는 것으로서 토지조서로서의 효력이 부인되어 조서의 기재에 대한 증명력에 관하여 추정력이 인정되지 아니하는 것일 뿐, 토지조서의 작성에 하자가 있다 하여 그것이 곧 수용재결이나 그에 대한 이의재결의 효력에 영향을 미치는 것은 아니라 할 것이다.

## 제28조(재결의 신청)

① 협의(제26조)가 불성립되거나 협의를 할 수 없을 때 사업시행자는 사업인정고시가 된 날부터 1년 이내에 관할 토지수용위원회에 재결을 신청할 수 있다.

② 재결을 신청하는 자는 국토교통부령으로 정하는 바에 따라 수수료를 내야 한다.

> 📌 **관련 판례**
>
> **1. 재결 신청(2004두8538)**
> 사업시행기간 내에 토지에 대한 수용재결 신청을 하였다면 사업시행기간이 경과하였다 하더라도 여전히 유효하므로, 토지수용위원회는 사업시행기간이 경과한 이후에도 위 신청에 따른 수용재결을 할 수 있다.
>
> 📌 **관련 내용**
>
> **1. 재결신청의 요건**
> ① 협의(제26조)가 불성립되거나 협의를 할 수 없을 때
> ② 사업인정고시가 된 날부터 1년 이내
> **2. 재결 신청과 손실보상금만의 재결의 차이**
> – 재결 신청 : 사업시행자만 가능
> – 손실보상금만의 재결 : 사업시행자, 피수용자 모두 가능

## 제29조(협의성립의 확인)

① 협의(제26조)가 성립되었을 때 사업시행자는 재결 신청기간 이내에 해당 토지소유자 및 관계인의 동의를 받아 관할 토지수용위원회에 협의 성립의 확인을 신청할 수 있다.

③ 「공증인법」에 따른 공증을 받아 협의 성립의 확인을 신청하였을 때에는 관할 토지수용위원회가 이를 수리함으로써 협의 성립이 확인된 것으로 본다.

④ 확인은 재결로 보며, 사업시행자, 토지소유자 및 관계인은 그 확인된 협의의 성립이나 내용을 다툴 수 없다.

> 📌 **관련 판례**
>
> **1. 협의성립확인의 주체는 진정한 소유자(2016두51719)**
> 간이한 공증절차만을 거치는 협의성립확인에 원시취득이라는 강력한 효과를 부여한 법적 정당성의 원천은 사업시행자와 토지소유자 등이 진정한 합의를 하였다는 데에 있다는 점을 고려할 때 협의성립확인 신청에 필요한 동의의 주체인 토지소유자는'토지의 진정한 소유자'를 의미한다. 따라서, 단순히 등기부상 소유명의자의 동의만을 얻은 경우는 토지보상법이 정한 소유자 동의 요건을 갖추지 못한 것으로 사업시행자의 과실이 있었는지 여부와 무관하게 그 동의의 흠결은 위 수리행위의 위법사유가 된다. 이에 따라 진정한 토지소유자는 수리행위가 위법함을 주장하여 항고소송으로 취소를 구할 수 있다.
>
> 📌 **관련 내용**
>
> **1. 협의성립확인의 취지**
> ① 계약의 불이행에 따른 분쟁 예방
> ② 공익사업의 원활한 진행
> **2. 협의성립확인의 법적 성질**
> ① 처분
> ② 형성행위
> ③ 확인행위

3. 협의성립확인의 효력
① 수용재결로 간주 : 확인 사항은 수용재결로 간주, 승계취득을 원시취득으로 전환
② 협의에 대한 차단효 발생 : 확인된 협의의 성립이나 내용을 다툴 수 없는 차단효 발생, 불가변력 효과

## 제30조(재결신청의 청구)

① 사업인정고시가 된 후 협의 불성립 시 토지소유자와 관계인은 서면으로 사업시행자에게 재결을 신청할 것을 청구할 수 있다.
② 사업시행자는 청구를 받았을 때에는 청구를 받은 날부터 60일 이내에 관할 토지수용위원회에 재결을 신청하여야 한다.
③ 사업시행자가 기간을 넘겨서 재결을 신청하였을 때에는 법정이율을 적용하여 산정한 금액을 재결한 보상금에 가산(加算)하여 지급하여야 한다.

### 🔎 관련 판례

1. 재결신청 청구의 취지(97다31175)
토지소유자 및 관계인은 재결신청권이 없으므로 수용을 둘러싼 법률관계의 조속한 확정을 바라는 토지소유자 및 관계인의 이익을 보호하고 수용당사자 간의 공평을 기하기 위한 것이다.

2. 재결신청 청구의 청구 기간
① 협의가 성립하지 아니한 때에 의미(2011두2309)
사업시행자가 토지소유자 등과 협의절차(제26조)를 거쳤으나 협의가 성립하지 아니한 경우는 물론 토지소유자 등이 손실보상대상에 해당한다고 주장하며 보상을 요구하는 데도 사업시행자가 손실보상대상에 해당하지 아니한다며 보상대상에서 이를 제외한 채 협의를 하지 않아 결국 협의가 성립하지 않은 경우도 포함된다고 보아야 한다.
② 협의의 성립가능성 없음이 명백한 경우(93누2902)
협의기간이 정하여져 있더라도 협의의 성립가능성 없음이 명백해졌을 때와 같은 경우에는 협의기간 종료 전이라도 기업자나 그 업무대행자에 대하여 재결신청의 청구를 할 수 있는 것으로 본다. 다만 그와 같은 경우 60일의 기간은 협의기간 만료일로부터 기산하여야 한다.
③ 협의기간을 통지하지 아니한 경우(93누9064)
토지소유자에게 재결신청 청구권을 부여한 이유는 수용을 둘러싼 법률관계의 조속한 확정과 수용당사자간 공평을 기하기 위한 것이므로, 사업시행자가 상당 기간 토지소유자에게 협의기간을 통지하지 아니하였다면 토지소유자는 재결신청의 청구를 할 수 있다.
④ 협의기간 임의 연장 가능 여부(2010두9457)
사업시행자의 협의기간 연장을 허용하는 것은 사업시행자가 일방적으로 재결신청을 지연할 수 있는 부당한 결과를 가져올 수 있는 점 등을 종합할 때, 사업시행자가 협의기간 종료 전 협의기간을 연장하였다고 해도 토지보상법 제30조 제2항에서 정한 60일 기간의 기산 시기는 당초의 협의기간 만료일이다.

3. 청구의 효과
① 지연가산금의 제소기간(2010두9457)

지연가산금은 손해를 보전하는 성격을 갖는 금원으로, 재결 보상금에 부수하여 토지보상법상 인정되는 공법상 청구권으로 본다. 그러므로 제소기간 내에 재결 보상금의 증감에 대한 소송을 제기한 이상. 지연가산금은 제소기간에 구애받지 않고 그 소송절차에서 청구취지 변경 등을 통해 청구할 수 있다고 보는 것이 타당하다.

② 지연가산금에 대한 다툼(97다31175)

지연가산금은 수용보상금과 함께 재결로 정하도록 규정하고 있으므로 지연가산금에 대한 불복은 보상금 증액에 관한 소에 의하여야 한다.

③ 지연가산금이 발생하지 않는 경우(2016두63361)

토지소유자 등이 적법하게 재결신청청구를 하였다고 볼 수 없거나 사업시행자가 재결신청을 지연하였다고 볼 수 없는 특별한 사정이 있는 경우에는 그 해당 기간 동안은 지연가산금이 발생하지 않는다.

### 4. 재결신청 청구의 권리구제

① 재결신청 거부의 위법성(2011두2309)

토지소유자 등이 손실보상대상에 해당한다고 주장하며 보상을 요구하는데도 사업시행자가 손실보상대상에 해당하지 아니한다며 보상대상에서 이를 제외한 채 협의를 하지 않아 결국 협의가 성립하지 않은 경우도 포함된다고 보아야 한다.

② 재결신청청구 거부에 대하여 거부처분취소소송으로 다툼 가능(2018두57865)

사업시행자만이 재결을 신청할 수 있고 토지소유자와 관계인은 사업시행자에게 재결신청을 청구하도록 규정하고 있으므로, 사업시행자가 재결신청을 하지 않을 때 토지소유자나 관계인은 사업시행자를 상대로 거부처분 취소소송 또는 부작위 위법확인소송의 방법으로 다툴 수 있다.

③ 재결신청 청구의 신청 기한(2018두57865)

재결신청은 실시계획을 승인할 때 정한 사업의 시행기간 내에 하여야 하므로, 토지소유자나 관계인이 토지보상법 제30조에 의하여 한국수자원공사에 하는 재결신청의 청구도 위 사업시행기간 내에 하여야 한다.

④ 수용절차를 진행하지 않은 경우(2012두22966)

문화재보호법상 문화재청장이 수용 절차를 개시한 바 없으므로, 항고소송의 대상이 되는 거부처분에 해당하지 않는다.

## 제31조(열람)

① 중앙토지수용위원회 또는 지방토지수용위원회는 재결신청서를 접수하였을 때에는 지체 없이 공고 + 공고한 날부터 14일 이상 관계 서류의 사본을 일반인이 열람할 수 있도록 하여야 한다.

② 토지수용위원회가 공고를 하였을 때에는 관계 서류의 열람기간 중에 토지소유자 또는 관계인은 의견을 제시할 수 있다.

## 제32조(심리)

① 토지수용위원회는 열람기간이 지났을 때에는 지체 없이 조사 및 심리를 하여야 한다.

② 토지수용위원회는 심리를 할 때 필요하다고 인정하면 사업시행자, 토지소유자 및 관계인을 출석시켜 그 의견을 진술하게 할 수 있다.

③ 토지수용위원회는 사업시행자, 토지소유자 및 관계인을 출석하게 하는 경우에는 미리 그 심리의 일시 및 장소를 통지하여야 한다.

## 제33조(화해의 권고)

① 토지수용위원회는 재결이 있기 전에는 사업시행자, 토지소유자 및 관계인에게 화해를 권고하게 할 수 있다.

② 화해가 성립되었을 때에는 토지수용위원회는 화해조서를 작성하여 화해에 참여한 위원, 사업시행자, 토지소유자 및 관계인이 서명 또는 날인을 하도록 하여야 한다.

③ 화해조서에 서명 또는 날인이 된 경우에는 당사자 간에 화해조서와 동일한 내용의 합의가 성립된 것으로 본다.

## 제34조(재결)

① 토지수용위원회의 재결은 서면으로 한다.

② 재결서에는 주문 및 이유와 재결일을 적고, 위원장 및 회의 참석 위원이 기명날인한 후 그 정본을 사업시행자, 토지소유자 및 관계인에게 송달하여야 한다.

---

### ❯ 관련 판례

**1. 재결의 법적 성질(92누15789)**

수용재결은 일정한 법률효과의 발생을 목적으로 하는 행정처분이므로 수용재결처분이 무효인 경우에는 재결 자체에 대한 무효확인을 소구할 수 있다.

**2. 재결의 범위(93누19375)**

토지수용위원회는 행정쟁송에 의하여 사업인정이 취소되지 않는 한 그 기능상 사업인정 자체를 무의미하게 하는, 즉 사업의 시행이 불가능하게 되는 것과 같은 재결을 행할 수는 없다.

**3. 수용권 남용(2009두1051)**

사업시행자가 사업인정을 받은 후 그 사업이 공용수용을 할 만한 공익성을 상실하거나 현저히 비례의 원칙에 어긋나게 된 경우 또는 사업시행자가 수행 의사나 능력을 상실하였음에도 여전히 그 사업인정에 기하여 수용권을 행사하는 것은 수용권의 공익 목적에 반하는 수용권의 남용에 해당하여 허용되지 않는다.

**4. 등기부상 주소와 실제 주소가 다른 경우(93누18594)**

과실 없이 토지소유자의 등기부상 주소와 실제 주소가 다른사실을 알지 못하거나 과실로 이를 알지 못하여 등기부상 주소로 보상협의에 관한 통지를 한 결과 보상협의절차를 거치지 못하였다 하더라도 그러한 사유만으로는 수용재결이 당연무효이거나 부존재하는 것으로 볼 수 없다.

**5. 수용재결 이후 협의의 가능성(2016두64241)**

① 사업시행자로서는 보상금을 지급 또는 공탁하지 아니함으로써 그 재결의 효력을 상실시킬 수 있는 점, ② 토지소유자 등은 이의를 신청하거나 행정소송을 제기하여 보상금액에 관하여 임의로 합의할 수 있는 점, ③ 공익사업의 효율적인 수행을 통하여 공공복리를 증진시키고, 재산권을 적정하게 보호하려는 토지보상법의 입법 목적(제1조)에 비추어 보더라도 수용재결이 있은 후에 사법상 계약의 실질을 가지는 협의취득 절차를 금지해야 할 별다른 필요성을 찾기 어려운 점 등을 종합해 보면, 토지수용위원회의 수용재결이 있은 후라고 하더라도 다시 협의하여 임의로 계약을 체결할 수 있다고 보아야 한다.

6. 수용재결이 취소된 경우 다시 수용재결을 신청할 수 있는지 여부(91누11100)

　수용재결 신청을 기각하는 재결이 확정되었다고 하더라도 수용재결 신청 기간의 제한 규정 등에 저촉되지 아니하는 한 다시 수용재결 신청을 할 수 있다.

🔖 **관련 내용**

1. **수용재결의 법적 성질**

　① 형성적 행정행위, ② 기속행위, 재량행위, ③ 제3자효 행정행위(복효적 행정행위)

2. **재결에 대한 불복**

　① 특별법상 이의신청(제83조), ② 취소소송(제85조 제1항), ③ 무효등확인소송, ④ 보상금증감청구소송(제85조 제2항)

## 제35조(재결기간)

　토지수용위원회는 심리를 시작한 날부터 14일 이내에 재결을 하여야 한다(특별한 사유가 있을 때 14일의 범위에서 한 차례 연장 가능).

## 제36조(재결의 경정)

　① 재결에 계산상, 기재상의 잘못이나 그 밖에 잘못이 있는 것이 명백할 때에는 토지수용위원회는 직권 또는 당사자의 신청에 의하여 경정재결을 할 수 있다.

　② － 원칙 : 경정재결은 원재결서의 원본과 정본에 부기하여야 한다.

　　－ 예외 : 정본에 부기할 수 없을 때에는 경정재결의 정본을 작성하여 당사자에게 송달하여야 한다.

## 제37조(재결의 유탈)

　토지수용위원회가 신청의 일부에 대한 재결을 빠뜨린 경우에 그 빠뜨린 부분의 신청은 계속하여 그 토지수용위원회에 계속(係屬)된다.

## 제38조(천재지변 시의 토지의 사용)

　① 천재지변이나 그 밖의 사변(事變)으로 인하여 공공의 안전을 유지하기 위한 공익사업을 긴급히 시행할 필요가 있을 때에는 사업시행자는 특별자치도지사, 시장·군수 또는 구청장의 허가를 받아 즉시 타인의 토지를 사용할 수 있다(사업시행자가 국가 등인 경우에는 시장 등에게 통지하고, 사업시행자가 시장 등인 경우에는 통지 없이 사용할 수 있다).

　② 특별자치도지사, 시장·군수 또는 구청장은 허가를 하거나 통지를 받은 경우 또는 특별자치도지사, 시장·군수·구청장이 타인의 토지를 사용하려는 경우에는 즉시 토지소유자 및 토지점유자에게 통지하여야 한다.

　③ 토지의 사용기간은 6개월을 넘지 못한다.

　④ 사업시행자는 타인의 토지를 사용함으로써 발생하는 손실을 보상하여야 한다.

　⑤ 손실보상에 관하여는 제9조 제5항부터 제7항까지의 규정을 준용한다.

## 제39조(시급을 요하는 토지의 사용)

① 재결신청을 받은 토지수용위원회는 재결을 기다려서는 재해를 방지 곤란 + 공공의 이익에 현저한 지장을 줄 우려가 있다고 인정할 때에는 사업시행자의 신청을 받아 담보를 제공하게 한 후 즉시 해당 토지의 사용을 허가할 수 있다(국가, 지방자치단체가 사업시행자인 경우에는 담보를 제공하지 아니할 수 있다).

② 토지의 사용기간은 6개월을 넘지 못한다.

③ 토지수용위원회가 허가를 하였을 때에는 제38조 제2항을 준용한다(토지소유자, 토지점유자에게 통지의무).

### 공용수용 약식절차의 비교

| 구분 | | 천재지변시의 토지의 사용(제38조) | 시급한 토지 사용에 대한 허가(제39조) |
|---|---|---|---|
| 공통점 | 제도적 취지 | ① 보통절차를 거칠 여유가 없기 때문에 보통절차 중 일부를 생략<br>② 정식절차에 비해 침해의 정도가 크므로 피침해자의 권리보호장치 마련 | |
| | 요건 | ① 공용사용의 경우에만 허용<br>② 공공의 안전을 유지하기 위한 공익사업을 긴급히 시행할 필요가 있을 것 | |
| | 사용기간 | 토지소유자의 재산권 보상취지로 6개월을 초과하지 못함 | |
| | 보상의 특징 | 토지보상법 제62조의 사전보상원칙의 예외로서 사후보상이 이루어짐 | |
| 차이점 | 내용 및 절차 | 시·군·구청장의 허가 또는 통지를 받은 후 토지소유자에게 통지 | 재결신청 → 사업시행자의 담보제공 → 토지수용위원회의 허가 → 토지소유자 통지 |
| | 보상방법 | 토지보상법 제9조 제5항-제7항 준용 | 토지보상법 제41조<br>(시급한토지 사용에 대한 보상규정) |
| | 권리구제 | -협의에 의하여 보상액을 산정하되, 협의 불성립 시에는 토지수용위원회에 재결 신청<br>-위법사용 시 손해배상 청구 | -손실보상 명문규정 없음<br>-토지보상법 제41조에 의하여 담보물로 보전 |

# 제2절 수용 또는 사용의 효과

## 제40조(보상금의 지급 또는 공탁)

① 사업시행자는 수용 또는 사용의 개시일까지 재결한 보상금을 지급하여야 한다.

② 사업시행자는 다음 각 호의 어느 하나에 해당할 때에는 공탁소에 보상금을 공탁할 수 있다. (거 알불압)

　　1. 보상금을 받을 자가 그 수령을 거부하거나 보상금을 수령할 수 없을 때

　　2. 사업시행자의 과실 없이 보상금을 받을 자를 알 수 없을 때

   3. 관할 토지수용위원회가 재결한 보상금에 대하여 사업시행자가 불복할 때

   4. 압류나 가압류에 의하여 보상금의 지급이 금지되었을 때

③ 사업인정고시가 된 후 권리의 변동이 있을 때에는 그 권리를 승계한 자가 보상금 또는 공탁금을 받는다.

④ 사업시행자는 보상금을 받을 자에게 보상금을 지급 + 토지수용위원회가 재결한 보상금과의 차액(差額)을 공탁하여야 한다. 이 경우 보상금을 받을 자는 그 불복의 절차가 종결될 때까지 공탁된 보상금을 수령할 수 없다.

---

**🔖 관련 판례**

**1. 공탁의 법적 성질(89누4109)**

공탁금은 기업자가 토지의 수용에 따라 토지소유자에 대하여 부담하게 되는 보상금의 지급의무를 이행하기 위한 것으로서 민법 제487조에 의한 변제공탁과 다를 바 없다.

**2. 이의재결의 실효 여부(91누8081)**

이의재결절차는 수용재결과는 확정의 효력 등을 달리하는 별개의 절차이므로 사업시행자가 증액된 보상금을 일정한 기한 내에 지급 또는 공탁하지 아니하였더라도 이의재결 자체가 당연히 실효된다고 할 수는 없다.

**3. 이의유보의 효과(2006두15462)**

이의유보를 남긴 경우 사용·수용개시일이 도과하더라도 수용법률관계는 종결되지 않는다.

**4. 묵시적 이의유보 부정(89누4109)**

토지소유자가 공탁물을 수령할 당시 원재결에서 정한 보상금을 증액하기로 한 이의신청의 재결에 대하여 토지소유자가 제기한 행정소송이 계속 중이었다는 사실만으로는, 묵시적 이의보류의 의사표시가 있었다고 볼 수 없다.

**5. 묵시적 이의유보 인정(2006두15462)**

이의유보의 의사표시는 반드시 명시적으로 하여야 하는 것은 아니므로 ① 상당한 감정비용을 예납한점 ② 수령한 금액은 최초 청구금액의 1/4에도 미치지 못하는 점 ③ 소송결과를 확인하기 위해 추가 지출을 감수할 필요가 없는 점 ④ 사업시행자도 수용보상금에 관한 다툼을 일체 종결하려는 의사가 아니라는 점을 충분히 인식하였거나 인식할 수 있었다고 볼 수 있는 점 등을 고려할 때 묵시적인 이의유보가 있었다고 인정할 수 있다.

---

### 제41조(시급을 요하는 토지의 사용에 대한 보상)

① 재결이 있기 전 토지소유자나 관계인이 청구할 때에는 사업시행자는 자기가 산정한 보상금을 토지소유자나 관계인에게 지급하여야 한다.

② 토지소유자나 관계인은 사업시행자가 보상금의 지급시기까지 보상금을 지급하지 아니하면 제39조에 따라 제공된 담보의 전부 또는 일부를 취득한다.

### 제42조(재결의 실효)

① 사업시행자가 수용 또는 사용의 개시일까지 보상금을 지급하거나 공탁하지 아니하였을 때에는 재결은 효력을 상실한다.

② 사업시행자는 재결의 효력이 상실됨으로 인하여 토지소유자 또는 관계인이 입은 손실을 보상하여야 한다.

③ 손실보상에 관하여는 제9조 제5항부터 제7항까지의 규정을 준용한다.

> **🔖 관련 판례**
>
> 1. **수용재결에 미치는 효과(92누9548)**
>    수용시기까지 보상금의 지급이나 적법한 공탁이 없었다면 수용재결은 효력을 상실하였다고 할 것이고, 이의재결 또한 위법하여 당연무효라고 할 것이다.
>
> 2. **이의재결 증액보상금 미지급 시 이의재결의 실효(91누8081)**
>    수용재결에서는 사업시행자가 보상금을 지급하거나 공탁하지 아니하였을 때에 재결은 실효되지만, 이의재결에서 증액된 보상금을 지급·공탁하지 않았다 하여 이의재결이 당연히 실효된다고는 할 수 없다.
>
> 3. **사업인정의 효력과의 관계((84누158)**
>    재결의 효력이 상실되면 재결신청 또한 그 효력이 상실되는 것이므로 고시가 있은 날로부터 1년 이내 재결신청을 하지 않은 것으로 되었다면 사업인정도 역시 효력을 상실하여 결국 수용절차 일체가 백지 상태로 환원된다.

## 제43조(토지 또는 물건의 인도 등)

토지소유자 및 관계인과 수용·사용할 토지나 그 토지에 있는 물건에 관한 권리를 가진 자는 수용·사용의 개시일까지 그 토지나 물건을 사업시행자에게 인도하거나 이전하여야 한다.

> **🔖 관련 판례**
>
> 1. **지장물의 가격으로 보상한 경우(2022다242342)**
>    사업시행자가 사업시행에 방해가 되는 지장물에 관하여 물건의 가격으로 보상한 경우, 사업시행자가 수용의 절차를 거치지 아니한 이상 사업시행자가 그 보상만으로 당해 물건의 소유권까지 취득한다고 보기는 어렵지만, 지장물의 소유자가 스스로의 비용으로 철거하겠다고 하는 등 특별한 사정이 없는 한 사업시행자는 자신의 비용으로 이를 제거할 수 있고, 지장물의 소유자는 사업시행자의 지장물 제거와 그 과정에서 발생하는 물건의 가치 상실을 수인하여야 할 지위에 있다. 따라서 사업시행자가 지장물의 가격으로 보상한 경우 특별한 사정이 없는 한 지장물의 소유자는 사업시행자에게 지장물을 인도할 의무가 있다.

## 제44조(인도 또는 이전의 대행)

① 특별자치도지사, 시장·군수 또는 구청장은 다음 각 호에 해당할 때 사업시행자의 청구에 의하여 토지나 물건의 인도 또는 이전을 대행하여야 한다. (이알)

1. 토지나 물건을 인도하거나 이전하여야 할 자가 고의나 과실 없이 그 의무를 **이**행할 수 없을 때
2. 사업시행자가 과실 없이 토지나 물건을 인도하거나 이전하여야 할 의무가 있는 자를 **알** 수 없을 때

② 대행하는 경우 그로 인한 비용은 그 의무자가 부담한다.

> **↩ 관련 내용**
> 1. 실효성 확보 수단
>    ① 대행(제44조) : 귀책사유 ✕
>    ② 대집행(제89조) : 귀책사유 ○
>    ③ 직접강제 : 토지보상법상 규정 ✕

### 제45조(권리의 취득·소멸 및 제한)

① 사업시행자는 수용의 개시일에 토지나 물건의 소유권을 취득 + 토지나 물건에 관한 다른 권리는 이와 동시에 소멸한다.

② 사업시행자는 사용의 개시일에 토지나 물건의 사용권을 취득 + 토지나 물건에 관한 다른 권리는 사용 기간 중에는 행사하지 못한다.

③ 재결로 인정된 권리는 소멸되거나 그 행사가 정지되지 아니한다.

### 제46조(위험부담)

재결이 있은 후 수용, 사용할 토지나 물건이 토지소유자 또는 관계인의 고의나 과실 없이 멸실되거나 훼손된 경우 그로 인한 손실은 사업시행자가 부담한다.

> **↩ 관련 판례**
> 1. 보상금지급약정을 해제할 수 있는지 여부(76다1472)
>    댐건설로 인한 수몰지역 내의 토지를 매수하고 지상입목에 대하여 적절한 보상을 하기로 계약하였다면 보상금이 지급되기 전에 그 입목이 홍수로 멸실되었다고 하더라도 매수 또는 보상하기로 한자는 이행불능을 이유로 위 보상약정을 해제할 수 없다.
>
> **↩ 관련 내용**
> 1. 민법상 채무자위험부담주의(민법 제537조)의 예외 규정이다.
> 2. 위험부담 이전의 요건
>    ① 위험부담의 이전 기간 : 수용재결이 있은 후 수용의 개시일까지
>    ② 피수용자의 귀책 사유가 없을 것
>    ③ 위험부담의 범위 : 오직 목적물의 멸실·훼손(가격하락은 제외)

### 제47조(담보물권과 보상금)

담보물권의 목적물이 수용, 사용된 경우 그 담보물권은 그 목적물의 수용, 사용으로 인하여 채무자가 받을 보상금에 대하여 행사할 수 있다. 다만, 지급되기 전에 압류하여야 한다.

### 제48조(반환 및 원상회복의 의무)

① 사업시행자는 토지나 물건의 사용기간이 끝났을 때, 사용할 필요가 없게 되었을 때에는 지체 없이 토지나 물건의 소유자 또는 승계인에게 반환하여야 한다.

② 사업시행자는 토지소유자가 원상회복을 청구하면 미리 손실을 보상한 경우를 제외하고는 그 토지를 원상회복하여 반환하여야 한다.

# 제5장 토지수용위원회

## 제49조(설치)

토지등의 수용과 사용에 관한 재결을 하기 위하여 국토교통부에 중앙토지수용위원회를 두고, 특별시·광역시·도·특별자치도에 지방토지수용위원회를 둔다.

## 제50조(재결사항)

① 토지수용위원회의 재결사항
  1. 수용하거나 사용할 토지의 구역 및 사용방법
  2. 손실보상
  3. 수용 또는 사용의 개시일과 기간
  4. 그 밖에 이 법 및 다른 법률에서 규정한 사항
② 토지수용위원회는 사업시행자, 토지소유자 또는 관계인이 신청한 범위에서 재결하여야 한다.
  (손실보상의 경우 증액재결 가능)

> ### 🔖 관련 판례
>
> **1. 사용재결서 기재 내용(2018두42641)**
> 사용 토지의 구역, 사용의 방법과 기간을 재결사항의 하나로 규정한 취지는 사용권의 내용을 구체적으로 특정함으로써 재결 내용의 명확성을 확보하고 재결로 인하여 제한받는 권리의 구체적인 내용이나 범위 등에 관한 다툼을 방지하기 위한 것이다. 따라서 사용재결을 하는 경우 재결서에 사용할 토지의 위치와 면적, 권리자, 손실보상액, 사용 개시일 외에도 사용방법, 사용기간을 구체적으로 특정해야 한다.
>
> **2. 사용재결의 위법(2018두42641)**
> 토지 중 일부는 수용하고 일부는 사용하는 재결을 하면서 재결서에는 '수용'한다고만 기재한 사안은 토지보상법 제50조 제1항에서 정한 사용재결의 기재사항에 관한 요건을 갖추지 못한 흠이 있으므로 위법하다.

## 제51조(관할)

① 중앙토지수용위원회는 다음 각 호의 사업의 재결에 관한 사항을 관장한다.
  1. 국가 또는 시·도가 사업시행자인 사업
  2. 수용하거나 사용할 토지가 둘 이상의 시·도에 걸쳐 있는 사업
② 지방토지수용위원회는 제1항 각 호 외의 사업의 재결에 관한 사항을 관장한다.

## 제52조(중앙토지수용위원회)

① 위원장 1명을 포함한 20명 이내의 위원으로 구성한다.
② 위원장 : 국토교통부장관(부득이하게 직무를 수행할 수 없을 때 : 위원장이 지명한 위원이 직무 대행)
④ 상임위원은 다음 각 호의 어느 하나에 해당하는 사람 중 국토교통부장관의 제청으로 대통령이 임명한다.

1. 판사·검사 또는 변호사로 15년 이상 재직하였던 사람
2. 대학에서 법률학 또는 행정학을 가르치는 부교수 이상으로 5년 이상 재직하였던 사람
3. 행정기관의 3급 공무원 또는 고위공무원단에 속하는 일반직공무원으로 2년 이상 재직하였던 사람

⑤ 비상임위원은 토지 수용에 관한 학식과 경험이 풍부한 사람 중에서 국토교통부장관이 위촉한다.

⑥ - 원칙 : 회의는 위원장이 소집, 위원장 및 상임위원 1명과 위원장이 지정하는 위원 7명으로 구성
 - 예외 : 위원장이 필요하다고 인정하는 경우 위원장 및 상임위원을 포함하여 10명 이상 20명 이내로 구성 가능

⑦ 중앙토지수용위원회의 회의는 구성원 과반수의 출석과 출석위원 과반수의 찬성으로 의결한다.

⑧ 중앙토지수용위원회의 사무를 처리하기 위하여 사무기구를 둔다.

## 제53조(지방토지수용위원회)

① 위원장 1명을 포함한 20명 이내의 위원으로 구성한다.

② 위원장 : 시·도지사(부득이하게 직무를 수행할 수 없을 때 : 위원장이 지명하는 위원이 직무를 대행)

③ 위원은 시·도지사가 소속 공무원 중에서 임명하는 사람 1명을 포함하여 토지 수용에 관한 학식과 경험이 풍부한 사람 중에서 위촉한다.

④ - 원칙 : 회의는 위원장이 소집, 위원장 + 위원장이 회의마다 지정하는 위원 8명으로 구성
 - 예외 : 위원장이 필요하다고 인정하는 경우 위원장을 포함하여 10명 이상 20명 이내로 구성할 수 있다.

⑤ 회의는 구성원 과반수의 출석과 출석위원 과반수의 찬성으로 의결한다.

## 제54조(위원의 결격사유)

① 다음 각 호의 어느 하나에 해당하는 사람은 토지수용위원회의 위원이 될 수 없다.
1. 피성년후견인, 피한정후견인 또는 파산선고를 받고 복권되지 아니한 사람
2. 금고 이상의 실형을 선고받고 그 집행이 끝나거나(집행이 끝난 것으로 보는 경우를 포함한다) 집행이 면제된 날부터 2년이 지나지 아니한 사람
3. 금고 이상의 형의 집행유예를 선고받고 그 유예기간 중에 있는 사람
4. 벌금형을 선고받고 2년이 지나지 아니한 사람

② 위원이 제1항 각 호의 어느 하나에 해당하게 되면 당연히 퇴직한다.

## 제55조(임기)

토지수용위원회의 상임위원 및 위촉위원의 임기는 3년으로 하며, 연임할 수 있다.

## 제56조(신분 보장)

위촉위원은 해당 토지수용위원회의 의결로 재임 중 그 의사에 반하여 해임되지 아니한다.

(신체상 또는 정신상의 장해로 그 직무를 수행할 수 없을 때, 직무상의 의무를 위반하였을 때는 제외)

## 제57조(위원의 제척·기피·회피)

① 토지수용위원회의 위원으로서 다음 각 호의 어느 하나에 해당하는 사람은 회의에 참석할 수 없다.

    1. 사업시행자, 토지소유자 또는 관계인

    2. 사업시행자, 토지소유자 또는 관계인의 배우자·친족 또는 대리인

    3. 사업시행자, 토지소유자 및 관계인이 법인인 경우에는 그 법인의 임원 또는 그 직무를 수행하는 사람

② 사업시행자, 토지소유자 및 관계인은 공정한 심리·의결을 기대하기 어려운 사정이 있는 경우 사유를 적어 기피신청을 할 수 있다(위원장은 위원회의 의결을 거치지 아니하고 기피 여부 결정).

③ 위원이 제1항 또는 제2항의 사유에 해당할 때에는 스스로 그 사건의 심리·의결에서 회피할 수 있다.

## 제57조의2(벌칙 적용에서 공무원 의제)

토지수용위원회의 위원 중 공무원이 아닌 사람은 「형법」이나 그 밖의 법률에 따른 벌칙을 적용할 때에는 공무원으로 본다.

## 제58조(심리조사상의 권한)

① 토지수용위원회는 심리에 필요하다고 인정할 때에는 다음 각 호의 행위를 할 수 있다.

    1. 사업시행자, 토지소유자, 관계인 또는 참고인에게 토지수용위원회에 출석하여 진술하게 하거나 그 의견서 또는 자료의 제출을 요구하는 것

    2. 감정평가법인등이나 그 밖의 감정인에게 감정평가를 의뢰하거나 토지수용위원회에 출석하여 진술하게 하는 것

    3. 토지수용위원회의 위원 또는 제52조 제8항에 따른 사무기구의 직원이나 지방토지수용위원회의 업무를 담당하는 직원으로 하여금 실지조사를 하게 하는 것

② 위원 또는 직원이 실지조사를 하는 경우 제13조를 준용(제13조 : 증표 등의 휴대)

③ 토지수용위원회는 참고인 또는 감정평가법인등이나 그 밖의 감정인에게는 사업시행자의 부담으로 일당, 여비 및 감정수수료를 지급할 수 있다.

## 제59조(위원 등의 수당 및 여비)

토지수용위원회는 위원에게 수당과 여비를 지급할 수 있다(공무원인 위원이 그 직무와 직접 관련하여 출석한 경우는 제외).

## 제60조(운영세칙)

토지수용위원회의 운영 등에 필요한 사항은 대통령령으로 정한다.

## 제60조의2(재결정보체계의 구축·운영 등)

① 국토교통부장관은 시·도지사와 협의하여 재결정보체계를 구축·운영할 수 있다.

② 국토교통부장관은 구축·운영에 관한 업무를 법인, 단체 또는 기관에 위탁할 수 있다(위탁관리에 드는 경비의 전부 또는 일부 지원 가능).

# 제6장  손실보상 등

## 제1절 손실보상의 원칙

### Ⅰ. 손실보상의 의의, 취지

손실보상이란 공공필요에 의한 적법한 행정상의 공권력 행사에 의하여 개인의 재산권에 가해진 특별한 희생에 대하여 전체적 평등부담의 견지에서 행정주체가 행하는 조절적 전보제도를 말하며 피해자를 구제하는데 취지가 있다.

### Ⅱ. 손실보상의 요건

1. 공공필요

   헌법 제23조 제3항에 따른 공공필요는 공용침해의 '실질적 허용요건이자 본질적 제약요소'이다. 공공필요는 비례의 원칙에 따라 공익과 재산권자의 이익간 비교형량을 통해 결정한다.

2. 재산권의 공권적 침해

   ① 재산권이란 토지소유권 및 그 재산적 가치가 있는 일체의 권리를 의미(기대이익은 포함 ×)

   ② 공권적 침해란 행정청에 의한 공권력 행사로 인한 재산권의 박탈 등 재산권에 대한 일체의 감손행위를 말한다.

3. 적법한 침해

   침해가 법률을 위반하지 않아야 하며 아울러 법률에 근거한 것이어야 한다(헌법 제23조 제3항 법률유보원칙).

4. 특별한 희생

   (1) 의의

       특별한 희생이란 재산권에 일반적으로 내재된 사회적 제약을 넘는 특별한 공용침해를 말한다.

   (2) 특별한 희생의 판단기준

       1) 학설

           ① 인적 범위의 특정성을 기준하는 〈형식설〉

           ② 침해행위의 성질과 정도를 기준하는 〈실질설〉

               : 목적위배설, 사적 효용설, 보호가치성설, 수인기대가능성설, 중대성설, 상황구속성설, 사회적 비용설

       2) 판례

           ① 개발제한구역(89부2)

개발제한구역 안에 있는 토지의 소유자는 재산상의 권리행사에 많은 제한을 받게 되고 그 한도내에서 일반 토지소유자에 비하여 불이익을 받게 되었음은 명백하지만 위와 같은 제한은 공공복리에 적합한 합리적인 제한이라고 볼 것이고, 그 제한으로 인한 토지소유자의 불이익은 공공의 복리를 위하여 감수하지 아니하면 안될 정도의 것이므로 특별한 희생에 해당하지 않는다.

② 국토이용계획의 변경신청에 대한 제한(95누627)

국토이용계획의 변경신청에 대하여 일정한 제한을 가하고 있다 하여도 이와 같은 제한은 공공복리에 적합한 합리적인 제한이라고 볼 것이고, 그 제한으로 인한 토지소유자의 불이익은 공공의 복리를 위하여 감수하지 아니하면 안될 정도의 것이라고 인정되며 이러한 제한을 가지고 헌법상 보장되어 있는 국민의 재산권보장의 규정을 침해하는 것이라고 볼 수 없다.

5. 보상 규정의 존재

(1) 관련 규정(헌법 제23조 제3항)

공공필요에 의한 재산권의 수용·사용 또는 제한 및 그에 대한 보상은 법률로써 하여야 한다.

(2) 학설

① 방침규정설 ② 직접효력설 ③ 유추적용설 ④ 위헌무효설 ⑤ 보상입법부작위위헌설

(3) 판례

대법원은 시대적 상황에 따라 태도를 달리하고 헌법재판소는 보상입법의무 부과를 통해 해결한다.

## III. 손실보상의 기준

1. 헌법상 기준

(1) 학설

① 완전보상설 ② 상당보상설 ③ 절충설

(2) 판례

① (89헌마107)

헌법 제23조 제3항의 정당한 보상이란 원칙적으로 완전보상을 뜻하는 것으로 보상금액 뿐만 아니라 보상의 시기·방법에 있어서도 어떠한 제한을 두어서는 아니 된다는 것을 의미한다.

② (93누2131)

"정당한 보상"이라 함은 원칙적으로 피수용재산의 객관적인 재산가치를 완전하게 보상하여야 한다는 완전보상을 뜻하는 것이라 할 것이나, 투기적인 거래에 의하여 형성되는 가격은 정상적인 객관적 재산가치로는 볼 수 없으므로 이를 배제한다고 하여 완전보상의 원칙에 어긋나는 것은 아니다.

2. 토지보상법상 기준

① 시가보상(제67조 제1항)

② 공시지가 기준보상(제70조 제1항)

③ 개발이익 배제(제67조 제2항)

④ 생활보상 원칙

## 제61조(사업시행자 보상)

공익사업에 필요한 토지등의 취득 또는 사용으로 인하여 토지소유자나 관계인이 입은 손실은 사업시행자가 보상하여야 한다.

## 제62조(사전보상)

사업시행자는 공사에 착수하기 이전에 토지소유자와 관계인에게 보상액 전액을 지급하여야 한다. (천재지변 시의 토지 사용(제38조), 시급한 토지 사용의 경우(제39조), 토지소유자 및 관계인의 승낙이 있는 경우 제외)

## 제63조(현금보상 등)

| | |
|---|---|
| 1항 | - 원칙 : 손실보상은 특별한 규정이 있는 경우를 제외하고는 현금으로 지급하여야 한다.<br>- 예외 : 토지소유자가 원하는 경우로서 토지로 보상이 가능한 경우에는 보상금 중 현금, 채권 보상액을 제외한 부분에 대하여 다음 각 호에서 정하는 기준과 절차에 따라 조성한 토지로 보상할 수 있다.<br>　1. 토지로 보상받을 수 있는 자(대토보상)<br>　　• 공익사업을 위한 관계 법령에 따른 고시 등이 있은 날의 1년 전부터 계약체결일 또는 수용 재결일까지 계속하여 토지를 소유한 자<br>　　• 「건축법」 제57조 제1항에 따른 대지의 분할 제한 면적 이상의 토지를 사업시행자에게 양도한 자(공익사업을 위한 관계 법령에 따른 고시 등이 있은 날 당시 다음 각 목의 어느 하나에 해당하는 기관에 종사하는 자 및 종사하였던 날부터 10년이 경과하지 아니한 자는 제외한다) 이 경우 대상자가 경합할 때에는 부재부동산 소유자가 아닌 자 중 해당 공익사업지구 내 거주하는 자로서 토지 보유기간이 오래된 자 순으로 토지로 보상하며, 그 밖의 우선순위 및 대상자 결정방법 등은 사업시행자가 정하여 공고한다.<br>　　가. 국토교통부<br>　　나. 사업시행자<br>　　다. 제21조 제2항에 따라 협의하거나 의견을 들어야 하는 공익사업의 허가·인가·승인 등을 하는 기관<br>　　라. 공익사업을 위한 관계 법령에 따른 고시 등이 있기 전에 관계 법령에 따라 실시한 협의, 의견청취 등의 대상인 중앙행정기관, 지방자치단체, 「공공기관의 운영에 관한 법률」 제4조에 따른 공공기관 및 「지방공기업법」에 따른 지방공기업<br>　2. 보상하는 토지가격의 산정 기준금액 : 특별한 규정이 있는 경우를 제외하고는 일반 분양가격<br>　3. 보상기준 등의 공고 : 토지로 보상하는 기준을 포함하여 공고하거나 따로 일간신문에 공고할 것이라는 내용을 포함하여 공고한다. |
| 2항 | 토지소유자에게 토지로 보상하는 면적은 보상면적은 주택용지는 990제곱미터, 상업용지는 1천100제곱미터를 초과할 수 없다. |

| 3항 | – 토지로 보상받기로 결정된 권리는 그 보상계약의 체결일부터 소유권이전등기를 마칠 때까지 전 매할 수 없다(상속 및 부동산투자회사에 현물출자를 하는 경우는 제외). <br> – 이를 위반하거나 해당 공익사업과 관련하여 다음 각 호의 어느 하나에 해당하는 경우 보상금을 현금으로 보상하여야 한다(이자율은 제9항 제1호 가목에 따른 이자율의 2분의 1). <br>   1. 제93조, 제96조 및 제97조 제2호의 어느 하나에 해당하는 위반행위를 한 경우 <br>   2. 「농지법」 제57조부터 제61조까지의 어느 하나에 해당하는 위반행위를 한 경우 <br>   3. 「산지관리법」 제53조, 제54조 제1호·제2호·제3호의2·제4호부터 제8호까지 및 제55조 제1호·제2호·제4호부터 제10호까지의 어느 하나에 해당하는 위반행위를 한 경우 <br>   4. 「공공주택 특별법」 제57조 제1항 및 제58조 제1항 제1호의 어느 하나에 해당하는 위반행위를 한 경우 <br>   5. 「한국토지주택공사법」 제28조의 위반행위를 한 경우 |
|---|---|
| 4항 | 토지소유자가 토지로 보상받기로 한 경우 그 보상계약 체결일부터 1년이 지나면 이를 현금으로 전 환하여 보상하여 줄 것을 요청할 수 있다.(이자율은 제9항 제2호 가목에 따른 이자율) |
| 5항 | 사업시행자는 해당 사업계획의 변경 등의 사유로 보상하기로 한 토지의 전부 또는 일부를 토지로 보상할 수 없는 경우에는 현금으로 보상할 수 있다.(이자율은 제9항 제2호 가목에 따른 이자율) |
| 6항 | 사업시행자는 토지소유자가 다음 각 호의 어느 하나에 해당하여 현금보상을 요청한 경우에는 현금 으로 보상하여야 한다(이자율은 제9항 제2호 가목에 따른 이자율). <br> 1. 국세 및 지방세의 체납처분 또는 강제집행을 받는 경우 <br> 2. 세대원 전원이 해외로 이주하거나 2년 이상 해외에 체류하려는 경우 <br> 3. 그 밖에 제1호·제2호와 유사한 경우로서 국토교통부령으로 정하는 경우 |
| **채권보상** | |
| 7항 | 사업시행자가 공공기관 및 공공단체인 경우로서 다음 각 호의 어느 하나에 해당되는 경우에는 채 권으로 지급할 수 있다. <br> 1. 토지소유자나 관계인이 원하는 경우 <br> 2. 사업인정을 받은 사업의 경우에는 부재부동산 소유자의 토지에 대한 보상금이 일정 금액을 초 과하는 경우로서 그 초과하는 금액에 대하여 보상하는 경우 |
| 8항 | 토지투기가 우려되는 지역으로서 다음 각 호의 어느 하나에 해당하는 공공기관 및 공공단체는 부 재부동산 소유자의 토지에 대한 보상금 중 1억원 이상의 일정 금액을 초과하는 부분에 대하여는 해당 사업시행자가 발행하는 채권으로 지급하여야 한다. <br> 1. 「택지개발촉진법」에 따른 택지개발사업 <br> 2. 「산업입지 및 개발에 관한 법률」에 따른 산업단지개발사업 |
| 9항 | 채권으로 지급하는 경우 채권의 상환 기한은 5년을 넘지 아니하는 범위에서 정하여야 하며, 그 이 자율은 다음 각 호와 같다. <br> 1. 부재부동산 소유자에게 채권으로 지급하는 경우 <br>   가. 상환기한이 3년 이하인 채권 : 3년 만기 정기예금 이자율 <br>   나. 상환기한이 3년 초과 5년 이하인 채권 : 5년 만기 국고채 금리 <br> 2. 부재부동산 소유자가 아닌 자가 원하여 채권으로 지급하는 경우 <br>   가. 상환기한이 3년 이하인 채권 : 3년 만기 국고채 금리로 하되, 제1호 가목에 따른 3년 만기 정기 예금 이자율이 3년 만기 국고채 금리보다 높은 경우에는 3년 만기 정기예금 이자율을 적용한다. <br>   나. 상환기한이 3년 초과 5년 이하인 채권 : 5년 만기 국고채 |

## 제64조(개인별 보상)

손실보상은 토지소유자나 관계인에게 개인별로 하여야 한다(개인별로 보상액을 산정할 수 없을 때에는 제외).

## 제65조(일괄보상)

사업시행자는 동일한 사업지역에 보상시기를 달리하는 동일인 소유의 토지등이 여러 개 있는 경우 토지소유자나 관계인이 요구할 때에는 일괄 보상

## 제66조(사업시행 이익과의 상계금지)

사업시행자는 동일한 소유자에게 속하는 일단(一團)의 토지의 일부를 취득하거나 사용하는 경우 해당 공익사업의 시행으로 인하여 잔여지(殘餘地)의 가격이 증가하거나 그 밖의 이익이 발생한 경우에도 그 이익을 그 취득 또는 사용으로 인한 손실과 상계(相計)할 수 없다.

## 제67조(보상액의 가격시점 등)

① 보상액 산정은 협의에 의한 경우에는 협의 성립 당시의 가격을, 재결에 의한 경우에는 수용 또는 사용의 재결 당시의 가격을 기준으로 한다(시가보상원칙).

② 보상액을 산정할 경우에 해당 공익사업으로 인하여 토지등의 가격이 변동되었을 때에는 이를 고려하지 아니한다(개발이익배제의 원칙).

> **관련 판례**
>
> 1. **시가보상원칙(2010두11641)**
>    토지보상법 제67조 제1항은 손실보상액의 산정은 협의에 의한 경우에는 협의성립 당시의 가격을, 재결에 의한 경우에는 수용 또는 사용의 재결 당시의 가격을 기준으로 한다고 규정하므로, 적법한 장소에서 인적·물적시설을 갖추고 계속적으로 행하고 있는 영업에 해당하는지 여부는 협의성립, 수용재결 또는 사용재결 당시를 기준으로 판단하여야 한다.
>
> 2. **개발이익배제의 원칙**
>    ① 개발이익의 성질(89헌마107)
>       개발이익은 궁극적으로는 모든 국민에게 귀속되어야 할 성질의 것이므로 이는 피수용자의 토지의 객관적 가치 내지 피수용자의 손실이라고는 볼 수 없다.
>    ② 정당 보상의 위반 여부(2009헌바142)
>       개발이익은 그 성질상 완전보상의 범위에 포함되는 피수용자의 손실이라고 볼 수 없으므로, 이러한 개발이익을 배제하고 손실보상액을 산정한다 하여 정당 보상의 원칙에 위반되지 않는다.
>    ③ 평등의 원칙의 위반 여부(89헌마107)
>       일체의 제도적 장치가 마련되어 있지 아니한 상황에서 피수용자에게만 개발이익을 배제하는 것은 평등원칙에 위배되는 것은 아니다.

## 제68조(보상액의 산정)

① - 사업시행자는 토지등에 대한 보상액을 산정하려는 경우에는 감정평가법인등 3인을 선정하여 토지등의 평가를 의뢰하여야 한다.

– 시 · 도지사와 토지소유자가 감정평가법인등을 추천하지 아니하는 경우에는 2인

– 사업시행자가 직접 보상액을 산정할 수 있을 때에는 제외

② 사업시행자가 감정평가법인등을 선정할 때 해당 토지를 관할하는 시 · 도지사와 토지소유자는 감정평가법인등을 각 1인씩 추천할 수 있다. (사업시행자는 추천된 감정평가법인등을 포함하여 선정하여야 한다.)

> **🔖 관련 규정(토지보상법 시행규칙 제17조 재평가 등)**
>
> ① 당해 감정평가법인등에게 재평가 요구 : 관계법령에 위반하여 평가, 합리적 근거 없이 표준지의 공시지가와 현저하게 차이가 나는 등 부당하게 평가되었다고 인정하는 경우
> ② 다른 2인 이상의 감정평가법인등에게 재평가 의뢰
>     1. 당해 감정평가법인등에게 평가를 요구할 수 없는 특별한 사유가 있는 경우
>     2. 대상물건의 평가액 중 최고평가액이 최저평가액의 110퍼센트를 초과하는 경우
>     3. 평가를 한 후 1년이 경과할 때까지 보상계약이 체결되지 아니한 경우
> ④ 평가를 행한 경우 보상액의 산정은 각 감정평가법인등이 다시 평가한 평가액의 산술평균치를 기준으로 한다.

### 제69조(보상채권의 발행)

① 국가는 공익사업을 위한 토지등의 취득 또는 사용으로 인하여 토지소유자 및 관계인이 입은 손실을 보상하기 위하여 제63조 제7항에 따라 채권으로 지급하는 경우에는 일반회계, 교통시설특별회계의 부담으로 보상채권을 발행할 수 있다.

② 보상채권은 관계 중앙행정기관의 장의 요청으로 기획재정부장관이 발행한다.

③ 기획재정부장관은 보상채권을 발행하려는 경우에는 회계별로 국회의 의결을 받아야 한다.

④ 보상채권은 토지소유자 및 관계인에게 지급함으로써 발행한다.

⑤ 보상채권은 양도하거나 담보로 제공할 수 있다.

⑥ 보상채권의 발행방법, 이자율의 결정방법, 상환방법, 그 밖에 보상채권 발행에 필요한 사항은 대통령령으로 정한다.

⑦ 보상채권의 발행에 관하여 이 법에 특별한 규정이 있는 경우를 제외하고는 「국채법」에서 정하는 바에 따른다.

## 제2절 손실보상의 종류와 기준 등

### 제70조(취득하는 토지의 보상)

① 협의나 재결에 의하여 취득하는 토지에 대하여는 공시지가를 기준으로 하여 보상하되, 공시기준일부터 가격시점까지의 관계 법령에 따른 그 토지의 이용계획등을 고려하여 평가한 적정가격으로 보상하여야 한다.

② 토지에 대한 보상액은 가격시점에서의 현실적인 이용상황, 객관적 상황을 고려하여 산정하되,

일시적인 이용상황, 주관적 가치 및 특별한 용도에 사용할 것을 전제로 한 경우 등은 고려하지 아니한다.

③ **사업인정 전 협의에 의한 취득** : 가격시점 당시 공시된 공시지가 중 가격시점과 가장 가까운 시점에 공시된 공시지가로 한다.

④ **사업인정 후의 취득** : 사업인정고시일 전의 시점을 공시기준일로 하는 공시지가로서, 사업인정고시일과 가장 가까운 시점에 공시된 공시지가로 한다.

⑤ 공익사업의 계획 또는 시행이 공고, 고시됨으로 인하여 취득하여야 할 토지의 가격이 변동되었다고 인정되는 경우에는 해당 공고일 또는 고시일 전의 시점을 공시기준일로 하는 공시지가로서 그 토지의 가격시점 당시 공시된 공시지가 중 공익사업의 공고일 또는 고시일과 가장 가까운 시점에 공시된 공시지가로 한다.

⑥ 구체적인 보상액 산정 및 평가방법은 투자비용, 예상수익 및 거래가격 등을 고려하여 국토교통부령으로 정한다.

---

**🔖 관련 판례**

**1. 공시지가기준보상의 정당성(93누2131)**

① (93누2131) 인근 토지의 지가변동률 등에 의하여 시점수정을 하여 보상액을 산정함으로써 개발이익을 배제하고 있는 것이므로 완전보상의 원리에 위배되는 것이라고 할 수 없다.

② (2010헌바370) 사업인정고시일 전의 시점을 공시기준일로 하는 공시지가를 손실보상액 산정의 기준이 되는 공시지가로 규정한 것은 개발이익이 배제된 손실보상액을 산정하는 적정한 수단으로서 헌법상 정당보상의 원칙에 위배되지 않는다.

**2. 표준지의 선정(99두9957)**

해당 토지와 같은 용도지역의 표준지가 있으면 다른 특별한 사정이 없는 한 용도지역이 같은 토지를 해당 토지에 적용할 표준지로 선정함이 상당하고, 다소 상이한 점이 있다 하더라도 이러한 점은 지역요인이나 개별요인의 분석 등 품등비교에서 참작하면 된다.

**3. 시점수정(2013두4620)**

지가변동률을 참작함에 있어서는 수용대상토지가 도시지역 내에 있는 경우에는 원칙적으로 용도지역별 지가변동률에 의하여 보상금을 산정하는 것이 더 타당하나, 개발제한구역으로 지정되어 있는 경우에는 일반적으로 이용상황에 따라 지가변동률이 영향을 받으므로 특별한 사정이 없는 한 이용상황별 지가변동률을 적용하는 것이 상당하다.

**🔖 관련 내용**

**1. 기타요인 보정의 의의(그 밖의 요인 보정)**

그 밖의 요인 보정이란 토지보상법 제70조 규정상 그 토지의 위치·형상·환경·이용상황 등의 개별요인을 제외한 요인으로서 그 토지의 가치에 영향을 미치는 사항을 의미한다.

**2. 기타요인 보정의 인정 여부(2006두11507)**

인근 유사토지의 정상거래사례가 있고 그 거래를 참작하는 것으로서 적정한 보상평가가 영향을 미칠 수 있는 것이 입증된 경우에는 이를 참작할 수 있다.

---

## 제71조(사용하는 토지의 보상 등)

① 협의 또는 재결에 의하여 사용하는 토지에 대하여는 그 토지와 인근 유사토지의 지료(地料), 임대료, 사용방법, 사용기간 및 그 토지의 가격 등을 고려하여 평가한 적정가격으로 보상하여야 한다.

② 사용하는 토지와 그 지하 및 지상의 공간 사용에 대한 구체적인 보상액 산정 및 평가방법은 투자비용, 예상수익 및 거래가격 등을 고려하여 국토교통부령으로 정한다.

## 제72조(사용하는 토지의 매수청구 등)

사업인정고시가 된 후 해당 토지소유자는 사업시행자에게 토지의 매수를 청구하거나 관할 토지수용위원회에 그 토지의 수용을 청구할 수 있다. 이 경우 관계인은 사업시행자나 관할 토지수용위원회에 그 권리의 존속(存續)을 청구할 수 있다. (3형건)

1. 토지를 사용하는 기간이 **3**년 이상인 경우
2. 토지의 사용으로 인하여 토지의 **형**질이 변경되는 경우
3. 사용하려는 토지에 그 토지소유자의 **건**축물이 있는 경우

> ↪ **관련 판례**
>
> 1. 완전수용의 각하재결에 대한 불복(2014주46669)
>    토지보상법 제72조의 문언, 연혁 및 취지 등에 비추어 보면, 위 규정이 정한 수용청구권은 토지보상법 제74조 제1항이 정한 잔여지 수용청구권과 같이 <u>손실보상의 일환</u>으로 토지소유자에게 부여되는 권리로서 그 청구에 의하여 수용효과가 생기는 <u>형성권</u>의 성질을 지니므로, 토지소유자의 토지수용청구를 받아들이지 아니한 토지수용위원회의 재결에 대하여 토지소유자가 불복하여 제기하는 소송은 토지보상법 제85조 제2항에 규정되어 있는'<u>보상금의 증감에 관한 소송</u>'에 해당하고, 피고는 토지수용위원회가 아니라 사업시행자로 하여야 한다.
>
> ↪ **관련 내용**
>
> 1. 완전수용의 의의(법 제72조)
>    완전수용이란 토지사용으로 인해 토지소유자가 받게 되는 현저한 장애 내지 제한에 갈음하여 수용보상을 가능하게 해 주는 제도이다. 완전수용은 '사용에 갈음하는 수용'이라고도 한다.
>
> 2. 완전수용의 법적 성질
>    일반적인 수용과 다를 바 없다는 점을 종합적으로 고려하면 〈공권〉이자 〈형성권〉이다.
>
> 3. 요건(3형건)
>    ① 토지를 사용하는 기간이 **3**년 이상인 경우, ② 토지의 사용으로 인하여 토지의 **형**질이 변경되는 경우, ③ 사용하고자 하는 토지에 그 토지소유자의 **건**축물이 있는 경우

## 제73조(잔여지의 손실과 공사비 보상)

① - 원칙 : 사업시행자는 동일한 소유자에게 속하는 일단의 토지의 일부가 취득되거나 사용됨으로 인하여 잔여지의 가격이 감소하거나 그 밖의 손실이 있을 때 또는 잔여지에 통로·도랑·

담장 등의 신설이나 그 밖의 공사가 필요할 때에는 그 손실이나 공사의 비용을 보상하여야
한다.

- 예외 : (잔여지의 가격 감소분 + 잔여지에 대한 공사의 비용) 〉 (잔여지의 가격) → 잔여지
  매수 가능

② 손실 또는 비용의 보상은 사업이 완료된 날 또는 사업완료의 고시가 있는 날부터 1년이 지난
후에는 청구할 수 없다.

③ 사업인정고시 후 잔여지를 매수하는 경우 그 잔여지에 대하여는 사업인정(제20조) 및 사업인정
고시(제22조)가 된 것으로 본다.

④ 손실 또는 비용의 보상이나 토지의 취득에 관하여는 제9조 제6항 및 제7항을 준용한다.

> **◑ 관련 판례**
>
> **1. 손실보상의 범위(2010두23149)**
> 토지보상법 제73조에 의하여 보상하여야 할 손실에는 토지 일부의 취득 또는 사용으로 인하여 그 획지
> 조건이나 접근조건 등의 가격형성요인이 변동됨에 따라 발생하는 손실뿐만 아니라 그 취득 또는 사용
> 목적 사업의 시행으로 설치되는 시설의 형태·구조·사용 등에 기인하여 발생하는 손실과 수용재결
> 당시의 현실적 이용상황의 변경 외 장래의 이용가능성이나 거래의 용이성 등에 의한 사용가치 및 교환
> 가치상의 하락 모두가 포함된다.
>
> **2. 접도구역 잔여지 가치하락(2017두4086)**
> 잔여지에 대하여 현실적 이용상황 변경 또는 사용가치 및 교환가치의 하락 등이 발생하였더라도, 그
> 손실이 토지의 일부가 공익사업에 취득되거나 사용됨으로 인하여 발생하는 것이 아니라면 특별한 사정
> 이 없는 한 토지보상법 제73조 제1항 본문에 따른 잔여지 손실보상 대상에 해당한다고 볼 수 없다.
> *접도구역 지정으로 인한 가치하락은 접도구역 지정권자가 보상하고, 순수잔여지 가치하락분에 대해
>  서만 사업시행자가 보상하도록 판시하여 이는 보상에 대한 새로운 패러다임 형성으로 볼 수 있다.
>
> **3. 지연손해금 지급의무 발생시기(2017두68370)**
> 토지보상법이 잔여지 손실보상금 지급의무의 이행기를 정하지 않았고, 그 이행기를 편입토지의 권리변
> 동일이라고 해석하여야 할 체계적, 목적론적 근거를 찾기도 어려우므로, 잔여지 손실보상금 지급의무는
> 이행기의 정함이 없는 채무로 보는 것이 타당하다. 따라서 잔여지 손실보상금 지급의무의 경우 잔여지
> 의 손실이 현실적으로 발생한 이후로서 잔여지 소유자가 사업시행자에게 이행청구를 한 다음 날부터
> 그 지연손해금 지급의무가 발생한다.
>
> **4. 재결전치주의(2012두24092)**
> 잔여지 또는 잔여건축물 가격감소 등으로 인한 손실보상을 받기 위해서는 재결절차를 거친 다음 제83
> 조 및 제85조의 권리구제를 받을 수 있을 뿐이며, 특별한 사정이 없는 한 곧바로 사업시행자를 상대로
> 손실보상을 청구하는 것은 허용되지 않는다 할 것이고, 이는 잔여지 또는 잔여 건축물 수용청구에 대한
> 재결절차를 거친 경우라고 하여 달리 볼 것은 아니다.

**제74조(잔여지 등의 매수 및 수용청구)**

① 동일한 소유자에게 속하는 일단의 토지의 일부가 협의에 의하여 매수되거나 수용됨으로 인하여

잔여지를 종래의 목적에 사용하는 것이 현저히 곤란할 때에는 사업시행자에게 잔여지 매수청구를 할 수 있으며, 사업인정 이후에는 관할 토지수용위원회에 수용을 청구할 수 있다(수용의 청구는 매수에 관한 협의가 성립되지 아니한 경우에만 가능, 사업완료일까지 하여야 함).

② 매수 또는 수용의 청구가 있는 잔여지 및 잔여지에 있는 물건에 관하여 권리를 가진 자는 사업시행자나 관할 토지수용위원회에 그 권리의 존속을 청구할 수 있다.

③ 토지의 취득에 관하여는 제73조 제3항을 준용[토지 취득 시 사업인정(제20조) 및 사업인정고시(제22조)가 된 것으로 의제]

---

🔖 관련 판례

1. **잔여지 수용의 법적 성질(2008두822)**

   잔여지수용청구권은 <u>손실보상의 일환</u>으로 잔여지를 수용하는 재결이 없더라도 청구에 의하여 수용의 효과가 발생하는 <u>형성권적 성질</u>을 가지므로, 잔여지수용청구를 받아들이지 아니한 토지수용위원회의 재결에 대하여 토지소유자가 불복하여 제기하는 소송은 토지보상법 제85조 제2항에 규정되어 있는 <u>보상금증감에 관한 소송</u>에 해당하여 <u>사업시행자</u>를 피고로 하여야 한다.

2. **종래의 목적과 현저히 곤란할 때의 의미(2017두30252)**

   종래의 목적은 수용재결 당시에 그 잔여지가 현실적으로 사용되고 있는 구체적인 용도를 의미하고, 사용하는 것이 현저히 곤란한 때에 해당하려면, 물리적으로 사용하는 것이 곤란하게 되거나, 사회적·경제적으로 사용하는 것이 곤란하게 된 경우, 즉 이용은 가능하나 많은 비용이 소요되는 경우이어야 한다.

3. **일단의 토지의 요건인 용도상 불가분의 의미(2005두1428)**

   '용도상 불가분의 관계에 있는 경우'라 함은 일단의 토지로 이용되고 있는 상황이 사회적·경제적·행정적 측면에서 합리적이고 당해 토지의 가치형성적 측면에서도 타당하다고 인정되는 관계에 있는 경우를 말한다.

4. **잔여지 수용청구 의사표시 대상(2008두822)**

   잔여지 수용청구의 의사표시는 관할 토지수용위원회에 하여야 하는 것으로서, 관할 토지수용위원회가 사업시행자에게 잔여지 수용청구의 의사표시를 수령할 권한을 부여하였다고 인정할 만한 사정이 없는 한, 사업시행자에게 한 잔여지 매수청구의 의사표시를 관할 토지수용위원회에 한 잔여지 수용청구의 의사표시로 볼 수는 없다.

5. **잔여지매수청구권의 법적 성질(2002다68713)(형성권 ×, 청구권 ○)**

   잔여지 매수청구는 어디까지나 사법상의 매매계약에 있어 청약에 불과하다고 할 것이므로 사업시행자가 이를 승낙하여 매매계약이 성립하지 아니한 이상, 토지소유자의 일방적 의사표시에 의하여 잔여지에 대한 매매계약이 성립한다고 볼 수 없다.

🔖 관련 규정(토지보상법 시행령 제39조 잔여지의 판단)

① **잔여지 판단 기준**(대농교종)

   1. **대**지로서 면적이 너무 작거나 부정형(不定形) 등의 사유로 건축물을 건축할 수 없거나 건축물의 건축이 현저히 곤란한 경우

   2. **농**지로서 농기계의 진입과 회전이 곤란할 정도로 폭이 좁고 길게 남거나 부정형 등의 사유로 영농이 현저히 곤란한 경우

   3. 공익사업의 시행으로 **교**통이 두절되어 사용이나 경작이 불가능하게 된 경우

> 4. 제1호부터 제3호까지에서 규정한 사항과 유사한 정도로 잔여지를 **종래의 목적대로** 사용하는 것이 현저히 곤란하다고 인정되는 경우
>
> ② **잔여지 판단 시 고려 사항**(위형이용면)
> 1. 잔여지의 **위**치 · **형**상 · **이**용상황 및 **용**도지역
> 2. 공익사업 편입토지의 **면**적 및 잔여지의 면적

## 제75조(건축물 등 물건에 대한 보상)

① – 원칙 : 건축물 · 입목 · 공작물과 그 밖에 토지에 정착한 물건(이하 "건축물등"이라 한다)에 대하여는 이전비 보상이 원칙이다.

– 예외 : 다음 각 호의 어느 하나에 해당하는 경우에는 해당 물건의 가격으로 보상하여야 한다.
1. 건축물등을 이전하기 어렵거나 그 이전으로 인하여 건축물등을 종래의 목적대로 사용할 수 없게 된 경우
2. 건축물등의 이전비 > 물건의 가격의 경우
3. 사업시행자가 공익사업에 직접 사용할 목적으로 취득하는 경우

② 농작물에 대한 손실은 종류, 성장의 정도 등을 종합적으로 고려하여 보상하여야 한다.

③ 토지에 속한 흙 · 돌 · 모래 또는 자갈(토지와 별도로 취득 또는 사용의 대상이 되는 경우만 해당)에 대하여는 거래가격 등을 고려하여 평가한 적정가격으로 보상하여야 한다.

④ 분묘에 대하여는 이장(移葬)에 드는 비용 등을 산정하여 보상하여야 한다.

⑤ 사업시행자는 건축물등을 이전하기 어렵거나 그 이전으로 인하여 건축물등을 종래의 목적대로 사용할 수 없게 된 경우 또는 건축물등의 이전비 > 물건의 가격의 경우 수용 재결을 신청할 수 있다.

> ↩ **관련 판례**
>
> 1. **부가가치세 상당의 손실보상 가능 여부**(2015두2963)
> 피수용자가 부가가치세법상의 납세의무자인 사업자로서 손실보상금으로 수용된 건축물 등을 다시 신축하는 것이 자기의 사업을 위하여 사용될 재화 또는 용역을 공급받는 경우에 해당하면 건축비 등에 포함된 부가가치세는 매입세액에 해당하여 피수용자가 자기의 매출세액에서 공제받거나 환급받을 수 있으므로 실질적으로는 피수용자가 부담하지 않게 된다. 따라서 이러한 경우에는 다른 특별한 사정이 없는 한 피수용자가 사업시행자에게 위 부가가치세 상당을 손실보상으로 구할 수는 없다.
>
> 2. **손실보상만을 목적으로 설치된 지장물의 손실보상 가능성**(2012두22096)
> 사업인정고시 전에 공익사업시행지구 내 토지에 설치한 공작물 등 지장물은 원칙적으로 손실보상의 대상이 된다고 보아야 한다. 그러나 손실보상은 특별한 희생에 대한 전보라는 점을 고려할 때,사업시행자의 보상계획공고 등으로 공익사업의 시행과 보상 대상 토지의 범위 등이 객관적으로 확정된 후 해당 토지에 지장물을 설치하는 경우에 그 공익사업의 내용, 해당 토지의 성질, 용도, 규모 및 그 설치시기 등에 비추어 그 지장물이 해당 토지의 통상의 이용과 관계없거나 이용 범위를 벗어나는 것으로 손실보상만을 목적으로 설치되었음이 명백하다면, 그 지장물은 예외적으로 손실보상의 대상에 해당하지 아니한다고 보아야 한다.

**🔖 관련 규정(토지보상법 시행규칙 제33조 건축물의 평가)**

① 건축물에 대하여는 그 **구조·이용상태·면적·내구연한·유용성** 및 **이전가능성** 그 밖에 가격형성에 관련되는 제요인을 종합적으로 고려하여 평가한다.(구이면내유이그)

② – 원칙 : 건축물의 가격은 원가법으로 평가한다.
  – 예외 : 주거용 건축물에 있어서는 거래사례비교법 〉 원가법의 경우, 구분소유권의 대상이 되는 건물의 가격은 거래사례비교법으로 평가한다.

③ 건축물의 사용료는 임대사례비교법으로 평가한다. 다만, 임대사례비교법으로 평가하는 것이 적정하지 아니한 경우에는 적산법으로 평가할 수 있다.

④ 물건의 가격으로 보상한 건축물의 철거비용은 사업시행자가 부담한다. (소유자가 당해 건축물의 구성부분을 사용 또는 처분할 목적으로 철거하는 경우에는 소유자 부담)

**🔖 관련 내용**

**1. 이전수용의 의의**

건축물 등은 이전비 보상이 원칙이나. ① 이전이 어렵거나, 이전으로 종래 목적대로 사용이 곤란한 경우, ② 이전비가 가격을 넘는 경우 이를 이전에 갈음하여 수용하는 것을 말한다. (이전에 갈음하는 수용)

## 제75조의2(잔여 건축물의 손실에 대한 보상 등)

① – 원칙 : 사업시행자는 동일한 소유자에게 속하는 일단의 건축물의 일부가 취득되거나 사용됨으로 인하여 잔여 건축물의 가격이 감소하거나 그 밖의 손실이 있을 때에는 그 손실을 보상하여야 한다.
  – 예외 : 잔여 건축물의 가격 감소분과 보수비(시설개선비 제외)를 합한 금액이 잔여 건축물의 가격보다 큰 경우 사업시행자는 그 잔여 건축물을 매수할 수 있다.

② 동일한 소유자에게 속하는 일단의 건축물의 일부가 협의에 의하여 매수되거나 수용됨으로 인하여 잔여 건축물을 종래의 목적에 사용하는 것이 현저히 곤란할 때에는 그 건축물소유자는 사업시행자에게 잔여 건축물을 매수청구를 할 수 있으며, 사업인정 이후에는 관할 토지수용위원회에 수용을 청구할 수 있다(수용 청구는 매수에 관한 협의가 성립되지 아니한 경우에만 하되, 사업완료일까지 하여야 한다).

③ 보상 및 잔여 건축물의 취득에 관하여는 제9조 제6항 및 제7항을 준용한다.

④ 보상에 관하여는 사업이 완료된 날 또는 사업완료의 고시가 있는 날부터 1년이 지난 후에는 청구할 수 없고, 잔여 건축물의 취득 시 사업인정(제20조) 및 사업인정고시(제22조)가 된 것으로 본다.

## 제76조(권리의 보상)

① 광업권·어업권·양식업권 및 물(용수시설을 포함) 등의 사용에 관한 권리에 대하여는 투자비용, 예상 수익 및 거래가격 등을 고려하여 평가한 적정가격으로 보상하여야 한다.

② 보상액의 구체적인 산정 및 평가방법은 국토교통부령으로 정한다.

## 제77조(영업의 손실 등에 대한 보상)

① 영업을 폐업하거나 휴업함에 따른 영업손실에 대하여는 영업이익과 시설의 이전비용 등을 고려하여 보상하여야 한다.

② 농업의 손실에 대하여는 농지의 단위면적당 소득 등을 고려하여 실제 경작자에게 보상하여야 한다(농지소유자가 해당 지역에 거주하는 농민인 경우에는 농지소유자와 실제 경작자가 협의하는 바에 따라 보상 가능).

③ 휴직하거나 실직하는 근로자의 임금손실에 대하여는 「근로기준법」에 따른 평균임금 등을 고려하여 보상하여야 한다.

④ 보상액의 구체적인 산정 및 평가 방법과 보상기준, 제2항에 따른 실제 경작자 인정기준에 관한 사항은 국토교통부령으로 정한다.

> 🔁 **영업손실보상 관련 판례(제77조 제1항)**
>
> 1. **가설건축물 영업손실(2001다7209)**
>    토지소유자는 자신의 비용으로 그 가설건축물을 철거하여야 할 의무를 부담할 뿐 아니라 가설건축물의 철거에 따른 손실보상을 청구할 수 없고, 소유자가 그 손실보상을 청구할 수 없는 이상 그의 가설건축물의 이용권능에 터잡은 임차인 역시 그 가설건축물의 철거에 따른 영업손실의 보상을 청구할 수는 없다.
>
> 2. **영업손실보상의 권리구제(2009두10963)**
>    영업손실에 대한 보상을 받기 위해서는, 토지보상법 제34조, 제50조 등에 규정된 재결절차를 거친 다음 그 재결에 대하여 불복이 있는 때에 비로소 토지보상법 제83조 내지 제85조에 따라 권리구제를 받을 수 있을 뿐이다. 이러한 재결절차를 거치지 않은 채 곧바로 사업시행자를 상대로 손실보상을 청구하는 것은 허용되지 않는다.
>
> 🔁 **농업손실보상 관련 판례(제77조 제2항)**
>
> 1. **농업손실보상청구권의 법적 성질(2009다43461)**
>    농업손실보상청구권은 적법한 공권력의 행사에 의한 재산상의 특별한 희생에 대하여 전체적인 공평부담의 견지에서 공익사업의 주체가 그 손해를 보상하여 주는 손실보상의 일종으로 공법상의 권리임이 분명하므로 그에 관한 쟁송은 민사소송이 아닌 행정소송절차에 의하여야 한다.
>
> 2. **재결전치주의(2009다43461)**
>    농업손실에 대한 보상을 받기 위해서는 토지보상법 제34조, 제50조 등에 규정된 재결절차를 거친 다음 그 재결에 불복이 있는 때에 비로소 토지보상법 제83조, 제85조에 따라 권리구제를 받을 수 있다.
>
> 3. **영농손실보상(2022두34913)**
>    (1) 영농보상의 성격
>       영농손실보상은 원칙적으로 폐업보상과 마찬가지로 장래의 2년간 일실소득을 보상함으로써, 농민이 대체 농지를 구입하여 영농을 재개하거나 다른 업종으로 전환하는 것을 보장하기 위한 것으로서 간접보상이자 생활보상으로서의 성격을 가진다.
>    (2) 특별한 희생을 보상하기 위함인지 여부
>       영농보상 역시 공익사업시행지구 안에서 수용의 대상인 농지를 이용하여 경작을 하는 자가 그 농지의 수용으로 인하여 장래에 영농을 계속하지 못하게 되어 특별한 희생이 생기는 경우 이를 보상하

기 위한 것이기 때문에, 특별한 희생이 생겼다고 할 수 없는 경우에는 손실보상 또한 있을 수 없다.

(3) 시설 콩나물도 단서에 해당하는지 여부
[별지2]에서 규정하고 있는 작물인 버섯, 화훼 등 모두 직접 해당 농지의 지력을 이용하지 않고 용기에 재배한다는 점에서 재배방식이 유사한 점, 재배시설 이전이 어렵지 않다는 점, 열거된 작목이 아니더라도 객관적이고 합리적으로 판단 가능한다는 점을 고려하면 시설콩나물 재배업에 관하여도 단서 제2호를 적용할 수 있다고 봄이 타당하다.

4. 미나리 사건(2011다27103)

보상금을 지급하지 않고 승낙도 받지 않은 채 미리 공사에 착수하여 영농을 계속할 수 없게 하였다면 이는 공익사업법상 사전보상의 원칙을 위반한 것으로서 위법하므로 사업시행자는 2년분의 영농손실보상금을 지급하는 것과 별도로 영농을 할 수 없게 된 때부터 수용개시일까지 입은 손해에 대하여 배상할 책임이 있다(손해배상액은 손실보상상당액으로 함).

## 제78조(이주대책의 수립 등)

① 사업시행자는 공익사업의 시행으로 인하여 주거용 건축물을 제공함에 따라 생활의 근거를 상실하게 되는 자를 위하여 이주대책을 수립·실시하거나 이주정착금을 지급하여야 한다.

② 사업시행자는 이주대책을 수립하려면 미리 관할 지방자치단체의 장과 협의하여야 한다.

③ 국가나 지방자치단체는 이주대책의 실시에 따른 주택지의 조성 및 주택의 건설에 대하여는 주택도시기금을 우선적으로 지원하여야 한다.

④ 이주대책의 내용에는 이주정착지(주택단지 포함)에 대한 도로, 급수시설, 배수시설, 그 밖의 공공시설 등 통상적인 수준의 생활기본시설이 포함되어야 하며, 이에 필요한 비용은 사업시행자가 부담한다(행정청이 아닌 사업시행자가 이주대책을 수립·실시하는 경우 지방자치단체는 비용의 일부를 보조할 수 있다).

⑤ - 이주대책의 실시에 따른 주택지 또는 주택을 공급받기로 결정된 권리는 소유권이전등기를 마칠 때까지 전매(매매, 증여, 그 밖에 권리의 변동을 수반하는 모든 행위를 포함, 상속은 제외)할 수 없다.
   - 위반하거나, 다음 각 호의 어느 하나에 해당하는 경우에는 이주정착금으로 지급
     1. 제93조(벌칙), 제96조(벌칙) 및 제97조 제2호(벌칙)의 어느 하나에 해당하는 위반행위를 한 경우
     2. 「공공주택 특별법」 제57조 제1항 및 제58조 제1항 제1호의 어느 하나에 해당하는 위반행위를 한 경우
     3. 「한국토지주택공사법」 제28조의 위반행위를 한 경우

⑥ 주거용 건물의 거주자에 대하여는 주거 이전에 필요한 비용과 가재도구 등 동산의 운반에 필요한 비용을 산정하여 보상하여야 한다.

⑦ 공익사업의 시행으로 인하여 영위하던 농업·어업을 계속할 수 없게 되어 다른 지역으로 이주하는 농민·어민이 받을 보상금이 없거나 그 총액이 국토교통부령으로 정하는 금액에 미치지 못하는 경우에는 그 금액 또는 그 차액을 보상하여야 한다.

⑧ 사업시행자는 해당 공익사업이 시행되는 지역에 거주하고 있는 수급권자 및 차상위계층이 취업을 희망하는 경우에는 그 공익사업과 관련된 업무에 우선적으로 고용할 수 있으며, 이들의 취업 알선을 위하여 노력하여야 한다.

> 🔖 **관련 판례**
>
> **1. 이주대책의 법적 성질**
> ① 생활보상의 성격(2010다43498)
> 　　이주대책은 이주대책대상자들에 대하여 종전의 생활상태를 원상으로 회복시키면서 인간다운 생활을 보장하여 주기 위한 이른바 생활보상의 일환으로 국가의 적극적이고 정책적인 배려에 의하여 마련된 제도이다.
> ② 강행규정(2007다63089)
> 　　토지보상법 1조 취지와 더불어 이주대책은 생활의 근거를 상실하게 되는 이주대책대상자들에게 종전 생활상태를 원상으로 회복시키면서 동시에 인간다운 생활을 보장하여 주기 위하여 마련된 제도이므로, 사업시행자의 이주대책 수립·실시 의무를 정하고 있는 토지보상법 제78조 제1항은 물론 이주대책의 내용에 관하여 규정하고 있는 같은 조 제4항 본문 역시 당사자의 합의 또는 사업시행자의 재량에 의하여 적용을 배제할 수 없는 강행법규이다.
>
> **2. 이주대책 기준(2008두12610)**
> 　사업시행자는 이주대책기준을 정하여 공급할 택지 또는 주택의 내용이나 수량을 정할 수 있고, 이를 정하는데 재량을 가지므로 사업시행자가 설정한 기준은 그것이 객관적으로 합리적이 아니라거나 타당하지 않다고 볼 만한 다른 특별한 사정이 없는한 존중되어야 한다.
>
> **3. 생활기본시설 설치비용을 분양대금에 포함시킨 경우(2015다49804)**
> 　생활기본시설 설치비용을 분양대금에 포함시킴으로써 이주대책대상자가 생활기본시설 설치비용까지 사업시행자에게 지급하게 되었다면, 특별공급계약 중 생활기본시설 설치비용을 분양대금에 포함시킨 부분은 강행법규인 구 토지보상법 제78조 제4항에 위배되어 무효이다.
>
> **4. 이주대책 면적 초과부분(2023다214252)**
> 　사업시행자는 이주대책을 수립·실시하여야 할 자를 선정하여 그들에게 공급할 택지 또는 주택의 내용이나 수량을 정함에 재량을 가지며, 초과하여 공급한 부분이 사업시행자가 정한 이주대책의 내용이 아니라 일반수분양자에게 공급한 것과 마찬가지로 볼 수 있는 경우 초과부분에 해당하는 분양면적에 대해서는 일반수분양자와 동등하게 생활기본시설 설치비용을 부담시킬 수 있다.
>
> **5. 이주대책 선정 거부(2008두17905)(상가공급의 사례로 생활대책이라는 용어를 사용함)**
> 　생활대책대상자 선정기준에 해당하는 자는 생활대책 대상자 선정 여부의 확인·결정을 신청할 수 있는 권리를 가지는 것이어서, 만일 사업시행자가 그러한 자를 제외하거나 선정을 거부하면, 선정기준에 해당하는 자는 사업시행자를 상대로 항고소송을 제기할 수 있다.
>
> **6. 이주대책대상자 확인·결정(2013두10885)**
> 　이주대책대상자 확인·결정은 구체적인 이주대책상의 수분양권을 부여하는 요건이 되는 행정작용으로서의 처분이고 수분양권의 취득을 희망하는 이주자가 소정의 절차에 따라 이주대책대상자 선정신청을 한 데 대하여 사업시행자가 이주대책대상자가 아니라고 하여 위 확인·결정 등의 처분을 하지 않고 이를 제외시키거나 거부조치한 경우에는, 이주자로서는 사업시행자를 상대로 항고소송에 의하여 제외처분이나 거부처분의 취소를 구할 수 있다.

7. 1차 처분 후 2차 결정의 처분성(2020두50324)

거부처분이 있은 후 당사자가 다시 신청을 한 경우에는 신청의 제목 여하에 불구하고 그 내용이 새로운 신청을 하는 취지라면 관할 행정청이 이를 다시 거절하는 것은 새로운 거부처분이라고 보아야 하며 재신청이 신청기간을 도과하였는지는 본안에서 재신청에 대한 거부처분이 적법한가를 판단하는 단계에서 고려할 요소이지, 소송요건 심사단계에서 고려할 요소가 아니다. (관련 규정 : 행정기본법 제36조 제4항)

💢 관련 규정(토지보상법 시행령 제40조 이주대책의 수립·실시)

1. 수립요건(영 제40조 제3항)

부득이한 사유가 있는 경우를 제외하고는 이주대책대상자 중 이주정착지에 이주를 희망하는 자의 가구 수가 10호(戶) 이상인 경우에 수립·실시한다. 다만, 사업시행자가 이주대책대상자에게 택지 또는 주택을 공급한 경우에는 이주대책을 수립·실시한 것으로 본다.

2. 이주대책 대상자 제외 요건(영 제40조 제5항)

① 무허가건축물 등의 소유자와(89.1.24 이전 무허가 건축물은 제외) ② 관계 법령에 의한 고시 등이 있은 날부터 계약체결일 또는 수용재결까지 계속 거주하고 있지 않은 건축물의 소유자 ③ 타인이 소유하고 있는 건축물에 거주하는 세입자는 이주대책 대상자에서 제외한다.

3. 이주대책 요건 관련 판례

① 불법용도변경(2007두13340)

주거용 건물이 아니었던 건물이 그 이후에 주거용으로 용도 변경된 경우에는 건축 허가를 받았는지 여부에 상관없이 수용재결 내지 협의계약 체결 당시 주거용으로 사용된 건물이라 할지라도 이주대책대상이 되는 주거용 건축물이 될 수 없다.

② 이주대책 대상자 요건(2017다278668)

이주대책 대상자에 해당하기 위해서는 토지보상법 제4조에 해당하는 공익사업의 시행으로 인하여 주거용 건축물을 제공함에 따라 생활의 근거를 상실하게 되어야 한다.

## 제78조의2(공장에 대한 이주대책의 수립 등)

사업시행자는 공익사업의 시행으로 인하여 공장부지가 협의 양도되거나 수용됨에 따라 더 이상 해당 지역에서 공장을 가동할 수 없게 된 자가 희망하는 경우 지정·개발된 인근 산업단지에 입주하게 하는 등 이주대책에 관한 계획을 수립하여야 한다.

## 제79조(기타 토지에 관한 비용보상 등)

① 사업시행자는 공익사업의 시행으로 인하여 취득하거나 사용하는 토지(잔여지 포함) 외의 토지에 통로·도랑·담장 등의 신설이나 그 밖의 공사가 필요할 때에는 그 비용의 전부 또는 일부를 보상하여야 한다(토지 공사의 비용 > 토지의 가격의 경우에는 토지 매수 가능).

② 공익사업이 시행되는 지역 밖에 있는 토지등이 공익사업의 시행으로 인하여 본래의 기능을 다할 수 없게 되는 경우에는 그 손실을 보상하여야 한다.

③ 사업시행자는 제2항에 따른 보상이 필요하다고 인정하는 경우에는 제15조에 따라 보상계획을 공고할 때에 보상을 청구할 수 있다는 내용을 포함하여 공고하거나 대통령령으로 정하는 바에

따라 제2항에 따른 보상에 관한 계획을 공고하여야 한다.

④ 제1항부터 제3항까지에서 규정한 사항 외에 공익사업의 시행으로 인하여 발생하는 손실의 보상 등에 대하여는 국토교통부령으로 정하는 기준에 따른다.

⑤ 손실 또는 비용의 보상은 사업이 완료된 날 또는 사업완료의 고시가 있는 날부터 1년이 지난 후에는 청구할 수 없다

⑥ 토지 취득 시 사업인정(제20조) 및 사업인정고시(제22조)가 된 것으로 본다.

> **↪ 관련 판례**
>
> **1. 간접손실이 손실보상 대상인지 여부(99다27231)**
> 간접적인 영업손실이라고 하더라도 영업상의 재산이익을 본질적으로 침해하는 특별한 희생에 해당하고, 사업시행자는 영업손실이 발생한다는 것을 상당히 확실하게 예측할 수 있었고 그 손실의 범위도 구체적으로 확정할 수 있으므로, 헌법 제23조 제3항에 규정한 손실보상의 대상이 되고, 그 손실에 관하여 직접적인 보상규정이 없더라도 각 규정을 유추적용하여 그에 관한 보상을 인정하는 것이 타당하다.
>
> **2. 간접손실보상의 요건(2001다44352)**
> 관계 법령이 요구하는 허가나 신고 없이 김양식장을 배후지로 하여 간접손실에 대하여 그 손실의 예견 가능성이 없고, 그 손실의 범위도 구체적으로 특정하기 어려워 손실보상에 관한 규정을 유추 적용할 수 없다.
>
> **3. 특별한 희생이 존재하는지 여부(2001다44352)**
> 손실보상은 공공사업의 시행과 같이 적법한 공권력의 행사로 가하여진 재산상의 특별한 희생에 대하여 전체적인 공평부담의 견지에서 인정되는 것이므로, 공공사업의 시행으로 손해를 입었다고 주장하는 자가 보상을 받을 권리를 가졌는지의 여부는 해당 공공사업의 시행 당시를 기준으로 판단하여야 하고, 실시계획 승인과 그에 따른 고시가 된 이후에 영업을 위하여 이루어진 각종 허가나 신고는 공공사업의 시행에 따른 제한이 이미 확정되어 있는 상태에서 이루어진 것이므로 그 이후의 공공사업 시행으로 그 허가나 신고권자가 특별한 손실을 입게 되었다고는 볼 수 없다
>
> **4. 간접손실보상의 불복(2010다23210)**
> 토지보상법 제79조 제2항, 토지보상법 시행규칙 제57조에 따른 사업폐지 등에 대한 보상청구권은 특별한 희생에 대하여 전체적인 공평부담의 견지에서 공익사업의 주체가 손해를 보상하여 주는 손실보상의 일종으로 공법상 권리임이 분명하므로 그에 관한 쟁송은 민사소송이 아닌 행정소송절차에 의하여야 하며, 공익사업으로 인한 사업폐지 등으로 손실을 입게 된 자는 구 공익사업법 제34조, 제50조 등에 규정된 재결절차를 거친 다음 재결에 대하여 불복이 있는 때에 비로소 구 공익사업법 제83조 내지 제85조에 따라 권리구제를 받을 수 있다고 보아야 한다.
>
> **5. 간접침해보상에 대한 손해배상(99다55434)**
> 불법행위 성립요건으로서의 위법성 판단 기준은 그 유해의 정도가 사회생활상 통상의 수인한도를 넘는 것인지 여부라고 할 것이며, 고속도로의 확장으로 인하여 소음·진동이 증가하여 인근 양돈업자가 양돈업을 폐업하게 된 사안에서, 양돈업에 대한 침해의 정도가 사회통념상 일반적으로 수인할 정도를 넘어선 것으로 보아 한국도로공사의 손해배상책임을 인정하였다.
>
> **6. 잠업사 소음 진동 간접손실보상(2018두227)**
> ① 휴업이 불가피한 경우의 의미
>   공익사업시행지구 밖 영업손실보상의 특성과 헌법이 정한 정당한 보상의 원칙에 비추어 보면, 공익

사업시행지구 밖 영업손실보상의 요건인 그 공익사업의 시행으로 설치되는 시설의 형태·구조·사용 등에 기인하여 휴업이 불가피한 경우도 포함된다고 해석함이 타당하다.

② 손실보상청구권과 손해배상청구권

손해배상과 손실보상은 각 요건이 충족되면 성립하는 별개의 청구권이지만 손실보상청구권에는 이미 손해 전보라는 요소가 포함되어 있어 양자의 청구권을 동시에 행사할 수 있다고 본다면 이중배상의 문제가 발생하므로, 어느 하나만을 선택적으로 행사할 수 있을 뿐이고, 손실보상 청구기간이 도과하여 손실보상청구권을 더 이상 행사할 수 없는 경우에도 손해배상의 요건이 충족되는 이상 여전히 손해배상청구는 가능하다.

③ 재결전치주의

공익사업으로 인하여 공익사업시행지구 밖에서 영업을 휴업하는 자가 토지보상법 시행규칙 제47조 제1항에 따라 영업손실에 대한 보상을 받기 위해서는, 토지보상법 제34조, 제50조 등에 규정된 재결절차를 거친 다음 그 재결에 대하여 불복이 있는 때에 비로소 토지보상법 제83조 내지 제85조에 따라 권리구제를 받을 수 있을 뿐이다.

④ 간접손실보상의 권리구제

손실보상대상에 해당함에도 관할 토지수용위원회가 사실을 오인하거나 법리를 오해함으로써 손실보상대상에 해당하지 않는다고 잘못된 내용의 재결을 한 경우에는, 피보상자는 관할 토지수용위원회를 상대로 그 재결에 대한 취소소송을 제기할 것이 아니라, 사업시행자를 상대로 토지보상법 제85조 제2항에 따른 보상금증감소송을 제기하여야 한다.

## 제80조(손실보상의 협의·재결)

① 제79조 제1항 및 제2항에 따른 비용 또는 손실이나 토지의 취득에 대한 보상은 사업시행자와 손실을 입은 자가 협의하여 결정한다.

② 협의가 성립되지 아니하였을 때에는 사업시행자나 손실을 입은 자는 관할 토지수용위원회에 재결을 신청할 수 있다.

## 제81조(보상업무 등의 위탁)

① 사업시행자는 보상 또는 이주대책에 관한 업무를 다음 각 호의 기관에 위탁할 수 있다.
1. 지방자치단체
2. 보상실적이 있거나 보상업무에 관한 전문성이 있는 공공기관 또는 지방공사로서 대통령령으로 정하는 기관

② 위탁 시 업무범위, 수수료 등에 관하여 필요한 사항은 대통령령으로 정한다.

## 제82조(보상협의회)

① 지방자치단체의 장은 필요한 경우에는 다음 각 호의 사항을 협의하기 위하여 보상협의회를 둘 수 있다(공익사업지구 면적이 10만제곱미터 이상, 토지 등의 소유자가 50인 이상인 경우는 필수).
1. 보상액 평가를 위한 사전 의견수렴에 관한 사항
2. 잔여지의 범위 및 이주대책 수립에 관한 사항
3. 해당 사업지역 내 공공시설의 이전 등에 관한 사항

4. 토지소유자나 관계인 등이 요구하는 사항 중 지방자치단체의 장이 필요하다고 인정하는 사항

5. 그 밖에 지방자치단체의 장이 회의에 부치는 사항

② 보상협의회 위원은 다음 각 호의 사람 중에서 지방자치단체의 장이 임명하거나 위촉한다(제1항 각 호 외의 부분 단서에 따라 보상협의회를 설치하는 경우에는 대통령령으로 정하는 사람이 임명하거나 위촉).

1. 토지소유자 및 관계인

2. 법관, 변호사, 공증인 또는 감정평가나 보상업무에 5년 이상 종사한 경험이 있는 사람

3. 해당 지방자치단체의 공무원

4. 사업시행자

③ 보상협의회의 설치·구성 및 운영 등에 필요한 사항은 대통령령으로 정한다.


# 제7장  이의신청 등

## 제83조(이의의 신청)

① 중앙토지수용위원회의 제34조에 따른 재결에 이의가 있는 자는 중앙토지수용위원회에 이의를 신청할 수 있다.

② 지방토지수용위원회의 제34조에 따른 재결에 이의가 있는 자는 해당 지방토지수용위원회를 거쳐 중앙토지수용위원회에 이의를 신청할 수 있다.

③ 이의의 신청은 재결서의 정본을 받은 날부터 30일 이내에 하여야 한다.

---

### 관련 판례

1. **이의신청/이의재결 불복 기간 위헌 논의(93누9312)**

   이의신청기간과 이의재결 행정소송 제소기간을 행정심판 청구기간과 행정소송 제소기간보다 짧게 규정한 것은 공익사업을 신속히 수행하여야 할 특수성과 전문성을 살리기 위한 필요에서 된 것으로 위헌이 아니다.

2. **수용재결서가 적법하게 송달되지 않았을 때(94누9085)**

   수용재결서가 수용시기 이전에 피수용자에게 적법하게 송달되지 아니하였다고 하여 수용절차가 당연 무효가 된다고 할 수 없고, 다만 그 수용재결서의 정본이 적법하게 송달된 날부터 수용재결에 대한 이의신청기간이 진행된다.

### 관련 내용

1. **이의신청의 의의 및 성격**

   관할 토지수용위원회의 위법, 부당한 재결에 불복이 있는 토지소유자 및 사업시행자가 중앙토지수용위원회에 이의를 신청하는 것을 말하며 특별법상 행정심판에 해당한다.

---

## 제84조(이의신청에 대한 재결)

① 중앙토지수용위원회는 제83조에 따른 이의신청을 받은 경우 제34조에 따른 재결이 위법하거나 부당하다고 인정할 때에는 그 재결의 전부 또는 일부를 취소하거나 보상액을 변경할 수 있다.

② 보상금이 늘어난 경우 사업시행자는 재결의 취소 또는 변경의 재결서 정본을 받은 날부터 30일 이내에 보상금을 받을 자에게 그 늘어난 보상금을 지급하여야 한다(보상금을 받을 자가 그 수령을 거부하거나 보상금을 수령할 수 없을 때, 사업시행자의 과실 없이 보상금을 받을 자를 알 수 없을 때, 압류나 가압류에 의하여 보상금의 지급이 금지되었을 때 공탁 가능(제40조 제2항 제1호, 제2호, 제4호).

> **⤴ 관련 판례**
>
> **1. 이의재결의 실효 여부(91누8081)**
>
> 이의재결절차는 수용재결과는 확정의 효력 등을 달리하는 별개의 절차이므로 사업시행자가 증액된 보상금을 일정한 기한 내에 지급 또는 공탁하지 아니하였더라도 이의재결 자체가 당연히 실효된다고 할 수는 없다.

## 제85조(행정소송의 제기)

① 제34조에 따른 재결에 불복할 때에는 재결서를 받은 날부터 90일 이내에, 이의신청을 거쳤을 때에는 이의신청에 대한 재결서를 받은 날부터 60일 이내에 각각 행정소송을 제기할 수 있다. 이 경우 사업시행자는 행정소송을 제기하기 전에 제84조에 따라 늘어난 보상금을 공탁하여야 하며, 보상금을 받을 자는 공탁된 보상금을 소송이 종결될 때까지 수령할 수 없다.

② 행정소송이 보상금의 증감에 관한 소송인 경우 그 소송을 제기하는 자가 토지소유자 또는 관계인일 때에는 사업시행자를, 사업시행자일 때에는 토지소유자 또는 관계인을 각각 피고로 한다.

> **⤴ 취소소송(제85조 제1항)**
>
> **1. 관련 판례**
>
> ① 최근 판례(원처분주의 2008두1504)
>
> 수용재결에 불복하여 취소소송을 제기하는 때에는 이의신청을 거친 경우에도 수용재결을 한 중앙토지수용위원회 또는 지방토지수용위원회를 피고로 하여 수용재결의 취소를 구하여야 하고, 다만 이의신청에 대한 재결 자체에 고유한 위법이 있음을 이유로 하는 경우에는 그 이의재결을 한 중앙토지수용위원회를 피고로 하여 이의재결의 취소를 구하여야 한다.
>
> ② 종전 판례(재결주의 2001두1468)
>
> 토지수용에 관한 취소소송은 중앙토지수용위원회의 이의재결에 대하여 불복이 있을 때에 제기할 수 있고 수용재결은 취소소송의 대상으로 삼을 수 없으며, 이의재결 에 대한 행정소송에서는 이의재결 자체의 고유한 위법 사유뿐 아니라 이의신청사유로 삼지 않은 수용재결의 하자도 주장할 수 있는 것이다.

## 2. 관련 내용

① 원처분주의의 의의 : 원처분과 재결 모두에 대해 소를 제기할 수 있으나, 원처분의 취소소송에서는 원처분의 위법을 다투고, 재결의 고유한 위법에 대해서는 재결취소소송으로 다투도록 하는 것이다.

② 재결주의의 의의 : 원처분에 대해서는 소송을 제기할 수 없고, 재결에 대해서만 소송을 제기하도록 하는 제도이다.

### ⟳ 보상금증감청구소송(제85조 제2항)

## 1. 관련 판례

① 사업시행자의 보상금 공탁 시기(2006두9832)

사업시행자가 재결에 불복하여 이의신청을 거쳐 행정소송을 제기하는 경우에는 원칙적으로 행정소송 제기 전에 이의재결에서 증액된 보상금을 공탁하여야 하지만, 제소 당시 그와 같은 요건을 구비하지 못하였다 하여도 사실심 변론종결 당시까지 그 요건을 갖추었다면 그 흠결의 하자는 치유되었다고 본다.

② 간접손실보상의 권리구제(2018두227)

손실보상대상에 해당함에도 관할 토지수용위원회가 사실을 오인하거나 법리를 오해함으로써 손실보상대상에 해당하지 않는다고 잘못된 내용의 재결을 한 경우에는, 피보상자는 관할 토지수용위원회를 상대로 그 재결에 대한 취소소송을 제기할 것이 아니라, 사업시행자를 상대로 토지보상법 제85조 제2항에 따른 보상금증감소송을 제기하여야 한다.

③ 잔여지수용청구권(2008두822)

토지보상법 제74조 제1항에 규정되어 있는 잔여지 수용청구권은 손실보상의 일환으로 토지소유자에게 부여되는 권리로서 그 요건을 구비한 때에는 잔여지를 수용하는 토지수용위원회의 재결이 없더라도 그 청구에 의하여 수용의 효과가 발생하는 형성권적 성질을 가지므로, 잔여지 수용청구를 받아들이지 않은 토지수용위원회의 재결에 대하여 토지소유자가 불복하여 제기하는 소송은 위 법 제85조 제2항에 규정되어 있는 보상금의 증감에 관한 소송에 해당하여 사업시행자를 피고로 하여야 한다.

④ 당사자적격 상실 여부(2018두67)

금전채권을 가진 제3자는 재결에 대하여 간접적이거나 사실적, 경제적 이해관계를 가질 뿐 재결을 다툴 법률상 이익이 있다고 할 수 없어 재결을 다툴 지위까지 취득하였다고 볼 수는 없으므로 손실보상금 채권에 대한 압류, 추심명령이 있다고 하더라도 토지소유자 등이 보증소를 수행할 당사자적격을 상실한다고 볼 수 없다.

⑤ 지연이자의 발생 범위(91누11254)

사업시행자의 손실보상 지급의무는 수용시기로부터 발생하고 행정소송에서 정한 보상액과의 차액 역시 손실보상의 일부이므로, 이 차액이 수용의 시기에 지급되지 않은 이상 이에 대하여 지연손해금이 발생한다.

## 2. 관련 내용

① 소송의 대상 : 취소소송과 달리 처분 등으로 인해 형성된 〈법률관계〉를 소의 대상으로 한다.

② 소송의 형태 : 법률관계 일방당사자를 피고로 하여 제기하나 실질은 재결이라는 처분에 대해 다투는 〈형식적 당사자소송〉이다.

③ 소송의 성질 : 실질적으로 보상액을 확인하고 부족액의 지급을 명한다는 점에서 〈확인급부소송〉으로 봄이 타당하다.

**무효등확인소송**

**1. 무효등확인소송의 의의**

무효등확인소송이란 관할 토지수용위원회의 재결 또는 이의재결의 효력 유무 또는 존재 여부를 확인하는 소송으로서 토지보상법에 규정되어 있지는 않지만 판례로서 인정되고 있다.

**2. 관련 판례(변심 사건 2016두64241)**

① 수용재결이 있은 후 협의하여 계약체결이 가능한지 여부

사업시행자로서는 재결한 보상금을 지급 또는 공탁하지 아니함으로써 재결의 효력을 상실시킬 수 있는 점, 토지소유자 등은 수용재결에 대하여 이의를 신청하거나 행정소송을 제기하여 사업시행자와 보상금액에 관하여 임의로 합의할 수 있는 점, 토지보상법의 입법 목적(제1조)에 비추어 보더라도 수용재결이 있은 후에 사법상 계약의 실질을 가지는 협의취득 절차를 금지해야 할 별다른 필요성을 찾기 어려운 점 등을 종합해 보면, 토지수용위원회의 수용재결이 있은 후라고 하더라도 토지소유자 등과 사업시행자가 다시 협의하여 토지 등의 취득이나 사용 및 그에 대한 보상에 관하여 임의로 계약을 체결할 수 있다고 보아야 한다.

② 회복할 수 있는 권리나 이익이 남아 있는지 여부

수용재결이 있은 후 토지에 관하여 보상금액을 새로 정하여 취득협의서를 작성하였고, 소유권이전등기까지 마친 점 등을 종합해 보면, 계약을 새로 체결하였다고 볼 여지가 충분하고, 수용재결의 무효확인 판결을 받더라도 토지의 소유권을 회복시키는 것이 불가능하고, 나아가 무효확인으로써 회복할 수 있는 다른 권리나 이익이 남아 있다고도 볼 수 없다.

## 제86조(이의신청에 대한 재결의 효력)

① 제85조 제1항에 따른 기간 이내에 소송이 제기되지 아니하거나 그 밖의 사유로 이의신청에 대한 재결이 확정된 때에는 「민사소송법」상의 확정판결이 있은 것으로 보며, 재결서 정본은 집행력 있는 판결의 정본과 동일한 효력을 가진다.

② 사업시행자, 토지소유자 또는 관계인은 이의신청에 대한 재결이 확정되었을 때에는 관할 토지수용위원회에 재결확정증명서의 발급을 청구할 수 있다.

## 제87조(법정이율에 의한 가산지급)

제85조 제1항에 따라 사업시행자가 제기한 행정소송이 각하·기각 또는 취하된 경우 다음 각 호의 어느 하나에 해당하는 날부터 판결일 또는 취하일까지의 기간에 대하여 「소송촉진 등에 관한 특례법」 제3조에 따른 법정이율을 적용하여 산정한 금액을 보상금에 가산하여 지급하여야 한다.

1. 재결이 있은 후 소송을 제기하였을 때에는 재결서 정본을 받은 날

2. 이의신청에 대한 재결이 있은 후 소송을 제기하였을 때에는 그 재결서 정본을 받은 날

**관련 판례**

**1. 행정소송이 각하·기각 또는 취하된 경우(2021두57667)**

사업시행자가 수용재결에 불복하여 이의신청을 한 후 다시 이의재결에 불복하여 행정소송을 제기하였으나 행정소송이 각하·기각 또는 취하된 경우'에는 토지보상법 제87조 제2호가 적용되어 사업시행자는 이의재결서 정본을 받은 날부터 판결일 또는 취하일까지의 기간에 대하여 지연가산금을 지급할 의무가 있고, 위 경우에까지 토지보상법 제87조 제1호가 동시에 적용된다고 볼 수는 없다.

2. 법 제30조에 따른 지연가산금을 가산금 범위에 포함하여야 하는지 여부 (2018두54675)

  사업시행자는 청구를 받은 날부터 60일 이내에 관할 토지수용위원회에 재결을 신청하여야 하고, 만일 사업시행자가 그 기간을 넘겨서 재결을 신청하였을 때에는 그 지연된 기간에 대하여 법정이율을 적용하여 산정한 금액인 지연가산금을 관할 토지수용위원회에서 재결한 재결보상금에 가산하여 지급하여야 한다

## 제88조(처분효력의 부정지)

  제83조에 따른 이의의 신청이나 제85조에 따른 행정소송의 제기는 사업의 진행 및 토지의 수용 또는 사용을 정지시키지 아니한다.

## 제89조(대집행)

① 토지보상법상 의무 또는 처분으로 인한 의무를 이행하여야 할 자가 정하여진 기간 이내에 의무를 **이**행하지 아니하거나 **완**료하기 어려운 경우 또는 의무를 이행하게 하는 것이 현저히 **공**익을 해친다고 인정되는 사유가 있는 경우에는 사업시행자는 시·도지사나 시장·군수 또는 구청장에게 대집행을 신청할 수 있다(신청을 받은 시·도지사나 시장·군수 또는 구청장은 정당한 사유가 없으면 이에 따라야 한다)(이완공).

② 국가나 지방자치단체인 경우에는 직접 대집행을 할 수 있다.

③ 사업시행자가 대집행을 신청하거나 직접 대집행을 하려는 경우에는 국가나 지방자치단체는 의무를 이행하여야 할 자를 보호하기 위하여 노력하여야 한다.

> 🔖 관련 판례
>
> 1. 기간 내 완료하기 어려운 경우(2002도4582)
>
>   기간 내에 완료할 가망이 없는 경우라고 함은 그 의무의 내용과 이미 이루어진 이행의 정도 및 이행의 의사 등에 비추어 해당 의무자가 그 기한 내에 의무이행을 완료하지 못할 것이 명백하다고 인정되는 경우를 말한다.
>
> 2. 협의에 의한 철거약정이 대집행의 대상이 되는지 여부(2006두7096)
>
>   협의취득은 사경제주체로서 행하는 사법상 매매 내지 사법상 계약의 실질을 가지는 것으로, 그 협의취득시 건물소유자가 매매대상 건물에 대한 철거의무를 부담하겠다는 취지의 약정을 하였다고 하더라도 이러한 철거의무는 공법상의 의무가 될 수 없고, 행정대집행법에 의한 대집행의 대상이 되지 않는다.
>
> 3. 대집행 시 실력행사 가능성(2006두7096)
>
>   약정한 철거의무는 공법상 의무가 아닐 뿐만 아니라, 공익사업을 위한 토지 등의 취득 및 보상에 관한 법률 제89조에서 정한 행정대집행법의 대상이 되는 '이 법 또는 이 법에 의한 처분으로 인한 의무'에도 해당하지 아니하므로 위 철거의무에 대한 강제적 이행은 행정대집행법상 대집행의 방법으로 실현할 수 없다.

> 🔗 관련 내용

1. 대집행의 의의(행정기본법 제30조)

   의무자가 행정상 의무로서 타인이 대신하여 행할 수 있는 의무를 이행하지 아니하는 경우 법률로 정하는 다른 수단으로는 그 이행을 확보하기 곤란하고 그 불이행을 방치하면 공익을 크게 해칠 것으로 인정될 때에 행정청이 의무자가 하여야 할 행위를 스스로 하거나 제3자에게 하게 하고 그 비용을 의무자로부터 징수하는 것

2. 대집행법상 요건(행정대집행법 제2조)(대다방)

   ① 법률이나 명령에 따른 공법상 의무의 불이행
   ② 대체적 작위의무의 불이행
   ③ 다른 대체수단으로 이행하는 것이 곤란
   ④ 의무의 불이행 방치가 공익을 해한다고 인정

3. 신설 규정(제89조 제3항)의 입법 취지

   인권침해방지 노력규정으로서의 입법 취지가 있다.

## 제90조(강제징수)

특별자치도지사, 시장·군수 또는 구청장은 의무자가 토지나 물건의 인도 또는 이전의 대행 비용(제44조 제2항)을 내지 아니할 때에는 지방세 체납처분의 예에 따라 징수할 수 있다.

# 제8장 환매권

## 제91조(환매권)

① 공익사업의 폐지·변경 또는 그 밖의 사유로 취득한 토지의 전부 또는 일부가 필요 없게 된 경우 토지의 협의취득일 또는 수용의 개시일 당시의 토지소유자 또는 그 포괄승계인은 다음 각 호의 구분에 따른 날부터 10년 이내에 받은 보상금에 상당하는 금액을 사업시행자에게 지급하고 그 토지를 환매할 수 있다.

1. 사업의 폐지·변경으로 취득한 토지의 전부 또는 일부가 필요 없게 된 경우 : 관계 법률에 따라 사업이 폐지·변경된 날 또는 제24조에 따른 사업의 폐지·변경 고시가 있는 날

2. 그 밖의 사유로 취득한 토지의 전부 또는 일부가 필요 없게 된 경우 : 사업완료일

② 취득일부터 5년 이내에 취득한 토지의 전부를 해당 사업에 이용하지 아니하였을 때에는 취득일부터 6년 이내에 행사하여야 한다.

③ 제74조 제1항에 따라 매수하거나 수용한 잔여지는 그 잔여지에 접한 일단의 토지가 필요 없게 된 경우가 아니면 환매할 수 없다.

④ 토지의 가격이 취득일 당시에 비하여 현저히 변동된 경우 사업시행자와 환매권자는 환매금액에 대하여 서로 협의하되, 협의가 성립되지 아니하면 그 금액의 증감을 법원에 청구할 수 있다.

⑤ 환매권은 토지의 협의취득 또는 수용의 등기가 되었을 때에는 제3자에게 대항할 수 있다.

⑥ 국가, 지방자치단체 또는 공공기관이 사업인정을 받아 공익사업에 필요한 토지를 협의취득하거나 수용한 후 해당 공익사업이 제4조 제1호부터 제5호까지에 규정된 다른 공익사업(별표에 따른 사업이 제4조 제1호부터 제5호까지에 규정된 공익사업에 해당하는 경우를 포함)으로 변경된 경우 환매권 행사기간은 관보에 해당 공익사업의 변경을 고시한 날부터 기산(起算)한다. 이 경우 국가, 지방자치단체 또는 공공기관은 공익사업이 변경된 사실을 환매권자에게 통지하여야 한다.

> ## 🔖 환매권 관련 판례
>
> ### 1. 환매권의 취지
>   ① 피수용자의 감정의 존중(91다29927)
>   환매권을 인정하고 있는 입법이유는, 토지 등의 원소유자가 사업시행자로부터 토지 등의 대가로 정당한 손실보상을 받았다고 하더라도 원래 자신의 자발적인 의사에 기하여 그 토지 등의 소유권을 상실하는 것이 아니어서, 완전보상 이후에도 피수용자의 감정상의 손실이 남아 있으므로 그 감정상의 손실을 수인할 공익상의 필요가 소멸된 때에는 원소유자의 의사에 따라 그 토지 등의 소유권을 회복시켜 주는 것이 공평의 원칙에 부합한다는 데에 있다.
>   ② 재산권 존속보장(97헌마87·88 병합)
>   수용된 토지 등이 공익사업에 필요 없게 되었을 경우에는 피수용자가 그 토지 등의 소유권을 회복할 수 있는 권리, 즉 환매권은 헌법이 보장하는 재산권의 내용에 포함되는 권리라고 보는 것이 상당하다.
>
> ### 2. 환매권의 법적 성질
>   ① 형성권(2011다74109)
>   환매는 환매기간 내에 환매의 요건이 발생하면 환매권자가 지급 받은 보상금에 상당한 금액을 사업시행자에게 미리 지급하고 일방적으로 의사표시를 함으로써 사업시행자의 의사와 관계없이 환매가 성립한다
>   ② 공권인지 여부(92헌마283)
>   환매권의 행사는 환매권자의 일방적 의사표시만으로 성립하는 것이지, 사업시행자 또는 기업의 동의를 얻어야 하거나 그 의사 여하에 따라 그 효과가 좌우되는 것은 아니므로 그것을 가리켜 헌법소원심판의 대상이 되는 공권력의 행사라고 볼 수는 없다.
>
> ### 3. 환매 대상(2010다6611)
>   환매권 행사로 인한 매수의 성질은 사법상 매매와 같은 것으로서 환매 대상이 되는 것은 당초 국가가 수용한 목적물 내지 권리와 동일하다고 보아야 하므로 어느 공유자가 국가와 1필지 토지에 관하여 구분소유적 공유관계에 있는 상태에서 국가로부터 그 공유자가 가지는 1필지의 특정 부분에 대한 소유권을 수용당하였다가 그 후 환매권을 행사한 경우 그 공유자가 환매로 취득하는 대상은 당초 수용이 된 대상과 동일한 1필지의 특정 부분에 대한 소유권이고, 이와 달리 1필지 전체에 대한 공유지분이라고 볼 수는 없다.
>
> ### 4. 환매권의 행사요건
>   ① 당해 사업(2018다233242)
>   당해 사업이란 사업인정 시 구체적으로 특정된 공익사업을 의미한다.

② 필요 없게 되었는지 여부(2018다233242)

필요 없게 되었는지 여부는 사업시행자의 주관적 의사를 표준으로 할 것이 아니라, 당해 사업의 목적과 내용, 협의취득의 경위와 범위, 당해 토지와 사업의 관계, 용도 등 제반 사정에 비추어 객관적·합리적으로 판단하여야 한다.

③ 제3자에게 처분된 경우(2010다30782)

공익사업을 위해 협의취득하거나 수용한 토지가 제3자에게 처분된 경우에는 특별한 사정이 없는 한 그 토지는 당해 공익사업에는 필요 없게 된 것이라고 보아야 한다.

④ 법 제91조 제1항과 제2항의 관계(92다50652)

토지보상법 제91조 제1항과 제2항은 환매권 발생요건을 서로 달리하고 있으므로 어느 한쪽의 요건에 해당되면 다른 쪽의 요건을 주장할 수 없게 된다고 할 수는 없고, 양쪽의 요건에 모두 해당된다고 하여 더 짧은 제척기간을 정한 제2항에 의하여 제1항의 환매권의 행사가 제한된다고 할 수도 없을 것이므로 제2항의 규정에 의한 제척기간이 도과되었다 하여 제1항의 규정에 의한 환매권 행사를 할 수 없는 것도 아니다.

## 5. 소유권 이전등기(2011다74109)

환매는 환매기간 내에 환매의 요건이 발생하면 환매권자가 지급 받은 보상금에 상당한 금액을 사업시행자에게 미리 지급하고 일방적으로 의사표시를 함으로써 사업시행자의 의사와 관계없이 환매가 성립한다. 따라서 환매기간 내에 환매대금 상당을 지급하거나 공탁하지 아니한 경우에는 환매로 인한 소유권이전등기 청구를 할 수 없다.

## 6. 동시이행의 항변 주장 가능 여부(2006다49277)

환매는 환매기간 내에 환매의 요건이 발생하면 환매권자가 지급 받은 보상금에 상당한 금액을 사업시행자에게 미리 지급하고 일방적으로 의사표시를 함으로써 사업시행자의 의사와 관계없이 환매가 성립하고, 토지 등의 가격이 취득 당시에 비하여 현저히 변경되었더라도 환매권을 행사하기 위하여는 지급 받은 보상금 상당액을 미리 지급하여야 하고, 사업시행자는 소로써 법원에 환매대금의 증액을 청구할 수 있을 뿐 환매권 행사로 인한 소유권이전등기 청구소송에서 환매대금 증액청구권을 내세워 증액된 환매대금과 보상금 상당액의 차액을 지급할 것을 선이행 또는 동시이행의 항변으로 주장할 수 없다.

## 7. 환매권의 대항력(2015다238963)

지방자치단체가 토지를 협의취득하여 소유권이전등기를 마쳤으나 해당 토지가 기존사업에 더 이상 필요없게 되어 토지소유자에게 환매권이 발생한 경우, 토지소유자는 환매권이 발생한 때부터 제척기간 도과로 소멸할 때까지 언제라도 환매권을 행사하고, 이로써 제3자에게 대항할 수 있다.

## 8. 환매권상실로 인한 손해배상액의 산정방법(99다45864)

원소유자 등의 환매권상실로 인한 손해배상액은 환매권상실 당시의 목적물의 시가에서 환매권자가 환매권을 행사하였을 경우 반환하여야 할 환매가격을 공제한 금원으로 정하여야 한다.

## ⚓ 공익사업의 변환 관련 판례(환매권 행사의 제한)(제91조 제6항)

## 1. 사업시행자 민간기업도 인정되는지(2014다201391)

변경된 공익사업을 법 제4조 제1호 내지 제5호에 규정된 사업에 한하므로 해당 제도의 남용을 막을 수 있다는 점을 종합하여 고려할 때, 변경된 공익사업의 시행자가 국가, 지자체, 공공기관일 필요는 없다.

## 2. 공익사업요건(2010다30782)

공익사업의 변환은 사업인정을 받은 공익사업이 공익성이 높은 다른 공익사업으로 변경된 경우에 한하여 환매권의 행사를 제한하는 것이므로, 적어도 새로운 공익사업에 관해서도 같은 법 제20조 제1항의

규정에 의해 사업인정을 받거나 또는 위 규정에 따른 사업인정을 받은 것으로 의제하는 다른 법률의
규정에 의해 사업인정을 받은 것으로 볼 수 있는 경우에만 공익사업의 변환에 의한 환매권 행사의 제한
을 인정할 수 있다.

3. **계속 소유 요건(2010다30782)**

공익사업을 위해 협의취득하거나 수용한 토지가 제3자에게 처분된 경우에는 특별한 사정이 없는 한
그 토지는 당해 공익사업에는 필요 없게 된 것이라고 보아야 하고, 변경된 공익사업에 관해서도 마찬가
지이므로, 그 토지가 변경된 사업의 사업시행자 아닌 제3자에게 처분된 경우에는 공익사업의 변환을
인정할 여지도 없다.

4. **공익사업변환의 위헌성(96헌바94)**

공익사업의 원활한 시행을 확보하기 위한 목적에서 신설된 것으로 우선 그 입법목적에 있어서 정당하
고 나아가 변경사용이 허용되는 사업시행자의 범위를 국가, 지방자치단체 또는 공공기관으로 한정하고
사업목적 또한 상대적으로 공익성이 높은 공익사업으로 한정하여 규정하고 있어서 그 입법목적 달성을
위한 수단으로서의 적정성이 인정될 뿐 아니라 피해최소성의 원칙 및 법익균형의 원칙에도 부합된다
할 것이므로 위 법률조항은 헌법 제37조 제2항이 규정하는 기본권 제한에 관한 과잉금지의 원칙에 위
배되지 아니한다.

## 제92조(환매권의 통지 등)

① 사업시행자는 환매할 토지가 생겼을 때에는 지체 없이 환매권자에게 통지하여야 한다(사업시
행자가 과실 없이 환매권자를 알 수 없을 때에는 공고).

② 환매권자는 통지를 받은 날 또는 공고를 한 날부터 6개월이 지난 후에는 환매권을 행사하지
못한다.

# 제9장 벌칙

## 제93조(벌칙)

① 거짓이나 그 밖의 부정한 방법으로 보상금을 받은 자 또는 그 사실을 알면서 보상금을 지급한
자는 5년 이하의 징역 또는 3천만원 이하의 벌금에 처한다.

② 제1항에 규정된 죄의 미수범은 처벌한다.

## 제93조의2(벌칙)

제63조 제3항을 위반하여 토지로 보상받기로 결정된 권리(제63조 제4항에 따라 현금으로 보상받
을 권리를 포함한다)를 전매한 자는 3년 이하의 징역 또는 1억원 이하의 벌금에 처한다.

## 제94조(벌칙) : 삭제

## 제95조(벌칙)

제58조 제1항 제2호에 따라 감정평가를 의뢰받은 감정평가법인등이나 그 밖의 감정인으로서 거짓

이나 그 밖의 부정한 방법으로 감정평가를 한 자는 2년 이하의 징역 또는 1천만원 이하의 벌금에 처한다.

### 제95조의2(벌칙)

다음 각 호의 어느 하나에 해당하는 자는 1년 이하의 징역 또는 1천만원 이하의 벌금에 처한다.

1. 제12조 제1항을 위반하여 장해물 제거등을 한 자
2. 제43조를 위반하여 토지 또는 물건을 인도하거나 이전하지 아니한 자

### 제96조(벌칙)

제25조 제1항(토지 등의 보전) 또는 제2항(사업시행자의 의견) 전단을 위반한 자는 1년 이하의 징역 또는 500만원 이하의 벌금에 처한다.

### 제97조(벌칙)

다음 각 호의 어느 하나에 해당하는 자는 200만원 이하의 벌금에 처한다.

1. 제9조 제2항 본문을 위반하여 특별자치도지사, 시장·군수 또는 구청장의 허가를 받지 아니하고 타인이 점유하는 토지에 출입하거나 출입하게 한 사업시행자
2. 제11조(토지점유자의 인용의무)를 위반하여 사업시행자 또는 감정평가법인등의 행위를 방해한 토지점유자

### 제98조(양벌규정)

법인의 대표자나 법인 또는 개인의 대리인, 사용인, 그 밖의 종업원이 그 법인 또는 개인의 업무에 관하여 제93조, 제93조의2, 제95조, 제95조의2, 제96조 또는 제97조의 어느 하나에 해당하는 위반행위를 하면 그 행위자를 벌하는 외에 그 법인 또는 개인에게도 해당 조문의 벌금형을 과(科)한다. 다만, 법인이나 개인이 그 위반행위를 방지하기 위하여 해당 업무에 관하여 상당한 주의와 감독을 게을리하지 아니한 경우에는 그러하지 아니하다.

### 제99조(과태료)

① 다음 각 호의 어느 하나에 해당하는 자에게는 200만원 이하의 과태료를 부과한다.

1. 제58조 제1항 제1호에 규정된 자로서 정당한 사유 없이 출석이나 진술을 하지 아니하거나 거짓으로 진술한 자
2. 제58조 제1항 제1호에 따라 의견서 또는 자료 제출을 요구받고 정당한 사유 없이 이를 제출하지 아니하거나 거짓 의견서 또는 자료를 제출한 자
3. 제58조 제1항 제2호에 따라 감정평가를 의뢰받거나 출석 또는 진술을 요구받고 정당한 사유 없이 이에 따르지 아니한 감정평가법인등이나 그 밖의 감정인
4. 제58조 제1항 제3호에 따른 실지조사를 거부, 방해 또는 기피한 자

② 제1항에 따른 과태료는 대통령령으로 정하는 바에 따라 국토교통부장관이나 시·도지사가 부과·징수한다.

# 공익사업을 위한 토지 등의 취득 및 보상에 관한 법률 시행령(약칭 : 토지보상법 시행령)

## 제1장 총칙

### 제1조(목적)

이 영은 토지보상법에서 위임된 사항과 그 시행에 필요한 사항을 규정함을 목적으로 한다.

### 제2조(개선요구 등에 관한 처리 결과의 확인)

토지보상법(이하 "법"이라 한다) 제49조에 따른 중앙토지수용위원회는 관계 중앙행정기관의 장에게 법 제4조의3제1항에 따라 개선을 요구하거나 의견을 제출한 사항의 처리결과를 확인하기 위해 관련 자료의 제출을 요청할 수 있다.

### 제3조(통지)

- 원칙 : 법 제6조(기간의 계산방법 등)에 따른 통지는 서면으로 하여야 한다.
- 예외 : 법 제12조 제3항(장해물 제거 등을 하려는 경우)에 따른 통지는 말로 할 수 있다.

### 제4조(송달)

① 법 제6조에 따른 서류의 송달은 해당 서류를 송달받을 자에게 교부하거나 국토교통부령으로 정하는 방법으로 한다.

② 송달에 관하여는 「민사소송법」 제178조부터 제183조까지, 제186조, 제191조 및 제192조를 준용한다.

③ 서류를 송달할 때 다음 각 호의 어느 하나에 해당하는 경우에는 공시송달을 할 수 있다.

  1. 송달받을 자를 알 수 없는 경우

  2. 송달받을 자의 주소·거소 또는 그 밖에 송달할 장소를 알 수 없는 경우

  3. 「민사소송법」 제191조에 따를 수 없는 경우

④ 공시송달을 하려는 자는 토지등의 소재지를 관할하는 시장·군수 또는 구청장에게 해당 서류를 송부하여야 한다.

⑤ 시·군 또는 구청장은 송부된 서류를 받았을 때 서류의 사본을 해당 시·군 또는 구의 게시판에 게시하여야 한다.

⑥ 서류의 사본을 게시한 경우 그 게시일부터 14일이 지난 날에 해당 서류가 송달받을 자에게 송달된 것으로 본다.

### 제5조(대리인)

법 제7조에 따른 대리인은 서면으로 그 권한을 증명하여야 한다.

> 🔄 **토지보상법 제7조(대리인)**
>
> 사업시행자, 토지소유자 또는 관계인은 사업인정의 신청, 재결의 신청, 의견서 제출 등의 행위를 할 때 변호사나 그 밖의 자를 대리인으로 할 수 있다.

## 제6조(서류의 발급신청)

법 제8조 제1항에 따라 사업시행자가 공익사업의 수행을 위하여 필요한 서류의 발급을 국가, 지방자치단체에 신청할 때에는 다음 각 호의 사항을 적은 신청서(전자문서 포함)를 제출하여야 한다.

1. 사업시행자의 성명 또는 명칭 및 주소
2. 공익사업의 종류 및 명칭
3. 대상 토지등의 표시
4. 발급이 필요한 서류의 종류 및 수량
5. 서류의 사용용도

> 🔄 **토지보상법 제8조 제1항(서류의 발급신청)**
>
> ① 사업시행자는 해당 공익사업의 수행을 위하여 필요한 서류의 발급을 국가나 지방자치단체에 신청할 수 있으며, 국가나 지방자치단체는 해당 서류를 발급하여야 한다.

## 제6조의2(손실보상 재결의 신청)

법 제9조 제7항에 따라 재결을 신청하려는 자는 손실보상재결신청서에 다음 각 호의 사항을 적어 관할 토지수용위원회(제51조)에 제출하여야 한다.

1. 재결의 신청인과 상대방의 성명 또는 명칭 및 주소
2. 공익사업의 종류 및 명칭
3. 손실 발생사실
4. 손실보상액과 그 명세
5. 협의의 경위

> 🔄 **토지보상법 제9조 제4항 내지 제7항(사업 준비를 위한 출입의 허가 등)**
>
> ④ 사업시행자는 타인이 점유하는 토지에 출입하여 측량・조사함으로써 발생하는 손실을 보상하여야 한다.
> ⑤ 제4항에 따른 손실의 보상은 손실이 있음을 안 날부터 1년이 지났거나 손실이 발생한 날부터 3년이 지난 후에는 청구할 수 없다.
> ⑥ 제4항에 따른 손실의 보상은 사업시행자와 손실을 입은 자가 협의하여 결정한다.
> ⑦ 제6항에 따른 협의가 성립되지 아니하면 사업시행자나 손실을 입은 자는 대통령령으로 정하는 바에 따라 제51조에 따른 관할 토지수용위원회에 재결을 신청할 수 있다.

# 제2장 협의에 의한 취득 또는 사용

제7조(토지조서 및 물건조서 등의 작성)

① 사업시행자는 공익사업의 계획이 확정되었을 때에는 지적도 또는 임야도에 대상 물건인 토지를 표시한 용지도와 토지등에 관한 공부의 조사 결과 및 현장조사 결과를 적은 기본조사서를 작성해야 한다.

② 사업시행자는 작성된 용지도와 기본조사서를 기본으로 하여 법 제14조 제1항에 따른 토지조서 및 물건조서를 작성해야 한다.

③ 토지조서 포함 사항

  1. 토지의 소재지·지번·지목·전체면적 및 편입면적과 현실적인 이용상황

  2. 토지소유자의 성명 또는 명칭 및 주소

  3. 토지에 관하여 소유권 외의 권리를 가진 자의 성명 또는 명칭 및 주소와 그 권리의 종류 및 내용

  4. 작성일

  5. 그 밖에 토지에 관한 보상금 산정에 필요한 사항

④ 물건조서 포함 사항

  1. 물건(광업권·어업권·양식업권 또는 물의 사용에 관한 권리를 포함)이 있는 토지의 소재지 및 지번

  2. 물건의 종류·구조·규격 및 수량

  3. 물건소유자의 성명 또는 명칭 및 주소

  4. 물건에 관하여 소유권 외의 권리를 가진 자의 성명 또는 명칭 및 주소와 그 권리의 종류 및 내용

  5. 작성일

  6. 그 밖에 물건에 관한 보상금 산정에 필요한 사항

⑤ – 원칙 : 물건조서 작성 시 건축물인 경우 제4항 각 호의 사항 외에 건축물의 연면적과 편입면적을 적고, 실측평면도를 첨부

  – 예외 : 실측한 편입면적 = 건축물현황도에 따른 편입면적인 경우 건축물현황도로 실측평면도를 갈음할 수 있음

⑥ 기본조사서의 작성에 관한 세부사항은 국토교통부장관이 정하여 고시한다.

⑦ 토지조서와 물건조서의 서식은 국토교통부령으로 정한다.

> ↪ 관련 내용
>
> 1. 토지조서 및 물건조서 작성의 의의 및 취지(토지보상법 제14조)
>
>    토지조서 및 물건조서 작성이란 협의에 의하여 취득할 토지·물건의 내용과 토지소유자 및 관계인의 범위를 확정하고 이를 문서로 작성하는 행위를 말하며, 분쟁 예방과 절차 진행 원활화에 취지가 있다.

## 2. 법적 성질

토지조서 및 물건조서의 작성은 토지 및 물건조서의 내용에 대한 사실적 효과를 발생시킨다는 점에서 〈비권력적 사실행위에〉 속한다고 봄이 타당하다.

## 제8조(협의의 절차 및 방법 등)

① – 원칙 : 사업시행자는 협의(제16조)를 하려는 경우에는 보상협의요청서에 다음 각 호의 사항을 적어 토지소유자 및 관계인에게 통지하여야 한다.

 – 예외 : 토지소유자 및 관계인을 알 수 없거나 주소·거소 또는 그 밖에 통지할 장소를 알 수 없을 때에는 제2항에 따른 공고로 통지를 갈음할 수 있다.

   1. 협의기간·협의장소 및 협의방법
   2. 보상의 시기·방법·절차 및 금액
   3. 계약체결에 필요한 구비서류

② 공고는 사업시행자가 공고할 서류를 토지등의 소재지를 관할하는 시·군 또는 구청장에게 송부하여 해당 시·군 또는 구의 게시판 및 홈페이지와 사업시행자의 홈페이지에 14일 이상 게시하는 방법으로 한다.

③ 제1항 제1호에 따른 협의기간은 특별한 사유가 없으면 30일 이상으로 하여야 한다.

④ 법 제17조에 따라 체결되는 계약의 내용에는 계약의 해지 또는 변경에 관한 사항, 보상액의 환수 및 원상복구 등에 관한 사항이 포함되어야 한다.

⑤ – 원칙 : 사업시행자는 협의기간에 협의가 성립되지 아니한 경우 협의경위서에 다음 각 호의 사항을 적어 토지소유자 및 관계인의 서명 또는 날인을 받아야 한다.

 – 예외 : 토지소유자 및 관계인이 정당한 사유 없이 서명 또는 날인을 거부하거나 토지소유자 및 관계인을 알 수 없거나 주소·거소, 그 밖에 통지할 장소를 알 수 없는 등의 사유로 서명 또는 날인을 받을 수 없는 경우 서명 또는 날인을 받지 아니하되, 협의경위서에 그 사유를 기재하여야 한다.

   1. 협의의 일시·장소 및 방법
   2. 대상 토지의 소재지·지번·지목 및 면적과 토지에 있는 물건의 종류·구조 및 수량
   3. 토지소유자 및 관계인의 성명 또는 명칭 및 주소
   4. 토지소유자 및 관계인의 구체적인 주장내용과 이에 대한 사업시행자의 의견
   5. 그 밖에 협의와 관련된 사항

---

🔁 **관련 내용**

1. 사업인정 전 협의의 의의 및 취지(토지보상법 제16조)

   공익사업에 필요한 토지 등을 공용수용 절차에 의하지 않고 사업시행자가 토지소유자와 협의하여 취득하는 것을 말하며, ① 협의절차를 통한 최소침해 원칙 구현, ② 신속한 사업수행에 취지가 있다.

2. 사업인정 전 협의의 절차
협의의 요청(영 제8조) → 협의 성립의 경우 계약체결(법 제17조) → 협의 불성립의 경우 협의경위서 작성(영 제8조 제5항)의 절차로 이루어진다.

제9조 삭제

# 제3장 수용에 의한 취득 또는 사용

## 제1절 수용 또는 사용의 절차

### 제10조(사업인정의 신청)

① 사업인정(제20조)을 받으려는 자는 사업인정신청서에 다음 각 호의 사항을 적어 특별시장·광역시장·도지사 또는 특별자치도지사(이하 "시·도지사")를 거쳐 국토교통부장관에게 제출하여야 한다. (사업시행자가 국가인 경우 관계 중앙행정기관의 장이 직접 제출 가능)

1. 사업시행자의 성명 또는 명칭 및 주소
2. 사업의 종류 및 명칭
3. 사업예정지
4. 사업인정을 신청하는 사유

② 사업인정신청서에는 다음 각 호의 서류 및 도면을 첨부하여야 한다.

1. 사업계획서
2. 사업예정지 및 사업계획을 표시한 도면
3. 사업예정지 안에 법 제19조 제2항에 따른 토지등이 있는 경우에는 그 토지등에 관한 조서·도면 및 해당 토지등의 관리자의 의견서
4. 사업예정지 안에 있는 토지의 이용이 다른 법령에 따라 제한된 경우에는 해당 법령의 시행에 관하여 권한 있는 행정기관의 장의 의견서
5. 사업의 시행에 관하여 행정기관의 면허 또는 인가, 그 밖의 처분이 필요한 경우에는 처분사실을 증명하는 서류 또는 해당 행정기관의 장의 의견서
6. 토지소유자 또는 관계인과의 협의내용을 적은 서류(협의를 한 경우로 한정)
7. 수용 또는 사용할 토지의 세목(토지 외의 물건 또는 권리를 수용, 사용할 경우에는 해당 물건 또는 권리가 소재하는 토지의 세목)을 적은 서류
8. 해당 공익사업의 공공성, 수용의 필요성 등에 대해 중앙토지수용위원회가 정하는 바에 따라 작성한 사업시행자의 의견서

> 🔄 관련 내용
>
> 1. 사업인정의 의의 및 취지(토지보상법 제20조)
>    공익사업을 토지 등을 수용 또는 사용할 사업으로 결정하는 것을 말하며 사업의 공익성을 판단, 피수용자의 권리보호에 취지가 있다.
> 2. 사업인정의 절차
>    사업인정의 신청(영 제10조) → 협의 및 의견청취(법 제21조 제1항, 제2항) → 중앙토지수용위원회의 검토(법 제21조 제3항) → 의견제시 및 보완요청(법 제21조 5,6,7항) → 사업인정 통지 및 고시(법 제22조)

## 제11조(의견청취 등)

① 법 제21조 제1항에 따라 국토교통부장관으로부터 사업인정에 관한 협의를 요청받은 관계 중앙행정기관의 장 또는 시·도지사는 특별한 사유가 없으면 협의를 요청받은 날부터 7일 이내에 국토교통부장관에게 의견을 제시하여야 한다.

② 국토교통부장관 또는 사업인정이 있는 것으로 의제되는 공익사업의 허가·인가·승인권자 등은 법 제21조 제1항 및 제2항에 따라 사업인정에 관하여 이해관계가 있는 자의 의견을 들으려는 경우에는 사업인정신청서(사업인정이 있는 것으로 의제되는 공익사업의 경우에는 허가·인가·승인 등 신청서) 및 관계 서류의 사본을 토지등의 소재지를 관할하는 시장·군수 또는 구청장에게 송부(전자문서 포함)하여야 한다.

③ 시·군 또는 구청장은 송부된 서류를 받았을 때에는 지체 없이 다음 각 호의 사항을 시·군 또는 구의 게시판에 공고하고, 공고한 날부터 14일 이상 그 서류를 일반인이 열람할 수 있도록 하여야 한다.

1. 사업시행자의 성명 또는 명칭 및 주소
2. 사업의 종류 및 명칭
3. 사업예정지

④ - 원칙 : 시·군 또는 구청장은 공고한 경우 공고의 내용과 의견이 있으면 의견서를 제출할 수 있다는 뜻을 토지소유자 및 관계인에게 통지하여야 한다.
   (토지소유자 등이 원하는 경우 전자문서로 통지 가능)
   - 예외 : 통지받을 자를 알 수 없거나 그 주소·거소 또는 그 밖에 통지할 장소를 알 수 없을 때에는 그러하지 아니하다.

⑤ 토지소유자 및 관계인, 그 밖에 이해관계인은 열람기간에 해당 시·군 또는 구청장에게 의견서를 제출(전자문서 제출 포함)할 수 있다.

⑥ 시·군 또는 구청장은 열람기간이 끝나면 제출된 의견서를 지체 없이 사업인정이 있는 것으로 의제되는 공익사업의 허가·인가·승인권자 등에게 송부하여야 하며, 제출된 의견서가 없는 경우에는 그 사실을 통지(전자문서 통지 포함)하여야 한다.

> **토지보상법 제21조 제1항 및 제2항(협의 및 의견청취 등)**
> ① 국토교통부장관은 사업인정을 하려면 관계 중앙행정기관의 장 및 특별시장·광역시장·도지사·특별자치도지사(이하 "시·도지사"라 한다) 및 중앙토지수용위원회와 협의하여야 하며, 대통령령으로 정하는 바에 따라 미리 사업인정에 이해관계가 있는 자의 의견을 들어야 한다.
> ② 별표에 규정된 법률에 따라 사업인정이 있는 것으로 의제되는 공익사업의 허가·인가·승인권자 등은 사업인정이 의제되는 지구지정·사업계획승인 등을 하려는 경우 제1항에 따라 중앙토지수용위원회와 협의하여야 하며, 대통령령으로 정하는 바에 따라 사업인정에 이해관계가 있는 자의 의견을 들어야 한다.

## 제11조의2(검토사항)

법 제21조 제3항에서 "대통령령으로 정하는 사항"이란 다음 각 호의 사항을 말한다.
1. 해당 공익사업이 근거 법률의 목적, 상위 계획 및 시행 절차 등에 부합하는지 여부
2. 사업시행자의 재원 및 해당 공익사업의 근거 법률에 따른 법적 지위 확보 등 사업수행능력 여부

> **토지보상법 제21조 제3항(협의 및 의견청취 등)**
> ③ 중앙토지수용위원회는 제1항 또는 제2항에 따라 협의를 요청받은 경우 사업인정에 이해관계가 있는 자에 대한 의견 수렴 절차 이행 여부, 허가·인가·승인대상 사업의 공공성, 수용의 필요성, 그 밖에 <u>대통령령으로 정하는 사항</u>을 검토하여야 한다.

> **관련 내용**

1. 공익성 검토의 구분
   ① 형식적 심사 : 외형상 해당 사업이 공익성이 있는 사업에 해당하는지 판단하는 것
   ② 실질적 심사 : 내용적으로 공익성이 있는 사업인지 여부를 검토하는 것

| 구분 | 평가항목 | | 평가기준 |
|---|---|---|---|
| 형식적 심사 | 수용사업의 적격성 | | 토지보상법 제4조 해당 여부 |
| | 사전절차의 적법성 | | 사업시행 절차 준수 여부<br>의견수렴 절차 준수 여부 |
| 실질적 심사 | 사업의 공공성 | 시행목적 공공성 | 주된 시설 종류(국방·군사·필수기반, 생활 등 지원, 주택·산단 등 복합, 기타) |
| | | 사업시행자 유형 | 국가/지자체/공공기관/민간 |
| | | | 국가·지자체 출자 비율 |
| | | 목적 및 상위계획 부합여부 | 주된 시설과 입법목적 부합 여부 |
| | | | 상위 계획 내 사업 추진 여부 |
| | | 사업의 공공기여도 | 기반시설(용지)비율 |
| | | | 지역균형기여도 |
| | | 공익의 지속성 | 완공 후 소유권 귀속 |
| | | | 완공 후 관리주체 |

| | | 시설의 대중성 | 시설의 개방성 : 이용자 제한 여부 |
|---|---|---|---|
| 수용의 필요성 | | | 접근의 용이성 : 유료 여부 등 |
| | 피해의 최소성 | 사익의 침해최소화 | 이주자 발생 및 기준 초과 여부 |
| | | | 이주대책 수립 |
| | | 공익의 침해최소화 | 보전지역 편입비율, 사회·경제·환경 피해 |
| | | | (감점)중요공익시설 포함 |
| | 방법의 적절성 | | 사전 토지 확보(취득/동의)비율 |
| | | | 사전협의 불가사유 (법적불능·보안규정 존재, 사실적 불능, 알박기 등) |
| | | | 분쟁제기 여부 |
| | | | 대면협의 등 분쟁완화 노력 |
| | 사업의 시급성 | | 공익실현을 위한 현저한 긴급성 |
| | | | 정부핵심과제 |
| | 사업수행능력★ | | 사업재원 확보 비율 |
| | | | 보상업무 수행능력(민간, SPC) |

## 제11조의3(사업인정의 통지 등)

① 국토교통부장관은 법 제22조 제1항에 따라 사업시행자에게 사업인정을 통지하는 경우 법 제21조 제1항에 따른 중앙토지수용위원회와의 협의 결과와 중앙토지수용위원회의 의견서를 함께 통지해야 한다.

② 법 별표에 규정된 법률에 따라 사업인정이 있는 것으로 의제되는 공익사업의 허가·인가·승인 권자 등은 사업인정이 의제되는 지구지정·사업계획승인 등을 할 때 법 제21조 제2항에 따른 중앙토지수용위원회와의 협의 결과와 중앙토지수용위원회의 의견서를 함께 통지해야 한다.

> 🔎 **토지보상법 제22조 제1항(사업인정의 고시)**
>
> ① 국토교통부장관은 제20조에 따른 사업인정을 하였을 때에는 지체 없이 그 뜻을 사업시행자, 토지소유자 및 관계인, 관계 시·도지사에게 통지하고 사업시행자의 성명이나 명칭, 사업의 종류, 사업지역 및 수용하거나 사용할 토지의 세목을 관보에 고시하여야 한다.

## 제12조(재결의 신청)

① 사업시행자는 법제28조 제1항 및 제30조 제2항에 따라 재결을 신청하는 경우 재결신청서에 다음 각 호의 사항을 적어 관할 토지수용위원회에 제출하여야 한다.

1. 공익사업의 종류 및 명칭
2. 사업인정의 근거 및 고시일
3. 수용하거나 사용할 토지의 소재지·지번·지목 및 면적(물건의 경우에는 물건의 소재지·지번·종류·구조 및 수량)

4. 수용하거나 사용할 토지에 물건이 있는 경우에는 물건의 소재지·지번·종류·구조 및 수량

5. 토지를 사용하려는 경우에는 그 사용의 방법 및 기간

6. 토지소유자 및 관계인의 성명 또는 명칭 및 주소

7. 보상액 및 그 명세

8. 수용 또는 사용의 개시예정일

9. 청구인의 성명 또는 명칭 및 주소와 청구일(법 제30조 제2항에 따라 재결을 신청하는 경우로 한정)

10. 법 제21조 제1항 및 제2항에 따른 중앙토지수용위원회와의 협의 결과

11. 토지소유자 및 관계인과 협의가 성립된 토지나 물건에 관한 다음 각 목의 사항

가. 토지의 소재지·지번·지목·면적 및 보상금 내역

나. 물건의 소재지·지번·종류·구조·수량 및 보상금 내역

② 재결신청서에는 다음 각 호의 서류 및 도면을 첨부하여야 한다.

1. 제7조 제1항에 따른 기본조사서

2. 토지조서 또는 물건조서

3. 협의경위서

4. 사업계획서

5. 사업예정지 및 사업계획을 표시한 도면

6. 법 제21조 제5항에 따른 중앙토지수용위원회의 의견서

③ 사업시행자는 보상금을 채권으로 지급하려는 경우에는 서류 및 도면 외에 채권으로 보상금을 지급할 수 있는 경우에 해당함을 증명하는 서류와 다음 각 호의 사항을 적은 서류를 첨부하여야 한다.

1. 채권으로 보상하는 보상금의 금액

2. 채권원금의 상환방법 및 상환기일

3. 채권의 이자율과 이자의 지급방법 및 지급기일

---

🔖 **관련 규정**

1. **토지보상법 제28조 제1항(재결의 신청)**

   ① 제26조에 따른 협의가 성립되지 아니하거나 협의를 할 수 없을 때(협의 요구가 없을 때를 포함)에는 사업시행자는 사업인정고시가 된 날부터 1년 이내에 관할 토지수용위원회에 재결을 신청할 수 있다.

2. **토지보상법 제30조 제1항 및 제2항(재결 신청의 청구)**

   ① 사업인정고시가 된 후 협의가 성립되지 아니하였을 때에는 토지소유자와 관계인은 대통령령으로 정하는 바에 따라 서면으로 사업시행자에게 재결을 신청할 것을 청구할 수 있다.

   ② 사업시행자는 제1항에 따른 청구를 받았을 때에는 그 청구를 받은 날부터 60일 이내에 관할 토지수용위원회에 재결을 신청하여야 한다. 이 경우 수수료에 관하여는 제28조 제2항을 준용한다.

## 제13조(협의 성립 확인의 신청)

① 사업시행자는 협의 성립의 확인을 신청하려는 경우에는 협의성립확인신청서에 다음 각 호의 사항을 적어 관할 토지수용위원회에 제출하여야 한다.

1. 협의가 성립된 토지의 소재지·지번·지목 및 면적
2. 협의가 성립된 물건의 소재지·지번·종류·구조 및 수량
3. 토지 또는 물건을 사용하는 경우에는 그 방법 및 기간
4. 토지 또는 물건의 소유자 및 관계인의 성명 또는 명칭 및 주소
5. 협의에 의하여 취득하거나 소멸되는 권리의 내용과 그 권리의 취득 또는 소멸의 시기
6. 보상액 및 그 지급일

② 협의성립확인신청서에는 다음 각 호의 서류를 첨부하여야 한다.

1. 토지소유자 및 관계인의 동의서
2. 계약서
3. 토지조서 및 물건조서
4. 사업계획서

③ 법 제29조 제3항에서 "대통령령으로 정하는 사항"이란 제1항 각 호의 사항을 말한다.

---

> ↪ **토지보상법 제29조(협의 성립의 확인)**
>
> ① 사업시행자와 토지소유자 및 관계인 간에 협의(§ 26)가 성립되었을 때에는 사업시행자는 제28조 제1항에 따른 재결 신청기간 이내에 해당 토지소유자 및 관계인의 동의를 받아 관할 토지수용위원회에 협의 성립의 확인을 신청할 수 있다.
>
> ② 제1항에 따른 협의 성립의 확인에 관하여는 제28조 제2항, 제31조, 제32조, 제34조, 제35조, 제52조 제7항, 제53조 제5항, 제57조 및 제58조를 준용한다.(→ 일반적인 확인 절차, 재결 절차 준용)
>
> ③ 사업시행자가 협의가 성립된 토지의 소재지·지번·지목 및 면적 등 대통령령으로 정하는 사항에 대하여 「공증인법」에 따른 공증을 받아 제1항에 따른 협의 성립의 확인을 신청하였을 때에는 관할 토지수용위원회가 이를 수리함으로써 협의 성립이 확인된 것으로 본다.
>
> ④ 제1항 및 제3항에 따른 확인은 이 법에 따른 재결로 보며, 사업시행자, 토지소유자 및 관계인은 그 확인된 협의의 성립이나 내용을 다툴 수 없다.(→협의 성립 확인의 효력 : 재결로 간주, 차단효 발생)
>
> ↪ **관련 판례(2016두51719)**
>
> 간이한 공증절차만을 거치는 협의성립확인에 원시취득이라는 강력한 효과를 부여한 법적 정당성의 원천은 사업시행자와 토지소유자 등이 진정한 합의를 하였다는 데에 있다는 점을 고려할 때 협의성립확인 신청에 필요한 동의의 주체인 토지소유자는 '토지의 진정한 소유자'를 의미한다. 따라서, 단순히 등기부상 소유명의자의 동의만을 얻은 후 이를 공증 받아 협의 성립 확인을 신청하였음에도 토지수용위원회가 신청을 수리했다면 이는 토지보상법이 정한 소유자 동의 요건을 갖추지 못한 것으로 사업시행자의 과실이 있었는지 여부와 무관하게 그 동의의 흠결은 위 수리행위의 위법사유가 된다. 이에 따라 진정한 토지소유자는 수리행위가 위법함을 주장하여 항고소송으로 취소를 구할 수 있다.

## 제14조(재결 신청의 청구 등)

① 토지소유자 및 관계인은 법 제30조 제1항에 따라 재결 신청을 청구하려는 경우에는 협의기간이 지난 후 다음 각 호의 사항을 적은 재결신청청구서를 사업시행자에게 제출하여야 한다.

1. 사업시행자의 성명 또는 명칭
2. 공익사업의 종류 및 명칭
3. 토지소유자 및 관계인의 성명 또는 명칭 및 주소
4. 대상 토지의 소재지·지번·지목 및 면적과 토지에 있는 물건의 종류·구조 및 수량
5. 협의가 성립되지 아니한 사유

② 법 제30조 제3항에 따라 가산하여 지급하여야 하는 금액은 관할 토지수용위원회가 재결서에 적어야 하며, 사업시행자는 수용 또는 사용의 개시일까지 보상금과 함께 이를 지급하여야 한다.

---

### ➥ 토지보상법 제30조(재결 신청의 청구)

① 사업인정고시가 된 후 협의가 성립되지 아니하였을 때에는 토지소유자와 관계인은 대통령령으로 정하는 바에 따라 서면으로 사업시행자에게 재결을 신청할 것을 청구할 수 있다.

② 사업시행자는 청구를 받은 날부터 60일 이내에 대통령령으로 정하는 바에 따라 관할 토지수용위원회에 재결을 신청하여야 한다. 이 경우 수수료에 관하여는 제28조 제2항을 준용한다.

③ 사업시행자가 기간을 넘겨서 재결을 신청하였을 때에는 그 지연된 기간에 대하여 「소송촉진 등에 관한 특례법」 제3조에 따른 법정이율을 적용하여 산정한 금액을 관할 토지수용위원회에서 재결한 보상금에 가산하여 지급하여야 한다.

### ➥ 관련 판례

**1. 업무대행자에게도 청구서 제출이 가능한지 여부(94누7232)**

재결신청의 청구는 엄격한 형식을 요하지 아니하는 서면행위이므로 일부를 누락하였다고 하더라도 청구의 효력을 부인할 것은 아니고, 특별한 사정이 없는한 재결신청의 청구서를 업무대행자에게도 제출할 수 있다.

**2. 협의기간을 통지하지 않은 경우(93누9064)**

토지소유자에게 재결신청 청구권을 부여한 이유는 수용을 둘러싼 법률관계의 조속한 확정과 수용당사자간 공평을 기하기 위한 것이므로, 사업시행자가 상당 기간 토지소유자에게 협의기간을 통지하지 아니하였다면 토지소유자는 재결신청의 청구를 할 수 있다.

**3. 협의의 성립가능성이 없음이 명백한 경우(93누2902)**

협의기간이 정하여져 있더라도 협의의 성립가능성 없음이 명백해졌을 때와 같은 경우에는 협의기간 종료 전이라도 기업자나 그 업무대행자에 대하여 재결신청의 청구를 할 수 있는 것으로 보아야하며, 다만 그와 같은 경우 60일의 기간은 협의기간 만료일로부터 기산하여야 한다.

**4. 협의가 성립하지 아니한 때에 의미(2011두2309)**

"협의가 성립되지 아니한 때"에는 사업시행자가 토지소유자 등과 토지보상법 제26조에서 정한 협의절차를 거쳤으나 보상액 등에 관하여 협의가 성립하지 아니한 경우는 물론 토지소유자 등이 손실보상대상에 해당한다고 주장하며 보상을 요구하는 데도 사업시행자가 손실보상대상에 해당하지 아니한다며 보상대상에서 이를 제외한 채 협의를 하지 않아 결국 협의가 성립하지 않은 경우도 포함된다고 보아야 한다.

---

## 제15조(재결신청서의 열람 등)

① 관할 토지수용위원회는 법 제28조 제1항에 따른 재결신청서를 접수하였을 때에는 법 제31조 제1항에 따라 그 신청서 및 관계 서류의 사본을 토지등의 소재지를 관할하는 시장·군수 또는 구청장에게 송부하여 공고 및 열람을 의뢰하여야 한다.

② – 원칙 : 시·군 또는 구청장은 송부된 서류를 받았을 때 지체 없이 재결신청 내용을 게시판에 공고하고, 공고한 날부터 14일 이상 그 서류를 일반인이 열람할 수 있도록 하여야 한다.
 – 예외 : 시·군 또는 구청장이 천재지변, 그 밖의 긴급한 사정으로 공고 및 열람 의뢰를 받은 날부터 14일 이내에 공고하지 못하거나 일반인이 열람할 수 있도록 하지 못하는 경우 관할 토지수용위원회는 직접 재결신청 내용을 공고하고, 일반인이 14일 이상 열람할 수 있도록 할 수 있다.

③ 시·군·구청장 또는 관할 토지수용위원회는 공고를 한 경우 공고의 내용과 의견이 있으면 의견서를 제출할 수 있다는 뜻을 토지소유자 및 관계인에게 통지하여야 한다. (통지받을 자를 알 수 없거나 그 주소·거소 또는 그 밖에 통지할 장소를 알 수 없을 때에는 제외)

④ 토지소유자 또는 관계인은 열람기간에 해당 시·군·구청장 또는 관할 토지수용위원회(제2항 단서에 해당하는 경우로 한정)에 의견서를 제출할 수 있다.

⑤ 시장·군수 또는 구청장은 제2항 본문에 따른 열람기간이 끝나면 제4항에 따라 제출된 의견서를 지체 없이 관할 토지수용위원회에 송부하여야 하며, 제출된 의견서가 없는 경우에는 그 사실을 통지하여야 한다.

⑥ 관할 토지수용위원회는 상당한 이유가 있다고 인정하는 경우에는 제4항에도 불구하고 제2항에 따른 열람기간이 지난 후 제출된 의견서를 수리할 수 있다.

> ↪ **토지보상법 제31조(열람)**
> ① 중앙토지수용위원회 또는 지방토지수용위원회는 제28조 제1항에 따라 재결신청서를 접수하였을 때에는 지체 없이 이를 공고하고, 공고한 날부터 14일 이상 관계 서류의 사본을 일반인이 열람할 수 있도록 하여야 한다.
> ② 토지수용위원회가 제1항에 따른 공고를 하였을 때에는 관계 서류의 열람기간 중에 토지소유자 또는 관계인은 의견을 제시할 수 있다.

## 제16조(소위원회의 구성)

법 제33조 제1항에 따른 소위원회의 위원 중에는 중앙토지수용위원회에는 국토교통부, 지방토지수용위원회에는 특별시·광역시·도 또는 특별자치도 소속 공무원인 위원이 1명씩 포함되어야 한다.

> ↪ **토지보상법 제33조(화해의 권고)**
> ① 토지수용위원회는 그 재결이 있기 전에는 그 위원 3명으로 구성되는 소위원회로 하여금 사업시행자, 토지소유자 및 관계인에게 화해를 권고하게 할 수 있다. 이 경우 <u>소위원회</u>는 위원장이 지명하거나 위원회에서 선임한 위원으로 구성하며, 그 밖에 그 구성에 필요한 사항은 대통령령으로 정한다.

② 화해가 성립되었을 때에는 해당 토지수용위원회는 화해조서를 작성하여 화해에 참여한 위원, 사업시행자, 토지소유자 및 관계인이 서명 또는 날인을 하도록 하여야 한다.

③ 화해조서에 서명 또는 날인이 된 경우에는 당사자 간에 화해조서와 동일한 내용의 합의가 성립된 것으로 본다.

## 제17조(화해조서의 송달)

중앙토지수용위원회 또는 지방토지수용위원회는 법 제33조 제1항에 따른 화해가 성립된 경우에는 법 제33조 제2항에 따른 화해조서의 정본을 사업시행자·토지소유자 및 관계인에게 송달하여야 한다.

## 제18조(사용의 허가와 통지)

① 사업시행자는 법 제38조 제1항 본문에 따라 토지를 사용하려는 경우에는 공익사업의 종류 및 명칭, 사용하려는 토지의 구역과 사용의 방법 및 기간을 정하여 특별자치도지사, 시장·군수 또는 구청장의 허가를 받아야 한다.

② 법 제38조 제2항에서 "대통령령으로 정하는 사항"이란 제1항에 따른 사항을 말한다.

> **토지보상법 제38조(천재지변 시의 토지의 사용)**
>
> ① – 천재지변이나 그 밖의 사변으로 인하여 공공의 안전을 유지하기 위한 공익사업을 긴급히 시행할 필요가 있을 때에는 사업시행자는 특별자치도지사, 시·군 또는 구청장의 허가를 받아 즉시 타인의 토지를 사용할 수 있다.
> – 사업시행자가 국가일 때 : 관계 중앙행정기관의 장이 특별자치도지사, 시장·군수 또는 구청장에게, 사업시행자가 특별시·광역시 또는 도일 때에는 특별시장·광역시장 또는 도지사가 시장·군수 또는 구청장에게 각각 통지하고 사용 할 수 있다.
> – 사업시행자가 특별자치도, 시·군 또는 구일 때 : 특별자치도지사, 시장·군수 또는 구청장이 허가나 통지 없이 사용할 수 있다.
> ② 특별자치도지사, 시장·군수 또는 구청장은 제1항에 따라 허가를 하거나 통지를 받은 경우 또는 특별자치도지사, 시장·군수·구청장이 제1항 단서에 따라 타인의 토지를 사용하려는 경우에는 <u>대통령령으로 정하는 사항</u>을 즉시 토지소유자 및 토지점유자에게 통지하여야 한다.
> ③ 토지의 사용기간은 6개월을 넘지 못한다.
> ④ 사업시행자는 타인의 토지를 사용함으로써 발생하는 손실을 보상하여야 한다.
> ⑤ 손실보상에 관하여는 제9조 제5항부터 제7항까지의 규정을 준용한다.

## 제19조(담보의 제공)

① 법 제39조 제1항에 따른 담보의 제공은 관할 토지수용위원회가 상당하다고 인정하는 금전 또는 유가증권을 공탁하는 방법으로 한다.

② 사업시행자는 제1항에 따라 금전 또는 유가증권을 공탁하였을 때에는 공탁서를 관할 토지수용위원회에 제출하여야 한다.

> ➦ **토지보상법 제39조(시급한 토지 사용에 대한 허가)**
> ① 재결신청(제28조)을 받은 토지수용위원회는 재결을 기다려서는 재해를 방지하기 곤란하거나 그 밖에 공공의 이익에 현저한 지장을 줄 우려가 있다고 인정할 때에는 사업시행자의 신청을 받아 담보를 제공하게 한 후 즉시 해당 토지의 사용을 허가할 수 있다(국가나 지방자치단체가 사업시행자인 경우 담보제공 생략 가능).
> ② 토지의 사용기간은 6개월을 넘지 못한다.
> ③ 토지수용위원회가 제1항에 따른 허가를 하였을 때에는 제38조 제2항을 준용한다.

## 제2절 수용 또는 사용의 효과

### 제20조(보상금의 공탁)

① 법 제40조 제2항에 따른 공탁을 채권으로 하는 경우 그 금액은 법 제63조 제7항에 따라 채권으로 지급할 수 있는 금액으로 한다.

② 사업시행자가 국가인 경우에는 보상채권(토지보상법 제69조)을 보상채권취급기관(영 제34조 제2항)으로부터 교부받아 공탁한다. 이 경우 보상채권의 발행일은 사업시행자가 보상채권취급기관으로부터 보상채권을 교부받은 날이 속하는 달의 말일로 하며, 보상채권을 교부받은 날부터 보상채권 발행일의 전날까지의 이자는 현금으로 공탁하여야 한다.

> ➦ **토지보상법 제40조(보상금의 지급 또는 공탁)**
> ① 사업시행자는 제38조, 제39조에 따른 사용의 경우를 제외하고는 수용. 사용의 개시일까지 관할 토지수용위원회가 재결한 보상금을 지급하여야 한다.
> ② 사업시행자는 다음 각 호의 어느 하나에 해당할 때에는 수용. 사용의 개시일까지 수용하거나 사용하려는 토지등의 소재지의 공탁소에 보상금을 공탁할 수 있다. (거알불압)
>  1. 보상금을 받을 자가 그 수령을 **거**부하거나 보상금을 수령할 수 없을 때
>  2. 사업시행자의 과실 없이 보상금을 받을 자를 **알** 수 없을 때
>  3. 관할 토지수용위원회가 재결한 보상금에 대하여 사업시행자가 **불**복할 때
>  4. **압**류나 가압류에 의하여 보상금의 지급이 금지되었을 때
> ③ 사업인정고시가 된 후 권리의 변동이 있을 때에는 그 권리를 승계한 자가 보상금 또는 공탁금을 받는다.
> ④ 사업시행자는 제2항 제3호의 경우 보상금을 받을 자에게 자기가 산정한 보상금을 지급하고 그 금액과 토지수용위원회가 재결한 보상금과의 차액을 공탁하여야 한다. 이 경우 보상금을 받을 자는 그 불복의 절차가 종결될 때까지 공탁된 보상금을 수령할 수 없다.

### 제21조(권리를 승계한 자의 보상금 수령)

법 제40조 제3항에 따라 보상금(공탁된 경우에는 공탁금)을 받는 자는 보상금을 받을 권리를 승계한 사실을 증명하는 서류를 사업시행자(공탁된 경우에는 공탁공무원)에게 제출하여야 한다.

제22조(담보의 취득과 반환)

① 법 제41조 제2항에 따라 토지소유자 또는 관계인이 담보를 취득하려는 경우에는 미리 관할 토지수용위원회의 확인을 받아야 한다.

② 관할 토지수용위원회는 확인을 한 경우에는 확인서를 토지소유자 또는 관계인에게 발급하여야 한다.

③ 확인서에는 다음 각 호의 사항을 적고, 관할 토지수용위원회의 위원장이 기명날인하여야 한다.

  1. 토지소유자 또는 관계인 및 사업시행자의 성명 또는 명칭 및 주소

  2. 기일 내에 손실을 보상하지 아니한 사실

  3. 취득할 담보의 금액

  4. 제19조 제2항에 따른 공탁서의 공탁번호 및 공탁일

④ 사업시행자가 토지소유자 또는 관계인에게 손실을 보상한 후 법 제39조 제1항에 따라 제공한 담보를 반환받으려는 경우에 관하여는 제1항부터 제3항까지의 규정을 준용한다.

> ↻ **토지보상법 제41조(시급한 토지 사용에 대한 보상)**
>
> ① 제39조에 따라 토지를 사용하는 경우 토지수용위원회의 재결이 있기 전에 토지소유자나 관계인이 청구할 때에는 사업시행자는 자기가 산정한 보상금을 토지소유자나 관계인에게 지급하여야 한다.
>
> ② 토지소유자나 관계인은 사업시행자가 토지수용위원회의 재결에 따른 보상금의 지급시기까지 보상금을 지급하지 아니하면 제39조에 따라 제공된 담보의 전부 또는 일부를 취득한다.

# 제4장 토지수용위원회

제23조(출석요구 등의 방법)

법 제58조 제1항 제1호 및 제2호에 따른 출석 또는 자료제출 등의 요구는 제4조 제1항 및 제2항에 따른 송달의 방법으로 하여야 한다.

> ↻ **토지보상법 제58조 제1항(심리조사상의 권한)**
>
> ① 토지수용위원회는 심리에 필요하다고 인정할 때에는 다음 각 호의 행위를 할 수 있다.
>
>   1. 사업시행자, 토지소유자, 관계인 또는 참고인에게 토지수용위원회에 출석하여 진술하게 하거나 그 의견서 또는 자료의 제출을 요구하는 것
>
>   2. 감정평가법인등이나 그 밖의 감정인에게 감정평가를 의뢰하거나 토지수용위원회에 출석하여 진술하게 하는 것
>
>   3. 토지수용위원회의 위원 또는 사무기구의 직원이나 지방토지수용위원회의 업무를 담당하는 직원으로 하여금 실지조사를 하게 하는 것

## 제24조(운영 및 심의방법 등)

① 토지수용위원회에 토지수용위원회의 사무를 처리할 간사 1명 및 서기 몇 명을 둔다.

② 간사 및 서기는 중앙토지수용위원회는 국토교통부 소속 공무원 중에서, 지방토지수용위원회는 시·도 소속 공무원 중에서 해당 토지수용위원회의 위원장이 임명한다.

③ 위원장은 특히 필요하다고 인정하는 심의안건에 대해서는 위원 중에서 전담위원을 지정하여 예비심사를 하게 할 수 있다.

④ 이 영에서 규정한 사항 외에 토지수용위원회의 운영·문서처리·심의방법 및 기준 등에 관하여는 토지수용위원회가 따로 정할 수 있다.

## 제24조의2(재결정보체계 구축·운영 업무의 위탁)

① 국토교통부장관은 법 제60조의2 제2항 전단에 따라 재결정보체계의 구축·운영에 관한 업무를 한국부동산원, 한국감정평가사협회에 위탁할 수 있다.

② 업무를 위탁받은 기관은 다음 각 호의 업무를 수행한다.

1. 재결정보체계의 개발·관리 및 보안
2. 재결정보체계와 관련된 컴퓨터·통신설비 등의 설치 및 관리
3. 재결정보체계와 관련된 정보의 수집 및 관리
4. 재결정보체계와 관련된 통계의 생산 및 관리
5. 재결정보체계의 운영을 위한 사용자교육
6. 그 밖에 재결정보체계의 구축 및 운영에 필요한 업무

③ 국토교통부장관은 업무를 위탁하는 경우 위탁받는 기관 및 위탁업무의 내용을 고시하여야 한다.

> 🔖 **토지보상법 제60조의2(재결정보체계의 구축·운영 등)**
>
> ① 국토교통부장관은 시·도지사와 협의하여 토지등의 수용과 사용에 관한 재결업무의 효율적인 수행과 관련 정보의 체계적인 관리를 위하여 재결정보체계를 구축·운영할 수 있다.
> ② 국토교통부장관은 재결정보체계의 구축·운영에 관한 업무를 <u>대통령령으로 정하는 법인, 단체 또는 기관에 위탁할 수 있다.</u> 이 경우 위탁관리에 드는 경비의 전부 또는 일부를 지원할 수 있다.
> ③ 재결정보체계의 구축 및 운영에 필요한 사항은 국토교통부령으로 정한다.

# 제5장 손실보상 등

## 제24조의3(토지로 보상받을 수 있는 자)

법 제63조 제1항 제1호 각 목 외의 부분 전단에서 "토지의 보유기간 등 대통령령으로 정하는 요건을 갖춘 자"란 공익사업을 위한 관계 법령에 따른 고시 등이 있은 날의 1년 전부터 계약체결일 또는 수용재결일까지 계속하여 토지를 소유한 자를 말한다.

> ↩ **토지보상법 제63조 제1항 제1호(현금보상 등)**
>
> ① 손실보상은 다른 법률에 특별한 규정이 있는 경우를 제외하고는 현금으로 지급하여야 한다. 다만, 토지 소유자가 원하는 경우로서 토지이용계획과 사업계획 등을 고려하여 토지로 보상이 가능한 경우에는 토지소유자가 받을 보상금 중 본문에 따른 현금 또는 채권으로 보상받는 금액을 제외한 부분에 대하여 다음 각 호에서 정하는 기준과 절차에 따라 그 공익사업의 시행으로 조성한 토지로 보상할 수 있다.
>
> 　1. 토지로 보상받을 수 있는 자 : <u>토지의 보유기간 등 대통령령으로 정하는 요건을 갖춘 자</u>로서 대지의 분할 제한 면적 이상의 토지를 사업시행자에게 양도한 자가 된다. 대상자가 경합할 때에는 부재부동산 소유자가 아닌 자 중 해당 공익사업지구 내 거주하는 자로서 토지 보유기간이 오래된 자 순으로 토지로 보상하며, 그 밖의 우선순위 및 대상자 결정방법 등은 사업시행자가 정하여 공고한다.

## 제25조(채권을 발행할 수 있는 사업시행자)

법 제63조 제7항 각 호 외의 부분에서 "대통령령으로 정하는 「공공기관의 운영에 관한 법률」에 따라 지정·고시된 공공기관 및 공공단체"란 다음 각 호의 기관 및 단체를 말한다.

　1. 「한국토지주택공사법」에 따른 한국토지주택공사
　2. 「한국전력공사법」에 따른 한국전력공사
　3. 「한국농어촌공사 및 농지관리기금법」에 따른 한국농어촌공사
　4. 「한국수자원공사법」에 따른 한국수자원공사
　5. 「한국도로공사법」에 따른 한국도로공사
　6. 「한국관광공사법」에 따른 한국관광공사
　7. 「공기업의 경영구조 개선 및 민영화에 관한 법률」에 따른 한국전기통신공사
　8. 「한국가스공사법」에 따른 한국가스공사
　9. 「국가철도공단법」에 따른 국가철도공단
　10. 「인천국제공항공사법」에 따른 인천국제공항공사
　11. 「한국환경공단법」에 따른 한국환경공단
　12. 「지방공기업법」에 따른 지방공사
　13. 「항만공사법」에 따른 항만공사
　14. 「한국철도공사법」에 따른 한국철도공사
　15. 「산업집적활성화 및 공장설립에 관한 법률」에 따른 한국산업단지공단

> ↩ **토지보상법 제63조 제7항(현금보상 등)**
>
> ⑦ 사업시행자가 국가, 지방자치단체, 그 밖에 <u>대통령령으로 정하는 「공공기관의 운영에 관한 법률」에 따라 지정·고시된 공공기관 및 공공단체</u>인 경우로서 다음 각 호의 어느 하나에 해당되는 경우에는 해당 사업시행자가 발행하는 채권으로 지급할 수 있다.
>
> 　1. 토지소유자나 관계인이 원하는 경우
> 　2. 사업인정을 받은 사업의 경우에는 대통령령으로 정하는 <u>부재부동산 소유자의 토지</u>에 대한 보상금이 대통령령으로 정하는 일정 금액을 초과하는 경우로서 그 초과하는 금액에 대하여 보상하는 경우

### 제26조(부재부동산 소유자의 토지)

① 법 제63조 제7항 제2호에 따른 부재부동산 소유자의 토지는 사업인정고시일 1년 전부터 다음 각 호의 어느 하나의 지역에 계속하여 주민등록을 하지 아니한 사람이 소유하는 토지로 한다.

1. 해당 토지의 소재지와 동일한 시·구·읍·면(도농복합형태인 시의 읍·면 포함)

2. 제1호의 지역과 연접한 시·구·읍·면

3. 제1호 및 제2호 외의 지역으로서 해당 토지의 경계로부터 직선거리로 30킬로미터 이내의 지역

② 주민등록을 하였으나 사실상 거주하고 있지 아니한 사람이 소유하는 토지는 부재부동산 소유자의 토지로 본다. (각 호의 사유로 거주하지 않는 경우 제외)

1. 질병으로 인한 요양

2. 징집으로 인한 입영

3. 공무(公務)

4. 취학(就學)

5. 그 밖에 제1호부터 제4호까지에 준하는 부득이한 사유

③ 제1항에도 불구하고 다음 각 호의 어느 하나에 해당하는 토지는 부재부동산 소유자의 토지로 보지 아니한다.

1. 상속에 의하여 취득한 경우로서 상속받은 날부터 1년이 지나지 아니한 토지

2. 사업인정고시일 1년 전부터 계속하여 제1항 각 호의 어느 하나의 지역에 사실상 거주하고 있음을 증명하는 사람이 소유하는 토지

3. 사업인정고시일 1년 전부터 계속하여 제1항 각 호의 어느 하나의 지역에서 사실상 영업하고 있음을 증명하는 사람이 해당 영업을 하기 위하여 소유하는 토지

### 제27조(채권보상의 기준이 되는 보상금액 등)

① 법 제63조 제7항 제2호에서 "대통령령으로 정하는 일정 금액" 및 법 제63조 제8항 각 호 외의 부분에서 "대통령령으로 정하는 1억원 이상의 일정 금액"이란 1억원을 말한다.

② 사업시행자는 부재부동산 소유자가 사업시행자에게 토지를 양도함으로써 또는 토지가 수용됨으로써 발생하는 소득에 대하여 납부하여야 하는 양도소득세(양도소득세에 부가하여 납부하여야 하는 주민세와 양도소득세를 감면받는 경우 납부하여야 하는 농어촌특별세를 포함) 상당 금액을 세무사의 확인을 받아 현금으로 지급하여 줄 것을 요청할 때에는 양도소득세 상당 금액을 제1항의 금액에 더하여 현금으로 지급하여야 한다.

> 🔗 **토지보상법 제63조 제7항 및 제8항(현금보상 등)**
>
> ⑦ 사업시행자가 국가, 지방자치단체, 그 밖에 대통령령으로 정하는 「공공기관의 운영에 관한 법률」에 따라 지정·고시된 공공기관 및 공공단체인 경우로서 다음 각 호의 어느 하나에 해당되는 경우에는 해당 사업시행자가 발행하는 채권으로 지급할 수 있다.
>
> 1. 토지소유자나 관계인이 원하는 경우

2. 사업인정을 받은 사업의 경우에는 부재부동산 소유자의 토지에 대한 보상금이 <u>대통령령으로 정하는</u> 일정 금액을 초과하는 경우로서 그 초과하는 금액에 대하여 보상하는 경우

⑧ 토지투기가 우려되는 지역으로서 <u>대통령령으로 정하는</u> 지역에서 다음 각 호의 어느 하나에 해당하는 공익사업을 시행하는 자 중 <u>대통령령으로 정하는</u> 「공공기관의 운영에 관한 법률」에 따라 지정·고시된 <u>공공기관 및 공공단체는</u> 제7항에도 불구하고 제7항 제2호에 따른 부재부동산 소유자의 토지에 대한 보상금 중 <u>대통령령으로 정하는</u> 1억원 이상의 일정 금액을 초과하는 부분에 대하여는 해당 사업시행자가 발행하는 채권으로 지급하여야 한다.

1. 「택지개발촉진법」에 따른 택지개발사업
2. 「산업입지 및 개발에 관한 법률」에 따른 산업단지개발사업
3. 그 밖에 대규모 개발사업으로서 <u>대통령령으로 정하는 사업</u>

## 제27조의2(토지투기가 우려되는 지역에서의 채권보상)

① 법 제63조 제8항에서 "대통령령으로 정하는 지역"이란 다음 각 호의 어느 하나에 해당하는 지역을 말한다.

1. 「부동산 거래신고 등에 관한 법률」 제10조에 따른 토지거래계약에 관한 허가구역이 속한 시)·군 또는 구
2. 제1호의 지역과 연접한 시·군 또는 구

② 법 제63조 제8항에서 "대통령령으로 정하는 「공공기관의 운영에 관한 법률」에 따라 지정·고시된 공공기관 및 공공단체"란 다음 각 호의 기관 및 단체를 말한다.

1. 「한국토지주택공사법」에 따른 한국토지주택공사
2. 「한국관광공사법」에 따른 한국관광공사
3. 「산업집적활성화 및 공장설립에 관한 법률」에 따른 한국산업단지공단
4. 「지방공기업법」에 따른 지방공사

③ 법 제63조 제8항 제3호에서 "대통령령으로 정하는 사업"이란 다음 각 호의 사업을 말한다.

1. 「물류시설의 개발 및 운영에 관한 법률」에 따른 물류단지개발사업
2. 「관광진흥법」에 따른 관광단지조성사업
3. 「도시개발법」에 따른 도시개발사업
4. 「공공주택 특별법」에 따른 공공주택사업
5. 「신행정수도 후속대책을 위한 연기·공주지역 행정중심복합도시 건설을 위한 특별법」에 따른 행정중심복합도시건설사업

## 제28조(시·도지사와 토지소유자의 감정평가법인등 추천)

① 사업시행자는 보상계획을 공고할 때에는 시·도지사와 토지소유자가 감정평가법인등을 추천할 수 있다는 내용을 포함하여 공고하고, 보상 대상 토지가 소재하는 시·도의 시·도지사와 토지소유자에게 이를 통지해야 한다.

② 법 제68조 제2항에 따라 시·도지사와 토지소유자는 보상계획의 열람기간 만료일부터 30일 이내에 사업시행자에게 감정평가법인등을 추천할 수 있다.

③ 시·도지사가 감정평가법인등을 추천하는 경우에는 다음 각 호의 사항을 지켜야 한다.
  1. 감정평가 수행능력, 소속 감정평가사의 수, 감정평가 실적, 징계 여부 등을 고려하여 추천대상 집단을 선정할 것
  2. 추천대상 집단 중에서 추첨 등 객관적이고 투명한 절차에 따라 감정평가법인등을 선정할 것
  3. 제1호의 추천대상 집단 및 추천 과정을 이해당사자에게 공개할 것
  4. 보상 대상 토지가 둘 이상의 시·도에 걸쳐 있는 경우에는 관계 시·도지사가 협의하여 감정평가법인등을 추천할 것
④ 감정평가법인등을 추천하려는 토지소유자는 보상 대상 토지면적의 2분의 1 이상에 해당하는 토지소유자와 토지소유자 총수의 과반수의 동의를 받은 사실을 증명하는 서류를 첨부하여 사업시행자에게 감정평가법인등을 추천해야 한다. 이 경우 토지소유자는 감정평가법인등 1인에 대해서만 동의할 수 있다.
⑤ 감정평가법인등을 추천하려는 토지소유자는 해당 시·도지사와 한국감정평가사협회에 감정평가법인등을 추천하는 데 필요한 자료를 요청할 수 있다.
⑥ 제4항에 따라 보상 대상 토지면적과 토지소유자 총수를 계산할 때 제2항에 따라 감정평가법인등 추천 의사표시를 하지 않은 국유지 또는 공유지는 제외한다.
⑦ 국토교통부장관은 제3항에 따른 시·도지사의 감정평가법인등 추천에 관한 사항에 관하여 표준지침을 작성하여 보급할 수 있다.

> ✍ **토지보상법 제68조(보상액의 산정) → 손실보상 원칙 중 복수평가의 원칙과 관련**
> ① 사업시행자는 토지등에 대한 보상액을 산정하려는 경우에는 감정평가법인등 3인(시·도지사와 토지소유자의 모두 또는 어느 한쪽이 감정평가법인등을 추천하지 아니하는 경우에는 2인)을 선정하여 토지등의 평가를 의뢰하여야 한다. (사업시행자가 직접 보상액을 산정할 수 있을 때에는 제외)
> ② 제1항 본문에 따라 사업시행자가 감정평가법인등을 선정할 때 해당 토지를 관할하는 시·도지사와 토지소유자는 감정평가법인등을 각 1인씩 추천할 수 있다. 이 경우 사업시행자는 추천된 감정평가법인등을 포함하여 선정하여야 한다.
> ③ 제1항 및 제2항에 따른 평가 의뢰의 절차 및 방법, 보상액의 산정기준 등에 관하여 필요한 사항은 국토교통부령으로 정한다.

## 제29조(보상채권의 발행대상사업)

법 제69조 제1항 각 호 외의 부분에서 "대통령령으로 정하는 공익사업"이란 다음 각 호의 사업을 말한다.
1. 「댐건설·관리 및 주변지역지원 등에 관한 법률」에 따른 댐건설사업
2. 「수도법」에 따른 수도사업
3. 「인천국제공항공사법」에 따른 공항건설사업
4. 「공항시설법」에 따른 공항개발사업

> ⤵ **토지보상법 제69조(보상채권의 발행)**
> ① 국가는 「도로법」에 따른 도로공사, 「산업입지 및 개발에 관한 법률」에 따른 산업단지개발사업, 「철도
>  의 건설 및 철도시설 유지관리에 관한 법률」에 따른 철도의 건설사업, 「항만법」에 따른 항만개발사업,
>  그 밖에 <u>대통령령으로 정하는 공익사업</u>을 위한 토지등의 취득, 사용으로 인하여 토지소유자 및 관계인
>  이 입은 손실을 보상하기 위하여 채권으로 지급하는 경우 다음 각 호의 회계의 부담으로 보상채권을
>  발행할 수 있다.
>  1. 일반회계
>  2. 교통시설특별회계
> ② 보상채권은 제1항 각 호의 회계를 관리하는 관계 중앙행정기관의 장의 요청으로 기획재정부장관이 발
>  행한다.

## 제30조(보상채권의 발행절차)

① 법 제69조 제1항 각 호의 회계를 관리하는 관계 중앙행정기관의 장은 보상채권의 발행이 필요한 경우에는 보상채권에 관한 다음 각 호의 사항을 명시하여 그 발행을 기획재정부장관에게 요청하여야 한다.
1. 발행한도액
2. 발행요청액
3. 액면금액의 종류
4. 이자율
5. 원리금 상환의 방법 및 시기
6. 그 밖에 필요한 사항
② 기획재정부장관은 보상채권을 발행하는 경우에는 이에 관한 사항을 관계 중앙행정기관의 장 및 한국은행 총재에게 각각 통보하여야 한다.

## 제31조(보상채권의 발행방법 등)

① 보상채권은 무기명증권으로 발행한다.
② 보상채권은 액면금액으로 발행하되, 최소액면금액은 10만원으로 하며, 보상금 중 10만원 미만인 끝수의 금액은 사업시행자가 보상금을 지급할 때 현금으로 지급한다.
③ 보상채권의 발행일은 보상채권지급결정통지서를 발급한 날이 속하는 달의 말일로 한다.
④ 보상채권은 멸실 또는 도난 등의 사유로 분실한 경우에도 재발행하지 아니한다.

## 제32조(보상채권의 이자율 및 상환)

① 보상채권의 이자율은 법 제63조 제9항에 따른 이자율로 한다.
② 보상채권의 원리금은 상환일에 일시 상환한다.
③ 보상채권의 발행일부터 상환일 전날까지의 이자는 1년 단위의 복리로 계산한다.
④ 보상채권지급결정통지서의 발급일부터 보상채권 발행일 전날까지의 보상채권으로 지급할 보상

금에 대한 이자는 제1항에 따른 보상채권의 이자율과 같은 이자율로 산정한 금액을 사업시행자가 보상금을 지급할 때 지급한다.

### 제33조(보상채권의 기재사항)

보상채권에는 다음 각 호의 사항을 적어야 한다.

1. 명칭
2. 번호
3. 제30조 제1항 제3호부터 제5호까지의 사항(액면금액의 종류, 이자율, 원리금 상환의 방법 및 시기)

### 제34조(보상채권의 취급기관 등)

① 보상채권의 교부 및 상환에 관한 업무는 한국은행의 주된 사무소·지사무소 및 대리점이 이를 취급한다.

② 사업시행자는 제1항에 따른 한국은행의 주된 사무소·지사무소 및 대리점 중 해당 보상채권취급기관을 미리 지정하고, 보상채권취급기관에 사업시행자의 인감조서를 송부하여야 한다.

③ 보상채권취급기관은 보상채권을 교부할 때에는 보상채권에 다음 각 호의 사항을 적고, 해당 업무의 책임자가 기명날인하여야 한다.

1. 발행일 및 상환일
2. 교부일
3. 보상채권취급기관의 명칭

④ 한국은행 총재는 매월 20일까지 보상채권의 교부 및 상환 현황 통지서를 기획재정부장관 및 관계 중앙행정기관의 장에게 각각 송부하여야 한다.

### 제35조(보상채권의 사무취급절차 등)

① 사업시행자는 보상채권으로 보상하려는 경우에는 토지소유자 및 관계인에게 보상채권지급결정통지서를 발급하고, 보상채권취급기관에 이에 관한 사항을 통지하여야 한다.

② 보상채권취급기관은 보상채권지급결정통지서를 발급받은 토지소유자 및 관계인이 해당 보상채권취급결정통지서를 제출하면 보상채권을 교부하여야 한다.

### 제36조(보상채권교부대장의 비치·송부)

보상채권취급기관은 보상채권을 교부하였을 때에는 보상채권교부대장을 2부 작성하여 1부는 비치하고, 나머지 1부는 다음 달 7일까지 사업시행자에게 송부하여야 한다.

### 제37조(지가변동률)

① 법 제70조 제1항에서 "대통령령으로 정하는 지가변동률"이란 국토교통부장관이 조사·발표하는 지가변동률로서 평가대상 토지와 가치형성요인이 같거나 비슷하여 해당 평가대상 토지와 유사한 이용가치를 지닌다고 인정되는 표준지(비교표준지)가 소재하는 시·군 또는 구의 용도지역별 지가변동률을 말한다. 다만, 비교표준지와 같은 용도지역의 지가변동률이 조사·발표되지 아니한 경우에는 비교표준지와 유사한 용도지역의 지가변동률, 비교표준지와 이용상황이

같은 토지의 지가변동률 또는 해당 시·군 또는 구의 평균지가변동률 중 어느 하나의 지가변동률을 말한다.

② 제1항을 적용할 때 비교표준지가 소재하는 시·군 또는 구의 지가가 해당 공익사업으로 인하여 변동된 경우에는 해당 공익사업과 관계없는 인근 시·군 또는 구의 지가변동률을 적용한다(비교표준지가 소재하는 시·군 또는 구의 지가변동률 < 인근 시·군 또는 구의 지가변동률인 경우는 제외).

③ 제2항 본문에 따른 비교표준지가 소재하는 시·군 또는 구의 지가가 해당 공익사업으로 인하여 변동된 경우는 도로, 철도 또는 하천 관련 사업을 제외한 사업으로서 다음 각 호의 요건을 모두 충족하는 경우로 한다.

1. 해당 공익사업의 면적이 20만 제곱미터 이상일 것
2. − 비교표준지가 소재하는 시·군 또는 구의 사업인정고시일부터 가격시점까지의 지가변동률이 3퍼센트 이상일 것.
    − 해당 공익사업의 계획 또는 시행이 공고, 고시됨으로 인하여 비교표준지의 가격이 변동되었다고 인정되는 경우에는 계획 또는 시행이 공고, 고시된 날부터 가격시점까지의 지가변동률이 5퍼센트 이상인 경우로 한다.
3. 사업인정고시일부터 가격시점까지 비교표준지가 소재하는 시·군 또는 구의 지가변동률이 비교표준지가 소재하는 시·도의 지가변동률보다 30퍼센트 이상 높거나 낮을 것

> 🔖 **토지보상법 제70조 제1항(취득하는 토지의 보상)**
>
> ① 협의나 재결에 의하여 취득하는 토지에 대하여는 부동산공시법에 따른 공시지가를 기준으로 하여 보상하되, 그 공시기준일부터 가격시점까지의 관계 법령에 따른 그 토지의 이용계획, 해당 공익사업으로 인한 지가의 영향을 받지 아니하는 지역의 대통령령으로 정하는 지가변동률, 생산자물가상승률과 그 밖에 그 토지의 위치·형상·환경·이용상황 등을 고려하여 평가한 적정가격으로 보상하여야 한다.
>
> ② 토지에 대한 보상액은 가격시점에서의 현실적인 이용상황과 일반적인 이용방법에 의한 객관적 상황을 고려하여 산정하되, 일시적인 이용상황과 토지소유자나 관계인이 갖는 주관적 가치 및 특별한 용도에 사용할 것을 전제로 한 경우 등은 고려하지 아니한다.
>
> ③ 사업인정 전 협의에 의한 취득의 경우에 제1항에 따른 공시지가는 해당 토지의 가격시점 당시 공시된 공시지가 중 가격시점과 가장 가까운 시점에 공시된 공시지가로 한다.
>
> ④ 사업인정 후의 취득의 경우에 제1항에 따른 공시지가는 사업인정고시일 전의 시점을 공시기준일로 하는 공시지가로서, 해당 토지에 관한 협의의 성립 또는 재결 당시 공시된 공시지가 중 그 사업인정고시일과 가장 가까운 시점에 공시된 공시지가로 한다.
>
> ⑤ 공익사업의 계획 또는 시행이 공고, 고시됨으로 인하여 취득하여야 할 토지의 가격이 변동되었다고 인정되는 경우에는 해당 공고일 또는 고시일 전의 시점을 공시기준일로 하는 공시지가로서 그 토지의 가격시점 당시 공시된 공시지가 중 그 공익사업의 공고일 또는 고시일과 가장 가까운 시점에 공시된 공시지가로 한다.
>
> ⑥ 취득하는 토지와 이에 관한 소유권 외의 권리에 대한 구체적인 보상액 산정 및 평가방법은 투자비용, 예상수익 및 거래가격 등을 고려하여 국토교통부령으로 정한다.

## 제38조(일시적인 이용상황)

법 제70조 제2항에 따른 일시적인 이용상황은 관계 법령에 따른 국가 또는 지방자치단체의 계획이나 명령 등에 따라 해당 토지를 본래의 용도로 이용하는 것이 일시적으로 금지, 제한되어 본래의 용도와 다른 용도로 이용되고 있거나 해당 토지의 주위환경의 사정으로 보아 현재의 이용방법이 임시적인 것으로 한다.

## 제38조의2(공시지가)

① 법 제70조 제5항에 따른 취득하여야 할 토지의 가격이 변동되었다고 인정되는 경우는 도로, 철도 또는 하천 관련 사업을 제외한 사업으로서 다음 각 호를 모두 충족하는 경우로 한다.

1. 해당 공익사업의 면적이 20만 제곱미터 이상일 것
2. 해당 공익사업지구 안에 있는 표준지공시지가의 평균변동률과 평가대상토지가 소재하는 시·군 또는 구 전체의 표준지공시지가 평균변동률과의 차이가 3퍼센트포인트 이상일 것
3. 해당 공익사업지구 안에 있는 표준지공시지가의 평균변동률이 평가대상토지가 소재하는 시·군 또는 구 전체의 표준지공시지가 평균변동률보다 30퍼센트 이상 높거나 낮을 것

② - 평균변동률은 해당 표준지별 변동률의 합을 표준지의 수로 나누어 산정한다.
- 공익사업지구가 둘 이상의 시·군 또는 구에 걸쳐 있는 경우 : 시·군 또는 구별로 평균변동률을 산정한 후 이를 해당 시·군 또는 구에 속한 공익사업지구 면적 비율로 가중평균하여 산정한다. (평균변동률의 산정기간은 해당 공익사업의 계획 또는 시행이 공고, 고시된 당시 공시된 표준지공시지가 중 그 공고일 또는 고시일에 가장 가까운 시점에 공시된 표준지공시지가의 공시기준일부터 법 제70조 제3항 또는 제4항에 따른 표준지공시지가의 공시기준일까지의 기간으로 한다.)

## 제39조(잔여지의 판단)

① 법 제74조 제1항에 따라 잔여지가 다음 각 호의 어느 하나에 해당하는 경우에는 해당 토지소유자는 사업시행자 또는 관할 토지수용위원회에 잔여지를 매수하거나 수용하여 줄 것을 청구할 수 있다. (대농교종)

1. 대지로서 면적이 너무 작거나 부정형 등의 사유로 건축물을 건축할 수 없거나 건축물의 건축이 현저히 곤란한 경우
2. 농지로서 농기계의 진입과 회전이 곤란할 정도로 폭이 좁고 길게 남거나 부정형 등의 사유로 영농이 현저히 곤란한 경우
3. 공익사업의 시행으로 교통이 두절되어 사용이나 경작이 불가능하게 된 경우
4. 제1호부터 제3호까지에서 규정한 사항과 유사한 정도로 잔여지를 종래의 목적대로 사용하는 것이 현저히 곤란하다고 인정되는 경우

② 잔여지가 제1항 각 호의 어느 하나에 해당하는지를 판단할 때에는 다음 각 호의 사항을 종합적으로 고려하여야 한다. (위형이용면)

1. 잔여지의 위치·형상·이용상황 및 용도지역
2. 공익사업 편입토지의 면적 및 잔여지의 면적

---

📌 **관련 내용**

1. **잔여지수용의 의의 및 취지(토지보상법 제74조)**

   잔여지수용이란 동일한 토지소유자에게 속하는 수용목적물인 일단의 토지 일부가 수용됨으로 인하여 잔여지를 종래 목적으로 사용하는 것이 현저히 곤란한 때 토지소유자의 청구에 의해 사업시행자가 해당 토지의 전부를 매수하거나 관할 토지수용위원회가 수용하는 것을 말하며, 최소침해원칙의 예외로서 토지소유자를 실질적으로 구제함에 그 취지가 있다.

2. **잔여지수용의 성질**

   판례는 잔여지 수용청구권은 손실보상의 일환으로 형성권적 성질을 가진다고 판시한바 〈공권〉이자 〈형성권〉의 성질을 지닌다.

3. **성립요건(토지보상법 제74조) (동일현)**

   ① 동일한 소유자일 것 ② 일단의 토지 중 일부가 협의매수·수용될 것 ③ 잔여지를 종래의 목적으로 사용하는 것이 현저히 곤란할 것

📌 **관련 판례**

1. **잔여지수용청구권의 법적 성질 및 권리구제(2008두822)**

   잔여지 수용청구권은 손실보상의 일환으로 토지소유자에게 부여되는 권리로서 그 요건을 구비한 때에는 잔여지를 수용하는 토지수용위원회의 재결이 없더라도 그 청구에 의하여 수용의 효과가 발생하는 형성권적 성질을 가지므로, 잔여지 수용청구를 받아들이지 않은 토지수용위원회의 재결에 대하여 토지소유자가 불복하여 제기하는 소송은 위 법 제85조 제2항에 규정되어 있는 '보상금의 증감에 관한 소송'에 해당하여 사업시행자를 피고로 하여야 한다.

2. **성립요건 중 종래 목적 및 사용이 현저히 곤란할 때의 의미(2002두4679)**

   '종래의 목적'이라 함은 수용재결 당시에 당해 잔여지가 현실적으로 사용되고 있는 구체적인 용도를 의미하고, '사용하는 것이 현저히 곤란한 때'라고 함은 물리적으로 사용하는 것이 곤란하게 된 경우는 물론 사  회적, 경제적으로 사용하는 것이 곤란하게 된 경우, 즉 절대적으로 이용 불가능한 경우만이 아니라 이용은 가능하나 많은 비용이 소요되는 경우를 포함한다.

---

## 제40조(이주대책의 수립·실시)

① 사업시행자가 이주대책을 수립하려는 경우에는 미리 그 내용을 이주대책대상자에게 통지하여야 한다.

② 이주대책은 부득이한 사유가 있는 경우를 제외하고는 이주대책대상자 중 이주정착지에 이주를 희망하는 자의 가구 수가 10호(戶) 이상인 경우에 수립·실시한다. 다만, 사업시행자가 관계법령에 따라 이주대책대상자에게 택지 또는 주택을 공급한 경우에는 이주대책을 수립·실시한 것으로 본다.

③ 법 제4조 제6호 및 제7호에 따른 사업(부수사업)의 사업시행자는 다음 각 호의 요건을 모두 갖춘 경우 부수사업의 원인이 되는 법 제4조 제1호부터 제5호까지의 규정에 따른 사업(주된사업)

의 이주대책에 부수사업의 이주대책을 포함하여 수립·실시하여 줄 것을 주된사업의 사업시행
자에게 요청할 수 있다. 이 경우 부수사업 이주대책대상자의 이주대책을 위한 비용은 부수사업
의 사업시행자가 부담한다.

1. 부수사업의 사업시행자가 이주대책을 수립·실시하여야 하는 경우에 해당하지 아니할 것
2. 주된사업의 이주대책 수립이 완료되지 아니하였을 것

④ 이주대책의 수립·실시 요청을 받은 주된사업의 사업시행자는 이주대책을 수립·실시하여야
하는 경우에 해당하지 아니하는 등 부득이한 사유가 없으면 이에 협조하여야 한다.

⑤ 다음 각 호의 어느 하나에 해당하는 자는 이주대책대상자에서 제외한다.

1. 허가를 받거나 신고를 하고 건축, 용도변경을 하여야 하는 건축물을 허가를 받지 아니하거나
신고를 하지 아니하고 건축, 용도변경을 한 건축물의 소유자

2. 해당 건축물에 공익사업을 위한 관계 법령에 따른 고시 등이 있은 날부터 계약체결일 또는
수용재결일까지 계속하여 거주하고 있지 아니한 건축물의 소유자. (다만, 다음 각 목의 사유
로 거주하고 있지 아니한 경우는 제외)

   가. 질병으로 인한 요양
   나. 징집으로 인한 입영
   다. 공무
   라. 취학
   마. 해당 공익사업지구 내 타인이 소유하고 있는 건축물에의 거주
   바. 그 밖에 가목부터 라목까지에 준하는 부득이한 사유

3. 타인이 소유하고 있는 건축물에 거주하는 세입자. 다만, 해당 공익사업지구에 주거용 건축
물을 소유한 자로서 타인이 소유하고 있는 건축물에 거주하는 세입자는 제외한다.

⑥ 이주정착지 안의 택지 또는 주택을 취득하거나 같은 항 단서에 따른 택지 또는 주택을 취득하는
데 드는 비용은 이주대책대상자의 희망에 따라 그가 지급받을 보상금과 상계할 수 있다.

---

**➲ 관련 내용**

**1. 이주대책의 의의 및 취지(토지보상법 제78조)**

이주대책이란 공익사업의 시행으로 인하여 주거용건축물을 제공함에 따라 생활의 근거를 상실한 자에
게 종전과 같은 생활상태를 유지할 수 있도록 택지 및 주택을 공급하거나 이주정착금을 지급하는 것을
말하며 생활재건조치에 취지가 있다.

**2. 법적 성질**

① 생활보상 ② 강행규정

**➲ 관련 판례**

**1. 생활보상 성격(2010다43498)**

이주대책은 본래의 취지가 이주대책대상자들에 대하여 종전의 생활상태를 원상으로 회복시키면서 동
시에 인간다운 생활을 보장하여 주기 위한 이른바 생활보상의 일환으로 국가의 적극적이고 정책적인
배려에 의하여 마련된 제도이다.

2. **강행규정((2007다63089)**

사업시행자의 이주대책 수립·실시 의무를 정하고 있는 토지보상법 제78조 제1항은 물론 그 이주대책의 내용에 관하여 규정하고 있는 같은 법 제78조 제4항 본문 역시 당사자의 합의 또는 사업시행자의 재량에 의하여 그 적용을 배제할 수 없는 강행법규이다.

3. **영 제40조 제2항의 부득이한 사유란(2011두28301)**

부득이한 사유라 함은 "공익사업시행지구의 인근에 택지조성에 적합한 토지가 없는 경우"와 "이주대책에 필요한 비용이 당해 공익사업의 본래의 목적을 위한 소요비용을 초과하는 등 이주대책의 수립·실시로 인하여 당해 공익사업의 시행이 사실상 곤란하게 되는 경우"를 들고 있다.

4. **대상자 요건(2017다278668)**

이주대책대상자에 해당하기 위해서는 토지보상법 제4조 각호의 어느 하나에 해당하는 공익사업의 시행으로 인하여 주거용 건축물을 제공함에 따라 생활의 근거를 상실하게 되어야 한다.

5. **불법용도변경 건물의 경우 (2007두13340)**

주거용 건물이 아니었던 건물이 그 이후에 주거용으로 용도변경된 경우에는 건축허가를 받았는지 여부에 상관없이 수용재결 내지 협의계약 체결 당시 주거용으로 사용된 건물이라 할지라도 이주대책대상이 되는 주거용 건축물이 될 수 없다.

## 제41조(이주정착금의 지급)

사업시행자는 법 제78조 제1항에 따라 다음 각 호의 어느 하나에 해당하는 경우에는 이주대책대상자에게 이주정착금을 지급해야 한다.

1. 이주대책을 수립·실시하지 아니하는 경우
2. 이주대책대상자가 이주정착지가 아닌 다른 지역으로 이주하려는 경우
3. 이주대책대상자가 공익사업을 위한 관계 법령에 따른 고시 등이 있은 날의 1년 전부터 계약체결일 또는 수용재결일까지 계속하여 해당 건축물에 거주하지 않은 경우
4. 이주대책대상자가 공익사업을 위한 관계 법령에 따른 고시 등이 있은 날 당시 다음 각 목의 어느 하나에 해당하는 기관·업체에 소속(다른 기관·업체에 소속된 사람이 파견 등으로 각 목의 기관·업체에서 근무하는 경우 포함)되어 있거나 퇴직한 날부터 3년이 경과하지 않은 경우
   가. 국토교통부
   나. 사업시행자
   다. 법 제21조 제2항에 따라 협의하거나 의견을 들어야 하는 공익사업의 허가·인가·승인 등 기관
   라. 공익사업을 위한 관계 법령에 따른 고시 등이 있기 전에 관계 법령에 따라 실시한 협의, 의견청취 등의 대상자였던 중앙행정기관, 지방자치단체, 「공공기관의 운영에 관한 법률」 제4조에 따른 공공기관 및 「지방공기업법」에 따른 지방공기업

## 제41조의2(생활기본시설의 범위 등)

① 법 제78조 제4항 본문에 따른 통상적인 수준의 생활기본시설은 다음 각 호의 시설로 한다.

1. 도로(가로등·교통신호기 포함)
2. 상수도 및 하수처리시설
3. 전기시설
4. 통신시설
5. 가스시설

② 법 제78조 제9항에 따라 사업시행자가 부담하는 생활기본시설에 필요한 비용은 다음 각 호의 구분에 따른 계산식에 따라 산정한다.

1. 택지를 공급하는 경우

사업시행자가 부담하는 비용 = 생활기본시설의 설치비용 × (이주대책대상자에게 유상으로 공급하는 택지면적 ÷ 유상으로 공급하는 용지의 총면적)

2. 주택을 공급하는 경우

사업시행자가 부담하는 비용 = 생활기본시설의 설치비용 × (이주대책대상자에게 유상으로 공급하는 주택의 대지면적 ÷ 유상으로 공급하는 용지의 총면적)

③ 생활기본시설의 설치비용은 해당 생활기본시설을 설치하는 데 드는 공사비, 용지비 및 해당 생활기본시설의 설치와 관련하여 법령에 따라 부담하는 각종 부담금으로 한다.

---

**관련 판례**

**1. 사업시행자의 재량((2008두12610)**

사업시행자는 이주대책기준을 정하여 이주대책대상자 중에서 이주대책을 수립·실시하여야 할 자를 선정하여 그들에게 공급할 택지 또는 주택의 내용이나 수량을 정할 수 있고, 이를 정하는 데 재량을 가지므로, 이를 위해 사업시행자가 설정한 기준은 그것이 객관적으로 합리적이 아니라거나 타당하지 않다고 볼 만한 다른 특별한 사정이 없는 한 존중되어야 한다.

**2. 생활기본시설의 설치비용을 분양대금에 포함시킨 경우(2015다49804)**

토지보상법 제78조 제4항에 규정된 생활기본시설 설치비용을 분양대금에 포함시킴으로써 이주대책대상자가 생활기본시설 설치비용까지 사업시행자에게 지급하게 되었다면, 특별공급계약 중 생활기본시설 설치비용을 분양대금에 포함시킨 부분은 강행법규인 구 토지보상법 제78조 제4항에 위배되어 무효이다.

**3. 초과부분에 해당하는 분양면적의 부담(2023다214252)**

사업시행자는 이주대책을 수립·실시하여야 할 자를 선정하여 그들에게 공급할 택지 또는 주택의 내용이나 수량을 정함에 재량을 가지며, 초과하여 공급한 부분이 사업시행자가 정한 이주대책의 내용이 아니라 일반수분양자에게 공급한 것과 마찬가지로 볼 수 있는 경우 초과부분에 해당하는 분양면적에 대해서는 일반수분양자와 동등하게 생활기본시설 설치비용을 부담시킬 수 있다.

---

### 제41조의3(공장에 대한 이주대책에 관한 계획의 수립 등)

① 법 제78조의2에서 "대통령령으로 정하는 공익사업"이란 다음 각 호의 사업을 말한다.

1. 「택지개발촉진법」에 따른 택지개발사업
2. 「산업입지 및 개발에 관한 법률」에 따른 산업단지개발사업

3. 「물류시설의 개발 및 운영에 관한 법률」에 따른 물류단지개발사업

4. 「관광진흥법」에 따른 관광단지조성사업

5. 「도시개발법」에 따른 도시개발사업

6. 「공공주택 특별법」에 따른 공공주택사업

② 법 제78조의2에 따른 공장의 이주대책에 관한 계획에는 해당 공익사업 지역의 여건을 고려하여 다음 각 호의 내용이 포함되어야 한다.

1. 해당 공익사업 지역 인근 지역에 「산업입지 및 개발에 관한 법률」에 따라 지정·개발된 산업단지가 있는 경우 해당 산업단지의 우선 분양 알선

2. 해당 공익사업 지역 인근 지역에 해당 사업시행자가 공장이주대책을 위한 별도의 산업단지를 조성하는 경우 그 산업단지의 조성 및 입주계획

3. 해당 공익사업 지역에 조성되는 공장용지의 우선 분양

4. 그 밖에 원활한 공장 이주대책을 위한 행정적 지원방안

> ↩ **토지보상법 제78조의2(공장의 이주대책 수립 등)**
>
> 사업시행자는 <u>대통령령으로 정하는 공익사업</u>의 시행으로 인하여 공장부지가 협의 양도되거나 수용됨에 따라 더 이상 해당 지역에서 공장을 가동할 수 없게 된 자가 희망하는 경우 「산업입지 및 개발에 관한 법률」에 따라 지정·개발된 인근 산업단지에 입주하게 하는 등 대통령령으로 정하는 이주대책에 관한 계획을 수립하여야 한다.

## 제41조의4(그 밖의 토지에 관한 손실의 보상계획 공고)

법 제79조 제3항에 따라 같은 조 제2항에 따른 보상에 관한 계획을 공고할 때에는 전국을 보급지역으로 하는 일간신문에 공고하는 방법으로 한다.

> ↩ **관련 내용**
>
> 1. **간접손실보상의 의의 및 취지(토지보상법 제79조)**
>    공익사업으로 인하여 사업지 밖의 재산권자에게 가해지는 손실 중 공익사업으로 인하여 필연적으로 발생하는 손실에 대한 보상을 말하며, 피해자 구제에 취지가 있다.
>
> 2. **토지보상법상 간접손실보상의 절차**
>    ① 보상계획의 공고(법 제79조 제3항)
>       사업시행자는 보상이 필요하다고 인정하는 경우에는 제15조에 따라 보상계획을 공고할 때에 보상을 청구할 수 있다는 내용을 포함하여 공고하거나 보상에 관한 계획을 공고하여야 한다.
>    ② 협의와 재결신청(법 제80조)
>       간접손실보상에 따른 비용 또는 손실이나 토지의 취득에 대한 보상은 사업시행자와 손실을 입은 자가 협의하여 결정하며, 협의가 성립되지 아니하였을 때에는 사업시행자나 손실을 입은 자는 관할 토지수용위원회에 재결을 신청할 수 있다.

## 제42조(손실보상 또는 비용보상 재결의 신청 등)

① 법 제80조 제2항에 따라 재결을 신청하려는 자는 손실보상재결신청서에 다음 각 호의 사항을 적어 관할 토지수용위원회에 제출하여야 한다.

1. 재결의 신청인과 상대방의 성명 또는 명칭 및 주소
2. 공익사업의 종류 및 명칭
3. 손실 발생사실
4. 손실보상액과 그 명세
5. 협의의 내용

② 제1항의 신청에 따른 손실보상의 재결을 위한 심리에 관하여는 법 제32조 제2항 및 제3항을 준용한다.

## 제43조(보상전문기관 등)

① 법 제81조 제1항 제2호에서 "대통령령으로 정하는 기관"이란 다음 각 호의 기관을 말한다.

1. 「한국토지주택공사법」에 따른 한국토지주택공사
2. 「한국수자원공사법」에 따른 한국수자원공사
3. 「한국도로공사법」에 따른 한국도로공사
4. 「한국농어촌공사 및 농지관리기금법」에 따른 한국농어촌공사
5. 「한국부동산원법」에 따른 한국부동산원
6. 「지방공기업법」 제49조에 따라 특별시, 광역시, 도 및 특별자치도가 택지개발 및 주택건설 등의 사업을 하기 위하여 설립한 지방공사

② 사업시행자는 법 제81조에 따라 다음 각 호의 업무를 보상전문기관에 위탁할 수 있다.

1. 보상계획의 수립·공고 및 열람에 관한 업무
2. 토지대장 및 건축물대장 등 공부의 조사.(토지대장 및 건축물대장은 부동산종합공부의 조사로 대신할 수 있음)
3. 토지등의 소유권 및 소유권 외의 권리 관련 사항의 조사
4. 분할측량 및 지적등록에 관한 업무
5. 토지조서 및 물건조서의 기재사항에 관한 조사
6. 잔여지 및 공익사업지구 밖의 토지등의 보상에 관한 조사
7. 영업·농업·어업 및 광업 손실에 관한 조사
8. 보상액의 산정(감정평가업무는 제외)
9. 보상협의, 계약체결 및 보상금의 지급
10. 보상 관련 민원처리 및 소송수행 관련 업무
11. 토지등의 등기 관련 업무
12. 이주대책의 수립·실시 또는 이주정착금의 지급
13. 그 밖에 보상과 관련된 부대업무

③ 사업시행자는 업무를 보상전문기관에 위탁하려는 경우에는 미리 위탁내용과 위탁조건에 관하여 보상전문기관과 협의하여야 한다.

④ 사업시행자는 업무를 보상전문기관에 위탁할 때에는 별표 1에 따른 위탁수수료를 보상전문기관에 지급하여야 한다. 다만, 업무 중 일부를 보상전문기관에 위탁하는 경우의 위탁수수료는 사업시행자와 보상전문기관이 협의하여 정한다.

⑤ 사업시행자는 보상전문기관이 통상적인 업무수행에 드는 경비가 아닌 평가수수료·측량수수료 등 특별한 비용을 지출하였을 때에는 위탁수수료와는 별도로 보상전문기관에 지급하여야 한다.

> **토지보상법 제81조(보상업무 등의 위탁)**
> ① 사업시행자는 보상 또는 이주대책에 관한 업무를 다음 각 호의 기관에 위탁할 수 있다.
>   1. 지방자치단체
>   2. 보상실적이 있거나 보상업무에 관한 전문성이 있는 「공공기관의 운영에 관한 법률」 제4조에 따른 공공기관 또는 「지방공기업법」에 따른 지방공사로서 대통령령으로 정하는 기관
> ② 제1항에 따른 위탁 시 업무범위, 수수료 등에 관하여 필요한 사항은 대통령령으로 정한다.

## 제44조(임의적 보상협의회의 설치·구성 및 운영 등)

① 보상협의회는 해당 사업지역을 관할하는 특별자치도, 시·군 또는 구에 설치한다.

② 공익사업을 시행하는 지역이 둘 이상의 시·군 또는 구에 걸쳐 있는 경우에는 해당 시·군 또는 구청장이 협의하여 보상협의회를 설치할 시·군 또는 구를 결정하여야 한다.

③ 특별자치도지사·시장·군수 또는 구청장은 보상협의회를 설치할 필요가 있다고 인정하는 경우에는 특별한 사유가 있는 경우를 제외하고는 보상계획의 열람기간 만료 후 30일 이내에 보상협의회를 설치하고 사업시행자에게 이를 통지하여야 한다.

④ 보상협의회는 위원장 1명을 포함 8명 이상 16명 이내의 위원으로 구성하되, 사업시행자를 위원에 포함시키고, 위원 중 3분의 1 이상은 토지소유자 또는 관계인으로 구성하여야 한다.

⑤ 보상협의회의 위원장은 해당 특별자치도·시·군 또는 구의 부지사·부시장·부군수 또는 부구청장이 되며, 위원장이 부득이한 사유로 직무를 수행할 수 없을 때에는 위원장이 지명하는 위원이 그 직무를 대행한다.

⑥ 보상협의회의 위원장은 보상협의회를 대표하며, 보상협의회의 업무를 총괄한다.

⑦ 보상협의회의 회의는 재적위원 과반수의 출석으로 개의한다.

⑧ 위원장은 회의에서 협의된 사항을 사업시행자에게 통보하여야 하며, 사업시행자는 정당하다고 인정되는 사항에 대해서는 이를 반영하여 사업을 수행하여야 한다.

⑨ 보상협의회에 보상협의회의 사무를 처리할 간사와 서기를 두며, 보상협의회의 위원장이 해당 특별자치도·시·군 또는 구의 소속 공무원 중에서 임명한다.

⑩ 사업시행자가 국가 또는 지방자치단체인 경우 사업시행자는 보상협의회에 출석한 공무원이 아닌 위원에게 수당을 지급할 수 있다.

⑪ 위원장은 사업시행자의 사업추진에 지장이 없도록 보상협의회를 운영하여야 하며, 보상협의회의 운영에 필요한 사항은 보상협의회의 회의를 거쳐 위원장이 정한다.

> **토지보상법 제82조 제1항(보상협의회)**
> ① – 본문(임의적) : 공익사업이 시행되는 해당 지방자치단체의 장은 필요한 경우에는 다음 각 호의 사항을 협의하기 위하여 보상협의회를 둘 수 있다.
> – 단서(의무적) : 다만, <u>대통령령으로 정하는 규모 이상의 공익사업</u>을 시행하는 경우에는 대통령령으로 정하는 바에 따라 보상협의회를 두어야 한다.
> 1. 보상액 평가를 위한 사전 의견수렴에 관한 사항
> 2. 잔여지의 범위 및 이주대책 수립에 관한 사항
> 3. 해당 사업지역 내 공공시설의 이전 등에 관한 사항
> 4. 토지소유자나 관계인 등이 요구하는 사항 중 지방자치단체의 장이 필요하다고 인정하는 사항
> 5. 그 밖에 지방자치단체의 장이 회의에 부치는 사항

### 제44조의2(의무적 보상협의회의 설치·구성 및 운영 등)

① 법 제82조 제1항 각 호 외의 부분 단서에 따른 보상협의회는 제2항에 해당하는 공익사업에 대하여 해당 사업지역을 관할하는 특별자치도, 시·군 또는 구에 설치한다. 다만, 다음 각 호의 어느 하나에 해당하는 경우에는 사업시행자가 설치하여야 한다.
1. 부득이한 사정으로 보상협의회 설치가 곤란한 경우
2. 둘 이상의 시·군 또는 구에 걸쳐 있는 경우로서 보상협의회 설치를 위한 협의가 보상계획의 열람기간 만료 후 30일 이내에 이루어지지 아니하는 경우
② 법 제82조 제1항 각 호 외의 부분 단서에서 "대통령령으로 정하는 규모 이상의 공익사업"이란 해당 공익사업지구 면적이 10만 제곱미터 이상이고, 토지등의 소유자가 50인 이상인 공익사업을 말한다.
③ – 특별자치도지사, 시장·군수 또는 구청장이 제1항 본문에 따른 보상협의회를 설치하려는 경우 : 특별한 사유가 있는 경우를 제외하고는 보상계획의 열람기간 만료 후 30일 이내에 보상협의회를 설치하고, 사업시행자에게 이를 통지하여야 한다.
– 사업시행자가 제1항 단서에 따른 보상협의회를 설치하려는 경우 : 특별한 사유가 있는 경우를 제외하고는 지체 없이 보상협의회를 설치하고, 특별자치도지사, 시장·군수 또는 구청장에게 이를 통지하여야 한다.
④ – 보상협의회의 위원장은 해당 특별자치도, 시·군 또는 구의 부지사, 부시장·부군수 또는 부구청장이 되며, 위원장이 부득이한 사유로 직무를 수행할 수 없을 때에는 위원장이 지명하는 위원이 그 직무를 대행한다.
– 제1항 각 호 외의 부분 단서에 따른 보상협의회의 경우 : 해당 사업시행자가 임명하거나 위촉하고, 위원장은 위원 중에서 호선한다.
⑤ 보상협의회에 보상협의회의 사무를 처리할 간사와 서기를 두며, 보상협의회의 위원장이 해당

특별자치도, 시·군 또는 구의 소속 공무원(제1항 각 호 외의 부분 단서에 따른 보상협의회의
경우에는 사업시행자 소속 임직원을 말한다) 중에서 임명한다.

⑥ 제1항에 따른 보상협의회의 설치·구성 및 운영 등에 관하여는 제44조 제2항, 제4항, 제6항부터 제8항까지, 제10항 및 제11항을 준용한다.


# 제6장 이의신청 등

## 제45조(이의의 신청)

① 법 제83조에 따라 이의신청을 하려는 자는 이의신청서에 다음 각 호의 사항을 적고, 재결서 정본의 사본을 첨부하여 토지수용위원회에 제출하여야 한다.

  1. 당사자의 성명 또는 명칭 및 주소
  2. 신청의 요지 및 이유

② 지방토지수용위원회가 이의신청서를 접수하였을 때에는 그 이의신청서에 다음 각 호의 서류를 첨부하여 지체 없이 중앙토지수용위원회에 송부하여야 한다.

  1. 신청인이 재결서의 정본을 받은 날짜 등이 적힌 우편송달통지서 사본
  2. 지방토지수용위원회가 의뢰하여 행한 감정평가서 및 심의안건 사본
  3. 그 밖에 이의신청의 재결에 필요한 자료

③ 중앙토지수용위원회가 이의신청서를 접수하였을 때에는 신청인의 상대방에게 그 신청의 요지를 통지하여야 한다(통지받을 자를 알 수 없거나 그 주소·거소 또는 그 밖에 통지할 장소를 알 수 없을 때는 제외).

> ➷ **토지보상법 제83조(이의의 신청)**
> ① 중앙토지수용위원회의 제34조에 따른 재결에 이의가 있는 자는 중앙토지수용위원회에 이의를 신청할 수 있다.
> ② 지방토지수용위원회의 제34조에 따른 재결에 이의가 있는 자는 해당 지방토지수용위원회를 거쳐 중앙토지수용위원회에 이의를 신청할 수 있다.
> ③ 제1항 및 제2항에 따른 이의의 신청은 재결서의 정본을 받은 날부터 30일 이내에 하여야 한다.

## 제46조(이의신청에 대한 재결서의 송달)

중앙토지수용위원회는 법 제84조에 따라 이의신청에 대한 재결을 한 경우에는 재결서의 정본을 사업시행자·토지소유자 및 관계인에게 송달하여야 한다.

> 🔁 **토지보상법 제84조(이의신청에 대한 재결)**
>
> ① 중앙토지수용위원회는 제83조에 따른 이의신청을 받은 경우 제34조에 따른 재결이 위법하거나 부당하다고 인정할 때에는 그 재결의 전부 또는 일부를 취소하거나 보상액을 변경할 수 있다.
> ② 제1항에 따라 보상금이 늘어난 경우 사업시행자는 재결의 취소 또는 변경의 재결서 정본을 받은 날부터 30일 이내에 보상금을 받을 자에게 그 늘어난 보상금을 지급하여야 한다. 다만, 제40조 제2항 제1호·제2호 또는 제4호에 해당할 때에는 그 금액을 공탁할 수 있다.
>
> 🔁 **관련 판례(88누3963)**
>
> 중앙토지수용위원회의 이의재결에 관하여서는 재결의 실효에 관한 토지보상법상 규정이 없을 뿐만 아니라 토지보상법상 이의재결절차는 원재결에 대한 불복절차이면서 원재결과는 확정의 효력 등을 달리하는 별개의 절차이고 이의재결에서 증액된 손실보상금의 지급 또는 공탁이 없는 것을 이의재결의 실효요건으로 할 것인가의 여부는 입법정책으로 정할 사항이므로 사업시행자가 이의재결에서 증액된 보상금을 일정한 기간 내에 지급 또는 공탁하지 아니하였더라도 특별한 규정이 없는 한 그 사유만으로 이의재결이 당연히 실효된다고 해석할 수 없다.

### 제47조(재결확정증명서)

① 사업시행자·토지소유자 또는 관계인은 재결확정증명서의 발급을 청구하려는 경우에는 재결확정증명청구서에 이의신청에 대한 재결서의 정본을 첨부하여 중앙토지수용위원회에 제출하여야 한다.
② 재결확정증명서는 재결서 정본의 끝에 「민사집행법」 제29조 제2항에 준하여 집행문을 적고, 중앙토지수용위원회의 간사 또는 서기가 기명날인한 후 중앙토지수용위원회 위원장의 직인을 날인하여 발급한다.
③ 중앙토지수용위원회는 재결확정증명서를 발급하려는 경우에는 법 제85조 제1항에 따른 행정소송의 제기 여부를 관할 법원에 조회하여야 한다.

> 🔁 **토지보상법 제86조(이의신청에 대한 재결의 효력)**
>
> ① 제85조 제1항에 따른 기간 이내에 소송이 제기되지 아니하거나 그 밖의 사유로 이의신청에 대한 재결이 확정된 때에는 「민사소송법」상의 확정판결이 있은 것으로 보며, 재결서 정본은 집행력 있는 판결의 정본과 동일한 효력을 가진다.
> ② 사업시행자, 토지소유자 또는 관계인은 이의신청에 대한 재결이 확정되었을 때에는 관할 토지수용위원회에 대통령령으로 정하는 바에 따라 재결확정증명서의 발급을 청구할 수 있다.

# 제7장 환매권

### 제48조(환매금액의 협의요건)

법 제91조 제4항에 따른 토지의 가격이 취득일 당시에 비하여 현저히 변동된 경우는 환매권 행사 당시의 토지가격이 지급한 보상금에 환매 당시까지의 해당 사업과 관계없는 인근 유사토지의 지가변동률을 곱한 금액보다 높은 경우로 한다.

> **⤵ 토지보상법 제91조(환매권)**
>
> ① 공익사업의 폐지·변경 또는 그 밖의 사유로 취득한 토지의 전부 또는 일부가 필요 없게 된 경우 토지의 협의취득일 또는 수용의 개시일 당시의 토지소유자 또는 그 포괄승계인은 다음 각 호의 구분에 따른 날부터 10년 이내에 받은 보상금에 상당하는 금액을 사업시행자에게 지급하고 그 토지를 환매할 수 있다.
>   1. 사업의 폐지·변경으로 취득한 토지의 전부 또는 일부가 필요 없게 된 경우 : 관계 법률에 따라 사업이 폐지·변경된 날 또는 제24조에 따른 사업의 폐지·변경 고시가 있는 날
>   2. 그 밖의 사유로 취득한 토지의 전부 또는 일부가 필요 없게 된 경우 : 사업완료일
> ② 취득일부터 5년 이내에 취득한 토지의 전부를 해당 사업에 이용하지 아니하였을 때에는 취득일부터 6년 이내에 행사하여야 한다.
> ③ 제74조 제1항에 따라 매수하거나 수용한 잔여지는 그 잔여지에 접한 일단의 토지가 필요 없게 된 경우가 아니면 환매할 수 없다.
> ④ 토지의 가격이 취득일 당시에 비하여 현저히 변동된 경우 사업시행자와 환매권자는 환매금액에 대하여 서로 협의하되, 협의가 성립되지 아니하면 그 금액의 증감을 법원에 청구할 수 있다.
> ⑤ 환매권은 토지의 협의취득 또는 수용의 등기가 되었을 때에는 제3자에게 대항할 수 있다.
> ⑥ 국가, 지방자치단체 또는 「공공기관의 운영에 관한 법률」 제4조에 따른 공공기관 중 대통령령으로 정하는 공공기관이 사업인정을 받아 공익사업에 필요한 토지를 협의취득하거나 수용한 후 해당 공익사업이 제4조 제1호부터 제5호까지에 규정된 다른 공익사업(별표에 따른 사업이 제4조 제1호부터 제5호까지에 규정된 공익사업에 해당하는 경우 포함)으로 변경된 경우 제1항 및 제2항에 따른 환매권 행사기간은 관보에 해당 공익사업의 변경을 고시한 날부터 기산한다. 이 경우 국가, 지방자치단체 또는 「공공기관의 운영에 관한 법률」 제4조에 따른 공공기관 중 대통령령으로 정하는 공공기관은 공익사업이 변경된 사실을 대통령령으로 정하는 바에 따라 환매권자에게 통지하여야 한다.

## 제49조(공익사업의 변경 통지)

① 법 제91조 제6항 "「공공기관의 운영에 관한 법률」 제4조에 따른 공공기관 중 대통령령으로 정하는 공공기관"이란 「공공기관의 운영에 관한 법률」 제5조 제4항 제1호의 공공기관을 말한다.

② – 원칙 : 사업시행자는 법 제91조 제6항에 따라 변경된 공익사업의 내용을 관보에 고시할 때에는 환매권자에게 통지하여야 한다.

    – 예외 : 환매권자를 알 수 없거나 그 주소·거소 또는 그 밖에 통지할 장소를 알 수 없을 때에는 제3항에 따른 공고로 통지를 갈음할 수 있다.

③ 제2항 단서(예외)에 따른 공고는 사업시행자가 공고할 서류를 해당 토지의 소재지를 관할하는 시장·군수 또는 구청장에게 송부하여 해당 시·군 또는 구의 게시판에 14일 이상 게시하는 방법으로 한다.

## 제50조(환매권의 공고)

법 제92조 제1항 단서에 따른 공고는 전국을 보급지역으로 하는 일간신문에 공고하거나 해당 토지가 소재하는 시·군 또는 구의 게시판에 7일 이상 게시하는 방법으로 한다.

> **토지보상법 제92조 제1항(환매권의 통지 등)**
>
> ① – 본문 : 사업시행자는 제91조 제1항 및 제2항에 따라 환매할 토지가 생겼을 때에는 지체 없이 그 사실을 환매권자에게 통지하여야 한다.
>   – 단서 : 다만, 사업시행자가 과실 없이 환매권자를 알 수 없을 때에는 대통령령으로 정하는 바에 따라 공고하여야 한다.

## 제50조의2(고유식별정보의 처리)

① 사업시행자(보상 또는 이주대책에 관한 업무를 위탁받은 자를 포함)는 다음 각 호의 사무를 수행하기 위하여 불가피한 경우 「개인정보 보호법 시행령」 제19조 제1호 또는 제4호에 따른 주민등록번호 또는 외국인등록번호가 포함된 자료를 처리할 수 있다.

1. 법 제8조 제1항에 따른 공익사업의 수행을 위하여 필요한 서류의 발급 신청에 관한 사무
2. 법 제14조에 따른 토지조서 및 물건조서의 작성에 관한 사무
3. 법 제15조에 따른 보상계획의 공고 및 통지 등에 관한 사무
4. 법 제16조 및 제17조에 따른 토지등에 대한 보상에 관한 협의 및 계약의 체결에 관한 사무
5. 법 제28조 제1항 및 제30조 제2항에 따른 재결 신청에 관한 사무
6. 법 제29조에 따른 토지등에 대한 보상에 관한 협의 성립의 확인 신청에 관한 사무
7. 법 제38조에 따른 천재지변 시의 토지의 사용에 관한 사무
8. 법 제40조에 따른 보상금의 지급 또는 공탁에 관한 사무
9. 법 제63조 제1항 단서에 따른 대토보상에 관한 사무 및 같은 조 제7항·제8항에 따른 채권보상에 관한 사무
10. 법 제70조에 따른 취득하는 토지의 보상에 관한 사무
11. 법 제71조에 따른 사용하는 토지의 보상에 관한 사무
12. 법 제76조에 따른 권리의 보상에 관한 사무
13. 법 제77조에 따른 영업손실, 농업손실, 휴직 또는 실직 근로자의 임금손실의 보상에 관한 사무
14. 법 제78조 및 제78조의2에 따른 이주대책의 수립 및 공장의 이주대책 수립 등에 관한 사무
15. 법 제79조 제2항에 따른 공익사업이 시행되는 지역 밖의 토지등에 관한 손실보상에 관한 사무
16. 법 제91조 및 제92조에 따른 토지의 환매 및 환매권의 통지 등에 관한 사무

② 국토교통부장관 또는 시·도지사는 토지수용위원회 위원의 위촉과 관련하여 법 제54조에 따른 결격사유를 확인하기 위하여 불가피한 경우 「개인정보 보호법 시행령」 제19조 제1호 또는 제4호에 따른 주민등록번호 또는 외국인등록번호가 포함된 자료를 처리할 수 있다.

## 제50조의3 삭제

# 제8장 벌칙

## 제51조(과태료의 부과기준)

법 제99조 제1항에 따른 과태료의 부과기준은 별표 2와 같다.

> **토지보상법 제99조(과태료)**
>
> ① 다음 각 호의 어느 하나에 해당하는 자에게는 200만원 이하의 과태료를 부과한다.
>   1. 제58조 제1항 제1호에 규정된 자로서 정당한 사유 없이 출석이나 진술을 하지 아니하거나 거짓으로 진술한 자
>   2. 제58조 제1항 제1호에 따라 의견서 또는 자료 제출을 요구받고 정당한 사유 없이 이를 제출하지 아니하거나 거짓 의견서 또는 자료를 제출한 자
>   3. 제58조 제1항 제2호에 따라 감정평가를 의뢰받거나 출석 또는 진술을 요구받고 정당한 사유 없이 이에 따르지 아니한 감정평가법인등이나 그 밖의 감정인
>   4. 제58조 제1항 제3호에 따른 실지조사를 거부, 방해 또는 기피한 자
> ② 제1항에 따른 과태료는 대통령령으로 정하는 바에 따라 국토교통부장관이나 시·도지사가 부과·징수한다.
>
> **별표2의 개별기준**
> - 법 제58조 제1항 제1호에 규정된 자로서 정당한 사유 없이 출석이나 진술을 하지 않는 경우 : 100만원
> - 법 제58조 제1항 제1호에 규정된 자로서 거짓으로 진술한 경우 : 200만원
> - 법 제58조 제1항 제1호에 따라 의견서 또는 자료 제출을 요구받고 정당한 사유 없이 이를 제출하지 않은 경우 : 100만원
> - 법 제58조 제1항 제1호에 따라 의견서 또는 자료 제출을 요구받고 거짓 의견서 또는 자료를 제출한 경우 : 200만원
> - 감정평가법인등이나 그 밖의 감정인이 법 제58조 제1항 제2호에 따라 감정평가를 의뢰받거나 출석 또는 진술을 요구받고 정당한 사유 없이 이에 따르지 않은 경우 : 200만원
> - 법 제58조 제1항 제3호에 따른 실지조사를 거부, 방해 또는 기피한 경우 : 200만원

# 공익사업을 위한 토지 등의 취득 및 보상에 관한 법률 시행규칙[약칭 : 토지보상법 시행규칙]

## 제1장 총칙

**제1조(목적)**

이 규칙은 토지보상법 및 동법 시행령에서 위임된 사항과 그 시행에 관하여 필요한 사항을 규정함을 목적으로 한다.

**제2조(정의)**

이 규칙에서 사용하는 용어의 정의는 다음 각호와 같다.

1. 대상물건 : 토지·물건 및 권리로서 평가의 대상이 되는 것
2. 공익사업시행지구 : 공익사업이 시행되는 지역.
3. 지장물 : 공익사업시행지구내의 토지에 정착한 건축물·공작물·시설·입목·죽목 및 농작물 그 밖의 물건 중에서 당해 공익사업의 수행을 위하여 직접 필요하지 아니한 물건
4. 이전비 : 대상물건의 유용성을 동일하게 유지하면서 당해 공익사업시행지구밖의 지역으로 이전·이설 또는 이식하는데 소요되는 비용
   - 포함되는 비용 : 물건의 해체비, 건축허가에 일반적으로 소요되는 경비를 포함한 건축비, 적정거리까지의 운반비
   - 제외되는 비용 : 「건축법」 등 관계법령에 의하여 요구되는 시설의 개선에 필요한 비용
5. 가격시점 : 보상액 산정의 기준이 되는 시점.
6. 거래사례비교법 : 대상물건과 동일성 또는 유사성이 있는 다른 물건의 거래사례와 비교하여 대상물건에 대한 가격시점 현재의 가격을 구하는 방법
7. 임대사례비교법 : 대상물건과 동일성 또는 유사성이 있는 다른 물건의 임대사례와 비교하여 대상물건의 사용료를 구하는 방법
8. 적산법 : 가격시점에서 대상물건의 가격을 기대이율로 곱한 금액에 대상물건을 계속 사용하는데 필요한 제경비를 더하여 대상물건의 사용료를 구하는 방법
9. 원가법 : 가격시점에서 대상물건을 재조달하는데 소요되는 가격에서 감가수정을 하여 대상물건에 대한 가격시점 현재의 가격을 구하는 방법

**제3조(송달)**

서류의 송달은 특별송달의 방법에 의하여 이를 할 수 있다.

**제4조(증표 및 허가증의 서식)**

법 제13조 제4항(법 제27조 제1항 및 제58조 제2항에서 준용하는 경우를 포함한다)의 규정에 의한 증표는 별지 제1호 서식에 의하고, 동항의 규정에 의한 허가증은 별지 제2호 서식 및 별지 제3호 서식에 의한다.

# 제2장 협의에 의한 취득 또는 사용

### 제5조(토지조서 및 물건조서의 서식)

영 제7조 제6항의 규정에 의한 토지조서 및 물건조서는 각각 별지 제4호서식 및 별지 제5호서식에 의한다.

### 제6조(보상협의요청서 및 협의경위서의 서식)

영 제7조 제6항의 규정에 의한 토지조서 및 물건조서는 각각 별지 제4호서식 및 별지 제5호서식에 의한다.

### 제7조 삭제

# 제3장 수용에 의한 취득 또는 사용

### 제8조(사업인정신청서의 서식 등)

② 사업계획서에는 다음 각호의 사항을 기재하여야 한다.

1. 사업의 개요 및 법적 근거
2. 사업의 착수·완공예정일
3. 소요경비와 재원조서
4. 사업에 필요한 토지와 물건의 세목
5. 사업의 필요성 및 그 효과

③ 도면은 다음 각호에서 정하는 바에 따라 작성하여야 한다.

1. 사업예정지를 표시하는 도면 : 축척 5천분의 1 내지 2만5천분의 1의 지형도에 사업예정지를 담홍색으로 착색할 것
2. 사업계획을 표시하는 도면 : 축척 1백분의 1 내지 5천분의 1의 지도에 설치하고자 하는 시설물의 위치를 명시하고 그 시설물에 대한 평면도를 첨부할 것

⑥ 사업시행자는 사업인정신청서 및 그 첨부서류·도면을 제출하는 때에는 정본 1통과 공익사업 시행지구에 포함된 시·군 또는 구의 수의 합계에 3을 더한 부수의 사본을 제출하여야 한다.

### 제9조(수수료)

① 법 제20조 제2항·제28조 제2항·제29조 제2항 및 제30조 제2항의 규정에 의한 수수료는 별표 1과 같다.

② 수수료는 수입인지 또는 수입증지(재결신청 및 협의성립확인신청을 지방토지수용위원회에 하는 경우에 한한다)로 납부하여야 한다. 다만, 국토교통부장관 또는 관할 토지수용위원회는 정보통신망을 이용하여 전자화폐·전자결제 등의 방법으로 이를 납부하게 할 수 있다.

### 제9조의2(협의의 요청)

① 국토교통부장관 또는 사업인정이 있는 것으로 의제되는 공익사업의 허가·인가·승인권자 등

은 중앙토지수용위원회와 협의를 하려는 경우에는 다음 각 호의 자료를 제출해야 한다.

1. 영 제10조 제1항(사업인정신청서 기재 내용) 각 호의 사항을 적은 서면
2. 사업인정신청서에 첨부한 서류 및 도면
3. 토지소유자, 관계인 및 그 밖에 사업인정에 관하여 이해관계가 있는 자의 의견

② 제1항에 따른 자료의 작성과 제출에 관하여 필요한 사항은 중앙토지수용위원회가 정한다.

### 제9조의3(재협의 요청)

① 국토교통부장관 또는 사업인정이 있는 것으로 의제되는 공익사업의 허가·인가·승인권자 등은 중앙토지수용위원회가 사업인정 등에 동의하지 않은 경우에는 이를 보완하여 다시 협의를 요청할 수 있다.

② 재협의에 대해서는 법 제21조 제3항부터 제8항까지의 규정에 따른다.

### 제9조의4(협의 후 자료 제출 요청)

중앙토지수용위원회는 사업인정이 있는 것으로 의제되는 공익사업의 허가·인가·승인권자 등에게 다음 각 호의 자료 제출을 요청할 수 있다.

1. 사업인정이 의제되는 지구지정·사업계획승인 등의 여부
2. 협의 조건의 이행여부
3. 해당 공익사업에 대한 재결 신청현황

### 제10조(재결신청서의 서식 등)

① 영 제12조 제1항의 규정에 의한 재결신청서는 별지 제13호서식에 의한다.

② 제8조 제2항 및 동조 제3항의 규정은 영 제12조 제2항 제3호 및 제4호의 규정에 의한 사업계획서 등의 작성에 관하여 이를 준용한다.

③ 사업시행자는 재결신청서 및 그 첨부서류·도면을 제출하는 때에는 정본 1통과 공익사업시행지구에 포함된 시·군 또는 구의 수의 합계에 해당하는 부수의 사본을 제출하여야 한다.

### 제11조(협의성립확인신청서의 서식 등)

① 영 제13조 제1항의 규정에 의한 협의성립확인신청서는 별지 제14호서식에 의한다.

② 제8조 제2항의 규정은 영 제13조 제2항 제4호의 규정에 의한 사업계획서의 작성에 관하여 이를 준용한다.

③ 사업시행자는 협의성립확인신청서 및 그 첨부서류를 제출하는 때에는 정본 1통과 공익사업시행지구에 포함된 시·군 또는 구의 수의 합계에 해당하는 부수의 사본을 제출하여야 한다. (법 제29조 제3항의 규정에 의한 협의성립확인신청의 경우에는 사본은 제출하지 아니한다.)

### 제12조(재결신청청구서의 제출방법)

재결신청청구서의 제출은 사업시행자에게 직접 제출하거나 「우편법 시행규칙」에 따른 증명취급의 방법으로 한다.

# 제4장 토지수용위원회

## 제13조(참고인 등의 일당·여비 및 감정수수료)

참고인과 감정인에 대한 일당·여비 및 감정수수료는 중앙토지수용위원회 또는 지방토지수용위원회가 정한다(감정평가법인등에 대한 감정수수료는 국토교통부장관이 결정·공고한 수수료와 실비의 합계액).

## 제14조(위원의 수당 및 여비)

토지수용위원회의 위원에 대한 수당 및 여비는 예산의 범위안에서 중앙토지수용위원회 또는 지방토지수용위원회가 이를 정한다.

## 제14조의2(업무의 지도·감독)

① 국토교통부장관은 업무를 위탁하는 경우 위탁받은 기관 또는 단체의 장에게 재결정보체계의 구축·운영에 관한 사업계획을 수립·보고하게 할 수 있다.

② 국토교통부장관은 위탁업무를 보다 효율적으로 추진하기 위하여 필요하다고 인정하는 경우 사업계획을 보완하거나 변경할 것을 지시할 수 있다.

③ 국토교통부장관은 위탁업무 수행의 적절성 등을 확인하기 위하여 필요한 보고를 하게 하거나 관련 자료를 제출하게 할 수 있다.


# 제5장 손실보상평가의 기준 및 보상액의 산정 등

## 제1절 통칙

### 제15조(부재부동산 소유자의 거주사실 등에 대한 입증방법)

① 거주사실의 입증 방법

1. 해당 지역의 주민등록에 관한 사무를 관장하는 출장소장 등의 확인을 받아 입증하는 방법

2. 다음의 어느 하나에 해당하는 자료로 입증하는 방법

　　가. 공공요금영수증

　　나. 국민연금보험료, 건강보험료 또는 고용보험료 납입증명서

　　다. 전화사용료, 케이블텔레비전 수신료 또는 인터넷 사용료 납부확인서

　　라. 신용카드 대중교통 이용명세서

　　마. 자녀의 재학증명서

　　바. 연말정산 등 납세 자료

　　사. 그 밖에 실제 거주사실을 증명하는 객관적 자료

② 사실상 영업행위의 입증 방법(모두 제출 의무).

1. 사업자등록증 및 허가·면허·신고 등을 필요로 하는 경우에는 허가등을 받았음을 입증하는 서류
2. 해당 영업에 따른 납세증명서 또는 공공요금영수증 등 객관성이 있는 자료

## 제15조의2(사업시행자의 현금보상으로의 전환)

사업계획의 변경으로 보상하기로 한 토지의 전부 또는 일부를 토지로 보상할 수 없는 경우에는 현금으로 보상할 수 있다

## 제15조의3(토지소유자의 현금보상으로의 전환)

토지소유자가 다음 각 호의 어느 하나에 해당하여 토지로 보상받기로 한 보상금에 대하여 현금보상을 요청한 경우에는 현금으로 보상하여야 한다.

1. 토지소유자의 채무변제를 위하여 현금보상이 부득이한 경우
2. 그 밖에 부상이나 질병의 치료 등을 위하여 현금보상이 부득이하다고 명백히 인정되는 경우

## 제16조(보상평가의 의뢰 및 평가 등)

① 사업시행자는 법 제68조 제1항에 따라 대상물건에 대한 평가를 의뢰하려는 때에는 별지 제15호 서식의 보상평가의뢰서에 다음 각 호의 사항을 기재하여 감정평가법인등에게 평가를 의뢰해야 한다.

1. 대상물건의 표시
2. 대상물건의 가격시점
3. 평가서 제출기한
4. 대상물건의 취득 또는 사용의 구분
5. 건축물등 물건에 대하여는 그 이전 또는 취득의 구분
6. 영업손실을 보상하는 경우에는 폐업 또는 휴업의 구분
7. 법 제8조 제1항 제1호의 규정에 의한 보상액 평가를 위한 사전 의견수렴에 관한 사항
8. 그 밖의 평가조건 및 참고사항

② 평가서 제출기한은 30일 이내로 하여야 한다(대상물건이나 평가내용이 특수한 경우는 제외).

③ 감정평가법인등은 평가를 의뢰받은 때에는 대상물건 및 그 주변의 상황을 현지조사하고 평가를 하여야 한다(고도의 기술을 필요 등의 사유로 직접 평가할 수 없는 경우 사업시행자의 승낙을 얻어 전문기관의 자문 또는 용역을 거쳐 평가 가능).

④ 감정평가법인등은 평가를 한 후 보상평가서를 작성하여 심사를 받고 보상평가서에 당해 심사자의 서명날인을 받은 후 제출기한내에 사업시행자에게 이를 제출하여야 한다.

⑤ 심사자는 다음 각호의 사항을 성실하게 심사하여야 한다.

1. 보상평가서의 위산·오기 여부
2. 관계 법령에서 정하는 바에 따라 대상물건이 적정하게 평가되었는지 여부
3. 비교 대상이 되는 표준지의 적정성 등 대상물건에 대한 평가액의 타당성

⑥ 보상액의 산정은 각 감정평가법인등이 평가한 평가액의 산술평균치를 기준으로 한다.

## 제17조(재평가 등)

① 사업시행자는 제출된 보상평가서를 검토한 결과 관계법령에 위반하여 평가되었거나 비교 대상이 되는 표준지의 공시지가와 현저하게 차이가 나는 등 부당하게 평가되었다고 인정하는 경우에는 당해 감정평가법인등에게 그 사유를 명시하여 다시 평가할 것을 요구하여야 한다.

② 사업시행자는 다음 각 호의 어느 하나에 해당하는 경우에는 다른 2인 이상의 감정평가법인등에게 대상물건의 평가를 다시 의뢰하여야 한다.

1. 당해 감정평가법인등에게 평가를 요구할 수 없는 특별한 사유가 있는 경우
2. 대상물건의 평가액 중 최고평가액이 최저평가액의 110퍼센트를 초과하는 경우. 대상물건이 지장물인 경우 최고평가액과 최저평가액의 비교는 소유자별 지장물 전체 평가액의 합계액을 기준
3. 평가를 한 후 1년이 경과할 때까지 보상계약이 체결되지 아니한 경우

③ 사업시행자는 재평가를 하여야 하는 경우로서 종전의 평가가 시·도지사와 토지소유자가 추천한 감정평가법인등을 선정하여 행하여진 경우에는 시·도지사와 토지소유자에게 다른 감정평가법인등을 추천하여 줄 것을 통지하여야 한다(시·도지사와 토지소유자가 통지를 받은 날부터 30일 이내에 미추천 시 추천이 없는 것으로 봄).

④ 보상액의 산정은 각 감정평가법인등이 다시 평가한 평가액의 산술평균치를 기준으로 한다.

⑤ ─ 사업시행자 : 평가내역 및 당해 감정평가법인등을 국토교통부장관에게 통지의무
　　─ 국토교통부장관 : 당해 감정평가가 관계법령이 정하는 바에 따라 적법하게 행하여졌는지 조사 의무

## 제18조(평가방법 적용의 원칙)

① 대상물건의 평가는 이 규칙에서 정하는 방법에 의하되, 다른 방법으로 구한 가격등과 비교하여 그 합리성을 검토하여야 한다.

② 이 규칙에서 정하는 방법으로 평가하는 경우 평가가 크게 부적정하게 될 요인이 있는 경우에는 적정하다고 판단되는 다른 방법으로 평가할 수 있다(보상평가서에 사유 기재 의무).

③ 이 규칙에서 정하지 아니한 대상물건에 대하여는 이 규칙의 취지와 감정평가의 일반이론에 의하여 객관적으로 판단·평가하여야 한다.

## 제19조(대상물건의 변경에 따른 평가)

① 공익사업의 계획이 변경됨에 따라 추가되는 대상물건이 이미 평가한 물건과 그 실체 및 이용상태 등이 동일하고 가격등에 변경이 없다고 인정되는 때에는 따로 평가하지 아니하고 이미 평가한 물건의 평가결과를 기준으로 하여 보상액을 산정할 수 있다.

② 대상물건의 일부가 보상대상에서 제외되는 경우에는 지체없이 소유자 등에게 통지하여야 한다(이미 보상계약이 체결된 때에는 지체없이 그 계약을 해지하거나 변경하고 그에 따른 보상액의 환수 등 필요한 조치를 하여야 한다).

③ 재평가를 하는 경우로서 재평가시점에서 물건의 수량 또는 내용이 변경된 경우에는 변경된 상태를 기준으로 평가하여야 한다.

## 제20조(구분평가 등)

① ─ 원칙 : 취득할 토지에 건축물·입목·공작물 그 밖에 토지에 정착한 물건이 있는 경우에는 토지와 그 건축물등을 각각 평가하여야 한다.
  ─ 예외 : 건축물등이 토지와 함께 거래되는 사례나 관행이 있는 경우에는 건축물등과 토지를 일괄하여 평가하여야 한다(보상평가서에 내용을 기재).

② 건축물등의 면적 또는 규모의 산정은 「건축법」 등 관계법령이 정하는 바에 의한다.

## 제21조(보상채권의교부및상환현황통지서 등의 서식)

① 영 제34조 제4항의 규정에 의한 보상채권의교부및상환현황통지서는 별지 제17호 서식에 의한다.

② 영 제35조 제1항의 규정에 의한 보상채권지급결정통지서는 별지 제18호 서식에 의한다.

③ 영 제36조의 규정에 의한 보상채권교부대장은 별지 제19호 서식에 의한다.


## 제2절 토지의 평가

### 제22조(취득하는 토지의 평가)

① 취득하는 토지를 평가함에 있어서는 평가대상토지와 유사한 이용가치를 지닌다고 인정되는 하나 이상의 표준지의 공시지가를 기준으로 한다.

② 토지에 건축물등이 있는 때에는 그 건축물등이 없는 상태를 상정하여 토지를 평가한다.

③ 표준지는 특별한 사유가 있는 경우를 제외하고는 다음 각 호의 기준에 따른 토지로 한다. (용이주지)

  1. 용도지역, 용도지구, 용도구역 등 공법상 제한이 같거나 유사할 것
  2. 평가대상 토지와 실제 이용상황이 같거나 유사할 것
  3. 평가대상 토지와 주위 환경 등이 같거나 유사할 것
  4. 평가대상 토지와 지리적으로 가까울 것

---

🔁 **관련 판례**

1. **토지보상법 시행규칙 제22조의 법적 성질(2011다104253)**
   시행규칙에 위임하고 있고, 위임 범위 내에서 토지보상법 시행규칙 제22조는 토지에 건축물 등이 있는 경우에는 건축물 등이 없는 상태를 상정하여 토지를 평가하도록 규정하고 있는데, 이는 비록 행정규칙의 형식이나 공익사업법의 내용이 될 사항을 구체적으로 정하여 내용을 보충하는 기능을 갖는 것이므로, 공익사업법 규정과 결합하여 대외적인 구속력을 가진다.

🔁 **관련 내용**

1. **법령보충적행정규칙의 법적 성질**
   (1) 학설
      헌법상 형식을 중시하는 〈행정규칙설〉, 실질을 중시하는 〈법규명령설〉, 법률을 구체화한 것으로서

---

법규성을 긍정하는 〈규범구체화 행정규칙설〉, 헌법상 인정되지 않는 규범으로 무효라는 〈위헌·무효설〉, 상위법령의 위임여부에 따르는 〈수권여부 기준설〉 등이 대립한다.

**(2) 판례(84누484)**

수임행정기관이 행정규칙의 형식으로 그 법령의 내용이 될 사항을 구체적으로 정하고 있다면 위임한계를 벗어나지 아니하는 한 상위법령과 결합하여 대외적인 구속력이 있는 법규명령으로서의 효력을 갖는다고 판시한 바 있다.

## 제23조(공법상 제한을 받는 토지의 평가)

① - 원칙 : 공법상 제한을 받는 토지에 대하여는 제한받는 상태대로 평가한다.

  - 예외 : 공법상 제한이 당해 공익사업의 시행을 직접 목적으로 하여 가하여진 경우에는 제한이 없는 상태를 상정하여 평가한다.

② 당해 공익사업의 시행을 직접 목적으로 하여 용도지역 또는 용도지구 등이 변경된 토지에 대하여는 변경되기 전의 용도지역 또는 용도지구 등을 기준으로 평가한다.

**☟ 관련 판례**

**1. 공법상 제한받는 토지의 평가 방법(2017두 61799)**

일반적 계획제한은 제한 받는 상태대로 평가하여야 하지만 개별적계획제한이거나 일반적 계획제한이더라도 특정 공익사업의 시행을 위한 것일 때에는 직접 목적으로 하는 제한으로 보아 그 제한을 받지 않는 상태대로 평가하여야 한다.

**2. 자연공원법에 의한 자연공원 지정 및 공원용도지구계획에 따른 용도지구 지정(2019두34982)**

자연공원법에 의한 자연공원 지정 및 용도지구 지정은 구체적인 공원시설을 설치·조성하는 내용의 공원시설계획이 이루어졌다는 특별한 사정이 없는 한, 일반적 계획제한에 해당한다.

**3. 문화재보호구역(2003두14222)**

문화재보호구역의 확대 지정이 당해 사업을 직접목적으로 하여 가하여진 것이 아님이 명백하므로 공법상 제한을 받는 상태대로 평가하여야 한다.

**4. 대치동공원 판례(2012두7950)**

공법상 제한을 받는 토지에 대한 보상액을 산정할 때에 해당 공법상 제한이 용도지역·지구·구역의 지정 또는 변경과 같이 그 자체로 제한목적이 달성되는 일반적 계획제한으로서 구체적 도시계획사업과 직접 관련되지 아니한 경우에는 그러한 제한을 받는 상태 그대로 평가하여야 하지만, 도로·공원 등 특정 도시계획시설의 설치를 위한 계획결정과 같이 구체적 사업이 따르는 개별적 계획제한이거나 일반적 계획제한에 해당하는 용도지역 등의 지정 또는 변경에 따른 제한이더라도 그 용도지역 등의 지정 또는 변경이 특정 공익사업의 시행을 위한 것일 때에는 당해 공익사업의 시행을 직접 목적으로 하는 제한으로 보아 위 제한을 받지 아니하는 상태를 상정하여 평가하여야 한다

**☟ 관련 내용**

**1. 공법상 제한의 구분**

① 일반적 제한

일반적 제한은 그 자체로 행정 목적이 달성되는 경우의 제한을 말하며, 일반적 제한인 경우 제한받

는 상태대로 평가한다. 다만, 그 제한이 해당 공익사업 시행을 직접 목적으로 하여 가하여진 경우는 제한이 없는 상태를 상정하여 감정평가한다.

② 개별적 제한

개별적 제한은 그 제한이 구체적 공익사업의 시행을 필요로 하는 경우를 말하며, 제한을 받지 않는 상태를 기준으로 하여 감정평가한다.

## 제24조(무허가건축물 등의 부지 또는 불법형질변경된 토지의 평가)

허가를 받지 아니하거나 신고를 하지 아니하고 건축 또는 용도변경한 건축물의 부지 또는 허가를 받지 아니하거나 신고를 하지 아니하고 형질변경한 토지(불법형질변경토지)에 대하여는 무허가건축물등이 건축 또는 용도변경될 당시 또는 토지가 형질변경될 당시의 이용상황을 상정하여 평가한다.

> ↩ 관련 판례
>
> 1. 무허가건물 등의 부지
>    ① 무허가건물 등의 부지란(2000두8325)
>       무허가건물 등의 부지라 함은 당해 무허가건물 등의 용도·규모 등 제반 여건과 현실적인 이용상황을 감안하여 무허가건물 등의 사용·수익에 필요한 범위 내의 토지와 무허가건물 등의 용도에 따라 불가분적으로 사용되는 범위의 토지를 의미하는 것이다.
>    ② 무허가건물재결처분취소(99두10896)
>       지장물인 건물은 그 건물이 적법한 건축허가를 받아 건축된 것인지 여부에 관계없이 토지수용법상의 사업인정의 고시 이전에 건축된 건물이기만 하면 손실보상의 대상이 됨이 명백하다.
>    ③ 건축허가 후 사업인정 시(2013두19738)
>       건축법상 건축허가를 받았더라도 허가받은 건축행위에 착수하지 아니하고 있는 사이에 토지보상법상 사업인정고시가 된 경우 고시된 토지에 건축물을 건축하려는 자는 토지보상법 제25조에 정한 허가를 따로 받아야 하고, 그 허가 없이 건축된 건축물에 관하여는 토지보상법상 손실보상을 청구할 수 없다고 할 것이다.
>
> 2. 불법형질변경 토지의 평가
>    ① 불법형질변경 토지의 증명 책임(2011두2521)
>       토지에 대한 보상액은 현실적인 이용상황에 따라 산정함이 원칙이므로, 수용대상 토지의 이용상황이 일시적이라거나 불법형질변경토지라는 이유로 본래의 이용상황 또는 형질변경 당시의 이용상황에 의하여 보상액을 산정하기 위해서는 그와 같은 예외적인 보상액 산정방법의 적용을 주장하는 쪽에서 수용대상 토지가 불법형질변경토지임을 증명하여야 한다
>    ② 토지의 형질변경에 형질변경허가에 관한 준공검사나 토지의 지목변경을 요하는지 여부(2012두300)
>       토지의 형질변경이란 절토, 성토, 정지 또는 포장 등으로 토지의 형상을 변경하는 행위와 공유수면의 매립을 뜻하는 것으로서, 토지의 형질을 외형상으로 사실상 변경시킬 것과 그 변경으로 인하여 원상회복이 어려운 상태에 있을 것을 요하지만, 형질변경허가에 관한 준공검사를 받거나 토지의 지목까지 변경시킬 필요는 없다.

## 제25조(미지급용지의 평가)

① - 원칙 : 종전에 시행된 공익사업의 부지로서 보상금이 지급되지 아니한 토지에 대하여는 종전

의 공익사업에 편입될 당시의 이용상황을 상정하여 평가

- 예외 : 종전의 공익사업에 편입될 당시의 이용상황을 알 수 없는 경우에는 편입될 당시의 지목과 인근토지의 이용상황 등을 참작하여 평가

② 사업시행자는 미지급용지의 평가를 의뢰하는 때에는 보상평가의뢰서에 미지급용지임을 표시하여야 한다.

> **관련 판례**
>
> 1. **미지급용지의 판단(2008두22129)**
>    미불용지(미지급용지)는 종전에 시행된 공익사업의 부지로서 보상금이 지급되지 아니한 토지'이므로, 미불용지로 인정되려면 종전에 공익사업이 시행된 부지여야 하고, 종전의 공익사업은 적어도 당해 부지에 대하여 보상금이 지급될 필요가 있는 것이어야 한다.
>
> 2. **적법한 절차에 의하여 취득하지 못한 상태의 경우(92누4833)**
>    공익사업의 시행자가 적법한 절차에 의하여 취득하지도 못한 상태에서 공익사업을 시행하여 토지의 현실적인 이용상황을 변경시킴으로서 오히려 토지가격을 상승시킨 경우에는 미지급용지라고 볼 수 없다.
>
> 3. **미지급용지의 시효취득(95다28625)**
>    점유자가 점유 개시 당시에 소유권 취득의 원인이 될 수 있는 법률행위 기타 법률요건이 없이 그와 같은 법률요건이 없다는 사실을 잘 알면서 타인 소유의 부동산을 무단점유한 것임이 입증된 경우, 특별한 사정이 없는 한 점유자는 타인의 소유권을 배척하고 점유할 의사를 갖고 있지 않다고 보아야 할 것이므로 이로써 소유의 의사가 있는 점유라는 추정은 깨어졌다고 할 것이다.

### 제26조(도로 및 구거부지의 평가)

① 도로부지에 대한 평가는 다음 각호에서 정하는 바에 의한다.
1. 「사도법」에 의한 사도의 부지는 인근토지에 대한 평가액의 5분의 1 이내
2. 사실상의 사도의 부지는 인근토지에 대한 평가액의 3분의 1 이내
3. 제1호 또는 제2호 외의 도로의 부지는 제22조의 규정에서 정하는 방법

② 사실상의 사도라 함은 「사도법」에 의한 사도외의 도로로서 다음 각호에 해당하는 도로를 말한다. (자제건조)
1. 도로개설당시의 토지소유자가 자기 토지의 편익을 위하여 스스로 설치한 도로
2. 토지소유자가 그 의사에 의하여 타인의 통행을 제한할 수 없는 도로
3. 「건축법」 제45조에 따라 건축허가권자가 그 위치를 지정·공고한 도로
4. 도로개설당시의 토지소유자가 대지 또는 공장용지 등을 조성하기 위하여 설치한 도로

③ 구거부지에 대하여는 인근토지에 대한 평가액의 3분의 1 이내로 평가한다(용수를 위한 도수로부지에 대하여는 제22조의 규정에 의하여 평가).

④ 인근토지라 함은 도로 또는 구거로 이용되지 아니하였을 경우에 예상되는 표준적인 이용상황과 유사한 토지로서 당해 토지와 위치상 가까운 토지를 말한다.

> 🔁 관련 판례
>
> 1. 사실상 사도의 판단(2011두7007)
>    ① 자기 토지 편익을 위해 스스로 설치한 도로(개목소이주인)
>       도로 설치 결과 나머지 토지의 편익이 증진되는 등 도로부지로 제공된 부분의 가치를 낮게 평가하
>       여 보상하더라도 전체적으로 정당보상의 원칙에 어긋나지 않는다고 볼 만한 객관적 사유가 있다고
>       인정되어야 하고, 이는 도로**개**설 경위와 **목**적, **주**위환경, **인**접토지의 획지면적, **소**유관계 및 **이용**상
>       태 등 제반사정을 종합적으로 고려하여 판단해야 한다고 판시하였다.
>    ② 타인통행을 제한할 수 없는 경우
>       일반 공중의 교통에 공용되고 있고 그 이용상황이 고착되어 있어, 도로부지로 이용되지 아니하였을
>       경우에 예상되는 표준적인 이용상태로 원상회복하는 것이 법률상 허용되지 아니하거나 사실상 현
>       저히 곤란한 정도에 이른 경우를 의미한다고 할 것이며, 이는 당해 토지가 도로로 이용되게 된 경
>       위, 일반의 통행에 제공된 기간, 도로로 이용되고 있는 토지의 면적 등과 더불어 그 도로가 주위
>       토지로 통하는 유일한 통로인지 여부 등 주변 상황과 당해 토지의 도로로서의 역할과 기능 등을
>       종합하여 원래의 지목 등에 따른 표준적인 이용상태로 회복하는 것이 용이한지 여부 등을 가려서
>       판단해야 할 것이다.
> 2. 예정공도부지가 사실상 사도에 해당되는지 여부(2018두55753)
>    예정공도부지의 경우 보상액을 사실상 사도를 기준으로 평가한다면 토지소유자에게 지나치게 불리한
>    결과를 가져온다는 점 등을 고려하면 예정공도부지는 사실상의 사도에서 제외된다.
>
> 🔁 관련 내용
> 1. 시행규칙 제26조의 법적 성질
>    토지보상법 시행규칙 제22조 법령보충적 행정규칙이라면 동조 형태로 규정된 토지보상법 시행규칙 제
>    26조 또한 법령보충적 행정규칙으로 보는 것이 타당하다.

## 제27조(개간비의 평가 등)

① 국유지 또는 공유지 + 적법하게 개간한 자가 개간당시부터 보상당시까지 계속하여 적법하게
   당해 토지를 점유하고 있는 경우 개간에 소요된 비용은 이를 평가하여 보상하여야 한다(보상액
   은 개간후의 토지가격에서 개간전의 토지가격을 뺀 금액을 초과하지 못한다).

② 개간비를 평가함에 있어서는 개간전과 개간후의 토지의 지세·지질·비옥도·이용상황 및 개
   간의 난이도 등을 종합적으로 고려하여야 한다.

③ 개간비를 보상하는 경우 취득하는 토지의 보상액은 개간후의 토지가격에서 개간비를 뺀 금액으
   로 한다.

## 제28조(토지에 관한 소유권외의 권리의 평가)

① 취득하는 토지에 설정된 소유권외의 권리에 대하여는 당해 권리의 종류, 존속기간 및 기대이익
   등을 종합적으로 고려하여 평가한다(점유는 권리로 보지 아니한다).

② - 원칙 : 토지에 관한 소유권외의 권리에 대하여는 거래사례비교법에 의하여 평가

　　　－ 예외 : 일반적으로 양도성이 없는 경우 당해 권리의 유무에 따른 토지의 가격차액 또는 권리
　　　　설정계약을 기준으로 평가

## 제29조(소유권외의 권리의 목적이 되고 있는 토지의 평가)

취득하는 토지에 설정된 소유권외의 권리의 목적이 되고 있는 토지에 대하여는 당해 권리가 없는
것으로 하여 평가한 금액에서 소유권외의 권리의 가액을 뺀 금액으로 평가한다.

## 제30조(토지의 사용에 대한 평가)

－ 원칙 : 토지의 사용료는 임대사례비교법으로 평가한다.

－ 예외 : 적정한 임대사례가 없거나 대상토지의 특성으로 보아 임대사례비교법으로 평가하는 것
　이 적정하지 아니한 경우에는 적산법으로 평가할 수 있다.

## 제31조(토지의 지하·지상공간의 사용에 대한 평가)

① 영구적으로 사용하는 경우 당해 공간에 대한 사용료는 (나지상정 토지가격 × 입체이용저해율)
　로 평가한다.

② 일정한 기간동안 사용하는 경우 당해 공간에 대한 사용료는 (당해 토지의 사용료 × 입체이용저
　해율)로 평가한다.

## 제32조(잔여지의 손실 등에 대한 평가)

① 잔여지의 손실은 (편입 전 잔여지의 가격에서 － 편입 후 잔여지의 가격)으로 평가한다.

② 잔여지에 통로·구거·담장 등의 신설 그 밖의 공사가 필요하게 된 경우의 손실은 그 시설의
　설치나 공사에 필요한 비용으로 평가한다.

③ 종래의 목적에 사용하는 것이 현저히 곤란하게 된 잔여지에 대하여는 (일단의 토지의 전체가격
　－ 편입되는 토지의 가격)으로 평가한다.

## 제3절 건축물등 물건의 평가

## 제33조(건축물의 평가)

① 건축물에 대하여는 구조·이용상태·면적·내구연한·유용성 및 이전가능성 그 밖에 가격형성
　에 관련되는 제요인을 종합적으로 고려하여 평가한다. (구이면내유이그)

② － 원칙 : 건축물의 가격은 원가법으로 평가한다.

　　－ 예외 : 주거용 건축물이 거래사례비교법 〉 원가법인 경우, 구분소유권의 대상 건물의 가격은
　　　거래사례비교법으로 평가한다.

③ － 원칙 : 건축물의 사용료는 임대사례비교법으로 평가한다.

　　－ 예외 : 임대사례비교법으로 평가하는 것이 적정하지 아니한 경우에는 적산법으로 평가할 수
　　　있다.

④ － 원칙 : 물건의 가격으로 보상한 건축물의 철거비용은 사업시행자가 부담

- 예외 : 건축물의 소유자가 당해 건축물의 구성부분을 사용 또는 처분할 목적으로 철거하는 경우에는 건축물의 소유자가 부담

## 제34조(건축물에 관한 소유권외의 권리 등의 평가)

제28조 및 제29조의 규정은 법 제75조 제1항 단서의 규정에 의하여 물건의 가격으로 보상하여야 하는 건축물에 관한 소유권외의 권리의 평가 및 소유권외의 권리의 목적이 되고 있는 건축물의 평가에 관하여 각각 이를 준용한다. 이 경우 제29조중 "제22조 내지 제27조"는 "제33조 제1항 · 제2항 및 제4항"으로 본다.

## 제35조(잔여 건축물에 대한 평가)

① 잔여 건축물의 가격이 감소된 경우의 잔여 건축물의 손실은 (편입 전 잔여 건축물의 가격 − 편입 후 잔여 건축물의 가격)으로 평가한다.

② 잔여 건축물에 보수가 필요한 경우의 보수비는 건축물의 잔여 부분을 종래의 목적대로 사용할 수 있도록 그 유용성을 동일하게 유지하는데 통상 필요하다고 볼 수 있는 공사에 사용되는 비용 (시설개선비 제외)으로 평가한다.

## 제36조(공작물 등의 평가)

① 제33조 내지 제35조의 규정을 준용하여 평가한다.

② 다음 각호에 해당하는 공작물등은 별도의 가치가 있는 것으로 평가하여서는 아니된다.

1. 공작물등의 용도가 폐지되었거나 기능이 상실되어 경제적 가치가 없는 경우
2. 공작물등의 가치가 보상이 되는 다른 토지등의 가치에 충분히 반영되어 토지등의 가격이 증가한 경우
3. 사업시행자가 공익사업에 편입되는 공작물등에 대한 대체시설을 하는 경우

## 제37조(과수 등의 평가)

① 과수, 수익수, 관상수에 대하여는 수종 · 규격 · 수령 · 수량 · 식수면적 · 관리상태 · 수익성 · 이식가능성 및 이식의 난이도 그 밖에 가격형성에 관련되는 제요인을 종합적으로 고려하여 평가한다.

② 과수에 대하여는 다음 각 호의 구분에 따라 평가한다.

1. 이식이 가능한 과수
   가. 결실기에 있는 과수
      (1) 이식적기 : 이전비 + 고손액 + 감수액
      (2) 이식부적기 : 이전비 + 고손액(이식적기의 2배) + 감수액
   나. 결실기에 이르지 아니한 과수
      (1) 이식적기 : 이전비 + 고손액
      (2) 이식부적기 : 이전비 + 고손액(이식적기의 2배)

2. 이식이 불가능한 과수

　　　가. 거래사례가 있는 경우 : 거래사례비교법에 의하여 평가한 금액

　　　나. 거래사례가 없는 경우

　　　　　(1) 결실기에 있는 과수 : 식재상황·수세(樹勢)·잔존수확가능연수 및 수익성 등을 고려하여 평가한 금액

　　　　　(2) 결실기에 이르지 아니한 과수 : 가격시점까지 소요된 비용을 현재의 가격으로 평가한 금액

③ 물건의 가격으로 보상하는 과수에 대하여는 제2항 제2호 가목 및 나목의 예(이식이 불가능한 과수)에 따라 평가한다.

④ 관상수의 경우에는 감수액을 고려하지 아니한다(고손율은 당해 수익수 및 관상수 총수의 10퍼센트 이하의 범위안에서 정하되, 이식적기가 아닌 경우에는 20퍼센트까지로 할 수 있다).

⑤ 이식이 불가능한 수익수 또는 관상수의 벌채비용은 사업시행자가 부담한다(수목의 소유자가 당해 수목을 처분할 목적으로 벌채하는 경우에는 수목의 소유자가 부담한다).

## 제38조(묘목의 평가)

① 묘목에 대하여는 상품화 가능여부, 이식에 따른 고손율, 성장정도 및 관리상태 등을 종합적으로 고려하여 평가한다.

② 상품화할 수 있는 묘목은 손실이 없는 것으로 본다(매각손실액이 있는 경우에는 그 손실을 평가하여 보상하여야 한다).

③ 시기적으로 상품화가 곤란하거나 상품화를 할 수 있는 시기에 이르지 않은 묘목에 대하여는 이전비 + 고손액으로 평가한다(이전비는 임시로 옮겨 심는데 필요한 비용으로 평가, 고손율은 1퍼센트 이하의 범위인에서 정하되 특별한 사유가 있는 경우에는 2퍼센트까지로 할 수 있다).

④ 파종 또는 발아중에 있는 묘목에 대하여는 가격시점까지 소요된 비용의 현가액으로 평가한다.

⑤ 물건의 가격으로 보상하는 묘목에 대하여는 거래사례가 있는 경우에는 거래사례비교법에 의하여 평가하고, 거래사례가 없는 경우에는 가격시점까지 소요된 비용의 현가액으로 평가한다.

## 제39조(입목 등의 평가)

① 입목에 대하여는 벌기령·수종·주수·면적 및 수익성 그 밖에 가격형성에 관련되는 제요인을 종합적으로 고려하여 평가한다.

② 지장물인 조림된 용재림 중 벌기령에 달한 용재림은 손실이 없는 것으로 본다(용재림을 일시에 벌채하게 되어 소요되는 비용이 증가하거나 목재의 가격이 하락하는 경우에는 그 손실을 평가하여 보상해야 한다).

③ 벌기령에 달하지 아니한 용재림에 대하여는 다음 각호에 구분에 따라 평가한다.

　　1. 인근시장에서 거래되는 경우 : 거래가격 - 벌채비용 - 운반비(벌기령에 달하지 아니한 상태에서 매각손실액이 있는 경우 포함)

   2. 인근시장에서 거래되지 않는 경우 : 가격시점까지 소요된 비용의 현가액(보상액은 예상총수
     입의 현가액 – 장래 투하비용의 현가액을 초과하지 못한다.)

④ 조림된 용재림이란 산림경영계획인가를 받아 시업하였거나 산림의 생산요소를 기업적으로 경
   영·관리하는 산림으로서 등록된 입목의 집단 또는 이에 준하는 산림을 말한다.

⑤ 벌기령의 10분의 9 이상을 경과하였거나 벌기령에 달한 입목과 유사한 입목의 경우에는 벌기령
   에 달한 것으로 본다.

⑥ 입목의 벌채비용은 사업시행자가 부담한다.

## 제40조(수목의 수량 산정방법)

① – 원칙 : 수목의 수량은 평가의 대상이 되는 수목을 그루별로 조사하여 산정
   – 예외 : 특별한 사유가 있는 경우 단위면적을 기준으로 하는 표본추출방식에 의한다.

② 수목의 손실에 대한 보상액은 정상식(경제적으로 식재목적에 부합되고 정상적인 생육이 가능
   한 수목의 식재상태)을 기준으로 한 평가액을 초과하지 못한다.

## 제41조(농작물의 평가)

① 농작물을 수확하기 전에 토지를 사용하는 경우의 농작물의 손실은 농작물의 종류 및 성숙도
   등을 종합적으로 고려하여 다음 각호의 구분에 따라 평가한다.

   1. 파종중 또는 발아기에 있거나 묘포에 있는 농작물 : 가격시점까지 소요된 비용의 현가액
   2. 제1호의 농작물외의 농작물 : 예상총수입의 현가액 – 장래 투하비용의 현가액 (보상 당시에
     상품화가 가능한 풋고추·들깻잎 또는 호박 등의 농작물이 있는 경우에는 그 금액을 뺀다).

② 예상총수입이란 당해 농작물의 최근 3년간(풍흉작이 현저한 연도를 제외한다)의 평균총수입을
   말한다.

## 제42조(분묘에 대한 보상액의 산정)

① 연고자가 있는 분묘에 대한 보상액은 다음 각 호의 합계액으로 산정(사업시행자가 직접 산정하
   기 어려운 경우 감정평가법인등에게 평가를 의뢰 가능)

   1. 분묘이전비 : 4분판 1매·마포 24미터 및 전지 5권의 가격, 제례비, 임금 5인분(합장인 경우
     사체 1구당 각각의 비용의 50퍼센트를 가산) 및 운구차량비
   2. 석물이전비 : 상석 및 비석 등의 이전실비(좌향이 표시되어 있거나 그 밖의 사유로 이전사용
     이 불가능한 경우에는 제작·운반비를 말한다)
   3. 잡비 : 제1호 및 제2호에 의하여 산정한 금액의 30퍼센트에 해당하는 금액
   4. 이전보조비 : 100만원

② 운구차량비는 특수여객자동차운송사업에 적용되는 운임·요금중 당해 지역에 적용되는 운임·
   요금을 기준으로 산정한다.

③ 연고자가 없는 분묘에 대한 보상액은 제1항 제1호 내지 제3호의 규정에 의하여 산정한 금액의
   50퍼센트 이하의 범위안에서 산정한다.

## 제4절 권리의 평가

### 제43조(광업권의 평가)

① 광업권에 대한 손실의 평가는 「광업법 시행령」 제30조에 따른다.

② 조업 중인 광산이 토지등의 사용으로 인하여 휴업하는 경우의 손실은 휴업기간에 해당하는 영업이익을 기준으로 평가한다(영업이익은 최근 3년간의 연평균 영업이익을 기준).

③ 광물매장량의 부재(채광으로 채산이 맞지 아니하는 정도로 매장량이 소량이거나 이에 준하는 상태를 포함)로 인하여 휴업중인 광산은 손실이 없는 것으로 본다.

### 제44조(어업권의 평가 등)

① 공익사업의 시행으로 인하여 어업권이 제한·정지 또는 취소되거나 「수산업법」 제14조 또는 「내수면어업법」 제13조에 따른 어업면허의 유효기간의 연장이 허가되지 아니하는 경우 해당 어업권 및 어선·어구 또는 시설물에 대한 손실의 평가는 「수산업법 시행령」 별표 10에 따른다.

② 공익사업의 시행으로 인하여 어업권이 취소되거나 「수산업법」 제14조 또는 「내수면어업법」 제13조에 따른 어업면허의 유효기간의 연장이 허가되지 않는 경우로서 다른 어장에 시설을 이전하여 어업이 가능한 경우 해당 어업권에 대한 손실의 평가는 「수산업법 시행령」 별표 10 중 어업권이 정지된 경우의 손실액 산출방법 및 기준에 따른다.

③ 보상계획의 공고(제15조) 또는 사업인정의 고시(제15조)가 있은 날 이후에 어업권의 면허를 받은 자에 대하여는 제1항 및 제2항의 규정을 적용하지 아니한다.

④ 제1항 내지 제3항의 규정은 허가어업 및 신고어업에 대한 손실의 평가에 관하여 이를 준용한다.

## 제5절 영업의 손실 등에 대한 평가

### 제45조(영업손실의 보상대상인 영업)

법 제77조 제1항에 따라 영업손실을 보상하여야 하는 영업은 다음 각 호 모두에 해당하는 영업으로 한다.

1. 사업인정고시일등 전부터 적법한 장소에서 인적·물적시설을 갖추고 계속적으로 행하고 있는 영업(무허가건축물등에서 임차인이 사업인정고시일등 1년 이전부터 사업자등록을 하고 행하고 있는 영업은 포함)

2. 영업을 행함에 있어서 관계법령에 의한 허가등을 필요로 하는 경우에는 사업인정고시일등 전에 허가등을 받아 그 내용대로 행하고 있는 영업

> ➲ 관련 판례
> 1. 적법한 장소 판단 기준(2010두11641)
>    토지보상법 제67조에서는 협의 또는 재결일을 가격시점으로 규정하므로, '적법한 장소에서 인적·물적 시설을 갖추고 계속적으로 행하고 있는 영업'에 해당하는지 여부는 협의성립, 수용재결 또는 사용재결 당시를 기준으로 판단하여야 한다.

2. 가설건축물 영업손실(2001다7209)

토지소유자는 자신의 비용으로 그 가설건축물을 철거하여야 할 의무를 부담할 뿐 아니라 가설건축물의 철거에 따른 손실보상을 청구할 수 없고, 소유자가 그 손실보상을 청구할 수 없는 이상 그의 가설건축물의 이용권능에 터잡은 임차인 역시 그 가설건축물의 철거에 따른 영업손실의 보상을 청구할 수는 없다.

3. 사업인정고시일등 전의 판단(2019두47629)

산업입지법에 따른 산업단지개발사업의 경우에도 토지보상법에 의한 공익사업의 경우와 마찬가지로 사업인정고시일로 의재되는 산업단지 지정 고시일을 손실보상 여부 판단 기준시점으로 보아야한다.

4. 영업손실보상의 요건(2010두12842)

사업인정고시일 등 전부터 인적, 물적시설을 갖추고 계속적으로 행하고 있는 영업에는 매년 일정한 계절이나 일정한 기간 동안에만 인적, 물적시설을 갖추어 영리를 목적으로 영업을 하는 경우에도 포함된다.

🔖 관련 규정

1. 토지보상법 시행규칙 제52조(무허가영업특례)

허가등이 없이 행하여 온 자가 공익사업의 시행으로 인하여 적법한 장소에서 영업을 계속할 수 없게 된 경우에는 도시근로자가구 월평균 가계지출비를 기준으로 산정한 3인 가구 3개월분 가계지출비에 해당하는 금액을 영업손실에 대한 보상금으로 지급하되, 이전비 및 그 이전에 따른 감손상당액은 별도로 보상한다. (본인, 가족이 해당 공익사업으로 다른 영업에 대한 보상을 받은 경우 이전비용만 보상)

## 제46조(영업의 폐업에 대한 손실의 평가 등)

① 폐업하는 경우의 영업손실은 (연간 영업이익 × 2년 + 고정자산 매각손실액 + 재고자산 매각손실액)으로 평가한다.

② 폐업은 다음 각 호의 어느 하나에 해당하는 경우로 한다. (배허혐)

1. 영업장소 또는 **배**후지의 특수성으로 인하여 당해 영업소가 소재하고 있는 시·군·구 또는 인접하고 있는 시·군·구의 지역안의 다른 장소에 이전하여서는 당해 영업을 할 수 없는 경우

2. 당해 영업소가 소재하고 있는 시·군·구 또는 인접하고 있는 시·군·구의 지역안의 다른 장소에서는 당해 영업의 **허**가등을 받을 수 없는 경우

3. 도축장 등 악취 등이 심하여 인근주민에게 **혐**오감을 주는 영업시설로서 해당 영업소가 소재하고 있는 시·군·구 또는 인접하고 있는 시·군·구의 지역안의 다른 장소로 이전하는 것이 현저히 곤란하다고 특별자치도지사·시장·군수 또는 구청장이 객관적인 사실에 근거하여 인정하는 경우

③ – 영업이익 : 해당 영업의 최근 3년간(특별한 사정으로 인하여 정상적인 영업이 이루어지지 않은 연도를 제외한다)의 평균 영업이익을 기준

– 공익사업의 계획 또는 시행이 공고 또는 고시됨으로 인하여 영업이익이 감소된 경우 : 해당 공고 또는 고시일전 3년간의 평균 영업이익을 기준

(개인영업의 경우 최저한도액 : 보통 인부 노임단가 × 25일 × 12월)

④ 사업시행자는 영업자가 폐업 후 2년 이내에 해당 영업소가 소재하고 있는 시·군·구 또는 인접하고 있는 시·군·구의 지역 안에서 동일한 영업을 하는 경우에는 폐업에 대한 보상금을 환수하고 제47조에 따른 영업의 휴업 등에 대한 손실을 보상해야 한다.

⑤ 임차인의 영업에 대한 보상액 중 영업용 고정자산·원재료·제품 및 상품 등의 매각손실액을 제외한 금액은 1천만원을 초과하지 못한다.

> ↪ **관련 판례**
>
> **1. 영업의 폐지 및 휴업의 구분(2002두5498)**
>
> 영업의 폐지로 볼 것인지 아니면 영업의 휴업으로 볼 것인지를 구별하는 기준은 당해 영업을 그 영업소 소재지나 인접 시·군 또는 구 지역 안의 다른 장소로 이전하는 것이 가능한지 여부에 달려 있고, 이러한 이전가능성 여부는 법령상의 이전 장애사유 유무와 당해 영업의 종류와 특성, 영업시설의 규모, 인접지역의 현황과 특성, 그 이전을 위하여 당사자가 들인 노력 등과 인근 주민들의 이전 반대 등과 같은 사실상의 이전장애사유 유무 등을 종합하여 판단하여야 한다.

### 제47조(영업의 휴업 등에 대한 손실의 평가)

① 휴업기간에 해당하는 영업이익 + 영업장소 이전 후 발생하는 영업이익감소액에 + 다음 각호의 비용으로 한다.

　1. 휴업기간중의 영업용 자산에 대한 감가상각비·유지관리비와 휴업기간중에도 정상적으로 근무하여야 하는 최소인원에 대한 인건비 등 고정적 비용

　2. 영업시설·원재료·제품 및 상품의 이전에 소요되는 비용 및 그 이전에 따른 감손상당액

　3. 이전광고비 및 개업비 등 영업장소를 이전함으로 인하여 소요되는 부대비용

② - 원칙 : 제1항의 규정에 의한 휴업기간은 4개월 이내로 한다

　- 예외 : 다음 각 호의 어느 하나에 해당하는 경우에는 실제 휴업기간(2년을 초과 불가)

　　1. 당해 공익사업을 위한 영업의 금지 또는 제한으로 인하여 4개월 이상의 기간동안 영업을 할 수 없는 경우

　　2. 영업시설의 규모가 크거나 이전에 고도의 정밀성을 요구하는 등 당해 영업의 고유한 특수성으로 인하여 4개월 이내에 다른 장소로 이전하는 것이 어렵다고 객관적으로 인정되는 경우

③ 영업시설의 일부가 편입됨으로 인하여 잔여시설에 그 시설을 새로이 설치하거나 잔여시설을 보수하지 아니하고는 그 영업을 계속할 수 없는 경우의 영업손실 및 영업규모의 축소에 따른 영업손실은 다음 각 호에 해당하는 금액을 더한 금액으로 평가한다(제1항에 따른 평가액 초과 불가).

　1. 해당 시설의 설치 등에 소요되는 기간의 영업이익

　2. 해당 시설의 설치 등에 통상 소요되는 비용

　3. 영업규모의 축소에 따른 영업용 고정자산·원재료·제품 및 상품 등의 매각손실액

④ 휴업하지 아니하고 임시영업소를 설치하여 영업을 계속하는 경우의 영업손실은 임시영업소의
  설치비용으로 평가한다(제1항에 따른 평가액 초과 불가).

⑤ - 영업이익 : 해당 영업의 최근 3년간(특별한 사정으로 인하여 정상적인 영업이 이루어지지
  않은 연도를 제외한다)의 평균 영업이익을 기준
  (개인영업의 경우 최저한도액 : 휴업기간 중 3인 가구 도시근로자 가계지출비)

⑥ 임차인의 영업에 대한 보상액 중 비용을 제외한 금액은 1천만원을 초과하지 못한다.

⑦ 영업장소 이전 후 발생하는 영업이익 감소액은 휴업기간에 해당하는 영업이익(개인영업의 경
  우 가계지출비)의 100분의 20으로 한다(상한 1천만원).

## 제48조(농업의 손실에 대한 보상)

① 공익사업시행지구에 편입되는 농지(「농지법」제2조 제1호 가목 및 같은 법 시행령 제2조 제3항
  제2호 가목에 해당하는 토지)에 대하여는 (면적 × 도별 단위경작면적당 농작물 총수입 3년치
  평균의 2년분)으로 평가한다.

② - 원칙 : 실제소득을 입증한 자의 경우 (면적× 3년간 실제소득 평균의 2년분)
  - 예외 : 다음 각 호의 어느 하나에 해당하는 경우 각 호의 구분에 따라 산정한 금액을 영농손
    실액으로 보상한다.
    1. 단위경작면적당 실제소득이 작목별 평균소득의 2배를 초과하는 경우 : 평균생산량의 2배
       까지만 인정
    2. 해당 농지의 지력을 이용하지 아니하고 이전하여 해당 영농을 계속하는 것이 가능하다고
       인정하는 경우 : 단위경작면적당 실제소득의 4개월분(이전비 별도)

③ 다음 각호의 어느 하나에 해당하는 토지는 농지로 보지 아니한다. (사일타농2)
  1. 사업인정고시일등 이후부터 농지로 이용되고 있는 토지
  2. 토지이용계획·주위환경 등으로 보아 일시적으로 농지로 이용되고 있는 토지
  3. 타인소유의 토지를 불법으로 점유하여 경작하고 있는 토지
  4. 농민이 아닌 자가 경작하고 있는 토지
  5. 토지의 취득에 대한 보상 이후에 사업시행자가 2년 이상 계속하여 경작하도록 허용하는 토지

④ 자경농지가 아닌 농지에 대한 영농손실액은 다음 각 호의 구분에 따라 보상한다.
  1. 농지의 소유자가 해당 지역에 거주하는 농민인 경우
    가. 농지의 소유자와 실제 경작자간에 협의가 성립된 경우 : 협의내용에 따라 보상
    나. 농지의 소유자와 실제 경작자 간에 협의가 성립되지 아니하는 경우에는 다음의 구분에
        따라 보상
    1) 제1항에 따라 영농손실액이 결정된 경우 : 각각 영농손실액의 50퍼센트 보상
    2) 제2항에 따라 영농손실액이 결정된 경우 :
       - 소유자 : 농작물총수입 기준 보상가의 50퍼센트
       - 경작자 : 실제소득기준 - 토지소유자보상분

2. 농지의 소유자가 해당 지역에 거주하는 농민이 아닌 경우 : 실제 경작자에게 보상

⑤ 실제 경작자가 자의로 이농하는 등의 사유로 보상협의일 또는 수용재결일 당시에 경작을 하고 있지 않는 경우의 영농손실액은 농지의 소유자가 해당 지역에 거주하는 농민인 경우에 한정하여 농지의 소유자에게 보상한다.

⑥ 농지의 3분의 2 이상이 공익사업시행지구에 편입됨으로 인하여 농기구를 이용하여 해당 지역에서 영농을 계속할 수 없게 된 경우 해당 농기구에 대해서는 매각손실액을 평가하여 보상하여야 한다(매각손실액의 평가가 현실적으로 곤란한 경우 : 원가법에 의하여 산정한 가격의 60퍼센트 이내에서 가능).

⑦ 실제 경작자는 다음 각 호의 자료에 따라 사업인정고시일등 당시 타인소유의 농지를 임대차 등 적법한 원인으로 점유하고 자기소유의 농작물을 경작하는 것으로 인정된 자를 말한다.

1. 농지의 임대차계약서
2. 농지소유자가 확인하는 경작사실확인서
3. 「농업·농촌 공익기능 증진 직접지불제도 운영에 관한 법률」에 따른 직접지불금의 수령 확인 자료
4. 「농어업경영체 육성 및 지원에 관한 법률」 제4조에 따른 농어업경영체 등록 확인서
5. 해당 공익사업시행지구의 이장·통장이 확인하는 경작사실확인서
6. 그 밖에 실제 경작자임을 증명하는 객관적 자료

> 🦶 **농업손실보상 관련 판례**
>
> **1. 농업손실보상청구권의 법적 성질(2009다43461)**
> 농업손실보상청구권은 적법한 공권력의 행사에 의한 재산상의 특별한 희생에 대하여 전체적인 공평부담의 견지에서 공익사업의 주체가 그 손해를 보상하여 주는 손실보상의 일종으로 공법상의 권리임이 분명하므로 그에 관한 쟁송은 민사소송이 아닌 행정소송절차에 의하여야 한다.
>
> **2. 재결전치주의(2009다43461)**
> 농업손실에 대한 보상을 받기 위해서는 토지보상법 제34조, 50조 등에 규정된 재결절차를 거친 다음 그 재결에 불복이 있는 때에 비로소 토지보상법 제83조, 제85조에 따라 권리구제를 받을 수 있다.
>
> **3. 영농손실보상(2022두34913)**
> (1) 영농보상의 성격
> 영농손실보상은 원칙적으로 폐업보상과 마찬가지로 장래의 2년간 일실소득을 보상함으로써, 농민이 대체 농지를 구입하여 영농을 재개하거나 다른 업종으로 전환하는 것을 보장하기 위한 것으로서 간접보상이자 생활보상으로서의 성격을 가진다.
> (2) 특별한 희생을 보상하기 위함인지 여부
> 영농보상 역시 공익사업시행지구 안에서 수용의 대상인 농지를 이용하여 경작을 하는 자가 그 농지의 수용으로 인하여 장래에 영농을 계속하지 못하게 되어 특별한 희생이 생기는 경우 이를 보상하기 위한 것이기 때문에, 특별한 희생이 생겼다고 할 수 없는 경우에는 손실보상 또한 있을 수 없다.

(3) 시설 콩나물도 단서에 해당하는지 여부

[별지2]에서 규정하고 있는 작물인 버섯, 화훼 등 모두 직접 해당 농지의 지력을 이용하지 않고 용기에 재배한다는 점에서 재배방식이 유사한 점, 재배시설 이전이 어렵지 않다는 점, 열거된 작목이 아니더라도 객관적이고 합리적으로 판단 가능하다는 점을 고려하면 시설콩나물 재배업에 관하여도 단서 제2호를 적용할 수 있다고 봄이 타당하다.

### 4. 미나리 사건(2011다27103)

보상금을 지급하지 않고 승낙도 받지 않은 채 미리 공사에 착수하여 영농을 계속할 수 없게 하였다면 이는 공익사업법상 사전보상의 원칙을 위반한 것으로서 위법하므로 사업시행자는 2년분의 영농손실보상금을 지급하는 것과 별도로 영농을 할 수 없게 된 때부터 수용개시일까지 입은 손해에 대하여 배상할 책임이 있다.(손해배상액은 손실보상상당액으로 함)

### 5. 진정소급입법에 해당되지 않음(2019두32696)

[1] 2013.4.25. 국토교통부령 제5호로 개정된 공익사업을 위한 토지 등의 취득 및 보상에 관한 법률 시행규칙 제48조 제2항 단서 제1호가 헌법상 정당보상원칙, 비례원칙에 위반되거나 위임입법의 한계를 일탈한 것인지 여부 : 공익사업을 위한 토지 등의 취득 및 보상에 관한 법률 제77조 제4항은 농업손실 보상액의 구체적인 산정 및 평가 방법과 보상기준에 관한 사항을 국토교통부령으로 정하도록 위임하고 있다. 그 위임에 따라 2013.4.25. 국토교통부령 제5호로 개정된 공익사업을 위한 토지 등의 취득 및 보상에 관한 법률 시행규칙(이하 '개정 시행규칙'이라 한다) 제48조 제2항 단서 제1호가 실제소득 적용 영농보상금의 예외로서, 농민이 제출한 입증자료에 따라 산정한 실제소득이 동일 작목별 평균소득의 2배를 초과하는 경우에 해당 작목별 평균생산량의 2배를 판매한 금액을 실제소득으로 간주하도록 규정함으로써 실제소득 적용 영농보상금의 '상한'을 설정하였다. 이와 같은 개정 시행규칙 제48조 제2항 단서 제1호는, 영농보상이 장래의 불확정적인 일실소득을 보상하는 것이자 농민의 생존배려·생계지원을 위한 보상인 점, 실제소득 산정의 어려움 등을 고려하여, 농민이 실농으로 인한 대체생활을 준비하는 기간의 생계를 보장할 수 있는 범위 내에서 실제소득 적용 영농보상금의 '상한'을 설정함으로써 나름대로 합리적인 적정한 보상액의 산정방법을 마련한 것이므로, 헌법상 정당보상원칙, 비례원칙에 위반되거나 위임입법의 한계를 일탈한 것으로는 볼 수 없다.

[2] 2013.4.25. 국토교통부령 제5호로 개정된 공익사업을 위한 토지 등의 취득 및 보상에 관한 법률 시행규칙 시행일 전에 사업인정고시가 이루어졌으나 위 시행규칙 시행 후 보상계획의 공고·통지가 이루어진 공익사업에 대해서도 영농보상금액의 구체적인 산정방법·기준에 관한 위 시행규칙 제48조 제2항 단서 제1호를 적용하도록 규정한 위 시행규칙 부칙(2013.4.25.) 제4조 제1항이 진정소급입법에 해당하는지 여부(소극) :사업인정고시일 전부터 해당 토지를 소유하거나 사용권원을 확보하여 적법하게 농업에 종사해 온 농민은 사업인정고시일 이후에도 수용개시일 전날까지는 해당 토지에서 그간 해온 농업을 계속할 수 있다. 그러나 사업인정고시일 이후에 수용개시일 전날까지 농민이 해당 공익사업의 시행과 무관한 어떤 다른 사유로 경작을 중단한 경우에는 손실보상의 대상에서 제외될 수 있다. 사업인정고시가 이루어졌다는 점만으로 농민이 구체적인 영농보상금 청구권을 확정적으로 취득하였다고는 볼 수 없으며, 보상협의 또는 재결절차를 거쳐 협의성립 당시 또는 수용재결 당시의 사정을 기준으로 구체적으로 산정되는 것이다.

또한 공익사업을 위한 토지 등의 취득 및 보상에 관한 법률 시행규칙 제48조에 따른 영농보상은 수용개시일 이후 편입농지에서 더 이상 영농을 계속할 수 없게 됨에 따라 발생하는 손실에 대하여 장래의 2년간 일실소득을 예측하여 보상하는 것이므로, 수용재결 당시를 기준으로도 영농보상은 아직 발생하지 않은 장래의 손실에 대하여 보상하는 것이다.

> 따라서 공익사업을 위한 토지 등의 취득 및 보상에 관한 법률 시행규칙 부칙(2013.4.25.) 제4조 제1 항이 영농보상금액의 구체적인 산정방법·기준에 관한 2013.4.25. 국토교통부령 제5호로 개정된 공익사업을 위한 토지 등의 취득 및 보상에 관한 법률 시행규칙(이하 '개정 시행규칙'이라 한다) 제 48조 제2항 단서 제1호를 개정 시행규칙 시행일 전에 사업인정고시가 이루어졌으나 개정 시행규칙 시행 후 보상계획의 공고·통지가 이루어진 공익사업에 대해서도 적용하도록 규정한 것은 진정소 급입법에 해당하지 않는다.

## 제49조(축산업의 손실에 대한 평가)

① 제45조부터 제47조까지의 규정을 축산업에 대한 손실의 평가에 관하여 준용한다. (도시근로자 4개월분 가계지출비 적용×, 영업장소 이전 후 발생하는 영업이익 감소액 준용×)

② 손실보상의 대상이 되는 축산업은 다음 각 호의 어느 하나에 해당하는 경우로 한다.

    1. 「축산법」에 따라 허가를 받았거나 등록한 종축업·부화업·정액등처리업 또는 가축사육업

    2. 가축별 기준마리수 이상의 가축을 기르는 경우

    3. 가축별 기준마리수 미만의 가축을 기르는 경우로서 그 가축별 기준마리수에 대한 실제 사육 마리수의 비율의 합계가 1 이상인 경우

③ 규정된 가축외에 이와 유사한 가축에 대하여는 제2항 제2호 또는 제3호의 예에 따라 평가할 수 있다.

④ 손실보상의 대상이 되지 아니하는 가축에 대하여는 이전비로 평가(이전으로 인하여 체중감소· 산란율저하 및 유산 그 밖의 손실은 포함)

## 제50조(잠업의 손실에 대한 평가)

제45조부터 제47조까지의 규정을 잠업에 대한 손실의 평가에 준용한다(도시근로자 4개월분 가계 지출비 적용×, 영업장소 이전 후 발생하는 영업이익 감소액 준용 ×).

## 제51조(휴직 또는 실직보상)

사업인정고시일등 당시 3월 이상 근무한 근로자(소득세가 원천징수된 자에 한한다)에 대하여는 다 음 각호의 구분에 따라 보상하여야 한다.

1. 일정기간 휴직을 하게 된 경우 : 휴직일수(120일 상한) × 평균임금의 70퍼센트(「근로기준법」에 의한 통상임금을 초과하는 경우 : 통상임금 기준).

2. 직업을 상실하게 된 경우 : 「근로기준법」에 의한 평균임금의 120일분에 해당하는 금액

## 제52조(허가등을 받지 아니한 영업의 손실보상에 관한 특례)

허가등이 없이 행하여 온 자가 공익사업의 시행으로 인하여 적법한 장소에서 영업을 계속할 수 없게 된 경우에는 도시근로자가구 월평균 가계지출비를 기준으로 산정한 3인 가구 3개월분 가계 지출비에 해당하는 금액을 영업손실에 대한 보상금으로 지급하되, 이전비 및 그 이전에 따른 감손 상당액은 별도로 보상한다(본인, 가족이 해당 공익사업으로 다른 영업에 대한 보상을 받은 경우 이전비용만 보상).

## 제6절 이주정착금 등의 보상

### 제53조(이주정착금 등)

① 다음 각 호의 어느 하나에 해당하는 경우 이주대책 수립·실시가 아닌 이주정착금을 지급한다.

1. 공익사업시행지구의 인근에 택지 조성에 적합한 토지가 없는 경우
2. 이주대책의 수립·실시로 인하여 당해 공익사업의 시행이 사실상 곤란하게 되는 경우

② 이주정착금은 주거용 건축물에 대한 평가액의 30퍼센트(하한 1,200만원 ~ 상한 2,400만원)

### 제54조(주거이전비의 보상)

① 주거용 건축물의 소유자 : 가구원수에 따라 2개월분의 주거이전비(건축물의 소유자가 실제 거주 ×, 무허가건축물 제외)

② 주거용 건축물의 세입자(무상 사용하는 거주자 포함, 이주대책대상자인 세입자는 제외)
 – 주거용 건축물에 고시 등이 있은 당시 3개월 거주 : 4월분
 – 무허가 건축물에 고시 등이 있은 당시 1년 거주 : 4월분

③ 거주사실의 입증은 제15조 제1항 각 호의 방법으로 할 수 있다.

④ – 주거이전비는 도시근로자가구의 가구원수별 월평균 명목 가계지출비를 기준으로 산정
 – 가구원수가 5인 이상인 경우에는 다음 각 호의 구분에 따른 금액을 기준으로 산정한다.

1. 가구원수가 5인인 경우 : 5인 이상 기준의 월평균 가계지출비에 해당하는 금액(4인 기준의 월평균 가계지출비가 5인 이상 기준의 월평균 가계지출비를 초과하는 경우 : 4인 기준의 월평균 가계지출비)
2. 가구원수가 6인 이상인 경우 : 다음 산식에 따라 산정한 금액
 제1호에 따른 금액 + {5인을 초과하는 가구원수 × [(제1호에 따른 금액 – 2인 기준의 월평균 가계지출비) ÷ 3]}

> **관련 판례**
>
> **1. 주거이전비의 법적 성질**
>
> ① 공법상 권리(2007다8129)
> 주거이전비는 당해 공익사업 시행지구 안에 거주하는 세입자들의 조기이주를 장려하여 사업추진을 원활하게 하려는 정책적인 목적과 주거이전으로 인하여 특별한 어려움을 겪게 될 세입자들을 대상으로 하는 사회보장적인 차원에서 지급되는 금원의 성격을 가지므로, 적법하게 시행된 공익사업으로 인하여 이주하게 된 주거용 건축물 세입자의 주거이전비 보상청구권은 공법상의 권리이고, 따라서 그 보상을 둘러싼 쟁송은 민사소송이 아니라 공법상의 법률관계를 대상으로 하는 행정소송에 의하여야 한다.
>
> ② 강행규정인지 여부(2011두3685)
> 세입자에 대한 주거이전비는 공익사업 시행으로 인하여 생활 근거를 상실하게 되는 세입자를 위해 사회보장적 차원에서 지급하는 금원으로 보아야 하므로, 세입자에 대한 주거이전비 지급의무를 정하고 있는 공익사업법 시행규칙 제54조 제2항은 당사자 합의 또는 사업시행자 재량에 의하여 적용 배제할 수 없는 강행규정이다.

2. 소유자가 자발적으로 이주한 뒤, 주거용 건축물이 수용대상이 된 경우 주거이전비 지급 여부(2015두 41050)

건축물에 대한 협의매도나 보상이 이루어지기 전에 이미 해당 건축물에서 이주함으로써 '공람공고일부 터 해당 건축물에 대한 보상이 이루어진 EO 또는 협의매수 계약체결일까지 계속하여 거주한 건축물 소유자'에 해당하지 않는 것이 분명하므로, 이주정착금과 주거이전비 지급대상자에 해당한다고 볼 수 없다.

3. 세입자에 대한 보상

① 주거이전비 포기각서(2011두3685)

사업시행자의 세입자에 대한 주거이전비 지급의무를 정하고 있는 토지보상법 시행규칙 제54조 제2 항은 당사자 합의 또는 사업시행자의 재량에 의하여 적용을 배제할 수 없는 강행규정이다. 따라서 주거이전비 포기각서는 강행법규 위반에 해당하여 무효이다.

② 용도변경 무허가건축물(2012두11072)

주거이전비 보상 대상자로 정하는 '무허가건축물 등에 입주한 세입자'는 기존에 주거용으로 사용되 어 온 무허가건축물 등에 입주하여 일정 기간 거주한 세입자를 의미하고, 공부상 주거용 용도가 아닌 건축물을 임차한 후 임의로 주거용으로 용도를 변경하여 거주한 세입자는 이에 해당한다고 할 수 없다.

③ 가구원이 직접 주거이전비 지급을 구할 수 있는지 여부(2010두4131)

주거이전비는 소유자와 세입자가 지급청구권을 가지는 것이므로 소유자 또는 세입자가 아닌 가구 원은 사업시행자를 상대로 직접 주거이전비 지급을 구할 수 없다.

4. 주거이전비의 권리구제(2007다8129)

주거이전비 보상청구권은 그 요건을 충족하는 경우에 당연히 발생하는 것이므로 주거이전비 보상청구 소송은 행정소송법 제3조 제2호에 규정된 당사자소송에 의하여야 한다. 다만 재결이 이루어진 다음 세입자가 보상금의 증감 부분을 다투는 경우에는 토지보상법 제85조 제2항에 규정된 행정소송에 따라, 보상금의 증감 이외의 부분을 다투는 경우에는 같은 조 제1항에 규정된 행정소송(취소소송)에 따라 권 리구제를 받을 수 있다

5. 주거이전비 등의 지급절차가 선행되었다고 보아 사업시행자의 토지나 건축물에 관한 인도청구를 인 정할 수 있는지 여부(2021다310088)

사업시행자는 협의나 재결절차를 거칠 것이 없이 세입자에게 주거이전비를 지급하거나 피보상자가 받 지 않거나 받을 수 없는 경우 변제공탁이 가능하다. 따라서 주거이전비의 지급이 선행되었다고 인정되 는 경우, 사업시행자의 인도청구를 인정할 수 있다.

6. 동시이행 관계인지 여부(2019다207813)

사업시행자가 토지 및 건축물을 인도받기 위해서는 주거이전비 등도 지급할 것이 요구된다. 사업시행 자와 현금청산대상자가 세입자 사이에 협의가 성립된다면 주거이전비 등 지급의무와 부동산 인도의무 는 동시이행 관계에 있게 되고, 재결절차에 의할 때는 주거이전비 등 지급 절차가 선행되어야 한다.

7. 부동산 인도 거절(2019도13010)

사업시행자가 토지보상법 제43조에 따라 부동산의 인도를 청구하는 경우 현금청산대상자나 임차인 등 이 주거이전비 등을 보상받기 전에는 주거이전비 등의 미지급을 이유로 부동산의 인도를 거절할 수 있다. 따라서 이러한 경우 부동산을 인도하지 않았다고 하여 토지보상법 위반죄로 처벌해서는 안된다.

8. 무상임대차(2022두44392)

주거이전비는 당해 공익사업 시행지구 안에 거주하는 세입자들을 대상으로 하는 사회보장적인 차원에서 지급하는 금원으로 조기이주 장려 및 사회보장적 지원의 필요성이 사용대가의 지급 여부에 따라 달라진다고 보기어려우므로 토지보상법 시행규칙 제54조 제2항의 세입자에는 주거용 건축물을 무상으로 사용하는 거주자도 포함된다고 봄이 타당하다.

9. 임시수용시설 세입자의 주거이전비 해당 여부(2011두3685)

주거이전비는 사업추진을 원활하게 하려는 정책적인 목적과 특별한 어려움을 겪게 될 세입자들을 대상으로 하는 사회보장적인 차원에서 지급하는 돈의 성격을 갖는 것으로 볼 수 있는 점, 도시정비법 및 공익사업법 시행규칙 등의 관련 법령에서 임시수용시설 등 제공과 주거이전비 지급을 사업시행자의 의무사항으로 규정하면서 임시수용시설 등을 제공받는 자를 주거이전비 지급대상에서 명시적으로 배제하지 않은 점을 고려하면 도시정비법에 따라 사업시행자에게서 임시수용시설을 제공받는 세입자라 하더라도 공익사업법 및 공익사업법 시행규칙에 따른 주거이전비를 별도로 청구할 수 있다고 보는 것이 타당하다.

10. 주거이전비 등의 지급절차(2019도10001)

주거이전비와 이사비의 보상은 토지보상법에서 명문으로 규정한 손실보상에 해당한다. 그러므로 주택재개발사업의 사업시행자가 공사에 착수하기 위하여 현금청산대상자나 세입자로부터 정비구역 내 토지 또는 건축물을 인도받기 위해서는 협의나 재결절차 등에 의하여 결정되는 주거이전비 등을 지급할 것이 요구된다. 만일 사업시행자와 현금청산대상자나 세입자 사이에 주거이전비 등에 관한 협의가 성립된다면 사업시행자의 주거이전비 등 지급의무와 현금청산대상자나 세입자의 부동산 인도의무는 동시이행의 관계에 있게 되고, 재결절차 등에 의할 때에는 부동산 인도에 앞서 주거이전비 등의 지급절차가 선행되어야 할 것이다.

## 제55조(동산의 이전비 보상 등)

① 이전하여야 하는 동산에 대하여는 이전에 소요되는 비용 및 그 이전에 따른 감손상당액을 보상하여야 한다.
② 주거용 건축물의 거주자가 해당 공익사업시행지구 밖으로 이사를 하거나 사업시행자가 지정하는 해당 공익사업시행지구 안의 장소로 이사를 하는 경우에는 이사비를 보상하여야 한다.
③ 이사비의 보상을 받은 자가 당해 공익사업시행지구안의 지역으로 이사하는 경우에는 이사비를 보상하지 아니한다.

## 제56조(이농비 또는 이어비의 보상)

① 농민·어민이 받을 보상금이 농가경제조사통계의 연간 전국평균 가계지출비 및 농업기본통계조사의 가구당 전국평균 농가인구를 기준으로 다음 산식에 의하여 산정한 가구원수에 따른 1년분의 평균생계비에 미치지 못하는 경우에는 그 금액 또는 그 차액을 보상하여야 한다.

[가구원수에 따른 1년분의 평균생계비 = 연간 전국평균 가계지출비 ÷ 가구당 전국평균 농가인구 × 이주가구원수]

② 이농비 또는 이어비는 영위하던 농·어업을 계속할 수 없게 되어 다음 각 호의 어느 하나 외의

지역으로 이주하는 농민(농업인으로서 농작물의 경작 또는 다년생식물의 재배에 상시 종사하거나 농작업의 2분의 1 이상을 자기의 노동력에 의하여 경작 또는 재배하는 자) 또는 어민(연간 200일 이상 어업에 종사하는 자)에게 보상한다.

1. 공익사업에 편입되는 농지의 소재지(어민인 경우에는 주소지)와 동일한 시·군 또는 구
2. 제1호의 지역과 인접한 시·군 또는 구

## 제57조(사업폐지 등에 대한 보상)

공익사업의 시행으로 인하여 건축을 위한 건축허가 등 관계법령에 의한 절차를 진행중이던 사업 등이 폐지·변경 또는 중지되는 경우 그 사업 등에 소요된 법정수수료 그 밖의 비용 등의 손실에 대하여는 이를 보상하여야 한다.

## 제58조(주거용 건축물등의 보상에 대한 특례)

① 주거용 건축물로서 제33조(건축물의 평가)에 따라 평가한 금액이 6백만원 미만인 경우 보상액은 6백만원으로 한다(무허가건축물 제외).

② 주거용 건축물에 대한 보상을 받은 자가 그 후 당해 공익사업시행지구밖의 지역에서 매입하거나 건축하여 소유하고 있는 주거용 건축물이 그 보상일부터 20년 이내에 다른 공익사업시행지구에 편입되는 경우 당해 평가액의 30퍼센트를 가산하여 보상한다(무허가건축물등을 매입 또는 건축한 경우, 다른 공익사업의 사업인정고시일등 또는 다른 공익사업을 위한 관계법령에 의한 고시 등이 있은 날 이후에 매입 또는 건축한 경우 제외).

③ 가산금이 1천만원을 초과하는 경우에는 1천만원으로 한다.


## 제7절 공익사업시행지구밖의 토지등의 보상

## 제59조(공익사업시행지구밖의 대지 등에 대한 보상)

공익사업시행지구밖의 대지(조성된 대지)·건축물·분묘 또는 농지(계획적으로 조성된 유실수단지 및 죽림단지 포함)가 공익사업의 시행으로 인하여 산지나 하천 등에 둘러싸여 교통이 두절되거나 경작이 불가능하게 된 경우에는 소유자의 청구에 의하여 이를 공익사업시행지구에 편입되는 것으로 보아 보상하여야 한다(보상비가 도로 또는 도선시설의 설치비용을 초과하는 경우 도로 또는 도선시설을 설치함으로써 보상에 갈음할 수 있다).

## 제60조(공익사업시행지구밖의 건축물에 대한 보상)

건축물(건축물의 대지 및 잔여농지를 포함)만이 공익사업시행지구밖에 남게 되는 경우로서 그 건축물의 매매가 불가능하고 이주가 부득이한 경우에는 그 소유자의 청구에 의하여 이를 공익사업시행지구에 편입되는 것으로 보아 보상하여야 한다.

## 제61조(소수잔존자에 대한 보상)

1개 마을의 주거용 건축물이 대부분 공익사업시행지구에 편입됨으로써 잔여 주거용 건축물 거주

자의 생활환경이 현저히 불편하게 되어 이주가 부득이한 경우에는 당해 건축물 소유자의 청구에 의하여 그 소유자의 토지등을 공익사업시행지구에 편입되는 것으로 보아 보상하여야 한다.

### 제62조(공익사업시행지구밖의 공작물등에 대한 보상)

공작물등이 공익사업의 시행으로 인하여 그 본래의 기능을 다할 수 없게 되는 경우에는 그 소유자의 청구에 의하여 이를 공익사업시행지구에 편입되는 것으로 보아 보상하여야 한다.

### 제63조(공익사업시행지구밖의 어업의 피해에 대한 보상)

① 공익사업의 시행으로 인하여 해당 공익사업시행지구 인근에 있는 어업에 피해가 발생한 경우 사업시행자는 실제 피해액을 확인할 수 있는 때에 그 피해에 대하여 보상하여야 한다(실제 피해액은 감소된 어획량 및 「수산업법 시행령」 별표 10의 평년수익액 등을 참작하여 평가).

② 보상액은 「수산업법 시행령」 별표 10에 따른 어업권·허가어업 또는 신고어업이 취소되거나 어업면허의 유효기간이 연장되지 않는 경우의 보상액을 초과하지 못한다.

③ 사업인정고시일등 이후에 어업권의 면허를 받은 자, 어업의 허가를 받거나 신고를 한 자는 보상 대상에서 제외

### 제64조(공익사업시행지구밖의 영업손실에 대한 보상)

① 공익사업시행지구밖에서 제45조에 따른 영업손실의 보상대상이 되는 영업을 하고 있는 자가 다음 각 호의 어느 하나에 해당하는 경우에는 그 영업자의 청구에 의하여 당해 영업을 공익사업시행지구에 편입되는 것으로 보아 보상하여야 한다.

1. 배후지의 3분의 2 이상이 상실되어 그 장소에서 영업을 계속할 수 없는 경우

2. 진출입로의 단절, 그 밖의 부득이한 사유로 인하여 일정한 기간 동안 휴업하는 것이 불가피한 경우

② 사업시행자는 영업자가 보상을 받은 이후 그 영업장소에서 영업이익을 보상받은 기간 이내에 동일한 영업을 하는 경우에는 실제 휴업기간에 대한 보상금을 제외한 영업손실에 대한 보상금을 환수하여야 한다.

> **관련 판례(2018두227)**
>
> **1. 휴업이 불가피한 경우의 의미**
> 공익사업시행지구 밖 영업손실보상의 특성과 헌법이 정한 정당한 보상의 원칙에 비추어 보면, 공익사업시행지구 밖 영업손실보상의 요건인 그 공익사업의 시행으로 설치되는 시설의 형태·구조·사용 등에 기인하여 휴업이 불가피한 경우도 포함된다고 해석함이 타당하다.
>
> **2. 손실보상청구권과 손해배상청구권**
> 손해배상과 손실보상은 각 요건이 충족되면 성립하는 별개의 청구권이지만 손실보상청구권에는 이미 손해 전보라는 요소가 포함되어 있어 양자의 청구권을 동시에 행사할 수 있다고 본다면 이중배상의 문제가 발생하므로, 어느 하나만을 선택적으로 행사할 수 있을 뿐이고, 손실보상 청구기간이 도과하여 손실보상청구권을 더 이상 행사할 수 없는 경우에도 손해배상의 요건이 충족되는 이상 여전히 손해배상청구는 가능하다.

3. 재결전치주의

공익사업으로 인하여 공익사업시행지구 밖에서 영업을 휴업하는 자가 토지보상법 시행규칙 제47조 제1항에 따라 영업손실에 대한 보상을 받기 위해서는, 토지보상법 제34조, 제50조 등에 규정된 재결절차를 거친 다음 그 재결에 대하여 불복이 있는 때에 비로소 토지보상법 제83조 내지 제85조에 따라 권리구제를 받을 수 있을 뿐이다.

4. 간접손실보상의 권리구제

손실보상대상에 해당함에도 관할 토지수용위원회가 사실을 오인하거나 법리를 오해함으로써 손실보상대상에 해당하지 않는다고 잘못된 내용의 재결을 한 경우에는, 피보상자는 관할 토지수용위원회를 상대로 그 재결에 대한 취소소송을 제기할 것이 아니라, 사업시행자를 상대로 토지보상법 제85조 제2항에 따른 보상금증감소송을 제기하여야 한다.

## 제65조(공익사업시행지구밖의 농업의 손실에 대한 보상)

경작하고 있는 농지의 3분의 2 이상에 해당하는 면적이 공익사업시행지구에 편입됨으로 인하여 영농을 계속할 수 없게 된 농민에 대하여는 공익사업시행지구밖에서 그가 경작하고 있는 농지에 대하여도 제48조 제1항 내지 제3항 및 제4항 제2호의 규정에 의한 영농손실액을 보상하여야 한다.

# 제6장 이의신청 등

## 제66조(손실보상재결신청서의 서식)

영 제6조의2 및 제42조 제1항에 따른 손실보상재결신청서는 별지 제20호서식에 의한다.

## 제67조(이의신청서의 서식)

영 제45조 제1항의 규정에 의한 이의신청서는 별지 제21호서식에 의한다.

## 제68조(재결확정증명청구서의 서식)

영 제47조 제1항의 규정에 의한 재결확정증명청구서는 별지 제22호서식에 의한다.

## 제69조(규제의 재검토)

국토교통부장관은 제48조에 따른 농업의 손실에 대한 보상 기준에 대하여 2017년 1월 1일을 기준으로 3년마다(매 3년이 되는 해의 기준일과 같은 날 전까지를 말한다) 그 타당성을 검토하여 개선 등의 조치를 하여야 한다.

## 부칙

이 규칙은 공포한 날부터 시행한다.

# PART 04 부동산 가격공시에 관한 법률
## (약칭 : 부동산공시법)

## 제1장 총칙

### 제1조(목적)

이 법은 부동산의 적정가격(適正價格) 공시에 관한 기본적인 사항과 부동산 시장·동향의 조사·관리에 필요한 사항을 규정함으로써 부동산의 적정한 가격형성과 각종 조세·부담금 등의 형평성을 도모하고 국민경제의 발전에 이바지함을 목적으로 한다.

### 제2조(정의)

이 법에서 사용하는 용어의 뜻은 다음과 같다.

1. "주택"이란 「주택법」 제2조 제1호에 따른 주택을 말한다.
2. "공동주택"이란 「주택법」 제2조 제3호에 따른 공동주택을 말한다.
3. "단독주택"이란 공동주택을 제외한 주택을 말한다.
4. "비주거용 부동산"이란 주택을 제외한 건축물이나 건축물과 그 토지의 전부 또는 일부를 말하며 다음과 같이 구분한다.
   가. 비주거용 집합부동산 : 「집합건물의 소유 및 관리에 관한 법률」에 따라 구분소유되는 비주거용 부동산
   나. 비주거용 일반부동산 : 가목을 제외한 비주거용 부동산
5. "적정가격"이란 토지, 주택 및 비주거용 부동산에 대하여 통상적인 시장에서 정상적인 거래가 이루어지는 경우 성립될 가능성이 가장 높다고 인정되는 가격을 말한다.

## 제2장 지가의 공시

### 제3조(표준지공시지가의 조사·평가 및 공시 등)

① 국토교통부장관은 토지이용상황이나 주변 환경, 그 밖의 자연적·사회적 조건이 일반적으로 유사하다고 인정되는 일단의 토지 중에서 선정한 표준지에 대하여 매년 공시기준일 현재의 단위면적당 적정가격을 조사·평가하고, 중앙부동산가격공시위원회의의 심의를 거쳐 이를 공시하여야 한다.

② 국토교통부장관은 표준지의 가격을 조사·평가할 때에는 해당 토지 소유자의 의견을 들어야 한다.

③ 표준지의 선정, 공시기준일, 공시의 시기, 조사·평가 기준 및 공시절차 등에 필요한 사항은 대통령령으로 정한다.

④ 국토교통부장관이 표준지공시지가를 조사·평가하는 경우에는 인근 유사토지의 거래가격·임대료 및 해당 토지와 유사한 이용가치를 지닌다고 인정되는 토지의 조성에 필요한 비용추정액, 인근지역 및 다른 지역과의 형평성·특수성, 표준지공시지가 변동의 예측 가능성 등 제반사항을 종합적으로 참작하여야 한다.

⑤ 국토교통부장관이 표준지공시지가를 조사·평가할 때에는 업무실적, 신인도(信認度) 등을 고려하여 둘 이상의 감정평가법인등에게 이를 의뢰하여야 한다.
　(지가 변동이 작은 경우 등 대통령령으로 정하는 기준에 해당하는 표준지에 대해서는 하나의 감정평가법인등에 의뢰할 수 있다.)

⑥ 국토교통부장관은 표준지공시지가 조사·평가를 의뢰받은 감정평가업자가 공정하고 객관적으로 해당 업무를 수행할 수 있도록 하여야 한다.

⑦ 감정평가법인등의 선정기준 및 업무범위는 대통령령으로 정한다.

⑧ 국토교통부장관은 개별공시지가의 산정을 위하여 필요하다고 인정하는 경우에는 표준지와 산정대상 개별 토지의 가격형성요인에 관한 표준적인 비교표(토지가격비준표)를 작성하여 시장·군수 또는 구청장에게 제공하여야 한다.

---

### 🕙 관련 판례

1. **표준지공시지가의 법적 성질(2007두13845)**
   표준지공시지가 결정은 별개의 독립된 처분이고 결정이 위법한 경우에는 그 자체를 행정소송의 대상이 되는 행정처분으로 보아 그 위법 여부를 다툴 수 있음은 물론, 보상금증감청구소송에서도 위법을 독립한 사유로 주장할 수 있다.

2. **표준지공시지가의 위법성(2007두20140)**
   ① 표준지공시지가는 당해 토지 뿐만 아니라 인근 유사토지의 가격을 결정하는 데에 전체적·표준적 기능을 수행하는 것이어서 특히 그 가격의 적정성이 엄격하게 요구된다.
   ② 이를 위해서는 무엇보다 감정평가사의 평가액 산정이 적정하게 이루어졌음이 담보될 수 있어야 하므로, 평가서에 평가원인을 구체적으로 특정하여 명시함과 아울러 각 요인별 참작 내용과 정도가 객관적으로 납득이 갈 수 있을 정도로 설명됨으로써, 그 평가액이 당해 토지의 적정가격을 평가한 것임을 인정할 수 있어야 한다.
   ③ 평가요인별 참작 내용과 정도가 평가액 산정의 적정성을 알아볼 수 있을 만큼 객관적으로 설명되어 있다고 보기 어려운 경우 이러한 감정평가액을 근거로 한 표준지공시지가 결정은 그 토지의 적정가격을 반영한 것이라고 인정하기 어려워 위법하다.

3. **하자의 승계**
   ① 표준지공시지가와 수용재결(2007두13845)(하자의 승계 인정)
   위법한 표준지공시지가 결정에 대해 즉각 시정요구하지 않았다는 점으로 수용재결에서 아예 위법을 주장할 수 없도록 하는 것은 수인한도를 넘는 불이익을 강요하는 것으로서 표준지공시지가결정이 위법한 경우에는 그 자체를 행정소송의 대상이 되는 행정처분으로 보아 그 위법 여부를 다툴 수 있음은 물론, 수용보상금의 증액을 구하는 소송에서도 선행처분으로서 그 수용대상 토지 가격 산정의 기초가 된 비교표준지공시지가결정의 위법을 독립한 사유로 주장할 수 있다.

② 표준지공시지가와 개별공시지가(95누9808)(하자의 승계 부정)

표준지공시지가에 대하여 불복하기 위해서는 토지보상법 상 이의절차를 거쳐 행정소송을 거쳐야 하고, 개별토지가격을 다투는 소송에서 그 개별토지가격산정의 기초가 된 표준지공시지가의 위법성을 다툴 수는 없다.

③ 표준지공시지가와 과세처분(2018두50147)(하자의 승계 부정)

표준지공시지가를 다투기 위해서는 이의를 신청하거나 행정심판이나 행정소송을 제기해야 하며, 재산세 등 부과 처분의 취소를 구하는 소송에서 표준지공시지가 결정의 위법성을 다투는 것은 허용되지 않는다.

4. 표준지공시지가의 불복(2008두19987)

개별공시지가에 대하여 이의가 있는 자는 곧바로 행정소송을 제기하거나 가격공시법에 따른 이의신청과 행정심판법에 따른 행정심판청구 중 어느 하나만을 거쳐 행정소송을 제기할 수 있을 뿐 아니라, 이의신청을 하여 그 결과 통지를 받은 후 다시 행정심판을 거쳐 행정소송을 제기할 수도 있다고 보아야 하고, 이 경우 행정소송의 제소기간은 그 행정심판 재결서 정본을 송달받은 날부터 기산한다.

**⤴ 관련 내용**

1. **표준지공시지가의 불복**

① 강학상 이의신청(부동산공시법 제7조)
   - 공시일로부터 30일 이내에 서면으로 국토교통부장관에게 신청
   - 행정기본법 제36조 제4항에 따르면 이의신청 결과를 통지받은 날로부터 90일 이내

② 행정심판
   안 날로부터 90일, 처분이 있는 날로부터 180일 이내 제기(행정심판법 제27조)

③ 행정쟁송
   - 처분이 있음을 안날로부터 90일, 있은 날로부터 1년 이내 제기(행정소송법 제20조)
   - 이의신청을 거친 경우 : 행정기본법 제36조 제4항에 따라 결과를 통지 받은 날로부터 90일 이내
   - 행정심판을 거친 경우 : 재결서 정본을 송달 받은 날로부터 90일 이내에 제기(판례 : 2008두19987)
   - 소송의 종류 구분 방법 : 중대명백설에 따라 중대하고 명백하면 무효확인소송, 둘 중 하나가 이르지 않는 경우 취소소송

**⤴ 관련 규정(부동산공시법 시행령 제8조 제7항 재평가)**

국토교통부장관은 제출된 보고서의 조사·평가가 관계 법령을 위반하여 수행되었다고 인정되는 경우에는 해당 감정평가법인등에게 그 사유를 통보하고, 다른 감정평가법인등 2인에게 대상 표준지공시지가의 조사·평가를 다시 의뢰해야 한다. 이 경우 표준지 적정가격은 다시 조사·평가한 가액의 산술평균치를 기준으로 한다

---

### 제4조(표준지공시지가의 조사협조)

국토교통부장관은 표준지의 선정 또는 표준지공시지가의 조사·평가를 위하여 필요한 경우에는 관계 행정기관에 해당 토지의 인·허가 내용, 개별법에 따른 등록사항 등 대통령령으로 정하는 관련 자료의 열람 또는 제출을 요구할 수 있다(관계 행정기관은 정당한 사유가 없으면 그 요구를 따라야 한다).

### 제5조(표준지공시지가의 공시사항)

제3조에 따른 공시에는 다음 각 호의 사항이 포함되어야 한다.

1. 표준지의 지번
2. 표준지의 단위면적당 가격
3. 표준지의 면적 및 형상
4. 표준지 및 주변토지의 이용상황
5. 그 밖에 대통령령으로 정하는 사항

### 제6조(표준지공시지가의 열람 등)

국토교통부장관은 제3조에 따라 표준지공시지가를 공시한 때에는 그 내용을 특별시장·광역시장 또는 도지사를 거쳐 시장·군수 또는 구청장에게 송부하여 일반인이 열람할 수 있게 하고, 도서·도표 등으로 작성하여 관계 행정기관 등에 공급하여야 한다.

### 제7조(표준지공시지가에 대한 이의신청)

① 표준지공시지가에 이의가 있는 자는 그 공시일부터 30일 이내에 서면으로 국토교통부장관에게 이의를 신청할 수 있다.

② 국토교통부장관은 이의신청 기간이 만료된 날부터 30일 이내에 이의신청을 심사하여 그 결과를 신청인에게 서면으로 통지하여야 한다(이의신청의 내용이 타당하다고 인정될 때에는 표준지공시지가를 조정하여 다시 공시).

③ 제1항 및 제2항에서 규정한 것 외에 이의신청 및 처리절차 등에 필요한 사항은 대통령령으로 정한다.

### 제8조(표준지공시지가의 적용)

지가를 산정할 때에는 그 토지와 이용가치가 비슷하다고 인정되는 하나 또는 둘 이상의 표준지의 공시지가를 기준으로 토지가격비준표를 사용하여 지가를 직접 산정하거나 감정평가법인등에 감정평가를 의뢰하여 산정할 수 있다(필요하다고 인정할 때에는 산정된 지가를 목적에 따라 가감조정 가능).

1. 지가 산정의 주체
   가. 국가 또는 지방자치단체
   나. 「공공기관의 운영에 관한 법률」에 따른 공공기관
   다. 그 밖에 대통령령으로 정하는 공공단체
2. 지가 산정의 목적
   가. 공공용지의 매수 및 토지의 수용·사용에 대한 보상
   나. 국유지·공유지의 취득 또는 처분
   다. 조성된 용지 등의 공급 또는 분양, 환지·체비지의 매각 또는 환지 신청, 토지의 관리·매입·매각·경매 또는 재평가 목적으로 지가 산정

## 제9조(표준지공시지가의 효력)

표준지공시지가는 토지시장에 지가정보를 제공하고 일반적인 토지거래의 지표가 되며, 국가·지방자치단체 등이 그 업무와 관련하여 지가를 산정하거나 감정평가법인등이 개별적으로 토지를 감정평가하는 경우에 기준이 된다.

## 제10조(개별공시지가의 결정·공시 등)

① 시장·군수 또는 구청장은 국세·지방세 등 각종 세금의 부과, 다른 법령에서 정하는 목적을 위한 지가산정에 사용되도록 하기 위하여 시·군·구 부동산가격공시위원회의 심의를 거쳐 매년 공시지가의 공시기준일 현재 관할 구역 안의 개별토지의 단위면적당 가격을 결정·공시하고, 관계 행정기관 등에 제공하여야 한다.

② 표준지로 선정된 토지, 조세 또는 부담금 등의 부과대상이 아닌 토지, 그 밖에 대통령령으로 정하는 토지에 대하여는 개별공시지가를 결정·공시하지 아니할 수 있다(표준지로 선정된 토지에 대하여는 해당 토지의 표준지공시지가를 개별공시지가로 본다).

③ 공시기준일 이후에 분할·합병 등이 발생한 토지에 대하여는 대통령령으로 정하는 날을 기준으로 하여 개별공시지가를 결정·공시하여야 한다.
   - 1/1 ~ 6/30 : 그 해 7/1 기준(그 해 10/31까지)
   - 7/1 ~ 12/31 : 다음 해 1/1 기준(다음 해 5/31까지)

④ 시장·군수 또는 구청장이 개별공시지가를 결정·공시하는 경우에는 해당 토지와 유사한 이용가치를 지닌다고 인정되는 하나 또는 둘 이상의 표준지의 공시지가를 기준으로 토지가격비준표를 사용하여 지가를 산정하되, 해당 토지의 가격과 표준지공시지가가 균형을 유지하도록 하여야 한다.

⑤ 시장·군수 또는 구청장은 개별공시지가를 결정·공시하기 위하여 개별토지의 가격을 산정할 때에는 그 타당성에 대하여 감정평가법인등의 검증을 받고 토지소유자, 그 밖의 이해관계인의 의견을 들어야 한다(검증이 필요 없다고 인정되는 때에는 지가의 변동상황 등 대통령령으로 정하는 사항을 고려하여 검증 생략 가능).

⑥ 검증을 받으려는 때에는 해당 지역의 표준지의 공시지가를 조사·평가한 감정평가법인등 또는 감정평가실적 등이 우수한 감정평가법인등에 의뢰하여야 한다.

⑦ 국토교통부장관은 지가공시 행정의 합리적인 발전을 도모하고 표준지공시지가와 개별공시지가와의 균형유지 등 적정한 지가형성을 위하여 필요하다고 인정하는 경우에는 개별공시지가의 결정·공시 등에 관하여 시장·군수 또는 구청장을 지도·감독할 수 있다.

> ➔ 관련 판례
> 1. 개별공시지가의 법적 성질(92누12407)
>    개별공시지가는 과세의 기준이 되어 국민의 권리·의무 내지 법률상 이익에 직접적으로 관계된다고 하여 행정소송법상 처분이라고 판시하였다.

## 2. 개별공시지가의 효력(2010다13527)

개별공시지가는 그 산정목적인 개발부담금의 부과, 토지 관련 조세부과 등 다른 법령이 정하는 목적을 위해 지가를 산정하는 경우에 그 산정기준이 되는 범위 내에서는 납세자인 국민 등의 재산상 권리·의무에 직접적인 영향을 미칠 수 있다.

## 3. 개별공시지가의 불복(2008두19987)

개별공시지가에 대하여 이의가 있는 자는 곧바로 행정소송을 제기하거나 가격공시법에 따른 이의신청과 행정심판법에 따른 행정심판청구 중 어느 하나만을 거쳐 행정소송을 제기할 수 있을 뿐 아니라, 이의신청을 하여 그 결과 통지를 받은 후 다시 행정심판을 거쳐 행정소송을 제기할 수도 있다고 보아야 하고, 이 경우 행정소송의 제소기간은 그 행정심판 재결서 정본을 송달받은 날부터 기산한다.

## 4. 개별공시지가 위법성 사유

① 개별공시지가의 위법성 판단(93누159)

개별토지가격이 현저하게 불합리한 것인지 여부는 그 가격으로 결정하게 된 경위, 개별토지가격을 결정함에 있어서 토지특성이 동일 또는 유사한 인근 토지들에 대하여 적용된 가감조정비율, 표준지 및 토지특성이 동일 또는 유사한 인근 토지들의 지가상승률, 당해 토지에 대한 기준연도를 전후한 개별토지가격의 증감 등 여러 사정을 종합적으로 참작하여 판단하여야 한다.

② 토지가격비준표에 의한 조정률을 적용하지 않은 경우(94누1715)

개별공시지가가 비교표준지 공시지가에 토지가격비준표에 의한 조정률을 적용하는 방식에 의하지 아니하고, 전년도 개별공시지가에 비교표준지의 전년도 대비 지가상승률을 곱하는 방식으로 산정된 것은 위법하다.

③ 비교표준지(99두5542)

개별토지가격은 기본적으로 대상토지와 같은 가격권 안에 있는 표준지 중에서 지가형성요인이 가장 유사한 표준지를 선택하여야 보다 합리적이고 객관적으로 산정할 수 있는 것이므로 토지특성이 유사한 비교표준지를 선정하지 아니하고 결정한 개별공시지가 결정은 위법하다고 본다.

④ 시가를 초과하는 경우의 위법성(94누15684)

개별토지가격 결정의 적법 여부는 원칙적으로 지가공시 및 토지 등의 평가에 관한 법률과 개별토지가격 합동조사지침에 규정된 절차와 방법에 의거하여 이루어진 것인지의 여부에 따라 결정될 것이고, 당해 토지의 시가와 직접적인 관련이 있는 것은 아니므로, 개별토지가격이 시가와 차이가 있다거나 그 변동과 다르게 결정되었다고 하더라도 단지 이러한 사유만으로 그 가격 결정이 위법하다고 할 수 없다

## 5. 개별공시지가 산정업무 손해배상책임(2010다13527)

① 개별공시지가 산정업무 담당 공무원 등의 직무상 의무

산정업무 담당 공무원은 관련 법령에서 정한 기준과 방법에 의하여 개공을 산정하고, 산정지가 검증을 의뢰받은 감정평가업자나 시·군·구 부동산평가위원회로서는 산정지가 또는 검증지가가 제대로 산정된 것인지를 검증, 심의함으로써 적정한 개공이 결정·공시되도록 조치할 직무상 의무가 있다.

② 불법행위로 인한 손배책임 인정 범위

직무상 의무에 위반하여 현저하게 불합리한 개공이 결정되도록 함으로써 국민 개개인의 재산권을 침해한 경우에는 그 손해에 대하여 상당인과관계 있는 범위 내에서 그 담당 공무원 등이 소속된 지방자치단체가 배상책임을 지게 된다.

③ 개별공시지가 산정 목적과 기능 및 보호범위

개별공시지가는 조세 및 부담금 산정의 기준이 되는 범위 내에서는 납세자인 국민 등의 재산상 권

리·의무에 영향을 미칠 수 있지만, 실제 거래가액 또는 담보가치를 보장한다거나 어떠한 구속력을 미친다고 할 수 없다.

④ 상당인과관계 인정 여부

실제 거래가액 또는 담보가치가 개별공시지가에 미치지 못함으로 인해 발생할 수 있는 손해에 대해서까지 지자체에 부담시키는 것은 결과발생에 대한 예견가능성의 범위를 넘어서는 것임은 물론이고, 부동산공시법의 목적 과 기능, 보호법익의 보호범위를 넘어서는 것이다. 따라서 담당 공무원 등의 개별공시지가 산정에 관한 직무상 위반행위와 위 손해 사이에 상당인과관계가 있다고 보기 어렵다.

## 6. 상당인과관계 판단 기준(2005다62747)

상당인과관계의 유무는 일반적인 결과 발생의 개연성은 물론 직무상 의무를 부과하는 법령 기타 행동규범의 목적, 그 수행하는 직무의 목적 내지 기능으로부터 예견가능한 행위 후의 사정, 가해행위의 태양 및 피해의 정도 등을 종합적으로 고려하여야 한다.

## 7. 하자의 승계

① 개별공시지가와 과세처분(93누8542)(하자의 승계 인정)

서로 독립하여 별개의 법률효과를 목적으로 하는 때에는 선행처분의 하자를 이유로 후행처분의 효력을 다툴 수 없는 것이 원칙이나 선행처분과 후행처분이 서로 독립하여 별개의 효과를 목적으로 하는 경우에도 선행처분의 불가쟁력이나 구속력이 그로 인하여 불이익을 입게 되는 자에게 수인한도를 넘는 가혹함을 가져오며, 그 결과가 당사자에게 예측가능한 것이 아닌 경우에는 국민의 재판받을 권리를 보장하고 있는 헌법의 이념에 비추어 선행처분의 후행 처분에 대한 구속력은 인정될 수 없다.

② 개별통지를 한 경우(96누6059)(하자의 승계 부정)

개별공시지가 결정에 대하여 한 재조사청구에 따른 조정결정을 통지받고서도 더 이상 다투지 아니한 경우까지 선행처분인 개별공시지가 결정의 불가쟁력이나 구속력이 수인한도를 넘는 가혹한 것이거나 예측불가능하다고 볼 수 없어, 위 개별공시지가 결정의 위법을 이 사건 과세처분의 위법사유로 주장할 수 없다.

## ▶ 토지가격비준표

## 1. 법령보충적행정규칙으로서의 토지가격비준표(96누17103)

토지가격비준표는 지가공시법 제10조의 시행을 위한 집행명령인 개별토지가격합동조사지침과 더불어 법률보충적인 구실을 하는 법규적 성질을 가지고 있는 것으로 보아야 한다.

## 2. 토지가격비준표상의 가격배율(94누12937)

어느 토지의 개별토지가격을 산정함에 있어서 비교표준지와 당해 토지의 토지특성을 비교한 결과는 토지가격비준표상의 가격배율로써 이를 모두 반영하여야 하고, 따라서 그 비교된 토지특성 중 임의로 일부 항목에 관한 가격배율만을 적용하여 산정한 지가를 기초로 하여 결정·공고된 개별토지가격결정은 위법하다

## 3. 개별공시지가 결정 취소(97누3125)

개별토지가격은 토지가격비준표를 사용하여 표준지와 당해 토지의 특성의 차이로 인한 조정률을 결정한 후 이를 표준지의 공시지가에 곱하는 방법으로 산정함이 원칙이고(산정지가), 다만 같은 지침 제8조 등에 의하여 필요하다고 인정될 경우에는 위와 같은 방법으로 산출한 지가를 가감조정할 수 있을 뿐이며 이와 다른 방식에 의한 개별토지가격 결정을 허용하는 규정은 두고 있지 아니하므로, 표준지 공시지가에 토지가격비준표에 의한 가격조정률을 적용하는 방식에 따르지 아니한 개별토지가격 결정은 같은 법 및 같은 지침에서 정하는 개별토지가격 산정방식에 어긋나는 것으로서 위법하다.

4. **토지가격비준표를 사용하여 산정한 지가와 다른 경우(2012두15364)**

   시장·군수 또는 구청장은 표준지공시지가에 토지가격비준표를 사용하여 산정된 지가와 감정평가업자의 검증의견 및 토지소유자 등의 의견을 종합하여 당해 토지에 대하여 표준지공시지가와 균형을 유지한 개별공시지가를 결정할 수 있고, 그와 같이 결정된 개별공시지가가 표준지공시지가와 균형을 유지하지 못할 정도로 현저히 불합리하다는 등의 특별한 사정이 없는 한, 결과적으로 토지가격비준표를 사용하여 산정한 지가와 달리 결정되었거나 감정평가사의 검증의견에 따라 결정되었다는 이유만으로 그 개별공시지가 결정이 위법하다고 볼 수는 없다.

5. **표준지를 특정하여 선정하지 않거나 토지가격비준표에 의하지 아니한 경우의 위법성(2013두25702)**

   개별공시지가가 없는 토지의 가액을 그와 지목·이용상황 등 지가형성요인이 유사한 인근토지를 표준지로 보고 토지가격비준표에 따라 평가하도록 규정함으로써, 납세의무자가 표준지 선정과 토지가격비준표 적용의 적정 여부, 평가된 가액이 인근 유사토지의 개별공시지가와 균형을 유지하고 있는지 여부 등을 확인할 수 있도록 하고 있으므로, 표준지를 특정하여 선정하지 않거나 토지가격비준표에 의하지 아니한 채 개별공시지가가 없는 토지의 가액을 평가하고 기준시가를 정하는 것은 위법하다.

## 제11조(개별공시지가에 대한 이의신청)

① 개별공시지가에 이의가 있는 자는 그 결정·공시일부터 30일 이내에 서면으로 시장·군수 또는 구청장에게 이의를 신청할 수 있다.

② 시장·군수 또는 구청장은 이의신청 기간이 만료된 날부터 30일 이내에 이의신청을 심사하여 그 결과를 신청인에게 서면으로 통지하여야 한다(이의신청의 내용이 타당하다고 인정될 때에는 개별공시지가를 조정하여 다시 결정·공시하여야 한다).

③ 제1항 및 제2항에서 규정한 것 외에 이의신청 및 처리절차 등에 필요한 사항은 대통령령으로 정한다.

## 제12조(개별공시지가의 정정)

시장·군수 또는 구청장은 개별공시지가에 틀린 계산, 오기, 표준지 선정의 착오, 그 밖에 대통령령으로 정하는 명백한 오류가 있음을 발견한 때에는 지체 없이 이를 정정하여야 한다.

> **관련 판례**
>
> 1. **개별공시지가 정정의 효력(93누15588)**
>
>    개별토지가격이 지가산정에 명백한 잘못이 있어 경정결정 공고되었다면 당초에 결정 공고된 개별토지가격은 그 효력을 상실하고 경정결정된 새로운 개별토지가격이 공시기준일에 소급하여 그 효력을 발생한다.
>
> 2. **정정신청의 처분성(2000두5043)**
>
>    행정청이 개별토지가격결정에 위산·오기 등 명백한 오류가 있음을 발견한 경우 직권으로 이를 경정하도록 한 규정으로서 토지소유자 등 이해관계인이 그 경정결정을 신청할 수 있는 권리를 인정하고 있지 아니하므로, 개별공시지가 조정신청을 재조사청구가 아닌 경정결정신청으로 본다고 할지라도, 이는 직권발동을 촉구하는 의미밖에 없다. 따라서 조정신청에 대하여 정정불가 결정 통지를 한 것은 이른바 관념의 통지에 불과할 뿐 항고소송의 대상이 되는 처분이 아니다.

> 🔷 **관련 규정(부동산공시법 시행령 제23조 개별공시지가의 정정 사유)**
>
> ① 법 제12조에서 "대통령령으로 정하는 명백한 오류"란 다음 각 호의 어느 하나에 해당하는 경우를 말한다.
>
> 1. 법 제10조에 따른 공시절차를 완전하게 이행하지 아니한 경우
> 2. 용도지역·용도지구 등 토지가격에 영향을 미치는 주요 요인의 조사를 잘못한 경우
> 3. 토지가격비준표의 적용에 오류가 있는 경우
>
> ② 개별공시지가의 오류를 정정하려는 경우에는 시·군·구부동산가격공시위원회의 심의를 거쳐 정정 사항을 결정·공시하여야 한다(틀린 계산 또는 오기(誤記)의 경우 심의 생략 가능).
>
> 🔷 **개별공시지가 이의신청 정정과의 비교**
>
> ① 개별공시지가 직권정정은 <u>소급효</u>가 발생하여 그 효력이 공시기준일로 소급하고, 제소기간은 종전 개별 공시지가 결정·공시일로 기산하지만 ② 개별공시지가 이의신청 정정의 경우 행정기본법 제36조 제4항에 따라 <u>새로운 처분으로 보아</u> 이의신청결과 통지서를 받은 날로부터 90일 이내 행정심판 또는 행정소송을 제기할 수 있다는 점에 차이점이 있다.

## 제13조(타인토지에의 출입 등)

① 관계 공무원, 부동산가격공시업무를 의뢰받은 자는 표준지가격의 조사·평가 또는 토지가격의 산정을 위하여 필요한 때에는 타인의 토지에 출입할 수 있다.

② 관계공무원등이 택지 또는 담장이나 울타리로 둘러싸인 타인의 토지에 출입하고자 할 때에는 시장·군수 또는 구청장의 허가(부동산가격공시업무를 의뢰 받은 자에 한정한다)를 받아 출입 할 날의 3일 전에 그 점유자에게 일시와 장소를 통지하여야 한다(점유자를 알 수 없거나 부득이 한 사유가 있는 경우는 제외).

③ 일출 전·일몰 후에는 그 토지의 점유자의 승인 없이 택지 또는 담장이나 울타리로 둘러싸인 타인의 토지에 출입할 수 없다.

④ 출입을 하고자 하는 자는 그 권한을 표시하는 증표와 허가증을 지니고 이를 관계인에게 내보여 야 한다.

## 제14조(개별공시지가의 결정·공시비용의 보조)

개별공시지가의 결정·공시에 소요되는 비용은 그 일부를 국고에서 보조할 수 있다.

## 제15조(부동산 가격정보 등의 조사)

① 국토교통부장관은 부동산의 적정가격 조사 등 부동산 정책의 수립 및 집행을 위하여 부동산 시장동향, 수익률 등의 가격정보 및 관련 통계 등을 조사·관리하고, 이를 관계 행정기관 등에 제공할 수 있다.

② 부동산 가격정보 등의 조사의 대상, 절차 등에 필요한 사항은 대통령령으로 정한다.

③ 조사를 위하여 관계 행정기관에 국세, 지방세, 토지, 건물 등 관련 자료의 열람 또는 제출을 요구하거나 타인의 토지 등에 출입하는 경우에는 제4조(표준지공시지가의 조사 협조) 및 제13조(타인토지에의 출입 등)을 각각 준용한다.

## 제3장 주택가격의 공시

### 제16조(표준주택가격의 조사·산정 및 공시 등)

① 국토교통부장관은 용도지역, 건물구조 등이 일반적으로 유사하다고 인정되는 일단의 단독주택 중에서 선정한 표준주택에 대하여 매년 공시기준일 현재의 적정가격을 조사·산정하고, 중앙 부동산가격공시위원회의 심의를 거쳐 이를 공시하여야 한다.

② 제1항에 따른 공시에는 다음 각 호의 사항이 포함되어야 한다.

1. 표준주택의 지번

2. 표준주택가격

3. 표준주택의 대지면적 및 형상

4. 표준주택의 용도, 연면적, 구조 및 사용승인일(임시사용승인일을 포함)

5. 그 밖에 대통령령으로 정하는 사항

③ 표준주택의 선정, 공시기준일, 공시의 시기, 조사·산정 기준 및 공시절차 등에 필요한 사항은 대통령령으로 정한다.

④ 국토교통부장관은 표준주택가격을 조사·산정하고자 할 때에는 한국부동산원에 의뢰한다.

⑤ 국토교통부장관이 표준주택가격을 조사·산정하는 경우에는 인근 유사 단독주택의 거래가격·임대료 및 해당 단독주택과 유사한 이용가치를 지닌다고 인정되는 단독주택의 건설에 필요한 비용추정액, 인근지역 및 다른 지역과의 형평성·특수성, 표준주택가격 변동의 예측 가능성 등 제반사항을 종합적으로 참작하여야 한다.

⑥ 국토교통부장관은 개별주택가격의 산정을 위하여 필요하다고 인정하는 경우에는 표준주택과 산정대상 개별주택의 가격형성요인에 관한 표준적인 비교표(주택가격비준표)를 작성하여 시장·군수 또는 구청장에게 제공하여야 한다.

⑦ 제3조 제2항(소유자 의견청취)·제4조(표준지공시지가 조사 협조)·제6조(표준지공시지가의 열람 등)·제7조(표준지공시지가에 대한 이의신청) 및 제13조(타인토지에의 출입 등)를 준용한다.

### 제17조(개별주택가격의 결정·공시 등)

① 시장·군수 또는 구청장은 시·군·구부동산가격공시위원회의 심의를 거쳐 매년 표준주택가격의 공시기준일 현재 관할 구역 안의 개별주택가격을 결정·공시하고, 이를 관계 행정기관 등에 제공하여야 한다.

② 표준주택으로 선정된 단독주택, 그 밖에 대통령령으로 정하는 단독주택에 대하여는 개별주택

가격을 결정·공시하지 아니할 수 있다(표준주택으로 선정된 주택에 대하여는 해당 주택의 표준주택가격을 개별주택가격으로 본다).

③ 개별주택가격의 공시에는 다음 각 호의 사항이 포함되어야 한다.

1. 개별주택의 지번
2. 개별주택가격
3. 그 밖에 대통령령으로 정하는 사항

④ 시장·군수 또는 구청장은 공시기준일 이후에 토지의 분할·합병이나 건축물의 신축 등이 발생한 경우에는 대통령령으로 정하는 날을 기준으로 하여 개별주택가격을 결정·공시하여야 한다.

- 1/1 ~ 5/31 : 그 해 6/1 기준(그 해 9/30까지)
- 6/1 ~ 12/31 : 다음 해 1/1 기준(다음 해 4/30까지)

⑤ 개별주택가격을 결정·공시하는 경우에는 해당 주택과 유사한 이용가치를 지닌다고 인정되는 표준주택가격을 기준으로 주택가격비준표를 사용하여 가격을 산정하되, 해당 주택의 가격과 표준주택가격이 균형을 유지하도록 하여야 한다.

⑥ 시장·군수 또는 구청장은 개별주택가격을 결정·공시하기 위하여 개별주택의 가격을 산정할 때에는 표준주택가격과의 균형 등 그 타당성에 대하여 부동산원의 검증을 받고 토지소유자, 그 밖의 이해관계인의 의견을 들어야 한다(검증이 필요 없다고 인정되는 때에는 주택가격의 변동상황 등 대통령령으로 정하는 사항을 고려하여 부동산원의 검증을 생략할 수 있다).

⑦ 국토교통부장관은 공시행정의 합리적인 발전을 도모하고 표준주택가격과 개별주택가격과의 균형유지 등 적정한 가격형성을 위하여 필요하다고 인정하는 경우에는 개별주택가격의 결정·공시 등에 관하여 시장·군수 또는 구청장을 지도·감독할 수 있다.

⑧ 개별주택가격에 대한 이의신청 및 개별주택가격의 정정에 대하여는 제11조(개별공시지가 이의신청) 및 제12조(개별공시지가 정정)를 각각 준용한다.

## 제18조(공동주택가격의 조사·산정 및 공시 등)

① 국토교통부장관은 공동주택에 대하여 매년 공시기준일 현재의 적정가격(공동주택가격)을 조사·산정하여 중앙부동산가격공시위원회의 심의를 거쳐 공시하고, 이를 관계 행정기관 등에 제공하여야 한다(국세청장이 국토교통부장관과 협의하여 공동주택가격을 별도로 결정·고시하는 경우는 제외).

② 국토교통부장관은 공동주택가격을 공시하기 위하여 그 가격을 산정할 때에는 공동주택소유자와 그 밖의 이해관계인의 의견을 들어야 한다.

③ 공동주택의 조사대상의 선정, 공시기준일, 공시의 시기, 공시사항, 조사·산정 기준 및 공시절차 등에 필요한 사항은 대통령령으로 정한다.

④ 국토교통부장관은 공시기준일 이후에 토지의 분할·합병이나 건축물의 신축 등이 발생한 경우에는 대통령령으로 정하는 날을 기준으로 하여 공동주택가격을 결정·공시하여야 한다.

- 1/1 ~ 5/31 : 그 해 6/1 기준(그 해 9/30까지)
- 6/1 ~ 12/31 : 다음 해 1/1 기준(다음 해 4/30까지)

⑤ 국토교통부장관이 공동주택가격을 조사·산정하는 경우에는 인근 유사 공동주택의 거래가격·임대료 및 해당 공동주택과 유사한 이용가치를 지닌다고 인정되는 공동주택의 건설에 필요한 비용추정액, 인근지역 및 다른 지역과의 형평성·특수성, 공동주택가격 변동의 예측 가능성 등 제반사항을 종합적으로 참작하여야 한다.

⑥ 국토교통부장관이 공동주택가격을 조사·산정하고자 할 때에는 부동산원에 의뢰한다.

⑦ 국토교통부장관은 공시한 가격에 틀린 계산, 오기, 그 밖에 대통령령으로 정하는 명백한 오류가 있음을 발견한 때에는 지체 없이 이를 정정하여야 한다.

⑧ 공동주택가격의 공시에 대하여는 제4조(표준지공시지가 조사 협조)·제6조(표준지공시지가 열람)·제7조(표준지공시지가 이의신청) 및 제13조(타인토지에의 출입 등)를 각각 준용한다.

## 제19조(주택가격 공시의 효력)

① 표준주택가격은 국가·지방자치단체 등이 그 업무와 관련하여 개별주택가격을 산정하는 경우에 그 기준이 된다.

② 개별주택가격 및 공동주택가격은 주택시장의 가격정보를 제공하고, 국가·지방자치단체 등이 과세 등의 업무와 관련하여 주택의 가격을 산정하는 경우에 그 기준으로 활용될 수 있다.


# 제4장 비주거용 부동산가격의 공시

## 제20조(비주거용 표준부동산가격의 조사·산정 및 공시 등)

① 국토교통부장관은 용도지역, 이용상황, 건물구조 등이 일반적으로 유사하다고 인정되는 일단의 비주거용 일반부동산 중에서 선정한 비주거용 표준부동산에 대하여 매년 공시기준일 현재의 적정가격(비주거용 표준부동산가격)을 조사·산정하고, 중앙부동산가격공시위원회의 심의를 거쳐 이를 공시할 수 있다.

② 비주거용 표준부동산가격의 공시에는 다음 각 호의 사항이 포함되어야 한다.

　1. 비주거용 표준부동산의 지번

　2. 비주거용 표준부동산가격

　3. 비주거용 표준부동산의 대지면적 및 형상

　4. 비주거용 표준부동산의 용도, 연면적, 구조 및 사용승인일(임시사용승인일을 포함)

　5. 그 밖에 대통령령으로 정하는 사항

③ 비주거용 표준부동산의 선정, 공시기준일, 공시의 시기, 조사·산정 기준 및 공시절차 등에 필요한 사항은 대통령령으로 정한다.

④ 국토교통부장관은 비주거용 표준부동산가격을 조사·산정하려는 경우 감정평가법인등 또는 대통령령으로 정하는 부동산 가격의 조사·산정에 관한 전문성이 있는 자에게 의뢰한다.

⑤ 국토교통부장관이 비주거용 표준부동산가격을 조사·산정하는 경우에는 인근 유사 비주거용 일반부동산의 거래가격·임대료 및 해당 비주거용 일반부동산과 유사한 이용가치를 지닌다고 인정되는 비주거용 일반부동산의 건설에 필요한 비용추정액 등을 종합적으로 참작하여야 한다.

⑥ 국토교통부장관은 비주거용 개별부동산가격의 산정을 위하여 필요하다고 인정하는 경우 비주거용 부동산가격비준표를 작성하여 시장·군수 또는 구청장에게 제공하여야 한다.

⑦ 비주거용 표준부동산가격의 공시에 대하여는 제3조 제2항(소유자 의견청취)·제4조(표준지공시지가 조사 협조)·제6조(표준지공시지가의 열람 등)·제7조(표준지공시지가에 대한 이의신청) 및 제13조(타인 토지에의 출입 등)를 각각 준용한다.

## 제21조(비주거용 개별부동산가격의 결정·공시 등)

① 시장·군수 또는 구청장은 시·군·구부동산가격공시위원회의 심의를 거쳐 매년 비주거용 표준부동산가격의 공시기준일 현재 관할 구역 안의 비주거용 개별부동산의 가격(비주거용 개별부동산가격)을 결정·공시할 수 있다(행정안전부장관 또는 국세청장이 국토교통부장관과 협의하여 비주거용 개별부동산의 가격을 별도로 결정·고시하는 경우는 제외).

② 비주거용 표준부동산으로 선정된 비주거용 일반부동산 등 대통령령으로 정하는 비주거용 일반부동산에 대하여는 비주거용 개별부동산가격을 결정·공시하지 아니할 수 있다(비주거용 표준부동산으로 선정된 비주거용 일반부동산에 대하여는 해당 비주거용 표준부동산가격을 비주거용 개별부동산가격으로 본다).

③ 비주거용 개별부동산가격의 공시에는 다음 각 호의 사항이 포함되어야 한다.

1. 비주거용 부동산의 지번

2. 비주거용 부동산가격

3. 그 밖에 대통령령으로 정하는 사항

④ 시장·군수 또는 구청장은 공시기준일 이후에 토지의 분할·합병이나 건축물의 신축 등이 발생한 경우에는 대통령령으로 정하는 날을 기준으로 하여 비주거용 개별부동산가격을 결정·공시하여야 한다.

- 1/1 ~ 5/31 : 그 해 6/1 기준(그 해 9/30까지)

- 6/1 ~ 12/31 : 다음 해 1/1 기준(다음 해 4/30까지)

⑤ 시장·군수 또는 구청장이 비주거용 개별부동산가격을 결정·공시하는 경우에는 해당 비주거용 일반부동산과 유사한 이용가치를 지닌다고 인정되는 비주거용 표준부동산가격을 기준으로 비주거용 부동산가격비준표를 사용하여 가격을 산정하되, 해당 비주거용 일반부동산의 가격과 비주거용 표준부동산가격이 균형을 유지하도록 하여야 한다.

⑥ 시장·군수 또는 구청장은 비주거용 개별부동산가격을 결정·공시하기 위하여 비주거용 일반부동산의 가격을 산정할 때에는 비주거용 표준부동산가격과의 균형 등 그 타당성에 대하여 검증을 받고 소유자와 그 밖의 이해관계인의 의견을 들어야 한다(검증이 필요 없다고 인정하는 때에는 비주거용 부동산가격의 변동상황 등 대통령령으로 정하는 사항을 고려하여 검증을 생략 가능).

⑦ 국토교통부장관은 공시행정의 합리적인 발전을 도모하고 비주거용 표준부동산가격과 비주거용 개별부동산가격과의 균형유지 등 적정한 가격형성을 위하여 필요하다고 인정하는 경우에는 비주거용 개별부동산가격의 결정·공시 등에 관하여 시장·군수 또는 구청장을 지도·감독할 수 있다.

⑧ 비주거용 개별부동산가격에 대한 이의신청 및 정정에 대하여는 제11조(개별공시지가 이의신청) 및 제12조(개별공시지가 정정)를 각각 준용한다.

## 제22조(비주거용 집합부동산가격의 조사·산정 및 공시 등)

① 국토교통부장관은 비주거용 집합부동산에 대하여 매년 공시기준일 현재의 적정가격(비주거용 집합부동산가격)을 조사·산정하여 중앙부동산가격공시위원회의 심의를 거쳐 공시할 수 있다(시장·군수 또는 구청장은 비주거용 집합부동산가격을 결정·공시한 경우에는 이를 관계 행정기관 등에 제공하여야 한다).

② 행정안전부장관 또는 국세청장이 국토교통부장관과 협의하여 비주거용 집합부동산의 가격을 별도로 결정·고시하는 경우에는 해당 비주거용 집합부동산의 비주거용 개별부동산가격을 결정·공시하지 아니한다.

③ 국토교통부장관은 비주거용 집합부동산의 가격을 산정할 때에는 비주거용 집합부동산의 소유자와 그 밖의 이해관계인의 의견을 들어야 한다.

④ 비주거용 집합부동산의 조사대상의 선정, 공시기준일, 공시의 시기, 공시사항, 조사·산정 기준 및 공시절차 등에 필요한 사항은 대통령령으로 정한다.

⑤ 국토교통부장관은 공시기준일 이후에 토지의 분할·합병이나 건축물의 신축 등이 발생한 경우 대통령령으로 정하는 날을 기준으로 하여 비주거용 집합부동산가격을 결정·공시하여야 한다.
  - 1/1 ~ 5/31 : 그 해 6/1 기준(그 해 9/30까지)
  - 6/1 ~ 12/31 : 다음 해 1/1 기준(다음 해 4/30까지)

⑥ 국토교통부장관이 비주거용 집합부동산가격을 조사·산정하는 경우에는 인근 유사 비주거용 집합부동산의 거래가격·임대료 및 해당 비주거용 집합부동산과 유사한 이용가치를 지닌다고 인정되는 비주거용 집합부동산의 건설에 필요한 비용추정액 등을 종합적으로 참작하여야 한다.

⑦ 국토교통부장관은 비주거용 집합부동산가격을 조사·산정할 때에는 부동산원 또는 대통령령으로 정하는 부동산 가격의 조사·산정에 관한 전문성이 있는 자에게 의뢰한다.

⑧ 국토교통부장관은 공시한 가격에 틀린 계산, 오기, 그 밖에 대통령령으로 정하는 명백한 오류가 있음을 발견한 때에는 지체 없이 이를 정정하여야 한다.

⑨ 비주거용 집합부동산가격의 공시에 대해서는 제4조(표준지공시지가 조사 협조)·제6조(표준지 공시지가의 열람 등)·제7조(표준지공시지가에 대한 이의신청) 및 제13조(타인토지에의 출입 등)를 각각 준용한다.

## 제23조(비주거용 부동산가격공시의 효력)

① 비주거용 표준부동산가격(제20조)은 국가·지방자치단체 등이 그 업무와 관련하여 비주거용 개별부동산가격을 산정하는 경우에 그 기준이 된다.

② 비주거용 개별부동산가격(제21조) 및 비주거용 집합부동산가격(제22조)은 비주거용 부동산시장에 가격정보를 제공하고, 국가·지방자치단체 등이 과세 등의 업무와 관련하여 비주거용 부동산의 가격을 산정하는 경우에 그 기준으로 활용될 수 있다.

# 제5장 부동산가격공시위원회

### 제24조(중앙부동산가격공시위원회)

① 다음 각 호의 사항을 심의하기 위하여 국토교통부장관 소속으로 중앙부동산가격공시위원회를 둔다.
  1. 부동산 가격공시 관계 법령의 제정·개정에 관한 사항 중 국토교통부장관이 심의에 부치는 사항
  2. 표준지의 선정 및 관리지침(제3조)
  3. 조사·평가된 표준지공시지가(제3조)
  4. 표준지공시지가에 대한 이의신청에 관한 사항(제7조)
  5. 표준주택의 선정 및 관리지침(제16조)
  6. 조사·산정된 표준주택가격(제16조)
  7. 표준주택가격에 대한 이의신청에 관한 사항(제16조)
  8. 공동주택의 조사 및 산정지침(제18조)
  9. 조사·산정된 공동주택가격(제18조)
  10. 공동주택가격에 대한 이의신청에 관한 사항(제18조)
  11. 비주거용 표준부동산의 선정 및 관리지침(제20조)
  12. 조사·산정된 비주거용 표준부동산가격(제20조)
  13. 비주거용 표준부동산가격에 대한 이의신청에 관한 사항(제20조)
  14. 비주거용 집합부동산의 조사 및 산정 지침(제22조)
  15. 조사·산정된 비주거용 집합부동산가격(제22조)
  16. 비주거용 집합부동산가격에 대한 이의신청에 관한 사항(제22조)
  17. 계획 수립에 관한 사항(제26조)
  18. 그 밖에 부동산정책에 관한 사항 등 국토교통부장관이 심의에 부치는 사항
② 위원회는 위원장 포함 20명 이내의 위원으로 구성한다.
③ 위원장은 국토교통부 제1차관이 된다.
④ 위원회의 위원은 중앙행정기관의 장이 지명하는 6명 이내의 공무원 + 다음 각 호의 어느 하나에 해당하는 사람 중 국토교통부장관이 위촉하는 사람
  1. 「고등교육법」에 따른 대학에서 토지·주택 등에 관한 이론을 가르치는 조교수 이상으로 재직하고 있거나 재직하였던 사람

2. 판사, 검사, 변호사 또는 감정평가사의 자격이 있는 사람

3. 부동산가격공시 또는 감정평가 관련 분야에서 10년 이상 연구 또는 실무경험이 있는 사람

⑤ 공무원이 아닌 위원의 임기는 2년으로 한다. (한차례 연임 가능조)

⑥ 국토교통부장관은 필요하다고 인정하면 위원회의 심의에 부치기 전에 미리 관계 전문가의 의견을 듣거나 조사·연구를 의뢰할 수 있다.

## 제25조(시·군·구부동산가격공시위원회조)

① 다음 각 호의 사항을 심의하기 위하여 시장·군수 또는 구청장 소속으로 시·군·구부동산가격공시위원회를 둔다.

1. 개별공시지가의 결정에 관한 사항(제10조)
2. 개별공시지가에 대한 이의신청에 관한 사항(제11조)
3. 개별주택가격의 결정에 관한 사항(제17조)
4. 개별주택가격에 대한 이의신청에 관한 사항(제17조)
5. 비주거용 개별부동산가격의 결정에 관한 사항(제21조)
6. 비주거용 개별부동산가격에 대한 이의신청에 관한 사항(제21조)
7. 그 밖에 시장·군수 또는 구청장이 심의에 부치는 사항

# 제6장 보칙

## 제26조(공시보고서의 제출 등)

① 정부는 표준지공시지가, 표준주택가격 및 공동주택가격의 주요사항에 관한 보고서를 매년 정기국회의 개회 전까지 국회에 제출하여야 한다.

② 국토교통부장관은 표준지공시지가, 표준주택가격, 공동주택가격, 비주거용 표준부동산가격 및 비주거용 집합부동산가격을 공시하는 때에는 부동산의 시세 반영률, 조사·평가 및 산정 근거 등의 자료를 국토교통부령으로 정하는 바에 따라 인터넷 홈페이지 등에 공개하여야 한다.

## 제26조의2(적정가격 반영을 위한 계획 수립 등)

① 국토교통부장관은 부동산공시가격이 적정가격을 반영하고 부동산의 유형·지역 등에 따른 균형성을 확보하기 위하여 부동산의 시세 반영률의 목표치를 설정하고, 이를 달성하기 위하여 대통령령으로 정하는 바에 따라 계획을 수립하여야 한다.

② 계획을 수립하는 때에는 부동산 가격의 변동 상황, 지역 간의 형평성, 해당 부동산의 특수성 등 제반사항을 종합적으로 고려하여야 한다.

③ 국토교통부장관이 계획을 수립하는 때에는 관계 행정기관과의 협의를 거쳐 공청회를 실시하고, 중앙부동산가격공시위원회의 심의를 거쳐야 한다.

④ 국토교통부장관, 시장·군수 또는 구청장은 부동산공시가격을 결정·공시하는 경우 계획에 부합하도록 하여야 한다.

## 제27조(공시가격정보체계의 구축 및 관리)

① 국토교통부장관은 토지, 주택, 비주거용 부동산의 공시가격과 관련된 정보를 효율적, 체계적으로 관리하기 위하여 공시가격정보체계를 구축·운영할 수 있다.

② 국토교통부장관은 공시가격정보체계를 구축하기 위하여 필요한 경우 관계 기관에 자료를 요청할 수 있다. (관계 기관은 정당한 사유가 없으면 그 요청을 따라야 한다.)

## 제27조의2(회의록의 공개)

중앙부동산가격공시위원회(제24조) 및 시·군·구부동산가격공시위원회(제25조) 심의의 회의록은 3개월의 범위에서 대통령령으로 정하는 기간이 지난 후에는 대통령령으로 정하는 바에 따라 인터넷 홈페이지 등에 공개하여야 한다. (공익을 현저히 해할 우려가 있거나 심의의 공정성을 침해할 우려가 있다고 인정되는 이름, 주민등록번호 등 대통령령으로 정하는 개인 식별 정보에 관한 부분의 경우는 제외)

## 제28조(업무위탁)

① 국토교통부장관은 다음 각 호의 업무를 부동산원 또는 국토교통부장관이 정하는 기관에 위탁할 수 있다.
  1. 다음 각 목의 업무 수행에 필요한 부대업무
     가. 표준지공시지가의 조사·평가(제3조)
     나. 표준주택가격의 조사·산정(제16조)
     다. 공동주택가격의 조사·산정(제18조)
     라. 비주거용 표준부동산가격의 조사·산정(제20조)
     마. 비주거용 집합부동산가격의 조사·산정(제22조)
  2. 표준지공시지가(제6조), 표준주택가격(제16조), 공동주택가격(제18조), 따른 비주거용 표준부동산가격(제20조) 및 비주거용 집합부동산가격(제22조)에 관한 도서·도표 등 작성·공급
  3. 토지가격비준표(제3조), 주택가격비준표(제16조) 및 비주거용 부동산가격비준표(제20조)의 작성·제공
  4. 따른 부동산 가격정보 등의 조사(제15조)
  5. 공시가격정보체계의 구축 및 관리(제27조)
  6. 제1호부터 제5호까지의 업무와 관련된 업무로서 대통령령으로 정하는 업무

② 국토교통부장관은 제1항에 따라 그 업무를 위탁할 때에는 예산의 범위에서 필요한 경비를 보조할 수 있다.

## 제29조(수수료 등)

① 부동산원 및 감정평가법인등은 이 법에 따른 표준지공시지가의 조사·평가, 개별공시지가의 검증, 부동산 가격정보·통계 등의 조사, 표준주택가격의 조사·산정, 개별주택가격의 검증, 공동주택가격의 조사·산정, 비주거용 표준부동산가격의 조사·산정, 비주거용 개별부동산가격의 검증 및 비주거용 집합부동산가격의 조사·산정 등의 업무수행을 위한 수수료와 출장 또는 사실 확인 등에 소요된 실비를 받을 수 있다.

② 수수료의 요율 및 실비의 범위는 국토교통부장관이 정하여 고시한다.

## 제30조(벌칙 적용에서 공무원 의제)

다음 각 호의 어느 하나에 해당하는 사람은 「형법」 제129조부터 제132조까지의 규정을 적용할 때에는 공무원으로 본다.

1. 업무를 위탁(§28)받은 기관의 임직원
2. 중앙부동산가격공시위원회의 위원 중 공무원이 아닌 위원

## 부칙

제1조(시행일) 이 법은 공포 후 6개월이 경과한 날부터 시행한다.

제2조 및 제3조 생략

제4조(다른 법률의 개정) ①부터 ③까지 생략

④ 부동산 가격공시에 관한 법률 일부를 다음과 같이 개정한다.

제16조 제4항 중 "「한국감정원법」에 따른 한국감정원(이하 "감정원"이라 한다)"을 "「한국부동산원법」에 따른 한국부동산원(이하 "부동산원"이라 한다)"으로 한다.

제17조 제6항 본문·단서, 제18조 제6항, 제22조 제7항, 제28조 제1항 각 호 외의 부분 및 제29조 제1항 중 "감정원"을 각각 "부동산원"으로 한다.

제5조 생략

# 감정평가 및 감정평가사에 관한 법률(약칭 : 감정평가법)

## 제1장 총칙

### 제1조(목적)

이 법은 감정평가 및 감정평가사에 관한 제도를 확립하여 공정한 감정평가를 도모함으로써 국민의 재산권을 보호하고 국가경제 발전에 기여함을 목적으로 한다.

### 제2조(정의)

이 법에서 사용하는 용어의 뜻은 다음과 같다.

1. "토지등"이란 토지 및 그 정착물, 동산, 그 밖에 대통령령으로 정하는 재산과 이들에 관한 소유권 외의 권리를 말한다.
2. "감정평가"란 토지등의 경제적 가치를 판정하여 그 결과를 가액(價額)으로 표시하는 것을 말한다.
3. "감정평가업"이란 타인의 의뢰에 따라 일정한 보수를 받고 토지등의 감정평가를 업(業)으로 행하는 것을 말한다.
4. "감정평가법인등"이란 제21조에 따라 사무소를 개설한 감정평가사와 제29조에 따라 인가를 받은 감정평가법인을 말한다.

## 제2장 감정평가

### 제3조(기준)

① – 원칙 : 감정평가법인등이 토지를 감정평가하는 경우 그 토지와 이용가치가 비슷하다고 인정되는 표준지공시지가를 기준으로 하여야 한다.
  – 예외 : 적정한 실거래가가 있는 경우에는 이를 기준으로 할 수 있다.
② 감정평가법인등이 「주식회사 등의 외부감사에 관한 법률」에 따른 재무제표 작성 등 기업의 재무제표 작성에 필요한 감정평가와 담보권의 설정·경매 등 대통령령으로 정하는 감정평가를 할 때에는 해당 토지의 임대료, 조성비용 등을 고려하여 감정평가를 할 수 있다.
③ 감정평가의 공정성과 합리성을 보장하기 위하여 감정평가법인등이 준수하여야 할 원칙과 기준은 국토교통부령으로 정한다.
④ 국토교통부장관은 감정평가법인등이 감정평가를 할 때 필요한 세부적인 기준(실무기준)의 제정 등에 관한 업무를 수행하기 위하여 대통령령으로 정하는 바에 따라 전문성을 갖춘 민간법인 또는 단체(기준제정기관)를 지정할 수 있다.
⑤ 국토교통부장관은 필요하다고 인정되는 경우 감정평가관리·징계위원회의 심의를 거쳐 기준제

정기관에 실무기준의 내용을 변경하도록 요구할 수 있다.

(기준제정기관은 정당한 사유가 없으면 이에 따라야 한다.)

⑥ 국가는 기준제정기관의 설립 및 운영에 필요한 비용의 일부 또는 전부를 지원할 수 있다.

> 🔖 관련 판례
>
> 1. 감정평가실무기준 법규성이 없어 대외적 구속력 인정되지 않음(2013두4620)
>    감정평가에 관한 규칙에 따른 '감정평가 실무기준'은 감정평가의 구체적 기준을 정함으로써 감정평가업자가 감정평가를 수행할 때 이 기준을 준수하도록 권장하여 감정평가의 공정성과 신뢰성을 제고하는 것을 목적으로 하는 것이고, 한국감정평가업협회가 제정한 토지보상평가지침은 단지 한국감정평가업협회가 내부적으로 기준을 정한 것에 불과하여 어느 것도 일반 국민이나 법원을 기속하는 것이 아니다.

## 제4조(직무)

① 감정평가사는 타인의 의뢰를 받아 토지등을 감정평가하는 것을 그 직무로 한다.

② 감정평가사는 공공성을 지닌 가치평가 전문직으로서 공정하고 객관적으로 그 직무를 수행한다.

## 제5조(감정평가의 의뢰)

① 국가, 지방자치단체, 공공기관 또는 공공단체(국가 등)가 토지등의 관리·매입·매각·경매·재평가 등을 위하여 토지등을 감정평가하려는 경우에는 감정평가법인등에 의뢰하여야 한다.

② 금융기관·보험회사·신탁회사 또는 그 밖에 대통령령으로 정하는 기관이 대출, 자산의 매입·매각·관리 또는 「주식회사 등의 외부감사에 관한 법률」에 따른 재무제표 작성을 포함한 기업의 재무제표 작성 등과 관련하여 토지등의 감정평가를 하려는 경우에는 감정평가법인등에 의뢰하여야 한다.

③ 감정평가를 의뢰하려는 자는 한국감정평가사협회에 요청하여 추천받은 감정평가법인등에 감정평가를 의뢰할 수 있다.

## 제6조(감정평가서)

① 감정평가법인등은 감정평가를 의뢰받은 때에는 지체 없이 감정평가를 실시한 후 감정평가 의뢰인에게 감정평가서(전자문서 포함)를 발급하여야 한다.

② 감정평가서에는 감정평가법인등의 사무소 또는 법인의 명칭을 적고, 감정평가를 한 감정평가사가 그 자격을 표시한 후 서명과 날인을 하여야 한다.

(감정평가법인의 경우 대표사원 또는 대표이사도 서명이나 날인)

③ 감정평가법인등은 감정평가서의 원본과 그 관련 서류를 국토교통부령으로 정하는 기간(원본 5년, 관련 서류 2년) 이상 보존하여야 하며, 해산하거나 폐업하는 경우에도 대통령령으로 정하는 바에 따라 보존하여야 한다(이동식 저장장치 등 전자적 기록매체에 수록하여 보존 가능).

## 제7조(감정평가서의 심사 등)

① 감정평가법인은 감정평가서를 의뢰인에게 발급하기 전에 같은 법인 소속의 다른 평가사의 적정성 심사 + 심사사실 표시, 서명과 날인을 하여야 한다.

② 감정평가서의 적정성을 심사하는 감정평가사는 감정평가서가 원칙과 기준을 준수하여 작성되었는지 여부를 신의와 성실로써 공정하게 심사하여야 한다.

③ 감정평가 의뢰인 및 관계 기관 등 대통령령으로 정하는 자는 발급된 감정평가서의 적정성에 대한 검토를 대통령령으로 정하는 기준을 충족하는 감정평가법인등(해당 감정평가서를 발급한 감정평가법인등은 제외)에게 의뢰할 수 있다.

## 제8조(감정평가 타당성조사 등)

① 국토교통부장관은 감정평가서가 발급된 후 해당 감정평가가 절차와 방법 등에 따라 타당하게 이루어졌는지를 직권으로 또는 관계 기관 등의 요청에 따라 조사할 수 있다.

② 타당성조사를 할 경우에는 해당 감정평가법인등 및 대통령령으로 정하는 이해관계인에게 의견 진술기회를 주어야 한다.

③ 타당성조사의 절차 등에 필요한 사항은 대통령령으로 정한다.

④ 국토교통부장관은 감정평가 제도를 개선하기 위하여 발급된 감정평가서에 대한 표본조사를 실시할 수 있다.

> **관련 내용**
>
> **1. 타당성 조사를 하는 경우**
> ① 국토교통부장관이 법령에 명시된 사유에 따라 조사가 필요하다고 인정하는 경우
> ② 관계기관 또는 이해관계인이 조사를 요청하는 경우
>
> **2. 타당성조사를 하지 않거나 중지하는 경우**
> ① 법원에 판결에 따라 확정된 경우
> ② 재판에 계류 중이거나 수사기관에서 수사 중인 경우
> ③ 관계 법령에 감정평가와 관련하여 권리구제 절차가 규정되어 있는 경우로서 권리구제 절차가 진행 중이거나 권리구제 절차를 이행할 수 있는 경우
> ④ 징계처분, 제재처분, 형사처벌 등을 할 수 없어 타당성조사의 실익이 없는 경우
>
> **3. 표본조사를 하는 경우**
> – 무작위추출방식과 우선추출방식으로 구분
> – 우선추출방식이 가능한 경우
> ① 최근 3년 이내에 실시한 감정평가법 제8조 제1항에 따른 타당성조사 결과 감정평가의 부실이 발생한 분야인 경우
> ② 무작위추출방식의 표본조사 결과 법령 위반 사례가 다수 발생한 분야인 경우
> ③ 그 밖에 감정평가의 부실을 방지하기 위해 협회의 요청을 받아 국토교통부장관이 필요하다고 인정하는 분야인 경우

## 제9조(감정평가 정보체계의 구축·운용 등)

① 국토교통부장관은 국가등이 의뢰하는 감정평가와 관련된 정보 및 자료를 효율적, 체계적으로 관리하기 위하여 감정평가 정보체계를 구축·운영할 수 있다.

② 감정평가를 의뢰받은 감정평가법인등은 감정평가 결과를 감정평가 정보체계에 등록하여야 한다(개인정보 보호 등 국토교통부장관이 정하는 정당한 사유가 있는 경우는 제외).

③ 감정평가법인등은 감정평가 정보체계 등록 대상인 감정평가에 대해서는 감정평가서를 발급할 때 해당 의뢰인에게 그 등록에 대한 사실을 알려야 한다.

④ 국토교통부장관은 감정평가 정보체계의 운용을 위하여 필요한 경우 관계 기관에 자료제공을 요청할 수 있다(요청받은 기관은 정당한 사유가 없으면 그 요청을 따라야 한다).

# 제3장 감정평가사

## 제1절 업무와 자격

### 제10조(감정평가법인등의 업무)

감정평가법인등은 다음 각 호의 업무를 행한다.

1. 「부동산 가격공시에 관한 법률」에 따라 감정평가법인등이 수행하는 업무
2. 「부동산 가격공시에 관한 법률」 제8조 제2호에 따른 목적을 위한 토지등의 감정평가
3. 「자산재평가법」에 따른 토지등의 감정평가
4. 법원에 계속 중인 소송 또는 경매를 위한 토지등의 감정평가
5. 금융기관·보험회사·신탁회사 등 타인의 의뢰에 따른 토지등의 감정평가
6. 감정평가와 관련된 상담 및 자문
7. 토지등의 이용 및 개발 등에 대한 조언이나 정보 등의 제공
8. 다른 법령에 따라 감정평가법인등이 할 수 있는 토지등의 감정평가
9. 제1호부터 제8호까지의 업무에 부수되는 업무

> **관련 판례**
>
> 1. 공인회계사가 유형자산에 대한 자산재평가를 하는 경우(2014도191)
>    공인회계사법에서 규정한 '회계에 관한 감정'에는 타인의 의뢰를 받아 부동산공시법이 정한 토지에 대한 감정평가를 행하는 것이 해당한다고 볼 수 없다. 따라서, 감정평가사가 아닌 공인회계사가 타인의 의뢰에 의하여 보수를 받고 토지에 대한 감정평가를 업으로 행하는 것은 정당행위에 해당한다고 볼 수 없다.
>
> 2. 심마니 사건(2017도10634)
>    ① 감정평가업의 취지
>       감정평가사 자격을 갖춘 사람만이 감정평가업을 독점적으로 영위할 수 있도록 한 취지는 감정평가 업무의 전문성, 공정성, 신뢰성을 확보해서 재산과 권리의 적정한 가격형성을 보장하여 국민의 권익을 보호하기 위한 것이다.

② 심마니의 산양삼 평가 가능 여부(적극)

민사소송법 제335조에 따른 법원의 감정인 지정결정 또는 같은 법 제341조 제1항에 따른 법원의 감정촉탁을 받은 경우에는 감정평가업자가 아닌 사람이더라도 그 감정사항에 포함된 토지 등의 감정평가를 할 수 있고, 이러한 행위는 법령에 근거한 법원의 적법한 결정이나 촉탁에 따른 것으로 형법 제20조의 정당행위에 해당하여 위법성이 조각된다고 보아야 한다.

3. 제3자의 의뢰에 의한 감정평가 포함 여부(2019도3595)

'금융기관·보험회사·신탁회사 등 타인의 의뢰에 의한 토지 등의 감정평가'에는 금융기관·보험회사·신탁회사와 이에 준하는 공신력 있는 기관의 의뢰에 의한 감정평가뿐만 아니라 널리 제3자의 의뢰에 의한 감정평가도 모두 포함된다고 보아야 한다.

4. 감정평가법인의 경우 성실의무 적용 여부(2020두41689)

감정평가법인의 실질적인 감정평가 업무는 소속감정평가사에 의하여 이루어질 수밖에 없으므로, 감정평가법인의 성실의무란 소속감정평가사에 대한 관리, 감독 의무를 포함하여 감정평가서 심사 등을 통해 감정평가 과정을 면밀히 살펴 공정한 감정평가 결과가 도출될 수 있도록 노력할 의무를 의미한다.

## 제11조(자격)

제14조에 따른 감정평가사시험에 합격한 사람은 감정평가사의 자격이 있다.

## 제12조(결격사유)

① 다음 각 호의 어느 하나에 해당하는 사람은 감정평가사가 될 수 없다.

1. 삭제

2. 파산선고를 받은 사람으로서 복권되지 아니한 사람

3. 금고 이상의 실형을 선고받고 그 집행이 종료(집행이 종료된 것으로 보는 경우 포함)되거나 그 집행이 면제된 날부터 3년이 지나지 아니한 사람

4. 금고 이상의 형의 집행유예를 받고 그 유예기간이 만료된 날부터 1년이 지나지 아니한 사람

5. 금고 이상의 형의 선고유예를 받고 그 선고유예기간 중에 있는 사람

6. 제13조에 따라 감정평가사 자격이 취소된 후 3년이 지나지 아니한 사람(제7호에 해당하는 사람은 제외)

7. 제39조 제1항 제11호 및 제12호에 따라 자격이 취소된 후 5년이 지나지 아니한 사람

② 국토교통부장관은 감정평가사가 제1항 제2호부터 제5호까지의 어느 하나에 해당하는지 여부를 확인하기 위하여 관계 기관에 자료를 요청할 수 있다.

(관계 기관은 특별한 사정이 없으면 그 자료를 제공하여야 한다.)

## 제13조(자격의 취소)

① 국토교통부장관은 감정평가사가 다음 각 호의 어느 하나에 해당하는 경우에는 자격을 취소하여야 한다.

1. 부정한 방법으로 감정평가사의 자격을 받은 경우

2. 제39조 제2항 제1호에 해당하는 징계를 받은 경우

② 국토교통부장관은 감정평가사의 자격을 취소한 경우에는 그 사실을 공고하여야 한다.

③ 감정평가사의 자격이 취소된 사람은 자격증(등록증 포함)을 국토교통부장관에게 반납하여야
한다.

> 🔖 관련 내용

1. **자격취소의 법적 성질**
   ① 부정한 방법으로 자격을 받은 경우
      제13조 제1항 1호는 성립 당시의 하자를 이유로 하는 바 〈직권취소〉에 해당한다. 또한 '-하여야
      한다'고 규정하고 있어 〈기속행위〉에 해당한다.
   ② 제39조 징계에 의한 경우(부당행사 ×)
      제39조 제1항 제11호, 제12호 및 제27조 위반에 따른 징계의 경우 사정변경으로 취소하는 경우이
      므로 〈강학상 철회〉에 해당한다. 또한 문언상 〈재량행위〉에 해당한다.

> 🔖 관련 규정

1. **감정평가법 제45조(부정한 방법으로 감정평가사의 자격을 받은 경우만 해당함에 주의)**
   제13조 제1항 제1호에 따른 감정평가사 자격의 취소의 경우 청문을 실시하여야 한다.

2. **행정절차법 제22조 제1항**
   ① 행정청이 처분을 할 때 다음 각 호의 어느 하나에 해당하는 경우에는 청문을 한다.
      1. 다른 법령등에서 청문을 하도록 규정하고 있는 경우
      2. 행정청이 필요하다고 인정하는 경우
      3. 다음 각 목의 처분을 하는 경우
         가. 인허가 등의 취소
         나. 신분·자격의 박탈
         다. 법인이나 조합 등의 설립허가의 취소

## 제2절 시험

### 제14조(감정평가사시험)

① 감정평가사시험은 국토교통부장관이 실시하며, 제1차 시험과 제2차 시험으로 이루어진다.

② 시험의 최종 합격 발표일을 기준으로 결격사유에 해당하는 사람은 시험에 응시할 수 없다.

③ 국토교통부장관은 제2항에 따라 시험에 응시할 수 없음에도 불구하고 시험에 응시하여 최종
합격한 사람에 대해서는 합격결정을 취소하여야 한다.

④ 시험과목, 시험공고 등 시험의 절차·방법 등에 필요한 사항은 대통령령으로 정한다.

⑤ 시험에 응시하려는 사람은 실비의 범위에서 대통령령으로 정하는 수수료를 내야 한다.

> **↻ 관련 판례**
>
> 1. **감정평가사시험의 합격기준(96누6882)**
>    감정평가사시험의 합격기준으로 절대평가제 방식을 원칙으로 하되,)행정청이 감정평가사의 수급상 필요하다고 인정할 때에는 상대평가제 방식으로 할 수 있다고 규정하고 있으므로, 감정평가사시험을 실시함에 있어 어떠한 합격기준을 선택할 것인가는 시험실시기관인 행정청의 고유한 정책적인 판단에 맡겨진 것으로서 자유재량에 속한다.

### 제15조(시험의 일부면제)

① 감정평가법인 등 대통령령으로 정하는 기관에서 5년 이상 감정평가와 관련된 업무에 종사한 사람에 대해서는 시험 중 제1차 시험을 면제한다.

② 제1차 시험에 합격한 사람에 대해서는 다음 회의 시험에 한정하여 제1차 시험을 면제한다.

### 제16조(부정행위자에 대한 제재)

① 국토교통부장관은 다음 각 호의 어느 하나에 해당하는 사람에 대해서는 해당 시험을 정지시키거나 무효로 한다.
  1. 부정한 방법으로 시험에 응시한 사람
  2. 시험에서 부정한 행위를 한 사람
  3. 시험의 일부 면제를 위한 관련 서류를 거짓 또는 부정한 방법으로 제출한 사람

② 처분을 받은 사람은 그 처분을 받은 날부터 5년간 시험에 응시할 수 없다.

## 제3절 등록

### 제17조(등록 및 갱신등록)

① 감정평가사 자격이 있는 사람이 제10조에 따른 업무를 하려는 경우에는 실무수습 또는 교육연수를 마치고 국토교통부장관에게 등록하여야 한다.

② 등록한 감정평가사는 대통령령으로 정하는 바에 따라 등록을 갱신하여야 한다(갱신 기간은 3년 이상으로 한다).

③ 실무수습 또는 교육연수는 한국감정평가사협회가 국토교통부장관의 승인을 받아 실시·관리한다.

> **↻ 관련 규정**
>
> 1. **감정평가법 시행령 제18조 제1항(갱신등록)**
>    법 제17조 제1항에 따라 등록한 감정평가사는 같은 조 제2항에 따라 5년마다 그 등록을 갱신하여야 한다.

### 제18조(등록 및 갱신등록의 거부)

① 국토교통부장관은 등록 또는 갱신등록을 신청한 사람이 다음 각 호의 어느 하나에 해당하는 경우 등록을 거부하여야 한다.

1. 제12조(결격사유)에 해당하는 경우
2. 실무수습 또는 교육연수를 받지 아니한 경우
3. 등록이 취소된 후 3년이 지나지 아니한 경우
4. 업무가 정지된 감정평가사로서 그 업무정지 기간이 지나지 아니한 경우
5. 미성년자 또는 피성년후견인·피한정후견인

② 국토교통부장관은 등록 또는 갱신등록을 거부한 경우에는 관보에 공고하고, 정보통신망 등을 이용하여 일반인에게 알려야 한다.

③ 제2항에 따른 공고의 방법, 내용 및 그 밖에 필요한 사항은 국토교통부령으로 정한다.

④ 국토교통부장관은 결격사유와 미성년자 등에 해당하는지 확인하기 위하여 관계 기관에 관련 자료를 요청할 수 있다.

(관계 기관은 특별한 사정이 없으면 그 자료를 제공하여야 한다.)

> ↻ **관련 규정**
> 1. **감정평가법 시행규칙 제14조(등록 및 갱신등록 거부의 공고)**
>    등록 또는 갱신등록 거부사실의 공고는 감정평가사의 소속, 성명 및 생년월일, 거부사유를 관보에 공고하고, 국토교통부의 인터넷 홈페이지에 게시하는 방법으로 한다.

## 제19조(등록의 취소)

① 국토교통부장관은 감정평가사가 다음 각 호의 어느 하나에 해당하는 경우에는 그 등록을 취소하여야 한다.
1. 제12조(결격사유)에 해당하는 경우
2. 사망한 경우
3. 등록취소를 신청한 경우
4. 제39조 제2항 제2호(등록의 취소)에 해당하는 징계를 받은 경우

② 국토교통부장관은 등록을 취소한 경우 관보에 공고하고, 정보통신망 등을 이용하여 일반인에게 알려야 한다.

③ 등록이 취소된 사람은 등록증을 국토교통부장관에게 반납하여야 한다.

④ 제2항에 따른 공고의 방법, 내용 및 그 밖에 필요한 사항은 국토교통부령으로 정한다.

⑤ 국토교통부장관은 결격사유에 해당하는지 여부를 확인하기 위하여 관계 기관에 관련 자료를 요청할 수 있다.

(관계 기관은 특별한 사정이 없으면 그 자료를 제공하여야 한다.)

> ↻ **관련 규정**
> 1. **감정평가법 시행규칙 제15조(등록취소의 공고)**
>    등록 취소사실의 공고는 감정평가사의 소속, 성명 및 생년월일, 취소사유를 관보에 공고하고, 국토교통부의 인터넷 홈페이지에 게시하는 방법으로 한다.

제20조(외국감정평가사)

① 외국의 감정평가사 자격 소지, 결격사유에 해당 ×, 그 본국에서 대한민국 감정평가사 자격을 인정하는 경우에 한정하여(상호주의) 국토교통부장관의 인가를 받아 제10조 각 호의 업무를 수행할 수 있다.

② 국토교통부장관은 인가를 하는 경우 필요하다고 인정하는 때에는 그 업무의 일부를 제한할 수 있다.

## 제4절 권리와 의무

제21조(사무소 개설 등)

① 등록을 한 감정평가사가 감정평가업을 하려는 경우에는 감정평가사사무소를 개설할 수 있다.

② 다음 각 호의 어느 하나에 해당하는 사람은 개설을 할 수 없다.

1. 제18조 제1항(등록거부사유)에 해당하는 사람

2. 설립인가가 취소되거나 업무가 정지된 감정평가법인의 설립인가가 취소된 후 1년이 지나지 아니하였거나 업무정지 기간이 지나지 아니한 경우 그 감정평가법인의 사원 또는 이사였던 사람

3. 업무가 정지된 감정평가사로서 업무정지 기간이 지나지 아니한 사람

③ 업무를 효율적으로 수행하고 공신력을 높이기 위하여 합동사무소를 설치할 수 있다(대통령령으로 정하는 수 이상의 감정평가사를 두어야 한다).

④ 감정평가사는 감정평가업을 하기 위하여 1개의 사무소만을 설치할 수 있다.

⑤ 감정평가사사무소에는 소속 감정평가사를 둘 수 있다(소속 감정평가사는 등록거부사유에 해당하는 사람이 아니어야 하며, 감정평가사사무소를 개설한 감정평가사는 소속 감정평가사가 아닌 사람에게 제10조에 따른 업무를 하게 하여서는 아니 된다).

> 🔁 관련 규정
>
> 1. 감정평가법 시행령 제21조 제2항(합동사무소의 개설)
>    법 제21조 제3항에서 "대통령령으로 정하는 수"란 2명을 말한다.

제21조의2(고용인의 신고)

감정평가법인등은 소속 감정평가사 또는 사무직원을 고용하거나 고용관계가 종료된 때에는 국토교통부장관에게 신고하여야 한다.

> 🔁 관련 규정
>
> 1. 감정평가법 시행규칙 제18조의2 제2항(감정평가법인등의 고용인 신고)
>    국토교통부장관은 신고서를 제출받은 경우 그 사무직원이 법 제24조 제1항에 따른 결격사유에 해당하는지 여부를 확인해야 한다.

## 제22조(사무소의 명칭 등)

① 사무소를 개설한 감정평가법인등은 그 사무소의 명칭에 "감정평가사사무소"라는 용어를 사용하여야 하며, 법인은 그 명칭에 "감정평가법인"이라는 용어를 사용하여야 한다.

② 감정평가사가 아닌 사람은 "감정평가사" 또는 이와 비슷한 명칭을 사용할 수 없으며, 감정평가법인등이 아닌 자는 "감정평가사사무소", "감정평가법인" 또는 이와 비슷한 명칭을 사용할 수 없다.

## 제23조(수수료 등)

① 감정평가법인등은 의뢰인으로부터 업무수행에 따른 수수료와 그에 필요한 실비를 받을 수 있다.

② 수수료의 요율 및 실비의 범위는 국토교통부장관이 감정평가관리·징계위원회의 심의를 거쳐 결정한다.

③ 감정평가법인등과 의뢰인은 수수료의 요율 및 실비에 관한 기준을 준수하여야 한다.

## 제24조(사무직원)

① - 감정평가법인등은 그 직무의 수행을 보조하기 위하여 사무직원을 둘 수 있다.

- 다음 각 호의 어느 하나에 해당하는 사람은 사무직원이 될 수 없다.

  1. 미성년자 또는 피성년후견인·피한정후견인
  2. 이 법 또는 관련법률에 따라 유죄 판결을 받은 사람으로서 다음 각 목의 어느 하나에 해당하는 사람

     가. 징역 이상의 형을 선고받고 그 집행이 끝나거나 그 집행을 받지 아니하기로 확정된 후 3년이 지나지 아니한 사람

     나. 징역형의 집행유예를 선고받고 그 유예기간이 지난 후 1년이 지나지 아니한 사람

     다. 징역형의 선고유예를 받고 그 유예기간 중에 있는 사람

  3. 부정한 방법으로 감정평가사의 자격을 받은 경우로서 자격이 취소된 후 1년이 경과되지 아니한 사람
  4. 감정평가사의 직무와 관련하여 금고 이상의 형을 선고받아(집행유예 포함) 그 형이 확정된 경우로서 자격이 취소된 후 5년이 경과되지 아니한 사람
  5. 업무정지 1년 이상의 징계처분을 2회 이상 받은 후 다시 징계사유가 있는 사람으로서 감정평가사의 직무를 수행하는 것이 현저히 부적당하다고 인정되는 경우로서 자격이 취소된 후 3년이 경과되지 아니한 사람
  6. 제39조에 따라 업무가 정지된 감정평가사로서 그 업무정지 기간이 지나지 아니한 사람

② 감정평가법인등은 사무직원을 지도·감독할 책임이 있다.

③ 국토교통부장관은 사무직원이 결격사유에 해당하는지 여부를 확인하기 위하여 관계 기관에 관련 자료를 요청할 수 있다.

(관계 기관은 특별한 사정이 없으면 그 자료를 제공하여야 한다.)

### 제25조(성실의무 등)

① 감정평가법인등은 제10조에 따른 업무를 하는 경우 품위를 유지하여야 하고, 신의와 성실로써 공정하게 하여야 하며, 고의 또는 중대한 과실로 업무를 잘못하여서는 아니 된다.

② 감정평가법인등은 자기 또는 친족 소유, 그 밖에 불공정하게 제10조에 따른 업무를 수행할 우려가 있다고 인정되는 토지등에 대해서는 그 업무를 수행하여서는 아니 된다.

③ 감정평가법인등은 토지등의 매매업을 직접 하여서는 아니 된다.

④ 감정평가법인등이나 그 사무직원은 수수료와 실비 외에는 어떠한 명목으로도 그 업무와 관련된 대가를 받아서는 아니 되며, 감정평가 수주의 대가로 금품 또는 재산상의 이익을 제공하거나 제공하기로 약속하여서는 아니 된다.

⑤ 감정평가사, 감정평가사가 아닌 사원 또는 이사 및 사무직원은 둘 이상의 감정평가법인(같은 법인의 주·분사무소를 포함) 또는 감정평가사사무소에 소속될 수 없으며, 소속된 감정평가법인 이외의 다른 감정평가법인의 주식을 소유할 수 없다.

⑥ 감정평가법인등이나 사무직원은 제28조의2에서 정하는 유도 또는 요구에 따라서는 아니 된다.

> 🔖 **관련 판례**
>
> **1. 감정평가사의 성실의무(2011두14715)**
> 감정평가사는 공정하고 합리적인 평가액의 산정을 위하여 성실하고 공정하게 자료검토 및 가격형성요인 분석을 해야 할 의무가 있고, 특히 특수한 조건을 반영하거나 현재가 아닌 시점의 가격을 기준으로 하는 경우에는 제시된 자료와 대상물건의 구체적인 비교·분석을 통하여 평가액의 산출근거를 논리적으로 밝히는 데 더욱 신중을 기하여야 한다. 만약 위와 같이 하는 것이 곤란한 경우라면 감정평가사로서는 자신의 능력에 의한 업무수행이 불가능하거나 극히 곤란한 경우로 보아 대상물건에 대한 평가를 하지 말아야 하지 구체적이고 논리적인 가격형성요인의 분석이 어렵다고 하여 자의적으로 평가액을 산정해서는 안 된다.

### 제26조(비밀엄수)

감정평가법인등이나 그 사무직원 또는 감정평가법인등이었거나 그 사무직원이었던 사람은 업무상 알게 된 비밀을 누설하여서는 아니 된다.

(다른 법령에 특별한 규정이 있는 경우에는 그러하지 아니하다.)

### 제27조(명의대여 등의 금지)

① 감정평가사 또는 감정평가법인등은 다른 사람에게 자기의 성명 또는 상호를 사용하여 제10조에 따른 업무를 수행하게 하거나 자격증·등록증 또는 인가증을 양도·대여하거나 이를 부당하게 행사하여서는 아니 된다.

② 누구든지 제1항의 행위를 알선해서는 아니 된다.

> 🔄 **관련 판례**
>
> 1. **자격증 부당행사의 의미(2013두727)**
>    자격증 부당행사란 감정평가사 자격증 등을 본래의 용도 외에 부당하게 행사하는 것을 의미하고, 감정평가사가 감정평가법인에 적을 두기는 하였으나 당해 법인의 업무를 수행하거나 운영 등에 관여할 의사가 없고 실제로도 업무 등을 전혀 수행하지 않았다거나 당해 소속 감정평가사로서 업무를 실질적으로 수행한 것으로 평가하기 어려운 정도라면 자격증 부당행사에 해당한다.
>
> 2. **자격증 부당행사의 범위(2013두11727)**
>    자격증 등을 부당하게 행사한다는 것은 감정평가사 자격증 등을 본래의 용도가 아닌 다른 용도로 행사하거나, 본래의 행사목적을 벗어나 감정평가법인등의 자격이나 업무범위에 관한 법의 규율을 피할 목적으로 이를 행사하는 경우도 포함한다.
>
> 🔄 **명의대여와 부당행사의 차이점(행사 주체 측면의 차이)**
>
> − 부당행사 : 본인이 행사, 내용 과정 부적절
> − 명의대여 : 타인이 자격증 행사

## 제28조(손해배상책임)

① 감정평가법인등이 감정평가를 하면서 고의 또는 과실로 감정평가 당시의 적정가격과 현저한 차이가 있게 감정평가를 하거나 감정평가 서류에 거짓을 기록함으로써 감정평가 의뢰인이나 선의의 제3자에게 손해를 발생하게 하였을 때에는 감정평가법인등은 그 손해를 배상할 책임이 있다.

② 감정평가법인등은 손해배상책임을 보장하기 위하여 보험에 가입하거나 한국감정평가사협회가 운영하는 공제사업에 가입하는 등 필요한 조치를 하여야 한다.

③ 감정평가법인등은 감정평가 의뢰인이나 선의의 제3자에게 법원의 확정판결을 통한 손해배상이 결정된 경우에는 그 사실을 국토교통부장관에게 알려야 한다.

④ 국토교통부장관은 감정평가 의뢰인이나 선의의 제3자를 보호하기 위하여 감정평가법인등이 갖추어야 하는 손해배상능력 등에 대한 기준을 국토교통부령으로 정할 수 있다.

> 🔄 **관련 판례**
>
> 1. **민법 제750조와의 관계(97다36293)**
>    감정평가업자의 부실감정으로 인하여 손해를 입게 된 감정평가의뢰인이나 선의의 제3자는 지가공시 및 토지 등의 평가에 관한 법률상의 손해배상책임과 민법상의 불법행위로 인한 손해배상책임을 함께 물을 수 있다.
>
> 2. **손해배상책임의 요건**
>    (1) 감정평가법인등이 감정평가를 하는 경우일 것(99다66618)
>    임대상황의 조사가 감정평가 그 자체에 포함되지는 않지만 담보물로 제공할 아파트에 대한 감정평가를 함에 있어 아파트 감정요항표에 따라 그 기재사항으로 되어 있는 임대상황란에 고의 또는 과실로 사실과 다른 기재를 하고 이를 감정평가서의 일부로 첨부하여 교부함으로써 감정평가의뢰인

등으로 하여금 부동산의 담보가치를 잘못 평가하게 함으로 말미암아 그에게 손해를 가하게 되었다면 임대상황의 조사가 감정평가에 포함되는지 여부와 관계없이 상당인과관계에 있는 손해를 배상할 책임이 있다.

(2) 고의 또는 과실이 있을 것

① 감정평가법인등의 의무(2006다82625)

감정평가법인등은 협약에 따라 성실하고 공정하게 주택에 대한 위와 같은 임대차관계를 조사하여 금융기관에게 알림으로써 금융기관이 그 주택의 담보 가치를 적정하게 평가하여 불측의 손해를 입지 않도록 협력하여야 할 의무가 있다.

② 금융기관 양해 하에 조사한 경우(97다7400)(과실 ×)

감정평가업자가 금융기관의 신속한 감정평가 요구에 따라 그의 양해 아래 임차인이 아닌 건물 소유자를 통하여 담보물의 임대차관계를 조사하였으나 그것이 허위로 밝혀진 경우, 감정평가업자에게는 과실이 없으므로 손해배상책임이 인정되지 않는다.

③ 전화조사만으로 확인(2006다82625)(과실 ○)

금융기관으로부터 조사를 의뢰받은 담보물건과 관련된 임대차관계 등을 조사함에 있어 단순히 다른 조사기관의 전화조사만으로 확인된 실제와는 다른 임대차관계 내용을 기재한 임대차확인조사서를 제출한 사안에서, 감정평가업자에게 감정평가업무협약에 따른 조사의무를 다하지 아니한 과실이 있다.

④ 소유자의 처로부터 확인(2003다24840)(과실 ○)

현장조사 당시 감정대상 주택 소유자의 처로부터 임대차가 없다는 확인을 받고 감정평가서에 "임대차 없음"이라고 기재하였으나 이후에 임차인의 존재가 밝혀진 경우, 감정평가업자는 감정평가서를 근거로 부실대출을 한 금융기관의 손해를 배상할 책임이 있다.

⑤ 공실이라는 이유로 임대차 없음을 기재한 경우(97다41196)(과실 ○)

조사를 행할 당시 공실 상태이었다고 하더라도, 임대차 사항을 조사하고 조사 자체가 불가능하였다면 금융기관에게 그와 같은 사정을 알림으로써, 적어도 금융기관으로 하여금 그 주택에 대항력 있는 임차인이 있을 수 있는 가능성이 있다는 점에 대하여 주의를 환기시키는 정도의 의무는 이행하였어야 함에도 불구하고 실제로는 대항력 있는 임차인이 있는데도 감정평가서에 '임대차 없음'이라고 단정적으로 기재하여 금융기관에 송부한 경우, 약정상의 임대차조사의무를 제대로 이행하지 못한 것이므로, 금융기관이 위와 같이 기재한 임대차 조사 사항을 믿고 그 주택의 담보 가치를 잘못 평가하여 대출함으로써 입은 손해에 대하여 배상할 책임이 있다.

(3) 부당한 감정평가를 하였을 것

① 현저한 차이를 인정함에 있어 1.3배가 유일한 판단기준인지 여부(96다52427)

표준지 공시지가를 정하거나 공공사업에 필요한 토지의 보상가를 산정함에 있어서 2인 이상의 감정평가법인등에 평가를 의뢰하였는데 평가액 중 최고평가액이 최저평가액의 1.3배를 초과하는 경우에는 국토교통부장관이나 사업시행자가 다른 2인의 감정평가법인등에게 대상 물건의 평가를 다시 의뢰할 수 있다는 것 뿐으로서 여기서 정하고 있는 1.3배의 격차율이 현저한 차이가 있는가의 유일한 판단 기준이 될 수 없다. <u>감정평가액과 적정 가격 사이에 '현저한 차이'가 있는지 여부는 부당 감정에 이르게 된 감정평가업자의 귀책사유가 무엇인가 하는 점을 고려하여 사회통념에 따라 탄력적으로 판단하여야 한다.</u>

    (4) 의뢰인 또는 선의의 제3자에게 손해가 발생하였을 것

      ① 선의의 제3자란(2006다64627)

        '선의의 제3자'라 함은 감정 내용이 허위 또는 감정평가 당시의 적정가격과 현저한 차이가 있음을 인식하지 못한 것뿐만 아니라 감정평가서 자체에 그 감정평가서를 감정의뢰 목적 이외에 사용하거나 감정의뢰인 이외의 타인이 사용할 수 없음이 명시되어 있는 경우에는 그러한 사용사실까지 인식하지 못한 제3자를 의미한다.

    (5) 상당인과관계가 있을 것(2006다64627)

      감정평가법인등이 담보목적물에 대하여 부당한 감정을 함으로 인하여 금융기관이 그 감정을 믿고 정당한 감정가격을 초과한 대출을 함으로써 재산상 손해를 입게 되리라는 것은 쉽사리 예견할 수 있으므로, 다른 특별한 사정이 없는 한 감정평가법인등의 위법행위와 금융기관의 손해 사이에는 상당인과관계가 있다.

**3. 손해배상책임의 범위(2006다64627)**

  부당한 감정을 함으로써 감정 의뢰인이 그 감정을 믿고 정당한 감정가격을 초과한 대출을 한 경우에는 부당한 감정가격에 근거하여 산출된 담보가치와 정당한 감정가격에 근거하여 산출된 담보가치의 차액을 한도로하여 대출금 중 정당한 감정가격에 근거하여 산출된 담보가치를 초과한 부분이 손해액이 된다.

## 제28조의2(감정평가 유도·요구 금지)

  누구든지 감정평가법인등과 그 사무직원에게 토지등에 대하여 특정한 가액으로 감정평가를 유도 또는 요구하는 행위를 하여서는 아니 된다.

## 제5절 감정평가법인

### 제29조(설립 등)

① 감정평가사는 제10조에 따른 업무를 조직적으로 수행하기 위하여 감정평가법인을 설립할 수 있다.

② 감정평가법인은 전체 사원 또는 이사의 100분의 70이 넘는 범위에서 대통령령으로 정하는 비율(100분의 90) 이상을 감정평가사로 두어야 한다(감정평가사가 아닌 사원 또는 이사는 토지등에 대한 전문성 등 대통령령으로 정하는 자격을 갖춘 자로서 결격사유 또는 미성년자 등에 해당하는 사람이 아니어야 한다).

③ 감정평가법인의 대표사원 또는 대표이사는 감정평가사여야 한다.

④ 감정평가법인과 그 주사무소 및 분사무소에는 대통령령으로 정하는 수(각각 2명) 이상의 감정평가사를 두어야 한다.

⑤ 감정평가법인을 설립하려는 경우에는 사원이 될 사람 또는 감정평가사인 발기인이 공동으로 다음 각 호의 사항을 포함한 정관을 작성하여 국토교통부장관의 인가를 받아야 하며, 정관을 변경할 때에도 또한 같다(대통령령으로 정하는 경미한 사항의 변경은 신고할 수 있다).

  1. 목적

  2. 명칭

3. 주사무소 및 분사무소의 소재지

4. 사원(주식회사의 경우에는 발기인)의 성명, 주민등록번호 및 주소

5. 사원의 출자(주식회사의 경우에는 주식의 발행)에 관한 사항

6. 업무에 관한 사항

⑥ 국토교통부장관은 인가의 신청을 받은 날부터 20일 이내에 인가 여부를 신청인에게 통지하여야 한다.

⑦ 국토교통부장관이 기간 내에 인가 여부를 통지할 수 없을 때에는 20일의 범위에서 기간을 연장할 수 있다(연장된 사실과 연장 사유를 신청인에게 지체 없이 문서(전자문서 포함)로 통지).

⑧ 감정평가법인은 사원 전원의 동의 또는 주주총회의 의결이 있는 때에는 국토교통부장관의 인가를 받아 다른 감정평가법인과 합병할 수 있다.

⑨ 감정평가법인은 해당 법인의 소속 감정평가사 외의 사람에게 제10조에 따른 업무를 하게 하여서는 아니 된다.

⑩ 감정평가법인은 「주식회사 등의 외부감사에 관한 법률」 제5조에 따른 회계처리 기준에 따라 회계처리를 하여야 한다.

⑪ 감정평가법인은 「주식회사 등의 외부감사에 관한 법률」 제2조 제2호에 따른 재무제표를 작성하여 매 사업연도가 끝난 후 3개월 이내에 국토교통부장관에게 제출하여야 한다.

⑫ 국토교통부장관은 필요한 경우 재무제표가 적정하게 작성되었는지를 검사할 수 있다.

⑬ 감정평가법인에 관하여 이 법에서 정한 사항을 제외하고는 「상법」 중 회사에 관한 규정을 준용한다.

## 제30조(해산)

① 감정평가법인은 다음 각 호의 어느 하나에 해당하는 경우에는 해산한다.

1. 정관으로 정한 해산 사유의 발생

2. 사원총회 또는 주주총회의 결의

3. 합병

4. 설립인가의 취소

5. 파산

6. 법원의 명령 또는 판결

② 감정평가법인이 해산한 때에는 국토교통부장관에게 신고하여야 한다.

## 제31조(자본금 등)

① 감정평가법인의 자본금은 2억원 이상이어야 한다.

② 감정평가법인은 2억원에 미달하면 미달한 금액을 매 사업연도가 끝난 후 6개월 이내에 사원의 증여로 보전(補塡)하거나 증자(增資)하여야 한다.

③ 증여받은 금액은 특별이익으로 계상(計上)한다.

④ 삭제

## 제32조(인가취소 등)

① 국토교통부장관은 감정평가법인등이 다음 각 호의 어느 하나에 해당하는 경우에는 설립인가를 취소(제29조에 따른 감정평가법인에 한정한다)하거나 2년 이내의 범위에서 기간을 정하여 업무의 정지를 명할 수 있다(제2호, 제7호는 설립인가를 취소하여야 한다).

1. 감정평가법인이 설립인가의 취소를 신청한 경우
2. 감정평가법인등이 업무정지처분 기간 중에 제10조에 따른 업무를 한 경우
3. 감정평가법인등이 업무정지처분을 받은 소속 감정평가사에게 업무정지처분 기간 중에 제10조에 따른 업무를 하게 한 경우
4. 제3조 제1항(표준지공시지가 기준)을 위반하여 감정평가를 한 경우
5. 제3조 제3항에 따른 원칙과 기준을 위반하여 감정평가를 한 경우
6. 제6조에 따른 감정평가서의 작성·발급 등에 관한 사항을 위반한 경우
7. 감정평가법인등이 제21조 제3항(합동사무소)이나 제29조 제4항(주사무소, 분사무소)에 따른 감정평가사의 수에 미달한 날부터 3개월 이내에 감정평가사를 보충하지 아니한 경우
8. 제21조 제4항을 위반하여 둘 이상의 감정평가사사무소를 설치한 경우
9. 제21조 제5항이나 제29조 제9항을 위반하여 해당 감정평가사 외의 사람에게 제10조에 따른 업무를 하게 한 경우
10. 제23조 제3항을 위반하여 수수료의 요율 및 실비에 관한 기준을 지키지 아니한 경우
11. 제25조(성실의무), 제26조(비밀엄수) 또는 제27조(명의대여 등의 금지)를 위반한 경우. (소속 감정평가사나 그 사무직원이 제25조 제4항을 위반한 경우로서 해당 업무에 관하여 상당한 주의와 감독을 게을리하지 아니한 경우는 제외)
12. 제28조 제2항을 위반하여 보험 또는 한국감정평가사협회가 운영하는 공제사업에 가입하지 아니한 경우
13. 정관을 거짓으로 작성하는 등 부정한 방법으로 제29조에 따른 인가를 받은 경우
14. 제29조 제10항에 따른 회계처리를 하지 아니하거나 같은 조 제11항에 따른 재무제표를 작성하여 제출하지 아니한 경우
15. 제31조 제2항에 따라 기간 내에 미달한 금액을 보전하거나 증자하지 아니한 경우
16. 제47조에 따른 지도와 감독 등에 관하여 다음 각 목의 어느 하나에 해당하는 경우
    가. 업무에 관한 사항의 보고 또는 자료의 제출을 하지 아니하거나 거짓으로 보고 또는 제출한 경우
    나. 장부나 서류 등의 검사를 거부, 방해 또는 기피한 경우
17. 제29조 제5항 각 호의 사항을 인가받은 정관에 따라 운영하지 아니하는 경우

② 한국감정평가사협회는 감정평가법인등에 제1항 각 호의 어느 하나에 해당하는 사유가 있다고 인정하는 경우에는 그 증거서류를 첨부하여 국토교통부장관에게 그 설립인가를 취소하거나 업무정지처분을 하여 줄 것을 요청할 수 있다.

③ 국토교통부장관은 설립인가를 취소하거나 업무정지를 한 경우 그 사실을 관보에 공고하고, 정보통신망 등을 이용하여 일반인에게 알려야 한다.

④ 설립인가의 취소 및 업무정지처분은 위반 사유가 발생한 날부터 5년이 지나면 할 수 없다.

⑤ 설립인가의 취소와 업무정지에 관한 기준은 대통령령으로 정하고, 제3항에 따른 공고의 방법, 내용 및 그 밖에 필요한 사항은 국토교통부령으로 정한다.

## 제4장  한국감정평가사협회

### 제33조(목적 및 설립)

① 감정평가사의 품위 유지와 직무의 개선·발전을 도모하고, 회원의 관리 및 지도에 관한 사무를 하도록 하기 위하여 한국감정평가사협회를 둔다.

② 협회는 법인으로 한다.

③ 협회는 국토교통부장관의 인가를 받아 주된 사무소의 소재지에서 설립등기를 함으로써 성립한다.

④ 협회는 공제사업을 운영할 수 있다.

⑤ 협회의 조직 및 그 밖에 필요한 사항은 대통령령으로 정한다.

⑥ 이 법에 규정된 것 외에는 「민법」 중 사단법인에 관한 규정을 준용한다.

### 제34조(회칙)

① 협회는 회칙을 정하여 국토교통부장관의 인가를 받아야 한다(변경도 인가 필요).

② 회칙에는 다음 각 호의 사항이 포함되어야 한다.

  1. 명칭과 사무소 소재지
  2. 회원가입 및 탈퇴에 관한 사항
  3. 임원 구성에 관한 사항
  4. 회원의 권리 및 의무에 관한 사항
  5. 회원의 지도 및 관리에 관한 사항
  6. 자산과 회계에 관한 사항
  7. 그 밖에 필요한 사항

### 제35조(회원가입 의무 등)

① 감정평가법인등과 그 소속 감정평가사는 협회에 회원으로 가입하여야 하며, 그 밖의 감정평가사는 협회의 회원으로 가입할 수 있다.

② 협회에 회원으로 가입한 감정평가법인등과 감정평가사는 제34조에 따른 회칙을 준수하여야 한다.

### 제36조(윤리규정)

① 협회는 회원이 직무를 수행할 때 지켜야 할 직업윤리에 관한 규정을 제정하여야 한다.

② 회원은 제1항에 따른 직업윤리에 관한 규정을 준수하여야 한다.

## 제37조(자문 등)

① 국가등은 감정평가사의 직무에 관한 사항에 대하여 협회에 자문, 임원·회원 또는 직원을 전문 분야에 위촉하기 위한 추천을 요청할 수 있다.

② 협회는 자문 또는 추천을 요청받은 경우 그 회원으로 하여금 요청받은 업무를 수행하게 할 수 있다.

③ 협회는 국가등에 대하여 필요한 경우 감정평가의 관리·감독·의뢰 등과 관련한 업무의 개선을 건의할 수 있다.

## 제38조(회원에 대한 교육·연수 등)

① 협회는 회원, 등록하려는 감정평가사, 사무직원에 대하여 교육·연수를 실시하고 회원의 자체적인 교육·연수활동을 지도·관리한다.

② 교육·연수를 실시하기 위하여 협회에 연수원을 둘 수 있다.

③ 교육·연수 및 지도·관리에 필요한 사항은 협회가 국토교통부장관의 승인을 얻어 정한다.

# 제5장 징계

## 제39조(징계)

① 국토교통부장관은 다음 각 호의 어느 하나에 해당하는 경우 감정평가관리·징계위원회의 의결에 따라 자격의 취소, 등록의 취소, 2년 이하의 업무정지, 견책 중 어느 하나에 해당하는 징계를 할 수 있다(자격의 취소는 제11호, 제12호, 자격증 양도 대여(제27조)의 경우에만 가능)

1. 제3조 제1항(표준지공시지가 기준)을 위반하여 감정평가를 한 경우

2. 제3조 제3항에 따른 원칙과 기준을 위반하여 감정평가를 한 경우

3. 제6조에 따른 감정평가서의 작성·발급 등에 관한 사항을 위반한 경우

3의2. 제7조 제2항을 위반하여 고의 또는 중대한 과실로 잘못 심사한 경우

4. 업무정지처분 기간에 제10조에 따른 업무를 하거나 업무정지처분을 받은 소속 감정평가사에게 업무정지처분 기간에 제10조에 따른 업무를 하게 한 경우

5. 제17조 제1항 또는 제2항에 따른 등록이나 갱신등록을 하지 아니하고 제10조에 따른 업무를 수행한 경우

6. 구비서류를 거짓으로 작성하는 등 부정한 방법으로 제17조 제1항 또는 제2항에 따른 등록이나 갱신등록을 한 경우

7. 제21조(사무소 개설 등)를 위반하여 감정평가업을 한 경우

8. 제23조 제3항을 위반하여 수수료의 요율 및 실비에 관한 기준을 지키지 아니한 경우

9. 제25조(성실의무 등), 제26조(비밀엄수) 또는 제27조(명의대여 등의 금지)를 위반한 경우

10. 제47조에 따른 지도와 감독 등에 관하여 다음 각 목의 어느 하나에 해당하는 경우

　　가. 업무에 관한 사항의 보고 또는 자료의 제출을 하지 아니하거나 거짓으로 보고 또는 제출한 경우

　　나. 장부나 서류 등의 검사를 거부 또는 방해하거나 기피한 경우

11. 감정평가사의 직무와 관련하여 금고 이상의 형을 선고받아(집행유예 포함) 그 형이 확정된 경우

12. 업무정지 1년 이상의 징계처분을 2회 이상 받은 후 다시 징계사유가 있는 사람으로서 직무를 수행하는 것이 현저히 부적당하다고 인정되는 경우

② 감정평가사에 대한 징계의 종류는 다음과 같다.

1. 자격의 취소

2. 등록의 취소

3. 2년 이하의 업무정지

4. 견책

③ 협회는 감정평가사에게 징계사유가 있다고 인정하는 경우에는 그 증거서류를 첨부하여 국토교통부장관에게 징계를 요청할 수 있다.

④ 자격이 취소된 사람은 자격증과 등록증을 등록이 취소되거나 업무가 정지된 사람은 등록증을 국토교통부장관에게 반납하여야 한다.

⑤ 업무 정지된 자로서 등록증을 국토교통부장관에게 반납한 자 중 교육연수 대상에 해당하는 자가 등록갱신기간이 도래하기 전에 업무정지기간이 도과하여 등록증을 다시 교부받으려는 경우 교육연수를 이수하여야 한다.

⑥ 제19조 제2항(관보에 공고, 일반인에게 알림)·제4항은 자격 취소 또는 등록 취소를 하는 경우에 준용한다.

⑦ 징계의결은 국토교통부장관의 요구에 따라 하며, 징계의결의 요구는 위반사유가 발생한 날부터 5년이 지나면 할 수 없다.

## 제39조의2(징계의 공고)

① 국토교통부장관은 징계를 한 때에는 지체 없이 그 구체적인 사유를 해당 감정평가사, 감정평가법인등 및 협회에 각각 알리고, 그 내용을 관보 또는 인터넷 홈페이지 등에 게시 또는 공고하여야 한다.

② 협회는 통보받은 내용을 협회가 운영하는 인터넷홈페이지에 3개월 이상 게재하는 방법으로 공개하여야 한다.

③ 협회는 감정평가를 의뢰하려는 자가 해당 감정평가사에 대한 징계 사실을 확인하기 위하여 징계 정보의 열람을 신청하는 경우에는 그 정보를 제공하여야 한다.

<blockquote>

🔄 **관련 내용**

**(1) 명단공표의 의의**

명단공표란 행정법상 의무위반 또는 의무불이행이 있는 경우 위반자의 성명 등을 일반에게 공개하여 수치심을 자극하는 행정법상의 의무이행 확보 수단을 말한다.

**(2) 명단공표의 법적 성질(2018두49130)**

병역의무 기피자의 인적사항 등을 인터넷 홈페이지에 게시하는 등의 방법으로 공개한 경우 병무청장의 공개결정을 항고소송의 대상이 되는 행정처분으로 보아야 한다.

</blockquote>

**제40조(감정평가관리・징계위원회)**

① 다음 각 호의 사항을 심의 또는 의결하기 위하여 국토교통부에 감정평가관리・징계위원회를 둔다.

    1. 감정평가 관계 법령의 제정・개정에 관한 사항 중 국토교통부장관이 회의에 부치는 사항

    1의2. 제3조 제5항에 따른 실무기준의 변경에 관한 사항

    2. 감정평가사시험에 관한 사항(제14조)

    3. 수수료의 요율 및 실비의 범위에 관한 사항(제23조)

    4. 징계에 관한 사항(제39조)

    5. 그 밖에 감정평가와 관련하여 국토교통부장관이 회의에 부치는 사항

② 그 밖에 위원회의 구성과 운영 등에 필요한 사항은 대통령령으로 정한다.

<blockquote>

🔄 **관련 규정(감정평가법 시행령 제37조 제1항, 제2항)**

① 위원회는 위원장 1명과 부위원장 1명을 포함하여 13명의 위원으로 구성하며, 성별을 고려하여야 한다.

② 위원회의 위원장과 부위원장은 국토교통부장관이 위촉하거나 지명하는 사람이 된다.

</blockquote>

<h2 style="text-align:center">제6장 과징금</h2>

**제41조(과징금의 부과)**

① 국토교통부장관은 감정평가법인등이 설립인가 취소사유에 해당하게 되어 업무정지처분을 하여야 하는 경우로서 그 업무정지처분이 「부동산 가격공시에 관한 법률」 제3조에 따른 표준지공시지가의 공시 등의 업무를 정상적으로 수행하는 데에 지장을 초래하는 등 공익을 해칠 우려가 있는 경우에는 업무정지처분을 갈음하여 5천만원(감정평가법인인 경우는 5억원) 이하의 과징금을 부과할 수 있다.

② 국토교통부장관은 과징금을 부과하는 경우에는 다음 각 호의 사항을 고려하여야 한다.

    1. 위반행위의 내용과 정도

2. 위반행위의 기간과 위반횟수

3. 위반행위로 취득한 이익의 규모

③ 국토교통부장관은 이 법을 위반한 감정평가법인이 합병을 하는 경우 그 감정평가법인이 행한 위반행위는 합병 후 존속하거나 합병으로 신설된 감정평가법인이 행한 행위로 보아 과징금을 부과·징수할 수 있다.

> **◑ 관련 판례**
>
> **1. 과징금부과처분취소청구(2020두41689)**
>
> ① 소속평가사의 잘못으로 과징금 부과
>
> 감정평가법인인 경우에 실질적인 감정평가업무는 소속감정평가사에 의하여 이루어질 수밖에 없으므로, 감정평가법인이 감정평가의 주체로서 부담하는 성실의무란, 소속감정평가사에 대한 관리·감독의무를 포함하여 감정평가서 심사 등을 통해 감정평가 과정을 면밀히 살펴 공정한 감정평가결과가 도출될 수 있도록 노력할 의무를 의미한다.
>
> ② 제재적 행정처분이 재량권의 범위를 일탈·남용하였는지 판단하는 방법
>
> 제재적 행정처분이 재량권의 범위를 일탈하였거나 남용하였는지는, 처분사유인 위반행위의 내용과 그 위반의 정도, 그 처분에 의하여 달성하려는 공익상의 필요와 개인이 입게 될 불이익 및 이에 따르는 제반 사정 등을 객관적으로 심리하여 공익침해의 정도와 처분으로 인하여 개인이 입게 될 불이익을 비교·교량하여 판단하여야 한다.
>
> ③ 과징금 부과 시 징계위원회 의결
>
> 감정평가법인에 대하여 과징금을 부과하는 경우에는 징계위원회의 의결을 반드시 거칠 필요가 없다고 보아, 징계위원회의 의결을 거치지 않은 처분에 절차적 하자가 없다고 보았다.
>
> **2. 과징금과 행정형벌의 이중부과 가능성(헌재 82헌바38)**
>
> 과징금은 행정상 제재금이고, 범죄에 대한 국가의 형벌권의 실행으로서의 과벌이 아니므로 행정법규위반에 대하여 벌금이나 범칙금 이외에 과징금을 부과하는 것은 이중처벌금지의 원칙에 반하지 않는다.
>
> **◑ 과징금의 의의 및 성격(변형된 과징금)**
>
> 과징금은 행정법상 의무위반 행위로 얻은 경제적 이익을 박탈하기 위한 행정상 제재금을 말한다. 감정평가법상 과징금은 계속적인 공적업무 수행을 위하여 업무정지처분에 갈음하여 부과되는 것으로 변형된 의미의 과징금에 속한다.

## 제42조(이의신청)

① 제41조에 따른 과징금의 부과에 이의가 있는 자는 이를 통보받은 날부터 30일 이내에 사유서를 갖추어 국토교통부장관에게 이의를 신청할 수 있다.

② 국토교통부장관은 이의신청에 대하여 30일 이내에 결정을 하여야 한다(부득이한 사정으로 그 기간에 결정을 할 수 없을 때 30일의 범위에서 연장 가능).

③ 제2항에 따른 결정에 이의가 있는 자는 「행정심판법」에 따라 행정심판을 청구할 수 있다.

> **관련 판례**
>
> 1. **부당이득금부과처분취소(2011두27247)**
>    감액처분으로도 아직 취소되지 않고 남아 있는 부분이 위법하다 하여 다투고자 하는 경우, 감액처분을 항고소송의 대상으로 할 수는 없고, 당초 징수결정 중 감액처분에 의하여 취소되지 않고 남은 부분을 항고소송의 대상으로 할 수 있을 뿐이며, 그 결과 제소기간의 준수 여부도 감액처분이 아닌 당초 처분을 기준으로 판단하여야 한다.
>
> **과징금에 대한 권리구제**
> ① 이의신청(강학상 이의신청)
> ② 행정심판
> ③ 행정소송
> ④ 부당이득반환청구소송

## 제43조(과징금 납부기한의 연장과 분할납부)

① 국토교통부장관은 과징금을 부과받은 자가 다음 각 호의 어느 하나에 해당하는 사유로 과징금의 전액을 일시에 납부하기 어렵다고 인정될 때에는 그 납부기한을 연장하거나 분할납부하게 할 수 있다(필요하다고 인정할 때에는 담보를 제공하게 할 수 있다).

1. 재해 등으로 재산에 큰 손실을 입은 경우
2. 과징금을 일시에 납부할 경우 자금사정에 큰 어려움이 예상되는 경우
3. 그 밖에 제1호나 제2호에 준하는 사유가 있는 경우

② 과징금납부의무자는 납부기한을 연장받거나 분할납부를 하려면 납부기한 10일 전까지 국토교통부장관에게 신청하여야 한다.

③ 국토교통부장관은 과징금납부의무자가 다음 각 호의 어느 하나에 해당할 때에는 결정을 취소하고 과징금을 일시에 징수할 수 있다.

1. 분할납부가 결정된 과징금을 그 납부기한까지 납부하지 아니하였을 때
2. 담보의 변경이나 담보 보전에 필요한 국토교통부장관의 명령을 이행하지 아니하였을 때
3. 강제집행, 경매의 개시, 파산선고, 법인의 해산, 국세나 지방세의 체납처분을 받는 등 과징금의 전부나 나머지를 징수할 수 없다고 인정될 때
4. 그 밖에 제1호부터 제3호까지에 준하는 사유가 있을 때

## 제44조(과징금의 징수와 체납처분)

① 국토교통부장관은 과징금납부의무자가 납부기한까지 과징금을 납부하지 아니한 경우에는 납부기한의 다음 날부터 과징금을 납부한 날의 전날까지의 기간에 대하여 대통령령으로 정하는 가산금을 징수할 수 있다.

② 국토교통부장관은 과징금납부의무자가 납부기한까지 과징금을 납부하지 아니하였을 때에는 기간을 정하여 독촉을 하고, 그 지정한 기간 내에 과징금이나 가산금을 납부하지 아니하였을 때에는 국세 체납처분의 예에 따라 징수할 수 있다.

# 제7장 보칙

## 제45조(청문)

국토교통부장관은 다음 각 호의 어느 하나에 해당하는 처분을 하려는 경우에는 청문을 실시하여야 한다.

1. 제13조 제1항 제1호(부정한 방법으로 감정평가사의 자격을 받은 경우)에 따른 감정평가사 자격의 취소
2. 제32조 제1항에 따른 감정평가법인의 설립인가 취소

> ### 🔖 관련 판례
>
> #### 1. 청문미실시 협약이 배제사유인지 여부(2002두8350)
> 협약을 체결하면서 관계 법령 및 행정절차법에 규정된 청문의 실시 등 의견청취절차를 배제하는 조항을 두었다고 하더라도, 행정절차법의 목적 및 청문제도의 취지 등에 비추어 볼 때, 위와 같은 협약의 체결로 청문의 실시에 관한 규정의 적용을 배제할 수 있다고 볼 만한 법령상의 규정이 없는 한, 이러한 협약이 체결되었다고 하여 청문의 실시에 관한 규정의 적용이 배제된다거나 청문을 실시하지 않아도 되는 예외적인 경우에 해당한다고 할 수 없다.
>
> #### 2. 청문일시에 불출석이 청문의 배제사유인지 여부(2000두3337)
> '의견청취가 현저히 곤란하거나 명백히 불필요하다고 인정될 만한 상당한 이유가 있는지 여부'는 당해 행정처분의 성질에 비추어 판단하여야 하는 것이지, 청문통지서의 반송 여부, 청문통지의 방법 등에 의하여 판단할 것은 아니며, 또한 행정처분의 상대방이 통지된 청문일시에 불출석하였다는 이유만으로 행정청이 관계 법령상 그 실시가 요구되는 청문을 실시하지 아니한 채 침해적 행정처분을 할 수는 없을 것이므로, 행정처분의 상대방에 대한 청문통지서가 반송되었다거나, 행정처분의 상대방이 청문일시에 불출석하였다는 이유로 청문을 실시하지 아니하고 한 침해적 행정처분은 위법하다.
>
> #### 3. 충분한 방어의 기회를 가진 경우(92누2844)
> 행정청이 청문서 도달기간을 다소 어겼다 하더라도 영업자가 이에 대하여 이의하지 아니한채 스스로 청문일에 출석하여 그 의견을 진술하고 변명하는 등 방어의 기회를 충분히 가졌다면 청문서 도달기간을 준수하지 아니한 하자는 치유되었다고 봄이 상당하다 할 것이다.
>
> #### 4. 청문을 결한 경우의 위법성(2000두3337)
> 청문제도의 취지에 비추어 볼 때, 행정청이 침해적 행정처분을 함에 즈음하여 청문을 실시하지 않아도 되는 예외적인 경우에 해당하지 않는 한 반드시 청문을 실시하여야 하고, 그 절차를 결여한 처분은 위법한 처분으로서 취소 사유에 해당한다.
>
> ### 🔖 관련 규정
>
> #### 1. 청문이 실시하여야 하는 경우(행정절차법 제22조 제1항)
> ① 행정청이 처분을 할 때 다음 각 호의 어느 하나에 해당하는 경우에는 청문을 한다.
>> 1. 다른 법령등에서 청문을 하도록 규정하고 있는 경우
>> 2. 행정청이 필요하다고 인정하는 경우
>> 3. 다음 각 목의 처분을 하는 경우
>>> 가. 인허가 등의 취소

        나. 신분·자격의 박탈

        다. 법인이나 조합 등의 설립허가의 취소

  2. 청문의 예외사유(행정절차법 제22조 제4항) (공증현포)

    ① **공**공의 안전 또는 복리를 위하여 긴급히 처분을 할 필요가 있는 경우

    ② 자격이 없거나 없어지게 된 사실이 법원의 재판 등에 의하여 객관적으로 **증**명된 경우

    ③ 해당 처분의 성질상 의견청취가 **현**저히 곤란하거나 명백히 불필요하다고 인정될 만한 상당한 이유가 있는 경우

    ④ 당사자가 의견진술의 기회를 **포**기한다는 뜻을 명백히 표시한 경우

## 제46조(업무의 위탁)

① 국토교통부장관의 업무 중 다음 각 호의 업무는 한국부동산원, 한국산업인력공단 또는 협회에 위탁할 수 있다(제3호, 제4호는 협회에만 위탁 가능).

  1. 감정평가 타당성조사(제8조 제1항) 및 감정평가서에 대한 표본조사(제8조 제4항)와 관련하여 대통령령으로 정하는 업무

  2. 감정평가사시험의 관리(제14조)

  3. 감정평가사 등록 및 등록 갱신(제17조)

  4. 소속 감정평가사 또는 사무직원의 신고(제21조의2)

  5. 그 밖에 대통령령으로 정하는 업무

② 업무를 위탁할 때에는 예산의 범위에서 필요한 경비를 보조할 수 있다.

## 제47조(지도·감독)

① 국토교통부장관은 감정평가법인등 및 협회를 감독하기 위하여 필요할 때에는 그 업무에 관한 보고 또는 자료의 제출, 그 밖에 필요한 명령을 할 수 있으며, 소속 공무원으로 하여금 그 사무소에 출입하여 장부·서류 등을 검사하게 할 수 있다.

② 출입·검사를 하는 공무원은 그 권한을 표시하는 증표를 지니고 이를 관계인에게 내보여야 한다.

## 제48조(벌칙 적용에서 공무원 의제)

다음 각 호의 어느 하나에 해당하는 사람은 「형법」 제129조부터 제132조까지의 규정을 적용할 때에는 공무원으로 본다.

1. 「부동산 가격공시에 관한 법률」에 따른 업무를 수행하는 감정평가사

2. 제40조에 따른 위원회의 위원 중 공무원이 아닌 위원

3. 제46조에 따른 위탁업무에 종사하는 협회의 임직원

# 제8장 벌칙

## 제49조(벌칙)

다음 각 호의 어느 하나에 해당하는 자는 3년 이하의 징역 또는 3천만원 이하의 벌금에 처한다.

1. 부정한 방법으로 감정평가사의 자격을 취득한 사람
2. 감정평가법인등이 아닌 자로서 감정평가업을 한 자
3. 구비서류를 거짓으로 작성하는 등 부정한 방법으로 제17조에 따른 등록이나 갱신등록을 한 사람
4. 제18조에 따라 등록 또는 갱신등록이 거부되거나 제13조(자격의 취소), 제19조(등록의 취소) 또는 제39조(징계)에 따라 자격 또는 등록이 취소된 사람으로서 제10조의 업무를 한 사람
5. 제25조 제1항을 위반하여 고의로 업무를 잘못하거나 같은 조 제6항을 위반하여 제28조의2에서 정하는 유도 또는 요구에 따른 자
6. 제25조 제4항을 위반하여 업무와 관련된 대가를 받거나 감정평가 수주의 대가로 금품 또는 재산상의 이익을 제공하거나 제공하기로 약속한 자
6의2. 제28조의2를 위반하여 특정한 가액으로 감정평가를 유도 또는 요구하는 행위를 한 자
7. 정관을 거짓으로 작성하는 등 부정한 방법으로 제29조에 따른 인가를 받은 자

## 제50조(벌칙)

다음 각 호의 어느 하나에 해당하는 자는 1년 이하의 징역 또는 1천만원 이하의 벌금에 처한다.

1. 제21조 제4항을 위반하여 둘 이상의 사무소를 설치한 사람
2. 제21조 제5항 또는 제29조 제9항을 위반하여 소속 감정평가사 외의 사람에게 제10조의 업무를 하게 한 자
3. 제25조 제3항(직접 토지등의 매매업), 제5항(이중소속) 또는 제26조(비밀엄수)를 위반한 자
4. 제27조 제1항을 위반하여 감정평가사의 자격증·등록증 또는 감정평가법인의 인가증을 다른 사람에게 양도 또는 대여한 자와 이를 양수 또는 대여받은 자
5. 제27조 제2항을 위반하여 명의대여 등의 금지 행위를 알선한 자

## 제50조의2(몰수·추징)

제49조 제6호 및 제50조 제4호의 죄를 지은 자가 받은 금품이나 그 밖의 이익은 몰수한다. 이를 몰수할 수 없을 때에는 그 가액을 추징한다.

## 제51조(양벌규정)

법인의 대표자나 법인 또는 개인의 대리인, 사용인, 그 밖의 종업원이 그 법인 또는 개인의 업무에 관하여 제49조 또는 제50조의 위반행위를 하면 그 행위자를 벌하는 외에 그 법인 또는 개인에게도 해당 조문의 벌금형을 부과한다(법인 또는 개인이 그 위반행위를 방지하기 위하여 해당 업무에 상당한 주의와 감독을 게을리하지 아니한 경우는 제외).

## 제52조(과태료)

① 제24조 제1항(결격사유)을 위반하여 사무직원을 둔 자에게는 500만원 이하의 과태료를 부과한다.

② 400만원 이하의 과태료를 부과

    5. 제28조 제2항을 위반하여 보험 또는 협회가 운영하는 공제사업에의 가입 등 필요한 조치를 하지 아니한 사람

    7. 제47조에 따른 업무에 관한 보고, 자료 제출, 명령 또는 검사를 거부·방해 또는 기피하거나 국토교통부장관에게 거짓으로 보고한 자

③ 300만원 이하의 과태료를 부과

    1. 제6조 제3항을 위반하여 감정평가서의 원본과 그 관련 서류를 보존하지 아니한 자

    2. 제22조 제1항을 위반하여 "감정평가사사무소" 또는 "감정평가법인"이라는 용어를 사용하지 아니하거나 같은 조 제2항을 위반하여 "감정평가사", "감정평가사사무소", "감정평가법인" 또는 이와 유사한 명칭을 사용한 자

④ 150만원 이하의 과태료를 부과

    1. 제9조 제2항을 위반하여 감정평가 결과를 감정평가 정보체계에 등록하지 아니한 자

    2. 제13조 제3항, 제19조 제3항 및 제39조 제4항을 위반하여 자격증 또는 등록증을 반납하지 아니한 사람

    3. 제28조 제3항을 위반하여 같은 조 제1항에 따른 손해배상사실을 국토교통부장관에게 알리지 아니한 자

⑤ 제1항부터 제4항까지에 따른 과태료는 국토교통부장관이 부과·징수한다.

### ⦿ 과징금, 벌금, 과태료 비교

| | 벌금 | 과징금 | 과태료 |
|---|---|---|---|
| 의의 | 행정목적 침해 제재금 | 행정법규 위반으로 얻은 경제적 이익 박탈을 위한 제재금 | 행정목적을 간접 침해한 경우 제재금 |
| 법적성질 | 행정형벌 | 행정상제재금, 급부하명 | 행정질서벌 |
| 법적근거 | 형법총칙 | 행정기본법 | 질서위반행위규제법 |
| 감정평가법 | 제49조 및 제50조 | 제41조 | 제52조 |
| 절차 | 국토교통부장관의 고발 검사의 기소로 형확정 | 국토교통부장관의 부과(감정평가법 제40조 위원회 의결사항 ✕) | |
| 불복방법 | 상소(항소 및 상고) | 감정평가법 제42조 이의신청 | 과태료일반법상 이의신청과 과태료 재판 |
| 판례 | 벌금과 과징금의 중복부과 가능성(긍정) | – | |

**부칙**

**제1조(시행일)** 이 법은 공포 후 3개월이 경과한 날부터 시행한다.

**제2조(사무직원의 결격사유에 관한 적용례)** 제24조 제1항 제4호 및 제6호의 개정규정은 이 법 시행 이후 발생하는 사유로 제39조 제1항 제11호의 개정규정에 따라 자격취소의 징계처분을 받거나 제39조의 개정규정에 따라 업무정지의 징계처분을 받은 경우부터 적용한다.

**제3조(징계에 관한 경과조치)** 이 법 시행 전의 위반행위로 인한 징계에 관하여는 제39조 제1항 제11호의 개정규정에도 불구하고 종전의 규정에 따른다.

행정기본법 개정법률(안) 입법예고 사항 2024년 7월 현재

## ■ 조문별 제·개정이유서

### 1. '법령'의 범위 명확화[안 제2조 제1호 가목3)]

가. 개정 이유

○ 법률 및 대통령령·총리령·부령의 위임을 받아 중앙행정기관의 장이 정한 훈령·예규 및 고시 등 행정규칙은 현행 규정상 '법령'의 범위에 포함되나,

　– 법령의 위임을 받아 국회·대법원 등에서 정한 행정규칙, 국회규칙·대법원규칙 등에서 위임하여 정한 행정규칙 및 지방자치단체의 장이 정한 행정규칙의 경우 '법령'의 범위에 포함되지 않아 「행정기본법」의 적용대상에서 제외되는 문제가 있어 이를 보완하려는 것임.

나. 개정 내용

○ 법령의 위임을 받아 국회, 대법원 등에서 정하거나 지방자치단체의 장이 정한 행정규칙 및 국회규칙, 대법원규칙 등의 위임을 받아 국회, 대법원 등이 정한 훈령·예규 및 고시 등의 행정규칙도 '법령'의 범위에 포함함.

### 2. 훈령 등의 시행일 계산 기준일 명확화(안 제7조 제1호)

가. 개정 이유

○ 현행 규정상 훈령·예규·고시·지침 등의 시행일을 정할 때 '공포한 날'을 계산 기준일로 삼고 있어 법률 및 대통령령 등 외에 훈령·예규·고시·지침 등에 대해서도 공포 제도를 도입한 것으로 오해될 소지가 있으므로, 훈령·예규·고시·지침 등의 계산 기준일은 발령한 날 또는 고시·공고한 날 등임을 명확히 하려는 것임.

나. 개정 내용

○ 훈령·예규·고시·지침 등은 이를 고시·공고 등의 방법으로 발령한 날을 시행일 계산 기준일로 삼도록 함.

### 3. 과징금 체납가산금 상한에 대한 일반규정 마련(안 제28조 제3항 신설)

가. 개정 이유

○ 과징금의 경우 부담금 또는 과태료와 달리 체납가산금에 대한 일반규정이 없어 개별 법률간 체납가산금의 편차가 큰 바, 체납가산금 부과의 형평성을 제고하고, 과중한 체납가산금 부과를 방지하기 위하여 체납가산금의 상한에 관한 일반규정을 마련할 필요가 있음.

나. 개정 내용

○ 개별 법률에서 과징금 체납자에 대한 가산금 부과 규정을 정할 때 금융기관 등이 연체대출금에 대하여 적용하는 이자율 등을 고려한 부과율 및 부과기간을 상한으로 하도록 함.

4. 이의신청 결과 통지 관련 행정쟁송 제기 대상 명확화(안 제36조 제4항)

　가. 개정 이유

　　○ 처분에 대한 당사자의 이의신청에 대해 행정청이 하는 결과 통지는 처분성이 없어 이에 대해 행정쟁송을 제기할 수 없고, 원처분(原處分)을 대상으로 행정쟁송을 제기해야 하는바, 일반국민이 이를 잘 알지 못하거나 이에 대한 법적 분쟁이 생기는 경우가 있어 행정쟁송 제기 대상이 원처분임을 명확히 하려는 것임.

　나. 개정 내용

　　○ 이의신청에 대한 결과를 통지받은 후 행정심판 또는 행정소송을 제기하려는 자는 이의신청 결과 통지가 아닌 행정청의 원처분(이의신청 결과 처분이 변경된 경우에는 변경된 처분)에 대하여 행정심판 또는 행정소송을 제기할 수 있다는 것을 명확히 규정함.

5. 처분에 대한 이의신청 결과통지 시 쟁송제기기간 안내규정 도입(안 제36조 제5항 신설)

　가. 개정 이유

　　○ 「행정기본법」 제36조 제4항에 따라 이의신청인은 이의신청 결과를 통지받은 날부터 90일 이내에 행정심판 또는 행정소송을 제기할 수 있는바, 이의신청인이 행정청으로부터 결과 통지를 받을 때 이 사실을 함께 안내받을 수 있도록 하려는 것임.

　나. 개정 내용

　　○ 행정청이 이의신청에 대한 결과를 통지할 때에는 「행정기본법」 제36조 제4항에 따른 행정심판 또는 행정소송의 제기에 관한 사항을 함께 안내하도록 함.

　　○ 다만, 이의신청 전 또는 이의신청 후 결과를 통지받기 전에 행정심판 또는 행정소송을 제기한 경우에는 제기기간 등에 대한 안내를 할 필요가 없으므로 이 경우에는 안내 대상에서 제외함.

　* 행정심판 또는 행정소송이 제기된 경우 행정청에 청구서 또는 관련 문서가 송달되므로 행정청이 이의신청인의 행정쟁송 제기 여부를 알 수 있음

6. 처분에 대한 이의신청 적용 대상 명확화(안 제36조 제8항 제5호)

　가. 개정 이유

　　○ 처분에 대한 이의신청은 「행정심판법」에 따른 일반행정심판의 대상이 되는 처분을 대상으로 할 수 있고, 일반행정심판 대상인 처분의 경우에도 공무원 인사 관계 법령에 따른 징계처분, 외국인의 출입국 등에 관한 사항은 이의신청을 할 수 없도록 추가로 규정하고 있으나, 난민인정은 「난민법」에 따라 특별행정심판에 해당하는바, 이의신청 제외대상에 중복하여 규정할 필요가 없으므로 이를 정비하려는 것임.

　나. 개정 내용

　　○ 처분에 대한 이의신청의 적용 제외대상에서 난민인정을 삭제함.

---

행정기본법 시행령 일부개정령안 2024년 8월 22일 공고

1. 제안이유

즉시강제 집행 시 집행책임자의 증표 제시 및 고지 절차를 준수할 수 없는 경우 사후에 고지하거나

게시판 등에 공고함으로써 고지를 갈음할 수 있도록 하는 내용으로 「행정기본법」이 개정된 것에 맞추어, 게시판 등에 공고함으로써 고지를 갈음할 수 있는 대통령령으로 위임된 사유를 정하는 한편, 이의신청에 대한 보완절차를 마련하는 등 현행 제도의 운영상 나타난 일부 미비점을 개선·보완하려는 것임.

## 2. 일부개정령안

**행정기본법 시행령 제5조(인허가의제 행정청 상호 간의 통지)**

① 관련인허가 행정청은 법 제24조제5항 단서에 따라 관련인허가에 필요한 심의, 의견 청취 등의 절차(이하 이 조에서 "관련인허가절차"라 한다)를 거쳐야 하는 경우에는 다음 각 호의 사항을 구체적으로 밝혀 지체 없이 주된인허가 행정청에 통지해야 한다.

    1. 관련인허가절차의 내용

    2. 관련인허가절차에 걸리는 기간

    3. 그 밖에 관련인허가절차의 이행에 필요한 사항

② 주된 인허가 행정청은 법 제24조 및 제25조에 따라 주된인허가를 하거나 법 제26조제2항에 따라 주된인허가가 있은 후 이를 <u>취소 또는 변경 했을 때에는</u> 지체 없이 관련인허가 행정청에 그 사실을 통지해야 한다.

③ 주된 인허가 행정청 또는 관련인허가 행정청은 제1항 및 제2항에서 규정한 사항 외에 주된인허가 또는 관련인허가의 관리·감독에 영향을 미치는 중요 사항이 발생한 경우에는 상호 간에 그 사실을 통지해야 한다.

**행정기본법 시행령 제10조의2(공고에 의한 즉시강제의 고지)**

<u>법 제33조 제3항 제3호에서 "대통령령으로 정하는 불가피한 사유로 고지할 수 없는 경우"란 다음 각 호의 어느 하나에 해당하는 경우를 말한다.</u>

<u>1. 통상적인 방법으로는 재산의 소유자 또는 점유자의 주소·거소(居所)·영업소·사무소·전자우편주소 및 전화번호를 모두 확인할 수 없는 경우</u>

<u>2. 등기우편으로 재산의 소유자 또는 점유자에게 법 제33조 제3항 본문에 따라 고지했으나 그 주소·거소·영업소·사무소에 재산의 소유자 또는 점유자가 없는 것으로 확인되는 등의 사유로 반송되는 경우</u>

<u>3. 재산의 소유자 또는 점유자가 정당한 사유 없이 고지받기를 거부하는 경우</u>

<u>4. 그 밖에 제1호부터 제3호까지에 준하는 경우로서 재산의 소유자 또는 점유자에게 고지가 불가능한 경우</u>

**행정기본법 시행령 제11조(이의신청의 방법 등)**

① 법 제36조 제1항에 따라 이의신청을 하려는 자는 다음 각 호의 사항을 적은 문서를 해당 행정청에 제출해야 한다.

    1. 신청인의 성명·생년월일·주소(신청인이 법인이나 단체인 경우에는 그 명칭, 주사무소의 소재지와 그 대표자의 성명)와 연락처

2. 이의신청 대상이 되는 처분의 내용과 처분을 받은 날

3. 이의신청 이유

② 행정청은 법 제36조 제2항 단서에 따라 이의신청 결과의 통지 기간을 연장하려는 경우에는 연장 통지서에 연장 사유와 연장 기간 등을 구체적으로 적어야 한다.

③ 제1항에 따른 이의신청을 받은 행정청은 그 내용에 보완이 필요하면 보완해야 할 내용을 명시하고 7일 이내에서 적절한 기간을 정해 보완을 요청할 수 있다.

④ 제3항에 따른 보완기간은 법 제36조 제2항에 따른 이의신청 결과 통지 기간에 포함하지 않는다.

⑤ 행정청은 법 제36조에 따른 이의신청에 대한 접수 및 처리 상황을 이의신청 처리대장에 기록하고 유지해야 한다.

⑥ 법제처장은 이의신청 제도의 개선을 위하여 필요한 경우에는 행정청에 이의신청 처리 상황 등 이의신청 제도의 운영 현황을 점검하는 데 필요한 자료의 제공을 요청할 수 있다.

⑦ 법제처장은 행정청이 이의신청 업무를 효율적으로 수행할 수 있도록 이의신청관리시스템을 구축·운영할 수 있다.

# 제1장 총칙

## 제1절 목적 및 정의 등

### 제1조(목적)

이 법은 행정의 원칙과 기본사항을 규정하여 행정의 민주성과 적법성을 확보하고 적정성과 효율성을 향상시킴으로써 국민의 권익 보호에 이바지함을 목적으로 한다.

### 제2조(정의)

이 법에서 사용하는 용어의 뜻은 다음과 같다.

1. "법령등"이란 다음 각 목의 것을 말한다.

    가. 법령 : 다음의 어느 하나에 해당하는 것

    1) 법률 및 대통령령·총리령·부령

    2) 국회규칙·대법원규칙·헌법재판소규칙·중앙선거관리위원회규칙 및 감사원규칙

    3) 1) 또는 2)의 위임을 받아 중앙행정기관(「정부조직법」 및 그 밖의 법률에 따라 설치된 중앙행정기관을 말한다. 이하 같다)의 장이 정한 훈령·예규 및 고시 등 행정규칙

    나. 자치법규 : 지방자치단체의 조례 및 규칙

2. "행정청"이란 다음 각 목의 자를 말한다.

    가. 행정에 관한 의사를 결정하여 표시하는 국가 또는 지방자치단체의 기관

　　나. 그 밖에 법령등에 따라 행정에 관한 의사를 결정하여 표시하는 권한을 가지고 있거나 그 권한을 위임 또는 위탁받은 공공단체 또는 그 기관이나 사인

3. "당사자"란 처분의 상대방을 말한다.

4. "처분"이란 행정청이 구체적 사실에 관하여 행하는 법 집행으로서 공권력의 행사 또는 그 거부와 그 밖에 이에 준하는 행정작용을 말한다.

5. "제재처분"이란 법령등에 따른 의무를 위반하거나 이행하지 아니하였음을 이유로 당사자에게 의무를 부과하거나 권익을 제한하는 처분을 말한다. 다만, 제30조 제1항 각 호에 따른 행정상 강제는 제외한다.

## 제3조(국가와 지방자치단체의 책무)

① 국가와 지방자치단체는 국민의 삶의 질을 향상시키기 위하여 적법절차에 따라 공정하고 합리적인 행정을 수행할 책무를 진다.

② 국가와 지방자치단체는 행정의 능률과 실효성을 높이기 위하여 지속적으로 법령등과 제도를 정비·개선할 책무를 진다.

## 제4조(행정의 적극적 추진)

① 행정은 공공의 이익을 위하여 적극적으로 추진되어야 한다.

② 국가와 지방자치단체는 소속 공무원이 공공의 이익을 위하여 적극적으로 직무를 수행할 수 있도록 제반 여건을 조성하고, 이와 관련된 시책 및 조치를 추진하여야 한다.

## 제5조(다른 법률과의 관계)

① 행정에 관하여 다른 법률에 특별한 규정이 있는 경우를 제외하고는 이 법에서 정하는 바에 따른다.

② 행정에 관한 다른 법률을 제정하거나 개정하는 경우에는 이 법의 목적과 원칙, 기준 및 취지에 부합되도록 노력하여야 한다.


## 제2절 기간 및 나이의 계산

## 제6조(행정에 관한 기간의 계산)

① 행정에 관한 기간의 계산에 관하여는 이 법 또는 다른 법령등에 특별한 규정이 있는 경우를 제외하고는 「민법」을 준용한다.

② 법령등 또는 처분에서 국민의 권익을 제한하거나 의무를 부과하는 경우 권익이 제한되거나 의무가 지속되는 기간의 계산은 다음 각 호의 기준에 따른다.

　(다만, 다음 각 호의 기준에 따르는 것이 국민에게 불리한 경우에는 그러하지 아니하다.)

　1. 기간을 일, 주, 월 또는 연으로 정한 경우에는 기간의 첫날을 산입한다.

　2. 기간의 말일이 토요일 또는 공휴일인 경우에도 기간은 그 날로 만료한다.

### 제7조(법령등 시행일의 기간 계산)

법령등(훈령·예규·고시·지침 등을 포함)의 시행일을 정하거나 계산할 때에는 다음 각 호의 기준에 따른다.

1. 법령등을 공포한 날부터 시행하는 경우에는 공포한 날을 시행일로 한다.
2. 법령등을 공포한 날부터 일정 기간이 경과한 날부터 시행하는 경우 법령등을 공포한 날을 첫날에 산입하지 아니한다.
3. 법령등을 공포한 날부터 일정 기간이 경과한 날부터 시행하는 경우 그 기간의 말일이 토요일 또는 공휴일인 때에는 그 말일로 기간이 만료한다.

### 제7조의2(행정에 관한 나이의 계산 및 표시)

행정에 관한 나이는 다른 법령등에 특별한 규정이 있는 경우를 제외하고는 출생일을 산입하여 만(滿) 나이로 계산하고, 연수(年數)로 표시한다. 다만, 1세에 이르지 아니한 경우에는 월수(月數)로 표시할 수 있다.

## 제2장 행정의 법 원칙

### 제8조(법치행정의 원칙)

행정작용은 법률에 위반되어서는 아니 되며, 국민의 권리를 제한하거나 의무를 부과하는 경우와 그 밖에 국민생활에 중요한 영향을 미치는 경우에는 법률에 근거하여야 한다.

> 🔖 관련 판례
> **1. 법률의 위임 없이 정한 경우의 효력(2010두19270)**
> 지방자치단체가 조례를 제정함에 있어 그 내용이 주민의 권리제한 또는 의무부과에 관한 사항이나 벌칙인 경우에는 법률의 위임이 있어야 하므로, 법률의 위임 없이 주민의 권리제한 또는 의무 부과에 관한 사항을 정한 조례는 효력이 없다.
>
> 🔖 관련 쟁점
> 1. **법률의 법규창조력** - 법규를 정립하는 입법은 모두 의회가 행하여야 한다는 원칙
> 2. **법률 우위의 원칙** - 행정기본법 제8조 제1문 성문화 - 행정작용은 법률에 위반되어서는 아니된다.
> 3. **법률 유보의 원칙** - 행정기본법 제8조 제2문 성문화 - 국민의 권리를 제한하거나 의무를 부과하는 경우와 그 밖에 국민생활에 중요한 영향을 미치는 경우에는 법률에 근거하여야 한다.

### 제9조(평등의 원칙)

행정청은 합리적 이유 없이 국민을 차별하여서는 아니 된다.

> **관련 판례**
>
> 1. **재량권 일탈·남용(2000두4057)**
>    지방자치단체의 장이 합리적이고 공정한 기준에 의하여 면직대상자를 선정하고 그에 따라 면직처분을 하였다면 일응 적법한 재량행사라 할 것이나, 그 기준이 평등의 원칙에 위배되는 등 비합리적이고 불공정하다면 그에 따른 면직처분은 재량권의 일탈·남용으로서 위법하다 할 것이다.

## 제10조(비례의 원칙)

행정작용은 다음 각 호의 원칙에 따라야 한다.

1. 행정목적을 달성하는 데 유효하고 적절할 것(적합성의 원칙)
2. 행정목적을 달성하는 데 필요한 최소한도에 그칠 것(필요성의 원칙)
3. 행정작용으로 인한 국민의 이익 침해가 그 행정작용이 의도하는 공익보다 크지 아니할 것(상당성의 원칙)

> **관련 판례**
>
> 1. **비례의 원칙이란(63누10096)**
>    비례의 원칙(과잉금지의 원칙)이란 어떤 행정목적을 달성하기 위한 수단은 그 목적달성에 유효·적절하고 또한 가능한 한 최소침해를 가져오는 것이어야 하며 아울러 그 수단의 도입으로 인한 침해가 의도하는 공익을 능가하여서는 아니된다는 헌법상의 원칙을 말하는 것이다.
> 2. **재령권 일탈·남용(2000두6206)**
>    불공정거래행위에 대하여 부과되는 과징금의 액수는 당해 불공정거래행위의 구체적 태양 등에 기하여 판단되는 그 위법성의 정도뿐만 아니라 그로 인한 이득액의 규모와도 상호 균형을 이룰 것이 요구되고, 이러한 균형을 상실할 경우에는 비례의 원칙에 위배되어 재량권의 일탈·남용에 해당할 수가 있다.

## 제11조(성실의무 및 권한남용금지의 원칙)

① 행정청은 법령등에 따른 의무를 성실히 수행하여야 한다.

② 행정청은 행정권한을 남용하거나 그 권한의 범위를 넘어서는 아니 된다.

> **관련 판례**
>
> 1. **권한남용금지의 원칙(2016두47659)**
>    법치주의는 국가권력의 중립성과 공공성 및 윤리성을 확보하기 위한 것이므로, 모든 국가기관과 공무원은 헌법과 법률에 위배되는 행위를 하여서는 아니 됨은 물론 헌법과 법률에 의하여 부여된 권한을 행사할 때에도 그 권한을 남용하여서는 아니 된다.

## 제12조(신뢰보호의 원칙)

① 행정청은 공익 또는 제3자의 이익을 현저히 해칠 우려가 있는 경우를 제외하고는 행정에 대한 국민의 정당하고 합리적인 신뢰를 보호하여야 한다.

② 행정청은 권한 행사의 기회가 있음에도 불구하고 장기간 권한을 행사하지 아니하여 국민이 그 권한이 행사되지 아니할 것으로 믿을 만한 정당한 사유가 있는 경우에는 그 권한을 행사해서는 아니 된다(공익 또는 제3자의 이익을 현저히 해칠 우려가 있는 경우는 예외로 한다).

> **❤ 관련 판례**
>
> **1. 신뢰보호의 원칙의 요건(98두4061)**
>    일반적으로 행정상의 법률관계 있어서 행정청의 행위에 대하여 신뢰보호의 원칙이 적용되기 위하여는, ① 행정청이 개인에 대하여 신뢰의 대상이 되는 공적인 견해표명을 하여야 하고, ② 행정청의 견해표명이 정당하다고 신뢰한 데에 대하여 그 개인에게 귀책사유가 없어야 하며, ③ 그 개인이 그 견해표명을 신뢰하고 이에 어떠한 행위를 하였어야 하고, ④ 행정청이 위 견해표명에 반하는 처분을 함으로써 그 견해표명을 신뢰한 개인의 이익이 침해되는 결과가 초래되어야 하며, ⑤ 어떠한 행정처분이 이러한 요건을 충족할 때에는, 공익 또는 제3자의 정당한 이익을 현저히 해할 우려가 있는 경우가 아닌 한, 신뢰보호의 원칙에 반하는 행위로서 위법하게 된다.
>
> **2. 실권의 법리의 의미(2003두9817)**
>    실권의 법리는 권리자가 권리행사의 기회를 가지고 있음에도 불구하고, 장기간에 걸쳐 그의 권리를 행사하지 아니하였기 때문에 의무자인 상대방이 이미 그의 권리를 행사하지 아니할 것으로 믿을 만한 정당한 사유 가 있게 되거나 행사하지 아니할 것으로 추인케 할 경우에 새삼스럽게 그 권리를 행사하는 것이 신의성실의 원칙에 반하는 결과가 될 때 그 권리행사를 허용하지 않는 것을 의미한다.
>
> **❤ 관련 내용**
>
> **1. 실권의 법리의 요건(행정기본법 제12조 제2항)**
>    ① 권한 행사의 기회가 있을 것
>    ② 장기간 권리의 불행사가 있을 것
>    ③ 권한의 불행사에 대한 국민의 신뢰가 있을 것
>    ④ 공익 등을 해칠 우려가 없을 것

## 제13조(부당결부금지의 원칙)

행정청은 행정작용을 할 때 상대방에게 해당 행정작용과 실질적인 관련이 없는 의무를 부과해서는 아니 된다.

> **❤ 관련 판례**
>
> **1. 부당결부금지 원칙의 의미(2005다65500)**
>    부당결부금지의 원칙이란 행정주체가 행정작용을 함에 있어서 상대방에게 이와 실질적인 관련이 없는 의무를 부과하거나 그 이행을 강제하여서는 아니 된다는 원칙을 말한다.
>
> **2. 부관의 위법성(96다49650)**
>    수익적 행정행위에 있어서는 법령에 특별한 근거규정이 없다고 하더라도 그 부관으로서 부담을 붙일 수 있으나, 그러한 부담은 비례의 원칙, 부당결부금지의 원칙에 위반되지 않아야만 적법하다고 할 것이다.
>    * 부당결부금지의 원칙은 부관과 같이 연관지어 출제 가능성 多

# 제3장 행정작용

## 제1절 처분

### 제14조(법 적용의 기준)

① 새로운 법령등은 법령등에 특별한 규정이 있는 경우를 제외하고는 그 법령등의 효력 발생 전에 완성되거나 종결된 사실관계 또는 법률관계에 대해서는 적용되지 아니한다.

② 당사자의 신청에 따른 처분은 법령등에 특별한 규정이 있거나 처분 당시의 법령등을 적용하기 곤란한 특별한 사정이 있는 경우를 제외하고는 처분 당시의 법령등에 따른다.

③ 법령등을 위반한 행위의 성립과 이에 대한 제재처분은 법령등에 특별한 규정이 있는 경우를 제외하고는 법령등을 위반한 행위 당시의 법령등에 따른다.

(법령등을 위반한 행위 후 법령등의 변경에 의하여 그 행위가 법령등을 위반한 행위에 해당하지 아니하거나 제재처분 기준이 가벼워진 경우로서 해당 법령등에 특별한 규정이 없는 경우에는 변경된 법령등을 적용한다.)

### 제15조(처분의 효력) – 공정력을 명문화함

처분은 권한이 있는 기관이 취소 또는 철회하거나 기간의 경과 등으로 소멸되기 전까지는 유효한 것으로 통용된다. 다만, 무효인 처분은 처음부터 그 효력이 발생하지 아니한다.

> **관련 판례**
>
> 1. **행정청의 후행거부처분이 취소를 구할 법률상 이익이 있는지 여부(94누4615)**
>    행정행위의 공정력이란 행정행위가 위법하더라도 취소되지 않는 한 유효한 것으로 통용되는 효력을 의미하는 것인바, 행정청의 후행거부처분은 소극적 행정행위로서 현존하는 법률관계에 아무런 변동도 가져 오는 것이 아니므로, 그 거부처분이 공정력이 있는 행정행위로서 취소되지 아니하였다고 하더라도, 그 거부처분의 효력을 직접 부정하는 것이 아닌 한 선행거부처분보다 뒤에 된 동일한 내용의 후행 거부처분때문에 선행거부 처분의 취소를 구할 법률상 이익이 없다고 할 수는 없다.

### 제16조(결격사유)

① 자격이나 신분 등을 취득 또는 부여할 수 없거나 인가, 허가, 지정, 승인, 영업등록, 신고 수리 등(이하 "인허가"라 한다)을 필요로 하는 영업 또는 사업 등을 할 수 없는 사유(이하 이 조에서 "결격사유"라 한다)는 법률로 정한다.

② 결격사유를 규정할 때에는 다음 각 호의 기준에 따른다.

　　1. 규정의 필요성이 분명할 것

　　2. 필요한 항목만 최소한으로 규정할 것

　　3. 대상이 되는 자격, 신분, 영업 또는 사업 등과 실질적인 관련이 있을 것

　　4. 유사한 다른 제도와 균형을 이룰 것

제17조(부관)

① 행정청은 처분에 재량이 있는 경우에는 부관(조건, 기한, 부담, 철회권의 유보 등)을 붙일 수 있다.

② 행정청은 처분에 재량이 없는 경우에는 법률에 근거가 있는 경우에 부관을 붙일 수 있다.

③ 행정청은 부관을 붙일 수 있는 처분이 다음 각 호의 어느 하나에 해당하는 경우 그 처분을 한 후에도 부관을 새로 붙이거나 종전의 부관을 변경할 수 있다.

　1. 법률에 근거가 있는 경우

　2. 당사자의 동의가 있는 경우

　3. 사정이 변경되어 부관을 새로 붙이거나 종전의 부관을 변경하지 아니하면 해당 처분의 목적을 달성할 수 없다고 인정되는 경우

④ 부관은 다음 각 호의 요건에 적합하여야 한다.

　1. 해당 처분의 목적에 위배되지 아니할 것

　2. 해당 처분과 실질적인 관련이 있을 것

　3. 해당 처분의 목적을 달성하기 위하여 필요한 최소한의 범위일 것

▶ **부관의 종류**

① 조건 : 행정행위의 효력의 발생 또는 소멸을 장래의 불확실한 사실에 의존시키는 부관

② 기한 : 행정행위의 효력의 발생 또는 소멸을 장래의 확실한 사실 발생 여부에 의존시키는 부관

③ 철회권 유보 : 행정행위를 할 때 일정한 경우 행정행위를 철회할 수 있음을 정한 부관

④ 부담 : 주된 행정행위에 부가하여 상대방에게 작위·부작위·급부·수인 의무를 부가하는 부관

▶ **부관의 내용적 한계(89누6808)**

① 부관은 법령에 위배되지 않는 범위 내에서 붙일 수 있다.

② 행정행위의 목적에 위배하여 붙일 수 없다.

③ 평등의 원칙, 비례의 원칙, 부당 결부의 원칙 등 법의 일반 원칙에 위배하여 붙일 수 없다.

④ 이행가능하여야 한다.

⑤ 주된 행정행위의 본질적 효력을 해하지 않는 한도의 것이어야 한다.

▶ **기속행위와 기속적 재량행위에서의 부관(94다56883)**

일반적으로 기속행위나 기속적 재량행위에는 부관을 붙일 수 없고 가사 부관을 붙였다 하더라도 무효이다.

▶ **부관의 사후변경(97누2627)**

부관의 사후변경은, 법률에 명문의 규정이 있거나 그 변경이 미리 유보되어 있는 경우 또는 상대방의 동의가 있는 경우에 한하여 허용되는 것이 원칙이지만, 사정변경으로 인하여 당초에 부담을 부가한 목적을 달성할 수 없게 된 경우에도 그 목적달성에 필요한 범위 내에서 예외적으로 허용된다.

▶ **부관의 위법성(96다49650)**

지방자치단체장이 사업자에게 주택사업계획승인을 하면서 그 주택사업과는 아무런 관련이 없는 토지를 기부채납하도록 하는 부관을 주택사업계획승인에 붙인 경우, 그 부관은 부당결부금지의 원칙에 위반되어 위법하지만, 지방자치단체장이 승인한 주택사업계획은 상당히 큰 규모의 사업임에 반하여, 사업자가 기부채납한 토지 가액은 그 100분의 1 상당의 금액에 불과한 데다가, 사업자가 그 동안 그 부관에 대하여 아무런 이의를 제기하지 아니하다가 지방자치단체장이 업무착오로 기부채납한 토지에 대하여 보상협조요청서를 보내자 그 때서야 비로소 부관의 하자를 들고 나온 사정에 비추어 볼 때 부관의 하자가 중대하고 명백하여 당연무효라고는 볼 수 없다.

  \* 부관의 위법성 고찰은 부당결부금지의 원칙과 비례의 원칙으로 한다.

▶ **부관의 독립쟁송가능성(부담만 가능)(91누1264)**

부관은 행정행위의 일반적인 효력이나 효과를 제한하기 위하여 의사표시의 주된 내용에 부가되는 종된 의사표시이지 그 자체로서 직접 법적 효과를 발생하는 독립된 처분이 아니므로 현행 행정쟁송제도 아래서는 부관 그 자체만을 독립된 쟁송의 대상으로 할 수 없는 것이 원칙이나 행정행위의 부관 중에서도 행정행위에 부수하여 그 행정행위의 상대방에게 일정한 의무를 부과하는 행정청의 의사표시인 부담의 경우에는 다른 부관과는 달리 행정행위의 불가분적인 요소가 아니고 그 존속이 본체인 행정행위의 존재를 전제로 하는 것일 뿐이므로 부담 그 자체로서 행정쟁송의 대상이 될 수 있다.

▶ **부관의 독립취소가능성(부담만 가능)(93누13537)**

판례는 부진정일부취소소송의 형태를 인정하고 있지 아니하고, 부담에 대해서만 진정일부취소소송을 인정하므로 부담에 대한 취소소송에서 부담이 위법하면 부담만을 독립적으로 취소가능하다고 본다.

## 제18조(위법 또는 부당한 처분의 취소)

① 행정청은 위법 또는 부당한 처분의 전부나 일부를 소급하여 취소할 수 있다. 다만, 당사자의 신뢰를 보호할 가치가 있는 등 정당한 사유가 있는 경우에는 장래를 향하여 취소할 수 있다.

② 행정청은 당사자에게 권리나 이익을 부여하는 처분을 취소하려는 경우에는 당사자가 입게 될 불이익을 취소로 달성되는 공익과 비교·형량하여야 한다.

다만, 다음 각 호의 어느 하나에 해당하는 경우에는 그러하지 아니하다.

1. 거짓이나 그 밖의 부정한 방법으로 처분을 받은 경우

2. 당사자가 처분의 위법성을 알고 있었거나 중대한 과실로 알지 못한 경우

> 🔖 **관련 판례**
>
> 1. **행정행위의 취소 및 취소사유(2015두58195)**
>    행정행위의 '취소'는 일단 유효하게 성립한 행정행위를 그 행위에 위법한 하자가 있음을 이유로 소급하여 효력을 소멸시키는 별도의 행정처분을 의미함이 원칙이며 행정행위의'취소 사유'는 원칙적으로 행정행위의 성립 당시에 존재하였던 하자를 말한다.

## 제19조(적법한 처분의 철회)

① 행정청은 적법한 처분이 다음 각 호의 어느 하나에 해당하는 경우에는 전부 또는 일부를 장래를 향하여 철회할 수 있다.

1. 법률에서 정한 철회 사유에 해당하게 된 경우
2. 법령등의 변경이나 사정변경으로 처분을 더 이상 존속시킬 필요가 없게 된 경우
3. 중대한 공익을 위하여 필요한 경우

② 행정청은 처분을 철회하려는 경우에는 철회로 인하여 당사자가 입게 될 불이익을 철회로 달성되는 공익과 비교·형량하여야 한다.

> **관련 판례**
> 1. 행정행위의 철회 및 철회 사유(2016두58195)
> 행정행위의 '철회'는 적법요건을 구비하여 완전히 효력을 발하고 있는 행정행위를 사후적으로 효력의 전부 또는 일부를 장래에 향해 소멸시키는 별개의 행정처분이고, '철회 사유'는 행정행위가 성립된 이후에 새로이 발생한 것으로서 행정행위의 효력을 존속시킬 수 없는 사유를 말한다.

## 제20조(자동적 처분)

행정청은 법률로 정하는 바에 따라 완전히 자동화된 시스템(인공지능 기술을 적용한 시스템을 포함)으로 처분을 할 수 있다(재량이 있는 경우는 제외).

## 제21조(재량행사의 기준)

행정청은 재량이 있는 처분을 할 때에는 관련 이익을 정당하게 형량하여야 하며, 그 재량권의 범위를 넘어서는 아니 된다.

## 제22조(제재처분의 기준)

① 제재처분의 근거가 되는 법률에는 제재처분의 주체, 사유, 유형 및 상한을 명확하게 규정하여야 한다. 이 경우 제재처분의 유형 및 상한을 정할 때에는 해당 위반행위의 특수성 및 유사한 위반행위와의 형평성 등을 종합적으로 고려하여야 한다.

② 행정청은 재량이 있는 제재처분을 할 때에는 다음 각 호의 사항을 고려하여야 한다.

1. 위반행위의 동기, 목적 및 방법
2. 위반행위의 결과
3. 위반행위의 횟수
4. 그 밖에 제1호부터 제3호까지에 준하는 사항으로서 대통령령으로 정하는 사항

## 제23조(제재처분의 제척기간)

① 행정청은 법령등의 위반행위가 종료된 날부터 5년이 지나면 해당 위반행위에 대하여 제재처분(인허가의 정지·취소·철회, 등록 말소, 영업소 폐쇄와 정지를 갈음하는 과징금 부과)을 할 수 없다.

② 다음 각 호의 어느 하나에 해당하는 경우에는 제1항을 적용하지 아니한다.

1. 거짓이나 그 밖의 부정한 방법으로 인허가를 받거나 신고를 한 경우
2. 당사자가 인허가나 신고의 위법성을 알고 있었거나 중대한 과실로 알지 못한 경우
3. 정당한 사유 없이 행정청의 조사·출입·검사를 기피·방해·거부하여 제척기간이 지난 경우
4. 제재처분을 하지 아니하면 국민의 안전·생명 또는 환경을 심각하게 해치거나 해칠 우려가 있는 경우

③ 행정청은 제1항에도 불구하고 행정심판의 재결이나 법원의 판결에 따라 제재처분이 취소·철회된 경우에는 재결이나 판결이 확정된 날부터 1년(합의제행정기관은 2년)이 지나기 전까지는 그 취지에 따른 새로운 제재처분을 할 수 있다.

④ 다른 법률에서 제1항 및 제3항의 기간보다 짧거나 긴 기간을 규정하고 있으면 그 법률에서 정하는 바에 따른다.

## 제2절 인허가의제

### 제24조(인허가의제의 기준)

① 이 절에서 "인허가의제"란 하나의 인허가(이하 "주된 인허가"라 한다)를 받으면 법률로 정하는 바에 따라 그와 관련된 여러 인허가(이하 "관련 인허가"라 한다)를 받은 것으로 보는 것을 말한다.

② – 원칙 : 인허가의제를 받으려면 주된 인허가를 신청할 때 관련 인허가에 필요한 서류를 함께 제출하여야 한다.

– 예외 : 불가피한 사유로 함께 제출할 수 없는 경우에는 주된 인허가 행정청이 별도로 정하는 기한까지 제출할 수 있다.

③ 주된 인허가 행정청은 주된 인허가를 하기 전에 관련 인허가에 관하여 미리 관련 인허가 행정청과 협의하여야 한다.

④ 관련 인허가 행정청은 협의를 요청받으면 그 요청을 받은 날부터 20일 이내(제5항 단서에 따른 절차에 걸리는 기간은 제외한다)에 의견을 제출하여야 한다. 이 경우 전단에서 정한 기간(민원 처리 관련 법령에 따라 의견을 제출하여야 하는 기간을 연장한 경우에는 그 연장한 기간을 말한다) 내에 협의 여부에 관하여 의견을 제출하지 아니하면 협의가 된 것으로 본다.

⑤ 제3항에 따라 협의를 요청받은 관련 인허가 행정청은 해당 법령을 위반하여 협의에 응해서는 아니 된다. 다만, 관련 인허가에 필요한 심의, 의견 청취 등 절차에 관하여는 법률에 인허가의제 시에도 해당 절차를 거친다는 명시적인 규정이 있는 경우에만 이를 거친다.

> ↘ **관련 판례**
>
> 1. **인·허가의제 제도의 취지(2010두14954)**
>    건축법에서 인·허가의제 제도를 둔 취지는, 인·허가의제사항과 관련하여 건축허가 또는 건축신고의 관할 행정청으로 그 창구를 단일화하고 절차를 간소화하며 비용과 시간을 절감함으로써 국민의 권익을 보호하려는 것이지, 인·허가의제사항 관련 법률에 따른 각각의 인·허가 요건에 관한 일체의 심사를 배제하려는 것으로 보기는 어렵다.

제25조(인허가의제의 효과)

① 제24조 제3항·제4항에 따라 협의가 된 사항에 대해서는 주된 인허가를 받았을 때 관련 인허가
를 받은 것으로 본다.

② 인허가의제의 효과는 주된 인허가의 해당 법률에 규정된 관련 인허가에 한정된다.

제26조(인허가의제의 사후관리 등)

① 인허가의제의 경우 관련 인허가 행정청은 관련 인허가를 직접 한 것으로 보아 관계 법령에 따른
관리·감독 등 필요한 조치를 하여야 한다.

② 주된 인허가가 있은 후 이를 변경하는 경우에는 제24조(인허가의제의 기준)·제25조(인허가의
제의 효과) 및 이 조 제1항을 준용한다.

## 제3절 공법상 계약

제27조(공법상 계약의 체결)

① 행정청은 법령등을 위반하지 아니하는 범위에서 행정목적을 달성하기 위하여 필요한 경우에는
공법상 법률관계에 관한 계약(이하 "공법상 계약"이라 한다)을 체결할 수 있다. 이 경우 계약의
목적 및 내용을 명확하게 적은 계약서를 작성하여야 한다.

② 행정청은 공법상 계약의 상대방을 선정하고 계약 내용을 정할 때 공법상 계약의 공공성과 제3
자의 이해관계를 고려하여야 한다.

## 제4절 과징금

제28조(과징금의 기준)

① 행정청은 법령등에 따른 의무를 위반한 자에 대하여 법률로 정하는 바에 따라 그 위반행위에
대한 제재로서 과징금을 부과할 수 있다.

② 과징금의 근거가 되는 법률에는 과징금에 관한 다음 각 호의 사항을 명확하게 규정하여야 한다.

1. 부과·징수 주체

2. 부과 사유

3. 상한액

4. 가산금을 징수하려는 경우 그 사항

5. 과징금 또는 가산금 체납 시 강제징수를 하려는 경우 그 사항

제29조(과징금의 납부기한 연기 및 분할 납부)

- 원칙 : 과징금은 한꺼번에 납부하는 것을 원칙으로 한다.

- 예외 : 행정청은 과징금을 부과받은 자가 다음 각 호의 어느 하나에 해당하는 사유로 과징금
전액을 한꺼번에 내기 어렵다고 인정될 때에는 그 납부기한을 연기하거나 분할 납부하게 할 수
있으며, 이 경우 필요하다고 인정하면 담보를 제공하게 할 수 있다.

1. 재해 등으로 재산에 현저한 손실을 입은 경우

2. 사업 여건의 악화로 사업이 중대한 위기에 처한 경우

3. 과징금을 한꺼번에 내면 자금 사정에 현저한 어려움이 예상되는 경우

4. 그 밖에 제1호부터 제3호까지에 준하는 경우로서 대통령령으로 정하는 사유가 있는 경우

# 제5절 행정상 강제

## 제30조(행정상 강제)

① 행정청은 행정목적을 달성하기 위하여 필요한 경우에는 법률로 정하는 바에 따라 필요한 최소한의 범위에서 다음 각 호의 어느 하나에 해당하는 조치를 할 수 있다.

1. 행정대집행 : 의무자가 행정상 의무로서 타인이 대신하여 행할 수 있는 의무를 이행하지 아니하는 경우 법률로 정하는 다른 수단으로는 그 이행을 확보하기 곤란하고 그 불이행을 방치하면 공익을 크게 해칠 것으로 인정될 때에 행정청이 의무자가 하여야 할 행위를 스스로 하거나 제3자에게 하게 하고 그 비용을 의무자로부터 징수하는 것

2. 이행강제금의 부과 : 의무자가 행정상 의무를 이행하지 아니하는 경우 행정청이 적절한 이행기간을 부여하고, 그 기한까지 행정상 의무를 이행하지 아니하면 금전급부의무를 부과하는 것

3. 직접강제 : 의무자가 행정상 의무를 이행하지 아니하는 경우 행정청이 의무자의 신체나 재산에 실력을 행사하여 그 행정상 의무의 이행이 있었던 것과 같은 상태를 실현하는 것

4. 강제징수 : 의무자가 행정상 의무 중 금전급부의무를 이행하지 아니하는 경우 행정청이 의무자의 재산에 실력을 행사하여 그 행정상 의무가 실현된 것과 같은 상태를 실현하는 것

5. 즉시강제 : 현재의 급박한 행정상의 장해를 제거하기 위한 경우로서 다음 각 목의 어느 하나에 해당하는 경우에 행정청이 곧바로 국민의 신체 또는 재산에 실력을 행사하여 행정목적을 달성하는 것

　가. 행정청이 미리 행정상 의무 이행을 명할 시간적 여유가 없는 경우

　나. 그 성질상 행정상 의무의 이행을 명하는 것만으로는 행정목적 달성이 곤란한 경우

② 행정상 강제 조치에 관하여 이 법에서 정한 사항 외에 필요한 사항은 따로 법률로 정한다.

③ 형사(刑事), 행형(行刑) 및 보안처분 관계 법령에 따라 행하는 사항이나 외국인의 출입국·난민인정·귀화·국적회복에 관한 사항에 관하여는 이 절을 적용하지 아니한다.

> **☞ 관련 판례**
>
> 1. 협의에 의한 철거 약정이 대집행 가능성(2006두7096)
>
> 약정한 철거 의무는 공법상 의무가 아닐 뿐만 아니라, 공익사업을 위한 토지 등의 취득 및 보상에 관한 법률 제89조에서 정한 행정대집행법의 대상이 되는 '이 법 또는 이 법에 의한 처분으로 인한 의무'에도 해당하지 아니하므로 위 철거의무에 대한 강제적 이행은 행정대집행법상 대집행의 방법으로 실현할 수 없다.

2. **수용대상 토지의 인도의무가 행정대집행법에 의한 대집행의 대상이 될 수 있는지 여부(2004다2809)**

피수용자 등이 기업자에 대하여 부담하는 수용대상 토지의 인도의무에 관한 구 토지수용법(2002. 2. 4. 법률 제6656호 공익사업을 위한 토지 등의 취득 및 보상에 관한 법률 부칙 제2조로 폐지) 제63조, 제64조, 제77조 규정에서의 '인도'에는 명도도 포함되는 것으로 보아야 하고, 이러한 명도의무는 그것을 강제적으로 실현하면서 직접적인 실력행사가 필요한 것이지 대체적 작위의무라고 볼 수 없으므로 특별한 사정이 없는 한 행정대집행법에 의한 대집행의 대상이 될 수 있는 것이 아니다.

3. **도시공원시설 점유자의 퇴거 및 명도의무가 행정대집행법에 의한 대집행의 대상인지 여부(97누157)**

도시공원시설인 매점의 관리청이 그 공동점유자 중의 1인에 대하여 소정의 기간 내에 위 매점으로부터 퇴거하고 이에 부수하여 그 판매 시설물 및 상품을 반출하지 아니할 때에는 이를 대집행하겠다는 내용의 계고처분은 그 주된 목적이 매점의 원형을 보존하기 위하여 점유자가 설치한 불법 시설물을 철거하고자 하는 것이 아니라, 매점에 대한 점유자의 점유를 배제하고 그 점유이전을 받는 데 있다고 할 것인데, 이러한 의무는 그것을 강제적으로 실현함에 있어 직접적인 실력행사가 필요한 것이지 대체적 작위의무에 해당하는 것은 아니어서 직접강제의 방법에 의하는 것은 별론으로 하고 행정대집행법에 의한 대집행의 대상이 되는 것은 아니다.

4. **위법한 행정대집행이 완료되면 그 행정처분의 위법임을 이유로 손해배상가능(72다337)**

위법한 행정대집행이 완료되면 그 처분의 무효확인 또는 취소를 구할 소의 이익은 없다 하더라도, 미리 그 행정처분의 취소판결이 있어야만, 그 행정처분의 위법임을 이유로 한 손해배상 청구를 할 수 있는 것은 아니다.

## 제31조(이행강제금의 부과)

① 이행강제금 부과의 근거가 되는 법률에는 이행강제금에 관한 다음 각 호의 사항을 명확하게 규정하여야 한다. 다만, 제4호 또는 제5호를 규정할 경우 입법목적이나 입법취지를 훼손할 우려가 크다고 인정되는 경우로서 대통령령으로 정하는 경우는 제외한다.

1. 부과·징수 주체
2. 부과 요건
3. 부과 금액
4. 부과 금액 산정기준
5. 연간 부과 횟수나 횟수의 상한

② 행정청은 다음 각 호의 사항을 고려하여 이행강제금의 부과 금액을 가중하거나 감경할 수 있다.

1. 의무 불이행의 동기, 목적 및 결과
2. 의무 불이행의 정도 및 상습성
3. 그 밖에 행정목적을 달성하는 데 필요하다고 인정되는 사유

③ 행정청은 이행강제금을 부과하기 전에 미리 의무자에게 적절한 이행기간을 정하여 그 기한까지 행정상 의무를 이행하지 아니하면 이행강제금을 부과한다는 뜻을 문서로 계고(戒告)하여야 한다.

④ 행정청은 의무자가 계고에서 정한 기한까지 행정상 의무를 이행하지 아니한 경우 이행강제금의 부과 금액·사유·시기를 문서로 명확하게 적어 의무자에게 통지하여야 한다.

⑤ 행정청은 의무자가 행정상 의무를 이행할 때까지 이행강제금을 반복하여 부과할 수 있다. 다만, 의무자가 의무를 이행하면 새로운 이행강제금의 부과를 즉시 중지하되, 이미 부과한 이행강제금은 징수하여야 한다.

⑥ 행정청은 이행강제금을 부과받은 자가 납부기한까지 이행강제금을 내지 아니하면 국세강제징수의 예 또는 「지방행정제재・부과금의 징수 등에 관한 법률」에 따라 징수한다.

### 제32조(직접강제)

① 직접강제는 행정대집행이나 이행강제금 부과의 방법으로는 행정상 의무 이행을 확보할 수 없거나 그 실현이 불가능한 경우에 실시하여야 한다.

② 직접강제를 실시하기 위하여 현장에 파견되는 집행책임자는 그가 집행책임자임을 표시하는 증표를 보여 주어야 한다.

③ 직접강제의 계고 및 통지에 관하여는 제31조 제3항 및 제4항을 준용한다.

### 제33조(즉시강제)

① 즉시강제는 다른 수단으로는 행정목적을 달성할 수 없는 경우에만 허용되며, 이 경우에도 최소한으로만 실시하여야 한다.

② 즉시강제를 실시하기 위하여 현장에 파견되는 집행책임자는 그가 집행책임자임을 표시하는 증표를 보여 주어야 하며, 즉시강제의 이유와 내용을 고지하여야 한다.

③ 집행책임자는 즉시강제를 하려는 재산의 소유자 또는 점유자를 알 수 없거나 현장에서 그 소재를 즉시 확인하기 어려운 경우에는 즉시강제를 실시한 후 집행책임자의 이름 및 그 이유와 내용을 고지할 수 있다. 다만, 다음 각 호에 해당하는 경우에는 게시판이나 인터넷 홈페이지에 게시하는 등 적절한 방법에 의한 공고로써 고지를 갈음할 수 있다.

1. 즉시강제를 실시한 후에도 재산의 소유자 또는 점유자를 알 수 없는 경우

2. 재산의 소유자 또는 점유자가 국외에 거주하거나 행방을 알 수 없는 경우

3. 그 밖에 대통령령으로 정하는 불가피한 사유로 고지할 수 없는 경우

---

**♪ 관련 판례**

1. **행정상 즉시강제란(2000헌가12)**
   "행정상 즉시강제란 행정강제의 일종으로서 목전의 급박한 행정상 장해를 제거할 필요가 있는 경우에, 미리 의무를 명할 시간적 여유가 없을 때 또는 그 성질상 의무를 명하여 가지고는 목적달성이 곤란할 때에, 직접 국민의 신체 또는 재산에 실력을 가하여 행정상 필요한 상태를 실현하는 작용을 말한다.

2. **직접강제와 즉시강제의 구별**
   직접강제는 의무 불이행을 전제로 하나, 행정상 즉시강제는 의무 불이행을 전제로 하지 않는다는 차이가 있다.

---

## 제6절 그 밖의 행정작용

### 제34조(수리 여부에 따른 신고의 효력)

법령등으로 정하는 바에 따라 행정청에 일정한 사항을 통지하여야 하는 신고로서 법률에 신고의 수리가 필요하다고 명시되어 있는 경우(행정기관의 내부 업무 처리 절차로서 수리를 규정한 경우는 제외)에는 행정청이 수리하여야 효력이 발생한다.

> **🔄 관련 판례**
>
> **1. 행정청의 신고 수리 거부 가능 여부(2005두11784)**
>    행정청은 신고서 기재사항에 흠결이 없고 정해진 서류가 구비된 때에는 이를 수리하여야 하고, 이러한 형식적 요건을 모두 갖추었음에도 신고대상이 된 교육이나 학습이 공익적 기준에 적합하지 않는다는 등 실체적 사유를 들어 신고 수리를 거부할 수는 없다.
>
> **2. 행정청의 건축신고 반려행위 또는 수리거부행위가 항고소송의 대상이 되는지 여부(2008두167)**
>    건축주 등은 신고제하에서도 건축신고가 반려될 경우 당해 건축물의 건축을 개시하면 시정명령, 이행강제금, 벌금의 대상이 되거나 당해 건축물을 사용하여 행할 행위의 허가가 거부될 우려가 있어 불안정한 지위에 놓이게 된다. 따라서 건축신고 반려행위가 이루어진 단계에서 당사자로 하여금 반려행위의 적법성을 다투어 그 법적 불안을 해소한 다음 건축행위에 나아가도록 함으로써 장차 있을지도 모르는 위험에서 미리 벗어날 수 있도록 길을 열어 주고, 위법한 건축물의 양산과 그 철거를 둘러싼 분쟁을 조기에 근본적으로 해결할 수 있게 하는 것이 법치행정의 원리에 부합한다. 그러므로 건축신고 반려행위는 항고소송의 대상이 된다고 보는 것이 옳다.
>
> **3. 수리를 요하는 신고인지 여부(2010두14954)**
>    무엇보다도 건축신고를 하려는 자는 인·허가의제사항 관련 법령에서 제출하도록 의무화하고 있는 신청서와 구비서류를 제출하여야 하는데, 이는 건축신고를 수리하는 행정청으로 하여금 인·허가의제사항 관련 법률에 규정된 요건에 관하여도 심사를 하도록 하기 위한 것으로 볼 수밖에 없다. 따라서 인·허가의제 효과를 수반하는 건축신고는 일반적인 건축신고와는 달리, 특별한 사정이 없는 한 행정청이 그 실체적 요건에 관한 심사를 한 후 수리하여야 하는 이른바 '수리를 요하는 신고'로 보는 것이 옳다.

### 제35조(수수료 및 사용료)

① 행정청은 특정인을 위한 행정서비스를 제공받는 자에게 법령으로 정하는 바에 따라 수수료를 받을 수 있다.

② 행정청은 공공시설 및 재산 등의 이용 또는 사용에 대하여 사전에 공개된 금액이나 기준에 따라 사용료를 받을 수 있다.

③ 제1항 및 제2항에도 불구하고 지방자치단체의 경우에는 「지방자치법」에 따른다.

## 제7절 처분에 대한 이의신청 및 재심사

### 제36조(처분에 대한 이의신청)

① 행정청의 처분(행정심판의 대상이 되는 처분을 말한다.)에 이의가 있는 당사자는 처분을 받은 날부터 30일 이내에 해당 행정청에 이의신청을 할 수 있다.

② – 원칙 : 행정청은 이의신청을 받으면 신청을 받은 날부터 14일 이내에 이의신청의 결과를 신청인에게 통지하여야 한다.
  – 예외 : 부득이한 사유로 14일 이내에 통지할 수 없는 경우 기간 만료일의 다음 날부터 10일의 범위에서 한 차례 연장 가능(신청인에게 통지 의무)

③ 이의신청을 한 경우에도 그 이의신청과 관계없이 「행정심판법」에 따른 행정심판 또는 「행정소송법」에 따른 행정소송을 제기할 수 있다.

④ 이의신청에 대한 결과를 통지받은 후 행정심판 또는 행정소송을 제기하려는 자는 그 결과를 통지받은 날(통지기간 내에 결과를 통지받지 못한 경우에는 같은 항에 따른 통지기간이 만료되는 날의 다음 날을 말한다)부터 90일 이내에 행정심판 또는 행정소송을 제기할 수 있다.

⑤ 다른 법률에서 이의신청과 이에 준하는 절차에 대하여 정하고 있는 경우에도 그 법률에서 규정하지 아니한 사항에 관하여는 이 조에서 정하는 바에 따른다.

⑥ 제1항부터 제5항까지에서 규정한 사항 외에 이의신청의 방법 및 절차 등에 관한 사항은 대통령령으로 정한다.

⑦ 다음 각 호의 어느 하나에 해당하는 사항에 관하여는 이 조를 적용하지 아니한다.
  1. 공무원 인사 관계 법령에 따른 징계 등 처분에 관한 사항
  2. 「국가인권위원회법」 제30조에 따른 진정에 대한 국가인권위원회의 결정
  3. 「노동위원회법」 제2조의2에 따라 노동위원회의 의결을 거쳐 행하는 사항
  4. 형사, 행형 및 보안처분 관계 법령에 따라 행하는 사항
  5. 외국인의 출입국·난민인정·귀화·국적회복에 관한 사항
  6. 과태료 부과 및 징수에 관한 사항

> **관련 판례**
>
> 1. **취소소송의 제소기간(2015두45953)**
>    행정소송법 제18조 제1항 본문이 "취소소송은 법령의 규정에 의하여 당해 처분에 대한 행정심판을 제기할 수 있는 경우에도 이를 거치지 아니하고 제기할 수 있다."라고 규정하고 있는 점 등을 종합하면, 이의신청을 받아들이지 아니하는 결과를 통보받은 자는 통보받은 날부터 90일 이내에 행정심판법에 따른 행정심판 또는 행정소송법에 따른 취소소송을 제기할 수 있다.
>
> 2. **이의신청을 한 경우의 제소기간(99누1481)**
>    행정소송법 제20조 제1항은 단서에서 행정심판청구를 할 수 있는 경우 행정심판청구가 있은 때의 제소기간은 재결서의 정본을 송달받은 날부터 기산한다고 규정하고 있는 점 등에 비추어 보면, 정보 비공개결정에 대하여 이의신청을 한 경우 그 이의신청에 대한 결정을 받을 때까지는 원처분인 비공개결정에 대한 제소기간의 진행은 당연히 정지되고 이의신청에 대한 결정을 받은 날부터 제소기간이 진행한다고 봄이 상당하다.
>
> 3. **개별공시지가 이의신청을 한 경우 제소기간(2008두19987)**
>    부동산 가격공시 및 감정평가에 관한 법률 제12조, 행정소송법 제20조 제1항, 행정심판법 제3조 제1항의 규정 내용 및 취지와 아울러 부동산 가격공시 및 감정평가에 관한 법률에 행정심판의 제기를 배제하

는 명시적 인 규정이 없고 부동산 가격공시 및 감정평가에 관한 법률에 따른 이의신청과 행정심판은 그 절차 및 담당 기관에 차이가 있는 점을 종합하면, 부동산 가격공시 및 감정평가에 관한 법률이 이의 신청에 관하여 규정하고 있다고 하여 이를 행정심판법 제3조 제1항에서 행정심판의 제기를 배제하는 '다른 법률에 특별한 규정이 있는 경우'에 해당한다고 볼 수 없으므로, 개별공시지가에 대하여 이의가 있는 자는 곧바로 행정소송을 제기하 거나 부동산 가격공시 및 감정평가에 관한 법률에 따른 이의신청 과 행정심판법에 따른 행정심판청구 중 어느 하나만을 거쳐 행정소송을 제기할 수 있을 뿐 아니라, 이 의신청을 하여 그 결과 통지를 받은 후 다시 행정 심판을 거쳐 행정소송을 제기할 수도 있다고 보아야 하고, 이 경우 행정소송의 제소기간은 그 행정심판 재결서 정본을 송달받은 날부터 기산한다.

## 제37조(처분의 재심사)

① 당사자는 처분(제재처분 및 행정상 강제는 제외)이 행정심판, 행정소송 및 그 밖의 쟁송을 통하여 다툴 수 없게 된 경우(법원의 확정판결이 있는 경우는 제외)라도 다음 각 호의 어느 하나에 해당하는 경우에는 해당 처분을 한 행정청에 처분을 취소·철회하거나 변경하여 줄 것을 신청할 수 있다.
1. 처분의 근거가 된 사실관계 또는 법률관계가 추후에 당사자에게 유리하게 바뀐 경우
2. 당사자에게 유리한 결정을 가져다주었을 새로운 증거가 있는 경우
3. 「민사소송법」 제451조에 따른 재심사유에 준하는 사유가 발생한 경우 등 대통령령으로 정하는 경우

② 제1항에 따른 신청은 해당 처분의 절차, 행정심판, 행정소송 및 그 밖의 쟁송에서 당사자가 중대한 과실 없이 제1항 각 호의 사유를 주장하지 못한 경우에만 할 수 있다.

③ 제1항에 따른 신청은 당사자가 제1항 각 호의 사유를 안 날부터 60일 이내에 하여야 한다. 다만, 처분이 있은 날부터 5년이 지나면 신청할 수 없다.

④ - 원칙 : 제1항에 따른 신청을 받은 행정청은 특별한 사정이 없으면 신청을 받은 날부터 90일 (합의제행정기관은 180일) 이내에 처분의 재심사 결과(재심사 여부와 처분의 유지·취소· 철회·변경 등에 대한 결정을 포함)를 신청인에게 통지하여야 한다.
 - 예외 : 부득이한 사유로 90일(합의제행정기관은 180일) 이내에 통지할 수 없는 경우 그 기간을 만료일 다음 날부터 90일(합의제행정기관은 180일)의 범위에서 한 차례 연장할 수 있으며, 연장 사유를 신청인에게 통지하여야 한다.

⑤ 제4항에 따른 처분의 재심사 결과 중 처분을 유지하는 결과에 대해서는 행정심판, 행정소송 및 그 밖의 쟁송수단을 통하여 불복할 수 없다.

⑥ 행정청의 제18조에 따른 취소와 제19조에 따른 철회는 처분의 재심사에 의하여 영향을 받지 아니한다.

⑦ 제1항부터 제6항까지에서 규정한 사항 외에 처분의 재심사의 방법 및 절차 등에 관한 사항은 대통령령으로 정한다.

⑧ 다음 각 호의 어느 하나에 해당하는 사항에 관하여는 이 조를 적용하지 아니한다.

1. 공무원 인사 관계 법령에 따른 징계 등 처분에 관한 사항
2. 「노동위원회법」 제2조의2에 따라 노동위원회의 의결을 거쳐 행하는 사항
3. 형사, 행형 및 보안처분 관계 법령에 따라 행하는 사항
4. 외국인의 출입국·난민인정·귀화·국적회복에 관한 사항
5. 과태료 부과 및 징수에 관한 사항
6. 개별 법률에서 그 적용을 배제하고 있는 경우

## 제4장 행정의 입법활동 등

**제38조(행정의 입법활동)**

① 국가나 지방자치단체가 법령등을 제정·개정·폐지하고자 하거나 그와 관련된 활동(법률안의 국회 제출과 조례안의 지방의회 제출을 포함, 이하 "행정의 입법활동"이라 한다)을 할 때에는 헌법과 상위 법령을 위반해서는 아니 되며, 헌법과 법령등에서 정한 절차를 준수하여야 한다.

② 행정의 입법활동은 다음 각 호의 기준에 따라야 한다.

1. 일반 국민 및 이해관계자로부터 의견을 수렴하고 관계 기관과 충분한 협의를 거쳐 책임 있게 추진되어야 한다.
2. 법령등의 내용과 규정은 다른 법령등과 조화를 이루어야 하고, 법령등 상호 간에 중복되거나 상충되지 아니하여야 한다.
3. 법령등은 일반 국민이 그 내용을 쉽고 명확하게 이해할 수 있도록 알기 쉽게 만들어져야 한다.

③ 정부는 매년 해당 연도에 추진할 법령안 입법계획(이하 "정부입법계획"이라 한다)을 수립하여야 한다.

④ 행정의 입법활동의 절차 및 정부입법계획의 수립에 관하여 필요한 사항은 정부의 법제업무에 관한 사항을 규율하는 대통령령으로 정한다.

**제39조(행정법제의 개선)**

① 정부는 권한 있는 기관에 의하여 위헌으로 결정되어 법령이 헌법에 위반되거나 법률에 위반되는 것이 명백한 경우 등 대통령령으로 정하는 경우에는 해당 법령을 개선하여야 한다.

② 정부는 행정 분야의 법제도 개선 및 일관된 법 적용 기준 마련 등을 위하여 필요한 경우 대통령령으로 정하는 바에 따라 관계 기관 협의 및 관계 전문가 의견 수렴을 거쳐 개선조치를 할 수 있으며, 이를 위하여 현행 법령에 관한 분석을 실시할 수 있다.

**제40조(법령해석)**

① 누구든지 법령등의 내용에 의문이 있으면 법령을 소관하는 중앙행정기관의 장(이하 "법령소관기관"이라 한다)과 자치법규를 소관하는 지방자치단체의 장에게 법령해석을 요청할 수 있다.

② 법령소관기관과 자치법규를 소관하는 지방자치단체의 장은 각각 소관 법령등을 헌법과 해당 법령등의 취지에 부합되게 해석·집행할 책임을 진다.

③ 법령소관기관이나 법령소관기관의 해석에 이의가 있는 자는 대통령령으로 정하는 바에 따라 법령해석업무를 전문으로 하는 기관에 법령해석을 요청할 수 있다.

④ 법령해석의 절차에 관하여 필요한 사항은 대통령령으로 정한다.

## 부칙

이 법은 공포한 날부터 시행한다.

# 행정절차법

## 제1장 총칙

### 제1절 목적, 정의 및 적용 범위 등

#### 제1조(목적)

이 법은 행정절차에 관한 공통적인 사항을 규정하여 국민의 행정 참여를 도모함으로써 행정의 공정성·투명성 및 신뢰성을 확보하고 국민의 권익을 보호함을 목적으로 한다.

#### 제2조(정의)

이 법에서 사용하는 용어의 뜻은 다음과 같다.

1. "행정청"이란 다음 각 목의 자를 말한다.

   가. 행정에 관한 의사를 결정하여 표시하는 국가 또는 지방자치단체의 기관

   나. 법령 등에 따라 행정권한을 가지고 있거나 위임 또는 위탁받은 공공단체 또는 그 기관이나 사인(私人)

2. "처분"이란 행정청이 행하는 구체적 사실에 관한 법 집행으로서의 공권력의 행사 또는 그 거부와 그 밖에 이에 준하는 행정작용(行政作用)을 말한다.

3. "행정지도"란 행정기관이 그 소관 사무의 범위에서 일정한 행정목적을 실현하기 위하여 특정인에게 일정한 행위를 하거나 하지 아니하도록 지도, 권고, 조언 등을 하는 행정작용을 말한다.

4. "당사자등"이란 다음 각 목의 자를 말한다.

   가. 행정청의 처분에 대하여 직접 그 상대가 되는 당사자

   나. 행정청이 직권으로 또는 신청에 따라 행정절차에 참여하게 한 이해관계인

5. "청문"이란 행정청이 어떠한 처분을 하기 전에 당사자등의 의견을 직접 듣고 증거를 조사하는 절차를 말한다.

6. "공청회"란 행정청이 공개적인 토론을 통하여 어떠한 행정작용에 대하여 당사자등, 전문지식과 경험을 가진 사람, 그 밖의 일반인으로부터 의견을 널리 수렴하는 절차를 말한다.

7. "의견제출"이란 행정청이 어떠한 행정작용을 하기 전에 당사자등이 의견을 제시하는 절차로서 청문이나 공청회에 해당하지 아니하는 절차를 말한다.

8. "전자문서"란 컴퓨터 등 정보처리능력을 가진 장치에 의하여 전자적인 형태로 작성되어 송신·수신 또는 저장된 정보를 말한다.

9. "정보통신망"이란 전기통신설비를 활용하거나 전기통신설비와 컴퓨터 및 컴퓨터 이용기술을 활용하여 정보를 수집·가공·저장·검색·송신 또는 수신하는 정보통신체제를 말한다.

#### 제3조(적용 범위)

① 처분, 신고, 확약, 위반사실 등의 공표, 행정계획, 행정상 입법예고, 행정예고 및 행정지도의

절차(행정절차)에 관하여 다른 법률에 특별한 규정이 있는 경우를 제외하고는 이 법에서 정하는 바에 따른다.

② 이 법은 다음 각 호의 어느 하나에 해당하는 사항에 대하여는 적용하지 아니한다.

1. 국회 또는 지방의회의 의결을 거치거나 동의 또는 승인을 받아 행하는 사항
2. 법원 또는 군사법원의 재판에 의하거나 그 집행으로 행하는 사항
3. 헌법재판소의 심판을 거쳐 행하는 사항
4. 각급 선거관리위원회의 의결을 거쳐 행하는 사항
5. 감사원이 감사위원회의의 결정을 거쳐 행하는 사항
6. 형사(刑事), 행형(行刑) 및 보안처분 관계 법령에 따라 행하는 사항
7. 국가안전보장·국방·외교 또는 통일에 관한 사항 중 행정절차를 거칠 경우 국가의 중대한 이익을 현저히 해칠 우려가 있는 사항
8. 심사청구, 해양안전심판, 조세심판, 특허심판, 행정심판, 그 밖의 불복절차에 따른 사항
9. 「병역법」에 따른 징집·소집, 외국인의 출입국·난민인정·귀화, 공무원 인사 관계 법령에 따른 징계와 그 밖의 처분, 이해 조정을 목적으로 하는 법령에 따른 알선·조정·중재(仲裁)·재정(裁定) 또는 그 밖의 처분 등 해당 행정작용의 성질상 행정절차를 거치기 곤란하거나 거칠 필요가 없다고 인정되는 사항과 행정절차에 준하는 절차를 거친 사항으로서 대통령령으로 정하는 사항

### 제4조(신의성실 및 신뢰보호)

① 행정청은 직무를 수행할 때 신의(信義)에 따라 성실히 하여야 한다.

② 행정청은 법령등의 해석 또는 행정청의 관행이 일반적으로 국민들에게 받아들여졌을 때에는 공익 또는 제3자의 정당한 이익을 현저히 해칠 우려가 있는 경우를 제외하고는 새로운 해석 또는 관행에 따라 소급하여 불리하게 처리하여서는 아니 된다.

### 제5조(투명성)

① 행정청이 행하는 행정작용은 그 내용이 구체적이고 명확하여야 한다.

② 행정작용의 근거가 되는 법령등의 내용이 명확하지 아니한 경우 상대방은 해당 행정청에 그 해석을 요청할 수 있으며, 해당 행정청은 특별한 사유가 없으면 그 요청에 따라야 한다.

③ 행정청은 상대방에게 행정작용과 관련된 정보를 충분히 제공하여야 한다.

### 제5조의2(행정업무 혁신)

① 행정청은 모든 국민이 균등하고 질 높은 행정서비스를 누릴 수 있도록 노력하여야 한다.

② 행정청은 정보통신기술을 활용하여 행정절차를 적극적으로 혁신하도록 노력하여야 한다. (행정청은 국민이 경제적·사회적·지역적 여건 등으로 인하여 불이익을 받지 아니하도록 하여야 한다.)

③ 행정청은 행정청이 생성하거나 취득하여 관리하고 있는 데이터를 행정과정에 활용하도록 노력하여야 한다.

④ 행정청은 행정업무 혁신 추진에 필요한 행정적·재정적·기술적 지원방안을 마련하여야 한다.

## 제2절 행정청의 관할 및 협조

### 제6조(관할)

① 행정청이 그 관할에 속하지 아니하는 사안을 접수하였거나 이송받은 경우에는 지체 없이 관할 행정청에 이송하여야 하고 그 사실을 신청인에게 통지하여야 한다(접수, 이송받은 후 관할이 변경된 경우에도 같다).

② 행정청의 관할이 분명하지 아니한 경우에는 해당 행정청을 공통으로 감독하는 상급 행정청이 그 관할을 결정하며, 공통으로 감독하는 상급 행정청이 없는 경우에는 각 상급 행정청이 협의하여 그 관할을 결정한다.

### 제7조(행정청 간의 협조 등)

① 행정청은 행정의 원활한 수행을 위하여 서로 협조하여야 한다.

② 행정청은 업무의 효율성을 높이고 행정서비스에 대한 국민의 만족도를 높이기 위하여 필요한 경우 행정협업의 방식으로 적극적으로 협조하여야 한다.

③ 행정청은 행정협업을 활성화하기 위한 시책을 마련하고 그 추진에 필요한 행정적·재정적 지원 방안을 마련하여야 한다.

④ 행정협업의 촉진 등에 필요한 사항은 대통령령으로 정한다.

### 제8조(행정응원)

① 행정청은 다음 각 호의 어느 하나에 해당하는 경우 다른 행정청에 행정응원(行政應援)을 요청할 수 있다.

1. 법령등의 이유로 독자적인 직무 수행이 어려운 경우
2. 인원·장비의 부족 등 사실상의 이유로 독자적인 직무 수행이 어려운 경우
3. 다른 행정청에 소속되어 있는 전문기관의 협조가 필요한 경우
4. 다른 행정청이 관리하고 있는 문서(전자문서 포함)·통계 등 행정자료가 직무 수행을 위하여 필요한 경우
5. 다른 행정청의 응원을 받아 처리하는 것이 보다 능률적이고 경제적인 경우

② 행정응원을 요청받은 행정청은 다음 각 호의 어느 하나에 해당하는 경우에는 응원을 거부할 수 있다.

1. 다른 행정청이 보다 능률적이거나 경제적으로 응원할 수 있는 명백한 이유가 있는 경우
2. 행정응원으로 인하여 고유의 직무 수행이 현저히 지장받을 것으로 인정되는 명백한 이유가 있는 경우

③ 행정응원은 해당 직무를 직접 응원할 수 있는 행정청에 요청하여야 한다.

④ 행정응원을 요청받은 행정청은 응원을 거부하는 경우 그 사유를 응원을 요청한 행정청에 통지하여야 한다.

⑤ 행정응원을 위하여 파견된 직원은 응원을 요청한 행정청의 지휘·감독을 받는다. (해당 직원의 복무에 관하여 다른 법령등에 특별한 규정이 있는 경우에는 그에 따른다.)

⑥ 행정응원에 드는 비용은 응원을 요청한 행정청이 부담하며, 그 부담금액 및 부담방법은 응원을 요청한 행정청과 응원을 하는 행정청이 협의하여 결정한다.

## 제3절 당사자등

### 제9조(당사자등의 자격)

다음 각 호의 어느 하나에 해당하는 자는 행정절차에서 당사자등이 될 수 있다.

1. 자연인
2. 법인, 법인이 아닌 사단 또는 재단(이하 "법인등"이라 한다)
3. 그 밖에 다른 법령등에 따라 권리 · 의무의 주체가 될 수 있는 자

### 제10조(지위의 승계)

① 당사자등이 사망하였을 때의 상속인과 다른 법령등에 따라 당사자등의 권리 또는 이익을 승계한 자는 당사자등의 지위를 승계한다.
② 당사자등인 법인등이 합병하였을 때에는 합병 후 존속하는 법인등이나 합병 후 새로 설립된 법인등이 당사자등의 지위를 승계한다.
③ 당사자등의 지위를 승계한 자는 행정청에 그 사실을 통지하여야 한다.
④ 처분에 관한 권리 또는 이익을 사실상 양수한 자는 행정청의 승인을 받아 당사자등의 지위를 승계할 수 있다.
⑤ 제3항에 따른 통지가 있을 때까지 사망자 또는 합병 전의 법인등에 대하여 행정청이 한 통지는 당사자등의 지위를 승계한 자에게도 효력이 있다.

### 제11조(대표자)

① 다수의 당사자등이 공동으로 행정절차에 관한 행위를 할 때에는 대표자를 선정할 수 있다.
② 행정청은 당사자등이 대표자를 선정하지 아니하거나 대표자가 지나치게 많아 행정절차가 지연될 우려가 있는 경우에는 그 이유를 들어 상당한 기간 내에 3인 이내의 대표자를 선정할 것을 요청할 수 있다(요청에 따르지 아니하였을 경우 행정청이 직접 대표자를 선정 가능).
③ 당사자등은 대표자를 변경하거나 해임할 수 있다.
④ 대표자는 각자 그를 대표자로 선정한 당사자등을 위하여 행정절차에 관한 모든 행위를 할 수 있다(행정절차를 끝맺는 행위는 당사자등의 동의 필요).
⑤ 대표자가 있는 경우에는 당사자등은 그 대표자를 통하여서만 행정절차에 관한 행위를 할 수 있다.
⑥ 다수의 대표자가 있는 경우 그중 1인에 대한 행정청의 행위는 모든 당사자등에게 효력이 있다(행정청의 통지는 대표자 모두에게 하여야 효력이 있다).

제12조(대리인)

① 당사자등은 다음 각 호의 어느 하나에 해당하는 자를 대리인으로 선임할 수 있다.

  1. 당사자등의 배우자, 직계 존속·비속 또는 형제자매

  2. 당사자등이 법인등인 경우 그 임원 또는 직원

  3. 변호사

  4. 행정청 또는 청문 주재자(청문의 경우만 해당)의 허가를 받은 자

  5. 법령등에 따라 해당 사안에 대하여 대리인이 될 수 있는 자

② 대리인에 관하여는 제11조 제3항·제4항 및 제6항을 준용한다.

제13조(대표자·대리인의 통지)

① 당사자등이 대표자 또는 대리인을 선정하거나 선임하였을 때에는 지체 없이 그 사실을 행정청에 통지하여야 한다(변경하거나 해임하였을 때에도 같다).

② 제1항에도 불구하고 청문 주재자가 대리인의 선임을 허가한 경우에는 청문 주재자가 그 사실을 행정청에 통지하여야 한다.

## 제4절 송달 및 기간·기한의 특례

제14조(송달)

① 송달은 우편, 교부 또는 정보통신망 이용 등의 방법으로 하되, 송달받을 자(대표자 또는 대리인을 포함)의 주소·거소(居所)·영업소·사무소 또는 전자우편주소로 한다(송달받을 자가 동의하는 경우 그를 만나는 장소에서 송달 가능).

② 교부에 의한 송달은 수령확인서를 받고 문서를 교부함으로써 하며, 송달하는 장소에서 송달받을 자를 만나지 못한 경우에는 그 사무원·피용자(被傭者) 또는 동거인으로서 사리를 분별할 지능이 있는 사람에게 문서를 교부할 수 있다(정당한 사유 없이 송달받기를 거부하는 때에는 그 사실을 수령확인서에 적고, 문서를 송달할 장소에 놓아둘 수 있다).

③ 정보통신망을 이용한 송달은 송달받을 자가 동의하는 경우에만 한다(송달받을 자는 송달받을 전자우편주소 등을 지정하여야 한다).

④ 다음 각 호의 어느 하나에 해당하는 경우 송달받을 자가 알기 쉽도록 관보, 공보, 게시판, 일간신문 중 하나 이상에 공고하고 인터넷에도 공고하여야 한다.

  1. 송달받을 자의 주소등을 통상적인 방법으로 확인할 수 없는 경우

  2. 송달이 불가능한 경우

⑤ 제4항에 따른 공고를 할 때에는 민감정보 및 고유식별정보 등 송달받을 자의 개인정보를 「개인정보 보호법」에 따라 보호하여야 한다.

⑥ 행정청은 송달하는 문서의 명칭, 송달받는 자의 성명 또는 명칭, 발송방법 및 발송 연월일을 확인할 수 있는 기록을 보존하여야 한다.

**제15조(송달의 효력 발생)**

① 송달은 다른 법령등에 특별한 규정이 있는 경우를 제외하고는 해당 문서가 송달받을 자에게 도달됨으로써 그 효력이 발생한다.

② 정보통신망을 이용하여 전자문서로 송달하는 경우에는 송달받을 자가 지정한 컴퓨터 등에 입력된 때에 도달된 것으로 본다.

③ 제14조 제4항의 경우에는 다른 법령등에 특별한 규정이 있는 경우를 제외하고는 공고일부터 14일이 지난 때에 그 효력이 발생한다.
(긴급히 시행하여야 할 특별한 사유가 있어 효력 발생 시기를 달리 정하여 공고한 경우에는 그에 따른다.)

**제16조(기간 및 기한의 특례)**

① 천재지변이나 그 밖에 당사자등에게 책임이 없는 사유로 기간 및 기한을 지킬 수 없는 경우에는 그 사유가 끝나는 날까지 기간의 진행이 정지된다.

② 외국에 거주하거나 체류하는 자에 대한 기간 및 기한은 행정청이 그 우편이나 통신에 걸리는 일수(日數)를 고려하여 정하여야 한다.

# 제2장 처분

## 제1절 통칙

**제17조(처분의 신청)**

① 행정청에 처분을 구하는 신청은 문서로 하여야 한다(다른 법령등에 특별한 규정이 있는 경우, 행정청이 미리 다른 방법을 정하여 공시한 경우는 제외).

② 처분을 신청할 때 전자문서로 하는 경우에는 행정청의 컴퓨터 등에 입력된 때에 신청한 것으로 본다.

③ 행정청은 신청에 필요한 구비서류, 접수기관, 처리기간, 그 밖에 필요한 사항을 게시(인터넷 등을 통한 게시를 포함)하거나 이에 대한 편람을 갖추어 두고 누구나 열람할 수 있도록 하여야 한다.

④ 행정청은 신청을 받았을 때에는 다른 법령등에 특별한 규정이 있는 경우를 제외하고는 그 접수를 보류 또는 거부하거나 부당하게 되돌려 보내서는 아니 되며, 신청을 접수한 경우에는 신청인에게 접수증을 주어야 한다(대통령령으로 정하는 경우에는 접수증을 주지 아니할 수 있다).

⑤ 행정청은 신청에 구비서류의 미비 등 흠이 있는 경우에는 보완에 필요한 상당한 기간을 정하여 지체 없이 신청인에게 보완을 요구하여야 한다.

⑥ 행정청은 신청인이 제5항에 따른 기간 내에 보완을 하지 아니하였을 때에는 그 이유를 구체적으로 밝혀 접수된 신청을 되돌려 보낼 수 있다.

⑦ 행정청은 신청인의 편의를 위하여 다른 행정청에 신청을 접수하게 할 수 있다(행정청은 다른 행정청에 접수할 수 있는 신청의 종류를 미리 정하여 공시하여야 한다).

⑧ 신청인은 처분이 있기 전에는 그 신청의 내용을 보완·변경하거나 취하(取下)할 수 있다(다른 법령등에 특별한 규정이 있거나 그 신청의 성질상 보완·변경하거나 취하할 수 없는 경우는 제외).

## 제18조(다수의 행정청이 관여하는 처분)

행정청은 다수의 행정청이 관여하는 처분을 구하는 신청을 접수한 경우에는 관계 행정청과의 신속한 협조를 통하여 처분이 지연되지 아니하도록 하여야 한다.

## 제19조(처리기간의 설정·공표)

① 행정청은 신청인의 편의를 위하여 처분의 처리기간을 종류별로 미리 정하여 공표하여야 한다.

② 행정청은 부득이한 사유로 처리기간 내에 처분을 처리하기 곤란한 경우에는 해당 처분의 처리기간의 범위에서 한 번만 그 기간을 연장할 수 있다.

③ 행정청은 처리기간을 연장할 때에는 처리기간의 연장 사유와 처리 예정 기한을 지체 없이 신청인에게 통지하여야 한다.

④ 행정청이 정당한 처리기간 내에 처리하지 아니하였을 때에는 신청인은 해당 행정청 또는 그 감독 행정청에 신속한 처리를 요청할 수 있다.

## 제20조(처분기준의 설정·공표)

① 행정청은 필요한 처분기준을 구체적으로 정하여 공표하여야 한다(변경하는 경우 또한 같다).

② 「행정기본법」 제24조에 따른 인허가의제의 경우 관련 인허가 행정청은 관련 인허가의 처분기준을 주된 인허가 행정청에 제출하여야 하고, 주된 인허가 행정청은 제출받은 관련 인허가의 처분기준을 통합하여 공표하여야 한다(변경하는 경우 또한 같다).

③ 처분기준을 공표하는 것이 해당 처분의 성질상 현저히 곤란하거나 공공의 안전 또는 복리를 현저히 해치는 것으로 인정될 만한 상당한 이유가 있는 경우에는 처분기준을 공표하지 아니할 수 있다.

④ 당사자등은 공표된 처분기준이 명확하지 아니한 경우 해당 행정청에 그 해석 또는 설명을 요청할 수 있다(해당 행정청은 특별한 사정이 없으면 그 요청에 따라야 한다).

## 제21조(처분의 사전 통지)

① 행정청은 당사자에게 의무를 부과하거나 권익을 제한하는 처분을 하는 경우에는 미리 다음 각 호의 사항을 당사자등에게 통지하여야 한다.

1. 처분의 제목
2. 당사자의 성명 또는 명칭과 주소
3. 처분하려는 원인이 되는 사실과 처분의 내용 및 법적 근거
4. 제3호에 대하여 의견을 제출할 수 있다는 뜻과 의견을 제출하지 아니하는 경우의 처리방법

5. 의견제출기관의 명칭과 주소

6. 의견제출기한

7. 그 밖에 필요한 사항

② 행정청은 청문을 하려면 청문이 시작되는 날부터 10일 전까지 제1항 각 호의 사항을 당사자등에게 통지하여야 한다. 이 경우 제1항 제4호부터 제6호까지의 사항은 청문 주재자의 소속·직위 및 성명, 청문의 일시 및 장소, 청문에 응하지 아니하는 경우의 처리방법 등 청문에 필요한 사항으로 갈음한다.

③ 제1항 제6호에 따른 기한은 의견제출에 필요한 기간을 10일 이상으로 고려하여 정하여야 한다.

④ 생략 가능 사유(공증현)

1. 공공의 안전 또는 복리를 위하여 긴급히 처분을 할 필요가 있는 경우

2. 법원의 재판 등에 의하여 객관적으로 증명된 경우

3. 해당 처분의 성질상 의견청취가 현저히 곤란하거나 명백히 불필요하다고 인정될 만한 상당한 이유가 있는 경우

⑤ 처분의 전제가 되는 사실이 법원의 재판 등에 의하여 객관적으로 증명된 경우 등 사전 통지를 하지 아니할 수 있는 구체적인 사항은 대통령령으로 정한다.

⑥ 사전 통지를 하지 아니하는 경우 행정청은 처분을 할 때 당사자등에게 통지를 하지 아니한 사유를 알려야 한다(신속한 처분이 필요한 경우에는 처분 후 그 사유를 알릴 수 있다).

⑦ 제6항에 따라 당사자등에게 알리는 경우에는 제24조를 준용한다.

> 관련 판례
1. 사전통지(2013두1560)
   거부처분이 재량행위인 경우에, 위와 같은 사전통지의 흠결로 민원인에게 의견진술의 기회를 주지 아니한 결과 민원조정위원회의 심의과정에서 고려대상에 마땅히 포함시켜야 할 사항을 누락하는 등 재량권의 불행사 또는 해태로 볼 수 있는 구체적 사정이 있다면, 거부처분은 재량권을 일탈·남용한 것으로서 위법하다.

> 관련 내용
1. 절차의 하자의 의의 및 취지
   행정절차의 하자란 협의의 행정절차의 개념에 따라 국민의 행정참여 및 사전적 권리구제 절차에 대한 흠결을 의미하며 국민권익의 사전적 구제에 취지가 있다.
2. 절차의 하자의 독자적 위법성 인정 판례
   ① 식품위생법상 청문(92누2844)
      행정청이 식품위생법상의 청문절차를 이행함에 있어 소정의 청문서 도달기간을 지키지 아니하였다면 이는 청문의 절차적 요건을 준수하지 아니한 것이므로 이를 바탕으로 한 행정처분은 일단 위법하다고 보아야 할 것이다.
   ② 기속행위인 과세처분(2010두12347)
      납세고지에 관한 규정들은 헌법상 적법절차의 원칙과 행정절차법의 기본 원리를 과세처분의 영역에도 그대로 받아들여, 과세관청으로 하여금 자의를 배제한 신중하고도 합리적인 과세처분을 하게

함으로써 조세행정의 공정을 기함과 아울러 납세의무자에게 과세처분의 내용을 자세히 알려주어 이에 대한 불복 여부의 결정과 불복신청의 편의를 주려는 데 그 근본취지가 있으므로, 이 규정들은 강행규정으로 보아야 한다. 따라서 납세고지서에 해당 본세의 과세표준과 세액의 산출근거 등이 제대로 기재되지 않았다면 특별한 사정이 없는 한 그 과세처분은 위법하다.

③ 사전 통지, 의견 청취, 이유 제시 절차를 거치지 않은 경우, 처분의 위법성(2023두39724)

행정청이 당사자에게 의무를 부과하거나 권익을 제한하는 처분을 하는 경우에는 미리 사전통지하여야 하고(제21조 제1항), 다른 법령 등에서 필수적으로 청문을 하거나 공청회를 개최하도록 규정하고 있지 않은 경우에도 당사자 등에게 의견제출의 기회를 주어야 하며(제22조 제3항), 행정청이 처분을 할 때에는 원칙적으로 당사자에게 그 근거와 이유를 제시해야 한다(제23조 제1항). 따라서 행정청이 침해적 행정처분을 하면서 위와 같은 절차를 거치지 않았다면 원칙적으로 그 처분은 위법하여 취소를 면할 수 없다.

## 제22조(의견청취)

① 행정청이 처분을 할 때 다음 각 호의 어느 하나에 해당하는 경우에는 청문을 한다.

1. 다른 법령등에서 청문을 하도록 규정하고 있는 경우
2. 행정청이 필요하다고 인정하는 경우
3. 다음 각 목의 처분을 하는 경우
   가. 인허가 등의 취소
   나. 신분·자격의 박탈
   다. 법인이나 조합 등의 설립허가의 취소

② 행정청이 처분을 할 때 다음 각 호의 어느 하나에 해당하는 경우에는 공청회를 개최한다.

1. 다른 법령등에서 공청회를 개최하도록 규정하고 있는 경우
2. 해당 처분의 영향이 광범위하여 널리 의견을 수렴할 필요가 있다고 행정청이 인정하는 경우
3. 국민생활에 큰 영향을 미치는 처분으로서 대통령령으로 정하는 처분에 대하여 대통령령으로 정하는 수 이상의 당사자등이 공청회 개최를 요구하는 경우

③ 행정청이 당사자에게 의무를 부과하거나 권익을 제한하는 처분을 할 때 제1항 또는 제2항의 경우 외에는 당사자등에게 의견제출의 기회를 주어야 한다.

④ 생략 가능 사유 : 공증현(제21조 제4항) + 당사자가 의견진술의 기회를 포기한다는 뜻을 명백히 표시한 경우

⑤ 행정청은 청문·공청회 또는 의견제출을 거쳤을 때에는 신속히 처분하여 해당 처분이 지연되지 아니하도록 하여야 한다.

⑥ 행정청은 처분 후 1년 이내에 당사자등이 요청하는 경우에는 청문·공청회 또는 의견제출을 위하여 제출받은 서류나 그 밖의 물건을 반환하여야 한다.

> **관련 판례**

**1. 의견청취가 현저히 곤란한 경우(2000두3337)**

의견청취가 현저히 곤란하거나 명백히 불필요하다고 인정될 만한 상당한 이유가 있는 경우"를 규정하고 있으나, 여기에서 말하는 '의견청취가 현저히 곤란하거나 명백히 불필요하다고 인정될 만한 상당한 이유가 있는지 여부'는 당해 행정처분의 성질에 비추어 판단하여야 하는 것이지, 청문통지서의 반송 여부, 청문통지의 방법 등에 의하여 판단할 것은 아니다.

**2. 청문 관련 판례**

① 청문미실시 협약이 배제사유인지 여부(2002두8350)

협약을 체결하면서 관계 법령 및 행정절차법에 규정된 청문의 실시 등 의견청취절차를 배제하는 조항을 두었다고 하더라도, 행정절차법의 목적 및 청문제도의 취지 등에 비추어 볼 때, 위와 같은 협약의 체결로 청문의 실시에 관한 규정의 적용을 배제할 수 있다고 볼 만한 법령상의 규정이 없는 한, 이러한 협약이 체결되었다고 하여 청문의 실시에 관한 규정의 적용이 배제된다거나 청문을 실시하지 않아도 되는 예외적인 경우에 해당한다고 할 수 없다.

② 청문일시에 불출석이 청문의 배제사유인지 여부(2000두3337)

'의견청취가 현저히 곤란하거나 명백히 불필요하다고 인정될 만한 상당한 이유가 있는지 여부'는 당해 행정처분의 성질에 비추어 판단하여야 하는 것이지, 청문통지서의 반송 여부, 청문통지의 방법 등에 의하여 판단할 것은 아니며, 또한 행정처분의 상대방이 통지된 청문일시에 불출석하였다는 이유만으로 행정청이 관계 법령상 그 실시가 요구되는 청문을 실시하지 아니한 채 침해적 행정처분을 할 수는 없을 것이므로, 행정처분의 상대방에 대한 청문통지서가 반송되었다거나, 행정처분의 상대방이 청문일시에 불출석하였다는 이유로 청문을 실시하지 아니하고 한 침해적 행정처분은 위법하다.

③ 충분한 방어의 기회를 가진 경우(92누2844)

행정청이 청문서 도달기간을 다소 어겼다 하더라도 영업자가 이에 대하여 이의하지 아니한채 스스로 청문일에 출석하여 그 의견을 진술하고 변명하는 등 방어의 기회를 충분히 가졌다면 청문서 도달기간을 준수하지 아니한 하자는 치유되었다고 봄이 상당하다 할 것이다.

④ 청문을 결한 경우의 위법성(2000두3337)

청문제도의 취지에 비추어 볼 때, 행정청이 침해적 행정처분을 함에 즈음하여 청문을 실시하지 않아도 되는 예외적인 경우에 해당하지 않는 한 반드시 청문을 실시하여야 하고, 그 절차를 결여한 처분은 위법한 처분으로서 취소 사유에 해당한다.

## 제23조(처분의 이유 제시)

① 행정청은 처분을 할 때에는 다음 각 호의 어느 하나에 해당하는 경우를 제외하고는 당사자에게 그 근거와 이유를 제시하여야 한다. (모단긴)

1. 신청 내용을 **모**두 그대로 인정하는 처분인 경우
2. **단**순·반복적인 처분 또는 경미한 처분으로서 당사자가 그 이유를 명백히 알 수 있는 경우
3. **긴**급히 처분을 할 필요가 있는 경우

② 행정청은 제1항 제2호 및 제3호의 경우에 처분 후 당사자가 요청하는 경우에는 그 근거와 이유를 제시하여야 한다.

> ↻ **관련 판례**

1. **위법성의 예외(2016두64975)**

   행정청이 처분을 할 때에는 원칙적으로 당사자에게 그 근거와 이유를 제시하여야 한다(행정절차법 제23조 제1항). 이 경우 행정청은 처분의 원인이 되는 사실과 근거가 되는 법령 또는 자치법규의 내용을 구체적으로 명시하여야 한다(행정절차법 시행령 제14조의2). 다만 처분을 하면서 당사자가 그 근거를 알 수 있을 정도로 이유를 제시한 경우에는 처분의 근거와 이유를 구체적으로 명시하지 않았더라도 그로 말미암아 그 처분이 위법하다고 볼 수는 없다

**⚫ 행정절차법상 사전통지, (의견청취 중)청문, 이유제시 비교**

| | 사전통지 | (의견청취 중) 청문 | 이유제시 |
|---|---|---|---|
| 개념(의의) | 행정청은 당사자에게 의무를 부과하거나 권익을 제한하는 처분을 하는 경우 당사자등에게 일정한 사항을 사전통지하도록 함. | 행정청이 어떠한 처분을 하기 전에 당사자등의 의견을 직접 듣고 증거를 조사하는 절차. | 행정청이 처분을 함에 있어 처분의 근거와 이유를 제시하는 것을 말하며 이유부기라고도 함. |
| 법적 근거 | 행정절차법 제21조 | 행정절차법 제22조 | 행정절차법 제23조 |
| 생략 사유 | ① 공공의 안전 또는 복리를 위하여 긴급히 처분을 할 필요가 있는 경우 ② 법령등에서 요구된 자격이 없거나 없어지게 되면 반드시 일정한 처분을 하여야 하는 경우에 그 자격이 없거나 없어지게 된 사실이 법원의 재판 등에 의하여 객관적으로 증명된 경우 ③ 해당 처분의 성질상 의견청취가 현저히 곤란하거나 명백히 불필요하다고 인정될 만한 상당한 이유가 있는 경우 | ① 공공의 안전 또는 복리를 위하여 긴급히 처분을 할 필요가 있는 경우 ② 법령등에서 요구된 자격이 없거나 없어지게 되면 반드시 일정한 처분을 하여야 하는 경우에 그 자격이 없거나 없어지게 된 사실이 법원의 재판 등에 의하여 객관적으로 증명된 경우 ③ 해당 처분의 성질상 의견청취가 현저히 곤란하거나 명백히 불필요하다고 인정될 만한 상당한 이유가 있는 경우 ④ 당사자가 의견진술의 기회를 포기한다는 뜻을 명백히 표시한 경우 | ① 신청 내용을 모두 그대로 인정하는 처분인 경우 ② 단순·반복적인 처분 또는 경미한 처분으로서 당사자가 그 이유를 명백히 알 수 있는 경우 ③ 긴급히 처분을 할 필요가 있는 경우 |

**제24조(처분의 방식)**

① 행정청이 처분을 할 때에는 다른 법령등에 특별한 규정이 있는 경우를 제외하고는 문서로 하여야 하며, 당사자등의 동의가 있는 경우, 당사자가 신청한 경우에는 전자문서로 할 수 있다.

② 제1항에도 불구하고 공공의 안전 또는 복리를 위하여 긴급히 처분을 할 필요가 있거나 사안이 경미한 경우에는 말, 전화, 휴대전화를 이용한 문자 전송, 팩스 또는 전자우편 등 문서가 아닌 방법으로 처분을 할 수 있다(당사자가 요청하면 지체 없이 처분에 관한 문서를 주어야 한다).

③ 처분을 하는 문서에는 그 처분 행정청과 담당자의 소속·성명 및 연락처(전화번호, 팩스번호, 전자우편주소 등)를 적어야 한다.

### 제25조(처분의 정정)

행정청은 처분에 오기(誤記), 오산(誤算) 또는 그 밖에 이에 준하는 명백한 잘못이 있을 때에는 직권 또는 신청에 따라 지체 없이 정정하고 그 사실을 당사자에게 통지하여야 한다.

### 제26조(고지)

행정청이 처분을 할 때에는 당사자에게 그 처분에 관하여 행정심판 및 행정소송을 제기할 수 있는지 여부, 그 밖에 불복을 할 수 있는지 여부, 청구절차 및 청구기간, 그 밖에 필요한 사항을 알려야 한다.

## 제2절 의견제출 및 청문

### 제27조(의견제출)

① 당사자등은 처분 전에 그 처분의 관할 행정청에 서면이나 말로 또는 정보통신망을 이용하여 의견제출을 할 수 있다.

② 당사자등은 의견제출을 하는 경우 그 주장을 입증하기 위한 증거자료 등을 첨부할 수 있다.

③ 행정청은 당사자등이 말로 의견제출을 하였을 때에는 서면으로 그 진술의 요지와 진술자를 기록하여야 한다.

④ 당사자등이 정당한 이유 없이 의견제출기한까지 의견제출을 하지 아니한 경우에는 의견이 없는 것으로 본다.

### 제27조의2(제출 의견의 반영 등)

① 행정청은 처분을 할 때에 당사자등이 제출한 의견이 상당한 이유가 있다고 인정하는 경우에는 이를 반영하여야 한다.

② 행정청은 당사자등이 제출한 의견을 반영하지 아니하고 처분을 한 경우 당사자등이 처분이 있음을 안 날부터 90일 이내에 그 이유의 설명을 요청하면 서면으로 그 이유를 알려야 한다(당사자등이 동의하면 말, 정보통신망 또는 그 밖의 방법으로 알릴 수 있다).

### 제28조(청문 주재자)

① 행정청은 소속 직원 또는 대통령령으로 정하는 자격을 가진 사람 중에서 청문 주재자를 공정하게 선정하여야 한다.

② 행정청은 다음 각 호의 어느 하나에 해당하는 처분을 하려는 경우에는 청문 주재자를 2명 이상으로 선정할 수 있다(선정된 청문 주재자 중 1명이 청문 주재자를 대표한다).

1. 다수 국민의 이해가 상충되는 처분
2. 다수 국민에게 불편이나 부담을 주는 처분
3. 그 밖에 전문적이고 공정한 청문을 위하여 행정청이 청문 주재자를 2명 이상으로 선정할 필요가 있다고 인정하는 처분

③ 행정청은 청문이 시작되는 날부터 7일 전까지 청문 주재자에게 청문과 관련한 필요한 자료를 미리 통지하여야 한다.

④ 청문 주재자는 독립하여 공정하게 직무를 수행하며, 그 직무 수행을 이유로 본인의 의사에 반하여 신분상 어떠한 불이익도 받지 아니한다.

⑤ 청문 주재자는 「형법」이나 그 밖의 다른 법률에 따른 벌칙을 적용할 때에는 공무원으로 본다.

### 제29조(청문 주재자의 제척·기피·회피)

① 청문 주재자가 다음 각 호의 어느 하나에 해당하는 경우에는 청문을 주재할 수 없다.
1. 자신이 당사자등이거나 당사자등과 친족관계에 있거나 있었던 경우
2. 자신이 해당 처분과 관련하여 증언이나 감정(鑑定)을 한 경우
3. 자신이 해당 처분의 당사자등의 대리인으로 관여하거나 관여하였던 경우
4. 자신이 해당 처분업무를 직접 처리하거나 처리하였던 경우
5. 자신이 해당 처분업무를 처리하는 부서에 근무하는 경우

② 청문 주재자에게 공정한 청문 진행을 할 수 없는 사정이 있는 경우 당사자등은 행정청에 기피신청을 할 수 있다(행정청은 청문을 정지하고 그 신청이 이유가 있다고 인정할 때에는 해당 청문 주재자를 지체 없이 교체하여야 한다).

③ 청문 주재자는 제1항 또는 제2항의 사유에 해당하는 경우에는 행정청의 승인을 받아 스스로 청문의 주재를 회피할 수 있다.

### 제30조(청문의 공개)

청문은 당사자가 공개를 신청하거나 청문 주재자가 필요하다고 인정하는 경우 공개할 수 있다(공익 또는 제3자의 정당한 이익을 현저히 해칠 우려가 있는 경우는 제외).

### 제31조(청문의 진행)

① 청문 주재자가 청문을 시작할 때에는 먼저 예정된 처분의 내용, 그 원인이 되는 사실 및 법적 근거 등을 설명하여야 한다.

② 당사자등은 의견을 진술하고 증거를 제출할 수 있으며, 참고인이나 감정인 등에게 질문할 수 있다.

③ 당사자등이 의견서를 제출한 경우에는 그 내용을 출석하여 진술한 것으로 본다.

④ 청문 주재자는 청문의 신속한 진행과 질서유지를 위하여 필요한 조치를 할 수 있다.

⑤ 청문을 계속할 경우에는 행정청은 당사자등에게 청문의 일시 및 장소를 서면으로 통지하여야 하며, 당사자등이 동의하는 경우에는 전자문서로 통지할 수 있다. (청문에 출석한 당사자등에게는 그 청문일에 청문 주재자가 말로 통지 가능)

**제32조(청문의 병합·분리)**

행정청은 직권으로 또는 당사자의 신청에 따라 여러 개의 사안을 병합하거나 분리하여 청문을 할수 있다.

**제33조(증거조사)**

① 청문 주재자는 직권으로 또는 당사자의 신청에 따라 필요한 조사를 할 수 있으며, 당사자등이주장하지 아니한 사실에 대하여도 조사할 수 있다.

② 증거조사는 다음 각 호의 어느 하나에 해당하는 방법으로 한다.

　1. 문서·장부·물건 등 증거자료의 수집

　2. 참고인·감정인 등에 대한 질문

　3. 검증 또는 감정·평가

　4. 그 밖에 필요한 조사

③ 청문 주재자는 필요하다고 인정할 때에는 관계 행정청에 필요한 문서의 제출 또는 의견의 진술을 요구할 수 있다.

　(관계 행정청은 직무 수행에 특별한 지장이 없으면 그 요구에 따라야 한다.)

**제34조(청문조서)**

① 청문 주재자는 다음 각 호의 사항이 적힌 청문조서(聽聞調書)를 작성하여야 한다.

　1. 제목

　2. 청문 주재자의 소속, 성명 등 인적사항

　3. 당사자등의 주소, 성명 또는 명칭 및 출석 여부

　4. 청문의 일시 및 장소

　5. 당사자등의 진술의 요지 및 제출된 증거

　6. 청문의 공개 여부 및 공개하거나 제30조 단서에 따라 공개하지 아니한 이유

　7. 증거조사를 한 경우에는 그 요지 및 첨부된 증거

　8. 그 밖에 필요한 사항

② 당사자등은 청문조서의 내용을 열람·확인할 수 있으며, 이의가 있을 때에는 그 정정을 요구할수 있다.

**제34조의2(청문 주재자의 의견서)**

청문 주재자는 다음 각 호의 사항이 적힌 청문 주재자의 의견서를 작성하여야 한다.

1. 청문의 제목

2. 처분의 내용, 주요 사실 또는 증거

3. 종합의견

4. 그 밖에 필요한 사항

## 제35조(청문의 종결)

① 청문 주재자는 해당 사안에 대하여 당사자등의 의견진술, 증거조사가 충분히 이루어졌다고 인정하는 경우에는 청문을 마칠 수 있다.

② 청문 주재자는 당사자등의 전부 또는 일부가 정당한 사유 없이 청문기일에 출석하지 아니하거나 의견서를 제출하지 아니한 경우에는 이들에게 다시 의견진술 및 증거제출의 기회를 주지 아니하고 청문을 마칠 수 있다.

③ 청문 주재자는 당사자등의 전부 또는 일부가 정당한 사유로 청문기일에 출석하지 못하거나 의견서를 제출하지 못한 경우에는 10일 이상의 기간을 정하여 이들에게 의견진술 및 증거제출을 요구하여야 하며, 해당 기간이 지났을 때에 청문을 마칠 수 있다.

④ 청문 주재자는 청문을 마쳤을 때에는 청문조서, 청문 주재자의 의견서, 그 밖의 관계 서류 등을 행정청에 지체 없이 제출하여야 한다.

## 제35조의2(청문결과의 반영)

행정청은 처분을 할 때에 청문조서, 청문 주재자의 의견서, 그 밖의 관계 서류 등을 충분히 검토하고 상당한 이유가 있다고 인정하는 경우에는 청문결과를 반영하여야 한다.

## 제36조(청문의 재개)

행정청은 청문을 마친 후 처분을 할 때까지 새로운 사정이 발견되어 청문을 재개(再開)할 필요가 있다고 인정할 때에는 청문조서 등을 되돌려 보내고 청문의 재개를 명할 수 있다. 이 경우 제31조 제5항(당사자 등에게 통지의무)을 준용한다.

## 제37조(문서의 열람 및 비밀유지)

① 당사자등은 의견제출의 경우에는 처분의 사전 통지가 있는 날부터 의견제출기한까지, 청문의 경우에는 청문의 통지가 있는 날부터 청문이 끝날 때까지 행정청에 해당 사안의 조사결과에 관한 문서와 그 밖에 해당 처분과 관련되는 문서의 열람 또는 복사를 요청할 수 있다(다른 법령에 따라 공개가 제한되는 경우를 제외하고는 요청을 거부 불가).

② 행정청은 열람 또는 복사의 요청에 따르는 경우 그 일시 및 장소를 지정할 수 있다.

③ 행정청은 열람 또는 복사의 요청을 거부하는 경우에는 그 이유를 소명(疏明)하여야 한다.

④ 열람 또는 복사를 요청할 수 있는 문서의 범위는 대통령령으로 정한다.

⑤ 행정청은 복사에 드는 비용을 복사를 요청한 자에게 부담시킬 수 있다.

⑥ 누구든지 의견제출 또는 청문을 통하여 알게 된 사생활이나 경영상 또는 거래상의 비밀을 정당한 이유 없이 누설하거나 다른 목적으로 사용하여서는 아니 된다.

## 제3절 공청회

### 제38조(공청회 개최의 알림)

행정청은 공청회를 개최하려는 경우에는 공청회 개최 14일 전까지 다음 각 호의 사항을 당사자등에게 통지하고 관보, 공보, 인터넷 홈페이지 또는 일간신문 등에 공고하는 등의 방법으로 널리 알려야 한다(예정대로 개최하지 못하여 새로 일시 및 장소 등을 정한 경우에는 공청회 개최 7일 전까지 알려야 한다).

1. 제목
2. 일시 및 장소
3. 주요 내용
4. 발표자에 관한 사항
5. 발표신청 방법 및 신청기한
6. 정보통신망을 통한 의견제출
7. 그 밖에 공청회 개최에 필요한 사항

### 제38조의2(온라인공청회)

① 행정청은 제38조에 따른 공청회와 병행하여서만 정보통신망을 이용한 공청회(온라인공청회)를 실시할 수 있다.

② 다음 각 호의 어느 하나에 해당하는 경우에는 온라인공청회를 단독으로 개최할 수 있다.

1. 국민의 생명·신체·재산의 보호 등 국민의 안전 또는 권익보호 등의 이유로 제38조에 따른 공청회를 개최하기 어려운 경우
2. 제38조에 따른 공청회가 행정청이 책임질 수 없는 사유로 개최되지 못하거나 개최는 되었으나 정상적으로 진행되지 못하고 무산된 횟수가 3회 이상인 경우
3. 행정청이 널리 의견을 수렴하기 위하여 온라인공청회를 단독으로 개최할 필요가 있다고 인정하는 경우(제22조 제2항 제1호 또는 제3호에 따라 공청회를 실시하는 경우는 제외)

③ 행정청은 온라인공청회를 실시하는 경우 의견제출 및 토론 참여가 가능하도록 적절한 전자적 처리능력을 갖춘 정보통신망을 구축·운영하여야 한다.

④ 온라인공청회를 실시하는 경우에는 누구든지 정보통신망을 이용하여 의견을 제출하거나 제출된 의견 등에 대한 토론에 참여할 수 있다.

### 제38조의3(공청회의 주재자 및 발표자의 선정)

① 행정청은 해당 공청회의 사안과 관련된 분야에 전문적 지식이 있거나 그 분야에 종사한 경험이 있는 사람으로서 대통령령으로 정하는 자격을 가진 사람 중에서 공청회의 주재자를 선정한다.

② - 원칙 : 공청회의 발표자는 발표를 신청한 사람 중에서 행정청이 선정

　　- 예외 : 발표를 신청한 사람이 없거나 공정성을 확보하기 위하여 필요하다고 인정하는 경우에는 다음 각 호의 사람 중에서 지명하거나 위촉 가능

    1. 해당 공청회의 사안과 관련된 당사자등

    2. 해당 공청회의 사안과 관련된 분야에 전문적 지식이 있는 사람

    3. 해당 공청회의 사안과 관련된 분야에 종사한 경험이 있는 사람

③ 행정청은 공청회의 주재자 및 발표자를 지명 또는 위촉하거나 선정할 때 공정성이 확보될 수 있도록 하여야 한다.

④ 공청회의 주재자, 발표자, 그 밖에 자료를 제출한 전문가 등에게는 예산의 범위에서 수당 및 여비와 그 밖에 필요한 경비를 지급할 수 있다.

## 제39조(공청회의 진행)

① 공청회의 주재자는 공청회를 공정하게 진행하여야 하며, 공청회의 원활한 진행을 위하여 발표 내용을 제한할 수 있고, 질서유지를 위하여 발언 중지 및 퇴장 명령 등 행정안전부장관이 정하는 필요한 조치를 할 수 있다.

② 발표자는 공청회의 내용과 직접 관련된 사항에 대하여만 발표하여야 한다.

③ 공청회의 주재자는 발표자의 발표가 끝난 후에는 발표자 상호간에 질의 및 답변을 할 수 있도록 하여야 하며, 방청인에게도 의견을 제시할 기회를 주어야 한다.

## 제39조의2(공청회 및 온라인공청회 결과의 반영)

행정청은 처분을 할 때에 공청회, 온라인공청회 및 정보통신망 등을 통하여 제시된 사실 및 의견이 상당한 이유가 있다고 인정하는 경우에는 이를 반영하여야 한다.

## 제39조의3(공청회의 재개최)

행정청은 공청회를 마친 후 처분을 할 때까지 새로운 사정이 발견되어 공청회를 다시 개최할 필요가 있다고 인정할 때에는 공청회를 다시 개최할 수 있다.

# 제3장 신고, 확약 및 위반사실 등의 공표 등

## 제40조(신고)

① 법령등에서 행정청에 일정한 사항을 통지함으로써 의무가 끝나는 신고를 규정하고 있는 경우 신고를 관장하는 행정청은 신고에 필요한 구비서류, 접수기관, 그 밖에 법령등에 따른 신고에 필요한 사항을 게시(인터넷 등을 통한 게시를 포함)하거나 이에 대한 편람을 갖추어 두고 누구나 열람할 수 있도록 하여야 한다.

② 신고가 다음 각 호의 요건을 갖춘 경우에는 신고서가 접수기관에 도달된 때에 신고 의무가 이행된 것으로 본다.

    1. 신고서의 기재사항에 흠이 없을 것

    2. 필요한 구비서류가 첨부되어 있을 것

    3. 그 밖에 법령등에 규정된 형식상의 요건에 적합할 것

③ 행정청은 제2항 각 호의 요건을 갖추지 못한 신고서가 제출된 경우에는 지체 없이 상당한 기간을 정하여 신고인에게 보완을 요구하여야 한다.

④ 행정청은 신고인이 기간 내에 보완을 하지 아니하였을 때에는 그 이유를 구체적으로 밝혀 해당 신고서를 되돌려 보내야 한다.

### 제40조의2(확약)

① 법령등에서 당사자가 신청할 수 있는 처분을 규정하고 있는 경우 행정청은 당사자의 신청에 따라 장래에 어떤 처분을 하거나 하지 아니할 것을 내용으로 하는 의사표시(확약)를 할 수 있다.

② 확약은 문서로 하여야 한다.

③ 행정청은 다른 행정청과의 협의 등의 절차를 거쳐야 하는 처분에 대하여 확약을 하려는 경우에는 확약을 하기 전에 그 절차를 거쳐야 한다.

④ 행정청은 다음 각 호의 어느 하나에 해당하는 경우에는 확약에 기속되지 아니한다.

  1. 확약을 한 후에 확약의 내용을 이행할 수 없을 정도로 법령등이나 사정이 변경된 경우

  2. 확약이 위법한 경우

⑤ 행정청은 확약이 제4항 각 호의 어느 하나에 해당하여 확약을 이행할 수 없는 경우에는 지체 없이 당사자에게 그 사실을 통지하여야 한다.

### 제40조의3(위반사실 등의 공표)

① 행정청은 의무를 위반한 자의 성명·법인명, 위반사실, 의무 위반을 이유로 한 처분사실 등을 법률로 정하는 바에 따라 일반에게 공표할 수 있다.

② 행정청은 위반사실등의 공표를 하기 전에 당사자의 명예·신용 등이 훼손되지 아니하도록 객관적이고 타당한 증거와 근거가 있는지를 확인하여야 한다.

③ 행정청은 위반사실등의 공표를 할 때에는 미리 당사자에게 그 사실을 통지하고 의견제출의 기회를 주어야 한다. 다만, 다음 각 호의 어느 하나에 해당하는 경우에는 그러하지 아니하다.

  1. 공공의 안전 또는 복리를 위하여 긴급히 공표를 할 필요가 있는 경우

  2. 해당 공표의 성질상 의견청취가 현저히 곤란하거나 명백히 불필요하다고 인정될 만한 타당한 이유가 있는 경우

  3. 당사자가 의견진술의 기회를 포기한다는 뜻을 명백히 밝힌 경우

④ 의견제출의 기회를 받은 당사자는 공표 전에 관할 행정청에 서면이나 말 또는 정보통신망을 이용하여 의견을 제출할 수 있다.

⑤ 의견제출의 방법과 제출 의견의 반영 등에 관하여는 제27조(의견제출) 및 제27조의2(제출 의견의 반영 등)를 준용한다. 이 경우 "처분"은 "위반사실등의 공표"로 본다.

⑥ 위반사실등의 공표는 관보, 공보 또는 인터넷 홈페이지 등을 통하여 한다.

⑦ 행정청은 위반사실등의 공표를 하기 전에 당사자가 공표와 관련된 의무의 이행, 원상회복, 손해배상 등의 조치를 마친 경우에는 위반사실등의 공표를 하지 아니할 수 있다.

⑧ 행정청은 공표된 내용이 사실과 다른 것으로 밝혀지거나 공표에 포함된 처분이 취소된 경우에는 그 내용을 정정하여, 정정한 내용을 지체 없이 해당 공표와 같은 방법으로 공표된 기간 이상 공표하여야 한다. (당사자가 원하지 아니하면 공표하지 아니할 수 있다.)

### 제40조의4(행정계획)

행정청은 행정청이 수립하는 계획 중 국민의 권리·의무에 직접 영향을 미치는 계획을 수립하거나 변경·폐지할 때에는 관련된 여러 이익을 정당하게 형량하여야 한다.

## 제4장 행정상 입법예고

### 제41조(행정상 입법예고)

① 법령등을 제정·개정 또는 폐지(이하 "입법"이라 한다)하려는 경우에는 해당 입법안을 마련한 행정청은 이를 예고하여야 한다. 다만, 다음 각 호의 어느 하나에 해당하는 경우에는 예고를 하지 아니할 수 있다.

1. 신속한 국민의 권리 보호 또는 예측 곤란한 특별한 사정의 발생 등으로 입법이 긴급을 요하는 경우
2. 상위 법령등의 단순한 집행을 위한 경우
3. 입법내용이 국민의 권리·의무 또는 일상생활과 관련이 없는 경우
4. 단순한 표현·자구를 변경하는 경우 등 입법내용의 성질상 예고의 필요가 없거나 곤란하다고 판단되는 경우
5. 예고함이 공공의 안전 또는 복리를 현저히 해칠 우려가 있는 경우

② 삭제

③ 법제처장은 입법예고를 하지 아니한 법령안의 심사 요청을 받은 경우에 입법예고를 하는 것이 적당하다고 판단할 때에는 해당 행정청에 입법예고를 권고하거나 직접 예고할 수 있다.

④ 행정청은 입법예고 후 예고내용에 국민생활과 직접 관련된 내용이 추가되는 등 중요한 변경이 발생하는 경우에는 해당 부분에 대한 입법예고를 다시 하여야 한다. (제1항 각 호의 어느 하나에 해당하는 경우에는 예고 생략 가능)

### 제42조(예고방법)

① 행정청은 입법안의 취지, 주요 내용 또는 전문(全文)을 다음 각 호의 구분에 따른 방법으로 공고하여야 하며, 추가로 인터넷, 신문 또는 방송 등을 통하여 공고할 수 있다.

1. 법령의 입법안을 입법예고하는 경우 : 관보 및 법제처장이 구축·제공하는 정보시스템을 통한 공고
2. 자치법규의 입법안을 입법예고하는 경우 : 공보를 통한 공고

② 행정청은 대통령령을 입법예고하는 경우 국회 소관 상임위원회에 이를 제출하여야 한다.

③ 행정청은 입법예고를 할 때에 입법안과 관련이 있다고 인정되는 중앙행정기관, 지방자치단체, 그 밖의 단체 등이 예고사항을 알 수 있도록 예고사항을 통지하거나 그 밖의 방법으로 알려야 한다.

④ 행정청은 예고된 입법안에 대하여 온라인공청회 등을 통하여 널리 의견을 수렴할 수 있다. 이 경우 제38조의2제3항(정보통신망 구축·운영), 제4항(의견제출, 토론 참여), 제5항(대통령령)을 준용한다.

⑤ 행정청은 예고된 입법안의 전문에 대한 열람 또는 복사를 요청받았을 때에는 특별한 사유가 없으면 그 요청에 따라야 한다.

⑥ 행정청은 제5항에 따른 복사에 드는 비용을 복사를 요청한 자에게 부담시킬 수 있다.

## 제43조(예고기간)

입법예고기간은 예고할 때 정하되, 특별한 사정이 없으면 40일(자치법규는 20일) 이상으로 한다.

## 제44조(의견제출 및 처리)

① 누구든지 예고된 입법안에 대하여 의견을 제출할 수 있다.

② 행정청은 의견접수기관, 의견제출기간, 그 밖에 필요한 사항을 해당 입법안을 예고할 때 함께 공고하여야 한다.

③ 행정청은 해당 입법안에 대한 의견이 제출된 경우 특별한 사유가 없으면 이를 존중하여 처리하여야 한다.

④ 행정청은 의견을 제출한 자에게 그 제출된 의견의 처리결과를 통지하여야 한다.

## 제45조(공청회)

① 행정청은 입법안에 관하여 공청회를 개최할 수 있다.

② 공청회에 관하여는 제38조(공청회 개최의 알림), 제38조의2(온라인공청회), 제38조의3(공청회의 주재자 및 발표자의 선정), 제39조(공청회의 진행) 및 제39조의2(공청회 및 온라인공청회 결과의 반영)를 준용한다.


# 제5장  행정예고


## 제46조(행정예고)

① 행정청은 정책, 제도 및 계획(이하 "정책등"이라 한다)을 수립·시행하거나 변경하려는 경우에는 이를 예고하여야 한다. 다만, 다음 각 호의 어느 하나에 해당하는 경우에는 예고를 하지 아니할 수 있다.

1. 신속하게 국민의 권리를 보호하여야 하거나 예측이 어려운 특별한 사정이 발생하는 등 긴급한 사유로 예고가 현저히 곤란한 경우

2. 법령등의 단순한 집행을 위한 경우

3. 정책등의 내용이 국민의 권리·의무 또는 일상생활과 관련이 없는 경우

4. 정책등의 예고가 공공의 안전 또는 복리를 현저히 해칠 우려가 상당한 경우

② 법령등의 입법을 포함하는 행정예고는 입법예고로 갈음할 수 있다.

③ 행정예고기간은 예고 내용의 성격 등을 고려하여 정하되, 20일 이상으로 한다.

④ 제3항에도 불구하고 행정목적을 달성하기 위하여 긴급한 필요가 있는 경우에는 행정예고기간을 단축할 수 있다(그 기간은 10일 이상으로 한다).

### 제46조의2(행정예고 통계 작성 및 공고)

행정청은 매년 자신이 행한 행정예고의 실시 현황과 그 결과에 관한 통계를 작성하고, 이를 관보·공보 또는 인터넷 등의 방법으로 널리 공고하여야 한다.

### 제47조(예고방법 등)

① 행정청은 정책등안(案)의 취지, 주요 내용 등을 관보·공보나 인터넷·신문·방송 등을 통하여 공고하여야 한다.

② 행정예고의 방법, 의견제출 및 처리, 공청회 및 온라인공청회에 관하여는 제38조, 제38조의2, 제38조의3, 제39조, 제39조의2, 제39조의3, 제42조(제1항·제2항 및 제4항은 제외한다), 제44조 제1항부터 제3항까지 및 제45조 제1항을 준용한다. 이 경우 "입법안"은 "정책등안"으로, "입법예고"는 "행정예고"로, "처분을 할 때"는 "정책등을 수립·시행하거나 변경할 때"로 본다.

## 제6장 행정지도

### 제48조(행정지도의 원칙)

① 행정지도는 그 목적 달성에 필요한 최소한도에 그쳐야 하며, 행정지도의 상대방의 의사에 반하여 부당하게 강요하여서는 아니 된다.

② 행정기관은 행정지도의 상대방이 행정지도에 따르지 아니하였다는 것을 이유로 불이익한 조치를 하여서는 아니 된다.

### 제49조(행정지도의 방식)

① 행정지도를 하는 자는 그 상대방에게 그 행정지도의 취지 및 내용과 신분을 밝혀야 한다.

② 행정지도가 말로 이루어지는 경우 상대방이 서면의 교부를 요구하면 그 행정지도를 하는 자는 직무 수행에 특별한 지장이 없으면 이를 교부하여야 한다.

### 제50조(의견제출)

행정지도의 상대방은 해당 행정지도의 방식·내용 등에 관하여 행정기관에 의견제출을 할 수 있다.

### 제51조(다수인을 대상으로 하는 행정지도)

행정기관이 같은 행정목적을 실현하기 위하여 많은 상대방에게 행정지도를 하려는 경우에는 특별한 사정이 없으면 행정지도에 공통적인 내용이 되는 사항을 공표하여야 한다.

## 제7장 국민참여의 확대

### 제52조(국민참여 활성화)

① 행정청은 행정과정에서 국민의 의견을 적극적으로 청취하고 이를 반영하도록 노력하여야 한다.

② 행정청은 국민에게 다양한 참여방법과 협력의 기회를 제공하도록 노력하여야 하며, 구체적인 참여방법을 공표하여야 한다.

③ 행정청은 국민참여 수준을 향상시키기 위하여 노력하여야 하며 필요한 경우 국민참여 수준에 대한 자체진단을 실시하고, 그 결과를 행정안전부장관에게 제출하여야 한다.

④ 행정청은 자체진단을 실시한 경우 그 결과를 공개할 수 있다.

⑤ 행정청은 국민참여를 활성화하기 위하여 교육·홍보, 예산·인력 확보 등 필요한 조치를 할 수 있다.

⑥ 행정안전부장관은 국민참여 확대를 위하여 행정청에 교육·홍보, 포상, 예산·인력 확보 등을 지원할 수 있다.

### 제52조의2(국민제안의 처리)

① 행정청(국회사무총장·법원행정처장·헌법재판소사무처장 및 중앙선거관리위원회사무총장은 제외한다)은 정부시책이나 행정제도 및 그 운영의 개선에 관한 국민의 창의적인 의견이나 고안(이하 "국민제안"이라 한다)을 접수·처리하여야 한다.

### 제52조의3(국민참여 창구)

행정청은 주요 정책 등에 관한 국민과 전문가의 의견을 듣거나 국민이 참여할 수 있는 온라인 또는 오프라인 창구를 설치·운영할 수 있다.

### 제53조(온라인 정책토론)

① 행정청은 국민에게 영향을 미치는 주요 정책 등에 대하여 국민의 다양하고 창의적인 의견을 널리 수렴하기 위하여 정보통신망을 이용한 정책토론(이하 이 조에서 "온라인 정책토론"이라 한다)을 실시할 수 있다.

② 행정청은 효율적인 온라인 정책토론을 위하여 과제별로 한시적인 토론 패널을 구성하여 해당 토론에 참여시킬 수 있다. 이 경우 패널의 구성에 있어서는 공정성 및 객관성이 확보될 수 있도록 노력하여야 한다.

③ 행정청은 온라인 정책토론이 공정하고 중립적으로 운영되도록 하기 위하여 필요한 조치를 할 수 있다.

# 제8장 보칙

### 제54조(비용의 부담)

행정절차에 드는 비용은 행정청이 부담한다. (당사자등이 자기를 위하여 스스로 지출한 비용은 제외)

### 제55조(참고인 등에 대한 비용 지급)

① 행정청은 행정절차의 진행에 필요한 참고인이나 감정인 등에게 예산의 범위에서 여비와 일당을 지급할 수 있다.

### 제56조(협조 요청 등)

행정안전부장관(제4장의 경우에는 법제처장을 말한다)은 이 법의 효율적인 운영을 위하여 노력하여야 하며, 필요한 경우에는 그 운영 상황과 실태를 확인할 수 있고, 관계 행정청에 관련 자료의 제출 등 협조를 요청할 수 있다.


## 부칙

**제1조(시행일)** 이 법은 공포 후 6개월이 경과한 날부터 시행한다. 다만, 제20조 제2항부터 제4항까지의 개정규정은 2023년 3월 24일부터 시행한다.

**제2조(청문에 관한 적용례)** 제22조 제1항 제3호의 개정규정은 이 법 시행 이후 같은 호 각 목의 처분에 관하여 제21조에 따라 사전 통지를 하는 처분부터 적용한다.

**제3조(온라인공청회에 관한 적용례)** 제38조의2제2항 제2호의 개정규정은 이 법 시행 이후 공청회가 행정청이 책임질 수 없는 사유로 개최되지 못하거나 개최는 되었으나 정상적으로 진행되지 못하고 무산된 횟수가 3회 이상인 경우부터 적용한다.

**제4조(확약에 관한 적용례)** 제40조의2의 개정규정은 이 법 시행 이후 확약을 신청하는 경우부터 적용한다.

**제5조(위반사실등의 공표에 관한 적용례)** 제40조의3의 개정규정은 이 법 시행 이후 위반사실등의 공표를 하는 경우부터 적용한다.

**제6조(행정예고에 관한 적용례)** 제46조 제3항 및 제4항의 개정규정은 이 법 시행 이후 행정예고를 하는 경우부터 적용한다.

**제7조(다른 법률의 개정)** 민원 처리에 관한 법률 일부를 다음과 같이 개정한다.
제45조를 삭제한다.

# 행정소송법

## 제1장 총칙

### 제1조(목적)

이 법은 행정소송절차를 통하여 행정청의 위법한 처분 그 밖에 공권력의 행사·불행사등으로 인한 국민의 권리 또는 이익의 침해를 구제하고, 공법상의 권리관계 또는 법적용에 관한 다툼을 적정하게 해결함을 목적으로 한다.

### 제2조(정의)

① 이 법에서 사용하는 용어의 정의는 다음과 같다.

1. "처분등"이라 함은 행정청이 행하는 구체적 사실에 관한 법집행으로서의 공권력의 행사 또는 그 거부와 그 밖에 이에 준하는 행정작용 및 행정심판에 대한 재결을 말한다.
2. "부작위"라 함은 행정청이 당사자의 신청에 대하여 상당한 기간내에 일정한 처분을 하여야 할 법률상 의무가 있음에도 불구하고 이를 하지 아니하는 것을 말한다.

② 이 법을 적용함에 있어서 행정청에는 법령에 의하여 행정권한의 위임 또는 위탁을 받은 행정기관, 공공단체 및 그 기관 또는 사인이 포함된다.

### 제3조(행정소송의 종류)

행정소송은 다음의 네가지로 구분한다.

1. 항고소송 : 행정청의 처분등이나 부작위에 대하여 제기하는 소송
2. 당사자소송 : 행정청의 처분등을 원인으로 하는 법률관계에 관한 소송 그 밖에 공법상의 법률관계에 관한 소송으로서 그 법률관계의 한쪽 당사자를 피고로 하는 소송
3. 민중소송 : 국가 또는 공공단체의 기관이 법률에 위반되는 행위를 한 때에 직접 자기의 법률상 이익과 관계없이 그 시정을 구하기 위하여 제기하는 소송
4. 기관소송 : 국가 또는 공공단체의 기관상호간에 있어서의 권한의 존부 또는 그 행사에 관한 다툼이 있을 때에 이에 대하여 제기하는 소송(헌법재판소의 관장사항으로 되는 소송은 제외)

### 제4조(항고소송)

항고소송은 다음과 같이 구분한다.

1. 취소소송 : 행정청의 위법한 처분등을 취소 또는 변경하는 소송
2. 무효등 확인소송 : 행정청의 처분등의 효력 유무 또는 존재여부를 확인하는 소송
3. 부작위위법확인소송 : 행정청의 부작위가 위법하다는 것을 확인하는 소송

> 🔖 **관련 판례**
>
> **1. 수용재결 무효확인소송 판결(2016두64241)**
>
> ① 사업시행자로서는 수용 또는 사용의 개시일까지 토지수용위원회가 재결한 보상금을 지급 또는 공탁하지 아니함으로써 재결의 효력을 상실시킬 수 있는 점, 토지소유자 등은 수용재결에 대하여 이의를 신청하거나 행정소송을 제기하여 보상금의 적정 여부를 다툴 수 있는데, 그 절차에서 사업시행자와 보상금액에 관하여 임의로 합의할 수 있는 점, 토지보상법의 입법 목적(제1조)에 비추어 보더라도 수용재결이 있은 후에 사법상 계약의 실질을 가지는 협의취득 절차를 금지해야 할 별다른 필요성을 찾기 어려운 점 등을 종합해 보면, 토지수용위원회의 수용재결이 있은 후라고 하더라도 토지소유자 등과 사업시행자가 다시 협의하여 토지 등의 취득이나 사용 및 그에 대한 보상에 관하여 임의로 계약을 체결할 수 있다고 보아야 한다.
>
> ② 수용재결이 있은 후 토지에 관하여 보상금액을 새로 정하여 취득협의서를 작성하였고, 이를 기초로 소유권이전등기까지 마친 점 등을 종합해 보면, 보상금의 액수를 합의하는 계약을 새로 체결하였다고 볼 여지가 충분하고, 만약 이러한 별도의 협의취득 절차에 따라 토지에 관하여 소유권이전등기가 마쳐진 것이라면 설령 갑이 수용재결의 무효확인 판결을 받더라도 토지의 소유권을 회복시키는 것이 불가능하고, 나아가 무효확인으로써 회복할 수 있는 다른 권리나 이익이 남아 있다고도 볼 수 없다고 판시하였다.
>
> **2. 재결신청청구에 대한 불복(2018두57865)**
>
> 사업시행자만이 재결을 신청할 수 있고 토지소유자와 관계인은 사업시행자에게 재결신청을 청구하도록 규정하고 있으므로, 사업시행자가 재결신청을 하지 않을 때 토지소유자나 관계인은 사업시행자를 상대로 거부처분취소소송 또는 부작위위법확인소송의 방법으로 다툴 수 있다.

## 제5조(국외에서의 기간)

이 법에 의한 기간의 계산에 있어서 국외에서의 소송행위추완에 있어서는 그 기간을 14일에서 30일로, 제3자에 의한 재심청구에 있어서는 그 기간을 30일에서 60일로, 소의 제기에 있어서는 그 기간을 60일에서 90일로 한다.

## 제6조(명령·규칙의 위헌판결등 공고)

① 행정소송에 대한 대법원판결에 의하여 명령·규칙이 헌법 또는 법률에 위반된다는 것이 확정된 경우에는 대법원은 지체없이 그 사유를 행정안전부장관에게 통보하여야 한다.

② 통보를 받은 행정안전부장관은 지체없이 이를 관보에 게재하여야 한다.

## 제7조(사건의 이송)

민사소송법 제34조 제1항의 규정은 원고의 고의 또는 중대한 과실없이 행정소송이 심급을 달리하는 법원에 잘못 제기된 경우에도 적용한다.

## 제8조(법적용례)

① 행정소송에 대하여는 다른 법률에 특별한 규정이 있는 경우를 제외하고는 이 법이 정하는 바에 의한다.

② 행정소송에 관하여 이 법에 특별한 규정이 없는 사항에 대하여는 법원조직법과 민사소송법 및 민사집행법의 규정을 준용한다.

# 제2장 취소소송

▶ **취소소송의 의의 및 성격**
취소소송이란 행정청의 위법한 처분이나 재결의 취소 또는 변경을 구하는 소송을 말한다. 취소소송은 주관적 소송이며, 형성소송의 성질을 갖는다.

▶ **취소소송의 요건(대/소/원/전/기/관/피)**
① 대상적격으로 처분성이 인정 =〉 행정소송법 제19조 원처분주의
② 협의의 소익이 인정 = 권리보호의 필요
③ 원고적격이 인정 = 법률상 이익이 있는자(개직구/간사경)
④ 행정심판 전치주의 여부(임의주의)
⑤ 제소기간을 준수할 것
⑥ 관할(피고 소재지)
⑦ 피고적격은 처분청으로 행정청

## 제1절 재판관할

### 제9조(재판관할)

① 취소소송의 제1심관할법원은 피고의 소재지를 관할하는 행정법원으로 한다.
② 제1항에도 불구하고 다음 각 호의 어느 하나에 해당하는 경우에는 대법원소재지를 관할하는 행정법원에 제기할 수 있다.
   1. 중앙행정기관, 중앙행정기관의 부속기관과 합의제행정기관 또는 그 장
   2. 국가의 사무를 위임 또는 위탁받은 공공단체 또는 그 장
③ 토지의 수용 기타 부동산 또는 특정의 장소에 관계되는 처분등에 대한 취소소송은 부동산 또는 장소의 소재지를 관할하는 행정법원에 이를 제기할 수 있다.

### 제10조(관련청구소송의 이송 및 병합)

① 취소소송과 다음 각호의 1에 해당하는 소송이 각각 다른 법원에 계속되고 있는 경우에 관련청구소송이 계속된 법원이 상당하다고 인정하는 때에는 당사자의 신청 또는 직권에 의하여 이를 취소소송이 계속된 법원으로 이송할 수 있다.
   1. 당해 처분등과 관련되는 손해배상·부당이득반환·원상회복등 청구소송
   2. 당해 처분등과 관련되는 취소소송
② 취소소송에는 사실심의 변론종결시까지 관련청구소송을 병합하거나 피고외의 자를 상대로 한 관련청구소송을 취소소송이 계속된 법원에 병합하여 제기할 수 있다.

## 제11조(선결문제)

① 처분등의 효력 유무 또는 존재 여부가 민사소송의 선결문제로 되어 당해 민사소송의 수소법원이 이를 심리·판단하는 경우에는 제17조, 제25조, 제26조 및 제33조의 규정을 준용한다.

② 당해 수소법원은 그 처분등을 행한 행정청에게 그 선결문제로 된 사실을 통지하여야 한다.

## 제2절 당사자

### 제12조(원고적격)

취소소송은 처분등의 취소를 구할 법률상 이익이 있는 자가 제기할 수 있다. 처분등의 효과가 기간의 경과, 처분등의 집행 그 밖의 사유로 인하여 소멸된 뒤에도 그 처분등의 취소로 인하여 회복되는 법률상 이익이 있는 자의 경우에는 또한 같다.

> 🔖 **관련 판례**
>
> 1. **원고적격이 인정되는 경우(2020두48772)**
> 개별적·직접적·구체적으로 보호되는 이익이 있는 경우에는 처분의 취소를 구할 원고적격이 인정되지만, 간접적·사실적·경제적인 경우에는 처분의 취소를 구할 원고적격이 인정되지 않는다.
>
> 2. **인근 주민의 원고적격(2006두330)**
> 환경영향평가 대상지역 안의 주민들은 침해 또는 침해우려가 있는 것으로 사실상 추정되어 원고적격이 인정되지만 대상지역 밖의 주민들은 침해 또는 침해우려가 있다는 것을 입증함으로써 그 처분 등의 원고적격을 인정받을 수 있다.

### 제13조(피고적격)

① 취소소송은 다른 법률에 특별한 규정이 없는 한 그 처분등을 행한 행정청을 피고로 한다. 다만, 처분등이 있은 뒤에 그 처분등에 관계되는 권한이 다른 행정청에 승계된 때에는 이를 승계한 행정청을 피고로 한다.

② 행정청이 없게 된 때에는 그 처분등에 관한 사무가 귀속되는 국가 또는 공공단체를 피고로 한다.

### 제14조(피고경정)

① 원고가 피고를 잘못 지정한 때에는 법원은 원고의 신청에 의하여 결정으로써 피고의 경정을 허가할 수 있다.

② 법원은 결정의 정본을 새로운 피고에게 송달하여야 한다.

③ 제1항의 규정에 의한 신청을 각하하는 결정에 대하여는 즉시항고할 수 있다.

④ 제1항의 규정에 의한 결정이 있은 때에는 새로운 피고에 대한 소송은 처음에 소를 제기한 때에 제기된 것으로 본다.

⑤ 제1항의 규정에 의한 결정이 있은 때에는 종전의 피고에 대한 소송은 취하된 것으로 본다.

⑥ 취소소송이 제기된 후에 제13조 제1항 단서 또는 제13조 제2항에 해당하는 사유가 생긴 때에는 법원은 당사자의 신청 또는 직권에 의하여 피고를 경정한다. 이 경우에는 제4항 및 제5항의 규정을 준용한다.

## 제15조(공동소송)

수인의 청구 또는 수인에 대한 청구가 처분등의 취소 청구와 관련되는 청구인 경우에 한하여 그 수인은 공동소송인이 될 수 있다.

## 제16조(제3자의 소송참가)

① 법원은 소송의 결과에 따라 권리 또는 이익의 침해를 받을 제3자가 있는 경우에는 당사자 또는 제3자의 신청 또는 직권에 의하여 결정으로써 그 제3자를 소송에 참가시킬 수 있다.

② 법원이 제1항의 규정에 의한 결정을 하고자 할 때에는 미리 당사자 및 제3자의 의견을 들어야 한다.

③ 제1항의 규정에 의한 신청을 한 제3자는 그 신청을 각하한 결정에 대하여 즉시항고할 수 있다.

④ 소송에 참가한 제3자에 대하여는 민사소송법 제67조의 규정을 준용한다.

## 제17조(행정청의 소송참가)

① 법원은 다른 행정청을 소송에 참가시킬 필요가 있다고 인정할 때에는 당사자 또는 당해 행정청의 신청 또는 직권에 의하여 결정으로써 그 행정청을 소송에 참가시킬 수 있다.

② 법원은 제1항의 규정에 의한 결정을 하고자 할 때에는 당사자 및 당해 행정청의 의견을 들어야 한다.

③ 소송에 참가한 행정청에 대하여는 민사소송법 제76조의 규정을 준용한다.

# 제3절 소의 제기

## 제18조(행정심판과의 관계)

① 취소소송은 법령의 규정에 의하여 당해 처분에 대한 행정심판을 제기할 수 있는 경우에도 이를 거치지 아니하고 제기할 수 있다. (다른 법률에 당해 처분에 대한 행정심판의 재결을 거치지 아니하면 취소소송을 제기할 수 없다는 규정이 있는 때에는 제외)

② 제1항 단서의 경우에도 다음 각호의 1에 해당하는 사유가 있는 때에는 행정심판의 재결을 거치지 아니하고 취소소송을 제기할 수 있다.

1. 행정심판청구가 있은 날로부터 60일이 지나도 재결이 없는 때
2. 처분의 집행 또는 절차의 속행으로 생길 중대한 손해를 예방하여야 할 긴급한 필요가 있는 때
3. 법령의 규정에 의한 행정심판기관이 의결 또는 재결을 하지 못할 사유가 있는 때
4. 그 밖의 정당한 사유가 있는 때

③ 제1항 단서의 경우에 다음 각호의 1에 해당하는 사유가 있는 때에는 행정심판을 제기함이 없이 취소소송을 제기할 수 있다.

PART 08

1. 동종사건에 관하여 이미 행정심판의 기각재결이 있은 때
2. 서로 내용상 관련되는 처분 또는 같은 목적을 위하여 단계적으로 진행되는 처분중 어느 하나가 이미 행정심판의 재결을 거친 때
3. 행정청이 사실심의 변론종결후 소송의 대상인 처분을 변경하여 당해 변경된 처분에 관하여 소를 제기하는 때
4. 처분을 행한 행정청이 행정심판을 거칠 필요가 없다고 잘못 알린 때

④ 제2항 및 제3항의 규정에 의한 사유는 이를 소명하여야 한다.

## 제19조(취소소송의 대상)

취소소송은 처분등을 대상으로 한다. 다만, 재결취소소송의 경우에는 재결 자체에 고유한 위법이 있음을 이유로 하는 경우에 한한다.

> 🔁 **관련 판례**
>
> 1. **거부가 처분이 되기 위한 요건(2012두22966)**
>    행정처분이 되려면 행정청의 행위를 요구할 법규상 또는 조리상의 신청권이 국민에게 있어야 하고, 이러한 신청권의 근거 없이 한 국민의 신청을 행정청이 받아 들이지 아니한 경우에는 거부로 인하여 신청인의 권리나 법적 이익에 어떤 영향을 주는 것이 아니므로 이를 항고소송의 대상이 되는 행정처분이라 할 수 없다.
>
> 2. **수용절차를 개시한 바 없는 경우(2012두22966)**
>    문화재보호법상 문화재청장이 수용 절차를 개시한 바 없으므로, 토지수용위원회에 재결을 신청할 것을 청구할 법규상의 신청권이 인정된다고 할 수 없어, 항고소송의 대상이 되는 거부처분에 해당하지 않는다.
>
> 3. **처분에 해당하는지 불분명한 경우(2021두53894)**
>    항고소송의 대상인 '처분'이란 "행정청이 행하는 구체적 사실에 관한 법집행으로서의 공권력의 행사 또는 그 거부와 그 밖에 이에 준하는 행성작용"(행정소송법 제2조 제1항 제1호)를 말한다. 행정청의 행위가 항고소송의 대상이 될 수 있는지는 추상적·일반적으로 결정할 수 없고, 구체적인 경우에 관련 법령의 내용과 취지, 그 행위의 주체·내용·형식·절차, 그 행위와 상대방 등 이해관계인이 입는 불이익 사이의 실질적 견련성, 법치행정의 원리와 그 행위에 관련된 행정청이나 이해관계인의 태도 등을 고려하여 개별적으로 결정하여야 한다.
>
> 4. **원처분주의(2008두1504)**
>    토지보상법 제83조 및 제85조가 이의신청을 임의적 절차로 규정하고 있는 점, 행정소송법 제19조 단서가 행정심판에 대한 재결은 재결 자체에 고유한 위법이 있음을 이유로 하는 경우에 한하여 취소소송의 대상으로 삼을 수 있다고 규정하고 있는 점 등을 종합하면, 수용재결에 불복하여 취소소송을 제기하는 때에는 이의신청을 거친 경우에도 수용재결을 한 중앙토지수용위원회 또는 지방토지수용위원회를 피고로 하여 수용재결의 취소를 구하여야 하고, 다만 이의신청에 대한 재결 자체에 고유한 위법이 있음을 이유로 하는 경우에는 그 이의재결을 한 중앙토지수용위원회를 피고로 하여 이의재결의 취소를 구하여야 한다.

### 제20조(제소기간)

① – 원칙 : 취소소송은 처분등이 있음을 안 날부터 90일 이내에 제기하여야 한다.
   – 예외 : 제18조 제1항 단서에 규정한 경우, 그 밖에 행정심판청구를 할 수 있는 경우, 행정청이 행정심판청구를 할 수 있다고 잘못 알린 경우에 행정심판청구가 있은 때의 기간은 재결서의 정본을 송달받은 날부터 기산한다.

② 취소소송은 처분등이 있은 날부터 1년(제1항 단서의 경우에는 의결이 있은 날부터 1년)을 경과하면 이를 제기하지 못한다. 다만, 정당한 사유가 있는 때에는 그러하지 아니하다.

③ 제1항의 규정에 의한 기간은 불변기간으로 한다.

> ⏎ 관련 규정(행정기본법 제36조 제4항)
>
> 이의신청에 대한 결과를 통지받은 후 행정심판 또는 행정소송을 제기하려는 자는 그 결과를 통지받은 날(제2항에 따른 통지기간 내에 결과를 통지받지 못한 경우에는 같은 항에 따른 통지기간이 만료되는 날의 다음 날을 말한다)부터 90일 이내에 행정심판 또는 행정소송을 제기할 수 있다.

### 제21조(소의 변경)

① 법원은 취소소송을 당해 처분등에 관계되는 사무가 귀속하는 국가 또는 공공단체에 대한 당사자소송 또는 취소소송외의 항고소송으로 변경하는 것이 상당하다고 인정할 때에는 청구의 기초에 변경이 없는 한 사실심의 변론종결시까지 원고의 신청에 의하여 결정으로써 소의 변경을 허가할 수 있다.

② 제1항의 규정에 의한 허가를 하는 경우 피고를 달리하게 될 때에는 법원은 새로이 피고로 될 자의 의견을 들어야 한다.

③ 제1항의 규정에 의한 허가결정에 대하여는 즉시항고할 수 있다.

④ 제1항의 규정에 의한 허가결정에 대하여는 제14조 제2항·제4항 및 제5항의 규정을 준용한다.

### 제22조(처분변경으로 인한 소의 변경)

① 법원은 행정청이 소송의 대상인 처분을 소가 제기된 후 변경한 때에는 원고의 신청에 의하여 결정으로써 청구의 취지 또는 원인의 변경을 허가할 수 있다.

② 제1항의 규정에 의한 신청은 처분의 변경이 있음을 안 날로부터 60일 이내에 하여야 한다.

③ 제1항의 규정에 의하여 변경되는 청구는 제18조 제1항 단서의 규정에 의한 요건을 갖춘 것으로 본다.

### 제23조(집행정지)

① 취소소송의 제기는 처분등의 효력이나 그 집행 또는 절차의 속행에 영향을 주지 아니한다.

② 취소소송이 제기된 경우에 처분등이나 그 집행 또는 절차의 속행으로 인하여 생길 회복하기 어려운 손해를 예방하기 위하여 긴급한 필요가 있다고 인정할 때에는 본안이 계속되고 있는 법원은 당사자의 신청 또는 직권에 의하여 처분등의 효력이나 그 집행 또는 절차의 속행의 전부

또는 일부의 정지를 결정할 수 있다. 다만, 처분의 효력정지는 처분등의 집행 또는 절차의 속행을 정지함으로써 목적을 달성할 수 있는 경우에는 허용되지 아니한다.

③ 집행정지는 공공복리에 중대한 영향을 미칠 우려가 있을 때에는 허용되지 아니한다.

④ 제2항의 규정에 의한 집행정지의 결정을 신청함에 있어서는 그 이유에 대한 소명이 있어야 한다.

⑤ 제2항의 규정에 의한 집행정지의 결정 또는 기각의 결정에 대하여는 즉시항고할 수 있다. (집행정지의 결정에 대한 즉시항고에는 결정의 집행을 정지하는 효력이 없다.)

⑥ 제30조 제1항의 규정은 제2항의 규정에 의한 집행정지의 결정에 이를 준용한다.

---

🔋 **관련 판례**

**1. 법원이 본안소송의 판결 선고 시까지 집행정지결정을 한 경우(2021두40720)**

법원이 본안소송의 판결 선고 시까지 집행정지결정을 하면, 처분에서 정해 둔 효력기간(집행정지결정 당시 이미 일부 집행되었다면 그 나머지 기간)은 판결 선고 시까지 진행하지 않다가 판결이 선고되면 그때 집행정지결정의 효력이 소멸함과 동시에 처분의 효력이 당연히 부활하여 처분에서 정한 효력기간이 다시 진행한다.

**2. 처분청이 취하여야 하는 조치(2020두34070)**

본안에서 해당 처분이 최종적으로 적법한 것으로 확정되어 집행정지결정이 실효되고 제재처분을 다시 집행할 수 있게 되면, 처분청으로서는 당초 집행정지결정이 없었던 경우와 동등한 수준으로 해당 제재처분이 집행되도록 필요한 조치를 취하여야 한다.

🔋 **관련 내용**

**1. 집행정지 요건**

(1) 적극적 요건(계처손긴)

① 적법한 본안소송이 계속중일 것, ② 집행정지대상인 처분이 존재할 것, ③ 회복하기 어려운 손해를 예방하기 위한 긴급한 필요가 존재할 것

(2) 소극적 요건(공본)

① 공공복리에 중대한 영향을 미칠 우려가 없을 것 ② 본안청구의 이유 없음이 명백하지 않을 것

**2. 집행정지의 효력**

① 처분의 효력에는 영향을 미치지 않으나 처분이 없었던 원래 상태와 같은 상태가 되며 ② 기속력은 당사자인 행정청과 그 밖의 관계 행정청을 구속하며 ③ 시간적 효력은 집행정지 결정 시점부터 발생한다.

---

## 제24조(집행정지의 취소)

① 집행정지의 결정이 확정된 후 집행정지가 공공복리에 중대한 영향을 미치거나 그 정지사유가 없어진 때에는 당사자의 신청 또는 직권에 의하여 결정으로써 집행정지의 결정을 취소할 수 있다.

② 집행정지결정의 취소결정과 이에 대한 불복의 경우에는 제23조 제4항 및 제5항의 규정을 준용한다.

## 제4절 심리

### 제25조(행정심판기록의 제출명령)

① 법원은 당사자의 신청이 있는 때에는 결정으로써 재결을 행한 행정청에 대하여 행정심판에 관한 기록의 제출을 명할 수 있다.

② 제출명령을 받은 행정청은 지체없이 당해 행정심판에 관한 기록을 법원에 제출하여야 한다.

### 제26조(직권심리)

법원은 필요하다고 인정할 때에는 직권으로 증거조사를 할 수 있고, 당사자가 주장하지 아니한 사실에 대하여도 판단할 수 있다.


## 제5절 재판

### 제27조(재량처분의 취소)

행정청의 재량에 속하는 처분이라도 재량권의 한계를 넘거나 그 남용이 있는 때에는 법원은 이를 취소할 수 있다.

### 제28조(사정판결)

① 원고의 청구가 이유있다고 인정하는 경우에도 처분등을 취소하는 것이 현저히 공공복리에 적합하지 아니하다고 인정하는 때에는 법원은 원고의 청구를 기각할 수 있다. 이 경우 법원은 그 판결의 주문에서 그 처분등이 위법함을 명시하여야 한다.

② 법원이 제1항의 규정에 의한 판결을 함에 있어서는 미리 원고가 그로 인하여 입게 될 손해의 정도와 배상방법 그 밖의 사정을 조사하여야 한다.

③ 원고는 피고인 행정청이 속하는 국가 또는 공공단체를 상대로 손해배상, 제해시설의 설치 그 밖에 적당한 구제방법의 청구를 당해 취소소송등이 계속된 법원에 병합하여 제기할 수 있다.

> **관련 판례**
> 1. 사정판결의 적용 요건인 현저한 공공복리 부적합 여부의 판단기준(94누4660)
>    행정처분이 위법한 때에는 이를 취소함이 원칙이고 그 위법한 처분을 취소·변경함이 도리어 현저히 공공의 복리에 적합하지 않은 경우에 극히 예외적으로 위법한 행정처분의 취소를 허용하지 않는다는 사정판결을 할 수 있으므로 사정판결의 적용은 극히 엄격한 요건 아래 제한적으로 하여야 하고, 그 요건인 현저히 공공복리에 적합하지 아니한가의 여부를 판단함에 있어서는 위법·부당한 행정처분을 취소·변경하여야 할 필요와 그 취소·변경으로 인하여 발생할 수 있는 공공복리에 반하는 사태 등을 비교·교량하여 그 적용 여부를 판단하여야 한다.

### 제29조(취소판결등의 효력)

① 처분등을 취소하는 확정판결은 제3자에 대하여도 효력이 있다.

② 제1항의 규정은 집행정지의 결정(§23) 또는 집행정지결정의 취소결정(§24)에 준용한다.

제30조(취소판결등의 기속력)

① 처분등을 취소하는 확정판결은 그 사건에 관하여 당사자인 행정청과 그 밖의 관계행정청을 기속한다.

② 판결에 의하여 취소되는 처분이 당사자의 신청을 거부하는 것을 내용으로 하는 경우에는 그 처분을 행한 행정청은 판결의 취지에 따라 다시 이전의 신청에 대한 처분을 하여야 한다.

③ 제2항의 규정은 신청에 따른 처분이 절차의 위법을 이유로 취소되는 경우에 준용한다.

## 제6절 보칙

제31조(제3자에 의한 재심청구)

① 처분등을 취소하는 판결에 의하여 권리 또는 이익의 침해를 받은 제3자는 자기에게 책임없는 사유로 소송에 참가하지 못함으로써 판결의 결과에 영향을 미칠 공격 또는 방어방법을 제출하지 못한 때에는 이를 이유로 확정된 종국판결에 대하여 재심의 청구를 할 수 있다.

② 제1항의 규정에 의한 청구는 확정판결이 있음을 안 날로부터 30일 이내, 판결이 확정된 날로부터 1년 이내에 제기하여야 한다.

③ 제2항의 규정에 의한 기간은 불변기간으로 한다.

제32조(소송비용의 부담)

취소청구가 제28조의 규정에 의하여 기각되거나 행정청이 처분등을 취소 또는 변경함으로 인하여 청구가 각하 또는 기각된 경우에는 소송비용은 피고의 부담으로 한다.

제33조(소송비용에 관한 재판의 효력)

소송비용에 관한 재판이 확정된 때에는 피고 또는 참가인이었던 행정청이 소속하는 국가 또는 공공단체에 그 효력을 미친다.

제34조(거부처분취소판결의 간접강제)

① 행정청이 제30조 제2항의 규정에 의한 처분을 하지 아니하는 때에는 제1심 수소법원은 당사자의 신청에 의하여 결정으로써 상당한 기간을 정하고 행정청이 그 기간내에 이행하지 아니하는 때에는 그 지연기간에 따라 일정한 배상을 할 것을 명하거나 즉시 손해배상을 할 것을 명할 수 있다.

② 제33조와 민사집행법 제262조의 규정은 제1항의 경우에 준용한다.

## 제3장 취소소송 외의 항고소송

제35조(무효등 확인소송의 원고적격)

무효등 확인소송은 처분등의 효력 유무 또는 존재 여부의 확인을 구할 법률상 이익이 있는 자가 제기할 수 있다.

제36조(부작위위법확인소송의 원고적격)

부작위위법확인소송은 처분의 신청을 한 자로서 부작위의 위법의 확인을 구할 법률상 이익이 있는 자만이 제기할 수 있다.

제37조(소의 변경)

제21조의 규정은 무효등 확인소송이나 부작위위법확인소송을 취소소송 또는 당사자소송으로 변경하는 경우에 준용한다.

제38조(준용규정)

① 제9조, 제10조, 제13조 내지 제17조, 제19조, 제22조 내지 제26조, 제29조 내지 제31조 및 제33조의 규정은 무효등 확인소송의 경우에 준용한다.

② 제9조, 제10조, 제13조 내지 제19조, 제20조, 제25조 내지 제27조, 제29조 내지 제31조, 제33조 및 제34조의 규정은 부작위위법확인소송의 경우에 준용한다.

## 제4장  당사자소송

제39조(피고적격)

당사자소송은 국가·공공단체 그 밖의 권리주체를 피고로 한다.

제40조(재판관할)

제9조의 규정은 당사자소송의 경우에 준용한다. 다만, 국가 또는 공공단체가 피고인 경우에는 관계행정청의 소재지를 피고의 소재지로 본다.

제41조(제소기간)

당사자소송에 관하여 법령에 제소기간이 정하여져 있는 때에는 그 기간은 불변기간으로 한다.

제42조(소의 변경)

제21조의 규정은 당사자소송을 항고소송으로 변경하는 경우에 준용한다.

제43조(가집행선고의 제한)

국가를 상대로 하는 당사자소송의 경우에는 가집행선고를 할 수 없다.

제44조(준용규정)

① 제14조 내지 제17조, 제22조, 제25조, 제26조, 제30조 제1항, 제32조 및 제33조의 규정은 당사자소송의 경우에 준용한다.

② 제10조의 규정은 당사자소송과 관련청구소송이 각각 다른 법원에 계속되고 있는 경우의 이송과 이들 소송의 병합의 경우에 준용한다.

# 제5장 민중소송 및 기관소송

## 제45조(소의 제기)

민중소송 및 기관소송은 법률이 정한 경우에 법률에 정한 자에 한하여 제기할 수 있다.

## 제46조(준용규정)

① 민중소송 또는 기관소송으로서 처분등의 취소를 구하는 소송에는 그 성질에 반하지 아니하는 한 취소소송에 관한 규정을 준용한다.

② 민중소송 또는 기관소송으로서 처분등의 효력 유무 또는 존재 여부나 부작위의 위법의 확인을 구하는 소송에는 그 성질에 반하지 아니하는 한 각각 무효등 확인소송 또는 부작위위법확인소송에 관한 규정을 준용한다.

③ 민중소송 또는 기관소송으로서 제1항 및 제2항에 규정된 소송외의 소송에는 그 성질에 반하지 아니하는 한 당사자소송에 관한 규정을 준용한다.

## 부칙

제1조(시행일) ① 이 법은 공포한 날부터 시행한다. 다만, 부칙 제5조에 따라 개정되는 법률 중 이 법 시행 전에 공포되었으나 시행일이 도래하지 아니한 법률을 개정한 부분은 각각 해당 법률의 시행일부터 시행한다.

제2조부터 제4조까지 생략

제5조(다른 법률의 개정) ①부터 ㊳까지 생략

㊴ 행정소송법 일부를 다음과 같이 개정한다.

제6조 제1항 및 제2항 중 "행정자치부장관"을 각각 "행정안전부장관"으로 한다.

㊵부터 〈382〉까지 생략

제6조 생략

# 행정소송규칙

## 제1장 총칙

**제1조(목적)**

이 규칙은 「행정소송법」(이하 "법"이라 한다)에 따른 행정소송절차에 관하여 필요한 사항을 규정함을 목적으로 한다.

**제2조(명령·규칙의 위헌판결 등 통보)**

① 대법원은 재판의 전제가 된 명령·규칙이 헌법 또는 법률에 위배된다는 것이 법원의 판결에 의하여 확정된 경우에는 그 취지를 해당 명령·규칙의 소관 행정청에 통보하여야 한다.

② 대법원 외의 법원이 제1항과 같은 취지의 재판을 하였을 때에는 해당 재판서 정본을 지체 없이 대법원에 송부하여야 한다.

**제3조(소송수행자의 지정)**

소송수행자는 그 직위나 업무, 전문성 등에 비추어 해당 사건의 소송수행에 적합한 사람이 지정되어야 한다.

**제4조(준용규정)**

행정소송절차에 관하여는 법 및 이 규칙에 특별한 규정이 있는 경우를 제외하고는 그 성질에 반하지 않는 한 「민사소송규칙」 및 「민사집행규칙」의 규정을 준용한다.

## 제2장 취소소송

**제5조(재판관할)**

① 국가의 사무를 위임 또는 위탁받은 공공단체 또는 그 장에 대하여 그 지사나 지역본부 등 종된 사무소의 업무와 관련이 있는 소를 제기하는 경우에는 그 종된 사무소의 소재지를 관할하는 행정법원에 제기할 수 있다.

② 법 제9조 제3항의 '기타 부동산 또는 특정의 장소에 관계되는 처분등'이란 부동산에 관한 권리의 설정, 변경 등을 목적으로 하는 처분, 부동산에 관한 권리행사의 강제, 제한, 금지 등을 명령하거나 직접 실현하는 처분, 특정구역에서 일정한 행위를 할 수 있는 권리나 자유를 부여하는 처분, 특정구역을 정하여 일정한 행위의 제한·금지를 하는 처분 등을 말한다.

**제6조(피고경정)**

법 제14조 제1항에 따른 피고경정은 사실심 변론을 종결할 때까지 할 수 있다.

## 제7조((명령·규칙 소관 행정청에 대한 소송통지)

① 법원은 명령·규칙의 위헌 또는 위법 여부가 쟁점이 된 사건에서 그 명령·규칙 소관 행정청이 피고와 동일하지 아니한 경우에는 해당 명령·규칙의 소관 행정청에 소송계속 사실을 통지할 수 있다.

② 제1항에 따른 통지를 받은 행정청은 법원에 해당 명령·규칙의 위헌 또는 위법 여부에 관한 의견서를 제출할 수 있다.

## 제8조(답변서의 제출)

① 피고가 원고의 청구를 다투는 경우에는 소장의 부본을 송달받은 날부터 30일 이내에 다음 각 호의 사항이 포함된 답변서를 제출하여야 한다.

1. 사건의 표시
2. 피고의 명칭과 주소 또는 소재지
3. 대리인의 이름과 주소 또는 소송수행자의 이름과 직위
4. 청구의 취지에 대한 답변
5. 처분등에 이른 경위와 그 사유
6. 관계 법령
7. 소장에 기재된 개개의 사실에 대한 인정 여부
8. 항변과 이를 뒷받침하는 구체적 사실
9. 제7호 및 제8호에 관한 피고의 증거방법과 원고의 증거방법에 대한 의견
10. 덧붙인 서류의 표시
11. 작성한 날짜
12. 법원의 표시

② 답변서에는 제1항 제9호에 따른 증거방법 중 증명이 필요한 사실에 관한 중요한 서증의 사본을 첨부하여야 한다.

③ 제1항 및 제2항의 규정에 어긋나는 답변서가 제출된 때에는 재판장은 법원사무관등으로 하여금 방식에 맞는 답변서의 제출을 촉구하게 할 수 있다.

④ 재판장은 필요한 경우 제1항 제5호 및 제6호의 사항을 각각 별지로 작성하여 따로 제출하도록 촉구할 수 있다.

## 제9조(처분사유 추가·변경)

행정청은 사실심 변론을 종결할 때까지 당초의 처분사유와 기본적 사실관계가 동일한 범위 내에서 처분사유를 추가 또는 변경할 수 있다.

## 제10조(집행정지의 종기)

법원이 법 제23조 제2항에 따른 집행정지를 결정하는 경우 그 종기는 본안판결 선고일부터 30일 이내의 범위에서 정한다. 다만, 법원은 당사자의 의사, 회복하기 어려운 손해의 내용 및 그 성질, 본안 청구의 승소가능성 등을 고려하여 달리 정할 수 있다.

**제10조의2(「학교폭력예방 및 대책에 관한 법률」 제17조의4에 따른 집행정지 시 의견 청취)**

① 법원이 「학교폭력예방 및 대책에 관한 법률」 제17조의4제1항에 따라 집행정지 결정을 하기 위하여 피해학생 또는 그 보호자(이하 이 조에서 "피해학생등"이라 한다)의 의견을 청취하여야 하는 경우에는 심문기일을 지정하여 피해학생등의 의견을 청취하는 방법으로 한다. 다만, 특별한 사정이 있는 경우에는 기한을 정하여 피해학생등에게 의견의 진술을 갈음하는 의견서를 제출하게 하는 방법으로 할 수 있다.

② 법원은 제1항에 따른 의견청취 절차를 진행하기 위하여 필요한 경우에는 집행정지 결정의 대상이 되는 처분등을 한 행정청에 피해학생등의 송달받을 장소나 연락처, 의견진술 관련 의사 등에 관한 자료를 제출할 것을 요구할 수 있다.

③ 법원은 제1항 본문에 따라 심문기일을 지정하였을 때에는 당사자와 피해학생등에게 서면, 전화, 휴대전화 문자전송, 전자우편, 팩시밀리 또는 그 밖에 적당하다고 인정되는 방법으로 그 심문기일을 통지하여야 한다.

④ 법원은 필요하다고 인정하는 경우에는 비디오 등 중계장치에 의한 중계시설을 통하거나 인터넷 화상장치를 이용하여 제1항 본문의 심문기일을 열 수 있다.

⑤ 법원은 필요하다고 인정하는 경우에는 가해학생 또는 그 보호자를 퇴정하게 하거나 가림시설 등을 이용하여 피해학생등의 의견을 청취할 수 있다.

⑥ 제3항에 따라 심문기일을 통지받은 피해학생등은 해당 사건에 대한 의견 등을 기재한 서면을 법원에 제출할 수 있다.

⑦ 피해학생등이 제1항 단서의 의견서 또는 제6항의 서면을 제출한 경우 법원은 당사자에게 피해학생등의 의견서 또는 서면이 제출되었다는 취지를 서면, 전화, 휴대전화 문자전송, 전자우편, 팩시밀리 또는 그 밖에 적당하다고 인정되는 방법으로 통지하여야 한다.

⑧ 법원은 다음 각 호의 어느 하나에 해당하는 경우에는 피해학생등의 의견을 청취하지 아니할 수 있다.
  1. 피해학생등이 의견진술의 기회를 포기한다는 뜻을 명백히 표시한 경우
  2. 피해학생등이 정당한 사유 없이 심문기일에 출석하지 아니하거나 제1항 단서에서 정한 기한 내에 의견의 진술을 갈음하는 의견서를 제출하지 아니하는 경우
  3. 피해학생등의 의견을 청취하기 위하여 임시로 집행정지를 하는 경우
  4. 그 밖에 피해학생등의 의견을 청취하기 어려운 부득이한 사유가 있는 경우

⑨ 당사자와 소송관계인은 청취한 피해학생등의 의견을 이용하여 피해학생등의 명예 또는 생활의 평온을 해치는 행위를 하여서는 아니 된다.

**제11조(비공개 정보의 열람·심사)**

① 재판장은 「공공기관의 정보공개에 관한 법률」 제20조 제1항에 따른 취소소송 사건, 같은 법 제21조 제2항에 따른 취소소송이나 이를 본안으로 하는 집행정지신청 사건의 심리를 위해 같은 법 제20조 제2항에 따른 비공개 열람·심사를 하는 경우 피고에게 공개 청구된 정보의 원본 또는 사본·복제물의 제출을 명할 수 있다.

② 제1항에 따른 제출 명령을 받은 피고는 변론기일 또는 심문기일에 해당 자료를 제출하여야 한다. 다만, 특별한 사정이 있으면 재판장은 그 자료를 다른 적당한 방법으로 제출할 것을 명할 수 있고, 이 경우 자료를 제출받은 재판장은 지체 없이 원고에게 제1항의 명령에 따른 자료를 제출받은 사실을 통지하여야 한다.

③ 제2항에 따라 제출된 자료는 소송기록과 분리하여 해당 사건을 심리하는 법관만이 접근할 수 있는 방법으로 보관한다.

④ 법원은 제1항의 취소소송이나 집행정지신청 사건에 대한 재판이 확정된 경우 제2항에 따라 제출받은 자료를 반환한다. 다만, 법원은 당사자가 그 자료를 반환받지 아니한다는 의견을 표시한 경우 또는 위 확정일부터 30일이 지났음에도 해당 자료를 반환받지 아니하는 경우에는 그 자료를 적당한 방법으로 폐기할 수 있다.

⑤ 당사자가 제1항의 취소소송이나 집행정지신청 사건의 재판에 관하여 불복하는 경우 법원은 제2항에 따라 제출받은 자료를 제3항에 따른 방법으로 상소법원에 송부한다.

## 제12조(행정청의 비공개 처리)

① 피고 또는 관계행정청이 「민사소송법」 제163조 제1항 각 호의 어느 하나에 해당하는 정보 또는 법령에 따라 비공개 대상인 정보가 적혀 있는 서면 또는 증거를 제출·제시하는 경우에는 해당 정보가 공개되지 아니하도록 비실명 또는 공란으로 표시하거나 그 밖의 적절한 방법으로 제3자가 인식하지 못하도록 처리(이하 "비공개 처리"라 한다)할 수 있다.

② 법원은 피고 또는 관계행정청이 제1항에 따라 비공개 처리를 한 경우에도 사건의 심리를 위해 필요하다고 인정하는 경우에는 다음 각 호의 어느 하나를 제출·제시할 것을 명할 수 있다.

1. 비공개 처리된 정보의 내용
2. 비공개 처리를 하지 않은 서면 또는 증거

③ 법원은 제2항 각 호의 자료를 다른 사람이 보도록 하여서는 안 된다. 다만, 당사자는 법원에 해당 자료의 열람·복사를 신청할 수 있다.

④ 제3항의 열람·복사 신청에 관한 결정에 대해서는 즉시항고를 할 수 있다.

⑤ 제3항의 신청을 인용하는 결정은 확정되어야 효력을 가진다.

## 제13조(피해자의 의견청취)

① 법원은 필요하다고 인정하는 경우에는 해당 처분의 처분사유와 관련하여 다음 각 호에 해당하는 사람(이하 '피해자'라 한다)으로부터 그 처분에 관한 의견을 기재한 서면을 제출받는 등의 방법으로 피해자의 의견을 청취할 수 있다.

1. 「성폭력방지 및 피해자보호 등에 관한 법률」 제2조 제3호의 성폭력피해자
2. 「양성평등기본법」 제3조 제2호의 성희롱으로 인하여 피해를 입은 사람
3. 「학교폭력예방 및 대책에 관한 법률」 제2조 제4호의 피해학생 또는 그 보호자

② 당사자와 소송관계인은 제1항에 따라 청취한 피해자의 의견을 이용하여 피해자의 명예 또는 생활의 평온을 해치는 행위를 하여서는 아니 된다.

③ 제1항에 따라 청취한 의견은 처분사유의 인정을 위한 증거로 할 수 없다.

## 제14조(사정판결)

법원이 법 제28조 제1항에 따른 판결을 할 때 그 처분등을 취소하는 것이 현저히 공공복리에 적합하지 아니한지 여부는 사실심 변론을 종결할 때를 기준으로 판단한다.

## 제15조(조정권고)

① 재판장은 신속하고 공정한 분쟁 해결과 국민의 권익 구제를 위하여 필요하다고 인정하는 경우에는 소송계속 중인 사건에 대하여 직권으로 소의 취하, 처분등의 취소 또는 변경, 그 밖에 다툼을 적정하게 해결하기 위해 필요한 사항을 서면으로 권고할 수 있다.

② 재판장은 제1항의 권고를 할 때에는 권고의 이유나 필요성 등을 기재할 수 있다.

③ 재판장은 제1항의 권고를 위하여 필요한 경우에는 당사자, 이해관계인, 그 밖의 참고인을 심문할 수 있다.


# 제3장 취소소송외 항고소송

## 제16조(무효확인소송에서 석명권의 행사)

재판장은 무효확인소송이 법 제20조에 따른 기간 내에 제기된 경우에는 원고에게 처분등의 취소를 구하지 아니하는 취지인지를 명확히 하도록 촉구할 수 있다. 다만, 원고가 처분등의 취소를 구하지 아니함을 밝힌 경우에는 그러하지 아니하다.

## 제17조(부작위위법확인소송의 소송비용부담)

법원은 부작위위법확인소송 계속 중 행정청이 당사자의 신청에 대하여 상당한 기간이 지난 후 처분등을 함에 따라 소를 각하하는 경우에는 소송비용의 전부 또는 일부를 피고가 부담하게 할 수 있다.

## 제18조(준용규정)

① 제5조부터 제13조까지 및 제15조는 무효등 확인소송의 경우에 준용한다.

② 제5조부터 제8조까지, 제11조, 제12조 및 제15조는 부작위위법확인소송의 경우에 준용한다.


# 제4장 당사자소송

## 제19조(당사자소송의 대상)

당사자소송은 다음 각 호의 소송을 포함한다.

1. 다음 각 목의 손실보상금에 관한 소송

   가. 「공익사업을 위한 토지 등의 취득 및 보상에 관한 법률」 제78조 제1항 및 제6항에 따른 이주정착금, 주거이전비 등에 관한 소송

　　나. 「공익사업을 위한 토지 등의 취득 및 보상에 관한 법률」 제85조 제2항에 따른 보상금의 증감(增減)에 관한 소송

　　다. 「하천편입토지 보상 등에 관한 특별조치법」 제2조에 따른 보상금에 관한 소송

2. 그 존부 또는 범위가 구체적으로 확정된 공법상 법률관계 그 자체에 관한 다음 각 목의 소송

　　가. 납세의무 존부의 확인

　　나. 「부가가치세법」 제59조에 따른 환급청구

　　다. 「석탄산업법」 제39조의3제1항 및 같은 법 시행령 제41조 제4항 제5호에 따른 재해위로금 지급청구

　　라. 「5·18민주화운동 관련자 보상 등에 관한 법률」 제5조, 제6조 및 제7조에 따른 관련자 또는 유족의 보상금 등 지급청구

　　마. 공무원의 보수·퇴직금·연금 등 지급청구

　　바. 공법상 신분·지위의 확인

3. 처분에 이르는 절차적 요건의 존부나 효력 유무에 관한 다음 각 목의 소송

　　가. 「도시 및 주거환경정비법」 제35조 제5항에 따른 인가 이전 조합설립변경에 대한 총회결의의 효력 등을 다투는 소송

　　나. 「도시 및 주거환경정비법」 제50조 제1항에 따른 인가 이전 사업시행계획에 대한 총회결의의 효력 등을 다투는 소송

　　다. 「도시 및 주거환경정비법」 제74조 제1항에 따른 인가 이전 관리처분계획에 대한 총회결의의 효력 등을 다투는 소송

4. 공법상 계약에 따른 권리·의무의 확인 또는 이행청구 소송

## 제20조(준용규정)

제5조부터 제8조까지, 제12조 및 제13조는 당사자소송의 경우에 준용한다.


**부칙** 〈대법원규칙 제3108호, 2023.8.31.〉

**제1조(시행일)** 이 규칙은 공포한 날부터 시행한다.

**제2조(계속사건에 관한 적용례)** 이 규칙은 이 규칙 시행 당시 법원에 계속 중인 사건에 대해서도 적용한다.

**부칙** 〈대법원규칙 제3132호, 2024.2.22.〉

이 규칙은 2024년 3월 1일부터 시행한다.

# 참고문헌

정남철, 한국행정법론, 법문사, 2024
박균성, 행정법 강의, 박영사, 2024
석종현・송동수, 일반행정법 총론, 박영사, 2024
홍정선, 행정기본법 해설, 박영사, 2024
정관영 외4인, 분쟁해결을 위한 행정기본법 실무해설, 신조사, 2021
김철용, 행정법, 고시계사, 2023
홍정선, 기본행정법, 박영사, 2023
강정훈, 감평행정법, 박문각, 2024
강정훈, 감정평가 및 보상법규 기본강의, 박문각, 2024
강정훈, 감정평가 및 보상법규 종합문제, 박문각, 2024
강정훈, 감정평가 및 보상법규 기출문제분석정리, 박문각, 2024
강정훈, 감정평가 및 보상법규 판례분석정리, 박문각, 2024
강정훈, 보상법규 암기장 시리즈, 박문각, 2024
홍정선, 행정법 특강, 박영사, 2013
류해웅, 토지법제론, 부연사, 2012
류해웅, 신수용보상법론, 부연사, 2012
김성수・이정희, 행정법연구, 법우사, 2013
박균성, 신경향행정법연습, 삼조사, 2012
박정훈, 행정법사례연습, 법문사, 2012
김연태, 행정법사례연습, 홍문사, 2012
홍정선, 행정법연습, 신조사, 2011
김남진・김연태, 행정법 I, 법문사, 2007
김성수, 일반행정법, 법문사, 2005
김철용, 행정법 I, 박영사, 2004
류지태, 행정법신론, 신영사, 2008
박균성, 행정법론(상), 박영사, 2008
박윤흔, 최신행정법강의(상), 박영사, 2004
정하중, 행정법총론, 법문사, 2004
홍정선, 행정법원론(상), 박영사, 2008
노병철, 감정평가 및 보상법규, 회경사, 2008
강구철, 국토계획법, 2006, 국민대 출판부
강구철, 도시정비법, 2006, 국민대 출판부
佐久間 晟, 用地買收, 2004, 株式會社 プログレス
日本 エネルギー 研究所, 損失補償と事業損失, 1994, 日本 エネルギー 研究所
西埜 章・田邊愛壹, 損失補償の要否と内容, 1991, 一粒社
西埜 章・田邊愛壹, 損失補償法, 2000, 一粒社
한국토지공법학회, 토지공법연구 제40집(한국학술진흥재단등재), 2008.5
한국토지보상법 연구회, 토지보상법연구 제8집, 2008.2
월간감정평가사 편집부, 감정평가사 기출문제, 부연사, 2008

임호정·강교식, 부동산가격공시 및 감정평가, 부연사, 2007

가람동국평가연구원, 감정평가 및 보상판례요지, 부연사, 2007

김동희, 행정법(Ⅰ)(Ⅱ), 박영사, 2009

박균성, 행정법 강의, 박영사, 2011

홍정선, 행정법 특강, 박영사, 2011

강구철·강정훈, 감정평가사를 위한 쟁점행정법, 부연사, 2009

류해웅, 신수용보상법론, 부연사, 2009

한국감정평가협회, 감정평가 관련 판례 및 질의회신(제1,2집), 2009년

임호정, 보상법전, 부연사, 2007

강정훈, 감정평가 및 보상법규 강의, 리북스, 2010

강정훈, 감정평가 및 보상법규 판례정리, 리북스, 2010

한국토지공법학회, 토지공법연구(제51집), 2010

국토연구원, 국토연구 논문집(국토연구원 연구전집), 2011

감정평가 및 보상법전, 리북스, 2019

강구철·강정훈, 新 감정평가 및 보상법규, 2013

감정평가 관련 판례 및 질의 회신 Ⅰ·Ⅱ(한국감정평가사협회/2016년)

한국토지보상법연구회 발표집 제1집~제19집(한국토지보상법연구회/2019년)

한국토지보상법연구회 발표집 제1집~제20집(한국토지보상법연구회/2020년)

한국토지보상법연구회 발표집 제21집(한국토지보상법연구회/2021년)

한국토지보상법연구회 발표집 제22집(한국토지보상법연구회/2022년)

한국토지보상법연구회 발표집 제23집(한국토지보상법연구회/2023년)

토지보상법 해설(가람감정평가법인, 김원보, 2024년)

국가법령정보센터(2024년)

대법원종합법률정보서비스(2024년)

국토교통부 정보마당(2024년)

# 박문각
# 감정평가사

## 강정훈
## 감정평가 및 보상법규

2차 | 필기노트와 미니법전

---

**제1판 인쇄** 2024. 10. 25. | **제1판 발행** 2024. 10. 30. | **편저자** 강정훈

**발행인** 박 용 | **발행처** (주)박문각출판 | **등록** 2015년 4월 29일 제2019-0000137호

**주소** 06654 서울시 서초구 효령로 283 서경 B/D 4층 | **팩스** (02)584-2927

**전화** 교재 문의 (02)6466-7202

저자와의
협의하에
인지생략

정가 34,000원
ISBN 979-11-7262-235-0

MEMO